Axel Busch / Wilhelm Dangelmaier (Hrsg.)

Integriertes Supply Chain Management

Axel Busch / Wilhelm Dangelmaier (Hrsg.)

Integriertes Supply Chain Management

Theorie und Praxis effektiver
unternehmensübergreifender
Geschäftsprozesse

2. Auflage

Bibliografische Information Der Deutschen Bibliothek
Die Deutsche Bibliothek verzeichnet diese Publikation in der Deutschen Nationalbibliografie;
detaillierte bibliografische Daten sind im Internet über <http://dnb.ddb.de> abrufbar.

Dr. Axel Busch ist Supply Chain Manager bei der Vaillant Hepworth Group.

Prof. Dr. Wilhelm Dangelmaier ist Inhaber des Lehrstuhls für Wirtschaftsinformatik am Heinz Nixdorf Institut der Universität Paderborn. Er leitet das Fraunhofer Anwendungszentrum für Logistikorientierte Betriebswirtschaft Paderborn.

1. Auflage Juni 2002
2. Auflage Mai 2004

Alle Rechte vorbehalten
© Betriebswirtschaftlicher Verlag Dr. Th. Gabler/GWV Fachverlage GmbH, Wiesbaden 2004

Lektorat: Barbara Roscher / Jutta Hinrichsen

Der Gabler Verlag ist ein Unternehmen von Springer Science+Business Media
www.gabler.de

Das Werk einschließlich aller seiner Teile ist urheberrechtlich geschützt. Jede Verwertung außerhalb der engen Grenzen des Urheberrechtsgesetzes ist ohne Zustimmung des Verlags unzulässig und strafbar. Das gilt insbesondere für Vervielfältigungen, Übersetzungen, Mikroverfilmungen und die Einspeicherung und Verarbeitung in elektronischen Systemen.

Die Wiedergabe von Gebrauchsnamen, Handelsnamen, Warenbezeichnungen usw. in diesem Werk berechtigt auch ohne besondere Kennzeichnung nicht zu der Annahme, dass solche Namen im Sinne der Warenzeichen- und Markenschutz-Gesetzgebung als frei zu betrachten wären und daher von jedermann benutzt werden dürften.

Umschlaggestaltung: Ulrike Weigel, www.CorporateDesignGroup.de
Druck und Buchbinder: Lengericher Handelsdruckerei, Lengerich/Westf.
Gedruckt auf säurefreiem und chlorfrei gebleichtem Papier
Printed in Germany

ISBN 3-409-21958-7

Vorwort zur 2. Auflage

Die große Resonanz der ersten Auflage bestätigt die zunehmende Bedeutung des Supply Chain Managements in der Praxis. Während sich vor einigen Jahren nur die SCM-Pioniere mit unternehmensübergreifenden Planungs- und Steuerungslösungen beschäftigt haben, nehmen nun auch andere Marktakteure SCM-Ansätze auf und übertragen sie auf ihre Branchen. Innerhalb des gesamten Spektrums des Supply Chain Managements erhalten aktuell besonders Fragenstellungen zur Supply Chain Collaboration, zum SCM-Controlling und zur IT-Unterstützung immer größer werdende Bedeutung.

Im Rahmen der 2. aktualisierten Auflage des Bandes Integriertes Supply Chain Management wird diesen Tendenzen insofern Rechnung getragen, dass insbesondere die Themengebiete des organisatorischen Managements der Supply Chain und der Produktionsplanung und –steuerung mit Advanced Planning Systems am Beispiel von SAP APO durch entsprechende Beiträge weiter vertieft werden. Die Autoren haben ferner punktuelle Aktualisierungen vorgenommen, die auf den konzeptionellen Veränderungen in der gegenwärtigen SCM-Diskussion aufsetzen.

Der Charakter des Buches, als umfassendes Gesamtwerk Antworten zu wesentlichen theoretischen und praktischen Fragen des Supply Chain Managements zu liefern, soll dadurch weiter verfeinert werden.

Für die Unterstützung bei der Layout-Gestaltung der zweiten Auflage möchten wir uns besonders bei Frau Britta Hölzen bedanken. Auf der Seite des Gabler Verlages danken wir Frau Jutta Hinrichsen für die wiederholt gute Zusammenarbeit.

AXEL BUSCH UND WILHELM DANGELMAIER

Vorwort zur 1. Auflage

Supply Chain Management (SCM) verfolgt das Ziel unternehmensinterne und unternehmensübergreifende logistische Wertschöpfungsketten zu optimieren. Gerade dieser Optimierungsfokus ist heute aktueller den je. Während die meisten Unternehmen in den vergangenen Jahren große Anstrengungen unternommen haben, innerbetriebliche Abläufe zu verbessern, blieben Effizienzpotenziale an den unternehmensübergreifenden Schnittstellen weiterhin ungenutzt. Die fehlende Koordination der Prozesse und Integration der Informationssysteme zwischen den einzelnen Akteuren einer Wertschöpfungskette führen zu hohen Beständen bei gleichzeitig schlechter Lieferfähigkeit und geringer Reagibilität.

Durch technologische Entwicklungen wie z. B. e-Business rücken die Unternehmen einer Wertschöpfungskette näher zusammen. Beispielsweise ermöglichen Elektronische Marktplätze oder der direkte Datenaustausch über Web-EDI heute neue Formen und Intensitäten der Zusammenarbeit. Mit Hilfe neuer SCM-Konzepte kann die Transparenz über die Wertschöpfungskette verbessert, die Komplexität vernetzter Geschäftsprozesse beherrschbar und eine verbesserte Reagibilität ermöglicht werden. Kernelement der neuen SCM-Konzepte ist die unternehmensübergreifende Integration der Geschäftsprozesse und damit auch eine gezielte Integration der oft heterogenen Softwaresysteme. Integriertes Supply Chain Management, das von der strategischen bis zur operativen Ebene eine Verschmelzung der Aktivitäten innerhalb einer Wertschöpfungskette ermöglicht, ist zum wettbewerbsentscheidenden Erfolgsfaktor geworden.

Das Buch bietet einen aktuellen Überblick über den „State of the Art" des Supply Chain Managements. Die Struktur aus vielen kurzen Beiträgen ermöglicht den Einblick in unterschiedliche Themenfelder des SCM. In Anlehnung an die vielfältigen Problemstellungen der Praxis ist das Buch in drei Blöcke gegliedert. Für den Leser ergibt sich ein Gesamtwerk, das von kompakten Grundlagen über spezifische SCM-Konzepte bis hin zu Praxisberichten mit erfolgreichen Anwendungen reicht und Antworten auf die unterschiedlichsten Fragen im SCM liefert.

Der erste Teil stellt dem Leser wesentliche Grundlagen des SCM in kompakter Form vor. Führende Wissenschaftler und anerkannte Praktiker informieren über den aktuellen Wissensstand in grundlegenden SCM-Fragestellungen.

Der zweite Teil des Buches erläutert gezielt SCM-Konzepte und SCM-Systeme zur Lösung von Planungs- und Steuerungsfragen innerhalb eines Unternehmensverbunds. Namhafte Wissenschaftler geben einen Überblick über die Funktionalitäten von APS-Lösungen, deren Auswahlprozess und innerbetriebliche Integration. Die Übertragung in die Unternehmenspraxis leisten sechs best practice Lösungen aus unterschiedlichen

Branchen. Diese von Praktikern für Praktiker geschriebenen Praxisberichte ermöglichen die konkrete Ableitung von Handlungsempfehlungen bei ähnlichen Fragestellungen.

Der dritte Teil des Buches beschreibt SCM-Lösungen in einer Supply Chain mit gleichberechtigten, autonomen Partnern. Besonders diese heterarchischen Supply Chains bedürfen dezentraler, durch Selbstabstimmung koordinierter SCM-Lösungen. In diesem SCM-Bereich zeigen renommierte Wissenschaftler und Praktiker konkrete, auf dem partnerschaftlichen win-win-orientierten Datenaustausch beruhende SCM-Umsetzungskonzepte auf, stellen Managementkonzepte vor und beschäftigen sich mit der Systemintegration. Auch hier werden Konzepte durch innovative Praxisberichte ergänzt. Der Leser erhält leicht übertragbare Informationen über erfolgreiche best practices, die den integrierten partnerschaftlichen SCM-Ansatz bereits umgesetzt haben.

Wir freuen uns, dass unser SCM-Buchvorhaben so breite Resonanz bei den Autoren aus Wissenschaft und Praxis gefunden hat. Es zeigt uns, dass im SCM-Bereich noch große Lücken an kompakter Basisliteratur bestehen und dass der Blick auf die Integration in vielen Veröffentlichungen bisher nicht die notwendige Beachtung gefunden hat. Zusätzlich sehen wir verstärkten Bedarf in der Darstellung von best practices zur Sensibilisierung und Orientierung für Praktiker. Unseres Erachtens haben viele Unternehmen zwar die Notwendigkeit des Themas erkannt, sind aber über Umsetzungsmöglichkeiten nur unzureichend informiert.

Für die Umsetzung dieses Buchvorhabens gilt unser besonderer Dank den beteiligten Autoren. Ohne ihr großes Engagement und das Einbringen hochqualitativer Beiträge wäre dieses Buch nicht möglich gewesen. Die Einordnung in die vorgegebene Themenstruktur und die Rücksichtnahme auf den engen Zeitplan waren vorbildlich. Besonders möchten wir uns bei Herrn cand. Wirt.-Ing. Helge Wessoly für die Unterstützung bei der Layout-Gestaltung des Buches bedanken. Auf der Seite des Gabler Verlages danken wir Frau Jutta Hinrichsen für die gute Zusammenarbeit und das Erstellen des Herausgeberbandes.

Abschließend möchten wir die Leser des Buches in die Diskussion zum integrierten Supply Chain Management einbinden. Im Autorenverzeichnis sind dazu die E-Mail-Anschriften der Autoren angegeben.

AXEL BUSCH UND WILHELM DANGELMAIER

Inhaltsverzeichnis

Autorenverzeichnis XIII

Integriertes Supply Chain Management - ein koordinationsorientierter Überblick
Axel Busch und Wilhelm Dangelmaier 1

Teil I: Grundlagen des Supply Chain Managements

Einführung, Abgrenzung und Weiterentwicklung des Supply Chain Managements
Ingrid Göpfert 25

Gestaltung von effizienten Wertschöpfungspartnerschaften im Supply Chain Management
Paul Schönsleben und Ralf Hieber 47

Supply Chain Prozesse: Gestaltung und Optimierung
Torsten Becker 65

Konzepte im Supply Chain Management
Helmut Baumgarten und Inga-Lena Darkow 91

Komplexitätsmanagement in der Supply Chain
Horst Meier und Nico Hanenkamp 111

E-Procurement im Rahmen des Supply Chain Management
Johannes Walther 131

Supply Chain Controlling
Jürgen Weber, Andreas Bacher und Marcus Groll 147

Teil II: SCM-Konzepte und -Systeme innerhalb eines Unternehmensverbundes

Überblicksbeiträge

Advanced Planning Systems – Grundlagen, Funktionalitäten, Anwendungen
Marion Steven und Rolf Krüger *171*

Die Einführung von SCM-Softwaresystemen
Bernd Hellingrath, Ralf Hieber, Frank Laakmann und Kasra Nayabi *189*

Integration von Advanced Planning Systemen in die innerbetriebliche DV-Landschaft
Christoph Kilger und Andreas Müller *215*

Praxisberichte

Managementansatz zur Optimierung der Supply Chain im Unternehmensnetzwerk der Vaillant Hepworth Group
Michael Freitag *237*

Einführungskonzept für Supply Chain Management Software am Beispiel von SAP APO
Michael Bick *259*

Einführung von SCM-Systemen bei der BASF AG Ludwigshafen – Erfahrungen der Geschäftseinheit Styrolpolymere mit SAP APO/DP
Stephan Franke *285*

Umsetzung des SCM-Systems SAP APO bei der Degussa AG in den Business Units der Röhm GmbH & Co KG
Matthias Mekschrat *301*

Stahlproduktion werksübergreifend planen mit mySAP APO bei Ispat Germany
Thorsten Brand, Jochen Griebel und Harald Schallner *319*

Erfahrungsbericht über die Einführung des Supply Chain Management Systems von i2 bei Infineon
Michael Schmelmer und Klaudia Seiling *337*

Teil III: SCM-Konzepte und -Systeme in einer Supply Chain mit gleichberechtigten, autonomen Partnern

Überblicksbeiträge

SCM-Integration in heterarchischen Unternehmensnetzwerken
Thomas Rautenstrauch 355

Management dynamischer Unternehmensnetzwerke
August-Wilhelm Scheer und Ralf Angeli 375

Integration von SCM-Lösungen in die betriebliche Informationssystemarchitektur
Norbert Gronau, Liane Haak und Ralph-Peter Noll 399

Elektronische Supply Chains (E-Supply Chains)
Hartmut Werner 417

Collaborative Supply Chain Management (CSCM)
Timo Langemann 435

Praxisberichte

Kooperation in der Distributionslogistik von Strothmann Spirituosen und Melitta Haushaltswaren
Christian Berentzen und Martin Reinhardt 453

Optimierung einer Wertschöpfungskette am Beispiel der Frachtenoptimierung im Projekt CoagenS
Wilhelm Dangelmaier, Wolfgang Krebs, Ulrich Pape und Michael Rüther 469

Unternehmensübergreifendes Supply Chain Management realisiert multi-tier collaboration
Knut Alicke, Hartmut Graf und Stefan Putzlocher 485

Literaturverzeichnis 499

Stichwortverzeichnis 519

Autorenverzeichnis

ALICKE, KNUT, Dr.-Ing., Leiter der Consulting-Abteilung der ICON GmbH, Lehrbeauftragter der Universität Karlsruhe, knut_alicke@icon-scm.com

ANGELI, RALF, Dipl.-Kfm., wissenschaftlicher Mitarbeiter am Institut für Wirtschaftsinformatik, Universität des Saarlandes, angeli@iwi.uni-sb.de

BACHER, ANDREAS, Dipl.-Wirt.-Ing., Mitarbeiter des Kompetenzzentrums für Logistik und E-Commerce, Wissenschaftliche Hochschule für Unternehmensführung, WHU Vallendar, abacher@whu.edu

BAUMGARTEN, HELMUT, Prof. Dr.-Ing., Leiter des Bereichs Logistik, Direktor des Instituts für Technologie und Management, Technische Universität Berlin, Baumgarten@Logistik.TU-Berlin.de

BECKER, TORSTEN, Dr.-Ing., Direktor der Unternehmensberatung PRTM in Frankfurt und Experte für Supply Chain Umsetzung, tbecker@prtm.com

BERENTZEN, CHRISTIAN, Dipl.-Kfm., Geschäftsführer der Strothmann Spirituosen GmbH & Co. KG ,Generalbevollmächtigter Supply Chain Management der Berentzen-Gruppe AG, christian@berentzen.de

BICK, MICHAEL, Dipl.-Wirt.-Ing., Project Manager im Bereich SAP Business Solutions/SCM der Unternehmensberatung axentiv AG in Darmstadt, michael.bick@axentiv.de

BRAND, THORSTEN, Dipl.-Ing., General Manager Logistics, ISPAT – ISRG / IWHG, Thorsten.Brand@ispat.com

BUSCH, AXEL, Dr., Dipl.-Wirt.-Ing., Supply Chain Manager bei der Vaillant Hepworth Group, Remscheid, axel.busch@vaillant.de

DANGELMAIER, WILHELM, Prof. Dr. habil., Inhaber des Lehrstuhls für Wirtschaftsinformatik insbes. CIM am Heinz-Nixdorf-Institut der Universität Paderborn, Leiter des Fraunhofer Anwendungszentrums für logistikorientierte Betriebswirtschaft (ALB) in Paderborn, whd@hni.upb.de

DARKOW, INGA-LENA, Dr.-Ing., Wissenschaftliche Mitarbeiterin des Bereichs Logistik, Institut für Technologie und Management, TU Berlin, Darkow@Logistik.TU-Berlin.de

FRANKE, STEPHAN, Dipl.-Kfm. (univ.), Studium der Betriebswirtschaftslehre an der Otto-Friedrich Universität zu Bamberg, Projektmanager im Logistic Center der Geschäftseinheit Styrolkunststoffe bei der BASF AG Ludwigshafen, Projektleitung bei der SAP APO/DP Einführung, stephan.franke@basf-ag.de

FREITAG, MICHAEL, Dr.-Ing., Group Supply Chain Manager der Vaillant Hepworth Group, Remscheid, michael.freitag@vaillant.de

GÖPFERT, INGRID, Prof. Dr. rer. oec. habil., Inhaberin des Lehrstuhls für Allgemeine Betriebswirtschaftslehre und Logistik an der Philipps-Universität Marburg, Mitglied des Wissenschaftlichen Beirats des Bundesministers für Verkehr. Mitherausgeberin der Zeitschrift "Logistik Management", goepfert@wiwi.uni-marburg.de

GRAF, HARTMUT, Dr.-Ing., Centerleiter Logistik, DaimlerChrysler AG, Werk Sindelfingen

GRIEBEL, JOCHEN, Dipl.-Ing., Senior Manager Supply Chain Management Consulting, IDS Scheer AG, J.Griebel@ids-scheer.de

GROLL, MARCUS, Dipl.-Phys., Mitarbeiter des Kompetenzzentrums für Logistik und E-Commerce, Wissenschaftliche Hochschule für Unternehmensführung, WHU Vallendar, mgroll@whu.edu

GRONAU, NORBERT, Prof. Dr.-Ing., Abteilung Wirtschaftsinformatik, Fachbereich Informatik, Universität Oldenburg, gronau@informatik.uni-oldenburg.de

HAAK, LIANE, Dipl. Oec., Wissenschaftliche Mitarbeiterin der Abteilung Wirtschaftsinformatik, Fachbereich Informatik, Universität Oldenburg

HANENKAMP, NICO, Dipl.-Ing., Wissenschaftlicher Mitarbeiter am Lehrstuhl für Produktionssysteme in der Arbeitsgruppe Produktionsmanagement, Institut für Automatisierungstechnik, Ruhr-Universität Bochum, Hanenkamp@lps.ruhr-uni-bochum.de

HELLINGRATH, BERND, Dr.-Ing., Hauptabteilungsleiter Unternehmensmodellierung, Fraunhofer-Institut Materialfluss und Logistik (IML), Dortmund, Bernd.Hellingrath@ iml.fhg.de

HIEBER, RALF, Dr. sc. techn. ETH, M.Sc., Leiter der Fachgruppe Supply Chain Management am ETH - Zentrum für Unternehmenswissenschaften, ETH Zürich, Ralf.Hieber@ethz.ch

KILGER, CHRISTOPH, Dr., Vorstand, j&m Management Consulting AG, Mannheim, Lehrbeauftragter für Supply Chain Management der Universität Mannheim, christoph.kilger@jnm.de

KREBS, WOLFGANG, Dipl.-Ing., Leiter Logistik & Werksplanung bei der Continental Teves AG & Co. OHG, Frankfurt, wolfgang.krebs@contiteves.com

KRÜGER, ROLF, Dipl.-Kfm., Wissenschaftlicher Mitarbeiter am Lehrstuhl für Angewandte BWL I/ Produktionswirtschaft, Ruhr-Universität Bochum, prowi-lehrstuhl@ruhr-uni-bochum.de

LAAKMANN, FRANK, Dipl.-Ing., Wissenschaftlicher Mitarbeiter in der Hauptabteilung Unternehmensmodellierung am Fraunhofer-Institut Materialfluss und Logistik (IML), Dortmund, laakmann@iml.fhg.de

LANGEMANN, TIMO, Dr., Dipl.-Wirt. Inform., Manager im Bereich Automotive, Supply Chain Management bei der BearingPoint GmbH, Düsseldorf, timo.langemann@bearingpoint.com

MEIER, HORST, Prof. Dr.-Ing., Inhaber des Lehrstuhls für Produktionssysteme, Institut für Automatisierungstechnik, Ruhr-Universität Bochum, Meier@lps.ruhr-uni-bochum.de

MEKSCHRAT, MATTHIAS, Dipl.-Wirt. Inform. (TU Darmstadt), verantwortlich für IT-Lösungen Produktion, Prozessoptimierung, Qualitätssicherung und Chemie-Services bei der its.on GmbH, matthias.mekschrat@degussa.com

MÜLLER, ANDREAS, Dr., Vorstandssprecher, j&m Management Consulting AG, Mannheim, andreas.mueller@jnm.de

NAYABI, KASRA, Dipl.-Ing., Wissenschaftlicher Mitarbeiter im Bereich E-Business und Supply Chain Management am Fraunhofer-Institut Produktionstechnik und Automatisierung (IPA), Stuttgart, khn@ipa.fhg.de

NOLL, RALPH-PETER, Dipl.-Inform., Bereich IT Vertrieb, Systemhaus ITERGO der ERGO Versicherungsgruppe

PAPE, ULRICH, Dipl.-Inf., Mitarbeiter am Fraunhofer Anwendungszentrum für Logistikorientierte Betriebswirtschaft (ALB), Universität Paderborn, pape@alb.fhg.de

PUTZLOCHER, STEFAN, Dipl.-Ing. (FH), Leiter Automotive SECAM Koordination und Supply Chain Management/eSupply bei DaimlerChrysler AG, Werk Sindelfingen.

RAUTENSTRAUCH, THOMAS, Prof. Dr. rer. pol., Hochschullehrer für Betriebswirtschaftslehre insbes. Rechnungswesen und Controlling, Fachbereich Wirtschaft, Fachhochschule Bielefeld, freiberuflicher Unternehmensberater und Trainer, thomas.rautenstrauch@fh-bielefeld.de

REINHARDT, MARTIN, Dipl.-Wirt.-Ing., Geschäftsführer der Unternehmensberatung Reinhardt & Ahrens, Reinhardt.M@ra-logistik.de

RÜTHER, MICHAEL, Dipl.-Wirt.-Ing., Mitarbeiter der Fachgruppe Wirtschaftsinformatik insbes. CIM, Heinz Nixdorf Institut, Universität Paderborn, ruether@hni.upb.de

SCHALLNER, HARALD, Dr.-Ing., Senior Consultant, Supply Chain Management, Business Unit Papier/Textil/Metall, IDS Scheer AG, H.Schallner@ids-scheer.de

SCHEER, AUGUST-WILHELM, Prof. Dr. Dr. h.c. mult., Direktor des Instituts für Wirtschaftsinformatik, Universität des Saarlandes, scheer@iwi.uni-sb.de

SCHÖNSLEBEN, PAUL, Prof. Dr., ordentlicher Professor für Betriebswissenschaften und Inhaber des Lehrstuhls für Logistik und Informationsmanagement am ETH-Zentrum für Unternehmenswissenschaften, ETH Zürich, paul.schoensleben@ethz.ch

SCHMELMER, MICHAEL, Vice President IT Logistik und Supply Chain Management bei Infineon Technologies, Michael.Schmelmer@infineon.com

SEILING, KLAUDIA, Senior Manager Demand und Capacity Planning innerhalb IT Logistik und Supply Chain Management bei Infineon Technologies, Klaudia.Seiling@infineon.de

STEVEN, MARION, Prof. Dr., Inhaberin des Lehrstuhls für Angewandte BWL I/Produktionswirtschaft, Ruhr-Universität Bochum, prowi-lehrstuhl@ruhr-uni-bochum.de

WALTHER, JOHANNES, Prof. Dr., Leiter des Instituts für Produktionsmanagement (IPM), Herausgeber der Fachzeitschrift Supply Chain Management, Hochschullehrer an der Fachhochschule Braunschweig/Wolfenbüttel für das Fachgebiet Produktionsmanagement, J.Walther@i-p-m.info

WEBER, JÜRGEN, Prof. Dr., Inhaber des Lehrstuhls für Betriebwirtschaft an der Wissenschaftlichen Hochschule für Unternehmensführung, WHU Vallendar, jweber@whu.edu

WERNER, HARTMUT, Prof. Dr., Lehrstuhl für Unternehmungsplanung und Logistikmanagement, Fachhochschule Wiesbaden. Direktor für Supply Chain Management am Institut für Strategische Marktanalysen und Systeme an der Fachhochschule Wiesbaden, h.werner@bwl.fh-wiesbaden.de

Axel Busch und Wilhelm Dangelmaier

Integriertes Supply Chain Management - ein koordinationsorientierter Überblick

1. Einführung in die Integration unternehmensübergreifender Logistikprozesse

2. Supply Chain Management als ganzheitlicher Integrationsansatz
    2.1   SCM-Definition und SCM-Aufgaben
    2.2   SCM-Ziele

3. Umsetzung des Supply Chain Management in Abhängigkeit der Koordinationsform
    3.1   Grundlegende Koordinationsansätze für das SCM
    3.2   SCM innerhalb eines Unternehmensverbundes mit hierarchischer Koordination
    3.3   SCM in einer Supply Chain mit gleichberechtigten, autonomen Partnern in heterarchischer Koordination

4. Zusammenfassung

1. Einführung in die Integration unternehmensübergreifender Logistikprozesse

Die Rahmenbedingungen in der Logistik haben sich in den letzten Jahren stark verändert. Steigende Komplexität durch Teile-, Varianten-, Kunden-, Lieferanten- und Distributionskanalvielfalt beeinflussen das Wettbewerbsumfeld. Verkürzte Produktlebenszyklen und technologischer Fortschritt verschärfen den zunehmend globalen Wettbewerb. Mit Hilfe der effektiven Vernetzung logistischer Prozesse zeigen Innovationsführer auf, wie man den geänderten Bedingungen in unterschiedlichen Branchen begegnen kann. Durch unternehmensübergreifende Geschäftsprozessintegration erschließen sie bisher ungenutzte Erfolgspotenziale und stärken ihre Wettbewerbsposition.

Nachdem in vielen Unternehmen im Zuge der "Lean-Production-Bewegung" in den 90'er Jahren unternehmensinterne Optimierungen vorangetrieben wurden – als Beispiel sei hier nur die "ERP-Implementierungswelle" genannt –, konnten die innerbetrieblichen Abläufe in den Betrieben effizienter gestaltet werden. Um nun weitere Verbesserungen des Material- und Informationsflusses zu erzielen, richtet sich der Optimierungsfokus aktuell auf die Prozesse an den unternehmensübergreifenden Schnittstellen. Im Vordergrund stehen:

- eine globale Optimierung innerhalb von Unternehmensverbünden,
- eine Intensivierung der Datenerhebung und des Datenaustausches zwischen Lieferanten und Kunden in Echtzeit,
- eine synchronisierte Planung über die gesamte Wertschöpfungskette und
- eine unternehmensübergreifende Prozessabstimmung zur Automatisierung von Abläufen (Workflows) in den Bereichen Konstruktion & Entwicklung sowie Beschaffung & Vertrieb.

Für die Unternehmen in einer Wertschöpfungskette bedeutet die Integration unternehmensübergreifender Logistikprozesse eine Vielzahl an Veränderungen. Auf der Prozessseite sind bestehende Abläufe zu verändern und entsprechend der gewählten Strategie zu optimieren. Im Bereich der Organisation sind zur effizienten Prozessdurchführung starre und unflexible Strukturen aufzubrechen, Zielsysteme zu verändern und Planungs- und Kontrollmechanismen anzupassen. Um den veränderten Koordinationsbedarf zu beheben, müssen zielführende Informationssysteme zur Messung, zum Austausch und zur Optimierung eingesetzt und unternehmensübergreifend verbunden werden. Die Vernetzung von Kunden und Lieferanten bedarf dabei einer unternehmensinternen Integrationskomponente. Nur durch effektive interne Prozesse und ihre informationstechnische

Unterstützung lassen sich die Potenziale einer unternehmensübergreifenden Integration erschließen.

Zur Integration bedarf es einer intensiveren und oftmals veränderten Koordination mit den vor- und nachgelagerten Unternehmen innerhalb der Wertschöpfungskette. Es gilt, die beteiligten Akteure zur Abstimmung ihrer Handlungen zu bewegen, um das Erreichen der Ziele zu ermöglichen. Insgesamt stellt sich die Schaffung integrierter Geschäftsprozesse als eine komplexe Führungsaufgabe für alle beteiligten Unternehmen dar, die viele Ressourcen bindet und weitreichenden Wandel nach sich zieht.

2. Supply Chain Management als ganzheitlicher Integrationsansatz

Zur Schaffung eines einheitlichen Begriffsverständnisses wird an dieser Stelle das Supply Chain Management (SCM) als Oberbegriff zur Gestaltung und Koordination von unternehmensinternen und -übergreifenden Geschäftsprozessen eingeführt. Hierzu wird SCM hinsichtlich des Begriffes, der Aufgaben und Konzepte sowie der verfolgten Ziele kurz eingeordnet. Zur detaillierten Einführung und Abgrenzung des SCM sowie zur Analyse seiner aktuellen Weiterentwicklungsmöglichkeiten wird auf den Beitrag von *Göpfert (Teil I)* verwiesen.

2.1 SCM-Definition und SCM-Aufgaben

Unter dem Begriff **„Supply Chain"** wird im engeren Sinne eine Lieferkette, Versorgungskette oder unternehmensübergreifende Wertschöpfungskette verstanden. Da die meisten Unternehmen mit mehreren Organisationen zusammenarbeiten, stellt sich die Supply Chain in der Praxis gewöhnlich als Netzwerk (Supply Net, Unternehmensnetzwerk oder Produktionsnetzwerk) bestehend aus verschiedenen Organisationen dar, die ein Produkt erstellen und es zum Endkunden transportieren. Die Supply Chain beschränkt sich dabei, trotz der begrifflichen Vermutung, nicht nur auf die Interaktionen mit Lieferanten, sondern beinhaltet auch die erforderlichen Koordinationsaufgaben mit Kunden. Die begriffliche Differenzierung in eine Supply Chain (Interaktionen mit Lieferanten) und Demand Chain (Interaktionen mit Kunden) eines Unternehmens hat sich nicht durchgesetzt, so dass hier die Supply Chain als Oberbegriff verwendet wird. Sie umfasst alle Netzwerkunternehmen und ihre unternehmensinternen Supply Chains von der „source of supply" bis zum „point of consumption" (Stevens 1989, S. 3).

Supply Chain Management als ganzheitlicher Integrationsansatz

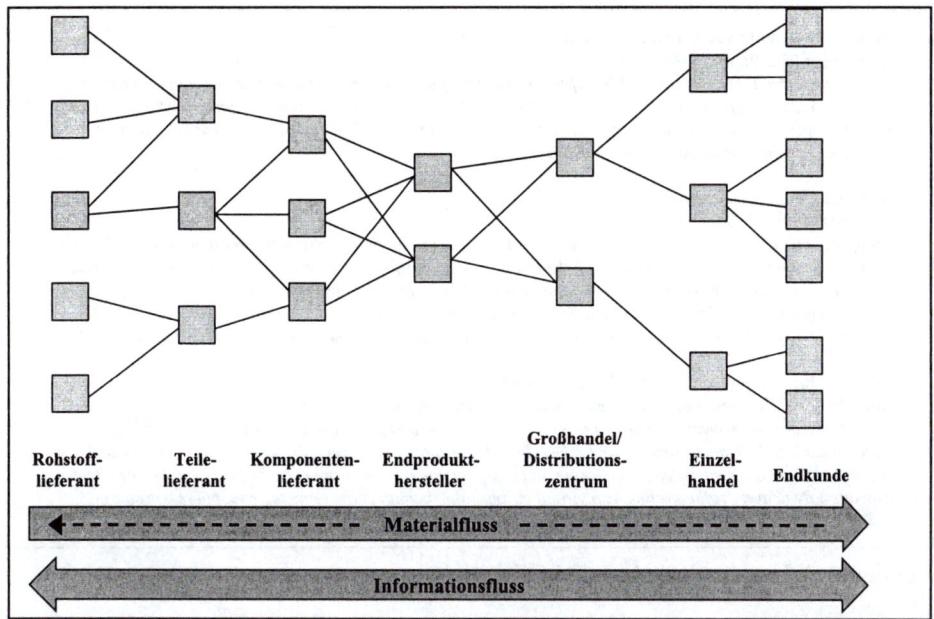

Abbildung 1: Beispielhafte Darstellung einer Supply Chain (Kortmann/Lessing 2000, S. 3)

Unter Theoretikern und Praktikern gibt es bislang keine einheitliche Definition des Begriffes **„Supply Chain Management" (SCM)**. Das liegt zum einen in den unterschiedlichen Zielen, die insbesondere Praktiker verfolgen, und zum anderen in der unterschiedlichen Auffassung und Abgrenzung der Begriffe unternehmensübergreifende Logistik, Logistikmanagement und Produktionsmanagement (Weber/Dehler/Wertz 2000, S. 265). Für einige Autoren steht bei der SCM-Definition die partnerschaftliche Kooperation oder die informationstechnische Integration im Vordergrund. Abbildung 2 zeigt einige exemplarische SCM-Definitionen.

- **SCM-Schwerpunkt auf Management und Beziehungen**
  Christopher (Christopher 1998, S. 18)
  „[...] Supply chain management [...] is [...] the management of up-stream and downstream relationships with suppliers and customers to deliver superior customer value at less cost to the supply chain as a whole. [...] Thus the focus of supply chain management is upon the management of relationships in order to achieve a more profitable outcome for all parties in the chain".

- **SCM als „Management-Philosophie"**
  Ross (Ross 1997, S. 9)
  „Supply chain management is a continuously evolving management philosophy that seeks to unify the collective productive competencies and resources of the business functions found both within the enterprise and outside in the firm's allied business partners located along intersecting supply channels into a highly competitive, customerenriching supply system focused on developing innovative solutions and synchronizing the flow of marketplace products, services, and information to create unique, individualized sources of customer value".

- **SCM zur informationstechnischen Unterstützung**
  Michael Ker (CEO, webPlan Inc., Kanata, Ontario, Canada) (Walker/Alber 1999, S. 40)
  „Supply chain management coordinates manufacturers and their suppliers, using tools such as Web-based collaboration and advance planning and scheduling. These tools enable manufacturers to actively plan and collaborate across a distributed supply chain, to ensure all parties are aware of commitments, schedules, and expedites. By actively collaborating as a virtual corporation, manufacturers and their suppliers can source, produce, and deliver products with minimal lead-time and expense".

Abbildung 2: Unterschiedliche SCM-Blickwinkel

Für den deutschsprachigen Raum kann unter der Vielzahl an SCM-Definitionen die Definition von *Scholz-Reiter/Jakobza* als „kleinster gemeinsamer Nenner" herangezogen werden. Sie wird inhaltlich in vielen Quellen verwendet.[1]

„Supply Chain Management, auch Lieferkettenmanagement, ist die unternehmensübergreifende Koordination der Material- und Informationsflüsse über den gesamten Wertschöpfungsprozess von der Rohstoffgewinnung über die einzelnen Veredelungsstufen bis hin zum Endkunden mit dem Ziel, den Gesamtprozess sowohl zeit- als auch kostenoptimal zu gestalten" (Scholz-Reiter/Jakobza 1999, S. 8).

Manche Autoren erweitern die genannte Definition noch zusätzlich um den Geldfluss (Hahn 2000, S. 12 und Werner 2000, S. 5), ergänzen die Materialflüsse um zusätzliche Dienstleistungsflüsse (Hahn 2000, S. 12) oder integrieren die Produktentwicklung und Entsorgung als zusätzliche SCM-Aufgabenbereiche (Thaler 1999, S. 17). Selbst eine spezielle SCM-Definition, die besonderen Schwerpunkt auf den Integrationsaspekt legt, wurde bereits von *Metz* (Metz 1998, S. 16) veröffentlicht. Sie stellt ebenfalls eine leichte konzeptionelle Erweiterung von der zuvor genannten Definition dar.

„*Integrated Supply Chain Management (ISCM) is a process-oriented, integrated approach to procuring, producing, and delivering products and services to customers. ISCM has a broad scope that includes sub-suppliers, suppliers, internal operations, trade customers, retail customers, and end users. ISCM covers the management of material, information, and funds flows".

Supply Chain Management als ganzheitlicher Integrationsansatz

Im Gegensatz zu den Aufgaben der innerbetrieblichen Produktionsplanung und -steuerung betont das SCM die unternehmensübergreifende Sicht. SCM umfasst dabei sowohl gestalterische als auch planerische und steuernde Aufgaben – Supply Chain Design, Supply Chain Planning und Supply Chain Execution. Innerhalb der strategischen Dimension des Supply Chain Designs werden Planungs- und Konfigurationsaufgaben bezüglich der logistischen Netzwerkstruktur ausgeführt. Auf der taktisch-operativen Ebene nimmt das SCM vielfältige Aufgaben zur Planung und Steuerung der Supply Chain wahr. Planungsaufgaben werden besonders in den Bereichen Beschaffung, Produktion, Distribution oder Transport durchgeführt. Steuerungsaufgaben übernehmen die operative Prozessdurchführung und überwachen diese im Sinne des Supply Chain Controllings. Dabei kommt den Instrumenten zur Realisierung von unternehmensübergreifenden Steuerungskonzepten eine große Bedeutung zu. Zur näheren Erläuterung des Controllings in einer Supply Chain, seiner Entwicklungsstufen und der hierzu einzusetzenden Controllinginstrumente wird auf den Beitrag von *Weber/Bacher/Groll (Teil I)* verwiesen.

Zur Erfüllung der SCM-Aufgaben werden die unterschiedlichsten SCM-Konzepte eingesetzt. Die Einordnung von SCM hinsichtlich der aktuell am meisten diskutierten Konzepte und ihre Abgrenzung nimmt Abbildung 3 vor. Als Einordnungsdimensionen werden Informationstechnik, Partnerschaften, Branchen und funktionale Teilkonzepte verwendet. Viele der in der Abbildung genannten Begriffe wie z. B. Collaborative Planning, Forecasting and Replenishment (CPFR), Quick Response (QR) oder Efficient Consumer Response (ECR) stellen spezielle SCM-Umsetzungskonzepte zur Erfüllung partieller SCM-Aufgaben dar. Sie sind Werkzeuge zur Realisierung eines effektiven SCM. Andere Begriffe bilden im Vergleich zum SCM einen weniger umfassenden Konzeptrahmen wie z. B. Logistik und Supply Channel Management. In der Abbildung sind die Beziehungen zwischen diesen Begriffen und SCM grafisch dargestellt, wobei ein größerer Abstand eine größere Entfernung, sei es historischer, funktionaler oder inhaltlicher Art, verdeutlicht. Auf die Beschreibung der einzelnen Konzepte wird in diesem Einführungsbeitrag verzichtet. Zur detaillierten Betrachtung der genannten eher informationstechnischen Begriffe sei auf den Beitrag von *Steven/Krüger (Teil II)*, *Werner (Teil III)* und *Rautenstrauch (Teil III)*, der Begriffe im Rahmen der Partnerschaften auf den Beitrag von *Schönsleben/Hieber (Teil I)* und der eher branchennahen SCM-Konzepte auf den Beitrag von *Baumgarten/Darkow (Teil 1)* verwiesen.

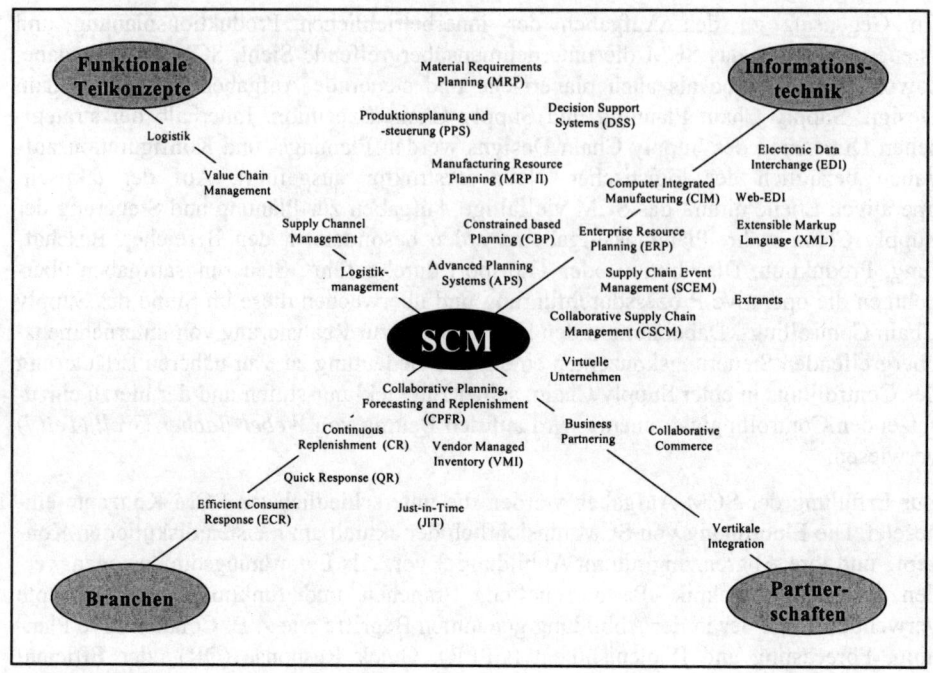

Abbildung 3: Konzepteinordnung im Logistikumfeld (Kortmann/Lessing 2000, S. 7)

2.2 SCM-Ziele

Aus den genannten Definitionen wird deutlich, dass SCM als Oberbegriff für die Optimierung der Supply Chain steht. Zur Erreichung der spezifischen unternehmensinternen und -übergreifenden Ziele sind geeignete SCM-Konzepte einzusetzen. Versucht man, übergreifende, nicht kennzahlbasierte Zielsetzungen des SCM zu formulieren, ergeben sich in Anlehnung an die Definition Hauptziele des SCM wie z. B. die Schaffung von Transparenz und der Abbau von Informationsasymmetrien, die ganzheitliche Wertschöpfungskettenorientierung, die Verbesserung der Kontinuität im Material-, Informations- und Geldfluss oder die Optimierung der Komplexität. Derart allgemeine Ziele lassen zwar die grundsätzliche Optimierungsrichtung erkennen, zur Durchführung eines operativen Controllings bedarf es aber der Differenzierung in SCM-Ziele, die direkt über Kennzahlen messbar sind. Das SCM strebt hier insbesondere die Realisierung von (Weber/Dehler/Wertz 2000, S. 266):

- **Kostenvorteilen,**
- **Zeitvorteilen** und
- **Qualitätsvorteilen** an.

Kostenvorteile können beim SCM durch die Reduzierung der Bestandskosten erreicht werden. Die Transparenz über die Endkundennachfrage hilft den Bullwhip-Effekt, der das stufenweise Aufschaukeln der Aufträge über die einzelnen Stufen einer Supply Chain beschreibt (Lee/Padmanabhan/Whang 1997a, 1997b sowie in diesem Buch insbesondere *Göpfert (Teil I)* und *Alicke/Putzlocher/Graf (Teil III)*), zu reduzieren. Durch die verbesserte Koordination von Angebot und Bedarf auf der Grundlage der transparenten Endkundennachfrage zzgl. eines verbesserten Bestandsmonitorings können Sicherheitsbestände reduziert, gebundenes Kapital verringert und die Transaktionskosten gesenkt werden. Zusätzliche Kostenvorteile entstehen z. B. durch die strategische Optimierung des gesamten Netzwerks sowie durch verbesserte z. T. global durchgeführte Planungen. Im Transportbereich können Wege und Auslastungen der Transportfahrzeuge verbessert und Transportkosten gesenkt werden. Ähnliche Verbesserungen ergeben sich im Bereich der Fertigung, der Beschaffung und des Vertriebs.

Zeitvorteile können durch SCM in fast allen Grundfunktionsbereichen erzielt werden. Zum einen lassen sich Entwicklungszeiten von Neuprodukten durch eine Kooperation mit den Lieferanten und Kunden drastisch verkürzen. Zum anderen sinken durch verbesserte Planungen im Bereich der Produktion und des Transports sowie durch ein effizienteres Bestandsmanagement die Durchlaufzeiten. Auf Änderungen kann flexibler und schneller reagiert werden. Die Lieferflexibilität steigt bei gleichzeitiger Verbesserung des Servicegrades.

Als weiteres SCM-Ziel lassen sich Qualitätsvorteile anführen. Gerade das Vertrauen zwischen den Unternehmen einer Supply Chain ermöglicht eine intensivere Zusammenarbeit. Gemeinschaftliche F&E-Aktivitäten und der offene Informationsaustausch bilden die Grundlage für ein abgestimmtes und durchgängiges Vorgehen im Bereich der Qualitätsplanung, -lenkung und -prüfung (Mauermann 2001). Die Erzielung einer verbesserten Produktqualität wird mit SCM prinzipiell ermöglicht.

3. Umsetzung des Supply Chain Management in Abhängigkeit der Koordinationsform

3.1 Grundlegende Koordinationsansätze für das SCM

Die praktische Ausgestaltung eines integrierten Supply Chain Management ist in jeder Supply Chain individuell vorzunehmen. Gleiche SCM-Konzepte können z. B. in zwei

Supply Chains sehr unterschiedlich umgesetzt werden und zu divergierenden Ergebnissen führen. Darüber hinaus kann auch der Einsatz von SCM-Konzepten innerhalb einer Supply Chain je betrachteter Kunden-Lieferanten-Beziehung sehr unterschiedlich ausfallen. Zur Sicherstellung eines effektiven Instrumenteneinsatzes ist die Supply Chain und bei Unterschieden innerhalb der Supply Chain auch die einzelne Kunden-Lieferanten-Beziehung hinsichtlich entscheidungsrelevanter Merkmale zu bewerten und typologischen Grundmustern zuzuordnen. Über eine Klassifikation von Supply Chains lassen sich SCM-Konzepte besser einzelnen Supply Chain Typen zuordnen und ausgestalten.

Die bisher in der Literatur vorgestellten typologischen Merkmale und Merkmalsausprägungen klassifizieren entweder die Kooperationsform bzw. das der Supply Chain zugrunde gelegte Unternehmensnetzwerk (z. B. Kühnle/Wagenhaus 2000, S. 56f., Fleisch 2000, S. 92f. oder Staudt/Kriegesmann/Behrendt 1996, S. 925f.) oder die Produktion bzw. Fertigung (z. B. Schomburg 1980). Die dabei in den einzelnen Bereichen angeführten Merkmale divergieren sehr. Zur Einordnung von Supply Chains – alternativ wird in vielen Beiträgen von der Einordnung von Unternehmensnetzwerken gesprochen – werden nachfolgend nur einige exemplarische Merkmale und Merkmalsausprägungen aufgeführt. Sie geben einen Überblick über die Breite einer möglichen Supply Chain Klassifikation (vgl. dazu auch *Schönsleben/Hieber (Teil I)*):

- Kooperationsgegenstand (Beschaffung - Produktion - Vertrieb - F&E),
- Kooperationsrichtung (horizontal - vertikal),
- Partnergröße (homogen - inhomogen),
- Koordinationsrichtung (hierarchisch - heterarchisch),
- Herkunft (lokal - regional - national - global),
- Art der Konkurrenzverhältnisse (single - double - multiple sourcing),
- Zeitperspektive (kurzfristig - mittelfristig - langfristig),
- Bindung (formlos - vertraglich) oder
- Vertrauen (gering - mittel - hoch).

Für die richtige Auswahl der SCM-Konzepte kommt insbesondere der **Koordinationsrichtung**[2] in einer Supply Chain besondere Bedeutung zu. Sie kann für Supply Chains als maßgebliches Merkmal zur SCM-Konzeptauswahl angesehen werden. Die Koordinationsrichtung hat direkten Einfluss (z. B. auf die Bindungsform und das Vertrauensverhältnis) als auch indirekten Einfluss (z. B. auf die Fristigkeit der Zusammenarbeit, dem Kooperationsgegenstand oder das zugrundegelegte Konkurrenzverhältnis) auf viele, ebenfalls zur Klassifikation verwendete Merkmale.

Liegt der Supply Chain eine **hierarchische Koordinationsrichtung** zugrunde, so wird die Supply Chain durch ein dominantes Unternehmen (fokales Unternehmen) geführt.

Das fokale Unternehmen gibt Art und Inhalt der Marktbearbeitungsstrategie und der Interorganisationsbeziehungen in der Supply Chain vor und hat, als oft letztes Glied in der Wertschöpfungskette, direkten Zugang zu den Absatzmärkten beim Endkunden (Wildemann 1997, S. 423). Die anderen Supply Chain Unternehmen sind zumeist direkt oder indirekt von ihm abhängig. Der Leistungsaustausch ist durch langfristige Verträge festgelegt. Aufgrund der Abhängigkeit orientieren die Supply Chain Unternehmen ihren Leistungserstellungsprozess am Zielsystem des fokalen Unternehmens. Hierarchische Strukturen finden sich heute insbesondere innerhalb von Unternehmensverbünden und in vertikal ausgerichteten Zuliefernetzwerken (Männel 1996, S. 117ff. und Sydow 1992, S. 21).

Supply Chains mit **heterarchischer Koordinationsrichtung** zeichnen sich durch ein eher gleichberechtigtes, partnerschaftliches Verhältnis der autonomen Supply Chain Unternehmen aus. Ein fokales Unternehmen, das die Koordinationsaufgaben zentral für die Supply Chain direkt oder indirekt übernimmt, existiert nicht. Abhängig von der zu lösenden Koordinationsaufgabe, kann jedoch ein einzelnes Supply Chain Unternehmen temporär die Rolle des führenden Unternehmens einnehmen (Corsten/Gössinger 2001, S. 36). Bei der arbeitsteiligen Leistungserstellung versuchen die voneinander abhängigen Supply Chain Partner einen Konsens über die verfolgten Ziele zu erreichen. Eine intensive partnerschaftliche Zusammenarbeit ist aufgrund der Autonomie der Partner die Grundlage zur Erschließung von Erfolgspotenzialen. Supply Chains mit einer heterarchischen Koordinationsrichtung finden sich z. B. bei der Zusammenarbeit von Unternehmen auf der gleichen Wertschöpfungsstufe (z. B. bei regionalen Netzwerken) oder bei virtuellen Unternehmen (Buse 1997, S. 80ff. und Wildemann 1997, S. 425).

Die in einer Supply Chain zugrunde liegende Koordinationsrichtung bestimmt die zur Lösung des Koordinationsbedarfs einzusetzenden Koordinationsinstrumente. Koordinationsinstrumente sind dabei Regelungen, die Art und Umfang von Interdependenzen zwischen Organisationseinheiten sowie arbeitsteilige Prozessabstimmungen steuern und Entscheidungen relativ autonomer oder teilautonomer Einheiten auf das Gesamtziel ausrichten (Hoffmann 1980, S. 316 und Kieser/Kubicek 1992, S. 95f.). Die zur Reduzierung und Deckung des unternehmensübergreifenden Koordinationsbedarfs einzusetzenden Koordinationsinstrumente beeinflussen die Zielerreichung von Planungs- und Steuerungsaufgaben sowohl auf der Ebene der unternehmensübergreifenden als auch auf der unternehmensinternen Supply Chain (Corsten/Gössinger 2001, S. 36).

Koordinationsinstrumente lassen sich hinsichtlich unterschiedlicher Kriterien abgrenzen und klassifizieren, wobei die bisher in der Literatur vorgestellten Klassifikationen nicht immer überschneidungsfrei und vollständig sind.[3] Der Einsatz von Koordinationsinstrumenten im Supply Chain Management geht über den traditionellen Koordinationsfokus eines unternehmensinternen Einsatzes hinaus und bedarf der Erweiterungen auf der Netzwerkebene. Die Auswahl geeigneter Koordinationsinstrumente für das Supply Chain Management basiert dabei auf der grundsätzlichen Abwägung, die Instrumente auszuwählen, die auf der einen Seite einem Supply Chain Unternehmen ausreichenden individuellen Handlungsspielraum belassen, auf der anderen Seite aber sein Individualverhalten mit möglichst hoher Sicherheit auf das Gesamtziel der Supply Chain ausrichten. Eine Zuordnung von Koordinationsinstrumenten zu spezifischen Ausprägungen der Koordinationsrichtung von Supply Chains im Spannungsfeld zwischen Markt und Hierarchie und damit eine Systematisierung für einen unternehmensübergreifenden Koordinationsinstrumenteneinsatz zeigt Abbildung 4 (Steven 1999, S. 255 und Meyer/Steven 2000, S. 30). Je nachdem ob eine Supply Chain oder einzelne Kunden-Lieferanten-Beziehungen innerhalb einer Supply Chain eher zur marktlichen oder hierarchischen Koordination neigen, eignen sich unterschiedliche Koordinationsinstrumente. Die Umsetzung der genannten hierarchischen und heterarchischen Koordinationsinstrumente innerhalb des SCM beschreiben die nachfolgenden Kapitel.

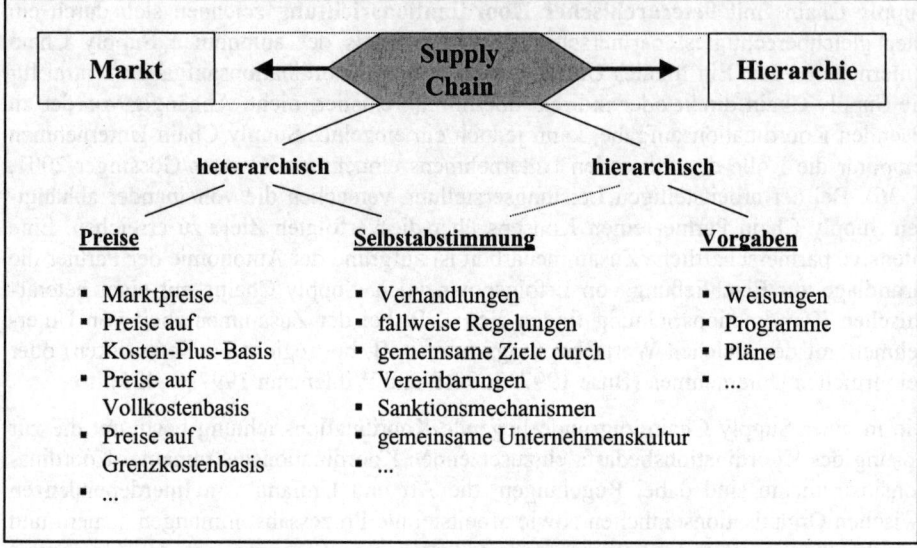

Abbildung 4: Koordinationsansätze in unterschiedlichen Netzwerkstrukturen

3.2 SCM innerhalb eines Unternehmensverbundes mit hierarchischer Koordination

Koordinationsinstrumente

Innerhalb einer hierarchisch koordinierten Supply Chain übernimmt das fokale Unternehmen die Koordinationsaufgaben direkt und indirekt. Bei der direkten Übernahme werden die hierarchisch untergeordneten Supply Chain Unternehmen durch implizite und explizite **Vorgaben** von Verhaltensnormen zentral, hierarchisch und aktiv koordiniert (Hoffmann 1980, S. 318ff.). Diese Form der Fremdkoordination kann sich über die einzelnen vor- und nachgelagerten Unternehmensbeziehungen fortsetzen. Das zuvor vom fokalen Unternehmen fremdkoordinierte Supply Chain Unternehmen kann z. B. auf der nachfolgenden Supply Chain Stufe Koordinationsaufgaben für die ihm vorgelagerten Supply Chain Unternehmen wahrnehmen usw. In diesem Fall würden sich die Unternehmen, die nicht der direkten Koordination durch das fokale Unternehmen unterliegen, indirekt auf das Zielsystem des fokalen Unternehmens ausrichten. Alternativ ist an dieser Stelle auch die Ausübung von Koordinationsaufgaben durch das fokale Unternehmen für mehrere Supply Chain Stufen zu nennen, wobei sich jedoch die Koordinationskosten in der Supply Chain noch weiter erhöhen.

Beim indirekten Koordinieren von Teilaufgaben richten sich die Unternehmen ohne die Vorgabe expliziter Verhaltensnormen durch das fokale Unternehmen auf dessen Zielsystem aus. Liegt eine hohe wirtschaftliche Abhängigkeit vom jeweils hierarchisch übergeordneten Unternehmen in der Supply Chain vor, orientiert sich das unternehmensindividuelle Handeln am Zielsystem des übergeordneten Unternehmens. Grundlage für ein derartiges Verhalten bilden Motivations- und Anreizmechanismen, wie z. B. die Aussicht auf eine langfristige Fortführung der Kunden-Lieferanten-Beziehung mit entsprechender Aussicht auf den Abschluss von Folgeaufträgen. Bei der indirekten Koordination kommen insbesondere Koordinationsinstrumente zur Selbstabstimmung zum Einsatz. Selbstabstimmung bedeutet dabei, dass interdependente Entscheidungsträger ihre Entscheidungen auf der Grundlage von Eigeninitiative oder spezieller Regelungen (z. B. institutionalisierte Koordinationsteams) und in Kenntnis der Wirkungen dieser Entscheidungen aufeinander abstimmen (Hoffmann 1980, S. 321). Instrumente zur Selbstabstimmung werden an dieser Stelle nicht weiter betrachtet. Sie ergeben sich in einer Supply Chain lediglich als Folge der hierarchischen Koordination durch das fokale Unternehmen und sind für hierarchische Supply Chain Strukturen nicht formgebend. Ihre Darstellung und Einordnung wird im Bereich der heterarchischen Ansätze vorgenommen.

Der Einsatz des Koordinationsinstruments **Weisung**, bei dem eine hierarchisch übergeordnete Einheit dem Weisungsempfänger Aufgabenstellung und Verfahrensanleitung vorschreibt (z. B. in Form von Anweisungen oder einer Zuweisung von Ressourcen), beruht auf Autoritätsbeziehungen und einer aufsteigenden Regelungskompetenz (Rilling 1997, S. 94). Da diese zumeist nur innerhalb eines zentral koordinierten Unternehmensverbundes vorhanden sind und die koordinierende Instanz schnell zur Engpassstelle werden kann, spielen Weisungen zur Koordination der Supply Chain nur eine untergeordnete Rolle.

Wesentlich größeres Gewicht erhalten Programme und Pläne zur Supply Chain Koordination. **Programme** geben verbindliche Handlungsvorschriften, die über Maßnahmen oder Aktivitäten festlegen, wie auf Ausgangsereignisse zu reagieren ist. Dem Vorteil eines geringen Koordinationsaufwandes im Falle einer mehrfachen Programmanwendung steht die sich aus dem statischen Rahmen ergebende geringe Reagibilität bei veränderten Situationen entgegen (Weber 1995, S. 38). **Pläne** beziehen sich im Gegensatz zu den permanent geltenden Programmen auf einen festgelegten Zeitabschnitt. Sie geben verbindliche Ziele vor und kontrollieren diese. Eine wie bei den Programmen vorzufindende Festlegung des Erfüllungsprozesses zur Zielerreichung gibt es bei Plänen nicht, womit auch keine Vorabfestlegung der durchzuführenden Maßnahmen und Aktivitäten notwendig wird.

Umsetzung der Koordinationsinstrumente in SCM-Konzepten und SCM-Systemen

In der SCM-Praxis werden bei Supply Chains mit hierarchischer Koordinationsrichtung Programme zur unternehmensübergreifenden Optimierung eingesetzt. Diese zentralistisch durchgeführten Planungs- und Steuerungssysteme streben eine Optimierung aller eingebundenen Supply Chain Unternehmen an. Zur Realisierung des zentralen Planungsansatzes geben die eingebundenen Supply Chain Unternehmen oder Organisationseinheiten ihre Planungsautonomie auf und übermitteln an das zentrale Optimierungssystem die benötigten dezentralen Planungs- und Steuerungsdaten. Das der Zielsetzung des fokalen Unternehmens folgende und meistens auch organisatorisch dem fokalen Unternehmen zugeordnete Optimierungssystem ermittelt über alle eingebundenen Supply Chain Unternehmen optimierte Lösungen im Bereich des Supply Chain Design und des Supply Chain Planning. Im Gegensatz zu der bisher zumeist lokal durchgeführten Planung wird der Schritt zu einer „globalen" – im Sinne aller eingebundenen Unternehmen – Planung vollzogen. Für den Fall, dass das Optimierungssystem zeitnah und auf der Grundlage aktueller Daten operiert, können „global" optimierte Zustände ermittelt, die Kosten und Zeiten gesenkt und der Kundenservice erhöht werden. Bei der „globalen" Optimierung ist es möglich, dass einzelne Unternehmen zur Gesamtzielerreichung schlechter gestellt werden. Mit Ausnahme entsprechend gesetzter Restriktionen werden pareto-bessere oder pareto-effiziente Zustände über alle beteiligten Unternehmen nicht angestrebt. Die notwendige Verteilung der im Zuge einer zentralen Optimierung entstehenden Gewinne und Verluste übernimmt das fokale Unternehmen.

Zentrale Optimierungen sind besonders bei strategischen und taktischen Entscheidungen sinnvoll. Die Ausnutzung von Verbundvorteilen nimmt aber mit der zunehmenden Fristigkeit von Entscheidungen ab. Für Koordinationsaufgaben im operativen Supply Chain Planning und Supply Chain Execution Bereich sind „globale" Lösungen nur von sekundärer Bedeutung. Im Vordergrund steht die flexible und schnelle Lösungsfindung zur Deckung des Kundenbedarfs bei gleichzeitiger effektiver Beschränkung der Planungskomplexität. In vielen Praxisbereichen ist die vollständige Koordination über ein zentrales Programm durch eine integrierte Kombination aus zentral und lokal durchgeführten Programmen zu ersetzen. Beispielsweise können Koordinationsaufgaben zur Gestaltung der Supply Chain global und Koordinationsaufgaben zur Feinplanung je Unternehmen oder Organisationseinheit lokal durchgeführt werden. Die Umsetzung der Programme auf der lokalen Ebene kann als zentrale oder dezentrale Planung und Steuerung erfolgen. Detaillierte Ausführungen zur Organisation dieser Managementaufgaben in der Supply Chain gibt *Freitag (Teil II)* in seinem Praxisbericht.

Gibt das fokale Unternehmen den anderen Supply Chain Unternehmen seine Planungsergebnisse als Pläne vor, erhalten die betroffenen Unternehmen einen höheren Handlungsspielraum beim Erfüllungsprozess bei gleichzeitiger verbindlicher Zielvorgabe. Im Bereich der Logistikplanung und -steuerung übermittelt das fokale Unternehmen den jeweils vor- und nachgelagerten Unternehmen beispielsweise Informationen über seine lang-, mittel- und kurzfristigen Bestell- oder Liefermengen. Die detaillierte Einplanung der Aufträge auf die unternehmensinternen Ressourcen fällt anschließend in den Verantwortungsbereich des informationsempfangenden Supply Chain Unternehmens. Es kann seinerseits Pläne und Programme einsetzen, um die vorgegebenen Ziele zu erreichen. Durch den Einsatz von Plänen erhält das fokale Unternehmen die Möglichkeit mit relativ geringem Koordinationsaufwand eine seiner Zielsetzung entsprechende synchronisierte Planung und Steuerung in der Supply Chain zu erreichen.

Die auf eine unternehmensübergreifende zentrale Optimierung durch Programme ausgerichteten aktuellen SCM-Konzepte und ihre informationstechnischen Realisierungen werden als **Advanced Planning Systems (APS)** bezeichnet. Sie verfolgen u. a. engpassorientierte Planungsansätze und ermöglichen eine simultane Planung von Kapazitäten und Materialbedarfen. Insbesondere bei strategischen und taktischen Optimierungsproblemen ist es mit APS möglich, deutlich verbesserte Planungsergebnisse zu erzielen. Zur Beschreibung der detaillierten Grundlagen über APS wird auf den Beitrag von *Steven/Krüger (Teil II)* verwiesen. Neben der Beschreibung der Funktionalitäten nehmen die Autoren eine zusätzliche kritische Nutzenbetrachtung von APS vor. Einen Schritt weiter in Richtung APS-Einsatz in der Praxis gehen *Hellingrath/Hieber/Laakmann/Nayabi (Teil II)* mit ihrem Beitrag zur Auswahl und Einführung von SCM-Softwaresystemen. Sie benennen Merkmale marktgängigster Softwaresysteme und beschreiben Vorgehensmodelle zur Auswahl und Einführung von SCM-Systemen.

Der **Systemintegration** kommt bei APS eine besondere Bedeutung zu. Über alle beteiligten Unternehmen bedarf die zentralistische Optimierung einer besonderen unternehmensübergreifenden Vernetzung von Geschäftsprozessen und DV-Systemen. Die „globale" Integration von Planungs- und Steuerungssystemen ist dabei eine notwendige Voraussetzung zum effektiven Einsatz von APS. Mit den betriebswirtschaftlichen und systemtechnischen Integrationsfragestellungen und der erforderlichen Integrationstechnologie beschäftigt sich im Speziellen der Beitrag von *Kilger/Müller (Teil II)*. Er zeigt auf, dass zur Systemintegration der oft heterogenen Systemlandschaften Schnittstellen und Basisdaten eine große Bedeutung zukommt. Vor einem APS-Einsatz müssen Unternehmensverbünde vielfach bis dato vernachlässigte Fragestellungen auf der ERP-Ebene klären, um die notwendigen Integrationsvoraussetzungen im Bereich der Basisdaten zu schaffen.

Welche Erfahrungen mit APS bisher gemacht wurden, zeigen die **Praxisberichte** von *Bick (Teil II)*, *Franke (Teil II)*, *Mekschrat (Teil II)*, *Brand/Griebel/Schallner (Teil II)* und *Schmelmer/Seiling (Teil II)*. Sie beschreiben für unterschiedliche Branchen spezielle APS-Lösungen, nehmen Stellung zu APS-Einführungskonzepten und geben detaillierte

Auskunft über die eingesetzten APS-Produkte der Softwareanbieter SAP und i2. Durch das kritische Hinterfragen in Form von Kapiteln wie „Lessons Learned" oder „Kritische Erfolgsfaktoren" ist eine anwenderspezifische Übertragung der von den Autoren gemachten Erfahrungen möglich.

3.3 SCM in einer Supply Chain mit gleichberechtigten, autonomen Partnern in heterarchischer Koordination

Koordinationsinstrumente

Durch die Kooperation gleichwertiger, autonomer Partner in flexibler Spezialisierung ist in Supply Chains oder Supply Chain Bereichen mit einer heterarchischen Koordinationsrichtung eine Anwendung von Koordinationsinstrumenten zur Ausübung von Fremdkoordination nicht zielführend (Bellmann 1999, S. 211). Da eine zentrale Instanz zur Koordination nicht existiert, bedarf es flexibler Koordinationsinstrumente, bei denen Teilsysteme kooperieren aber auch konkurrieren können. *Wildemann* stellt hier die Forderung nach Koordinationsformen auf, die eine hohe Koordinationsleistung mit geringem Aufwand erzielen und gleichzeitig die Handlungsspielräume der einzelnen Unternehmen einer Supply Chain nicht einengen (Wildemann 1997, S. 436).

Mögliche Koordinationsinstrumente für einen unternehmensübergreifenden Einsatz kommen aus dem Bereich der Koordination durch Preise und aus dem Bereich der Selbstabstimmung. Die Koordination durch **Preise** erfolgt auf der Grundlage von Verrechnungspreisen, die eine monetäre Bewertung von Lieferungen und Leistungen ermöglichen. Das Konkurrenzprinzip des Marktes vereinfacht die erforderliche Koordination, da nur noch unmittelbar betroffene Teilbereiche miteinander in Kontakt treten, um Preise zu bestimmen und Ressourcenallokationen zu steuern. Zur Koordination können Verrechnungspreise auf Basis von Marktpreisen, Kosten-Plus-Basis oder voll- bzw. grenzkostenbasierten Preisen eingesetzt werden. Eine unternehmensübergreifende Koordination über Preise belässt den Supply Chain Unternehmen ausreichenden autarken Handlungsspielraum und verursacht in Abhängigkeit vom verwendeten Preisbestimmungsmechanismus eher geringe Koordinationskosten.

Selbstabstimmung bedeutet im engeren Sinne, dass interdependente Entscheidungsträger ihre Entscheidungen auf der Grundlage von Eigeninitiative oder spezieller Regelungen (z. B. institutionalisierte Koordinationsteams) und in Kenntnis der Wirkungen dieser Entscheidungen aufeinander abstimmen (Hoffmann 1980, S. 321). Entscheidungen werden dabei von Organisationseinheiten selbst ohne Einbeziehung von hierarchisch übergeordneten Einheiten getroffen. Selbstabstimmung ist damit dezentral, passiv und nichthierarchisch (Hoffmann 1980, S. 318ff.). In Anlehnung an *Kieser* und *Kubicek* lassen sich grundsätzlich drei Formen der Selbstabstimmung differenzieren (Kieser/Kubicek 1992, S. 107ff.):

- Bei der fallweisen Interaktion nach eigenem Ermessen gibt es keine speziellen strukturellen Regelungen zur Selbstabstimmung.

- Bei der themenspezifischen Interaktion werden die Themen, zu denen eine Selbstabstimmungspflicht besteht, der Gruppe vorgegeben. Oftmals besteht eine Pflicht zur Entscheidungsfindung und damit zur Konfliktbewältigung.

- Bei der institutionalisierten Interaktion werden Koordinationsorgane (z. B. Ausschüsse und Arbeitsgruppen) eingerichtet, die in unterschiedlicher Regelmäßigkeit, Zusammensetzung und Zweck Koordinationsaufgaben wahrnehmen.

Unternehmensübergreifend selbstabstimmende Koordinationsinstrumente sind **fallweise Regelungen, gemeinsame Ziele durch Vereinbarungen, gemeinsame Verfahrensrichtlinien** und **Sanktionsmechanismen**. Ihre Vorteile sind in der hohen Flexibilität gegenüber unvorhergesehenen Ereignissen, einer Reduzierung der vertikalen Kommunikation und einer positiven Motivationswirkung auf die betroffenen Organisationsmitglieder zu sehen. Nachteile sind ein möglicherweise erhöhter Zeitaufwand zur gegenseitigen Abstimmung, eine ggf. nicht ausreichende Kompetenz zur Erkennung und Lösung des Koordinationsbedarfs und eine aufgrund der Gleichstellung der betroffenen Personen nicht gesicherte Konvergenz des Koordinationsprozesses.

Neben den genannten Koordinationsinstrumenten können zur Lösung des unternehmensübergreifenden Koordinationsbedarfs noch die Koordination durch Verhandlungen und durch Organisationskultur eingesetzt werden. **Verhandlungen** versuchen den Koordinationsbedarf durch eine strukturierte Interaktion zwischen den beteiligten Supply Chain Unternehmen zu lösen, ohne dabei ihre Eigenständigkeit bei der Planung und Steuerung der Lieferungs- und Leistungserstellung in Frage zu stellen. Durch die verteilte Problemlösung eignen sich Verhandlungen besonders zur Problemlösung bei langfristig bestehenden Supply Chain Beziehungen, die eine hohe Interdependenz bei gleichzeitiger Autonomie der Supply Chain Unternehmen aufweisen, so dass eine einseitige Interessensmaximierung und Durchsetzung partialer Interessen zu dysfunktionalen Ergebnissen führen (Gotsch 1987, S. 39). Zur Strukturierung von Verhandlungsprozessen werden Verhandlungsprotokolle eingesetzt, die als Regelwerk die Kommunikationsbeziehungen zwischen den Verhandlungsteilnehmern festlegen (Ferstl/ Sinz 1998, S. 378 und Mannmeusel 1997, S. 72). Beispiele für Verhandlungsprotokolle sind Auktionen, Lizitationen, Aus- und Einschreibungen oder bilaterale Verhandlungen.

Bei der Koordination durch **Organisationskultur** wird davon ausgegangen, dass zwischen den Unternehmen einer Supply Chain die Unternehmenskulturen bei Werten und Normen in einem hohen Maße übereinstimmen und sich dadurch der notwendige Koordinationsbedarf reduzieren lässt. Gemeinsame Überzeugungen, fixierte Leitlinien, Symbole, etc. vereinfachen die Handlungen und erzeugen Vertrauen. Nachteilig wirken sich die Gefahr des Missbrauchs, die Verschleierung von Realitäten und das Handeln auf Basis von Ideologien anstelle von Fakten aus.

Umsetzung der Koordinationsinstrumente in SCM-Konzepten und SCM-Systemen

Die Umsetzung der Planung und Steuerung in heterarchisch koordinierten Supply Chains erfolgt auf der Grundlage der aufgezeigten Koordinationsinstrumente sehr unterschiedlich. Als ausschließliches Koordinationsinstrument werden Preise an den Supply Chain Schnittstellen eingesetzt, bei denen ein Unternehmen zumeist Standardprodukte mit geringer Wichtigkeit von einem oder mehreren Lieferanten bezieht. Die Lieferantenauswahl erfolgt z. T. sehr kurzfristig und ist preisbasiert. Kurzfristige Verträge ermöglichen es dem Unternehmen, Lieferanten schnell zu wechseln. Über **Elektronische Märkte** können die drei Phasen der Transaktionsabwicklung (Informationsphase, Vereinbarungsphase und Abwicklungsphase) abgebildet werden (Schmid 1993, S. 467 und Schmid/Zbornik 1992, S. 72). Der Einsatz von Informations- und Kommunikationstechnik reduziert die anfallenden Koordinationskosten und erhöht in der Informationsphase die Markttransparenz (Picot/Reichwald/Wigand 1996, S. 318). Elektronische Märkte ermöglichen eine standortunabhängige Marktteilnahme bei gleichzeitigem offenen Marktzugang. In der Praxis sind Elektronische Märkte durch unterschiedliche Beziehungsstrukturen gekennzeichnet. So kann ein Marktveranstalter – der Marktveranstalter kann selber Anbieter, Nachfrager oder ein unabhängiger Dritter sein – z. B. mehrere zumeist externe Anbieter und Nachfrager zusammenführen. Möglich ist aber auch, dass ein Marktveranstalter nur einen Anbieter mit mehreren Nachfragern zusammenführt oder vice versa. In gesonderten Fällen kann in einem elektronischen Markt auch auf die Funktion des Marktveranstalters ganz verzichtet werden.

In der Praxis existieren elektronische Märkte beispielsweise im Finanzbereich (z. B. als elektronische Börse), im Tourismusbereich (z. B. als Buchungssystem) oder im Produktionsbereich (z. B. als elektronische Kataloge zur Beschaffung indirekter Güter). Das Angebotsspektrum von elektronischen Märkten geht dabei über die eigentliche Transaktion des Produktes oder der Dienstleistung hinaus und wird durch transaktionsbegleitende Finanz-, Versicherungs- oder Transportdienstleistungen ergänzt (Picot/Reichwald/Wigand 1996, S. 346). Der Beitrag von *Walther (Teil I)* nimmt detailliert Stellung zu den aktuellen Konzepten und Umsetzungen von elektonischen Beschaffungsprozessen, elektronischen Marktplatzmodellen und Anwendungspotenzialen im Rahmen des E-Procurement. Zusätzliche Informationen zu Elektronischen Märkten gibt *Werner(Teil III)*.

Zur Beschaffung von wettbewerbsentscheidenden Produkten eines Supply Chain Unternehmens, die sich durch eine geringe Anzahl an Anbieter und eine zumeist langfristige strategische vertragliche Bindung zwischen den Supply Chain Unternehmen auszeichnen, sind Elektronische Märkte mit ihrer kurzfristigen preisgetriebenen Koordination nicht geeignet. Hier bedarf es der Anwendung von Koordinationsinstrumenten der Selbstabstimmung. Durch die Wahrung der Eigenständigkeit der Supply Chain Unternehmen hat eine Koordination über Selbstabstimmung eine hohe Akzeptanz, berücksichtigt die unternehmensindividuelle Situation und ist gegenüber auftretenden Änderungen flexibel.

Neben dem eher indirekt wirkenden Koordinationsinstrument der Organisationskultur erhalten Regelung, Vereinbarungen und Verfahrensrichtlinien sowie Verhandlungen eine besondere Bedeutung. Zur Schaffung der zur Reduktion des Bullwhip-Effekts benötigten Transparenz und zur Synchronisation der unternehmensübergreifenden Planung sind im Vorfeld der Kooperation vertragliche Vereinbarungen zu treffen. Die Integration von Prozessen und Systemen zum Austausch von planungs- und steuerungsrelevanten Informationen ist für die beteiligten Supply Chain Unternehmen festzulegen. Der intensivierte Datenaustausch kann zu einer synchronisierten Planung erweitert werden. Treten Ausnahmesituationen von den gemeinschaftlich abgeleiteten Planungs- und Steuerungsdaten auf, können die Supply Chain Unternehmen in einen kollaborativen, nach Win-Win-Situationen suchenden Verhandlungsprozess eintreten. Diese Form der partnerschaftlichen Zusammenarbeit wird aktuell unter dem Schlagwort **kollaboratives SCM** (engl. Collaborative Supply Chain Management – CSCM) diskutiert. Der Beitrag von *Langemann (Teil III)* nimmt detailliert zum CSCM Stellung. Er ordnet CSCM innerhalb des SCM ein und beschreibt auf der Grundlage unterschiedlicher kollaborativer Planungsprozesse die konzeptionelle Anwendung von CSCM. Neben technologischen Aspekten wird auch auf die Einführung von CSCM-Systemen eingegangen. Ein praktisches Beispiel zur Umsetzung von kollaborativen Softwarelösungen geben *Alicke/ Graf/Putzlocher (Teil III)* am Beispiel der Automobilindustrie. Einen Schritt weiter in Richtung partnerschaftlicher Zusammenarbeit geht der Beitrag von *Berentzen/Reinhardt (Teil III)*. Er verdeutlicht, wie eine Win-Win-orientierte Zusammenarbeit zwischen zwei Unternehmen in der Konsumgüterindustrie im Bereich der Distributionslogistik gestaltet werden kann.

Eine noch sehr junge Umsetzungskonzeption von verhandlungsbasierten Koordinationsinstrumenten sind sogenannte **Multi-Agentensysteme (MAS)**. MAS, die das Zusammenarbeiten von mehreren Softwareagenten an einer komplexen Aufgabenstellung beschreiben, ermöglichen eine verteilte Lösungsfindung, indem die Softwareagenten über das strukturierte Versenden von Nachrichten miteinander kommunizieren. Der Einsatz von MAS zur dezentralen unternehmensinternen und -übergreifenden Produktionsplanung und -steuerung wird aktuell zumeist unter dem Blickwinkel informationstechnischer Fragestellungen diskutiert. Erste Forschungsarbeiten und Prototypen zeigen für die Zukunft große Potenziale von MAS auf. Einen kurzen theoretischen Einblick in MAS gibt *Rautenstrauch (Teil III)*. Die praktische Umsetzung zeigt der Beitrag von *Dangelmaier/ Krebs/Pape/Rüther (Teil III)* am Beispiel des vom BMBF geförderten Forschungsprojekts CoagenS.

Einen allgemeinen Überblick zum Management der Planung und Steuerung von dynamischen Supply Chains (dynamischen Unternehmensnetzwerken) gibt der Beitrag von *Scheer/Angeli (Teil III)*. Nach der Klassifikation von unterschiedlichen Organisationsformen werden die Konfiguration und die managementunterstützende Informationstechnologie für dynamische Supply Chains dargestellt.

Die auf der Selbstabstimmung basierende Integration von Prozessen und Systemen ist beim Datenaustausch in heterarchisch koordinierten Supply Chains von besonderer

Bedeutung. Wollen die Supply Chain Unternehmen ihre Eigenständigkeit in Fragen der Planung und Steuerung behalten und gleichzeitig die Leistungsfähigkeit der gesamten Supply Chain stärken, sind erfolgskritische Daten, wie z. B. Prognosen, Bestände und Aufträge, insbesondere zwischen den strategischen Partnern auszutauschen. Mit der Realisierung der elektronischen Vernetzung von Supply Chain Unternehmen beschäftigt sich insbesondere *Werner (Teil III)*, der unterschiedliche Plattformen für elektronische Supply Chains darstellt.

Zur DV-technischen Umsetzung des unternehmensübergreifenden Informationsaustausches sind geeignete Standards für den Datentransfer zwischen den beteiligten Supply Chain Unternehmen festzulegen. Mit Hilfe einer Middleware lässt sich die Kommunikation zwischen verteilten Systemen einfacher herstellen. Spezifische Informationen über das Themengebiet der Integration von SCM-Lösungen innerhalb von heterarchischen Supply Chains gibt der Beitrag von *Gronau/Haak/Noll (Teil III)*. Er zeigt insbesondere die unterschiedlichen Möglichkeiten zur Realisierung der Middleware und EAI auf.

4. Zusammenfassung

Die Ausgestaltung des SCM ist im Wesentlichen von der innerhalb der Supply Chain vorliegenden Koordinationsrichtung abhängig. Grundsätzlich lassen sich dabei Supply Chains mit hierarchischer und heterarchischer Koordinationsrichtung differenzieren. Die Auswahl eines zielführenden SCM-Konzepts und dessen informationstechnische Unterstützung durch ein SCM-System müssen in Abhängigkeit von der innerhalb der Supply Chain vorliegenden Koordinationsrichtung und den sich aus ihr ableitenden Koordinationsinstrumenten ergeben.

Innerhalb eines Unternehmensverbundes mit hierarchischer Koordination werden zur Nutzung von übergreifenden Erfolgspotenzialen aktuell zentrale Optimierungslösungen diskutiert und in der Praxis umgesetzt. Die Integration von dezentralen Planungs- und Steuerungssystemen in die zentrale Optimierungslösung ist hierbei von besonderer Bedeutung.

Innerhalb einer Supply Chain mit gleichberechtigten, autonomen Partnern beruht die heterarchischer Koordination der vernetzten Unternehmen entweder auf dem Preis oder auf der Selbstabstimmung. Liegt eine geringe Wertigkeit oder Wichtigkeit von Produkten vor, beziehen die Unternehmen ihre Produkte fast ausschließlich über den Preismechanismus auf Elektronischen Märkten. Bei erfolgskritischen Produkten ist die Zusammenarbeit der Supply Chain Unternehmen, die sich nun eher als Partner verstehen, langfristig und auf eine gemeinschaftliche Zielerreichung ausgerichtet. Collaborative Supply Chain Management bietet hier die Möglichkeit, Daten auszutauschen und Prozesse gemeinschaftlich zu gestalten. Die Integration von Prozessen bedarf unternehmensübergreifender, auf Vertrauen basierter Anstrengungen. Bei der nachfolgenden Systemintegration stehen besonders Fragen der Vernetzung heterogener Systeme im Vordergrund.

Anmerkungen

[1] Vgl. Definitionen in Hardfield/Nichols 1999, S. 2 oder *Göpfert (Teil I)*.

[2] Eine Differenzierung in hierarchisch und heterarchisch nehmen insb. Corsten und Gössinger (Corsten/Gössinger 2001, S. 35ff.) und Zäpfel (Zäpfel 2001, S. 13) vor. Alternativ werden auch die Begrifflichkeiten hierarchisch-pyramidal und polyzentrisch (Wildemann 1997, S. 423ff.) zur Beschreibung unterschiedlicher Ausprägungen zur Wahrnehmung der Koordinationsaufgaben in Netzwerken verwendet.

[3] Vgl. z. B. die unterschiedlichen Abgrenzungen von Hoffmann (Hoffmann 1980, S. 325ff.), Kieser/Kubicek (Kiser/Kubicek 1992, S. 103ff.), March und Simon (March/Simon 1958, S. 160) oder Mintzberg (Mintzberg 1979, S. 3ff.).

Teil I

Grundlagen des Supply Chain Managements

Ingrid Göpfert

Einführung, Abgrenzung und Weiterentwicklung des Supply Chain Managements

1. Innovation im Management
2. Gegenstand des Supply Chain Managements
3. Bestandsaufnahme zu Zielen, Aufgaben und Instrumenten
   3.1 Hauptmotiv: Synchronisation von Nachfrage und Angebot in interorganisationalen Wertschöpfungsketten
   3.2 Kernaufgaben: Unternehmensübergreifende Informationsversorgung, Planung und Steuerung
   3.3 Basisinstrumente
4. Weiterentwicklung der SCM-Konzeption für zukünftige Anwendungen
   4.1 Normatives Supply Chain Management
   4.2 Strategisches Supply Chain Management
   4.3 Operatives Supply Chain Management
5. Zusammenfassung

1. Innovation im Management

Die Lebenszyklusbetrachtung hat sich für Produkte und Technologien durchgesetzt. Dagegen bildet die Übertragung des Lebenszyklusmodells auf das Anwendungsobjekt „Management" bzw. „Unternehmensführung" eher die Ausnahme. Zu wenig wird die Tatsache beachtet, dass auch die Unternehmensführung einen Lebenszyklus durchläuft. Entwicklungsprodukte in Gestalt moderner Managementkonzepte wie Total Quality Management, Time Based Management und das Supply Chain Management sind Ausdruck für diesen Entwicklungsaspekt der Unternehmensführung.

Mit dem Aufkommen neuer „Keywords" wird regelmäßig die Frage gestellt, ob es sich um Modeerscheinungen handelt oder eine neue Managementqualität dahinter steht. Die Antwort auf diese Frage bleibt oft aus oder zieht sich über eine relativ lange Zeitdauer hin. Würde man den Ansatz bei dem Lebenszyklusmodell der Unternehmensführung wählen, dann fiele es wesentlich leichter zwischen „nur kreativen Wortschöpfungen" und tatsächlichen Managementinnovationen zu differenzieren.

Auch bezüglich des Supply Chain Managements wurde die „Modewellen-Diskussion" geführt (vgl. Kotzab 2000, S. 23, Steinaecker/Kühner 2000, S. 33ff.). Heute sind sich die Mehrzahl der Autoren darüber einig, dass **Supply Chain Management (SCM) eine neue Qualität der Unternehmens- und Netzwerkführung** beinhaltet.[1]

Eine wissenschaftlich fundierte Einordnung des Supply Chain Managements in den Entwicklungsprozess der Unternehmensführung blieb bis heute aus. Diese Tatsache hängt mit der kritisierten fehlenden Anwendung des Lebenszyklusmodells auf die Unternehmensführung zusammen. Zugegebenermaßen ist es einfacher die Einflussfaktoren auf die Entwicklung technischer Produkte zu definieren als die Einflussfaktoren der Unternehmensführung.

Mehr Transparenz über den Lebenszyklus der Unternehmensführung würde insbesondere zwei große Vorteile bringen:

- Erstens könnte die „Modewellen-Diskussion" verkürzt werden bzw. durch Nachweisführung des Innovationsgehaltes von vornherein entfallen.

- Zweitens wäre man im Vorfeld des akuten Praxisbedarfes in der Lage, wissenschaftlich fundierte Zukunftslösungen für die Unternehmenspraxis zu entwickeln (= Sicherung des wissenschaftlichen Vorlaufs). Im Falle des Supply Chain Managements verhält es sich anders herum. Die ersten Entwicklungsschritte wurden in der Praxis gegangen und die wissenschaftliche Forschung setzte erst danach reaktiv ein (vgl. u. a. Cooper/Lambert/Pagh 1997, S. 12).

Supply Chain Management befindet sich aktuell mitten in einem Innovationsprozess. Das heißt, dass diese betriebswirtschaftliche Konzeption bei weitem noch nicht das Stadium der Produktreife erreicht hat. Im Folgenden wird eine Bestandsaufnahme der bisherigen Ergebnisse durchgeführt. Die Ausführungen konzentrieren sich auf Hauptmotiv, Kernaufgaben und Basisinstrumente des Supply Chain Managements. Die Bestandsaufnahme bildet die Voraussetzung für die anschließende gezielte Weiterentwicklung zu einer integrierten Konzeption für unternehmensübergreifende Wertschöpfungsnetzwerke. Wir beginnen mit der Definition des Gegenstandes.

2. Gegenstand des Supply Chain Managements

Mittlerweile liegen mehrere umfassende Literaturanalysen zu den Auffassungen über den Inhalt des Supply Chain Managements vor (siehe Bechtel/Jayaram 1997, S. 16-19, Corsten 2001, S. 189-198, Kotzab 2000, S. 21-47, Marbacher 2001, S. 16-26, Pfohl 2000a, S. 1-42, Stölzle 1999, S. 162-178). Die zahlreichen Definitionsvorschläge können auf zwei große Gruppen von Standpunkten reduziert werden.

Die zu **Definitionsgruppe 1** gehörenden Autoren erklären den Gegenstand von Supply Chain Management unter direkter Bezugnahme auf die betriebswirtschaftliche Logistik. Unterstützt wird das durch die synonyme Verwendung der Kategorie „Supply Chain" für „Lieferkette", „Versorgungskette", „Logistikkette" und „logistics network" (vgl. u. a. Kotzab 2000, S. 32, Pfohl 1997, S. 582f). „The supply chain, which is also referred to as the logistics network, consists of suppliers, manufacturing centers, warehouses, distribution centers, and retail outlets, as well as raw materials, work-in-process inventory, and finished products that flow between the facilities" (Simchi-Levi/Kaminsky/Simchi-Levi 2000, S. 1). Dass es sich bei Supply Chain Management um Logistik handelt, geht aus folgenden Aussagen klar hervor: „.... we do not distinguish between logistics and supply chain management" (Simchi-Levi/Kaminsky/Simchi-Levi 2000, S. 3) und „Supply Chain Management ... (bildet) ... eine qualitativ höhere Entwicklungsstufe im Lebenszyklus des Logistikmanagements" (Göpfert 2000, S. 259). Die in der Abbildung 1 wiedergegebenen Definitionen von Christopher, Bowersox, Closs und Simchi-Levi sind Beispiele für die erste Definitionsgruppe[2]. Als repräsentativ für die Vertreter der ersten Gruppe wird hier die Definition von Simchi-Levi ausgewählt, die zugleich deutlich macht, dass es sich bei Supply Chain Management nicht um eine Modeerscheinung, sondern um eine betriebswirtschaftliche Disziplin handelt: „Supply chain management is a discipline that focuses on the integration of suppliers, factories, warehouses, distribution centers, and retail outlets so that the items are produced and distributed to the right customers, at the right time, at the right place, and at the right price. Importantly, this is done in a way that minimizes costs while satisfying a certain level of service" (Simchi-Levi 2000, S. 75).

Gegenstand des Supply Chain Managements

Jahr	Autor	Definition
1997	Bowersox	„Supply Chain Management is a collaborative-based strategy to link cross-enterprise business operations to achieve a shared vision of market opportunity" (Bowersox 1997, S. 181)
1996	Bowersox, Closs	„The basic notion of supply chain management is grounded on the belief that efficiency can be improved by sharing information and by joint planning ... an overall supply chain focusing on integrated management of all logistical operations from original supplier procurement to final consumer acceptance" (Bowersox/Closs 1996, S. 4)
1994	Christopher	„Supply Chain Management covers the flow of goods from supplier through manufacturing and distribution chains to the end user" (Christopher 1994, S. 22)
1997	Cooper, Lambert, Pagh	„The integration of all key business processes across the supply chain is what we are calling supply chain management" (Cooper/Lambert/Pagh 1997, S. 2)
1999	Handfield/ Nichols	Supply Chain Management als Management von „all activities associated with the flow and transformation of goods from raw materials stage ... through the end user, as well as the associated information flows" (Handfield/Nichols 1999, S. 2).
2000	Simchi-Levi, Kaminsky, Simchi-Levi	„Supply Chain Management is a set of approaches utilized to efficiently integrate suppliers, manufactures, warehouses, and stores, so that merchandise is produced and distributed at the right quantities, to the right locations, and at the right time, in order to minimize systemwide costs while satisfying service level requirements" (Simchi-Levi et al. 2000, S. 1). „Supply chain management spans the entire enterprise and beyond, encompassing suppliers on one end, and customers on the other" (Simchi-Levi et. al. 2000, S. 221).

Abbildung 1: Verständnisse über Supply Chain Management in der Literatur

Die Vertreter der **Definitionsgruppe 2** stellen keinen direkten Bezug zur Logistik her. Sie interpretieren Supply Chain Management allgemein als interorganisationales Management von Geschäftsprozessen bzw. als Kooperationsmanagement oder Beziehungsmanagement (siehe Hewitt 1994, S. 1ff., Lambert/Emmelhainz/Gardner 1996, S. 1, Marbacher 2001, S. 19ff. und die dort angegebene Literatur)[3]. Die Definition von Cooper et al. in Abbildung 1 bildet ein Beispiel dafür.

Für ein Abwägen zwischen beiden Definitionsgruppen untersuchen wir die inhaltlichen Abläufe in der Supply Chain: Die Versorgungskette wird durch den Bedarf, den der Endverbraucher gegenüber einem am Ende der Wertschöpfungskette agierenden Unternehmen artikuliert, ausgelöst. Von hier aus werden die Bedarfsinformationen an alle an der Leistungserstellung beteiligten Unternehmen weitergeleitet, um den erforderlichen Material- und Warenfluss beginnend bei der Rohstoffgewinnung bis hin zu dem fertigen Produkt und den Serviceleistungen für den Endverbraucher in Gang zu setzen. Unternehmen verschiedener Wertschöpfungsstufen arbeiten im Prozess der Leistungserstellung eng zusammen. Idealtypisch wird das mit der Wertschöpfungskette „Vorlieferant - Lieferant - Hersteller/OEM (Original Equipment Manufacturer) - Handel - Endverbraucher" abgebildet. Das **verbindende Element** in der unternehmensübergreifenden (=interorganisationalen) Wertschöpfungskette bildet der **Güter-, Informations- und Geldfluss**. Erst durch einen funktionierenden Informationsfluss entstehen Leistungsbeziehungen zwischen Unternehmen. Der Informationsaustausch bildet die Basis für den Leistungsaustausch und die Herausbildung von interorganisationalen Wertschöpfungssystemen. Die Leistungsbeziehungen zwischen den Unternehmen dokumentieren sich in dem Material- und Warenfluss sowie dem dazugehörenden Geldfluss. Werden Wertschöpfungssysteme aus dieser **Flussperspektive** heraus betrachtet, dann kann die Komplexität der Leistungsbeziehungen zwischen Wertschöpfungspartnern auf den Güter-, Informations- und Geldfluss reduziert werden.

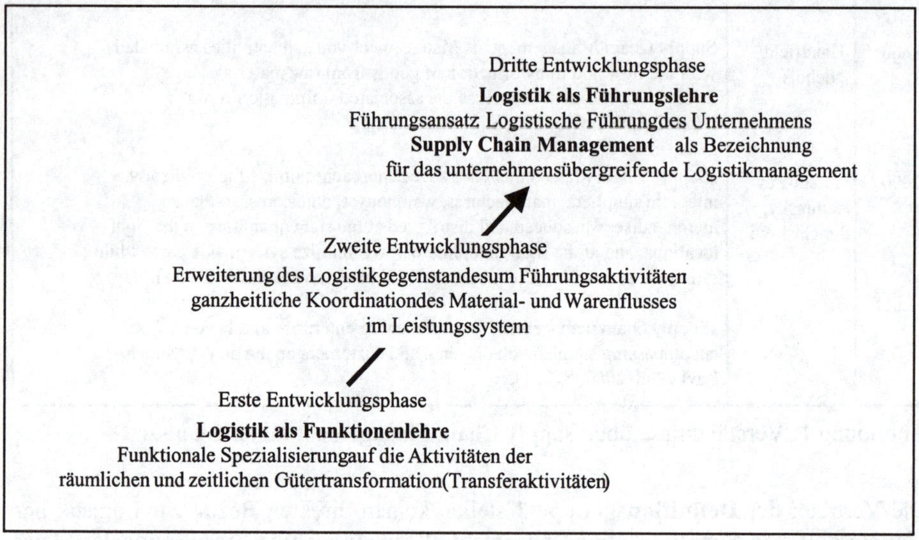

Dritte Entwicklungsphase
Logistik als Führungslehre
Führungsansatz Logistische Führung des Unternehmens
Supply Chain Management als Bezeichnung
für das unternehmensübergreifende Logistikmanagement

Zweite Entwicklungsphase
Erweiterung des Logistikgegenstandes um Führungsaktivitäten
ganzheitliche Koordination des Material- und Warenflusses
im Leistungssystem

Erste Entwicklungsphase
Logistik als Funktionenlehre
Funktionale Spezialisierung auf die Aktivitäten der
räumlichen und zeitlichen Gütertransformation (Transferaktivitäten)

Abbildung 2: Entwicklungsphasen der Logistik und Herausbildung des Supply Chain Managements

Defizite in der Beherrschung der Güter-, Informations- und Geldflüsse zwischen Unternehmen sind auch die unmittelbaren Auslöser für die Geburt des Supply Chain Managements. Die Objektflüsse gehören traditionell in den Objektbereich der Logistik. Daraus folgt: **Das Supply Chain Management hat seinen Ursprung in einer zentralen logistischen Problemstellung**. Die Auffassungen der Definitionsgruppe 2 entfernen sich zu weit vom Kerninhalt der mit Supply Chain Management herausgebildeten neuen Managementqualität. Supply Chain Management ist mit dem Entwicklungsprozess der Logistik verbunden. Die Herausbildung der betriebswirtschaftlichen Logistik hat sich in drei Entwicklungsphasen vollzogen. Über den Gegenstand der ersten Entwicklungsphase weit hinaus hat sich die Logistik auf der dritten Entwicklungsphase zu einer modernen Führungskonzeption entwickelt (siehe Abbildung 2).

Die Logistik als Führungskonzeption basiert auf einer logistischen Sichtweise des Wertschöpfungssystems. Durch die „Logistikbrille" nehmen wir Wertschöpfungssysteme als Systeme von Objektflüssen in Prozessketten und -netzen wahr. Institutional gesehen sind das Objektflüsse zwischen Lieferanten, Herstellern, Händlern und Endkunden. Der Begriff „Supply Chain Management" hat sich für die unternehmensübergreifende Logistikdimension mehrheitlich in der Praxis und Wissenschaft durchgesetzt (siehe Abbildung 3)[4].

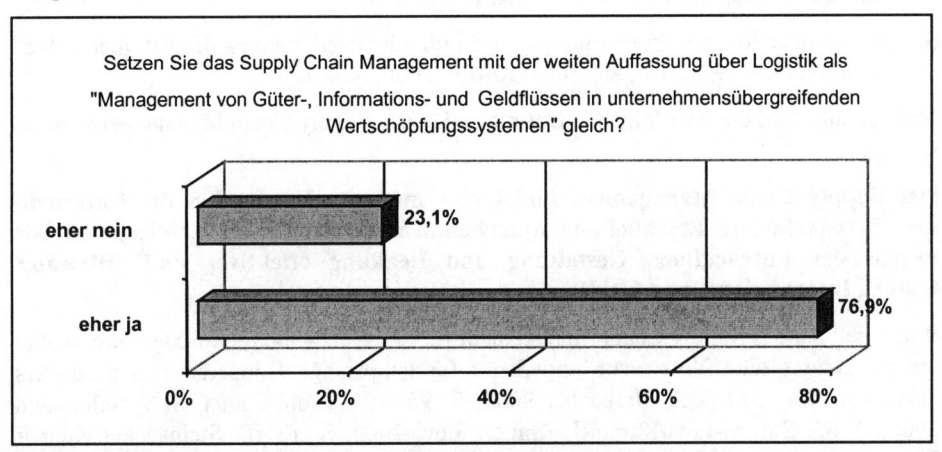

Abbildung 3: Definition des Supply Chain Managements in der Praxis[5]

Supply Chain Management bildet eine Innovation im Entwicklungsprozess der Logistik[6]. Steinaecker und Kühner charakterisieren Supply Chain Management als „... derzeit ... innovativster Ansatz zur Koordination und Optimierung der Logistik ..." (Steinaecker/Kühner 2000, S. 33).

Der **Neuheitsgehalt** bezieht sich vor allem auf die logistische Integration von kooperierenden Unternehmen zur Erschließung unternehmensübergreifender Erfolgspotenziale. Dabei wird davon ausgegangen, dass die internen Potenziale einer logistischen Optimierung schon weitgehend ausgeschöpft sind, während die unternehmensübergreifenden Güter-, Informations- und Geldflüsse ein großes Optimierungspotenzial eröffnen, das es zu erschließen gilt (vgl. Kloth 1999a, S. 10-11, Marbacher 2001, S. 8, Schumann 2000, S. 86, Wildemann 2000, S. 51, Wildemann 2001b, S. 60-62).

Drei Merkmale prägen die neue Qualität des Supply Chain Managements im Besonderen: erstens die interorganisationale Perspektive und Integration der Güter-, Informations- und Geldflüsse über mehrere Wertschöpfungsstufen hinweg; zweitens die konsequente Ausrichtung auf die Bedürfnisse der Endkunden und drittens der Prozessansatz (vgl. Copacino 1997, S. 7, Kloth 1999a, S. 14, Kotzab 2000, S. 40, Poirier 1999, S. 2, Stölzle 1999, S. 164, 172, 177f., Wildemann 2000, S. 75). Bezüglich dieser zusammenfassenden Einschätzung besteht weitgehende Einigkeit, wie Min und Mentzer für die Diskussion über Supply Chain Management im angloamerikanischen Sprachraum ebenfalls unterstreichen:

1. „A systems approach to viewing the channel as a whole, and to manage the total flow of goods inventory from the supplier to ultimate customer,

2. Cooperative efforts to synchronize and converge intrafirm and interfirm operational and strategic capabilities into a unified whole, and

3. A customer focus to create unique and individualized sources of customer value" (Min/Mentzer 1998, S. 4, zitiert bei Kotzab 2000, S. 40).

Im Ergebnis wird die nachfolgende Definition für das Supply Chain Management vorgeschlagen:

Das Supply Chain Management bildet eine moderne Konzeption für Unternehmensnetzwerke zur Erschließung unternehmensübergreifender Erfolgspotenziale mittels der Entwicklung, Gestaltung und Lenkung effektiver und effizienter Güter-, Informations- und Geldflüsse.

Prinzipiell hat das Supply Chain Management für alle Netzwerktypen Bedeutung, wobei die für **strategische Netzwerke** und damit für langfristige Kooperationen besonders hervorgehoben wird (vgl. Marbacher 2001, S. 95, 196, Pfohl 2000a, S. 9, Schumann 2000, S. 85, Simchi-Levi/Kaminsky/Simchi-Levi 2000, S. 121ff., Steinaecker/Kühner 2000, S. 53, Stölzle 1999, S. 167, Wildemann 2000, S. 63). Das geht einher mit dem nachgewiesenen dominierenden Platz strategischer Netzwerke in der Kooperationspraxis (siehe Abbildung 4).

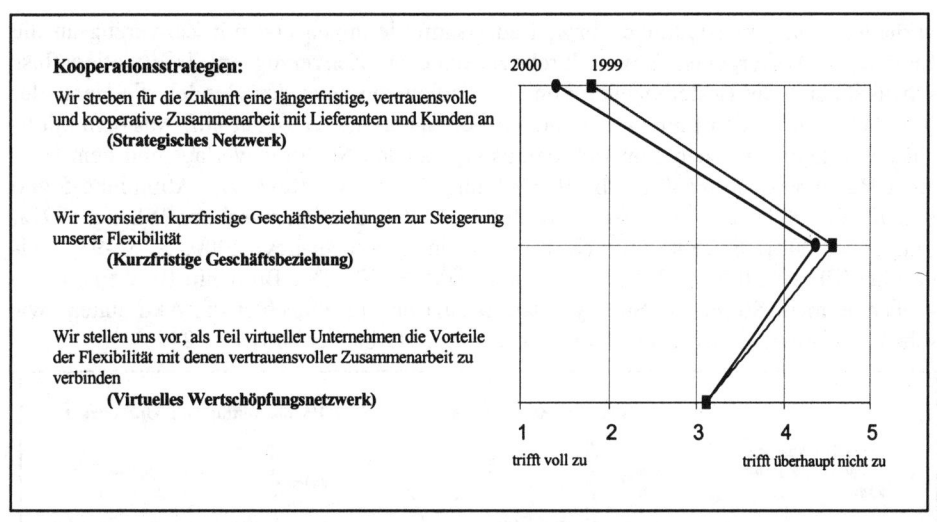

Abbildung 4: Gegenwärtige und zukünftige Bedeutung von Kooperationsformen in der Praxis (entn. aus Göpfert/Neher/Jung 2001, S. 329)

3. Bestandsaufnahme zu Zielen, Aufgaben und Instrumenten

3.1 Hauptmotiv: Synchronisation von Nachfrage und Angebot in interorganisationalen Wertschöpfungsketten

Die Erschließung unternehmensübergreifender Erfolgspotenziale bildet das übergreifende Kernziel des Supply Chain Managements. Oft wird jedoch nicht die Kategorie „Erfolgspotenziale" sondern „Optimierungspotenziale" verwendet. Da letztere im Wesentlichen auf Rationalisierungseffekte begrenzt sind, ist die Kategorie „Erfolgspotenziale" vorzuziehen.

Konform mit dem Kernziel wird als **Hauptmotiv** für den Übergang zum Supply Chain Management in nahezu allen Publikationen die Lösung des Forrester-Effekts bzw. Bullwhip-Effekts betont[7]. Dieser Effekt beschreibt das zentrale Problem einer Nachfrageverzerrung und -aufschaukelung in interorganisationalen Wertschöpfungssystemen. Zu dieser Aufschaukelung der Nachfrage kommt es immer dann, wenn die Information über die Nachfrage der Kunden eines Unternehmens nicht direkt an die Lieferanten weitergegeben wird. Indem die Unternehmen lokale Bestands- und Sicherheitsreserven vorhalten, Kundenbestellungen bzw. Bedarfsanforderungen erst mit Zeitverzug an die Lieferanten weitergeben sowie durch zusätzlichen Zeitverzug im Informationsfluss schaukeln sich die Bestellmengen von den Endkunden, über den Handel, die Hersteller (OEM) bis hin zu den Lieferanten und Vorlieferanten immer weiter auf. Aus dem bildlichen Vergleich zwischen dem sich daraus ergebenden Nachfrageverlauf und dem Hieb einer Bullenpeitsche resultiert die Bezeichnung Bullwhip-Effekt (vgl. Abbildung 5 und vgl. Kloth 1999a, S. 12f., Koschnike 2000, S. 254, Lee/Padmanabhan/Whang 1997a, Marbacher 2001, S. 250ff., Simchi-Levi/Kaminsky/Simchi-Levi 2000, S. 82-93, Steinaecker/Kühner 2000, S. 37f., Wildemann 2000, S. 77). Der Bullwhip-Effekt ist umso größer, je mehr Stufen die Supply Chain besitzt und je schlechter die Aktivitäten zwischen den Unternehmen koordiniert werden (vgl. Marbacher 2001, S. 224f.)[8].

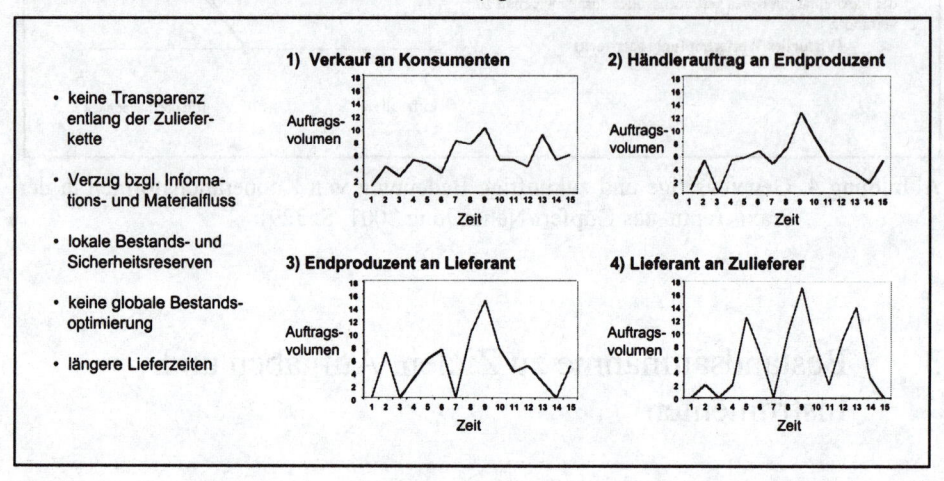

Abbildung 5: Nachfrageschwankungen entlang der Zulieferkette - Forrester- oder Bullwhip-Effekt (angelehnt an Kloth 1999a, S. 250)

Das konstruierte Zahlenbeispiel in Abbildung 6 demonstriert, dass es bereits fünf Planungsperioden bedarf, um eine einmalige Schwankung von nur 5 Prozent der Konsumnachfrage zwischen den Unternehmen in der Supply Chain wieder auszugleichen. Die Lösung für den Bullwhip-Effekt erscheint einfach. Alle in der Supply Chain kooperierenden Unternehmen müssen direkten Zugriff auf die Nachfrageinformationen der Endkunden haben. Was jedoch die gegenwärtige Praxis zeigt, so trifft die Einschätzung von Steinaecker und Kühner voll zu, dass Unternehmen oft versuchen mit viel Aufwand das zu prognostizieren, was ein anderer Partner weiter vorn in der logistischen Kette bereits kennt (vgl. Steinaecker/Kühner 2000, S. 38). Das Supply Chain Management befindet sich derzeit noch am Anfang der Implementierung. Noch dominieren interne Optimierungen zu Lasten unternehmensübergreifender Lösungen (vgl. Göpfert 2002a, S. 17-19, Göpfert 2002b, S. 230ff. u. Pfohl/Koldau/Hauk 2001).

Periode	Zulieferer Lagerbestand/ Verkäufe/ Produktion	Produzent Lagerbestand/ Verkäufe/ Produktion	Großhandel Lagerbestand/ Verkäufe/ Produktion	Einzelhandel Lagerbestand/ Verkäufe/ Produktion	Nachfrage
1	100/100/100	100/100/100	100/100/100	100/100/100	100
2	100/60/20	100/80/60	100/90/80	100/95/95	95
3	60/120/180	80/100/120	90/95/100	95/95/95	95
4	120/90/60	100/95/90	95/95/95	95/95/95	95
5	90/95/100	95/95/95	95/95/95	95/95/95	95
6	95/95/95	95/95/95	95/95/95	95/95/95	95

Abbildung 6: Auswirkungen geringer Schwankungen der Konsumnachfrage auf Lagerbestände und Produktions- bzw. Bestellmengen verschiedener Unternehmungen einer Supply Chain ohne integrierte Produktions- und Distributionsplanung (in Anlehnung an Slack 1998, S. 495, entn. aus Marbacher 2001, S. 86).

Alle in der Literatur angeführten **spezifischen Zielsetzungen** des Supply Chain Managements sind von dem Bullwhip-Effekt abgeleitet und zielen auf eine Lösung dieses Kernproblems ab. Im Einzelnen werden genannt (vgl. besonders Nenninger/Hillek 2000, S. 3):

- konsequente Orientierung an der Nachfrage der Endkunden,
- bessere Kundeneinbindung,
- globale Sicht auf verfügbare Bestände und Ressourcen,
- Abbau von Beständen,
- verbesserte Kapazitätsausnutzung,
- Flexibilisierung der Ressourcen,
- Erhöhung der Lieferbereitschaft und
- höhere, steigende Umsätze bei gleichzeitig besserer Rendite.

Diese Ziele korrespondieren mit den drei Zielbereichen des Logistikmanagements (siehe Göpfert 2000, S. 107-112). Jedoch werden in der Literatur die Ziele des Supply Chain

Managements zumeist auf nur zwei Zielkategorien reduziert: 1) Erhöhung des Serviceniveaus für die Endverbraucher; 2) durchgängige Kostensenkung über alle Wertschöpfungsstufen hinweg (neben Bestandskosten auch Material- und Fertigungskosten oder Produktentwicklungskosten), (vgl. Stölzle 1999, S. 164, Christopher 1992, S. 14). Das ist zu ergänzen mit 3) der Erhöhung der Anpassungs- und Entwicklungsfähigkeit der Supply Chain. Unter dem Einfluss der zunehmenden Dynamik der Umwelt besitzt diese Eigenschaft eine existentielle Bedeutung für Unternehmensnetzwerke (siehe ausführlich Göpfert 2000, S. 111f., Göpfert 2001a).

Beispiele über erreichte Ziele in der Praxis des Supply Chain Managements belegen vielversprechende Resultate, jedoch liegen nur wenige empirische Befunde vor, die zumeist auch nicht über zwei kooperierende Unternehmen hinausgehen. Ausgesprochen beeindruckend ist das Beispiel der Durchlaufzeitverkürzung bei der Motorradproduktion von „Harley Davidson" von 360 auf 23 Tage (vgl. Towill 1996). Als weitere Größenordungen werden in der Literatur genannt (vgl. Kloth 1999a, S. 14, Kuhn/Kloth 1999, S. 160, Kotzab 2000, S. 30, Stölzle 1999, S. 173 und die dort zitierte Literatur):

- Reduzierung der Sicherheitsbestände um 20 bis 50 Prozent,
- Verkürzung der Durchlaufzeit um 50 Prozent (z. B. Automobilindustrie Order-to-Delivery-Prozess mit einer reduzierten Durchlaufzeit von weniger als 14 Tagen, vgl. Koschnike 2000, S. 247)[9],
- Gewinnsteigerung entlang der gesamten Wertschöpfungskette um bis zu 30 Prozent bei einer
- Kostenreduzierung um 20 Prozent.

Die Lösung des Bullwhip-Effekts erfordert eine unternehmensübergreifende Informationsversorgung, Planung und Steuerung.

3.2 Kernaufgaben: Unternehmensübergreifende Informationsversorgung, Planung und Steuerung

Durchgängig wird die hohe Wertigkeit von relevanten Informationen über Ereignisse und Aktivitäten der Supply Chain von den Vertretern der Wissenschaft und Praxis herausgearbeitet (siehe besonders „The Value of Information" in: Simchi-Levi/Kaminsky/Simchi-Levi 2000, S. 67ff.). Empirische Studien belegen, „daß der Markterfolg durch Kundennutzen ... zu 55% von Produkt und Geschäftsprozessen und zu 45% von der Organisation des Datenflusses mittels Extra-, Intra-, Internet oder World Wide Web abhängt" (Wildemann 2000, S. 68 mit Hinweis auf Poirier 1999, S. 172). Entsprechend betont Simchi-Levi auf die Frage: „What does integration mean in the supply chain context?" - „It means using information efficiently among the supply chain partners" (Simchi-Levi 2000, S. 75).

Die notwendige **Informationstransparenz** in der Supply Chain umfasst Informationen über:

- Kundenbedarf, neben dem Bedarf der unmittelbaren Kunden auch den Bedarf der Endkunden,
- verfügbare Bestände an Material, Zwischenprodukten, Fertigwaren und in Transit befindlicher Ware,
- Kapazitäten (besonders Produktions- und Transportkapazitäten).

Diese Informationen müssen die Unternehmen - vor allem der Supply Chain Leader - in direktem Zugriff zeitnah verfügbar haben (vgl. Göpfert 2002c, Koschnike 2000, S. 247).

Praxisuntersuchungen konstatieren in dieser Hinsicht noch einen erheblichen Nachholbedarf (vgl. Göpfert 2002b, S. 230ff.). Die Supply Chain Praxis wird geprägt durch eine Zurückhaltung bei der Datenbereitstellung an Lieferanten und Kunden, unzureichende Verfügbarkeit und Qualität von Daten und eine insgesamt fehlende netzwerkweite Informationspolitik (vgl. Marbacher 2001, S. 8, 24, Nenninger/Hillek 2000, S. 3).

„Collaborate planning and scheduling" kann nur so gut sein wie die Basisinformationen, die in diese netzwerkweite Planung und Steuerung einfließen. Der niedrige Implementierungsgrad netzwerkweiter Informationssysteme spiegelt sich in einem noch niedrigen Umsetzungsstand der unternehmensübergreifenden Planungs- und Steuerungssysteme wider (vgl. Göpfert 2002a, S. 17f., Koschnike 2000, S. 257).

Eine Vorreiterrolle kann den Unternehmen der Automobilbranche zugeschrieben werden. Von den Automobilherstellern ausgehende Pilotprojekte umfassen dort die Wertschöpfungskette „Systemlieferant (=First-tier Supplier) - OEM - Handel". Beispiele einer über den First-tier Supplier hinausgehenden Integration (Second-tier Supplier) sind die Ausnahme.

3.3 Basisinstrumente

Die bisherige Diskussion über Instrumente des Supply Chain Managements in der Literatur konzentriert sich auf Planungs- und Steuerungssoftware und auf das Supply Chain Operations Reference-Modell. Beide wurden eigens für das Supply Chain Management entwickelt.

Planungs- und Steuerungssoftware

Für das Supply Chain Management wird eine neue Generation von Planungs- und Steuerungssoftware benötigt. Dieser qualitative Wandel wird in der Literatur ausführlich behandelt (siehe besonders Kloth 1999b, S. 25-43, Marbacher 2001, S. 259-304). Während mit bisherigen Softwaretools lediglich Abläufe innerhalb des einzelnen Unternehmens abgebildet werden, kommt es nun darauf an, diese Ebene um unternehmensübergreifende Planungs- und Steuerungssysteme zu erweitern.

Im Zusammenhang mit der Begründung der neuen Eigenschaften einer Supply Chain Management-Software werden die traditionellen Systeme intensiver Kritik unterzogen. Systeme der alten Generation wie MRP I (Material Requirements Planning), MRP II (Manufacturing Resource Planning) und DRP (Distribution Requirements Planning) wurden bereits in den sechziger Jahren entwickelt. Ihre Weiterentwicklung mündete in ERP-Systeme (Enterprise Resource Planning), mit denen die internen Material- und Warenflüsse eines Unternehmens von der Materialbedarfsermittlung und -beschaffung über die Fertigung bis hin zur Distribution abgebildet, geplant und gesteuert werden können. Diese Systeme dominieren auch noch die gegenwärtige Praxis.

Namensgebend für die neue Generation sind APS-Systeme (Advanced Planning and Scheduling). Ihre Entwicklung setzt unmittelbar an den Nachteilen von ERP-Systemen einschließlich der klassischen PPS-Systeme (Production Planning and Scheduling) an. Mit APS-Systemen können die komplexen logistischen Strukturen und Prozesse eines Unternehmensnetzwerkes in Echtzeit abgebildet werden, so dass eine simultane Planung über Unternehmensgrenzen hinweg möglich wird. Auf veränderte Marktbedingungen kann so schneller reagiert werden, die Vorhaltung von Kapazitäten und der Einsatz von Ressourcen sowie die Prozessabläufe in der Supply Chain werden optimiert (siehe die Gegenüberstellung von ERP und APS in Kloth 1999b, S. 28). APS-Systeme befinden sich aktuell in der Entwicklung und frühen Phase der Einführung. Aus jüngsten empirischen Befragungen geht hervor, dass bisher kaum durchgängige Lösungen realisiert sind (vgl. Steinaecker/Kühner 2001, S. 59-61).

Zur Gruppe der Planungs- und Steuerungssoftware gehören auch die Entscheidungsunterstützungssysteme. „Decision-support systems take into account all of the different components in the supply chain and try to identify a strategy that reduces costs and increases service level" (Simchi-Levi 2000, S. 77). Über die operative Managementebene hinaus sind diese Simulationssysteme insbesondere für die Fundierung strategischer Entscheidungen des Supply Chain Managements anzuwenden. Simchi-Levi unterscheidet in diesem Sinne zwischen Systemen „at the strategic level, tactical level and operational level".

Supply Chain Operations Reference-Modell (SCOR)

Dieses Modell wurde exklusiv für das Supply Chain Management entwickelt. Initiator und Entwickler ist das Supply Chain Council, eine von der Praxis gegründete Institution, der mittlerweile 400 Mitgliedsunternehmen angehören. SCOR ist ein Referenzmodell (Framework) zur Gestaltung der Strukturen und -abläufe in der gesamten Supply Chain. Der Anwendungskontext des Modells ist branchenneutral, denn nur so eignet es sich für die Prozessgestaltung in unternehmens- und branchenübergreifenden Netzwerken. Es besitzt eine einfache Struktur. Auf einer ersten Ebene werden die mannigfaltigen Managementprozesse in der Supply Chain auf vier Standard-Geschäftsprozesse reduziert. Diese werden dann auf den darunterliegenden Ebenen 2 und 3 weiter aufgegliedert und für typische Netzwerksituationen spezifiziert (siehe ausführlich Geimer/Becker 2000a, Geimer/Becker 2000b, Kloth 1999a, S. 17-18, Marbacher 2001, S. 19-20). Das Modell unterstützt die grundlegende Struktur- und Prozessgestaltung der gesamten Supply Chain von den Rohstofflieferanten bis zu den Endverbrauchern. Dazu enthält es ein Kennzahlensystem zur Leistungsmessung, das innerhalb der geschlossenen Benutzergruppe von Mitgliedsunternehmen ein Benchmarking und damit den Informationsaustausch über „best practise" möglich macht. Kritisch anzumerken ist jedoch, dass mit diesem Modell eine Standardisierung der Strukturen und Prozesse bewirkt wird, die dann weniger zu Wettbewerbsvorteilen, sondern stärker zu Wettbewerbsnachteilen führen kann (Stichwort: „Standardisierungsfalle" oder „Entwicklungsfalle", siehe hierzu Göpfert 1997, S. 266ff., Göpfert 2001b, S. 88). Unternehmen und Netzwerke müssen also in der Anwendung des Modells klug abwägen zwischen Standardisierung und Individualisierung, um in der Tat dauerhafte Wettbewerbsvorteile aufzubauen.

4. Weiterentwicklung der SCM-Konzeption für zukünftige Anwendungen

Ausgangspunkt für die Konzept-Weiterentwicklung sind die auftretenden Probleme bei der praktischen Umsetzung von Supply Chain Management. Am häufigsten werden mangelndes Vertrauen, opportunistisches Verhalten, divergierende Ziele, das Aufeinandertreffen unterschiedlicher Unternehmenskulturen und eine fehlende gemeinsame Vision genannt (vgl. u. a. Pfohl 2000a, S. 13, Steinaecker/Kühner 2000, S. 53). Die Einschätzung von Simchi-Levi trifft allgemein zu: „... supply chain integration is difficult for two main reasons:

1. Different facilities in the supply chain may have different, conflicting objectives.
2. The supply chain is a dynamic system that evolves over time" (Simchi-Levi/Kaminsky/Simchi-Levi 2000, S. 3)

Mit der Konzept-Weiterentwicklung geht die theoretische Fundierung des Supply Chain Managements einher. Einstimmig wird eingeschätzt, dass die theoretische Fundierung derzeit noch völlig unzureichend entwickelt ist (vgl. Weber/Dehler 1999, Vorwort, Marbacher 2001, S. 11, Stölzle 1999, S. 174f.). Zugleich gibt es konstruktive Ansatzpunkte in Richtung der Theoriebasis. Erstens sind das Übertragungen bekannter wirtschaftswissenschaftlicher Theorien auf den Objektbereich des Supply Chain Managements. Bemüht werden vor allem die Transaktionskostentheorie und Interorganisationsforschung sowie die Wettbewerbstheorie, der Ressourcenorientierte Ansatz und die Wertkettentheorie bzw. Aktivitätsorientierte Theorie[10]. Über die Anwendung bereits bekannter Theorien hinaus ist zweitens eine originäre Theorie für das Supply Chain Management zu entwickeln, um so den Status einer betriebswirtschaftlichen Disziplin zu erreichen. Das

Modell zur Beschreibung, Erklärung und Prognose von Fließsystemen (=Flussperspektive des Wertschöpfungssystems) bietet eine Basis, um dieses anspruchsvolle Ziel zu erfüllen (siehe Göpfert 2000, S. 77-89). Die nachfolgenden Ausführungen konzentrieren sich auf die Übertragung der Führungskonzeption Logistik (vgl. Göpfert 2000, Göpfert 2002d) auf den spezifischen Anwendungskontext des Supply Chain Managements (vgl. Abb. 7).

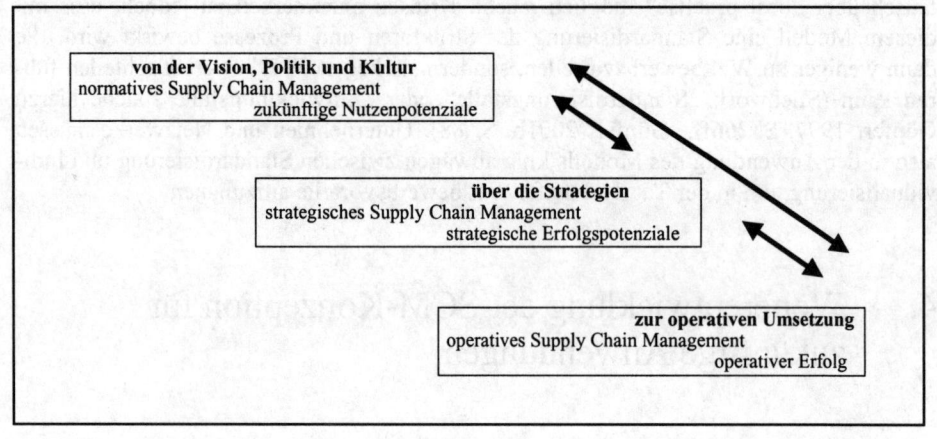

```
    von der Vision, Politik und Kultur
    normatives Supply Chain Management
                  zukünftige Nutzenpotenziale

                     über die Strategien
               strategisches Supply Chain Management
                         strategische Erfolgspotenziale

                              zur operativen Umsetzung
                        operatives Supply Chain Management
                                      operativer Erfolg
```

Abbildung 7: Konzeption des Supply Chain Managements - ganzheitlich und integriert

4.1 Normatives Supply Chain Management

Das zentrale Anliegen des normativen Supply Chain Managements besteht in der Sicherung der Entwicklungsfähigkeit des Netzwerks und der beteiligten Unternehmen. Um diesem Anliegen nachzukommen, definiert das normative Supply Chain Management die generellen Netzwerkziele, und es erarbeitet die grundlegenden Werte sowie die Normen und Spielregeln für das Verhalten. Vision, Kultur und Politik des Netzwerks werden auf dieser Ebene formuliert (vgl. Bleicher 1999, S. 147ff.).

Als Vision bezeichnet man allgemein ein für die Zukunft entworfenes und erstrebenswertes Bild. Henzler betont, dass es viele Beispiele gibt, die zeigen, „daß man erfolgreichen Unternehmen üblicherweise Visionen zuordnen kann, während sie bei weniger guten Wettbewerbern fehlen" (Henzler 1997, S. 290). In der Literatur zum Supply Chain Management wird dieses selbst als Vision bezeichnet. Um Wettbewerbsvorteile dauerhaft zu sichern, ist dieses allgemeine Zukunftsbild für das jeweils betrachtete Netzwerk zu individualisieren.

Die **Netzwerkvision** bildet das wünschenswerte und realistische Zukunftsbild der Wertschöpfungspartner über das gemeinsame Wertschöpfungsnetz einschließlich der Wege zu deren Erreichung für die Sicherung einer erfolgreichen Netzwerkentwicklung. Konkretisiert für das Supply Chain Management stehen die zukünftigen logistischen Strukturen und Prozesse des unternehmensübergreifenden Wertschöpfungssystems im Vordergrund. Danach enthält die Supply Chain Vision Zukunftsaussagen über die Strukturen und Prozesse der Güter-, Informations- und Geldflüsse. Sie bildet einen Teil der umfassenden Netzwerkvision. Dabei ist die Beziehung zwischen beiden wechselseitiger Natur.

Aus einer jüngsten Praxisstudie geht hervor, dass die Unternehmen die Bedeutung einer Netzwerkvision bzw. Supply Chain Vision als hoch bzw. sehr hoch bewerten, jedoch in der Visionsfindung noch nicht weit fortgeschritten sind (siehe Göpfert 2002a, S. 13). Besonders deutlich wird das an der vergleichenden Einschätzung des Umsetzungsstandes zwischen der normativen, strategischen und operativen Ebene des Supply Chain Managements (siehe Abbildung 8).

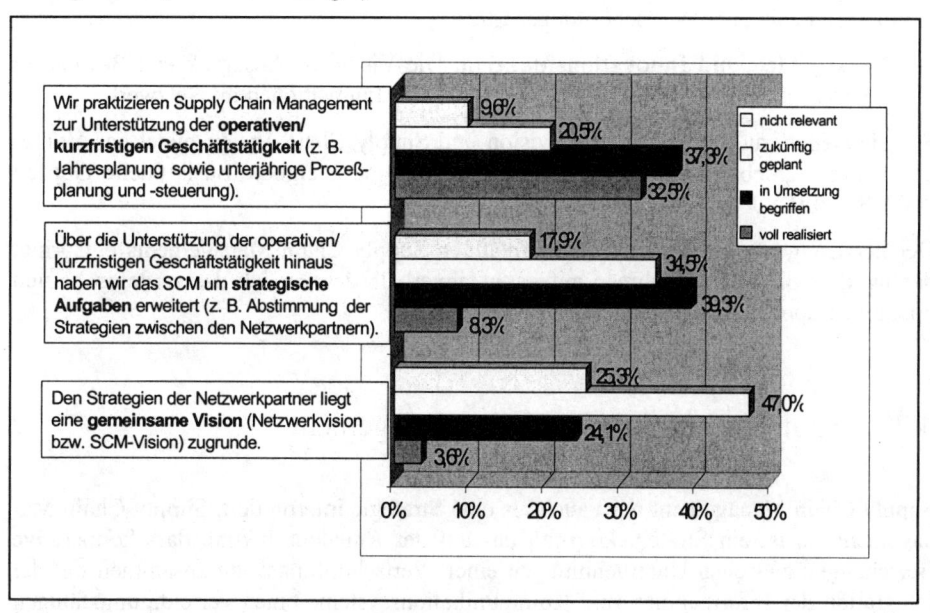

Abbildung 8: Umsetzungsstand und zukünftige Vorhaben in Bezug auf den Zeithorizont des Supply Chain Managements

Die Netzwerkvision bzw. die Supply Chain Vision wirken als „Leitstern" für die Netzwerkpolitik und -kultur (vgl. Bleicher 1999). Das folgt aus den Funktionen von Visionen:

- **Identitätsfunktion** - die persönliche Identität des strategischen Netzwerkes: Visionen sollen die „Einmaligkeit und Spezifität" des Netzwerkes zum Ausdruck bringen (vgl. Hammer/Hinterhuber et al. 1993, S. 13).

- **Sinngebungs- und Motivationsfunktion**: Das heißt, dass sich die Wertschöpfungspartner mit der Netzwerkvision identifizieren als Voraussetzung für die umfassende Erschließung des Motivationspotenzials jedes Einzelnen und für dauerhafte Netzwerkerfolge.

- **Richtungsweisende Funktion** (Richtungsfunktion): Die Vision wirkt als „Leitstern" bzw. „Kompass". Sie gibt mit der Richtung zugleich das grundlegende Netzwerkziel an. Insofern wird das Netzwerk mittels der Vision von der Zukunft her geführt.

- **Fokussierungsfunktion**: Die Vision ermöglicht und erleichtert die Fokussierung auf die Kernaktivitäten im Netzwerk und damit das Festlegen von Prioritäten.

- **Integrationsfunktion**: Die Vision fördert das ganzheitliche systemische Denken und Handeln aller Wertschöpfungspartner.

- **Kreativitäts- und Innovationsfunktion**: Die Vision ist Ausdruck und Beweis für die menschliche Schöpfungskraft und Motor für Innovationen im Netzwerk.

Für die Generierung einer Netzwerkvision und Supply Chain Vision bietet das Vorgehenskonzept „Sieben Schritte zur Logistikvision" eine geeignete Basis (siehe Göpfert 2000, S. 180ff.).

Der herausragende Stellenwert des normativen Supply Chain Managements entspringt daraus, dass dieses den Rahmen aufspannt, innerhalb dessen sich das strategische und operative Supply Chain Management bewegen.

4.2 Strategisches Supply Chain Management

Supply Chain Management wird auch als eine Strategie interpretiert. Supply Chain Management „... ist ein Strategiekonzept, das auf der Annahme beruht, dass kooperative Beziehungen zwischen Unternehmungen einer Wertschöpfungskette zusammen mit der Integration der Informations- und Kommunikationssysteme einen verteidigungsfähigen Wettbewerbsvorteil gegenüber konkurrierenden Wertschöpfungsketten schaffen kann, von dem alle Mitglieder profitieren können" (Marbacher 2001, S. 351).

Im Rahmen der Umsetzung des Supply Chain Managements sind wiederum verschiedene Strategien möglich. Ihre Generierung und Auswahl bildet Kerninhalt des strategischen Supply Chain Managements. Die Strategien leiten sich aus der Supply Chain Vision ab.

Das strategische Supply Chain Management beinhaltet die Entwicklung und Ausnutzung logistischer Erfolgspotenziale. Dabei handelt es sich um die Leistungsfähigkeiten der Supply Chain, die die Wettbewerbsposition des strategischen Netzwerks dauerhaft stabilisieren und stärken.

Die Stärke logistischer Erfolgspotenziale korreliert mit der Qualität der Supply Chain Strategien. Um ein in sich konsistentes Strategieprogramm zu entwickeln, bietet das Logistikstrategienkonzept Unterstützung (vgl. Göpfert 2000, S. 228ff.). Bisher sind die Zusammenhänge zwischen den Strategien der Wertschöpfungspartner und den Strategien auf der Netzwerkebene mit Ausnahme der Forderung nach Komplementarität (vgl. Kummer 2001, S. 86) weder theoretisch noch empirisch erforscht. Das betrifft ebenso die Beantwortung der Frage, wie weit der Netzwerkbegriff gespannt wird. Die Unternehmen werden jeweils individuelle Standpunkte vertreten, die von dem theoretischen Anspruch „von den Rohstofflieferanten bis hin zu den Endkunden" durchaus abweichen können. Die Antworten aus der Praxis werden sich im Wesentlichen an den folgenden drei Alternativen orientieren:

- das **Netzwerk aller direkten Partner**: In die Netzwerkdefinition sind nur die Unternehmen der unmittelbar vorgelagerten Wertschöpfungsstufe (=direkte Lieferanten und Dienstleister) und der unmittelbar nachgelagerten Wertschöpfungsstufe einbezogen.

- das **Netzwerk aller direkten und indirekten Partner**: Das Unternehmensnetzwerk ist inhaltlich über alle Wertschöpfungsstufen hinweg - beginnend bei den Rohstofflieferanten bis hin zu den Endkunden - definiert und das Netzwerkmanagement bzw. Supply Chain Management wird in dieser weitesten Auslegung wahrgenommen.

- das **selektive Netzwerk**: Das Netzwerkmanagement bzw. Supply Chain Management umfasst über die Partner der vor-, gleich- und nachgelagerten Wertschöpfungsstufe hinaus weitere wichtige Kooperationspartner.

Hier offenbart sich ein konkreter Forschungsbedarf, dessen Befriedigung mit Fortschritten im Supply Chain Management einhergehen wird.

4.3 Operatives Supply Chain Management

Das operative Supply Chain Management setzt unmittelbar an den Ergebnissen des strategischen Supply Chain Managements an. Es beinhaltet die gezielte Umsetzung dieser Strategien in praktischen Netzwerkerfolg.

Hierzu werden die mit den Supply Chain Strategien gesetzten Erfolgsoptionen ihrer Realisierung zugeführt. Darüber hinaus wirken Supply Chain Vision, -Kultur und -Politik auf die konzeptionelle Gestaltung und Wahrnehmung des operativen Supply Chain Managements. Daraus folgt, dass sich die Führungskräfte und Mitarbeiter in ihrem Verhalten von der Vision, der Politik, der Kultur und den Strategien leiten lassen (siehe ausführlich Göpfert 2000, S. 281ff., Göpfert 2002d).

5. Zusammenfassung

Supply Chain Management bildet eine qualitativ höhere Entwicklungsstufe im Lebenszyklus des Logistikmanagements. Es befindet sich aktuell mitten in einem Innovationsprozess. Im Mittelpunkt steht die weitere Ausgestaltung dieser Konzeption für Unternehmensnetzwerke. Die ganzheitliche und integrierte Konzeption von normativen, strategischen und operativen Supply Chain Management erscheint besonders zielführend.

Anmerkungen

[1] Der Begriff „Supply Chain Management" wird erstmals von Oliver und Webber verwendet, damals jedoch ohne inhaltliche Vertiefung (vgl. Oliver/Webber 1982; zitiert bei Kotzab 2000, S. 27, siehe die Literaturanalyse auf S. 25).

[2] Zu weiteren Beispielen siehe Kloth 1999a S. 14, Kloth 1999b, S. 26, Kuhn/Kloth 1999, S. 160, Nenninger/Hillek 2000, S. 3, Steinaecker/Kühner 2000, S. 39, Weber/Dehler 2001, S. 64, Wildemann 2000, S. 84.

[3] Stölzle betont die für diese zweite Definitionsgruppe typische „sukzessive Ausdehnung des Integrationsgedankens über die Logistik hinaus". Damit weist er zugleich indirekt auf die Problematik enger und weiter Auffassungen über den Gegenstand der Logistik hin. Bei den Vertretern der zweiten Gruppe kann eine enge Auffassung über Logistik angenommen werden (vgl. Stölzle 1999, S. 163).

[4] Die folgenden zwei Zitate bestärken diesen Standpunkt: „Supply Chain Management versteht sich als eine alternative Bezeichnung des integrierten Logistikmanagements" (Kotzab 2000, S. 40). ... "Ähnlich wie die Marketing-, die Controlling- oder die Logistikkonzeption versteht sich die SCM-Konzeption auch als Führungslehre" (Kotzab 2000, S. 41).

[5] Entnommen aus der empirischen Studie von Göpfert 2002a, S. 8.

[6] Vgl. zu dieser Auffassung die Beschreibung des Entwicklungsprozesses der Logistik bei Wildemann 2000, S. 51: Unter Logistik wird heute „das Management von unternehmensübergreifenden Logistiknetzen betrachtet"; S. 58: „Logistik hat sich zu einem Managementkonzept unternehmensübergreifender Netzwerke entwickelt".

[7] Hauptmotiv: „to better match supply and demand" (Simchi-Levi 2000, S. 79).

[8] Forrester beschrieb bereits in den fünfziger Jahren, wie sich kleine Nachfrageschwankungen auf der Stufe des Endkonsums durch systembedingte Einflüsse zu großen Nachfrageschwankungen aufwiegeln können (vgl. Forrester 1958, S. 37-66 sowie Marbacher 2001, S. 224 f., Slack 1998, S. 495).

[9] Siehe die anschauliche Schilderung von Koschnike über die durchgängige Planung zwischen Handel, OEM und Lieferanten, um eine dem Endkunden gegenüber garantierte Lieferzeit von 14 Tagen zu sichern (vgl. Koschnike 2000, S. 248-251).

[10] Siehe zur Relevanz dieser theoretischen Ansätze für die Logistik und das Supply Chain Management Göpfert 2000, S. 62-76.

Paul Schönsleben und Ralf Hieber

Gestaltung von effizienten Wertschöpfungspartnerschaften im Supply Chain Management

1. SCM – eine laufende Innovation

2. Logistische Beschreibungsmerkmale für Wertschöpfungspartnerschaften

3. Gestaltungsrichtlinien für effiziente Wertschöpfungspartnerschaften in Netzwerken
   - 3.1 Oberste Führungsebene: Strategiebestimmung, Vertrauensbildung, Grundsätze der partnerschaftlichen Ziele und Rechtsverhältnisse, Partnerbeurteilung
   - 3.2 Mittlere Führungsebene: Erarbeitung von Prozessen zur unternehmensübergreifenden Zusammenarbeit und Definition des zu erwartenden Nutzens
   - 3.3 Operationelle Führungsebene: Ableitung konkreter logistischer Zielvorgaben und Erarbeiten, Planen und Durchführen der gemeinsamen Auftragsabwicklung und der begleitenden Schulungsprogramme
   - 3.4 Ein Beispiel aus der praktischen Anwendung

4. SCM Erfolgsfaktoren

1. SCM – eine laufende Innovation

Im Zeitalter der *New Economy* sind wir um sehr viele neue Schlagwörter und Abkürzungen „bereichert" worden. Die meisten unternehmerischen Tätigkeiten wurden mit der Vorsilbe ‚e-' ergänzt (z. B. e-Business, e-Commerce, e-Procurement, e-Logistics, e-Fulfillment). Eine exponentiell zunehmende Zahl von drei-buchstabigen Abkürzungen des Typs 'x2y' (z. B. B2B) wird zur Vermarktung von Software-Produkten zur Stützung und Verbesserung der Prozesse sowohl innerhalb des eigenen Unternehmensnetzwerks, als auch zwischen Netzwerkpartnern bis hin zum Miteinbezug des Verbrauchers selbst benutzt.

In dieser Welt ist der Begriff des *Supply Chain Managements* oder des entsprechenden Kürzels *SCM* fast schon ein Archetyp. Er erschien zum ersten Mal Ende der 80er Jahre und bezeichnete damals eine Weiterentwicklung bereits eingeleiteter Veränderungen in der Zusammenarbeit zwischen Kunden und Lieferanten. Bereits früher wurde die traditionelle Kunden-Lieferanten Beziehung, die auf den Gesetzen des Angebots und der Nachfrage beruhte, durch die Prinzipien des *Supply Managements* ersetzt. Mit Supply Management konzentrierte ein Kunde die Zusammenarbeit auf wenige seiner bisherigen Lieferanten. Die Zusammenarbeit wurde dafür langfristig und auf größere Volumina angelegt. Supply Management steht demnach für eine strategische und langfristig angelegte Reduktion der Anzahl Lieferanten zu Gunsten einer schnellen und unproblematischen, operationellen Auftragsabwicklung. Die Wahl des Lieferanten erfolgt über eine Betrachtung der Gesamtkosten, d. h. unter Einbezug aller Opportunitätskosten.

Unter dem Thema Supply Chain Management wurde in der Folge die Beziehung zwischen einem Kunden und seinen wenigen verbliebenen Lieferanten signifikant intensiviert. Unter dem Begriff Co-makership (Merli 1991) wurde zuerst die Zusammenarbeit in Produktion und Beschaffung auf der gemeinsamen Wertschöpfungskette zwischen Unternehmen gefördert, bald aber – und dies zum ersten Mal – auch die Zusammenarbeit in Produkt- und Prozessinnovation. Supply Chain Management steht demnach für die Koordination einer strategischen und langfristigen Zusammenarbeit von Ko-Herstellern im gesamten Logistiknetzwerk zur Entwicklung und Herstellung von Produkten. Jeder Ko-Hersteller ist dabei auf seinen Kernkompetenzen tätig und fühlt sich verantwortlich für die Zufriedenheit des Endkunden bzw. Verbrauchers (Schönsleben 2002, S. 75 ff.).

Eine rein innerbetriebliche Zusammenarbeit, die heute etliche allgemeinere Definitionen des Begriffs ebenfalls zulässt, ist demnach ursprünglich gerade nicht charakteristisch für das Supply Chain Management, sondern vielmehr die freiwillige Zusammenarbeit zwischen rechtlich unabhängigen Körperschaften. Auch beschränkt sich SCM schon längst nicht mehr auf eine reine Zusammenarbeit im Vertrieb, sondern meint vielmehr eine Kooperation auf dem Gebiet der Produktion und immer mehr auch der F&E. Dies erfordert eine enge und intensive Zusammenarbeit und eröffnet den Ko-Herstellern viele Einblicke in die beteiligten Unternehmen. Absolute Voraussetzung dazu ist der langfristige Aufbau von Vertrauen. Dieser Gedanke wurde in den letzten Monaten mit der Worthülse *collaborative* bzw. mit dem Kürzel ‚c-' (das an die Stelle des ‚e-' trat) erneut propagiert, z. B. für c-Commerce anstelle von e-Commerce. Dies ist kein Wunder, wurden doch in der Euphorie der Techniken, insbesondere der e-Techniken, die klassischen Voraussetzungen für die gemeinsame Wertschöpfung eher vernachlässigt. Die Abbildung 1 zeigt in einer feinen Polemik den Schlüsselgedanken, der mit dem Begriff Supply Chain Management hervorgehoben wird: Das ganze Wertschöpfungsnetzwerk, d. h. das ganze F&E-, Logistik- und Produktionsnetzwerk richtet sich auf den Endkunden bzw. Verbraucher aus und damit auf das Endprodukt.

Abbildung 1: Supply Chain Management

Der polemische Teil der Abbildung 1 zeigt aber auch die Grenze des Konzepts SCM. Die Zusammenarbeit und die Koordination auf der unternehmensübergreifenden Supply Chain treffen nach wie vor dort auf Schwierigkeiten, wo Nachfrage und Herstellung eines Gutes aufgrund seiner Eigenschaft nur schwer miteinander synchronisiert werden können. Im aufgezeigten Fall dürfte auch die Zusammenarbeit in F&E nicht gerade einfach sein.

2. Logistische Beschreibungsmerkmale für Wertschöpfungspartnerschaften

Die Kooperation zwischen allen Partnern ist eine Schlüsselvoraussetzung für ein effizientes Logistiknetzwerk. Um aber Wertschöpfungspartnerschaften effizient gestalten zu können, muss in erster Linie ein gemeinsames Grundverständnis über die Beziehungen und Abhängigkeiten im Netzwerk zugrunde liegen. Dazu kann man sich des folgenden morphologischen Schemas bedienen. Die dabei zum Einsatz kommenden charakteristischen Merkmale zur Beschreibung von Wertschöpfungspartnerschaften können in drei Gruppen, welche eng mit dem im folgenden Kapitel vorgestellten ALP („advanced logistics partnership')-Model verknüpft sind, eingeteilt werden:

- Merkmale in Bezug auf die Zusammenarbeit in logistischen Netzwerken: Diese beschreiben den Grad und die Art der Partnerschaft zwischen den Unternehmen im Netzwerk auf einer hohen Ebene sowie die grundsätzliche Verpflichtung auf eine gemeinsame Netzwerkstrategie.

- Merkmale in Bezug auf die Koordination in logistischen Netzwerken: Diese beschreiben die Art des täglichen Betriebs aufgrund von gemeinsamen unternehmensübergreifenden Prozessen und Methoden.

- Merkmale in Bezug auf die Zusammensetzung von logistischen Netzwerken: Sie beschreiben die Modellierung der bestehenden Geschäftsbeziehungen zwischen den Einheiten im Netzwerk sowie ihre Aufstellung, d. h. die physische Struktur, die Beziehungen entlang der Zeitachse sowie die juristischen Beziehungen.

In den linken Kolonnen der Ausprägungen finden sich die Werte, die auf einen bereits erfolgten Aufwand in der strategischen Zusammenarbeit oder eine bereits in der Sache gemeinsame Ausrichtung hinweisen. In den rechten Kolonnen der Ausprägungen finden sich die Werte, die auf eine zunehmende Komplexität in der gemeinsamen operationellen Wertschöpfung hinweisen.

Merkmalsbezug: Zusammenarbeit in logistischen Netzwerken					
Merkmal	**Ausprägungen**				
Ausrichtung auf Netzwerkstrategie und -interessen	gemeinsame Netzwerkstrategie		gemeinsame Netzwerkinteressen		auseinandergehende Netzwerkinteressen
Orientierung der Geschäftsbeziehungen	kooperationsorientiert		opportunistisch		wettbewerbsorientiert
Gegenseitige Abhängigkeit im Netzwerk	groß, 'sole sourcing'	‚single sourcing'		‚multiple sourcing'	klein, in hohem Grad ersetzbar
Gegenseitiges Vertrauen und Offenheit	hoch				niedrig
Geschäftskultur der Netzwerkpartner	homogen / ähnlich		in Größe, Struktur, Verkaufsvolumen vergleichbar		heterogen / hochgradig verschieden
Machtverhältnisse zwischen den Partnern	einseitig / hierarchisch				ausgeglichen / heterarchisch

Abbildung 2: Wichtige Merkmale und mögliche Ausprägungen in Bezug auf Zusammenarbeit in Logistiknetzwerken

Eine detaillierte Definition all dieser Merkmale gibt es in Hieber 2002. Einige davon sind elementar verständlich, andere haben eine spezifische Bedeutung. In jedem Fall ist es wichtig, dass diese morphologischen Schemata gegenseitig diskutiert werden – einschließlich der exakten Definition jedes Merkmals. Sie sollten vervollständigt und mit allen Partnern, die eine Zusammenarbeit auf der Supply Chain anstreben, in Übereinstimmung gebracht werden. Dies kann der erste Schritt hin zu einem gemeinsamen Verständnis des Netzwerks und zu einem tieferen Verständnis der Wechselwirkung zwischen den Einheiten im Netzwerk sein.

Logistische Beschreibungsmerkmale für Wertschöpfungspartnerschaften

Merkmalsbezug: Koordination in logistischen Netzwerken					
Merkmal	**Ausprägungen**				
Intensität des Informationsaustausches	beschränkt rein auf die Auftragsabwicklung	Austausch von Bedarfsvorhersagen	gemeinsame Auftragsverfolgung	Austausch von Kapazitäts- und Lagerbeständen	nach Bedarf der Planungs- und Steuerungsprozesse
Verknüpfung / Verzahnung der Logistikprozesse	keine, reine Auftragserfüllung	integrale Abwicklung, (z. B. Konsignationslager)	‚vendor managed inventory'	gemeinsame Auftragsplanung im Netzwerk	integrale Planung und Abwicklung im Netzwerk
Autonomie der Planungsentscheide	heterarchisch, lokal unabh., autonom		lokal, gemäss zentralen Richtlinien		hierarchisch, geführt durch zentrale Stelle
Verbrauchsschwankung (Ausführung)	gering / stabiler Verbrauch	variabel im Verlauf der Zeit	variabel in der Menge		große Variabilität über Zeit und in Menge
Formalisierungsgrad (Rahmenverträge)	keine regulären Beschaffungsaufträge	Rahmenaufträge für Kapazitäten			Rahmenaufträge für Güter
Grad der Kommunikation zwischen den versch. Stufen und Kanälen	einzelner Kontakt für die Geschäftstransaktion	regelmäßige Netzwerk-Treffen (z. B., Lieferantentage)	zentrale Koordinationsstelle (z. B. ‚supply chain manager')		Vielzahl von Kontakten zwischen versch. Stufen und Kanälen
Einsatz von Informationssystemen (IT)	IT-Einsatz rein zur Unterstützung der internen Geschäftsprozesse		IT-Einsatz zur Unterstützung der Auftragsabwicklung im Netzwerk (z. B. EDI)		IT-Einsatz zur Unterstützung der integralen Planung und Abwicklung (z. B. SCM-Software)

Abbildung 3: Wichtige Merkmale und mögliche Ausprägungen in Bezug auf Koordination in Logistiknetzwerken

Öfters ist ein logistisches Netzwerk bereits in Funktion, wenn diese morphologischen Schemata zur Anwendung kommen. In diesem Fall können sie helfen, die Ziele im Netzwerk zu erreichen. Sie können auch eingesetzt werden, wenn es darum geht, einen Partner im Netzwerk zu ersetzen.

Merkmalsbezug: Zusammensetzung von logistischen Netzwerken					
Merkmal	**Ausprägungen**				
Mehrstufiges Netzwerk (Tiefe des Netzwerkes)	2 Wertschöpfungsstufen		3-5 Wertschöpfungsstufen		> 5 Wertschöpfungsstufen
Mehrkanal-Netzwerk (Breite des Netzwerks)	1-2 Logistikkanäle		3-5 Logistikkanäle		> 5 Logistikkanäle
Verknüpfung der Netzwerkpartner	einfache Beziehungen, Segmentierung				komplexe Beziehungen, Verzweigungen
Geografische Ausbreitung des Netzwerks	lokal	regional		national	global
Zeithorizont der Geschäftsbeziehungen	langfristig, > 3 Jahre		mittelfristig, 1-3 Jahre		kurzfristig, weniger als ein Jahr
Ökonomische und rechtliche Geschäftsbeteiligungen (finanz. Unabhängigkeit)	Konzern		Allianzen, 'joint ventures'		unabhängige Geschäftspartner

Abbildung 4: Wichtige Merkmale und mögliche Ausprägungen in Bezug auf die Zusammensetzung von Logistiknetzwerken

Erfahrungen in der Praxis haben gezeigt, dass schon mit diesen einfachen Hilfsmitteln ein sehr fundiertes Wissen über die Vernetzung aller beteiligten Partner erzielt werden kann. Des Weiteren hat sich gezeigt, dass auch in den gemeinsam gebildeten Workshopgruppen erheblicher Diskussionsbedarf bestand, um letztlich ein gemeinsam erarbeitetes Ergebnis zu verabschieden. Vor allem in den Merkmalsgruppen der Zusammenarbeit und Koordination verbirgt sich teilweise ein hohes Konfliktpotenzial.

Abschließend lässt sich festhalten, dass durch die Kombination der drei Merkmalsgruppen eine strukturierte Bestandsaufname, die sich insbesondere bei ersten Schritten einer partnerschaftlichen SCM-Initiative als sehr hilfreich erwies, erlaubt wird. Aufgrund dieser ersten groben Netzwerkanalyse kann ein erstes logistisches Gesamtverständnis und eine gemeinsame Wissensbasis zwischen allen Partnern erzielt werden.

3. Gestaltungsrichtlinien für effiziente Wertschöpfungspartnerschaften in Netzwerken

Eine langfristige Stabilität in den partnerschaftlichen Verhältnissen in Supply Chains ist nur dann gewährleistet, wenn alle Partner eine Win-Win-Situation empfinden. Das Streben danach muss das Leitprinzip in der Gestaltung jedes Logistik- und Produktionsnetzwerks im Sinne des SCM sein. Dieses Leitprinzip wurde in dem Modell ALP, *Advanced Logistic Partnership*, konkretisiert, das in der Abbildung 5 in Form eines neunfeldrigen konzeptuellen Rahmens (Frameworks) gezeigt ist. In diesem eingezeichnet ist der grobe Ablauf für Aufbau und Betrieb des SCM in einem Unternehmensnetzwerk (Schönsleben 2002, Frigo-Mosca 1998, Alberti/Frigo-Mosca 1995).

Die Interaktionen zwischen Lieferanten und Kunden in einem Logistiknetzwerk werden dabei auf drei Führungsebenen erfasst:

- Auf der obersten Führungsebene: Strategiebestimmung, Vertrauensbildung, Grundsätze der partnerschaftlichen Ziele und Rechtsverhältnisse, Partnerbeurteilung

- Auf der mittleren Führungsebene: Erarbeitung von Prozessen zur unternehmensübergreifenden Zusammenarbeit und Definition des zu erwartenden Nutzens

- Auf der operationellen Führungsebene: Ableitung konkreter logistischer Zielvorgaben und Erarbeiten, Planen und Durchführen der gemeinsamen Auftragsabwicklung und auch von begleitenden Schulungsprogrammen

ALP unterscheidet zudem drei Phasen in der Beziehung zwischen Lieferanten und Kunden:

- Die Absichtsphase: Wahl der potenziellen Partner, Kosten-Nutzen-Abwägungen

- Die Definitionsphase: Konzept- und Lösungssuche, Richtlinien für Partnerschaft und Entscheid

- Die Ausführungsphase: unternehmensübergreifendes Auftragsmanagement, Betrieb und kontinuierliche Verbesserung

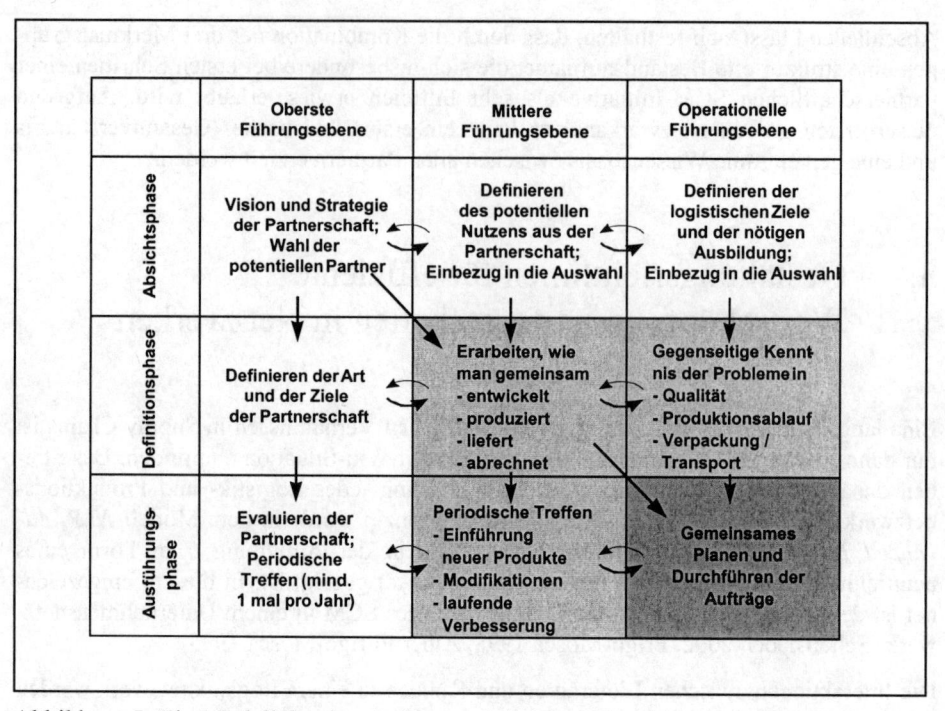

	Oberste Führungsebene	Mittlere Führungsebene	Operationelle Führungsebene
Absichtsphase	Vision und Strategie der Partnerschaft; Wahl der potentiellen Partner	Definieren des potentiellen Nutzens aus der Partnerschaft; Einbezug in die Auswahl	Definieren der logistischen Ziele und der nötigen Ausbildung; Einbezug in die Auswahl
Definitionsphase	Definieren der Art und der Ziele der Partnerschaft	Erarbeiten, wie man gemeinsam - entwickelt - produziert - liefert - abrechnet	Gegenseitige Kenntnis der Probleme in - Qualität - Produktionsablauf - Verpackung / Transport
Ausführungsphase	Evaluieren der Partnerschaft; Periodische Treffen (mind. 1 mal pro Jahr)	Periodische Treffen - Einführung neuer Produkte - Modifikationen - laufende Verbesserung	Gemeinsames Planen und Durchführen der Aufträge

Abbildung 5: Ein Modell für den Aufbau und den Betrieb von Partnerschaften in einem Logistiknetzwerk (Schönsleben 2002)

Die Abbildung 5 zeigt die neun Felder, die sich aus dieser Strukturierung ergeben. Darin eingezeichnet ist der grobe Ablauf für Aufbau und Betrieb eines Logistiknetzwerks. Die einzelnen Führungsebenen werden nun detaillierter besprochen. Im Prinzip macht die oberste Führungsebene Vorgaben für die mittlere und diese ihrerseits Vorgaben für die operationelle Führungsebene. Da die Zusammenarbeit auf allen Ebenen eine Schlüsselbedingung für ein Logistiknetzwerk bildet, ist der frühe Einbezug sämtlicher beteiligter Personen wichtig. Nur so entsteht innerhalb eines Unternehmens jener Konsens und Teamgeist, der für unternehmensübergreifende Zusammenarbeit notwendig ist. Damit beeinflussen die operationelle und die mittlere Führungsebene auch die oberste, was durch die schmaleren Pfeile angedeutet ist.

Bereits hier soll darauf aufmerksam gemacht werden, dass das Hauptaugenmerk in der neueren Diskussion der Gestaltung von Logistiknetzwerken – insbesondere im Zusammenhang mit dem Supply Chain Management – sich auf die vier dunkler unterlegten Felder unten und rechts im Framework der Abb. 5 verschoben hat. Durch die integrierte Sichtweise und Fokussierung auf alle Geschäftsprozesse in der Wertschöpfungskette möchte man die eigene Planung und Ausführung mit denjenigen der Lieferanten und der Kunden koordinieren, um das Optimum der gesamten Supply Chain zu erzielen.

Software im Bereich des Supply Chain Management betrifft übrigens meistens das gemeinsame Abwickeln der Aufträge im Unternehmensnetzwerk. Das ist jedoch „nur" das untere rechte, am dunkelsten unterlegte Feld in der Abbildung 5. Dieser Tatsache muss man sich bewusst sein, wenn man über SCM-Software spricht. Nichtsdestoweniger sind die Aufgaben aller acht übrigen Felder auf die Aufgaben im neunten Feld ausgerichtet, denn dort findet die Wertschöpfung statt, welche den Endkunden interessiert. Eine adäquate und effiziente IT-Stützung der unternehmensübergreifenden Auftragsabwicklung ist eine, wenn auch nicht hinreichende, so doch notwendige Voraussetzung für den Erfolg aller übrigen Bestandteile eines Konzepts zur Gestaltung und zum Betrieb eines Logistiknetzwerks (Hieber/Alard/Boxler 2001).

3.1 Oberste Führungsebene: Strategiebestimmung, Vertrauensbildung, Grundsätze der partnerschaftlichen Ziele und Rechtsverhältnisse, Partnerbeurteilung

Die Wahl der potenziellen Partner und die Definition der Partnerschaft richten sich grundsätzlich nach den gewählten Strategien (Schönsleben 2002). Ein Ko-Hersteller muss demnach die daraus abgeleiteten geforderten Zielbereiche optimal erfüllen können.

Die Definitionsphase soll damit zu grundsätzlichen Abmachungen führen, nach welchen die Partner in einem Logistiknetzwerk handeln sollen. Diese Abmachungen legen fest, in welchem Maß die Unternehmen die Zielbereiche gemäß der gewählten Strategie erreichen sollen. Sie müssen auf der strategischen Ebene genügend klar formuliert sein, um ungeplante Abweichungen der Ergebnisse der operationellen Ebene von den Verträgen aus der mittleren Führungsebene in den Griff zu bekommen (Handy 1995, Boutellier 1994). Dabei haben sich die folgenden Punkte bei der Auswahl der Partner als sehr förderlich, zum Teil als unabdingbar erwiesen:

Gewicht nach Möglichkeit auf lokale Netzwerke legen (,local sourcing')

- Die lokale Nähe beeinflusst nicht nur die Logistik vorteilhaft (Tempo, Transport- und Lagerkosten), sondern besonders die menschlichen Beziehungen.

- Die beteiligten Personen sprechen dieselbe Muttersprache und sehen sich womöglich auch außerhalb der geschäftlichen Beziehungen. Solche informellen Kontakte sind oft mitentscheidend für erfolgreiche Netzwerke.

- Sind lokal keine ‚world class supplier' ansässig, so ist es manchmal vorteilhaft, ein lokales Unternehmen zu einem ‚world class local supplier' zu schulen.

Nichtausnützen der Stärken in der Verhandlungsposition

- Sämtliche Absichten müssen offen auf den Tisch gelegt werden.

- Die Ziele der Zusammenarbeit sollen für alle klar formuliert sein. Mögliche Ziele sind z. B. die führende Position in einem bestimmten Marktsegment oder ein bestimmtes Absatzvolumen auf einer Artikelgruppe.

- Es empfiehlt sich, den Gewinn aus Kostenreduktion oder Ertragssteigerung gleichmäßig zu verteilen, da es primär die Partnerschaft als solche ist, die dazu führt und weniger der Beitrag eines Partners.

3.2 Mittlere Führungsebene: Erarbeitung von Prozessen zur unternehmensübergreifenden Zusammenarbeit und Definition des zu erwartenden Nutzens

Auf der mittleren Führungsebene geht es um die Erarbeitung der konkreten Konzepte und Lösungen. Nun müssen die Partner die geforderten Zielbereiche nach der gewählten Strategie erfüllen. Abbildung 6 zeigt dabei die Herausforderung in der Ko-Herstellung von Produkten.

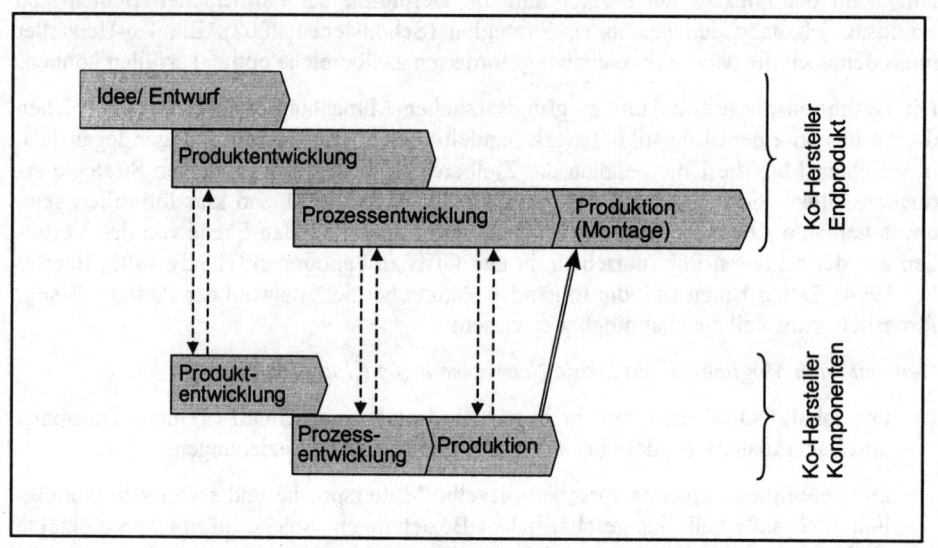

Abbildung 6: Ko-Herstellung von Produkten

Ko-Entwickler müssen den Prozess zur möglichst gleichzeitigen gemeinsamen Entwicklung beherrschen (,simultaneous engineering'). Ko-Produzenten müssen die logistischen Prozesse zur zeitlich abgestimmten Produktion und Lieferung von Komponenten kennen. Dabei kommt der Durchgängigkeit der Planungs- und Steuerungssysteme sowie der Informatik-Stützung dieser Systeme eine Schlüsselbedeutung zu (vgl. auch charakteristische Merkmale der Koordination). Alle notwendigen Informationen zur Ko-Herstellung müssen zwischen den Partnern frei austauschbar sein.

Deswegen müssen letztlich auch die Prozesse zur gemeinsamen Abrechnung definiert werden. Hier sollen Verträge angestrebt werden, die sich über die folgenden Punkte äußern:

- Grundsätzliches: Dauer, Vorgehen bei Auflösung, Geheimhaltung, Gerichtsstand
- Qualität: Spezifikation der Produkte und Prozesse, Qualitätsmanagement und Behandlung bei Abweichungen
- Kosten: Aufteilung der Investitionen in Anlagen und Kommunikationssysteme
- Lieferung: Lieferprozedur (normal und dringend), Losgrößen und Verpackungen, Verantwortung und Kostenverteilung für Lager
- Flexibilität: Leistungsindikatoren und Verbesserungsziele für Qualität, Kosten und Lieferung
- Unternehmerische Zusammenarbeit: Projektmanagement für neue Produkt- und Produktionstechnologien, Urheber- und Eigentumsrechte, Haftung und Gewährleistung.

3.3 Operationelle Führungsebene: Ableitung konkreter logistischer Zielvorgaben und Erarbeiten, Planen und Durchführen der gemeinsamen Auftragsabwicklung und der begleitenden Schulungsprogramme

Die operationelle Führungsebene beschäftigt sich mit den täglichen Problemen in der Abwicklung der Aufträge und mit allfälligen Reklamationen. Wiederum sind Zielbereiche nach der gewählten Strategie zu erfüllen.

Dazu ist nebst der Verknüpfung der Planungs- und Steuerungssysteme ein enger Kontakt zwischen den beteiligten Personen notwendig. Viele Probleme aus den Zielbereichen Qualität und Lieferung sind unvorhersehbar. Damit sind sie nur durch situative Planung und Entscheidung aufgrund formeller und informeller Kontakte unter den Beteiligten lösbar. Die Qualifikation der Mitarbeitenden steht somit im Vordergrund. Unternehmensübergreifende Teamarbeit mit möglichst viel dezentraler Verantwortung und Kompetenzen für gut geschulte Teams ist typisch für ein gut funktionierendes Logistiknetzwerk. Solche Teams kennen gegenseitig die Probleme in ihrem Logistiknetzwerk bezüglich Qualität, Produktionsablauf und Lieferung und sorgen für die laufende Verbesserung der Auftragsabwicklung.

Insbesondere in diesem Feld setzt die heutige bekannte SCM-Software an. Zur gemeinsamen Planung und Abwicklung kann diese neue Generation von Software unternehmensübergreifend Planungsresultate liefern, aus Sicht des gesamten Netzwerkes optimieren und den jeweiligen lokalen Unternehmenseinheiten zuspielen. Jedoch müssen für eine solch hochintegrierte Lösung, wie bereits erwähnt, erst die Vorarbeiten in den übrigen acht Quadranten gründlich erfolgen, damit man letztlich mit der SCM-Software zum gewünschten Erfolg kommen kann (Schönsleben/Hieber, 2000).

3.4 Ein Beispiel aus der praktischen Anwendung

Agie-Charmilles SA, ein Schweizer Hightech-Werkzeugmaschinenhersteller, der weltweit tätig ist (www.agie-charmilles.com), wollte mit Zulieferern wichtiger Baugruppen das Prinzip der Ko-Herstellerschaft einführen. Ziel war es, die Anzahl der Geschäftspartner zu reduzieren und gleichzeitig die Qualität zu erhöhen, die Kosten stabil zu halten, zuverlässig beliefert zu werden und flexiblere Anpassungsmöglichkeiten von Liefermengen und Lieferzeitpunkten zu schaffen. Vor allem aber wollte die Firma Bedingungen schaffen, die es ihr erlaubten, sich auf ihre Kernkompetenzen in der Entwicklung und Montage der Produkte zu konzentrieren.

Die Zulieferer unterschieden sich im Grad der Unabhängigkeit und der Wertschöpfungstiefe. So waren beispielsweise die Leiterplattenhersteller reine Subunternehmer, die einzelne Arbeitsgänge ausführten: Der Werkzeugmaschinenhersteller übernahm nicht nur die Entwicklung und Konstruktion der Leiterplatten, sondern stellte auch das Produktionsmaterial zur Verfügung. Die Hersteller der Blechumfassungen der Werkbänke zur Bearbeitung der Werkstücke kauften ihr Material zwar selbst ein, hatten aber keine Entwicklungsabteilung. Im Vordergrund standen lokale Zulieferer, meist kleinere Firmen mit ca. 50 Mitarbeitern und einzelne Abteilungen mittelgroßer Firmen. Im Folgenden werden die maßgeblichen Phasen des Projektes skizziert.

Oberste Führungsebene:

Das Management führte mehrere Strategiegespräche mit der Firmenleitung jedes Zulieferers. Zu einigen Treffen wurden Mitarbeiter involvierter Abteilungen und Produktionsstätten hinzugezogen. Das ‚win-win'-Prinzip wurde stark betont. Für den Zulieferer ergab sich aus dem Wettbewerbsvorsprung durch die Übernahme zusätzlicher Kompetenzen ein großer strategischer Vorteil. Selbstverständlich stand es jedem Zulieferer frei, sich nicht zu beteiligen, jedoch musste ein Zulieferer, der sich nicht zur Teilnahme entschloss, damit rechnen, den Kunden an einen Mitbewerber zu verlieren, der zu einer Kooperation bereit war.

Als erster Schritt wurde eine Ko-Produzentenschaft mit dem Leiterplattenhersteller angestrebt. Hauptziel war – zusätzlich zum Aufbau einer eigenen Einkaufsabteilung – eine Lieferqualität von praktisch 100 % zu erreichen und gleichzeitig Liefermengen und vom

Maschinenbauer geforderte Lieferdurchlaufzeiten einzuhalten. Aufeinander folgende Schritte zum Erreichen dieser Ziele wurden in Einzelheiten geplant. Der Werkzeugmaschinenhersteller versprach umfassende Hilfe beim Know-how-Transfer in diesen Gebieten.

Für den Hersteller der Blechverkleidungen fiel die Wahl auf eine Ko-Hersteller-Strategie. Ziel des Ko-Herstellers war der Aufbau einer Forschungs- und Entwicklungsabteilung mit ‚time to market' Prioritäten, die mit denen des Werkzeugmaschinenherstellers übereinstimmten. Die Voraussetzungen im Hinblick auf Qualität, Kosten und Auslieferung wurden näher bestimmt.

Man traf sich viermal im Jahr, um Strategien und Ziele zu überprüfen. Einmal jährlich trafen sich die Geschäftsleitungen der Firmen, um den Fortschritt zu kontrollieren. Als der Produktionsleiter des Werkzeugmaschinenherstellers, welcher das Projekt stark vorangetrieben hatte, die Firma verließ, führte dies zu ernsthaften Schwierigkeiten. Obwohl es unausgesprochen blieb, hegten die Zulieferer starke Zweifel an der Fortführung des Projektes. Die Lage beruhigte sich erst, nachdem ein Nachfolger des Produktionsleiters benannt worden war, der bekanntermaßen ein Verfechter der gewählten Strategie war. Dieser Nachfolger war zuvor Leiter des Einkaufs gewesen und sollte jetzt neuer Leiter der Logistik werden und sich zugleich um Produktion, Vertrieb und IT kümmern. Schnell wurde offensichtlich, dass eine solch anspruchsvolle Art der Zusammenarbeit auf der operationellen Ebene nicht von selbst funktioniert – ständige Bestätigung von Seiten des Managements der beteiligten Firmen ist unerlässlich. Wir beschreiben die folgenden Schritte beispielhaft anhand eines Leiterplattenherstellers und eines Herstellers von Blechumfassungen.

Mittlere Führungsebene:

Auf dieser Ebene müssen Produkte und Prozesse entwickelt und eingeführt werden. Hier wird zuerst deutlich, ob vertrauensbildende Maßnahmen nur pro forma eingeleitet wurden oder ob sie gegriffen haben.

Der *Blechverkleidungsfabrikant* bestand auf einer Mindestverkaufsmenge, die im Voraus für den Zeitraum von mehreren Jahren festgesetzt werden sollte. Dadurch erhoffte er sich einen gewissen Grad an Sicherheit angesichts einer großen Investition in CAD in der Entwicklungsabteilung. Der Werkzeugmaschinenhersteller war nicht zur Zustimmung bereit, da dies nicht seiner Sicht der Ko-Herstellerschaft entsprach. Bei genauerem Hinsehen stellte sich heraus, dass der kaufmännische Leiter den Ton angab – und nicht wie bisher der technische Leiter. Dieser kaufmännische Leiter des Zulieferers fürchtete, dass seine Investition als Ko-Hersteller wegen des möglicherweise zu kurzen Zeitraums der Zusammenarbeit nicht rentabel sein würde. Er vertraute dem Werkzeugmaschinenhersteller nicht a priori. In der Diskussion wurde von der anderen Seite das Argument vorgebracht, auch der Werkzeugmaschinenhersteller selbst gehe ein nicht unerhebliches Risiko ein, dass nämlich der Zulieferer das durch die Kooperation mit dem Ko-Hersteller vermittelte Wissen missbrauchen könnte, um mit den Wettbewerbern des Werkzeugmaschinenherstellers ins Geschäft zu kommen. Schließlich musste der Plan einer engen Zusammenarbeit nach langen und zähen Verhandlungen aufgegeben werden. Der Zulieferer hatte mit diesem Ergebnis gerechnet. Dies stellte kein Problem dar, da das Geschäft mit dem Werkzeugmaschinenhersteller nur 4 % seines Umsatzes ausmachte und da sein sehr ertragsstarkes Hauptgeschäft florierte. Der Werkzeugmaschinenhersteller fand schnell andere Blechverkleidungsfabrikanten, mit denen er die Ko-Herstellerschaft zufriedenstellend umsetzen konnte.

Der *Leiterplattenhersteller* sah in der Forderung, eine eigene Einkaufsabteilung zu schaffen, eine gute Gelegenheit, Kompetenzen in diesem Bereich aufzubauen. Obwohl – oder vielleicht gerade weil – 80 % seines Umsatzes auf den Werkzeugmaschinenhersteller entfiel, ließ er sich von dem Argument überzeugen, dass er das neue Know-how in Zukunft auch im Geschäft mit anderen Kunden nutzen könne. (Übrigens, heute macht das Geschäft mit dem Werkzeugmaschinenhersteller nur noch 20 % seines Umsatzes aus, was den Erfolg dieser Strategie für den Zulieferer zeigt.) Die erforderliche Investition war nicht ohne Risiko: Ein zusätzlicher, nur indirekt produktiver Mitarbeiter bei 20 direkt produktiven Angestellten. Als Ergebnis konnten die Prozesse der verteilten Produktion, Beschaffung, Auslieferung und Kalkulation definiert werden.

Während der gesamten Entwurfsphase besuchten sich Mitarbeiter der beiden Firmen gegenseitig, um die Prozesse des Partners und die damit verbundenen Probleme besser zu verstehen. Dies führte beim Hersteller der Leiterplatten zu einer kompletten Neugestaltung der Abläufe, einschließlich der räumlichen Anordnung der Produktions-Infrastruktur. Aber auch der Werkzeugmaschinenhersteller musste einige seiner Abläufe modifizieren.

Operationelle Führungsebene

Für die Aufträge des Werkzeugmaschinenherstellers an den Leiterplattenhersteller wählte man als Planungs- und Durchführungssystem ein System von lang-, mittel- und kurzfristigen Rahmenaufträgen sowie Abrufaufträgen mit Mengen und Zeitspannen. Mit dieser Logistik-Methode war der Zulieferer nicht vertraut gewesen. Bis zu diesem Zeitpunkt hatte der Zulieferer nur auf feste Bestellungen hin produziert. Er stellte aber schnell fest, dass es ihm nur durch verbesserte Planung beider Seiten möglich sein würde, die jetzt verlangten - drastisch reduzierten - Lieferdurchlaufzeiten einzuhalten. Nur so konnte der Zulieferer seinerseits die notwendigen elektronischen Komponenten von seinem eigenen Zulieferern rechtzeitig beschaffen.

Im Beispiel bestellt der Werkzeugmaschinenhersteller die *genau* benötigte Menge erst für den nächsten Monat, und zwar mit einem kurzfristigen Rahmenauftrag. Die genauen Zeitpunkte der einzelnen Abrufaufträge während des nächsten Monats ergeben sich in diesem Fall durch ein Kanban-Steuerprinzip. Während des Monatszeitraums entsteht der Bedarf unvorhersagbar, so dass der Zulieferer die gesamte Menge des kurzfristigen Rahmenauftrags am Anfang des Monats zur Verfügung haben muss, da die Firma keine genauen Daten für die wahrscheinliche Lieferung angegeben hat.

Ein solches System von kontinuierlichen, immer präziseren Rahmen- und Abrufaufträgen verlangte erhebliche Investitionen in Logistik, Planung und Steuerung der Firma und ihrem Zulieferer. Schnelle und effiziente Kommunikationstechnik, um Informationen auszutauschen und die Planungsdaten zu aktualisieren, mussten als Voraussetzung für die Koordination eingeführt werden.

4. SCM Erfolgsfaktoren

In jeder Phase sind dabei die Vertrauensbildung und das Aufrechterhalten des Vertrauens zwischen den Ko-Herstellern absolut entscheidend. Unsere Forschungen über Logistik- und Produktionsnetzwerke in der Praxis haben wiederholt gezeigt, dass eine langfristige oder intensive Zusammenarbeit in einem Logistiknetzwerk jedem einzelnen Unternehmen unter anderem folgende Merkmale abverlangt:

- Mentalität für eine gemeinsame Win-Win-Situation,
- Offenheit für Vorschläge von internen und externen Mitarbeitenden,
- Orientierung hin zu Abläufen und wertschöpfenden Aufgaben,
- Delegation, Teamarbeit usw.

Der Gedanke dabei ist, dass ein Unternehmen, wenn die beschriebene Kultur intern nicht vorhanden ist, diese für das Funktionieren in einer Supply Chain auch nicht aufbringen kann.

Alle erwähnten Eigenschaften gehören zur sogenannten sozialen Kompetenz eines Unternehmens. Damit ist u. a. die Flexibilität gemeint, sich selbst als Partner ins Wertschöpfungsnetzwerk einzubringen sowie andere Partner darin einzubinden. Für etliche Unternehmen mag der Erwerb dieser Kompetenz eine Verhaltensänderung bedeuten. Vor allem hinsichtlich der ersten Anforderung: Wie bei der sozialen Kompetenz von Individuen muss man in gleichgewichtigen Verhältnissen zuerst das ‚Sich-Einbringen' beherrschen, will man glaubwürdig - also ohne Zwang - andere als Partner einbinden. Aber nur so wird man ein erfolgreicher Kandidat für die Mitgliedschaft in einer Wertschöpfungspartnerschaft.

Selbstverständlich bringt eine derart intensive Zusammenarbeit auf Supply Chains auch mögliche Stolpersteine mit sich. Besonders beachtet werden müssen u. a.:

- Veränderungen in den entscheidenden Verhältnissen bei einem Ko-Hersteller. Gerade bei Firmenübernahmen oder Fusionen kann ein Hersteller u. U. schnell nicht mehr in der Lage sein, als Partner im Netzwerk weiter mitzuarbeiten.

- Unerwarteter Übergang zu einem Verkäufermarkt. Netzwerke funktionieren prinzipiell besser, wenn jeder Teilnehmer sich bewusst ist, dass er im Prinzip auch durch einen anderen ersetzt werden kann. In einem Verkäufermarkt verschwindet dieses Bewusstsein leicht.

- Missbrauch der Kenntnisse aus der Zusammenarbeit mit einem Ko-Hersteller für den Aufbau von Geschäftsbeziehungen mit dessen Konkurrenten. Diese naheliegende Gefahr ist in den Partnerschaften, welche die Verfasser bisher beobachten konnten, interessanterweise noch nie Realität geworden.

- Investitionen durch einen Ko-Hersteller, die durch eine zu kurze Beziehung nicht rentabilisiert werden können. In diesem Fall wird die gemeinsame *Win-Win*-Situation nicht gesehen oder nicht erreicht.

In der Praxis zeigte und zeigt sich immer wieder, dass die erwähnten Grundsätze zur Vertrauensbildung hinter der Euphorie, die aufgrund der Möglichkeiten durch die elektronischen Unterstützung von Geschäftsprozessen (z. B. im B2B als auch bei der umfassenderen SCM-Software) entsteht, zurückbleiben. Jedoch müssen vor allem für den kompetenten Einsatz der heutigen populären Software-Lösungen zuerst die Hausaufgaben in der Unternehmenskultur und in der Organisation der unternehmensübergreifenden Zusammenarbeit gemacht worden sein. Hier und in einer angebrachten Erwartungshaltung der Software gegenüber liegen die eigentlichen Erfolgsfaktoren im Supply Chain Management. Die Software trägt letztlich dann über Transparenz, Planungsgeschwindigkeit und Teilautomatisierung manchmal zur Effektivität, jedoch vor allem zur Effizienz der organisatorischen Konzepte bei.

Torsten Becker

Supply Chain Prozesse: Gestaltung und Optimierung

1. Einleitung

2. Das Supply Chain Operations Reference-model (SCOR)
    2.1 Aufbau und Inhalt von SCOR
    2.2 Die SCOR Prozesstypen
    2.3 Die SCOR Ebenen

3. Ansätze zur Optimierung der Supply Chain
    3.1 Ausrichtung auf das Ziehprinzip
    3.2 Einführung des Auftragsbezugs in der Prozesskette
    3.3 Durchgängigkeit
    3.4 Vereinheitlichung des Flusses
    3.5 Optimierung des Zeitverhaltens
    3.6 Vorgehensweise zur Verbesserung der Supply Chain Prozesse

4. Ansätze zur Supply Chain Integration

5. Messung von Verbesserungen

6. Auswirkungen auf die Aufbauorganisation

7. Supply Chain Optimierungspotenziale

8. Zusammenfassung

1. Einleitung

Die Supply Chain ist die wichtigste Prozesskette für viele produzierende und handelnde Unternehmen, da sie an der Schnittstelle zum Kunden die Leistungsfähigkeit des Unternehmens dokumentiert. Sie besteht aus allen Material-, Informations- und Werteflüssen von der Identifizierung des Marktbedarfs bis zur Auftragserfüllung. Dabei muss die Supply Chain unterschiedlich und teilweise konkurrierende Ziele erfüllen: Hoher Kundenservice bei gleichzeitig minimalen Kosten und Kapitaleinsatz. Während in der Vergangenheit einzelne Unternehmen miteinander konkurrierten, stehen heutzutage die Supply Chains im Wettbewerb. Die Supply Chain innerhalb des Unternehmens wird erweitert zur integrierten Supply Chain; vom Lieferanten des Lieferanten bis zum Kunden des Kunden. Führende Unternehmen setzen mit ihren Partnern die Supply Chain gezielt als Wettbewerbsinstrument ein: Mit der integrierten Supply Chain können sie schneller liefern als der Wettbewerb, die Liefertermine besser treffen bei gleichzeitig niedrigeren Supply Chain Management Kosten und Beständen.

Unternehmen streben eine schnellere Reaktion auf Kundenwünsche und Marktveränderungen und gleichzeitig profitables Wachstum an. Wie sehen geeignete Supply Chain Prozesse aus, um eine derartige Unternehmensstrategie zu unterstützen? Wie kann ein Unternehmen diese Supply Chain Prozesse erreichen? Die Supply Chain Prozesse stehen im Mittelpunkt der wesentlichen Elemente zum Supply Chain Management: Strategie, Kennzahlensysteme, Prozesse, Informationssysteme und Organisation (Abbildung 1):

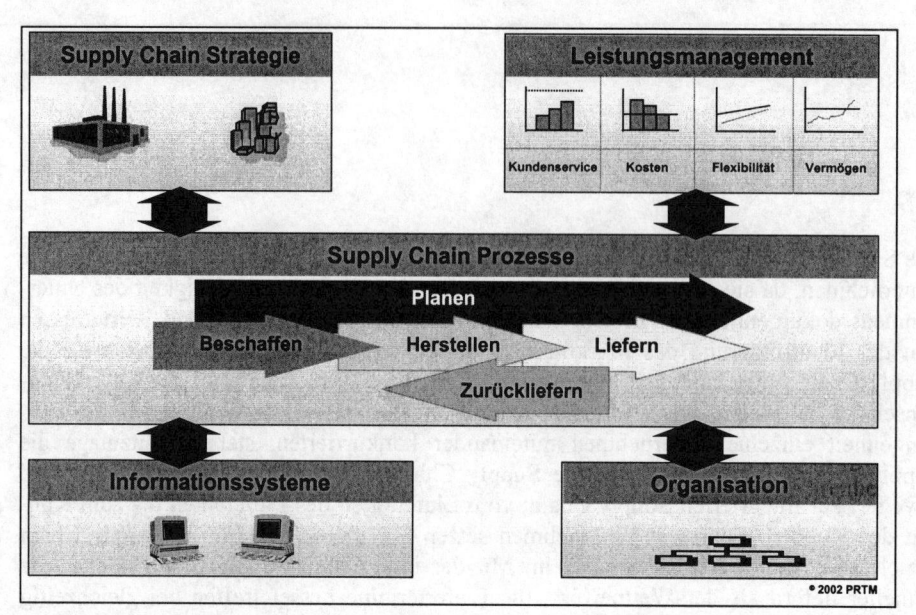

Abbildung 1: Elemente der Supply Chain (Geimer/Becker, 2001, S. 25)

1. Die Supply Chain Strategie basiert auf den Unternehmenszielen und den Erwartungen und Anforderungen des Marktes und stellt die Randbedingungen für das Supply Chain Management sicher. Sie ist eine wesentliche Eingangsgröße für die Entwicklung und kontinuierliche Anpassung der Geschäftsprozesse, der Leistungsziele, der Organisationsstrukturen und der Informationssysteme.
2. Das Supply Chain Kennzahlensystem stellt aussagekräftige Messgrößen für das Leistungsmanagement und die Leistungsbeurteilung zur Verfügung. Für jede Kennzahl ist auch die Definition von Zielen erforderlich, um die Supply Chain auf Ziele bezogen zu steuern.
3. Die Supply Chain Prozesse beschreiben die Tätigkeiten, die für die Abläufe und das Management der Supply Chain erforderlich sind. Dies sind im Wesentlichen die Prozessbausteine Planen, Beschaffen, Herstellen, Liefern und Zurückliefern, aus denen sich beliebige Supply Chains konfigurieren lassen.
4. Integrierte Informationssysteme sind ein Hilfsmittel für die effiziente Umsetzung der Supply Chain Prozesse sowie für die Gestaltung der Infrastruktur und für die Unterstützung bei der Entscheidungsfindung.
5. Das Organisationsmodell beschreibt den Aufbau der Organisation, die Entscheidungsfindung, die Zuständigkeiten der Abteilungen und die Aufgaben und Verantwortlichkeiten der einzelnen Mitarbeiter. Die Umwandlung von einer abteilungsorientierten Organisation zu einer prozessorientierten Supply Chain erfordert eine Neustrukturierung der Aufbauorganisation und neue organisatorische Ziele.

Unternehmen, die ihre Supply Chain Leistung steigern wollen, müssen alle diese fünf Elemente gemeinsam gestalten und optimieren. Die Schwierigkeit bei Supply Chain Projekten ist die Komplexität der Aufgabenstellung, da ein zu enger Betrachtungshorizont zu Teiloptimierungen führt.

2. Das Supply Chain Operations Reference-model (SCOR)

Die Supply Chain wird über Unternehmensgrenzen hinaus gestaltet, daher müssen die beteiligten Unternehmen eine gemeinsame Basis für die Verständigung über die Prozesse schaffen, wie es das Supply Chain Operations Reference-model (SCOR) darstellt. Aufbauend auf einer Istprozessbeschreibung lassen sich hier die Prozesse neu gestalten und optimieren und mit den richtigen Kennzahlen sind die Leistungen dann überprüfbar.

Eines der Hauptprobleme im Supply Chain Management ist die unternehmensübergreifende Kommunikation über die Supply Chain. Da nur wenige Unternehmen ihre Supply Chain vollständig dokumentieren können, trafen sich im Jahr 1996 siebzig Industrieunternehmen, um unter Anleitung von PRTM ein neuartiges Werkzeug zu definieren. Mit der SCOR-Entwicklung entstand so eine einheitliche Beschreibungsmethode aus Sicht der Anwender, mit der sich Supply Chains unternehmensübergreifend gestalten lassen. Das Prozessreferenzmodell beschreibt über alle Softwaresysteme hinweg die grundsätzliche Funktionalität einer wettbewerbsfähigen Supply Chain. Es bietet die Grundlagen für die Analyse, Verbesserung und Umsetzung von Supply Chain Prozessen. Das Supply Chain Operations Reference-model (SCOR) ist somit ein innovatives Werkzeug zur Optimierung von Supply Chain Prozessen über Unternehmensgrenzen hinweg. SCOR kann in allen Branchen angewendet werden, beschreibt sämtliche Supply Chain Prozesse und unterstützt die Identifizierung von Verbesserungsmaßnahmen in der Supply Chain (Geimer/Becker, 2001, S. 116).

SCOR wird als Standard vom Supply Chain Council (SCC), einem unabhängigen, gemeinnützigen Verein, weiterentwickelt und ist für alle Unternehmen zugänglich, die das Standardreferenzmodell anwenden möchten. Alle folgenden Erläuterungen basieren auf SCOR Version 5. Als Grundüberlegung ordnet das Prozessreferenzmodell SCOR alle Supply Chain Aufgabenstellungen und Aktivitäten fünf grundlegenden Supply Chain Prozessen zu, nämlich Planen, Beschaffen, Herstellen, Liefern und Zurückliefern. Diese Prozesse beschreiben alle Elemente der Supply Chain Prozesskette, vom Erfassen der Marktbedürfnisse über die Produktlieferung bis zur Ersatzteillogistik.

2.1 Aufbau und Inhalt von SCOR

Mit SCOR lassen sich der Aufbau und die Inhalte der Supply Chain Prozesse definieren, die wesentlichen Merkmale werden in Abbildung 2 zusammengefasst. Die Aufbaubeschreibung von SCOR enthält:

- Prozessbeschreibungsmethode

SCOR beschreibt alle Prozesse, die zur Dokumentation der komplexen Supply Chain-Informations-, Material- und Werteflüsse erforderlich sind. Es lassen sich gesamte Prozessketten und die einzelnen Prozessschritte darstellen sowie die übergreifenden Informations-, Material- und Werteflüsse jeweils mit ihren Quellen und Empfängern.

- Konfigurierbarkeit

Aus den fünf Prozessbausteinen Planen, Beschaffen, Herstellen, Liefern und Zurückliefern lassen sich alle Supply Chain Prozessketten konfigurieren. Diese Konfigurierungsmöglichkeiten gewährleisten den branchenübergreifenden Ansatz.

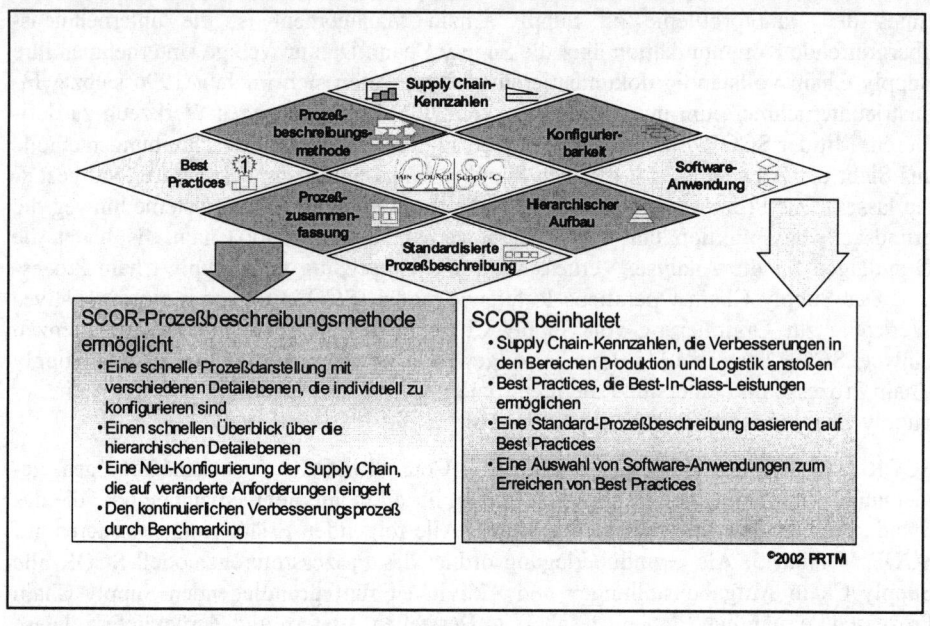

Abbildung 2: Aufbau und Inhalt von SCOR

- Hierarchischer Aufbau

Das Modell bildet mit vier hierarchischen Ebenen die Grundlage für die Beherrschung der Supply Chain Komplexität. Die oberste Ebene beschreibt die gesamte Supply Chain

Das Supply Chain Operations Reference-model (SCOR)

und jede folgende Ebene ist eine Detaillierung der vorangegangenen Ebene, indem sie einzelne, eng abgegrenzte Zusammenhänge beschreibt. Damit lassen sich unterschiedliche Aufgabenstellungen mit den verschiedenen Ebenen in variierendem Detaillierungsgrad beschreiben.

- Prozesszusammenfassung

Besonders die Planprozesse in der Supply Chain Prozesskette erfordern die Beschreibung durch einen Aggregationsmechanismus, damit Teilprozesse zu Gesamtprozessketten verknüpft werden können. Jedes Unternehmen kann durch die SCOR-interne Aggregationslogik diese Zusammenhänge abbilden und verdeutlichen.

Als Zwischenfazit lässt sich feststellen, dass Unternehmen mit der SCOR Prozessbeschreibungsmethode schnell die Abläufe in allen Supply Chain Prozessen vom Kunden bis zum Lieferanten darstellen können. Dabei lässt sich je nach Verwendungszweck der Detaillierungsgrad variieren, um Diskussionen über unterschiedlichen Aufgabenstellungen zu ermöglichen oder bestimmte Teilprozesse detaillierter zu betrachten. Durch den hierarchischen Aufbau können Übersicht und Detail getrennt dargestellt werden. Mit dieser Analysemethode ist darüber hinaus eine hervorragende Ausgangsbasis geschaffen, mit der Unternehmen ihre Supply Chain Prozesse an geänderte Randbedingungen anpassen können, da sich die Prozesse mit SCOR schnell beschreiben und optimieren lassen.

Während die oben beschriebenen Aspekte ein Hilfsmittel zur Beschreibung beliebiger Prozesse darstellen, unterscheidet sich SCOR von anderen Prozessbeschreibungsmethoden wie IDEF0 oder Flussdiagrammen durch die Festlegung und Definition von folgenden Supply Chain Inhalten:

- Standardprozessbeschreibung

Mit der Standardprozessbeschreibung kann der SCOR-Anwender die einzelnen Prozesse und deren Inhalte verstehen. Sie bilden ein allgemeingültiges, softwareunabhängiges Gerüst für sämtliche Supply Chain Teilprozesse. Diese Standardprozessbeschreibung dient zwei Anwendungsfällen: Einerseits lassen sich mit dieser Referenz Unterschiede zwischen den Ist- und Referenzsituationen herausarbeiten, andererseits lässt sich mit dem Referenzwerk schnell ein neuer Sollprozess entwerfen.

- Best Practices

Die Best Practices dokumentieren in der Praxis erfolgreiche Ansätze für die Optimierung der einzelnen Prozesse. Mit diesen Hinweisen können die Anwender Ansätze zur Optimierung der Supply Chain Leistungsfähigkeit identifizieren.

- Messgrößen

In SCOR liegen standardisierte Messgrößendefinitionen vor, mit denen alle Prozesse gemessen und gesteuert werden können. Diese allgemeingültig definierten Messgrößen erleichtern ein Benchmarking verschiedener Unternehmen.

■ Softwareanforderungen

Für eine Automatisierung der Supply Chain Prozesse werden üblicherweise leistungsfähige Anwendungssysteme eingesetzt. Aus jedem Prozess und jeder Best Practice lassen sich Anforderungen ableiten, die durch die Softwarehersteller in entsprechende Funktionalitäten umgesetzt werden. Für die Auswahl geeigneter Softwaresysteme bietet SCOR daher eine erste Beschreibung der Anforderungsdefinitionen.

2.2 Die SCOR Prozesstypen

Eine der Innovationen bei der Entwicklung von SCOR war die Einführung der unterschiedlichen Prozesstypen: Planung, Ausführung und Befähigung (Abbildung 3). Die Ausführungsprozesse beschreiben alle Aktivitäten für die Auftragsabwicklung, also den Informations-, Material und Wertefluss. In den Ausführungsprozessen findet die konkrete Auftragsbearbeitung statt. Dazu zählen die wesentlichen Prozesse Beschaffen (Source), Herstellen (Make), Liefern (Deliver) und Zurückliefern (Return).

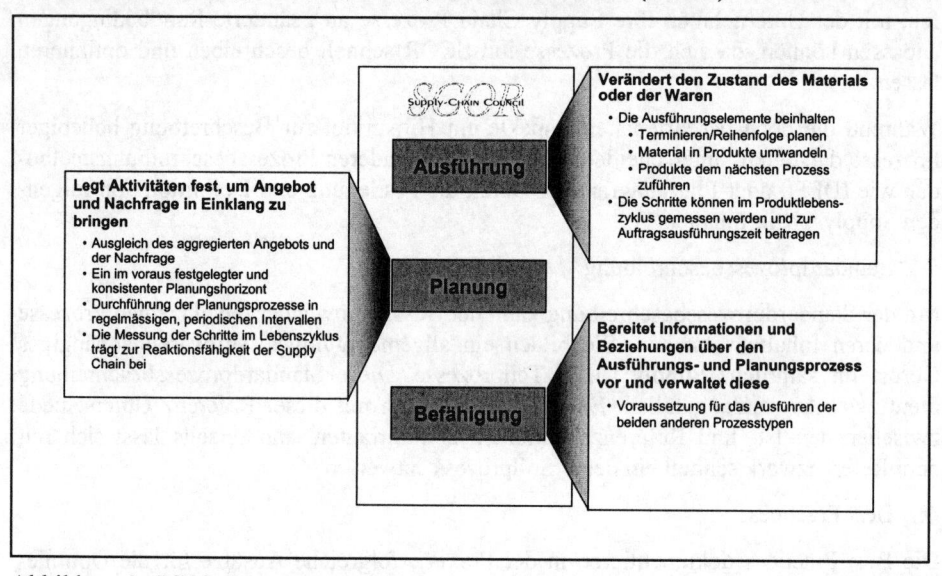

Abbildung 3: SCOR Prozesstypen

Die Planungsprozesse umfassen alle Tätigkeiten für die Vorbereitung von zukünftigen Material-, Informations- und Werteflüssen, um durch gezielte Maßnahmen Bestände und Kapazitäten für die Zukunft vorzubereiten. Mit diesem Abgleich können die Unternehmen eine mangelnde Reaktionsfähigkeit auf Kundenaufträge ausgleichen, indem sie die erforderlichen Bestände vor dem Eintreffen des Kundenauftrags im Voraus aufbauen.

Typische Beispiele für Planungsprozesse sind die Prognose, Vertriebs-, Beschaffungs- und Produktionsplanung. Diese Prozesskategorie wird durch die Planen (Plan) Prozesse dokumentiert.

Befähigungsprozesse fassen die Elemente zusammen, die zur Vorbereitung und Gestaltung der Supply Chain oder für Sondersituationen in der Supply Chain erforderlich sind. Diese Prozesse schaffen alle Voraussetzungen für einen reibungslosen Ablauf der Supply Chain. Durch die Abtrennung der Befähigungsprozesse lassen sich die Ausführungsprozesse leichter gestalten und realisieren sowie die Befähigungsprozesse nach anderen Zielsetzungen optimieren. So gehört z. B. die Auswahl eines neuen Lieferanten zu den Befähigungsprozessen. Die Selektion des Lieferanten wird einmal benötigt, um die Supply Chain zu konfigurieren und die Daten in den Einkaufssystemen zu erstellen. Für die Abwicklung der Aufträge, also für die Ausführungsprozesse, wird auf diese einmalige Definition zurückgegriffen. Die Ergebnisse der Infrastrukturprozesse können beliebig häufig wiederverwendet werden, sie sind nicht mit einer Auftragsausführung direkt verbunden.

2.3 Die SCOR Ebenen

SCOR besteht aus vier inhaltlich verschiedenen Hierarchieebenen, mit denen unterschiedliche Zielsetzungen verfolgt werden (Abbildung 4).

Ebene	Beschreibung	Schema	Ausmaß	Anwendung	Klassen
1	Prozess	Planen, Beschaffen, Herstellen, Liefern, Zurücksenden	Gesamte Supply Chain	Festlegung des Umfangs	• Planung • Ausführung
2	Prozess- kategorie		Gesamte Supply Chain	Konfiguration	• Planung • Ausführung • Infrastruktur
3	Prozess- elemente		Ein Diagramm pro Prozess- kategorie	Prozessdesign	• Planung • Ausführung • Infrastruktur
4	Implemen- tierung		Ein Diagramm pro Prozess- kategorie	Detailliertes Prozess- design	• Planung • Ausführung • Infrastruktur

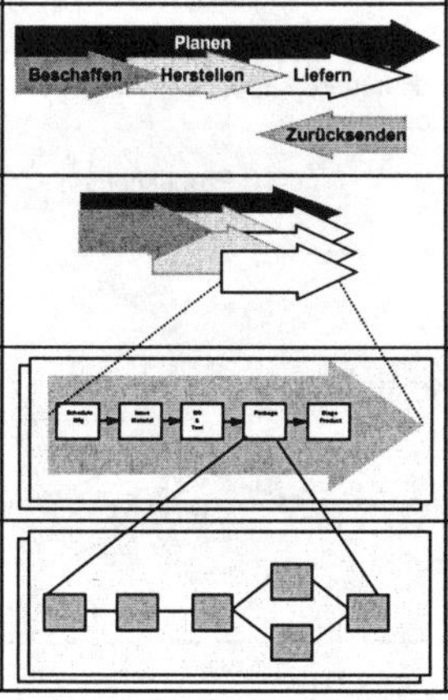

Abbildung 4: SCOR Prozesshierarchie

Ebene 1 und 2 betrachten die gesamte Supply Chain im Überblick und dienen strategischen Aufgaben, Gesamtanalysen oder ganzheitlicher Gestaltungsaufgaben. In Ebene 3 und 4 liegt der Schwerpunkt auf einzelnen Teilprozessen und diese Ebenen sind daher für die Optimierung einzelner Teilaspekte geeignet. Ebene 1 dient der Beschreibung des Supply Chain Betrachtungsumfangs, hier werden die Standorte und der Umfang der Supply Chain definiert. Die Beschreibung beinhaltet die Prozesse Planen (Plan), Beschaffen (Source), Herstellen (Make), Liefern (Deliver) und Zurückliefern (Return), die in den nächsten Ebenen weiter detailliert werden. Die Prozesse werden durch die Anfangsbuchstaben beschrieben (P: Plan, S: Source, M: Make, D: Deliver, R: Return).

Mit der Ebene 1 lassen sich somit die Bilanzhülle der zu betrachtenden Supply Chain, die beteiligten Unternehmen einer durchgängigen Supply Chain und die Verknüpfungen der einzelnen Prozesse und Standorte beschreiben. An dieser Stelle muss die Bedeutung dieser Umfangsdefinition hervorgehoben werden, da nur eine Gesamtbetrachtung die Optimierung und Abstimmung der einzelnen Supply Chain Partner ermöglicht. Die Beschreibung einer gesamten Supply Chain umfasst beispielsweise die wichtigsten Lieferanten, d. h. Lieferanten mit hohem Liefervolumen oder langen Lieferzeiten, auf der einen Seite und die Hauptkunden(gruppen) auf der anderen. Auf Ebene 1 werden bereits die wesentlichen Segmentierungen der Supply Chain durchgeführt und die Supply Chain Strategie diskutiert und angepasst.

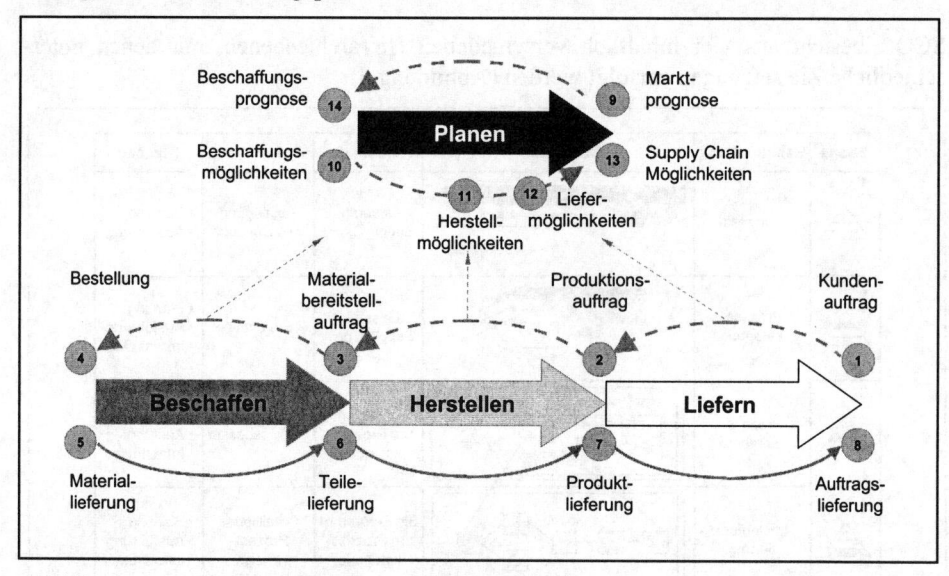

Abbildung 5: Prozessbeschreibung nach SCOR

Die SCOR Prozesse auf Ebene 1 bilden die Prozesse zur Planung und Auftragsabwicklung ab (Abbildung 5). Für die Ausführungsprozesse wird zunächst der auftragsbezogene Informationsfluss betrachtet. Der Kunde erteilt einen Kundenauftrag (1), der vom

Prozess Liefern (Deliver) bearbeitet wird. Daraus kann ein Produktionsauftrag (2) entstehen, der einen Materialbereitstellauftrag (3) auslöst. Für den Nachschub wird daraufhin eine Materialbestellung (4) an den Lieferanten ausgelöst. Der Materialfluss läuft nun genau entgegengesetzt zum Informationsfluss. Der Lieferant liefert das Material (5). Der Source Prozess versorgt auf Basis der Materialbereitstellaufträge (6) die Produktion, die nach Produktionsauftrag daraus die Produkte (7) herstellt. Durch den Deliver Prozess wird anschließend der Kundenauftrag mit den Produkten kommissioniert, gepackt und als Lieferung (8) an die Kunden versandt.

Bei vielen Unternehmen sind die Auftragsdurchlaufzeiten aber länger als die vom Kunden geforderten Lieferzeiten. Deshalb lassen sich die Prozesse nicht erst bei Eintreffen eines Kundenauftrags aktivieren, stattdessen wird die Supply Chain mit Material- und Produktbeständen gefüllt, um die vom Kunden erwartete Reaktionszeit sicherzustellen. Die Planungsprozesse antizipieren die zukünftigen Ereignisse, indem unter Annahmen über die zukünftigen Auftragseingänge diese Bestände dimensioniert und bestimmt werden. Zusätzlich werden diese Informationen für Bestellungen benötigt, um die langen Reaktionszeiten der Lieferanten abzupuffern.

Dazu werden die Fähigkeiten in der Beschaffung (10), in der Produktion (11) und im Lieferbereich (1) zu den Supply Chain Fähigkeiten (13) zusammengefasst. Zusammen mit der Marktprognose (9) ergibt sich eine Beschaffungsprognose (14) und ein Gesamtplan, der den Grundstein für die Aktivitäten in allen Teilbereichen bildet.

In Ebene 2 werden die Prozesse in Prozesskategorien aufgeteilt und die gesamte Supply Chain oder eine Teilprozesskette dargestellt (Abbildung 6), immer jeweils vom Lieferanten bis zum Kunden. Die Prozesskategorien unterscheiden sich bei den Ausführungsprozessen nach der Auftragsart, d. h. ob auf Lager produziert wird, auftragsbezogen oder für Kundeneinzelfertigung mit auftragsspezifischen Anpassungen gearbeitet wird. Die Planungsprozesse werden nach den zugehörigen Ausführungsprozessen untergliedert und durch den Anfangsbuchstaben der Ebene 1 und eine weitere Nummerierung eindeutig identifiziert.

Hauptaufgabe der Ebene 2 ist die Detaillierung der Gesamtkonfiguration und die Verknüpfung der Teilprozessketten. Die systematische Beschreibung verdeutlicht eine ganze Reihe von potenziellen Problemen, wie z. B. offene Schnittstellen, unterschiedliche Steuerungsmechanismen oder Doppelaktivitäten. Die Aussagekraft dieser Ebene überrascht viele Anwender von SCOR immer wieder, da mit wenigen Mitteln die gesamte Supply Chain transparent dargestellt wird und viele Aspekte der Supply Chain in einem Gesamtbild betrachtet werden können.

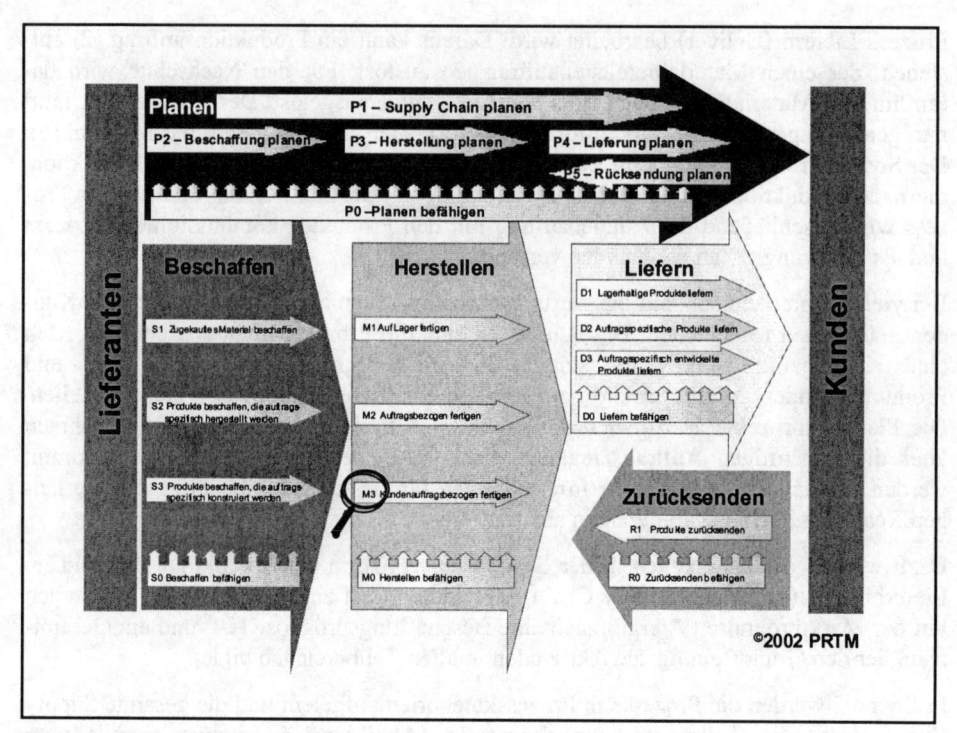

Abbildung 6: Inhalte der SCOR Ebene 2

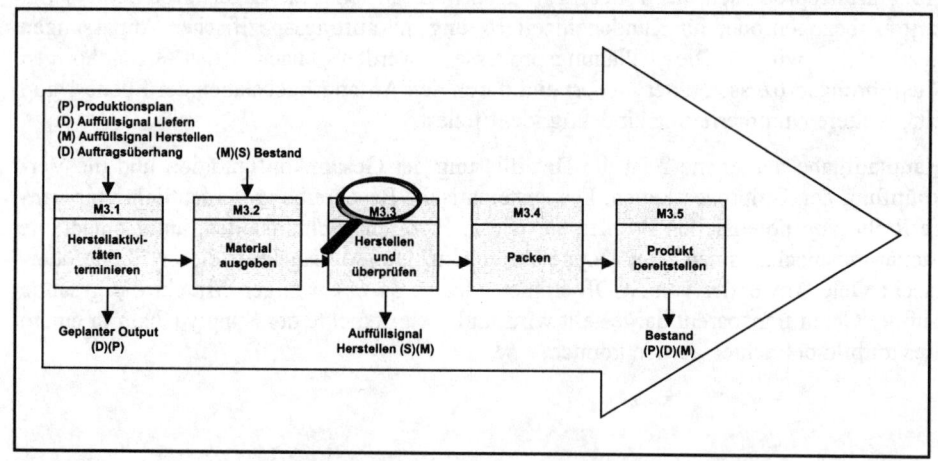

Abbildung 7: Inhalt der SCOR Ebene 3

In Ebene 3 werden die Prozesselemente für jede Prozesskategorie einzeln dokumentiert und die Prozessschritte, deren Reihenfolge und die Eingangs- und Ausgangsinformationen getrennt dargestellt (Abbildung 7). In Ebene 4 werden dann über Flussdiagramme alle weiteren Verfeinerungen zusammengefasst. SCOR beinhaltet für Ebene 4 keine Referenzinhalte, da auf dieser Ebene keine branchenunabhängige Betrachtung möglich ist. Unternehmen nutzen die Ebene 4, um Arbeitsanweisungen zu erstellen, die später auch die Ausgangsbasis für ISO9000-Prozessbeschreibungen ist.

3. Ansätze zur Optimierung der Supply Chain

Viele Unternehmen haben zahlreiche Gründe, die Supply Chain neu zu gestalten: Schlechter Lieferservice, Kundenbeschwerden, lange Durchlaufzeiten oder hohe Lagerbestände sind einige der wesentliche Startpunkte für ein Gestaltungsprojekt. Bei einer Neubetrachtung der Supply Chain ist es wichtig, die gesamte Prozesskette vom Lieferanten bis zum Kunden zu betrachten.

Für die Optimierung einer bestehenden Supply Chain sind verschiedene Ansatzpunkte möglich. Erfolgreiche Unternehmen haben ihre Supply Chain auf die folgenden Punkte ausgelegt:

- Ausrichtung auf das Ziehprinzip
- Einführung des Auftragsbezugs in der Prozesskette
- Durchgängigkeit
- Vereinheitlichung des Flusses
- Optimierung des Zeitverhaltens

Diese Punkte werden nachfolgend beschrieben.

3.1 Ausrichtung auf das Ziehprinzip

Um eine durchgehende Supply Chain einzuführen, müssen die Unternehmen das Ziehprinzip als neue Steuerungsphilosophie im Unternehmen einführen. Während viele Unternehmen mit einem Monats- oder Zweiwochenprogramm die Produktion im Istzustand nach einem Programm und somit einen Plan steuern, reagieren die Supply Chain orientierten Unternehmen auf ein Auftragssignal. Anstatt nach Plan zu bauen, werden unterschiedliche Steuerungsmöglichkeiten eingesetzt und die Produktion erst auf Auftrag in Gang gesetzt.

Für ein Unternehmen mit wenigen Standardprodukten bietet sich eine Lagernachfüllproduktion mit Kanban an. Der Lagerbestand für Fertigprodukte ist in effiziente Losgrößen eingeteilt und falls mehr Produkte an die Kunden verkauft werden als Lagerbestand vorhanden ist, wird eine festgelegte Produktionsmenge über den Kanban zur Nachfüllung als Auftragssignal in die Produktion geschickt. Das heißt es wird kein Produkt erzeugt, solange die Produktion keinen Kanban erhält, denn dieser ist das Startsignal für die Produktion. Für einen funktionierenden Kanbanregelkreis zur Lagernachfüllung sind beherrschte Montageprozesse eine wesentliche Voraussetzung, wofür die Auftragsdurchlaufzeiten durchgängig eingehalten werden müssen. Viele Unternehmen müssen dafür ihre Montagequalität vereinheitlichen, damit Reparaturen, Mehrfachprüfungen oder -einstellungen nicht zu große Streuungen in der Auftragsbearbeitungszeit verursachen. Die Umstellung auf Kanban erfordert auch eine Veränderung der Planung. Anstelle eines Monatsprogramms für die Produktion aufzustellen, muss der Lagerbestand für Teile geplant werden und die Kapazität für die Fertigung und Montage der Endprodukte geprüft werden. Dabei beeinflussen Änderungen der Marktnachfrage die erforderliche Anzahl der Kanbans im Kreislauf. Zusätzlich erfordert die Einführung von Kanbans die Änderung der Auslastungsoptimierung für die Produktion, da nun die Durchlaufzeit im Vordergrund steht.

3.2 Einführung des Auftragsbezugs in der Prozesskette

Die Einführung des Auftragsbezuges in der Prozesskette unter dem Schlagwort Build-to-Order (BTO) erfordert eine radikale Neugestaltung der Supply Chain und lässt sich nicht durch geringfügige Prozessänderungen umsetzen (Becker 2001). Der Kernpunkt hier ist die Ausrichtung aller Prozesse auf das schnelle Erfüllen von Kundenforderungen, wobei die Produktion in der Lage ist, die Produkte innerhalb der vom Kunden gewünschten Lieferzeit zu erzeugen. Damit wird die gesamte Auftragsabwicklungskette von der Angebotsabgabe über das Eintreffen des Kundenauftrages bis zur Auslieferung der Produkte als ereignisgesteuerte, durchgängige Prozesskette betrachtet.

Build-to-Order unterscheidet sich von der Lagerfertigung dadurch, dass eine programmbezogene Vorratsfertigung der Produkte und damit ein Fertigwarenlager entfallen. Jeder Auftrag wird nach Auftragseingang in der Produktion bearbeitet und dann direkt an den Kunden geliefert, wobei Kundenaufträge und Produktionsaufträge fest miteinander gekoppelt werden. Die Produktion wird nun so gestaltet, dass alle Varianten mit minimalen Umrüstzeiten produziert werden können. Unternehmen mit BTO-Fähigkeiten haben ihre Produktion so auf unterschiedliche Losgrößen ausgerichtet (eine Losgröße eins ist möglich).

Für die Produktionsanlagenauslegung wird der Einfluss der Varianten auf die Produktion ermittelt und in den meisten Fällen ist es ausreichend, die Endmontage umzustellen. Häufig müssen auch einige Hauptbaugruppen auftragsspezifisch gesteuert werden. Nach dieser Trennung in auftragsspezifische und auftragsneutrale Bereiche kann nun die Produktionssteuerung geändert werden, so dass die Steuerung der auftragsspezifischen Bereiche mit den erforderlichen Informationen sichergestellt werden kann.

Durch die Umstellung auf Build-to-Order ergeben sich erhebliche Verschiebungen: der Fertigfabrikatebestand entfällt, die Produktion ist besser abgeglichen und die Versorgung mit Bauteilen kann auf das Ziehprinzip umgestellt werden. Durch die Vergleichmäßigung der Produktion werden Losgrößeneffekte vermieden: Die klassische Aufschaukelung der Bedarfsmengen für vorgelagerte Bereiche mit langen Durchlaufzeiten und hohen Beständen entfällt und die Bedarfsmengen für alle Teile verteilen sich gleichmäßig über alle Stufen der Produktion. Das Ergebnis ist eine Senkung der Durchlaufzeiten, der erforderlichen Lagerbestände und Materialbedarfe. In der Praxis gelingt es z. B. der Firma Dell mit einer Gesamtlagerreichweite (Fertigwaren, Halbfabrikate und Material) von weniger als 10 Tagen auftragsspezifische Produkte innerhalb von zwei Tagen herzustellen, während klassische Unternehmen mit mehr als 60 Tagen Lagerreichweite und Produktionslaufzeiten von mehreren Wochen arbeiten. Eine Umstellung auf BTO kann in der Regel Lagerbestände in der Höhe eines Monatsumsatzes freisetzen.

3.3 Durchgängigkeit

Mit der Supply Chain soll die Prozesskette über alle Beteiligte verknüpft werden. Was einfach und schlüssig klingt, lässt sich in vielen Unternehmen jedoch nicht direkt umsetzen. Unterschiedliche Abteilungen und Verantwortungsbereiche, Aufgabentrennungen und strategische Entscheidungen über Marktzugang und Vertriebspartner führen zu vielen Beteiligten und damit zu vielen Schnittstellen in der Prozesskette. Im Extremfall werden durch die Schnittstellen die Beteiligten entkoppelt und die Informationsflüsse deutlich verlangsamt.

Ziel ist es, zunächst die gesamte Prozesskette über alle Beteiligten zu ermitteln, danach muss sichergestellt werden, dass diese Prozesse durchgängig ablaufen. Dazu werden Aufgaben zusammengefasst, um Schnittstellen zu reduzieren, und die Zielsetzungen aller Beteiligten vereinheitlicht.

3.4 Vereinheitlichung des Flusses

"Sell one, make one, buy one" (Ein Teil verkaufen, herstellen und kaufen) ist ein Kernprinzip der Supply Chain (Gibbs/Geimer/Kühn, 2001). Ziel der Optimierung ist die Ausrichtung auf einen gleichen Durchfluss in der gesamten Prozesskette. Langfristige Zielsetzung ist ein Prozess, der zunächst eine gleiche Losgröße im gesamten Prozess ermöglicht. Im folgenden Optimierungsschritt kann dann die Losgröße bis hin zu Eins abgesenkt werden.

Zur Vereinheitlichung der Losgröße werden die Taktzeiten in der gesamten Prozesskette ermittelt. Die Prozesse mit den längsten Taktzeiten werden so verkürzt, dass die Schwankungen zwischen den einzelnen Prozesselementen kleiner als 10% sind. Wenn die Prozessdurchlaufzeitschwankungen minimal sind, lässt sich ein gleichmäßiger Fluss erreichen.

Für die Erzielung der Losgröße Eins sind die Rüstzeiten zu reduzieren, damit auch kleinere Lose sinnvoll produziert werden können. Gerade bei Produktionen mit hoher Variantenvielfalt werden häufig ähnliche Teile produziert, bei denen die gleichartigen Teile ohne große Rüstaufwendungen erzeugt werden können. Durch Optimierung der Umrüstungen zwischen diesen ähnlichen Teilen lässt sich dann die Rüstzeit und damit letztendlich die Losgröße minimieren.

3.5 Optimierung des Zeitverhaltens

Das Zeitverhalten einer Supply Chain ist optimal, wenn der Anteil der Wartezeiten an der gesamten Bearbeitungszeit minimal ist. Neben der Zusammenfassung von Prozessschritten zu einer Zellenproduktion oder durch Loslappungen sind häufig auch Informationsübertragungszeiten zu betrachten.

Am Beispiel der Produktion lassen sich die Arbeitsschritte zum Verkürzen der Arbeitszeiten dokumentieren, wobei sich diese Ansätze auch auf die anderen Bereiche in der Supply Chain übertragen lassen. Durch eine Aufteilung der Lose in Teillose lässt sich nun durch Überlappung der Bearbeitungsschritte die Durchlaufzeit verkürzen, so dass regelmäßig eine gleiche Anzahl der erforderlichen Einheiten produziert werden kann. Bei ähnlichen Taktzeiten lassen sich dann verschiedene Arbeitsschritte zu Zellen zusammenfassen, welche für die vollständige Erzeugung der Produkte verantwortlich sind. Falls die Produkte so eng miteinander verknüpft werden, dass ein oder wenige Produkte von einem Arbeitsschritt zum nächsten transportiert werden können, reduzieren sich die Wartezeiten und die Supply Chain wird reaktionsschneller.

3.6 Vorgehensweise zur Verbesserung der Supply Chain Prozesse

Supply Chain Projekte beginnen mit einer Analyse und Dokumentation der Supply Chain Prozesse, z. B. anhand der folgenden Vorgehensweise (Abbildung 8). Zunächst werden die physischen Einheiten identifiziert, dazu gehören alle Standorte des Unternehmens, die betrachtet werden sollen, sowie alle wesentlichen Kunden- und Lieferantentypen.

Für alle Standorte werden nun die zugehörigen Ausführungsprozesskategorien der Ebene 2 bestimmt und dargestellt. Bei dieser Dokumentation ergeben sich hier bereits erste Fragestellungen, da vielfach die genaue Art der Prozessausführung erst in mehreren Diskussions- und Klärungsrunden gelöst werden kann.

Nun können die verantwortlichen Managementeinheiten für jeden der Standorte bestimmt und die ausgeführten Planungsaktivitäten ermittelt werden. Für jeden Standort werden außerdem die Planungsprozesskategorien ausgewählt und dargestellt. Zur Vollständigkeitskontrolle kann abschließend noch geprüft werden, ob zu jedem Ausführungsprozess eine entsprechende Planungsfunktion identifiziert wurde.

Im folgenden Bearbeitungsschritt werden Teilprozessketten unternehmensintern und -extern konfiguriert, in dem die entsprechenden Material- und Informationsflüsse ergänzt werden.

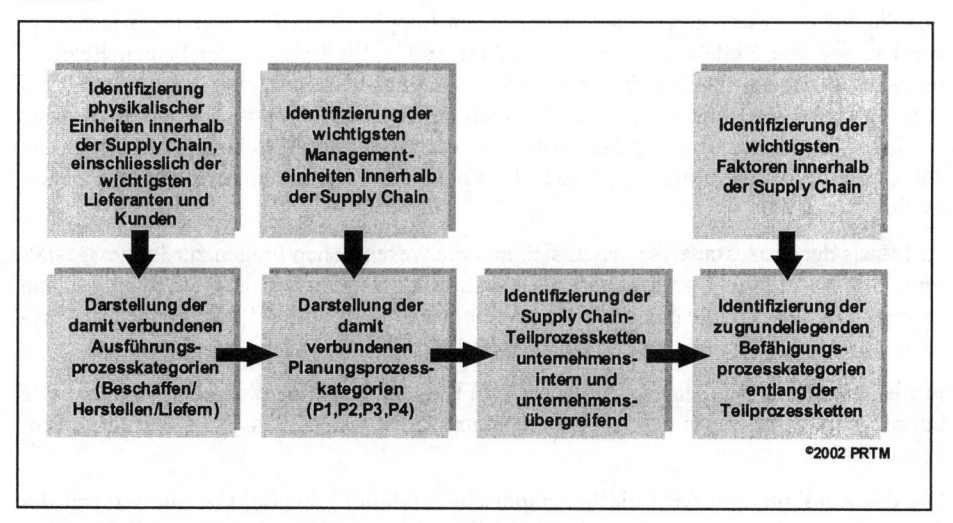

Abbildung 8: Vorgehensweise zur SCOR Prozessmodellierung

Nach der Definition der Planungs- und Ausführungsprozesse rücken dann die Befähigungsprozesse in den Mittelpunkt der Betrachtungen. Für die Supply Chain werden die wichtigsten Faktoren zur Bestimmung der Komplexität und der Konfiguration bestimmt und die zugehörigen Befähigungsprozesse zu den Planungs- und Ausführungsprozessen hinzugefügt (Fine 1998). Auf Basis dieser Dokumentation lassen sich selbst komplexe Supply Chain Prozesse schnell dokumentieren und analysieren.

Die Supply Chain Strategie gibt zunächst die gewünschte Wertschöpfung für das Unternehmen vor (Fine/Vardan/Pethick/El-Hout, 2002). Sie legt fest, welche Produkte und

Dienstleistungen, und in welchen Ausprägungen, angeboten werden. Sie legt weiterhin alle Partner auf dem Weg vom Unternehmen bis zum Kunden fest.

Die Supply Chain Strategie beantwortet die Frage, welche Differenzierung das Unternehmen im Markt mit seiner Supply Chain erreichen will: Kurze Lieferzeiten, hohe Liefertreue, hohe Produktvielfalt oder Stückzahlflexibilität. Erfolgreiche Unternehmen definieren ihre Strategie unter anderem mittels eines klaren Schwerpunkts, das heißt, dem Voranstellen eines bestimmten Zieles.

So hat beispielsweise die amerikanische Computerfirma Dell die Geschwindigkeit verbunden mit einer hohen Produktvielfalt als Unterscheidungsmerkmal festgelegt (O. V. 1998). Die internen Prozesse sind daher auf Durchlaufzeiten ausgerichtet, die kurz genug sind, um die Kundenanforderungen innerhalb der gewünschten Lieferzeit auftragsbezogen erfüllen zu können. Dell hat seine Prozesse so optimiert, dass die internen Abwicklungsprozesse deutlich schneller als beim Wettbewerb ablaufen und hat damit erfolgreich eine wichtige Marktposition geschaffen und kontinuierlich ausgebaut.

Für die auf den Strategievorgaben basierenden Supply Chain Prozesse muss festgelegt werden, wie die Kette reagieren soll (Robert 1997). Sind wegen der langen Bearbeitungszeiten Lagerbestände erforderlich oder ist die Produktion schnell genug, um auf ein Auftragssignal in der gewünschten Lieferzeit auftragsbezogen produzieren zu können? Nach der Festlegung von Kapitaleinsatz und Auslastung der Maschinen sowie den Losstückzahlen wird dann die Frage nach der Fließ- oder Verrichtungsorientierung beantwortet.

Auf Basis der Prozessanalyse lassen sich nun die wesentlichen Fragen zur Prozessgestaltung und -optimierung beantworten: Wie sieht die erfolgversprechendste Supply Chain Prozesskette aus? Wie werden die Prozesse optimal konfiguriert? Wie können die Prozesse am besten auf die Standorte abgebildet werden?

Für jeden einzelnen Prozessschritt werden im Rahmen der Ziele Vorgaben definiert, wie beispielsweise für marktreaktive Unternehmen die Reaktionszeit jedes einzelnen Prozesselements.

Für die Konfiguration wird die geographische Verteilung benötigt, wenn ein Teil der Prozesse lokal, ein anderer global abgewickelt werden. Auf Basis der strategischen Zielsetzung lässt sich schnell ermitteln, in welchem Umfang eine globalisierte Prozessabwicklung sinnvoll ist und so lassen sich die zugehörigen Standorte definieren.

Mit den festgelegten quantitativen Zielen kann die Konfiguration im Einzelnen bestimmt werden und es können fundamentale Auswahlentscheidungen nachvollziehbar gefällt werden. Ein Teil dieses Konfigurationsprozesses ist die Identifizierung der Standorte für die wesentlichen Supply Chain Prozesse.

4. Ansätze zur Supply Chain Integration

Ziel der Supply Chain Integration ist es, Prozesse über Unternehmensgrenzen hinweg aufeinander auszurichten und zu optimieren. Mit diesem sogenannten erweiterten Unternehmen nutzen die Beteiligten die unterschiedlichen Fähigkeiten zum gemeinsamen Vorteil. Die Integration in der Supply Chain geht über das traditionelle Kunden-Lieferantenverständnis in der Vergangenheit hinaus. Dieser traditionelle Ansatz basiert auf der separaten Optimierung der einzelnen Partner ohne gemeinsamen Zielabgleich. Aufbauend auf den Lieferanten-Kunden-Beziehungen lässt sich die Zusammenarbeit durch Koordination, Kopplung, Kollaboration, Integration und Akquisition vertiefen.

Bei der Koordination werden die Aufgaben zwischen den Partnern in regelmäßigen Abständen abgeglichen und Hinweise auf mögliche Auswirkungen gegeben. Es besteht die Möglichkeit, Handlungsempfehlungen zu geben, die jeder Partner einzeln bewerten kann und somit für sich über die Umsetzung entscheiden kann. Ein typisches Beispiel ist die Zulieferlogistik: Durch eine Koordination von Terminplänen zur Abholung von Ware bei verschiedenen Lieferanten können die Frachtwege und -kosten optimiert werden.

Bei gekoppelten Unternehmen entscheidet ein Partner für den anderen Partner mit und zwingt diesen, die Entscheidungen umzusetzen. Der führende Partner löst die Aufgaben für beide Beteiligten und erwartet eine Umsetzung ohne Störungen. Im Gegensatz zum Kunden-Lieferantenverhältnis hat hier der stärkere Partner die Aufgabe, die Ziele des anderen Partners mitzuberücksichtigen und in seine Lösungsalternativen einzubauen. Kennzeichen von Kopplungen sind in vielen Fällen unilaterale Schnittstellen. Ein typisches Beispiel ist Vendor-Managed Inventory, bei dem der Lieferant den Verbrauch des Kundenlagers auf einem bestimmten Lagerniveau in seiner Verantwortung sicherstellen muss, ohne dass der Kunde Nachfüllaufträge erteilt.

Bei der Kollaboration arbeiten die Partner bei der Lösung der Aufgaben gemeinsam und bestimmen eine Lösung, die die Probleme beider Partner löst. Sie arbeiten in der Regel gemeinsam und zeitgleich an der Umsetzung. Ein Beispiel für einen derartigen Ansatz ist das Collaborative Planning, Forecasting, and Replenishment (CPFR), bei dem die Unternehmen gemeinsam einen Plan für die nächsten Perioden entwickeln und abstimmen.

Die Integration ist eine Erweiterung der Kollaboration, bei der nicht nur die Aufgaben gemeinsam gelöst, sondern auch die Prozesse so miteinander verzahnt sind, dass jeder der Partner bei seinen Optimierungen die Prozessveränderungen bei dem anderen mitgestalten kann, solange sie in das gemeinsame Zielsystem fallen. Die Akquisition eines Partners und die Integration in das Unternehmen ist die höchste Integrationsstufe, da durch diese Extremform der Integration die Ausrichtung auf gemeinsame Ziele, Strategien und die durchgehende Umsetzung sichergestellt werden kann. Dieses ist aber üblicherweise nicht die angestrebte Integrationsform in der Supply Chain.

Der Integrationsprozess beginnt mit der gemeinsamen Zieldefinition, einem Strategieabgleich und einer gemeinsamen Vision, was durch die Integration erreicht werden soll und welche Vorteile jeder der Partner erreichen wird. Wichtig ist eine Win-Win-Beziehung zwischen den Partnern, damit die Integration für beide Partner sinnvoll ist. Die Integration mit Kunden und Lieferanten kann unterschiedliche Formen annehmen, wobei mit der steigenden Integration neben der Produktlieferung die Servicelieferung immer stärker in den Vordergrund tritt. Zusätzlich nimmt bei stärkerer Integration der Ausführungsprozesse die Bedeutung der räumlichen Entfernung der Partner zu. Mit Lieferantenparks versuchen nun einige Unternehmen, diese Integration zu bewältigen.

5. Messung von Verbesserungen

Nach Peter Drucker lässt sich nur managen, was gemessen wird. Um Supply Chain Verbesserungen zu verfolgen, sind also Messgrößen erforderlich und es gibt zahlreiche Messgrößen für eine Supply Chain, die in der Industrie eingesetzt werden. SCOR enthält ein umfangreiches Kennzahlensystem, mit dem sich die Supply Chain effektiv steuern lässt und es ist analog der Prozessmodellhierarchie in verschiedene Ebenen unterteilt (Abbildung 9), wobei die Struktur den unterschiedlichen Steuerungs- und Informationsbedürfnissen der Organisation Rechnung trägt.

Supply Chain Operations Reference-model (SCOR)			
Ebene	Beschreibung	Schematisch	Messgrösse
1	Höchste Ebene (Prozesse)	 Planen / Beschaffen / Herstellen / Liefern	Ebene 1 Messgrössen charakterisieren die Leistung der **gesamten Supply Chain**, definieren den Wettbewerb und setzen unternehmensweite Leistungsziele
2	Konfigurationsebene (Prozesskategorien)	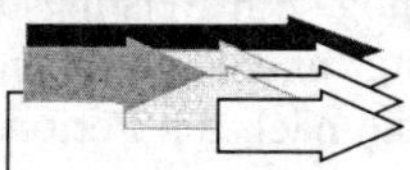	Ebene 2 Messgrössen charakterisieren die Leistung der **konfigurierten Prozesse**
3	Prozesselementebene (Prozessauflösung)	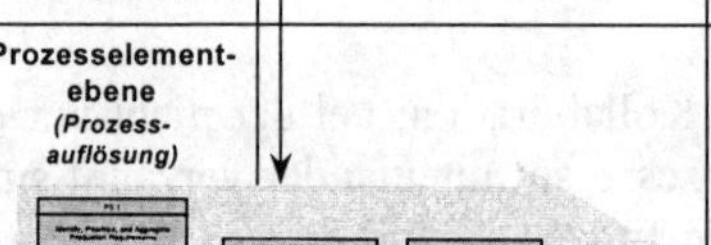	Ebene 3 Messgrössen liefern **detaillierte Aussagen zur Leistungsfähigkeit** und weisen auf mögliche Verbesserungsmassnahmen hin

Abbildung 9: SCOR Messgrößenhierarchie

Messung von Verbesserungen

Auf der höchsten Ebene werden die Prozesse im Sinne der Managementperspektive über die gesamte Supply Chain betrachtet, während auf der zweiten Ebene die Leistung der konfigurierten Prozesse gemessen wird. Diese Kennzahlen sind besonders für die Prozessverantwortlichen wichtig. Kennzahlen der Ebene 3 ermöglichen die Festlegung von Verbesserungsansätzen und dienen zur Verfolgung der Verbesserungsmaßnahmen.

Auf der Ebene 1 sind die Messgrößen um vier Hauptachsen herum gruppiert: Kundenservice, Flexibilität, Kosten und Kapital (Abbildung 10). Während die ersten beiden Bereiche kundenorientiert sind, beschreiben die beiden anderen Bereiche unternehmensinterne Perspektiven. Diese Kennzahlen stellen somit die verschiedenen Leistungsperspektiven dar, die das Gleichgewicht zwischen den verschiedenen Zielsetzungen gewährleisten. Dieses Gleichgewicht ist wichtig für den Gesamterfolg des Unternehmens. Es wäre zum Beispiel illusorisch, die Lieferzeiten zu verkürzen, ohne die Auswirkungen auf die Bestandsreichweite zu berücksichtigen.

Supply Chain Leistungskennzahlen	Extern		Intern	
	Liefertreue/ Qualität	Flexibilität/ Reaktionszeit	Kosten	Kapital
Kundenwunschliefertreue	✓			
Liefertreue zum bestätigten Termin	✓			
Auftragsabwicklungszeit		✓		
Produktionssteigerungsflexibilität		✓		
Gesamte Supply Chain Managementkosten			✓	
Cash-To-Cash Zykluszeit				✓
Bestandsreichweite				✓
Kapitalumschlag				✓

Abbildung 10: Hauptkennzahlen für SCOR Ebene 1

Wichtig für einen effektiven Einsatz ist die eindeutige Definition der verwendeten Kennzahlen. Im Bereich der Lieferleistung gehören Lieferzeit, Lieferfähigkeit für lagerhaltige Produkte und Liefertreue für auftragsbezogene Produktion zu den Standardgrößen. Die Messgröße „Fehlerlose Auftragsausführung" gibt an, wie hoch der Auftragsanteil ist, bei dem die Kunden zum Kundenwunschtermin ohne Reklamationen oder Fehler in Auftragsbestätigung, Lieferpapieren oder Rechnungen beliefert wurden. Mit der Supply Chain Reaktionszeit und der Produktionsflexibilität wird gemessen, wie schnell ein Unternehmen sich auf Marktveränderungen einstellen kann.

Bei den Kosten werden sowohl die Supply Chain Management Kosten als auch die Garantiekosten betrachtet. Während die ersten eine Zusammenfassung aller Supply Chain relevanten Kostenelemente darstellt, geben die zweiten eine Übersicht über den durch mangelnde Produktqualität verursachten Aufwand in der Supply Chain.

Mit der Cash-To-Cash-Zykluszeit wird gemessen, wie lange ein Unternehmen von der Bezahlung des Lieferanten bis zum Erhalt des Rechnungsbetrages vom Kunden benötigt. Nach vielen Studien ist diese aggregierte Größe ein hervorragender Bewertungsmaßstab für die Effizienz in der Auftragsabwicklung. Weitere häufig verwendete Kenngrößen sind Wertschöpfungsproduktivität, Bestandsreichweite und Kapitalumschlag.

Für die Entwicklung einer Supply Chain werden zunächst die Kriterien definiert, mit denen die Supply Chain Leistung bewertet wird. Diese Kriterien unterscheiden sich je nach Produktfamilie, Vertriebskanal oder Kundengruppe und spezifische interne Faktoren eines Unternehmens können die Kriteriengewichtung und damit die Auslegung der Supply Chain Prozesse beeinflussen. So wird zum Beispiel ein Unternehmen, das nur marktgängige Produktionstechnologien einsetzt und dessen Produkte einen geringen Markenbekanntheitsgrad haben, Aufträge verlieren, wenn es die marktüblichen Lieferzeiten nicht einhalten kann. Dagegen wird ein Unternehmen mit patentrechtlich geschützter Produktionstechnologie oder mit einem hohen Markenbekanntheitsgrad wenig Druck verspüren, seine Lieferzeiten zu verkürzen. Im Falle des zweiten Unternehmens werden die Lieferfristen kein ausschlaggebender Erfolgsfaktor sein, wogegen für das erste Unternehmen eine Strategie der "hohen Produktverfügbarkeit" ein wesentlicher Wettbewerbsvorteil sein kann. Solche Überlegungen und die damit verbundenen Entscheidungen sind typische Ergebnisse der Supply Chain Entwicklung.

Nachdem ein Unternehmen die Leistungskriterien seiner Supply Chain definiert hat, legt das Management ein quantitatives Leistungsziel für jedes Kriterium fest. Beispielsweise kann die Lieferzeit entscheidend für die Produktfamilie A sein. Soll sie drei Wochen oder einen Tag betragen? Diese Entscheidung hat einen erheblichen Einfluss auf die Lagerbestände und die Supply Chain Kosten.

Diese Leistungsziele können aus unterschiedlichen Quellen stammen. Im Vordergrund stehen zunächst die Kundenforderungen und hierbei besonders die ungefilterten Kundenforderungen, d. h. die Anforderungen, die der Kunde stellt. Lieferzeiten, die vom Vertrieb als unmöglich angesehen werden, müssen direkt erfasst werden und dürfen nicht in das Machbare in das System übernommen werden. Obwohl viele Unternehmen umfangreiches Material zu Marktuntersuchungen besitzen, sind Marktdaten und -anforderungen zu geforderten Lieferzeiten oder Liefertreue schwierig zu erhalten. Für andere Kennzahlen lassen sich oft gar keine Marktdaten ermitteln. Hier kann Benchmarking helfen, wettbewerbsfähige Ziele zu setzen. Dabei wird die derzeitige Leistungsfähigkeit der Topunternehmen als Vergleichsmaßstab herangezogen (Abbildung 11). Eine zeitliche Staffelung der Ziele kann die Strategieumsetzung erheblich erleichtern, da in zwei Wellen zunächst eine wettbewerbsfähige Gesamtleistung und dann ein Verbessern spezifischer Bereiche zur Erzielung von Wettbewerbsvorteilen erreicht werden kann.

Auswirkungen auf die Aufbauorganisation

	Kern-perspektiven	Messgrößen der Ebene 1	Handlungs-bedarf	Nachteil	Durchschnitt oder Median	Vorteile	Best-in-Class	Wert zum Median	Wert zu "BIC"
Kundenorientiert	Lieferleistung	Kundenwunschliefertreue		◨	▨ → → →		▲	Umsatzsteigerung	
		Auftragsabwicklungszeit		▨ → ◨ ◆		→ → ▲		€4M/a	€20M/a
	Flexibilität	Produktionssteigerungsflexibilität			▨ → → →		▲	++ Kundenzufrieden-heitssteigerung	
Firmenorientiert	Kosten	Supply-Chain Managementkosten			◨ ◆ → → →		▲	-€1.6M/a	-€10.8M/a
	Kapitaleinsatz	Gesamte Bestandsreichweite			◨ ◆ → → →		▲	-€1.6M/a einmalig	-€11.2M/a einmalig
		Cash-to-Cash Zykluszeit		◨ → ◆		→ → ▲		-€0.8M/a	-€1.7M/a
		Kapitalumschlagrate		◨ → → → →			▲	Nicht zutreffend	
◨ A ▨ B ◼ Gesamteuropa		Gesamter Nutzen	Betriebsergebnis/Jahr					€2.4M/a	€11.5M/a
			Einmalige Bestandsreduzierung					€1.6M/a	€11.2M/a

Abbildung 11: Anschauungsbeispiel für eine SC Scorecard

6. Auswirkungen auf die Aufbauorganisation

Eine Supply Chain stellt Herausforderungen an eine Organisation (Abbildung 12). Die verschiedenen Abteilungen im Unternehmen verfolgen verschiedene, unter Umständen konkurrierende Zielsetzungen. Mit der Supply Chain Optimierung wird die Ausrichtung auf gemeinsame Ziele angestrebt, die zu unterschiedlichen Auswirkungen auf die Abteilungen führen. Für die Aufbauorganisation ergeben sich neue Aufgaben und Inhalte, bei vielen Unternehmen bedeutet diese Ausrichtung sogar eine neue Unternehmensstruktur. Statt funktionaler Verantwortungen nach Einkauf, Produktion und Logistik, beginnen die ersten Unternehmen, ihre Prozesskette in einen gemeinsamen Verantwortungsbereich zu bringen. Sie führen Supply Chain Ablauforganisationen ein, beispielsweise die Zuordnung aller Supply Chain Ausführungsprozesse in einen Verantwortungsbereich, die Planungsprozesse in einen zweiten und die strategische Gestaltung, z. B. unter der Bezeichnung Supply Chain Optimierung, in einen dritten Bereich. Häufig werden außerdem Stabstellen für das Supply Chain Controlling und auch für eBusinesskonzepte geschaffen. Für alle Abteilungen werden dann prozessspezifische Messgrößen und Ziele definiert.

Multinationale Unternehmen müssen zusätzlich beachten, ob es sich um regionale, lokale oder globale Aufgaben und deren Umsetzung handelt. Je nach Art und Umfang ergeben sich unterschiedliche Inhalte für eine zentrale, global ausgerichtete Supply Chain Organisation und die Aufteilung der Aufgaben mit regionalen und lokalen Supply Chain Organisationseinheiten.

Organisation	Ziele	Auswirkung			
		Kundenservice	Bestandskosten	Produktionskosten	Vertriebskosten
Vertrieb und Marketing	• Kleine Mengen • Kurze Durchlaufzeiten • Flexibilität	↑	↑	↑	↑
Produktion	• Lange Durchlaufzeiten • Feste Zeitpläne	↓	↑	↓	↑
Distribution	• Volle Wagenladung • Große Bestellmengen • Strenge Zeitpläne	↓	↑	↑	↓
Finanzen	• Niedriger Bestand • Geringe Kapitalinvestition	↓	↓	↑	↑
Beschaffung	• Preisabschlag • Volumeneinkauf • Transparenz	↓	↑	↓	↑
Gesamt	• Bester Kundenservice • Niedrigste Kosten	↑	↓	↓	↓

©2002 PRTM

Abbildung 12: Abgleich organisatorischer Ziele in der SC

7. Supply Chain Optimierungspotenziale

Nach unseren Projekterfahrungen lassen sich durch die Optimierung der Supply Chain erhebliche Potenziale erschließen. Erfahrungswerte zeigen:

- Reduzierung der gesamten Bestände in der Supply Chain um 50-80%
- Verbesserung der Liefertreue um 10-25%
- Rückgang von überfälligen Bestellungen um 90%
- Verkürzung der Auftragsabwicklungszeiten um 40-75%
- Senkung der Gemeinkosten um 10-30%
- Reduzierung von Herstellungszyklus-Zeiten um 30-90%

8. Zusammenfassung

Viele Unternehmen haben erhebliche Potenziale in der Supply Chain. Nach PRTM Benchmarkstudien haben durchschnittliche Unternehmen branchenabhängig einen Nachteil von bis zu 6% gegenüber den Topunternehmen bei den Supply Chain Management Kosten bezogen auf den Umsatz. Ein durchschnittliches Unternehmen mit € 250 Millionen kann in der Supply Chain ca. € 15 Millionen einsparen und den Kapitaleinsatz um durchschnittlich € 20 Millionen reduzieren.

Die Höhe des Potenzials weckt schnell die Begehrlichkeit, dieses Potenzial schnell zu heben. Viele Unternehmen versuchen, durch entsprechende Projekte dieses Potenzial schnell zu erschließen. In den vergangenen Jahren haben viele Softwareanbieter versprochen, dieses Potenzial zu erzielen. Die Ergebnisse aktueller Studien zeigen, dass die Unternehmen diese Systeme nur mit erheblichen Zeitverzügen einführen konnten und die gewünschten Effekte vielfach nicht erreicht haben, weil sie nur Teilaspekte der Supply Chain gelöst haben. Nach unseren Projekterfahrungen beginnen viele Unternehmen, bestehende Prozesse zu automatisieren, ohne vorher Strategie, Ziele und Prozesse aufeinander ausgerichtet zu haben. Der Königsweg der Supply Chain Optimierung erfordert daher einen gesamtheitlichen Ansatz und eine klare Ausrichtung auf die Erzielung von wirtschaftlichen Zielen sowie einen ganzheitlichen Änderungsansatz (Kotter 1996).

Nach den Projekterfahrungen von PRTM lassen sich einige Erfolgsfaktoren identifizieren, die für erfolgreiche Supply Chain Projekte unabdingbar sind. Dazu gehören das Verständnis über die Möglichkeiten von Supply Chain Management und der zugehörigen Software, die gesamthafte Konzeption einer neuen Supply Chain und das systematische Veränderungsmanagement. Nach einer klaren Definition der Supply Chain Strategie ist ein Gesamtprozesskonzept für die zukünftige Supply Chain zu schaffen. Auf Basis dieses Prozesskonzepts lassen sich Projektaufgaben und DV-Unterstützungen definieren. Eine Umsetzung ist aber nur dann erfolgreich, wenn die Implementierung als strategische Aufgabe angesehen wird und vom Topmanagement unterstützt wird.

Diejenigen Unternehmen, die auf den Supply Chain Zug erfolgreich aufgesprungen sind, haben bereits erheblich ihre Wettbewerbssituation verbessert und können sich nun schneller an Marktänderungen anpassen.

Helmut Baumgarten und Inga-Lena Darkow

Konzepte im Supply Chain Management

1. Supply Chain Management als Aufgabe der Logistik

2. Ziele und Potenziale von Supply Chain Management

3. Herstellergetriebene Supply Chain Management-Konzepte
    3.1   Collaborative Planning
    3.2   Lieferantenintegration

4. Handelsgetriebene Supply Chain Management-Konzepte
    4.1   Efficient Consumer Response
    4.2   Collaborative Planning, Forecasting and Replenishment

5. Konzepte der Supply Chain Steuerung
    5.1   Supply Chain Steuerung durch Fourth Party Logistics Provider
    5.2   Entwicklungspfad des Fourth Party Logistics Provider
    5.3   Supply Chain Controlling

6. Ausblick

1. Supply Chain Management als Aufgabe der Logistik

Supply Chain Management (SCM) ist ein in den letzten 10 Jahren sehr intensiv diskutiertes Management-Konzept und findet seine Institutionalisierung zunehmend in den Managementebenen von Industrie-, Handel- und Dienstleistungsunternehmen. Gegenstand ist dabei die Optimierung der vom Rohstofflieferanten bis zum Endkunden reichenden Lieferkette. Übergreifendes Anliegen ist die Minimierung von Beständen und Lieferzeiten, wobei zudem die Erfüllung eines Verfügbarkeitsversprechens im Sinne eines Available to promise ermöglicht wird.

Die Hintergründe und Rahmenbedingungen sind dabei nicht neu, gewinnen im Zeitablauf aber zunehmend an Bedeutung. Im Fokus steht die Schnittstellenproblematik, die auf der wachsenden Fragmentierung von Wertschöpfungsketten basiert und damit das Ergebnis der Aufteilung der Gesamtleistungserstellung auf verschiedene Unternehmen ist. Ursache ist die durch vermehrte Konzentration auf das jeweilige Kerngeschäft verringerte Eigenleistung bei zunehmendem Outsourcing-Umfang. Katalysierend wirken unter anderem geringer werdende Differenzierungsmöglichkeiten über Produkte, veränderte Kundenbedürfnisse im Hinblick auf Individualisierung und Lieferzeiten sowie anhaltender Kostendruck.

Trotz der intensiven Diskussion ist SCM dabei heute keineswegs Unternehmensalltag. Etablierte SCM-Konzepte beschränken sich auf wenige führende Großunternehmen – überwiegend aus der Automobilbranche. In der gesamten Unternehmenslandschaft hat der Großteil der Konzepte jedoch jeweils begrenzte Ausschnitte der gesamten Kette als Gegenstand der Optimierung. So beinhaltet Efficient Consumer Response (ECR) die Verknüpfung von Handel und Hersteller, die Lieferantenintegration dagegen die Versorgungsoptimierung von Industrieunternehmen.

Diese Ansätze sind unter dem Gesichtspunkt des individuellen Vorteils teilweise verständlich, mit Blick auf das Ziel, den Nutzen für den Endkunden zu erhöhen, aber kritisch. Grundgedanke von SCM ist gerade, ein Optimum über alle Wertschöpfungsstufen zu finden. Dies kann zunächst zu suboptimalen Lösungen für ein Teilsystem führen. Darüber hinaus ist die Zusammenarbeit aller Partner – heute unter dem Begriff Collaboration zusammengefasst – zwingende Voraussetzung, darf aber nicht zum Selbstzweck werden.

Nach einem Überblick über die Ziele und Potenziale von SCM werden in diesem Beitrag bestehende Konzepte aufgezeigt, die je nach ihrem Ursprung und vorrangigen Initiatoren – vordergründig Industrie- oder Handelsunternehmen – unterschiedliche Interessen verfolgen. Aufgrund der Vielzahl und der in Teilen vorhandenen Überlappung bzw. nicht eindeutigen Abgrenzung bestehender Konzepte werden hier die am häufigsten diskutierten herausgegriffen und skizziert. Ziel eines ganzheitlichen Ansatzes muss es jedoch sein, die einzelnen Konzepte zu nutzen und im Sinne eines Baukastensystems sinnvoll zusammenzufügen, ohne dabei „Flickwerk" zu erzeugen. Aufgrund der Komplexität der Konzepte und deren Bezug auf unterschiedliche Bereiche, wie Versorgung, innerbetriebliche Logistik, Auftragsabwicklung, Distribution, Entsorgung und den unterschiedlichen Auffassungen und Zielsetzungen ist dabei die Verankerung in einer übergreifenden, prozessorientierten Institution – der Logistik – zwingend. Hier kann sich das Konzept des Fourth Party Logistics Provider (4PL) als hilfreich erweisen, der als unparteiischer Dienstleister die optimale Leistungsfähigkeit der gesamten Wertschöpfungskette anstrebt. Neben der Koordinationsfunktion liegt aufgrund der oben angesprochenen Suboptimalität von Teillösungen seine wesentliche Aufgabe in der Entwicklung eines zielführenden Ertragsmanagements (Cost-Benefit-Sharing) im Rahmen des SCM.

2. Ziele und Potenziale von Supply Chain Management

Aufgrund der Komplexität heutiger Wertschöpfungsketten ist auch der Informationsprozess durch zahlreiche Schnittstellen, Intransparenz und diverse Medienbrüche gekennzeichnet. Um mit einer durchgängigen Gestaltung und Steuerung dieser Ketten Effizienzsteigerungen zu erzielen, ist die Vernetzung des Wissens und die Weiterleitung von Informationen jedoch zwingende Voraussetzung. SCM ist deshalb zunächst ein auf ganzheitliche Informationssysteme fokussiertes Konzept. Die revolutionären Fortschritte in den Informationstechnologien verändern daher zwangsläufig die bestehenden Ausgangspositionen der Unternehmen.

Durch ein erfolgreich umgesetztes Supply Chain Management lassen sich die Bestände in der gesamten Supply Chain reduzieren. Die Synchronisierung von Produktionsplänen führt zu einer Reduktion der Durchlaufzeiten um bis zu 50 %. Mit Hilfe von SCM-Lösungen können weiterhin die Liefertreue bis nahe an 100 % gesteigert werden und die Lieferzeit für Schlüsselkomponenten, beispielsweise in der Automobilindustrie, von 20 auf 8 Tage reduziert werden (vgl. Wolff/Geiger 2001, S. 142). Die Einsparungspotenziale bezogen auf die beeinflussbaren Kosten in der Supply Chain werden in Deutschlands Automobilbranche auf rund 10 % bzw. 15,3 Mrd. € pro Jahr geschätzt. Demgegenüber belaufen sich die Kosten für die Einführung eines SCM-Gesamtsystems in einem Automobilunternehmen auf etwa 30-50 Mio. € bei einer durchschnittlichen Amortisationsdauer von unter 6 Monaten.

Aus diesen beispielhaften Zahlen werden die Potenziale eines unternehmensübergreifenden SCM ersichtlich. Bei der Betrachtung existierender Beziehungen zwischen Kunden, unterschiedlichen Handelsstufen, Produktionsunternehmen und vorgeschalteten

Lieferanten kristallisieren sich dabei zumeist ähnliche, nachfolgend beispielhaft skizzierte Problemstellungen heraus:

- Verzögerte bzw. unvollständige Informationsweiterleitung über die tatsächliche Nachfrageentwicklung entlang der Supply Chain
- Eigene und die Bestände der Partnerunternehmen sind nicht vollständig bekannt
- Produktionsauftrag beim Produzenten entspricht den kumulierten Bestellungen der nachgelagerten Supply Chain Stufen
- Keine Kenntnis der Produktionspläne der Unternehmen der vor- und nachgelagerten Wertschöpfungsstufe
- Die Varianz der Bestellungen beim Produzenten ist deutlich größer als die tatsächliche Varianz am Point of Sale
- Saisonale, durch Preisaktionen induzierte oder zufällige Nachfrageschwankungen beim Endverbraucher

Dabei wird deutlich, dass entstehende Ineffizienzen und mangelnde Flexibilität bei kurzfristigen Änderungen wesentlich auf einer unzureichenden Informationsverfügbarkeit und -weitergabe hinsichtlich Endkundenbedarf, Produktionsplänen und Beständen beruhen (vgl. Risse/Stommel/Zadek 2002, S. 191). Aus der daraus resultierenden Furcht vor Lieferunfähigkeit werden hohe Sicherheitsbestände entlang der Supply Chain aufgebaut. Saisoneffekte, Prognosefehler, kumulierte Sammelbestellungen und die Bildung von möglichst großen Losgrößen aus Kostengründen flankieren diese Bestandsproblematik. Ergebnis ist ein Aufsummieren der Bestände auf den verschiedenen Produktionsstufen aufgrund bestehender Unsicherheiten – der Bullwhip-Effekt (vgl. Beckmann 2002, S. 179).

Wesentlicher Grund sind neben dem fehlenden Vertrauen der Partner in der Wertschöpfungskette die mangelnde Integrierbarkeit der IT-Systeme, die wiederum in Medienbrüche verbunden mit Übertragungsfehlern und hohen Durchlaufzeiten resultiert. Die auftretenden Probleme lassen sich keineswegs durch Teillösungen beheben, ganzheitliche Konzepte des SCM sind dringend erforderlich, um die in Abbildung 1 dargestellten Potenziale realisieren zu können (vgl. Baumgarten/Walter 2001, S. 57). Wie bereits dargestellt, lassen sich diese nur unter Berücksichtigung aller beteiligten Partner realisieren. Die Potenziale bedingen sich dabei gegenseitig. So beruht die Identifikation von Engpässen auf der vorangegangenen Sendungsverfolgung und auf der Kenntnis der Produktionspläne der Partnerunternehmen. Sie kann wiederum in ein mögliches Verfügbarkeitsversprechen gegenüber dem Endkunden resultieren. Aufgrund der Kenntnis der einzelnen Produktionspläne und des Absatzprogramms lassen sich wiederum die Bestände optimieren.

Die skizzierte integrierte Sichtweise von SCM besitzt dabei unter Betrachtung heutiger Supply Chains noch visionären Charakter. Das Problem der Heterogenität der IT-Systeme aufgrund gewachsener Strukturen ist momentan noch nicht gelöst. Auch die geringe Anzahl der implementierten und laufenden Systeme lässt darauf schließen, dass die enormen Einsparziele sich nicht mühelos erreichen lassen, sondern hohe Investitionen und auch viel Commitment von den beteiligten Unternehmen erfordern. Bei genauerer Betrachtung wird der Entwicklungspfad des SCM deutlich, der sich in vier wesentliche Phasen gliedern lässt (vgl. Zadek 2001). Von der ersten Phase der unternehmensinternen Integration unterschiedlicher Funktionsbereiche über die Phase der Einbindung von Kunden und Lieferanten hin zur dritten Phase, die heute Gegenstand erster Pilotprojekte ist. Ihr Kernelement ist es, die erforderlichen Informationen gleichzeitig allen Partnern zur Verfügung zu stellen. Prädestiniert dafür ist der Einsatz des Internets mit noch zu definierenden Datenaustauschformaten. Ziel der angestrebten vierten Phase ist die auf einer gemeinsamen Datenbasis aufbauende Synchronisation aller Prozesse über die gesamte Supply Chain mit dem Ergebnis der oben dargestellten Potenziale. Hierzu müssen die nachfolgend beschriebenen Konzepte zusammengeführt und einer ganzheitlichen Steuerung unterzogen werden.

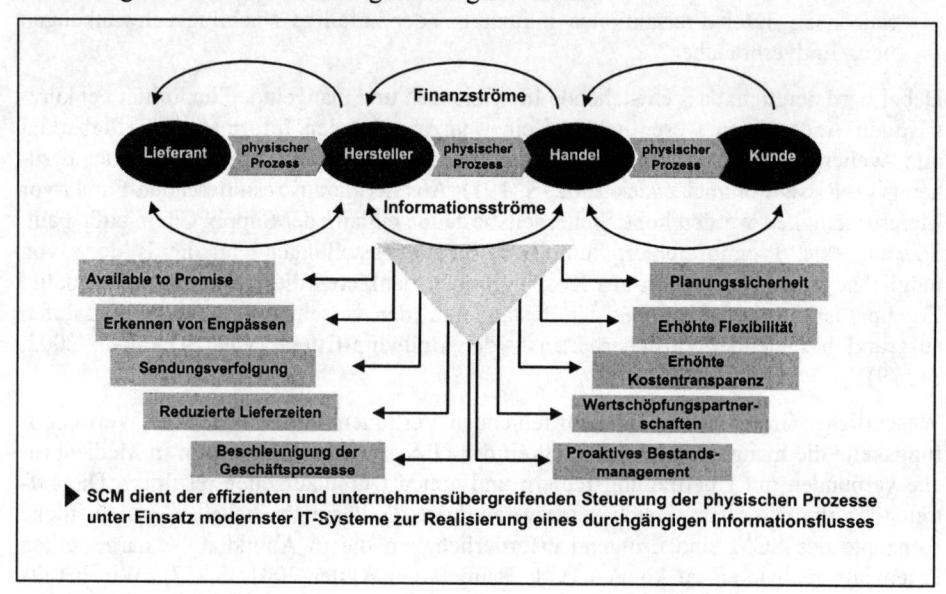

Abbildung 1: Potenziale von Supply Chain Management

3. Herstellergetriebene Supply Chain Management-Konzepte

Treiber der Entwicklung im Supply Chain Management ist vor allem die Automobilindustrie. Sie nutzt dabei ihre Stellung innerhalb der Wertschöpfungskette, um deren Integration und damit auch Optimierung über die Wertschöpfungsstufen voranzubringen. In anderen Branchen, wie in der Konsumgüterindustrie und Chemiebranche, sind die Konzepte zurzeit weniger weit entwickelt. Andere Wirtschaftszweige sind hingegen noch mit der Integration der Funktionen der internen Supply Chain beschäftigt. Die verfolgten Ansätze haben sich jedoch deutlich unterschiedlich entwickelt. Dies ist insbesondere davon abhängig, ob die Integration von den Herstellern oder dem Handel beschleunigt wird. Im Folgenden werden zunächst Collaborative Planning und die Lieferantenintegration im herstellergetriebenen Supply Chain Management dargestellt.

3.1 Collaborative Planning

Collaborative Planning ist der Oberbegriff für eine intensive partnerschaftliche Zusammenarbeit von Unternehmen sowohl auf horizontalen als auch auf vertikalen Wertschöpfungsstufen (vgl. Beckmann 2002, S. 179). Auf horizontaler Ebene ist die gemeinsame Nutzung von Ressourcen, Informationen oder Technologien zur Erzielung von Synergieeffekten Bestandteil des Collaborative Plannings. Für das Konzept des SCM ist die gemeinsame Planung im vertikalen Bereich von elementarer Bedeutung. Die Zusammenarbeit geht dabei über kooperatives Verhalten weit hinaus und fordert insbesondere einen partnerschaftlichen Planungsprozess unter der Voraussetzung des Austauschs definierter Daten (vgl. Werner 2000, S. 47). Damit stellen unternehmensübergreifende Informations- und Kommunikationssysteme eine wesentliche Plattform für die Zusammenarbeit dar.

In diesem Rahmen kommt Advanced-Planning-and-Scheduling-Systemen (APS-Systemen) eine wesentliche Bedeutung zu. Sie ermöglichen – aufbauend auf der Visualisierung der Supply Chain Struktur und der aktuellen Systemperformance – durch simultane Planung relevanter Größen über alle Supply Chain Prozesse eine erheblich gesteigerte und effektivere Reaktion auf veränderte Marktbedingungen und die zeitnahe Berücksichtigung von Störgrößen. Bedarfsänderungen eines Partners der Wertschöpfungskette lassen sich dabei in alle Richtungen der Supply Chain verfolgen und ermöglichen damit die Abstimmung zu den vor- und nachgelagerten Stufen. Aufgrund ihrer simultanen Planung gewährleisten sie zuverlässige Lieferzusagen über die Unternehmensgrenzen hinweg (vgl. Zäpfel 2000, S. 13ff.).

Gegenwärtig befinden sich viele Unternehmen jedoch noch in der Implementierungsphase, so verfügen z. B. unter 10 % der Automobilzulieferindustrie über eine APS-Software (vgl. Beckmann 2002, S. 179). Bisher bestehen heterogene, nur schwer verknüpfbare Planungslandschaften. Der Datenaustausch beruht häufig auf klassischen Übertragungsmedien. In diesem Zusammenhang verdeutlichen die erwarteten Zuwachsraten bei den Umsätzen mit SCM-Software die wachsende Bedeutung einer unternehmensübergreifenden Steuerung der Wertschöpfungskette (vgl. Abbildung 2).

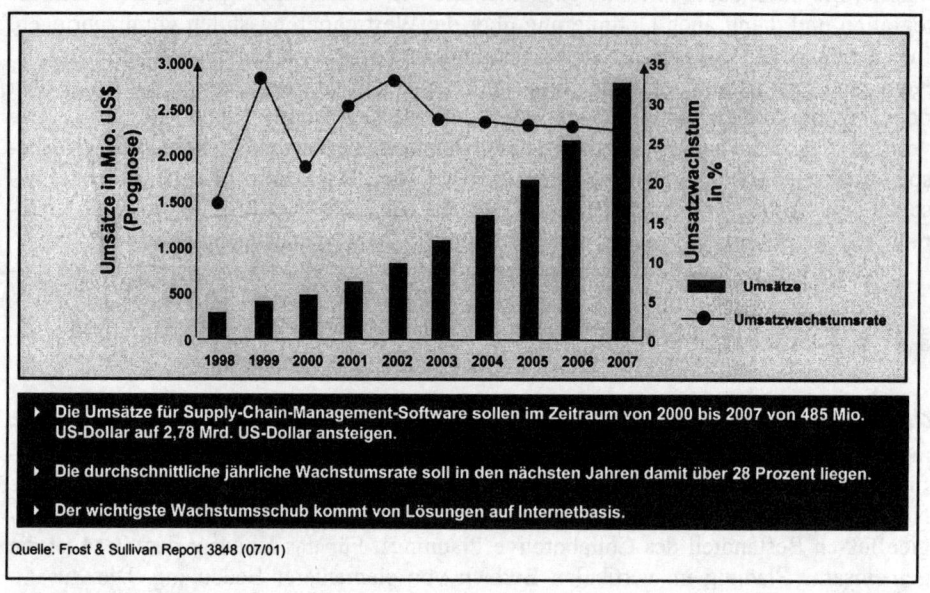

Abbildung 2: Markt für SCM-Softwarelösungen

Die Bedeutung, welche die Mehrzahl der Unternehmen den verschiedenen Softwarelösungen heute beimisst, verdeutlicht die immer stärkere Durchdringung der logistischen Konzepte von modernen Informationstechnologien. Die Investitionen für Anwendungssoftware und IT-Dienstleistungen werden in Zukunft dementsprechend überproportional wachsen.

3.2 Lieferantenintegration

Vor dem Hintergrund wachsender Kundenanforderungen an Lieferzeit und -flexibilität rückt die Notwendigkeit einer intensiveren Zusammenarbeit zwischen Herstellern und ihren weltweit produzierenden Lieferanten weiter in den Vordergrund. Die entstehenden Versorgungs- und Produktionsnetzwerke und die steigenden Beschaffungsvolumina erfordern ebenso wie die durch Reduzierung und Konsolidierung der Lagerstufen gekennzeichnete Distribution der Produkte an den Endkunden eine zielgerichtete und effiziente Auslegung und Koordination der Supply Chain. Im Fokus stehen dabei die auf den Kundenanforderungen basierende ganzheitliche Planung des Produktionsoutputs der jeweiligen Stufe im Sinne der Supply Chain Synchronisation sowie die Sicherstellung der Verfügbarkeit der jeweils benötigten Vorprodukte.

Zur Aufrechterhaltung und Steigerung der Wettbewerbsfähigkeit findet eine zunehmende Konzentration auf das Kerngeschäft statt. Dies zeigt sich auch in dem sinkenden Eigenfertigungsanteil in der deutschen Wirtschaft. Er variiert heute je nach Branche zwischen 30 und 50 %. Mit dieser Verringerung der Fertigungstiefe folgt der Auf- und Ausbau von Entwicklungs-, Produktions- und insbesondere Beschaffungsnetzwerken. Der Kooperationsgrad der Hersteller untereinander und mit ihren Lieferanten nimmt dabei zu (vgl. Baumgarten/Klinkner/Arnold 2002).

Zu einem Konzept der Lieferantenintegration kann auch die seit langem bekannte Just-in-time-Belieferung von Produktionswerken gehören. Just-in-Time ist eine Philosophie mit dem Ziel, durch die Planung, Steuerung und Kontrolle aller Material- und Informationsströme Zeit, Material, Arbeitskraft und Energie unter Berücksichtigung der Kundenwünsche effektiv einzusetzen (vgl. Wildemann 2000, S. 75ff.). Ein wesentlicher Gedanke ist dabei, dass die Existenz von Beständen mögliche Schnittstellenprobleme wie unabgestimmte Prozesse und Kapazitäten verdeckt. In Verbindung mit dem Pull-Prinzip wird die Nähe zum SCM-Konzept deutlich, häufig wird Just-in-Time als Vorläufer von SCM bezeichnet.

4. Handelsgetriebene Supply Chain Management-Konzepte

Im Gegensatz zu Konzepten aus dem herstellergetriebenen SCM sind die unternehmensübergreifenden Konzepte des Handels aus einem anderen historischen Kontext gewachsen. Hier hat insbesondere der Lebensmittelhandel schon früh auf Transparenz der Informations- und Warenströme gedrängt. Dies mag nicht zuletzt mit der Verderblichkeit der Ware zu begründen sein, deren bedarfsgenaue Lieferung und zügiger Umschlag geradezu erfolgskritisch sind. Die Konzepte Efficient Consumer Response und Collaborative Planning, Forecasting and Replenishment werden im Anschluss beschrieben.

4.1 Efficient Consumer Response

Efficient Consumer Response (ECR) ist eine ganzheitliche Betrachtung der traditionell durch Unternehmensegoismen geprägten Schnittstelle zwischen Hersteller und Handel. Basis ist das erstmals in der Textilbranche eingesetzte Quick-Response-Konzept, das die dortigen Anforderungen nach kurzfristigen Änderungen der Kundenwünsche und kurzen Produktlebenszyklen in ein logistisches Nachschubkonzept umsetzt (vgl. von der Heydt 1999, S. 4). Als Ausweitung fand der Einsatz von ECR zunächst im Lebensmittelbereich statt und dehnt sich nun in verschiedene Bereiche der Konsumgüterindustrie aus. Als Vorreiter gelten dabei insbesondere die Handelsunternehmen Großbritanniens und der USA.

Im Mittelpunkt von ECR steht das Ziel, Ineffizienzen insbesondere hinsichtlich der Prozesszeiten und -kosten entlang der Lieferkette unter besonderer Berücksichtigung der Kundenwünsche zu vermeiden. Gleichzeitig sollen die Sortimente, die Warenbeschaffung und Bestandsführung, die Werbemaßnahmen sowie die Produkteinführungen unternehmensübergreifend optimiert werden, um damit die Kosten des gesamten Distributionssystems nachhaltig zu senken und das Umsatzvolumen zu erhöhen. Hieraus werden die beiden grundsätzlichen Stoßrichtungen von ECR ersichtlich:

Efficient Replenishment – die optimierte Warenversorgung – zielt auf die Kosten- und Durchlaufzeitminimierung auf der Supply Side und damit auf die Kopplung realer Verkaufsdaten, Bestell- und Produktionszahlen. Durch die Abkehr vom Push- zum Pull-Gedanken wird der SCM-Philosophie Rechnung getragen.

Efficient Assortment, Efficient Promotion und Efficient Product Introduction hingegen sind auf die Umsatzmaximierung ausgerichtet, indem das Sortiment sowie die Preis- und Promotiongestaltung stärker auf die Kundenbedürfnisse abgestimmt werden und die Präsentation der Waren optimiert wird. Kernelement ist dabei, dass die ertragsrelevanten Zahlen, wie z. B. die an den Scannerkassen des Handels erfassten Abverkäufe, allen Beteiligten zur Verfügung stehen. Damit wird eine bisher nicht hinreichend vorhandene Transparenz und kundenzentrierte Nachschubversorgung erzeugt (vgl. von der Heydt 1999, S. 6ff.). Abbildung 3 gibt einen Überblick über die ECR-Konzeption und den aktuellen Umsetzungsgrad.

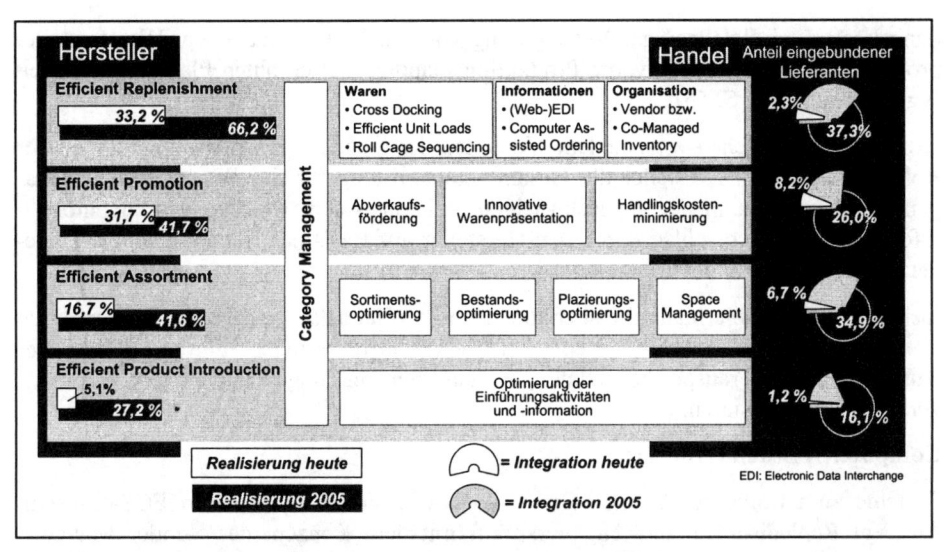

Handelsgetriebene Supply Chain Management-Konzepte 101

Abbildung 3: Bausteine und Implementierungsgrad von Efficient Consumer Response

Dabei dürfen Supply und Demand Side nicht – wie häufig geschehen – isoliert betrachtet werden. So haben z. B. kurzfristige Promotionen erhebliche Auswirkungen auf die dahinter liegenden logistischen Prozesse und können so an Fehlbeständen, sogenannten Stock-Out-Situationen, aufgrund unzureichender Zusammenarbeit von Marketing- und Logistikabteilungen scheitern.

Dabei hat das zumindest theoretisch weit fortgeschrittene Konzept aber – wie nahezu alle SCM-Konzepte – in der Praxis einen verhältnismäßig niedrigen Umsetzungsgrad. Rund ein Drittel aller Unternehmen, die im Rahmen der regelmäßig stattfindenden Untersuchung zu den Trends und Strategien in der Logistik befragt wurden, gaben an, zumindest die Strategie mit dem stärksten Logistikbezug, die effiziente Warenbelieferung, realisiert zu haben. Dabei ist der Anteil der integrierten Lieferanten äußerst gering. Allerdings ist in allen Bereichen des ECR mit starken Zunahmen zu rechnen (vgl. Baumgarten/Walter 2001). Im Folgenden werden wesentliche Konzepte des aus logistischer Sicht im Vordergrund stehenden ECR-Bausteins Efficient Replenishment dargestellt.

Vendor Managed Inventory

Ein Instrument im Rahmen des Efficient Replenishment ist das herstellerbetriebene Bestandsmanagement – Vendor Managed Inventory. Dabei wird die Verantwortung für die Disposition des Handels dem Hersteller übertragen. Voraussetzung hierfür ist, dass die Verkaufsdaten der Handelsfilialen dem Produktionsunternehmen zugänglich gemacht werden. Bisherige Ansätze scheiterten häufig an dem erforderlichen Vertrauen, dass die Partner – insbesondere der Handel – dabei einbringen müssen. Wesentlicher Vorteil für den Handel ist eine Reduzierung der Bestände und damit der Kapitalbindungskosten bei gleichzeitiger Verringerung von Stock-Out-Situationen. Die Hersteller profitieren von einer effektiveren Produktionsplanung und erhöhten Planungssicherheit (vgl. Werner 2000, S. 55).

Grundsätzlich bestehen verschiedene Varianten des Vendor Managed Inventory. In der Rohform wird dem Hersteller die Gesamtverantwortung für das Warenbestandsmanagement übertragen, in der abgeschwächten Version – dem Co-Managed Inventory – erfolgt ein Bestellvorschlag durch den Hersteller auf Basis der Handelsdaten, der wiederum durch den Handel bestätigt wird.

Insbesondere US-amerikanische aber auch britische Handelsunternehmen konnten durch Vendor Managed Inventory-Konzepte erhebliche Verbesserungen aufgrund gesteigerter Ausnutzung von Transportkapazitäten, Bestandsverringerungen und höherer Produktverfügbarkeit realisieren.

Computer Assisted Ordering

Systeme zum Computer-Assisted-Ordering (CAO) sind Basis für den ECR-Baustein Efficient Replenishment und eng verknüpft mit dem Konzept des Vendor Managed Inventory. Kerngedanke ist, die in der Vergangenheit häufig aufgrund individueller Erfahrungen und Einschätzungen des Verkaufspersonals erfolgten Warennachbestellungen zu automatisieren und Fehlentscheidungen mit dem Ergebnis von Stock-Outs oder zu hohen Beständen zu vermeiden. Hierzu greifen CAO-Systeme auf Inventurdaten, tatsächliche und geschätzte Umsatzentwicklung, spezielle Nachfragefaktoren wie Wetterverhältnisse oder Veranstaltungen zu. Zusätzlich werden effiziente Bestellvolumina wie volle Paletten, vorzuhaltende Sicherheitsbestände und die spezifische Situation der Verkaufsstätte, z. B. vorhandene Regalkapazitäten, berücksichtigt (vgl. Seifert 2001).

Neben dem Vorteil einer verhältnismäßig genauen Verkaufsprognose bieten CAO-Systeme aufgrund des Automatisierungsgrades und der informatorischen Anbindung an die Systeme des Herstellers sehr kurze Reaktionszeiten. Basisinstrument hierfür sind Electronic-Data-Interchange-Systeme (EDI-Systeme), die neben Bestellungen den Austausch von Stammdaten oder Rechnungen ermöglichen.

Cross Docking und Transshipment

Insbesondere beim Konzept des Cross-Dockings werden die Lagerbestände minimiert bzw. gänzlich verzichtbar. Damit werden die Durchlaufzeiten erheblich verkürzt und die Kapitalbindung aufgrund gesenkter Bestände reduziert. Im Rahmen des Cross Dockings erfolgt der bestandslose Umschlag von abladestellenreinen Sendungen. Die Kommissionierfunktion liegt in diesem Fall bei den Lieferanten. Der Gesamtnachschub für die Artikelbestände eines Lieferanten für alle Point of Sales (POS) werden beim Lieferanten gebündelt bestellt, auf POS-reine Paletten kommissioniert, an das Logistikzentrum geliefert, ohne Palettenwechsel umgeschlagen und zusammen mit anderen Sendungen aus dem Logistikzentrum in einem Teil- oder Ganzladungstransport an die Handelsfiliale ausgeliefert.

Im Gegensatz dazu erfolgt beim Transshipment-Konzept die Kommissionierung erst im Transshipment-Terminal. Der Nachschub für die Artikelbestände wird für alle POS gebündelt beim Lieferanten bestellt, dort auf verkaufsstellengemischte Paletten kommissioniert, gebündelt an das Logistikzentrum geliefert, nach POS sortiert, mit anderen Liefermengen verdichtet und auf Paletten an die POS ausgeliefert.

4.2 Collaborative Planning, Forecasting and Replenishment

Aktuell wird ein weiteres Konzept diskutiert, das als Weiterentwicklung des ECR betrachtet werden kann: Collaborative Planning, Forecasting and Replenishment (CPFR). CPFR zielt grundsätzlich ebenfalls wie ECR auf die Verbesserung der Schnittstelle Handel und Industrie, versucht aber eine Schwachstelle auszuräumen, die der erfolgreichen Umsetzung von ECR häufig entgegen stand: ECR-Konzepte waren in der Vergangenheit meistens von Handelsunternehmen initiiert und dominiert. Sie erfuhren daher häufig Misstrauen seitens der Industrie. Im Gegensatz dazu setzt CPFR auf eine gleichberechtigte Kooperationen zwischen Industrie, Handel und Logistik-Dienstleistern und bedient sich dazu des Kernelements einer gemeinschaftlichen Informationsbasis. Dabei geht es nicht nur um den Austausch der relevanten Daten, sondern vielmehr um eine Verbesserung der Datenqualität aufgrund des kooperativen Planungsprozesses (vgl. Abbildung 4). Es stellt daher keine Neuentwicklung sondern vielmehr eine Weiterentwicklung und Verfeinerung des ECR-Konzeptes unter Berücksichtigung modernster IT-Systeme dar, um somit die „Demand-Side" des Handels mit der „Supply-Side" der Industrie zu verzahnen. Voraussetzung hierfür ist die Entwicklung einheitlicher Datenformate sowie Übertragungs- und Sicherheitsstandards. Die von der Voluntary Interindustry Commerce Standards Association (VICS) ins Leben gerufene Initiative wird von Händlern (z. B. Wal-Mart, Sears Roebuck), Herstellern (z. B. Gillette, Nestlé, Unilever), Dienstleistern (z. B. Accenture, IBM) und E-Marktplätzen (z. B. Transora, GlobalNetXchange) gestützt.

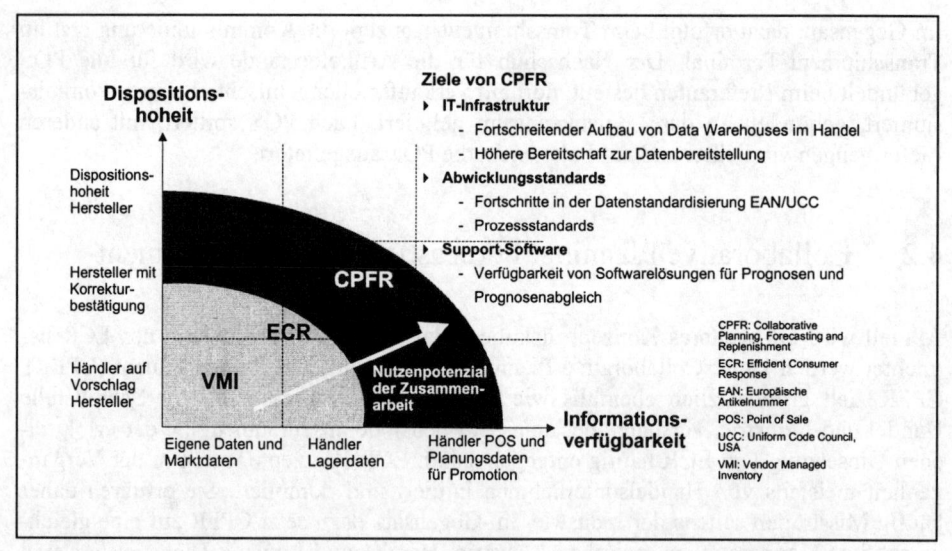

Abbildung 4: Collaborative Planning, Forecasting and Replenishment (CPFR)

Kernelement ist das gemeinsame Planen, Prognostizieren und Managen von Beständen auf Basis der Kundenbedürfnisse. Während ECR nie voll erschlossen werden konnte, bildet der rasante Fortschritt im IT-Bereich verbunden mit der zunehmenden Kooperationsbereitschaft von Handel und Industrie erstmals die Voraussetzung, die erhofften Potenziale des CPFR zu erschließen. Damit werden die den verschiedenen Partnern vorliegenden Absatzzahlen und gemachten Erfahrungen zusammengeführt und der permanente Zugriff auf die tatsächlichen und die prognostizierten Verkaufszahlen aller Beteiligten sichergestellt. Auf dieser Basis sind die Konsumgüterhersteller in der Lage, ständig Soll- und Ist-Werte miteinander zu vergleichen und somit die Produktionspläne anzupassen. Kapazitäten können darüber hinaus abgeglichen werden. Der Vorteil für den Handel liegt in der gesteigerten Verfügbarkeit, ohne dabei vermehrte Lagerbestände aufbauen zu müssen.

5. Konzepte der Supply Chain Steuerung

Bisherige Ansätze des SCM werden zumeist von dem dominierenden Partner der Supply Chain getrieben und implementiert; wie oben beschrieben z. B. in der Automobilindustrie von dem Hersteller oder im Konsumgüterhandel von den großen Handelsketten. Als problematisch kann sich dabei das Handeln im Interesse des eigenen Unternehmens allein und zu Ungunsten einer optimalen Lösung über die gesamte Kette erweisen. Die

Neutralität in der Planung und Steuerung der gesamten Wertschöpfungskette ist jedoch elementar, um ein Optimum über die Summe aller Partner zu erhalten und damit für ein erfolgreiches Supply Chain Management. Die Frage nach einem geeigneten, neutral agierenden Integrator wird heute verstärkt gestellt. Als eine mögliche Antwort wird der Fourth Party Logistics Provider (4PL) diskutiert, der im Folgenden dargestellt wird.

5.1 Supply Chain Steuerung durch Fourth Party Logistics Provider

Unternehmens- und länderübergreifende Kooperationsnetzwerke und Supply Chains erfordern ein immer umfassenderes Leistungsspektrum von Logistik-Dienstleistern. Als Reaktion haben viele Dienstleister ihr Angebot erweitert und bieten neben den klassischen operativen Logistikleistungen wie Transport und Lagerung zusätzliche Dienstleistungen wie das Order Processing und die Kundenbetreuung, die Implementierung und den Betrieb von Informations- und Kommunikationssystemen - z. B. zur Sendungsverfolgung - oder die Unterstützung bei der Logistikplanung an. Die so genannten Third Party Logistics Provider (3PL) sind in der Regel Unternehmen, die ihren Ursprung im Bereich der Transport-Dienstleistungen haben und ihr Leistungsspektrum kontinuierlich um dem Transport nahestehende Dienstleistungen erweitert haben (vgl. Baumgarten/Zadek 2002, S. 14ff.).

Sie verfügen darüber hinaus über eine internationale Präsenz, bieten so ihren Kunden grenzüberschreitende Dienstleistungen an und binden sich durch langfristige Partnerschaften an die Auftraggeber. Weitere kennzeichnende Merkmale von 3PL sind Eigenverantwortung und Gestaltungsfreiheiten für Teile der Wertschöpfungskette sowie häufige Fremdvergabe von klassischen Leistungen an Subunternehmen.

Bestehende Dienstleistungskonzepte der 3PL sind derzeit aber zumeist auf ausgewählte Teile der Supply Chain fokussiert und stellen daher keine über die gesamte Kette optimierte Lösung dar. Das Ziel eines ganzheitlichen SCM erfordert die Abstimmung der Kapazitäten der einzelnen Partner, die Koordination des gemeinsamen Einsatzes von externen Dienstleistern und der benötigten Ressourcen wie Transportmittel, Läger und Informationstechnologien.

Der Fourth Party Logistics Provider (4PL) übernimmt als Netzwerkintegrator die übergreifende Steuerung der im Netzwerk verteilten technologischen und personellen Ressourcen. Er bildet unter Einbeziehung der Ressourcen, Technologien und des Know Hows anderer, komplementärer Dienstleister, wie 3PL oder Software-Anbieter, das Management der Geschäftsprozesse ab und entwickelt Gesamtlösungen für das Management komplexer Netzwerke (siehe Abbildung 5).

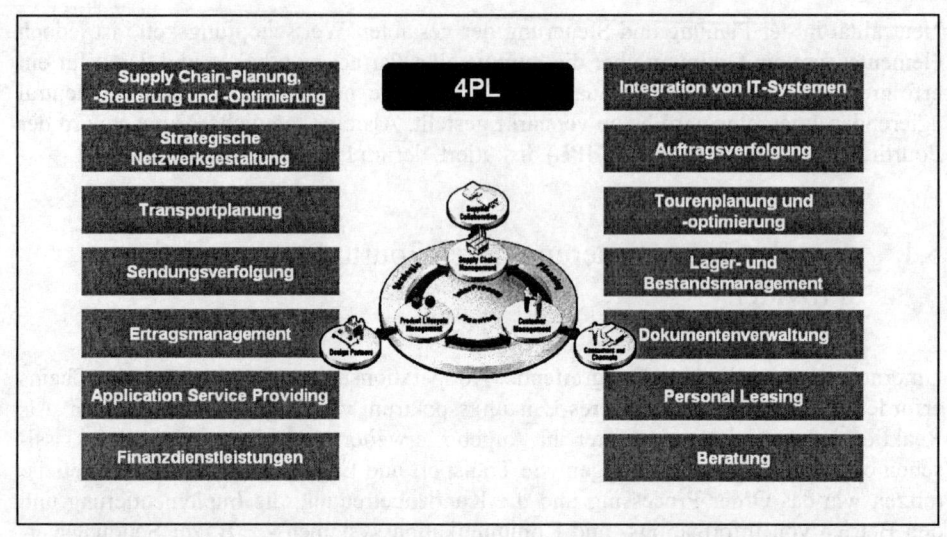

Abbildung 5: Erwartetes Leistungsspektrum des Fourth Party Logistics Providers

Die Definition macht deutlich, dass keineswegs ein einzelner Dienstleister die Gesamtheit der für eine Systemlösung erforderlichen Leistungen erbringen muss. Vielmehr handelt es sich um Dienstleisternetzwerke, innerhalb derer die Erstellung einer optimierten Gesamtleistung durch Konzentration der einzelnen Netzwerkpartner auf ihre Kernkompetenzen erfolgt. Der 4PL stellt dabei den Systemkopf des Dienstleisternetzwerks dar. Als Partner für ein Unternehmensnetzwerk oder eine gesamte Branche liegen seine Kernkompetenzen in der Planung und Erfolgskontrolle von Buy-Entscheidungen, der Beratung in organisatorischen und technologischen Fragen, der zielorientierten Auswahl, Zusammenführung und Koordination der Leistungen Dritter und der Implementierung und Betreuung einer Gesamtlösung.

5.2 Entwicklungspfad des Fourth Party Logistics Provider

Als Anderson Consulting (heute Accenture) vor einigen Jahren den Begriff des 4PL prägte, beschrieb das Unternehmen die absehbaren Veränderungen in dem Geschäftsfeld der Logistik-Dienstleister, die sich zunehmend zu Wertschöpfungsketten-umfassenden Systemintegratoren entwickeln würden. Auf diesen lukrativen Markt der Systemintegratoren drängen heute vor allem die immer mehr auf Serviceleistungen fokussierten IT-Dienstleister und Systemhäuser, die neben der IT-Infrastruktur eine ganze Reihe von Beratungs- und Serviceleistungen erbringen (vgl. Baumgarten 2001, S. 38). Beispielhaft ist hier die Entwicklung von IBM, das sich von einem Hersteller von Servern und PCs zum weltweit führenden IT-Dienstleister gewandelt hat. Andere große Hersteller, wie Hewlett Packard und Compaq, sind auf dem Weg dieser Entwicklung zu folgen.

Besonders interessant ist die Entwicklung der 3PL in diesem Prozess. Viele sehen im zunehmenden Engagement der Berater und IT-Dienstleister eine Gefährdung ihrer Margen durch die Zwischenschaltung eines zusätzlichen, in ihren Augen überflüssigen Mittlers. Um selbst die Rolle eines 4PL übernehmen zu können, müssen sie sich im veränderten Umfeld mit geeigneten Strategien neu positionieren. Nachteilig für die Entwicklung eines 3PL zum 4PL können sich vor allem Zweifel an der Neutralität der Logistik-Dienstleister auswirken. Eine mögliche Bevorzugung der eigenen Ressourcen zur Fixkostendegression, die jedoch nicht zwingend in einem Optimum über die Supply Chain resultiert, ist naheliegend. Eine weitere wesentliche Hürde besteht im Aufbau der für die Rolle eines 4PL notwendigen IT-Kompetenz. Hier besteht die Hauptaufgabe darin, möglichst fundierte Kenntnisse über den Markt der IT-Lösungen zu sammeln und Fähigkeiten bei Implementierung, Betrieb und Betreuung dieser Systeme zu entwickeln.

Nur wenige, global agierende 3PL mit ausreichenden Ressourcen versuchen einen Alleingang und unternehmen eigene Anstrengungen, ihre Kompetenzen um die erforderlichen komplementären Leistungen zu erweitern. Durch den Aufbau eigener Kapazitäten, den Zukauf von Software- und Beratungsunternehmen oder Ausgründungen von Tochtergesellschaften sollen vor allem die IT- und Beratungs-Kompetenzen nachhaltig gestärkt werden. So hat beispielsweise die Deutsche Post World Net AG zum 1. Januar 2002 ihre IT-Entwicklung in eine eigenständige Gesellschaft überführt. Diese soll IT-Dienstleistungen entwickeln und bereitstellen sowie den eigenen Konzern und externe Unternehmen in IT-Fragen beraten.

Andere 3PL verzichten auf eigene IT-Konzepte zugunsten der Integration etablierter Lösungen. Für viele Logistik-Dienstleister birgt der Eintritt in das sehr schwierige Wettbewerbsumfeld der IT- und Software-Entwicklung zu große Risiken. Nur in wenigen Fällen können sich die eigenen Entwicklungen gegen die spezialisierter Technologieunternehmen durchsetzen. Die derzeitigen Schwierigkeiten, die einige Dienstleister mit der Entwicklung ihrer IT-Sparte haben, verdeutlichen diese Problematik. Viele Logistik-Dienstleister beschränken sich daher auf die Beratung bei der Implementierung standardisierter Lösungen als zusätzliche Dienstleistung.

Die Zusammenarbeit mit internationalen Technologie- und Beratungsunternehmen bei der Entwicklung von Logistik-Software ist wahrscheinlich die erfolgversprechendste Strategie im Zusammenhang mit dem Aufbau von IT- und Beratungskompetenz. Diese kann in Form von Kooperationen oder aber durch Gründung eines Joint Ventures erfolgen, im Idealfall durch Integration in eine gemeinsame Beteiligungsgesellschaft.

Die derzeit zu beobachtende Welle der projektgebundenen und langfristigen Kooperationen, strategischen Allianzen sowie Joint Ventures zwischen Unternehmensberatungen, IT-Dienstleistern, Software-Häusern und Logistik-Dienstleistern macht deutlich, dass die Auswahl der richtigen Partner in der Entwicklung zum 4PL von erfolgsentscheidender Bedeutung ist. Noch ist offen, wer die Rolle des Systemintegrators übernehmen sollte, um die Supply Chain zu einem Gesamtoptimum zu führen. Unternehmensberatungen – insbesondere Logistikplanungs- und -beratungsunternehmen – scheinen aufgrund ihrer Neutralität, Strategieentwicklungskompetenz und langjährigen Projekterfahrung prädestiniert für die Umsetzung ganzheitlicher Logistik- und IT-Konzepte. Zudem besitzen sie einen detaillierten Marktüberblick, Erfahrungen mit der Implementierung von Softwarelösungen und zum Teil eigene IT-Lösungen (vgl. Baumgarten 2001, S. 38).

Ziel der zunehmenden gegenseitigen Verflechtung ist aber auch die möglichst weitreichende Verbreitung der eigenen Produkte und Dienstleistungen. Gerade die Softwarebranche ist bei der Etablierung ihrer Produkte in einem stark fragmentierten Markt auf Partner angewiesen. Beispiele sind hier die Allianzen zwischen SAP und CommerceOne sowie zwischen i2 und Ariba. Dabei liegen Kooperation und Wettbewerb oft nahe beieinander. Nur selten sind diese Kooperationen exklusiv und die Leistungsangebote und Wachstumsabsichten der Kooperationspartner überschneidungsfrei. Probleme sind daher häufig vorprogrammiert. Wie erfolgreich Kooperationen dennoch verlaufen können, zeigt das Beispiel von IBM und SAP. Diese Unternehmen konnten nicht zuletzt aufgrund ihrer engen Partnerschaft ihre führende Position im Wettbewerb nachhaltig ausbauen.

5.3 Supply Chain Controlling

Heutige Umsetzungen von Supply Chain Management-Konzepten sind durch eine geringe Verfügbarkeit von Kennzahlen zur Planung, Steuerung und Kontrolle von Lieferketten und -netzen gekennzeichnet. In der Regel sind die entsprechenden Kennzahlen zwar definiert, sie kommen aufgrund einer fehlenden gemeinsamen Datenbasis jedoch in der Praxis nicht zum Einsatz. Für die Realisierung eines Supply Chain Controllings ist die Entwicklung eines netzwerkorientierten Kennzahlensystems eine wesentliche Voraussetzung. Zur zielgerichteten und effizienten Planung, Steuerung und Kontrolle sind aussagekräftige, unternehmensübergreifende Kennzahlen erforderlich, die es ermöglichen, im Zeitablauf reproduzierbare Analysen zur Entscheidungsunterstützung zu generieren (vgl. Darkow 2001, S. 124ff.). Auf diese Weise wird das Management bei der Leistungsmessung sowie der Ausrichtung auf das gegenwärtig vorhandene und zukünftig zu erwartende Marktumfeld unterstützt. In diesem Zusammenhang sind relevante Kennzahlen zu definieren sowie deren diagnostische Eigenschaften im Hinblick auf ihre Aussagekraft über die Güte der betrachteten Supply Chain Abläufe zu untersuchen. Dabei gilt es, insbesondere die Qualität von Prognosen und Entscheidungen durch Sicherstellung adäquater Informationsverfügbarkeit zu verbessern.

Die Realisierung eines derartigen Konzepts erfolgt in fünf Schritten (vgl. Risse/Stommel/Zadek 2002, S. 191f.):

1. Entwicklung eines Kennzahlensystems, das den Anforderungen der zu analysierenden Supply Chains hinsichtlich Kosten, Zeit und Qualität genügt.

2. Analyse der betroffenen Supply Chain durch Mapping des Kennzahlensystems mit relevanten Marktdaten.

3. Ableitung von Handlungsbedarfen und Optimierungspotenzialen.

4. Rekonfiguration der bestehenden Supply Chains auf Basis der gewonnenen Ergebnisse.

5. Permanente Evaluierung der relevanten Kennzahlen zur ständigen Optimierung der Prozesse und kontinuierliches Wiederholen der entsprechenden, oben genannten Schritte.

Jedoch ist zu beachten, dass bei Zunahme des gewünschten Detaillierungsgrades der Analyse die Komplexität des zu entwickelnden Systems überproportional steigt.

6. Ausblick

Im Sinne der Sichtweise eines Supply Chain Managements müssen - statt der Optimierung von innerbetrieblichen Teilprozessen - die Wirkzusammenhänge und die Schnittstellen zwischen den Prozessen sowie die logistische Versorgungskette über die eigenen Unternehmensgrenzen hinweg aus Gesamtsicht optimiert werden. Durch diese unternehmensübergreifende Optimierung und Orientierung an den für Kunden relevanten Kernprozessen lassen sich Einsparungen für die gesamte Logistikkette erzielen.

Naheliegend ist die Gestaltung von SCM-Lösungen durch die Partner der Supply Chain selbst. Aktuell am häufigsten anzutreffen sind durch die Hersteller getriebene Konzepte – dies gilt insbesondere beim Vorreiter des SCM, der Automobilindustrie. Die Dominanz des Herstellers, der in seine Zielsetzung und strategische Planung nur begrenzt die Belange der Lieferanten mit einbezieht, behindert aber in der Regel ein Gesamtoptimum. Das Konzept scheitert folglich am mangelnden Vertrauen der Supply Chain Partner untereinander. Die Komplexität der erforderlichen IT-Infrastruktur und die wachsende Bandbreite der zu implementierenden Software-Applikationen übersteigt zudem häufig die Kompetenzen des Herstellers und erfordert den Einsatz spezialisierter Fachleute, die das Unternehmen selbst häufig nicht zur Verfügung hat. Ein zunehmender Trend zum Outsourcing des gesamten IT- und Transaktionsbereichs ist deutlicher Ausdruck der Überforderung vieler Unternehmen mit diesen Problemstellungen. In den handelsgetriebenen Konzepten des SCM stellen sich die Herausforderungen ähnlich dar.

Kernbestandteil der vorgestellten SCM-Konzepte sind innovative Informationstechnologien, mit denen die heute mögliche Nutzung des Internets zum unternehmensübergreifenden Datenaustausch für die Standardisierung von Datenschnittstellen erfolgt, so dass die notwendige informatorische Offenheit für alle Beteiligten der Lieferkette erreicht werden kann. Zur Realisierung müssen zum Teil sehr umfangreiche Investitionen in

Soft- und Hardware getätigt werden. Um die Kapitalbindung insbesondere für kleine und mittelständische Netzwerkpartner zu reduzieren und somit die Voraussetzungen zu schaffen, die Supply Chain gesamtoptimal zu konfigurieren, sind innovative Ansätze für ein netzwerkweites Ertragsmanagement vor dem Hintergrund eines gemeinsamen Cost-Benefit-Sharing zu entwickeln und auf Realisierbarkeit zu prüfen.

Als unabhängiger Gestalter und Steuerer einer Supply Chain bietet sich der Fourth Party Logistics Provider (4PL) an, der sich aus einem Systemdienstleister, IT-Dienstleister oder auch Unternehmensberater herausbilden kann. Auf Basis des zunächst theoretisch hergeleiteten Konstrukts des 4PL können derzeit zumindest in Europa keine Unternehmen als vollwertige 4PL bezeichnet werden. Ihnen und auch den anderen Partnern in der Supply Chain obliegt zudem das Controlling der Prozesse sowie die Gestaltung des Cost-Benefit-Sharings. Obwohl die Umsetzung solcher Konzepte als wesentlich für die Akzeptanz von SCM bewertet werden kann, sind Lösungsansätze erst in den Kinderschuhen. An dieser Stelle herrscht für Wissenschaft und Praxis Nachholbedarf.

In die bisherigen Betrachtungen zum SCM fließen zudem einige wesentliche Bestandteile der Leistungserstellung nicht ein. Die Integration von Änderungsmanagement und After-Sales-Services sind deshalb ebenso Aufgaben für die nächste Zeit wie das mit veränderter Gesetzeslage und wachsendem Umweltbewusstsein der Bevölkerung relevante Management der Entsorgungsprozesse.

Horst Meier und Nico Hanenkamp

Komplexitätsmanagement in der Supply Chain

1. Ausgangssituation
    1.1 Strategische Erfolgsfaktoren
        1.1.1 Supply Chain Management
        1.1.2 Virtuelle Organisationen
    1.2 Mass Customization

2. Integriertes Komplexitätsmanagement der Supply Chain
    2.1 Terminologie und Vorgehensmodell
    2.2 Rahmenkonzept für die Komplexitätsidentifikation
        2.2.1 Komplexität von Produkten
        2.2.2 Komplexität von Prozessen
        2.2.3 Komplexität der Supply Chain

3. Handlungsfelder und Nutzenpotenziale der Komplexitätsbeherrschung

4. Zusammenfassung: Mass Customization, Supply Chain und Komplexität

1. Ausgangssituation

Das Wettbewerbsumfeld ist heute mehr denn je von einer hohen Kundenorientierung bestimmt. Um die Kundenbindung dauerhaft zu erhalten und weiter steigern zu können, haben sich Unternehmen in der Vergangenheit für eine der vier generischen Normstrategien Kostenführerschaft, Differenzierung, Differenzierungsfokus und Kostenfokus entscheiden müssen (Piller 2000, S. 213). Kostenführerschaft, d. h. Absatz der Produkte zu den niedrigsten Preisen einer Branche und Differenzierung, bei der sich die eigenen Produkte von denen der Konkurrenz durch kundenbezogene Varianten abgrenzen, stellen nach Porter klassische, alternativ zu verfolgende Wettbewerbsstrategien dar (Porter 1997, S. 67).

Ausgehend von diesen Alternativhypothesen lässt sich eine Einteilung von Produktgruppen nach den Kriterien Wiederholeffekte und Individualisierung vornehmen. Produkte sind prinzipiell entweder durch einen geringen Individualisierungsgrad und hohe Wiederholhäufigkeit gekennzeichnet (d. h. Produktion von Gütern im Rahmen einer Massenfertigung) bzw. Produkte, die in geringeren Stückzahlen produziert werden und weitgehend auftrags- und kundenbezogen sind. Seit Mitte der 90er Jahre hat sich gezeigt, dass Unternehmen dauerhaft ihre Marktstellung erhalten und ausbauen können, wenn sie sich von der Alternativhypothese Porters lösen und diese primär gegensätzlichen Optionen in einer hybriden Strategie miteinander verbinden (Piller 1997). In Wissenschaft und Praxis hat sich dazu das Managementkonzept der Mass Customization etabliert.

Steigende Anforderungen hinsichtlich Qualität, Kosten und Termintreue zwingen Unternehmen weiterhin dazu, sich auf Kernkompetenzen zu konzentrieren und Fertigungstiefen zu verringern. Infolgedessen steigt der Bedarf an unternehmensübergreifender Kooperation in der Supply Chain, der im Maschinenbau beispielsweise die Auslagerung von Fertigungsaufträgen oder die Aufnahme langfristiger Lieferbeziehungen zur Folge hat (Widmaier 2000, S. 455).

Ziel dieses Beitrags ist es, die Auswirkung der Mass Customization-Strategie auf die Supply Chain zu untersuchen und einen methodischen Ansatz zu entwickeln, anhand dessen eine Bewertung hinsichtlich der „Mass Customization-Fähigkeit" der Supply Chain möglich ist. Dazu werden aus den strategischen Erfolgsfaktoren, die es im Sinn einer Mass Customization zu verfolgen gilt, mögliche Organisationsformen der Supply Chain abgeleitet. Im Anschluss an die Diskussion des Prinzips und Inhalts des Begriffs „Mass Customization" wird das Vorgehensmodell und Konzept des integrierten Komplexitätsmanagements erläutert. Abschließend werden Handlungsfelder und Maßnahmen zur Gestaltung einer „Mass Customization"-fähigen Supply Chain aufgezeigt.

1.1 Strategische Erfolgsfaktoren

Um strategische Optionen darzustellen, sind diejenigen Erfolgsfaktoren zu identifizieren, aus denen Unternehmen Strategien zur unternehmensübergreifenden Kooperation ableiten. Es herrscht Uneinigkeit darüber, welche Faktoren letztendlich strategische Erfolgsfaktoren darstellen (Kaluza/Blecker 2000, S. 540); verschiedene Klassifizierungen strategischer Erfolgsfaktoren haben sich etabliert. Blecker/Kaluza benennen die Kosten, die Qualität, die Flexibilität, die Erzeugnisvielfalt, die Zeit und den Service. Schönsleben, der auf die strategische Zusammenarbeit in logistischen Netzen abstellt, benennt die Qualität, die Kosten, die Lieferung, die Flexibilität und die unternehmerische Zusammenarbeit als strategische Erfolgsfaktoren bzw. zu verfolgende Strategien (Schönsleben 1998, S. 48ff.). Diese Kategorisierung soll den folgenden Ausführungen zugrunde liegen.

- Qualität bezieht sich in diesem Zusammenhang auf die Verantwortlichkeit für die Gewährleistung eines bestimmten Qualitätsniveaus, auf die Kontrolle dieses Niveaus, auf die Kundenzufriedenheit und auf die Entwicklung entsprechender Qualitätsstandards.

- Unter dem Kostenaspekt werden die Kriterien verstanden, nach denen sich die Auswahl der Lieferanten richtet. Dies sind die bei dieser Entscheidung relevanten Preise, die Geschäftsvolumina, Transaktions- und Opportunitätskosten sowie der Austausch von Methoden und Know-how.

- Das Merkmal der Lieferung beschreibt, wie Aufträge zwischen Partnern kommuniziert werden, wohin die Lieferungen des Partners gehen, ob Planungs- und Steuerungssysteme miteinander verbunden sind, welche Abläufe und Strukturen der Auftragsabwicklung zugrunde liegen und wie sich das Netzwerk zur Abwicklung eines Auftrags gebildet hat bzw. bildet.

- Unter Flexibilität werden die Aspekte subsummiert, die sich auf die Austauschbarkeit von Kunden und Lieferanten beziehen. Beispiele hierfür sind Multiple- oder Single-Sourcing sowie Make-or-Buy-Entscheidungen. Darüber hinaus fließt in dieses Kriterium die Möglichkeit der Partner mit ein, die Kundenanforderungen aktiv zu befriedigen.

- Die unternehmerische Zusammenarbeit in einem logistischen Netzwerk bezieht sich auf die Entwicklung von Produkten und Prozessen, die Bestandteil der Partnerschaftsbeziehung sind. Eingeschlossen ist die Verteilung von Weisungs- und Kontrollinstanzen bzgl. zu liefernder Produkte und durchzuführender Planungs- und Steuerungsprozesse.

In Abbildung 1 sind die strategischen Erfolgsfaktoren den zuvor erläuterten Ausprägungen gegenübergestellt.

Ausgangssituation 115

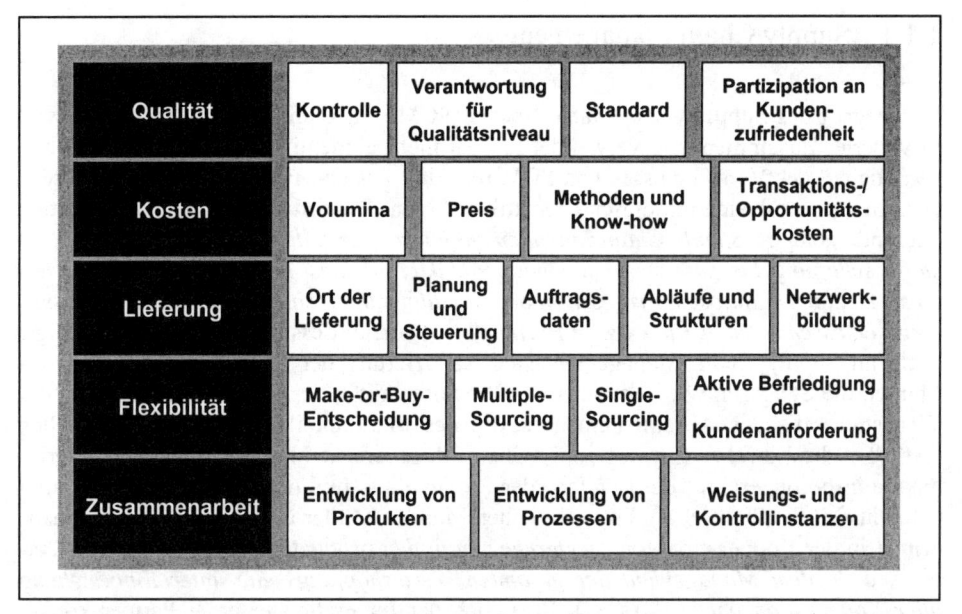

Qualität	Kontrolle	Verantwortung für Qualitätsniveau	Standard	Partizipation an Kundenzufriedenheit
Kosten	Volumina	Preis	Methoden und Know-how	Transaktions-/ Opportunitätskosten
Lieferung	Ort der Lieferung	Planung und Steuerung	Auftragsdaten	Abläufe und Strukturen	Netzwerkbildung
Flexibilität	Make-or-Buy-Entscheidung	Multiple-Sourcing	Single-Sourcing	Aktive Befriedigung der Kundenanforderung
Zusammenarbeit	Entwicklung von Produkten	Entwicklung von Prozessen	Weisungs- und Kontrollinstanzen

Abbildung 1: Ausprägungen strategischer Erfolgsfaktoren (in Anlehnung an: Schönsleben 1998, S. 56)

Schönsleben identifiziert anhand obiger Kategorien vier Ausprägungen von Partnerschaftsstrategien: das traditionelle Kunden-Lieferanten-Verhältnis, Supply Management, Supply Chain Management und die virtuelle Organisation. In dieser Reihenfolge spiegeln sie auch die Entwicklung seit den 70er Jahren wider.

Eine Bewertung der Grundtypen hinsichtlich der Kriterien „Intensität der Kooperation nach Win-Win-Ansätzen" und der Dauer der Lieferverträge ist möglich. Das traditionelle Kunden-Lieferanten-Verhältnis (KL) ist danach von einem kurzen Liefervertrag und einer geringen Intensität der Kooperation bestimmt. Supply Management unterscheidet sich vom traditionellen KL-Verhältnis durch langfristig angelegte Lieferverträge. Supply Chain Management ist ebenfalls langfristig ausgelegt, jedoch ist die Intensität der Kooperation nach Win-Win-Ansätzen hoch bewertet. Virtuelle Organisationen unterscheiden sich vom Ansatz des Supply Chain Managements dadurch, dass sie kurz- und langfristig ausgelegt sein können bei einer gleichzeitig intensiven Kooperation im Sinn eines Win-Win-Ansatzes.

Supply Chain Management und virtuelle Organisationsformen stellen den Stand der Technik dar. Für ein einheitliches Begriffsverständnis soll im Folgenden auf die Eigenschaften dieser logistischen Partnerschaftsstrategien eingegangen werden.

1.1.1 Supply Chain Management

Der Begriff des Supply Chain Managements (SCM), dt. Lieferkettenmanagement, wird in vielerlei Zusammenhang verwendet und ist nicht eindeutig definiert. Die Verschiedenartigkeit des Verständnisses von SCM resultiert aus den Perspektiven unterschiedlicher Gruppen, die sich mit dieser Thematik befassen. Es wird daher folgende Definition zugrunde gelegt: *„Supply Chain Management koordiniert alle Aktivitäten von der Rohstoffbeschaffung bis zum Verkauf eines Produktes an den Endkunden und integriert diese in einen nahtlosen Prozess, wobei Abteilungen in einem Unternehmen ebenso eingeschlossen werden wie externe Partner"* (Kortmann/Lessing 2000, S. 6). Verfolgte Ziele im Supply Chain Management sind Reduzierung der Kosten und der Time-to-Market, die Steigerung des Gewinns, der Produktqualität, der Kundenzufriedenheit, der Wachstumsrate, des Absatzvolumens sowie des Marktanteils. Mundus/Müller stellen fest, dass die Einführung von Supply Chain Management in der Automobilzulieferindustrie insbesondere auf die Bereiche der Produktions- und der Feinplanung fokussiert (Mundus/Müller 2000, S. 4). Potenzial sehen Mundus/Müller über diese Bereiche hinaus primär in der Kooperation von *„Unternehmen in den produktionsübergreifenden Bereichen, d. h. dem Management der gesamten Wertschöpfungskette unter Einbeziehung aller Kooperationspartner"* (s. o.). Bezüglich der Integration externer Partner kommt daher insbesondere informatorischen Prozessen große Bedeutung zu.

1.1.2 Virtuelle Organisationen

Das Ziel einer virtuellen Organisation besteht darin, die Vorteile des Supply Chain Managements für den kurzfristigen Zeithorizont zu nutzen, um die individuelle Befriedigung von Kundenwünschen zu erreichen. Die virtuelle Organisation kann wie folgt definiert werden: *„Eine virtuelle Organisation ist eine kurzfristige Kooperationsform rechtlich unabhängiger Ko-Hersteller im Logistiknetzwerk zur Entwicklung und Herstellung eines Produkts, dies sowohl in der Beschaffung und Produktion als auch in der Produkt- und Prozessinnovation. Die Ko-Hersteller erbringen die Leistung auf Basis einer gemeinsamen Wertvorstellung und wirken gegenüber Dritten wie ein einziges Unternehmen"* (Schönsleben 1998, S. 54).

Sowohl virtuelle Organisationen als auch Unternehmen, die im Sinn von SCM kooperativ Leistungen erbringen, zielen auf die Erfüllung individueller Wünsche des Kunden ab. Im Rahmen der Mass Customization ist die Erfüllung des kundenspezifischen Wunsches eine feste Bedingung. Beide Organisationsformen – Supply Chain Management und virtuelle Organisationen – sind daher prinzipiell geeignet, die Basis für eine Leistungserstellung gemäß der Mass Customization zu bilden. Inhalt und Begrifflichkeit der Mass Customization werden im Folgenden detaillierter dargestellt.

1.2 Mass Customization

Der Terminus „Mass Customization" setzt sich aus Elementen Mass Production, zu dt. Massenfertigung, sowie Customization zusammen und stellt ein Oxymoron dar (Piller 2000, S.201). Das Prinzip der Mass Customization besteht darin, Güter zu produzieren *„with enough variety and customization that nearly everyone finds what they want"* (Pine 1993, S. 44) und darüber hinaus *„zu Kosten, die ungefähr denen einer massenhaften Fertigung eines zugrundeliegenden Standardprodukts entsprechen"* (Piller 2000, S. 206). Dazu müssen Effekte genutzt werden, die typisch für eine Serien- oder Massenfertigung sind. Im Gegensatz zur Alternativhypothese Porters stellt Mass Customization eine hybride Wettbewerbsstrategie aus den Elementen Kostenführerschaft und Differenzierung dar. Basis der von Piller und Pine geprägten Strategie ist der Informationskreis der Mass Customization, der sich von der Erhebung der Kundenwünsche bis zur Entsorgung des Produkts über den vollständigen Produktlebenszyklus ausdehnt, vgl. Abbildung 2.

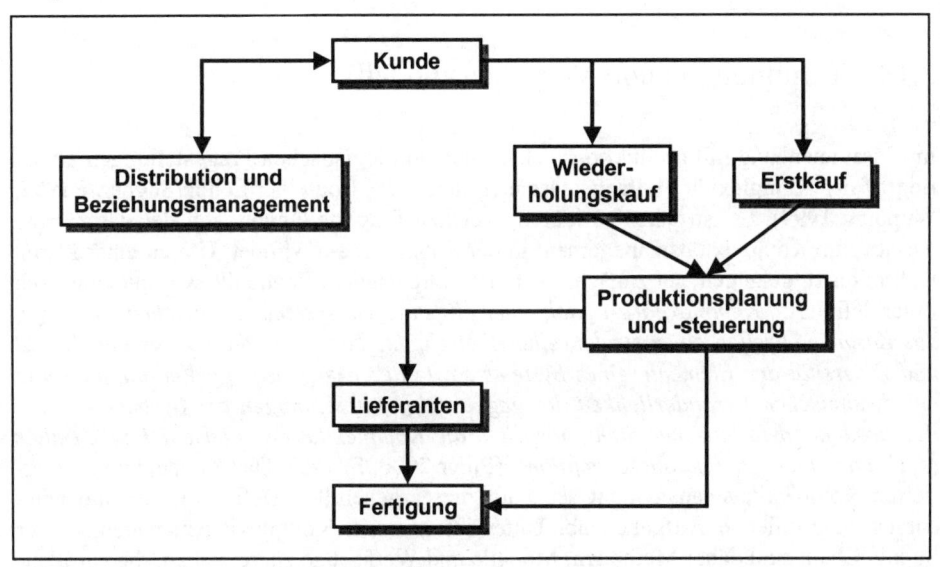

Abbildung 2: Informationskreis der Mass Customization (in Anlehnung an: Piller 2000, S. 387)

Die Erhebung der Bedürfnisse des Kunden, die Erstellung der entsprechenden Konfiguration und die anschließende Visualisierung bilden die erste Phase, die entweder durch einen Erstkauf oder einen Wiederholungskauf initiiert wird. Ergebnis dieses Prozesses ist die Spezifikation des kundenindividuellen Produkts und die Auftragskonditionen, u. a. Liefertermine und Fertigungsmengen. In der Produktionsplanung und

-steuerung werden Lieferanten in den Auftragsabwicklungsprozess integriert sowie Beschaffungs- und Fertigungsprozesse bei Zulieferern initialisiert. Nach Fertigstellung des Erzeugnisses in der Fertigungsphase kann dieses an den Kunden ausgeliefert werden.

Um den dargestellten Informationskreis in der Praxis umzusetzen, ist es notwendig, die Phasen Erhebung der Kundenwünsche, Produktionsplanung, Lieferanten und Fertigung hinsichtlich der durch den hohen Individualisierungsgrad bedingten Komplexität zu beherrschen. Die Konsequenzen der Komplexität implizieren Veränderungen in der gesamten Supply Chain, die im Rahmen eines integrierten Komplexitätsmanagements identifiziert und beherrscht werden müssen.

2. Integriertes Komplexitätsmanagement der Supply Chain

2.1 Terminologie und Vorgehensmodell

Im Zusammenhang mit produktionstechnischen und logistischen Fragestellungen ist der Begriff der Komplexität vielfach präsent (Piller 1998, Boutellier/Schuh/Seghezzi 1997, Wüpping 1999). Es ist daher zu klären, welchen Fragestellungen sich der dargestellte Ansatz zum Komplexitätsmanagement in der Supply Chain widmet. Um zu einer klaren Definition zu gelangen, sei zunächst auf einer allgemeinen Ebene die Komplexität nach Piller definiert: *„Komplexität ist nach einer allgemeinen, systemtheoretischen Definition das Zusammentreffen einer strukturellen Vielschichtigkeit, resultierend aus der Anzahl und Diversität der Elemente eines Systems sowie deren gegenseitige Verknüpfung und der dynamischen Veränderlichkeit der gegenseitigen Beziehungen der Systemelemente. Aus produktionstechnischer Sicht entspricht die Komplexität der Vielschichtigkeit aller Merkmale einer Produktionskonzeption"* (Piller 2000, S. 179). Das Konzept zum integrierten Komplexitätsmanagement setzt auf dieser generellen Definition auf und leitet daraus zu erfüllende Aufgaben ab. Unter integriertem Komplexitätsmanagement der Supply Chain sind daher Methoden, Modelle und Werkzeuge zu verstehen, die zur Identifizierung, Beherrschung, Reduzierung und künftigen Vermeidung von Aktivitäten beitragen, die im Rahmen einer inner- und überbetrieblichen Leistungserstellung keinen Anteil an der Wertschöpfung haben. Um die Merkmale einer Produktionskonzeption, die Komplexität verursachen, identifizieren zu können, ist daher ein adäquates, allgemeingültiges Vorgehensmodell notwendig, vgl. Abbildung 3.

Integriertes Komplexitätsmanagement der Supply Chain 119

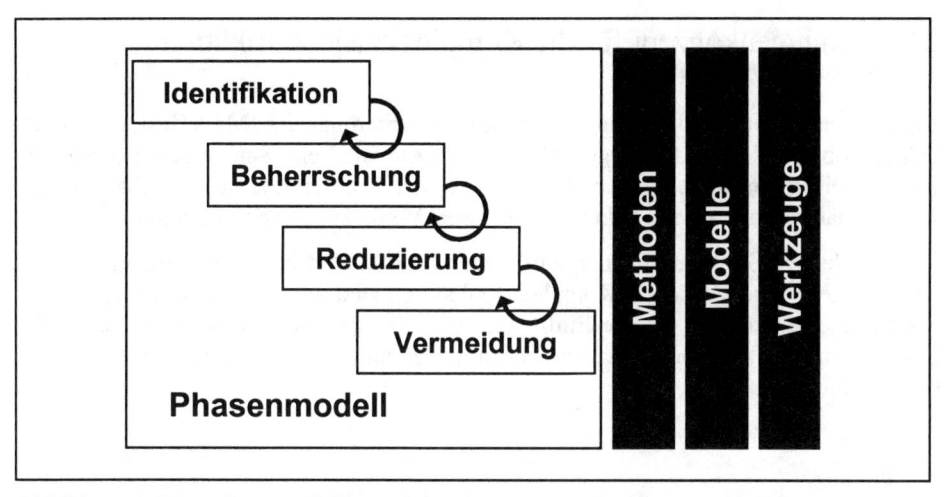

Abbildung 3: Vorgehensmodell zum integrierten Komplexitätsmanagement

Das Vorgehensmodell besteht aus dem Phasenmodell und dem zugrunde liegenden Konzept. Ziel ist es, die einzelnen Phasen sowie das angewandte Konzept miteinander zu vernetzen. Dazu gilt es die verwendeten Methoden, Modelle und Werkzeuge phasenübergreifend zu gestalten.

- Die erste Phase bildet die Identifikation, d. h. komplexitätsverursachende Faktoren werden durch einen methodischen Ansatz ermittelt sowie qualitativ und quantitativ bewertet.

- Die Modellierung der Komplexität und deren Beherrschung sind Inhalt der zweiten Phase. Ergebnis dieser Phase ist ein Modell, mit dem der Einfluss externer und interner Faktoren auf die Komplexität untersucht werden kann.

- Die dritte Phase bildet die Reduzierung. Die Auswirkungen der Variation von Einflussfaktoren hinsichtlich der Komplexität werden quantifiziert und bewertet. Auf dieser Basis werden Aktivitäten definiert, mit denen die bestehende Komplexität verringert wird.

- Die künftige Vermeidung steht im Vordergrund der vierten Phase. Dazu werden langfristige, präventive Maßnahmen spezifiziert, die Komplexitätsursachen beseitigen und -wirkungen sichtbar werden lassen.

Integriertes Komplexitätsmanagement besteht daher in der Anwendung des zugrunde liegenden Konzepts in einer oder mehreren der vier Phasen, aber in der Art und Weise, dass die phasenbezogenen Aktivitäten aufeinander abgestimmt sind. Daraus folgt, dass die Phasen parallel oder sequentiell durchlaufen werden können.

2.2 Rahmenkonzept für die Komplexitätsidentifikation

Die Bewertung der Supply Chain hinsichtlich des Kriteriums der „Mass Customization"-Fähigkeit bettet sich in das dargestellte Vorgehensmodell ein. Schwerpunkt dieser Bewertung bildet im Wesentlichen die in der ersten Phase relevante Identifikation der komplexitätsverursachenden Faktoren und deren Auswirkungen auf die Supply Chain.

Um eine feinere Struktur der durchzuführenden Aktivitäten in der Identifikationsphase zu erreichen, wird zwischen Komplexitätsfaktoren und -dimensionen unterschieden. Erstere sind interne und externe Einflussgrößen, die ihrerseits auf die Komplexität des Systems wirken. Die Komplexitätsdimension bildet ein Cluster einzelner Faktoren, diese sind im Einzelnen:

- Prozess
- Produkt
- Supply Chain.

Unter Prozess wird auf dieser Ebene nicht unterschieden zwischen Prozessen, die produktbezogen sind, wie beispielsweise Fertigungs- und Logistikprozesse, und Prozessen, die informativen Charakter besitzen. Dies können im Wesentlichen Entscheidungs- und Koordinationsprozesse sein. Neben den Prozessen stellt das Ergebnis der Leistungserstellung, d. h. das Produkt, eine Komplexitätsdimension dar. Dabei beschränkt sich die Leistungserstellung nicht auf materielle Güter, sondern kann sich ebenso auf immaterielle Güter beziehen wie beispielsweise eine industrielle Dienstleistung. Die dritte und übergreifende Dimension bildet letztendlich die Produkte und Prozesse integrierende Supply Chain. Zu klären ist, welche Komplexitätsfaktoren jeweils auf die Dimension Produkt, Prozess und Supply Chain Einfluss nehmen.

Produkte zeichnen sich insbesondere durch Produktstrukturen sowie den Grad des zur Herstellung notwendigen Produktions- und zur Entwicklung relevanten Produkt-Know Hows aus. Diese drei Einflussfaktoren werden daher als Komplexitätsfaktoren bezüglich der Kategorie Produkt identifiziert. Analog dazu können Prozesse bzw. Prozesselemente synthetisiert werden bzgl. der Lenkungs-, Prozess-, Struktur- und Ressourcenebenen (Meinberg 1995, S. 394). Im Rahmen des hier skizzierten Konzepts werden die Elemente Struktur und Ressourcen aus der Betrachtung ausgeklammert, da dies auf die ausgeprägte Individualität dieser Aspekte in der Praxis zurückzuführen ist. Für die Supply Chain sind die Merkmale Organisation, Integration, Struktur und Informationstechnik relevant. Unter Organisation sind insbesondere Merkmale der Zusammenarbeit verschiedener Unternehmen wie beispielsweise föderative oder hierarchische Gestaltungsansätze zu verstehen. Wie die Strukturen und Ressourcen von Prozessen wird die Komplexität der Informationstechnik aufgrund unterschiedlicher IT-Infrastrukturen und vorwiegend individueller Fragestellungen nicht weiter diskutiert. Abbildung 4 stellt Komplexitätsdimensionen und -faktoren in übersichtlicher Form dar. Obwohl die Darstellungsweise eine strikte Trennung einzelner Elemente suggeriert, bestehen dennoch i. d. R. komplexe, nicht separierbare Interdependenzen. Als Beispiel diene hier der Zusammenhang zwischen der Fertigungstechnologie, die dem Prozesselement zugeordnet werden muss und gleichzeitig Einfluss auf das relevante Produkt-Know How nimmt.

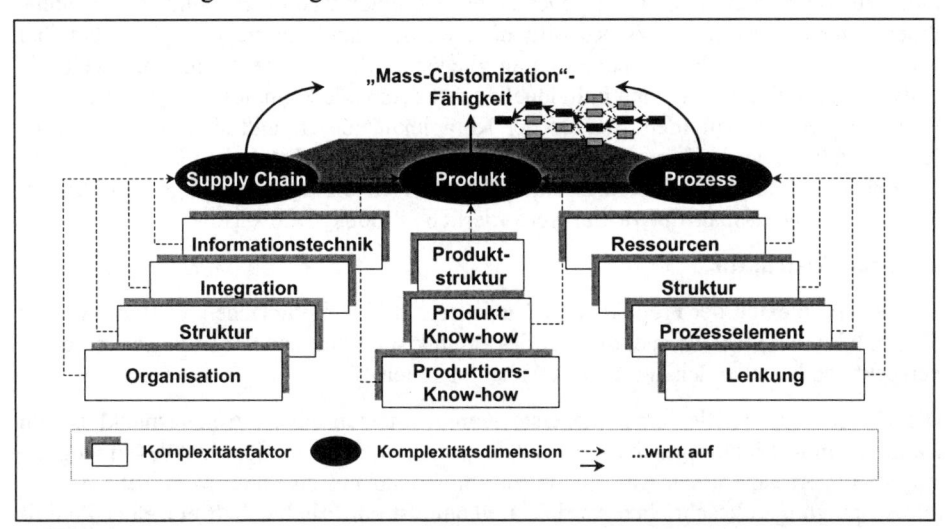

Abbildung 4: Komplexitätsdimensionen und entsprechende Komplexitätsfaktoren

In den folgenden Abschnitten wird auf die einzelnen Elemente näher eingegangen. Dazu werden Kriterien erläutert, die zur Identifikation und Quantifizierung der Komplexitätsfaktoren dienen. Im Sinn der praktischen Anwendung ist dies als Bottom-Up-Ansatz zu verstehen, in dessen Rahmen ausgehend von den untersten Ebenen, d. h. den einzelnen Komplexitätsfaktoren, eine Analyse logistischer Ketten durchgeführt werden kann. Ergebnis ist eine Aussage hinsichtlich der Fähigkeit, kundenindividuelle Leistungen im Sinn der Mass Customization erbringen zu können.

2.2.1 Komplexität von Produkten

Brockhoff versteht unter einem Produkt eine *„Menge von Eigenschaften, die von einem Anbieter im Hinblick auf die Bedürfnisbefriedigung beim Verwender gebündelt wird."* (Brockhoff 1993, S. 5). In diesem Sinn findet seitens des Anbietenden eine Strukturierung der Merkmale des von ihm produzierten Gutes statt. Die Komplexitätsfalle (vgl. Rommel 1993, S. 36) und daraus resultierende Strategien produzierender Unternehmen haben zur genau umgekehrten Situation geführt, d. h. der Kunde spezifiziert Eigenschaften und Anforderungen an das gewünschte Erzeugnis. Die Anpassung an diese Art des Wertschöpfungsprozesses ist dem Konzept der Mass Customization konträr. Ziel ist es, das Produktspektrum so zu gestalten, dass ein Erzeugnis für den Kunden individuell ist, für den Produzenten jedoch ein Standardprodukt darstellt.

In der Identifikationsphase des Vorgehensmodells sind komplexitätsverursachende Faktoren zu identifizieren, d. h. entscheidende „Komplexitätstreiber" sind zu ermitteln. Piller unterscheidet in seiner Klassifikation externe und interne Komplexitätstreiber (Piller 2000, S. 179). Im Anschluss daran gliedert er die Gruppe der internen weiter in strukturelle, IuK-bezogene und individuelle bzw. personale Komplexitätstreiber auf. Der Bottom-Up-Ansatz zur Identifikation der Komplexität beschränkt sich auf strukturelle Komplexitätstreiber in dem o. g. Sinn, die im Folgenden zu diskutieren sind. Komplexitätstreiber sind daher die Produktstruktur, das zur Herstellung notwendige Produktions-Know-How und das zur Entwicklung erforderliche Produkt-Know-How.

a) Produktstruktur

Für die Komplexität der Produktstruktur existieren drei Hauptursachen: die kunden- und die produktionsseitige Perspektive auf das Produktspektrum sowie die zwischen beiden Perspektiven bestehenden komplexen Abhängigkeiten.

Die Kundenschnittstelle bildet die erste Komplexitätsursache. Ausgangspunkt ist ein Kunde im Industriegütergeschäft, der i. d. R. primär an der Funktionalität des Erzeugnisses interessiert ist. Dessen Anforderungen können anhand einzelner Merkmale und deren Ausprägungen beschrieben werden. Ergebnis ist ein Pflichtenheft einzelner Funktionselemente. Die aus den möglichen Merkmalen und Ausprägungen resultierende Komplexität lässt sich mit Hilfe der maximalen funktionalen Produktstruktur abbilden. Diese entsteht aus der theoretisch möglichen Anzahl an Kombinationen der einzelnen Funktionselemente zum fertigen Erzeugnis unter Berücksichtigung entsprechender Kombinationsverbote oder –zwänge. Die Größe der maximalen funktionalen Produktstruktur wird daher aus den Merkmalen $M_1, M_2,..., M_n$ und der Anzahl der jeweiligen Ausprägungen $A_1, A_2,..., A_n$ ermittelt. Diese ergeben sich beispielsweise aus Werkstoffalternativen oder Baulängenvariationen. Eine einmalige, kundenspezifische Erweiterung von Merkmalen und Ausprägungen wirkt sich direkt in der maximalen funktionalen Produktstruktur aus.

Auf der Produktionsseite entsteht Komplexität durch eine im Gegensatz zu einer im o. g. Sinn funktionalen Produktstruktur durch eine produktionsbezogene Sichtweise. Produktionsseitig ist die Produktstruktur in Bezug auf Fertigungs- und Montageprozesse sowie notwendige Materialien in Form von Montageplänen und Stücklisten abgelegt. Komplexitätsverursachende Faktoren bestehen hier in der Anzahl der Strukturstufen und der Anzahl der Elemente pro Stufe.

Den dritten Einflussfaktor bezüglich der Komplexität der Produktstruktur bildet die fehlende integrierte Betrachtung beider Perspektiven. Die Auswirkung von Variationen der kundenseitigen Produktstruktur, z. B. das Hinzufügen eines neuen Merkmals, auf die Perspektive der Produktion bleibt unberücksichtigt. Das Gleiche gilt für Variationen der produktionsseitigen Perspektive.

b) Produktions-Know-How und Produkt-Know-How

Eine Differenzierung dieser beiden Komplexitätsfaktoren ist aufgrund der engen Verflechtung zwischen der Entwicklungsphase eines Produkts und der eigentlichen Leistungserstellung schwer möglich. Aus diesem Grund wird hierarchisch über die Elemente Produktions-Know-how und Produkt-Know-how die Kompetenz gestellt. Unter Kompetenz wird in diesem Zusammenhang einerseits das Wissen, notwendige Aktivitäten zur Leistungserstellung durchführen zu können und andererseits die Verfügbarkeit entsprechender Ressourcen verstanden. Kompetenzen in dem o. g. Sinn können wie folgt klassifiziert werden:

- Entwicklungskompetenz
- Produktionskompetenz

Charakteristisch für die Produktionskompetenz ist ihre Fähigkeit besonders effizient zu produzieren und über die notwendigen Ressourcen zu verfügen. Deshalb verfügt sie ebenfalls über relevante Informationen in Bezug auf die Entwicklungsphase. Der Schwerpunkt der Entwicklungskompetenz liegt im Bereich der Produktentwicklung, wobei allerdings ebenfalls Wissen über die Fähigkeiten der Produktion verfügbar sein muss. Die Bezeichnungen „Produktions- und Entwicklungskompetenz" sind also nicht gleichbedeutend mit den Begriffen Produkt- und Produktions-Know-How. Der Unterschied besteht darin, dass sich das verfügbare Wissen von Produktions- und Entwicklungskompetenz überlappt.

Für das Ausmaß der Komplexität eines Produkts sind in diesem Zusammenhang fünf Aspekte ausschlaggebend: die notwendige Entwicklungs- und Produktionskompetenz, die Integration dieser Kompetenzen, die Schnittstellen zwischen den Kompetenzen sowie die zeitliche Divergenz der Aktivitäten einzelner Kompetenzen. Die Integration der Kompetenzen beschreibt, inwieweit Produktions- und Entwicklungskompetenzen miteinander vernetzt und synchronisiert sind und sie auf die Wissensbasis der anderen Kompetenz zugreifen können. Die Schnittstststellenproblematik bezieht sich auf die Form der ausgetauschten Informationen und Daten. Die zeitliche Divergenz bildet insbesondere bei komplexen Produkten, bei denen Entwicklungs- und Produktionsphase deutlich auseinanderfallen, einen relevanten Komplexitätstreiber.

2.2.2 Komplexität von Prozessen

Komplexitätsfaktoren hinsichtlich der Kategorie Prozess bilden der Wertschöpfungsprozess an sich, die Strukturen, die Ressourcen und die Lenkungsebene. Masing definiert den Begriff Prozess wie folgt: *„Ein Prozess ist jede Art von einzelner oder zusammengesetzter Tätigkeit, die dazu führt, ein materielles oder immaterielles Produkt zu erzeugen, das den Anforderungen des Kunden oder Abnehmers entspricht. Ein Prozess hat einen messbaren In- und Output, fügt Wert hinzu und ist wiederholbar"* (Masing 1994).

Prozesse ihrerseits stehen in definierten Kunden-Lieferanten-Prozessen zueinander. Die Dekomposition der gesamten Supply Chain führt zu einzelnen Prozessen nebst deren Struktur-, Ressourcen- und Lenkungsebenen. Zu klären ist, welche Faktoren Komplexität bezüglich der Prozesse verursachen. Primäres Unterscheidungskriterium der Prozesse bilden die Integrationsstufen in die Supply Chain. Mertens identifiziert fünf verschiedene Integrationsstufen von Prozessen, vgl. Abbildung 5 (Mertens 2000, S. 143). Neben den materialflussbezogenen Prozessen können den Integrationsstufen auch begleitende Informations- und Kommunikationsprozesse zugeordnet werden. Die Integrationsstufen beziehen sich auf Lenkungs-, Struktur-, Ressourcen- und Prozesselementebene.

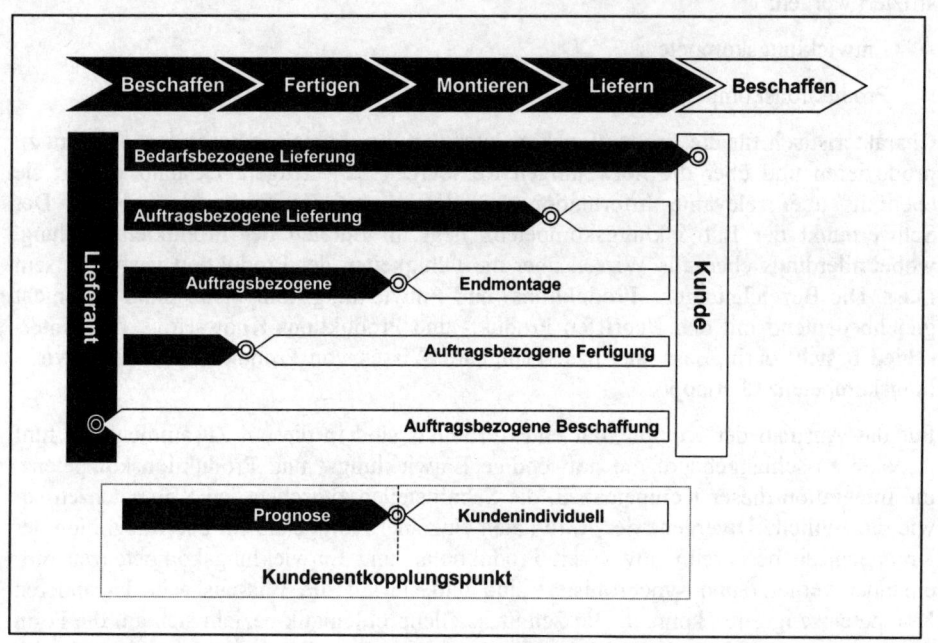

Abbildung 5: Integrationsstufen von Prozessen (Mertens 2000, S. 143)

- Bei der bedarfsbezogenen Lieferung verfügt der Lieferant eines Prozesses über Informationen sowohl über die aktuelle als auch über die künftige Planung von Bedarfen seitens des Kunden. Die Auslösung einer bedarfsbezogenen Lieferung erfolgt ohne konkreten Kundenauftrag. Die zu liefernden Produkte sind weitgehend kundenanonym, die Individualisierung im Sinn der Mass Customization wird frühestens beim Kunden vorgenommen.
- Bei der auftragsbezogenen Lieferung wird dieser Prozess im Gegensatz zur bedarfsbezogenen Lieferung aufgrund eines konkreten Kundenauftrags initiiert. Eine Individualisierung findet insofern statt, als dass ohne Kundenauftrag kein entsprechender Bedarf gemeldet und ausgelöst wird. Der Kundenentkopplungspunkt, der

kundenindividuelle von prognosebasierten Informationen trennt, verlagert sich daher in Richtung des Lieferanten.

- In der auftragsbezogenen Endmontage verursacht der Kundenauftrag spezifische Montageprozesse beim Lieferanten. Dafür notwendige, kundenanonyme Teile und Baugruppen werden im Sinn der Mass Customization beim Lieferanten in einem Enderzeugnis individualisiert. Der Individualisierungsgrad wird primär durch eine weitreichende Modularisierung kundenanonymer Elemente und einer Konfigurationsfähigkeit dieser Komponenten miteinander erreicht. Baukastenstrukturen und modulare Endproduktstrukturen sind dazu Voraussetzung. Der Kundenentkopplungspunkt befindet sich vor bzw. in der Endmontage des Lieferanten.

- Analog zur auftragsbezogenen Endmontage werden in der auftragsbezogenen Fertigung kundenspezifische Fertigungsaufträge aufgrund konkreter Kundenaufträge ausgelöst. Kapazitäten und Materialien beim Lieferanten werden „individualisiert", d. h. Arbeitsgang und notwendiges Material werden an einen spezifischen Kundenauftrag gekoppelt. Der Kundenentkopplungspunkt verlagert sich aus dem Montagebereich in Fertigungs- bzw. Vorfertigungsbereiche, abhängig von der Komplexität des zu liefernden Endprodukts.

- Beschaffungsaufträge des Lieferanten beim vorgelagerten Lieferanten werden erst aufgrund eines konkreten Kundenauftrags seitens des Kunden in der auftragsbezogenen Beschaffung initiiert. Der Kundenentkopplungspunkt verlagert sich vollständig in den Einflussbereich des Lieferanten, Beschaffungen werden im Sinn der Mass Customization „individualisiert".

Über den Kundenentkopplungspunkt hinaus bildet die Anzahl der zu koordinierenden Prozesse, die Anzahl der insgesamt zu koordinierenden Prozesse und die internen logischen und zeitlichen Abhängigkeiten einzelner Prozesse zur Herstellung eines individuellen Produkts relevante Komplexitätstreiber hinsichtlich der Dimension Prozess.

2.2.3 Komplexität der Supply Chain

Reduzierte Fertigungstiefen und weitere Einflussfaktoren fordern neben den unternehmensinternen eine interorganisationale Betrachtung. Hinsichtlich der Kommunikations- bzw. Informationsstruktur von Unternehmen wird zwischen vier Grundtypen unterschieden (vgl. Abbildung 6).

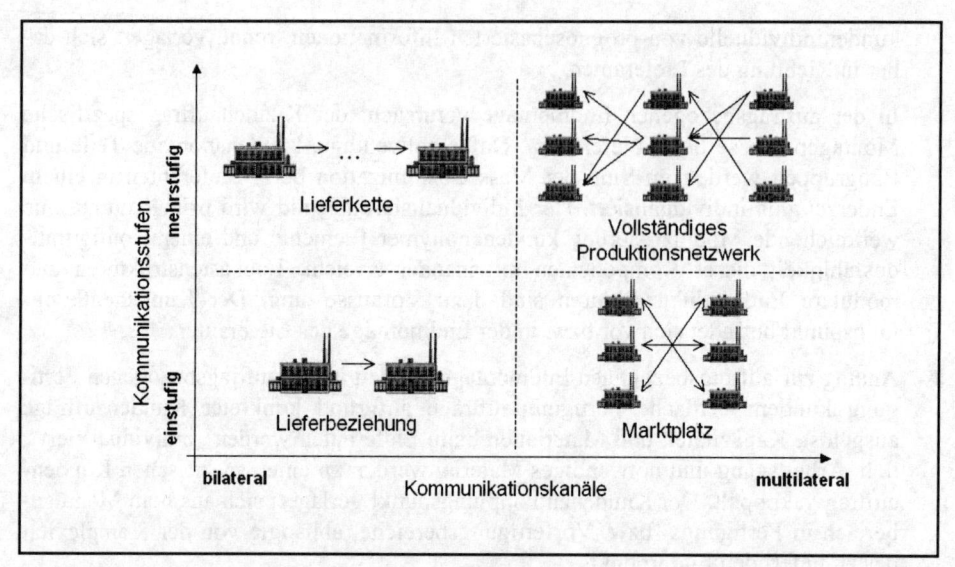

Abbildung 6: Grundtypen von Netzwerkbeziehungen

Kriterien zur Klassifizierung bilden einerseits der Kommunikationskanal, d. h. bilaterale oder multilaterale Kommunikationskanäle, und andererseits die Anzahl der involvierten (Produktions-)Stufen. Dadurch ergeben sich vier verschiedene Grundtypen: einfache Lieferbeziehung, Lieferkette, Marktplatz und vollständiges (Produktions-)Netzwerk. In einer Lieferbeziehung werden im Rahmen einer 1:1-Kunden-Lieferanten-Beziehung kooperativ Leistungen erzeugt, in einer Lieferkette sind (n-1) Lieferbeziehungen in Reihe miteinander verschaltet. Der Marktplatz ist ein multilaterales Netzwerk, das sich über eine Stufe erstreckt.

Das Rahmenkonzept zum Komplexitätsmanagement identifiziert als wesentliche Einflussfaktoren auf die Supply Chain die Integration, die Organisation, die Struktur und die zugrunde liegende Informationstechnik. Im Rahmen einer allgemeinen, übertragbaren Vorgehensweise müssen weitgehend individuelle Komplexitätstreiber abstrahiert werden. In diesem Zusammenhang können daher ausschließlich Integrations- und Organisationsaspekte sowie strukturelle Aspekte diskutiert werden. Anhand exemplarischer 1:1-Kunden-Lieferanten-Verhältnisse werden deren Einflüsse auf die Komplexität dargestellt.

- Die Integration zweier Partner in einem Kunden-Lieferanten-Verhältnis bestimmt, inwiefern Prozesse bzw. Prozesselemente (vgl. Abschnitt 2.2.2) unternehmensübergreifend verzahnt sind. Dazu ist zwischen einer horizontalen und einer vertikalen Komponente zu unterscheiden. Horizontale Prozessintegration ist ein Maß dafür, inwiefern einzelne Prozesse von der Angebots- zur Distributionsphase eines kundenindividuellen Produkts gekoppelt bzw. synchronisiert sind. Die horizontale

Komponente bildet im Wesentlichen die Prozessbetrachtung aus Abschnitt 2.2.2 auf einer unternehmensübergreifenden Ebene ab. Vertikale Prozessintegration beschreibt den Detaillierungsgrad der Information, den ein Partner dem Anderen zur Verfügung stellt. Die Möglichkeit dem Kunden beispielsweise Kapazitäten oder dem Lieferanten Kundenbedarfe in entsprechend detaillierter Form transparent zu machen, entspricht einem hohen vertikalen Integrationsgrad.

- Die Organisation der KL-Beziehung stellt einen weiteren Komplexitätstreiber der Supply Chain dar. Unter Organisation ist in diesem Zusammenhang insbesondere die Ausgestaltung des Machtverhältnisses zu verstehen. Prinzipiell lassen sich zwei Extrema unterscheiden, wobei Mischformen möglich sind. Im Sinn einer Gleichverteilung der Macht beider Partner stellt der föderative Ansatz das erste Extremum dar. Kennzeichen sind weitgehende Autonomie und Eigenständigkeit der Partner. Den Gegenpart zur Föderation bildet der hierarchische Ansatz, d. h. das Kunden-Lieferanten-Verhältnis wird von einem Partner maßgeblich dominiert. Derartige Strukturen sind insbesondere in Zulieferstrukturen der Automobilindustrie präsent, wobei eine „Pyramidisierung" der Netzwerkpartner um den Endproduzenten vorzufinden ist (Lay/Wallmeier 1999).

- Den dritten und übergeordneten Komplexitätstreiber bildet die Struktur der Supply Chain. Verschiedene Grundtypen von Netzwerken bzw. Strukturen sind identifiziert worden: die Lieferbeziehung, die Lieferkette, der Marktplatz und das vollständige Produktionsnetzwerk. Die Konfiguration einzelner Kunden-Lieferanten-Verhältnisse miteinander ergibt eine der vier Netzwerk-Grundtypen. Determinanten der Komplexität in der gesamten Kette sind die Anzahl der involvierten Partner, die Anzahl der Kommunikationsstufen sowie die Anzahl der Kommunikationskanäle in den jeweiligen Kommunikationsstufen.

Der methodische Ansatz hat die Komplexitätsdimensionen Produkt, Prozess und Supply Chain identifiziert. Den einzelnen Dimensionen sind Komplexitätsfaktoren untergeordnet, die ihrerseits einen Einfluss auf die Komplexität des Gesamtsystems ausüben. Für die Komplexität des Produkts ist eine feinere Detaillierung in die Einflussfaktoren Produktstruktur und die notwendige Entwicklungs- und Produktionskompetenz abgeleitet worden. Der Kundenentkopplungspunkt stellt den wesentlichen Komplexitätstreiber in Bezug auf die Prozesse dar. Darüber hinaus wirken die Anzahl der zu koordinierenden Prozesse sowie deren chronologische und logische Abfolge auf die Prozesskomplexität. Übergreifend zu Produkt und Prozess wird die Komplexität der gesamten Supply Chain maßgeblich durch den organisatorischen Rahmen, integrative Aspekte und die Struktur bestimmt.

Die Identifikationsphase im Rahmen des Vorgehensmodells zum integrierten Komplexitätsmanagement ist damit abgeschlossen. Zu klären ist im Anschluss, welche Handlungsfelder und Maßnahmen sich für die Phase der Komplexitätsbeherrschung anbieten und welcher Nutzen sich aus diesen Optionen ergibt.

3. Handlungsfelder und Nutzenpotenziale der Komplexitätsbeherrschung

Im Anschluss an die Identifikationsphase müssen zur Komplexitätsbeherrschung geeignete Maßnahmen ausgewählt und umgesetzt werden, von denen einige Beispiele im Folgenden vorgestellt werden. Diese können als Handlungsleitfäden zur Beherrschung der identifizierten Komplexität dienen. Darüber hinaus wird aufgezeigt, welcher Nutzen aus diesen Aktivitäten für die gesamte Supply Chain erwächst.

a) Erzeugnisgruppierung

Aus logistischer Sicht des Unternehmens empfiehlt sich primär eine Klassifizierung des gesamten Produktspektrums hinsichtlich der Kriterien Wiederholeffekte und Lieferzeit. Danach lassen sich generell drei Gruppen von Erzeugnissen unterscheiden: Standardprodukte, Exoten bzw. erweiterter Standard und Sondergeräte. Standardprodukte zeichnen sich durch eine hohe Wiederholhäufigkeit und eine kurze, fixierte Lieferzeit aus. Exoten bzw. erweiterte Standardprodukte sind Erzeugnisse, die in einer mittleren, aber fixierten Lieferzeit beim Kunden eintreffen müssen. Die Wiederholeffekte dieser Erzeugnisse sind mittel bis gering. Ein vollkommen kundenspezifisches Produkt stellt das Sondergerät dar. Dies verursacht den höchsten Grad der Komplexität bedingt durch geringe Wiederholeffekte, lange und nicht fixierte Lieferzeiten. Durch die Zuordnung jedes einzelnen Erzeugnisses zu einer der drei Kategorien können Schlussfolgerungen bzgl. Kundenentkopplungspunkten, Bevorratungs- und Dispositionsebenen abgeleitet werden.

b) Produktstrukturierung

Der Kunde wird sich anhand einer Checkliste verschiedener Merkmale für jeweils eine funktionale, individuelle Ausprägung entscheiden. Dies können beispielsweise Baulängen, Schnittstellen oder spezifische Werkstoffeigenschaften sein. Wie bereits dargestellt orientiert sich im Gegensatz dazu die Perspektive des Produktionsbereichs an Stücklisten und Montageplänen. Das Problem besteht also darin, die im Rahmen der Konfiguration durch den Kunden ausgewählten Merkmale direkt in die produktionsbezogene Perspektive zu überführen. Dieses Verfahren muss daher in der Lage sein, die funktional orientierten Kundenwünsche auf bestehende Arbeitspläne, Stücklisten etc. zu übertragen bzw. automatisch neue Unterlagen zu generieren.

Der Nutzen besteht im Wesentlichen in einer verbesserten IT-Unterstützung der Konfiguration. Die systematische Aufzeichnung der Anforderungen lässt sich effizient durch Produktkonfiguratoren unterstützen. Weiterhin kann die Kundenorientierung aufgrund der durchgehenden Produktkonfiguration gesteigert werden, da Funktionalitäten wie Available-to-Promise möglich sind. Darüber hinaus können Aufträge, die sich automatisch aus den Kundenwünschen ableiten, effizient in ERP-Systeme übertragen werden.

Der Schlüssel zum integrierten Komplexitätsmanagement bzgl. der Produktstruktur besteht daher in der Integration von funktionsorientierten Produktkonfiguratoren in die IT-Systeme der Supply Chain.

c) Prozessmodularisierung

Die Verlagerung des Kundenentkopplungspunktes vom Kunden in Richtung vorgelagerter Prozesse steigert die Komplexität der Material-, Informations- und Kommunikationsprozesse. Das Ziel besteht darin, den Individualisierungszeitpunkt in Richtung des Kunden zu verschieben. Eine Prozessanalyse und Prozessreorganisation ist notwendig. Dazu ist dem folgenden Schema zu folgen:

a) Standardisierung der Prozesse

b) Modularisierung der Prozesse

c) Informationstechnische Unterstützung.

Dadurch lassen sich Prozesse flexibel miteinander kombinieren und gewährleisten die (kundenspezifische) Prozesskonfiguration im Rahmen der inner- und überbetrieblichen Leistungserstellung.

Sowohl die Verlagerung des Kundenentkopplungspunktes als auch die Standardisierung, Modularisierung und IT-Unterstützung der beteiligten Material-, Informations- und Kommunikationsprozesse reduzieren die Planungs- und Steuerungskomplexität des Systems. Neben der Komplexitätsbeherrschung und -reduzierung der Prozesse entstehen Zeitvorteile, z. B. durch Vorfertigung kundenanonymer Baugruppen, die in der Montage kurzfristig „individualisiert" werden können.

d) Organisation

Der organisatorische Rahmen, in dem zwei Unternehmen kooperativ eine Leistung erbringen ist i. d. R. mit der Zeit gewachsen. In der Phase der Komplexitätsbeherrschung ist die Art der Zusammenarbeit und insbesondere das Machtverhältnis zwischen den Partnern generell auf etwaige Vor- und Nachteile zu prüfen.

Der Vorteil für den dominierenden Partner in der Hierarchie besteht darin, dass er die Weisungs- und Kontrollinstanz darstellt. Die anderen Partner befinden sich in einem klaren Abhängigkeitsverhältnis. In einem rein föderativen, gleichberechtigten Partnerverhältnis können hingegen aus der dezentralen Planungs- und Steuerungsautonomie Vorteile erwachsen. Alternativ sind auch Kombinationen hierarchischer und föderativer Elemente möglich. Denkbar ist beispielsweise eine hierarchische Struktur ausgehend vom 1st-tier-Supplier zum 3rd-tier Supplier, die Beziehung des 1st-tier Suppliers zum OEM zeichnet sich hingegen durch ein gleichberechtigtes Machtverhältnis aus.

4. Zusammenfassung: Mass Customization, Supply Chain und Komplexität

In der Supply Chain werden KL-Beziehungen parallel und sequentiell miteinander „verschaltet" bzw. zu einer kundenindividuellen Wertschöpfung konfiguriert. Diese Verschaltung kann sowohl einen weitgehend statischen Charakter – beispielsweise bei langfristigen Kooperationen im Sinne von SCM – oder eine hohe dynamische Komponente wie beispielsweise bei virtuellen Organisationen haben. Im Hinblick auf den Leitgedanken der Mass Customization ist unabhängig vom Zeithorizont der Kooperation die Supply Chain auf ihre Mass Customization-Fähigkeit zu untersuchen.

Dazu ist ein methodischer Ansatz zur Identifikation einzelner Komplexitätsfaktoren entwickelt worden. Primär lassen diese sich den Kriterien Produkt, Prozess und Supply Chain zuordnen. Die Komplexität der Produkte lässt sich weiter detaillieren hinsichtlich der zugrunde liegenden Produktstruktur, der Entwicklungs- sowie der Produktionskompetenz. Die Komplexität von Prozessen resultiert aus der Lage des Kundenentkopplungspunktes, der Standardisierbarkeit bzw. Modularisierbarkeit und IT-Unterstützung. Die dritte Komplexitätsdimension wird durch die Supply Chain bestimmt. Organisation, Integration, Struktur und Informationstechnik sind diesbezüglich relevante Faktoren. Die Organisation bestimmt insbesondere, wie das der Kooperation zugrunde liegende Machtverhältnis gestaltet ist. Unter Integration ist die Transparenz von Daten in einer KL-Beziehung zu verstehen, die sich aus einer vertikalen und horizontalen Komponente zusammensetzt. Die Struktur der vollständigen Supply Chain lässt sich auf eine entsprechende Konfiguration von Elementen der vier Grundtypen Lieferbeziehung, Lieferkette, Marktplatz und vollständiges Produktionsnetzwerk zurückführen.

Aufgabe des integrierten Komplexitätsmanagements der Supply Chain ist es, Methoden, Modelle und Werkzeuge zur Identifizierung, Beherrschung, Reduzierung und künftigen Vermeidung der Komplexität bereitzustellen. In dem hier dargestellten Rahmenkonzept zur Komplexitätsidentifikation sind Kriterien benannt worden, anhand derer eine Bewertung der Komplexität möglich ist. Im Anschluss an die Identifikationsphase müssen sich die Beherrschung, Reduzierung und Vermeidung der Komplexität anschließen. Beispiele für mögliche Maßnahmen sind in diesem Beitrag dargestellt worden.

Das langfristige Ziel des integrierten Komplexitätsmanagements besteht darin, Mass Customization effizient zu unterstützen. Die Beherrschung der Komplexität stellt daher einen kontinuierlichen Prozess dar, der im Sinn eines „Komplexitätscontrollings" die Mass-Customization-Fähigkeit einer Supply Chain dauerhaft garantiert.

Johannes Walther

E-Procurement im Rahmen des Supply Chain Management

1. Ausgangssituation

2. Begriffsabgrenzung

3. Entwicklung des E-Procurement

4. E-Procurement-Systemlösungen
    4.1   E-Buy-Side- und E-Sell-Side-Solutions
    4.2   Elektronische Marktplätze

5. E-Procurement aus betriebswirtschaftlicher Sicht

6. Fazit

1. Ausgangssituation

Nach einer Phase des euphorischen Optimismus, der seit Anfang der neunziger Jahre die Kurse der am Neuen Markt notierten Unternehmen in schwindelerregende Höhe trieb, ohne dass die meisten von ihnen je einen Gewinn erzielt hätten, setzte ab Mitte 2000 ein irrationaler Pessimismus in Bezug auf die Anwendung Internet-basierter Technologien ein. Die gegenwärtige Stimmung in der deutschen Industrie entspricht einem nüchternen Pragmatismus. Dementsprechend setzen sich Unternehmen gegenwärtig rational-distanziert mit den Anwendungsgebieten sowie den Vor- und Nachteilen der Internet-Technologien auseinander.

Im Fokus der Ende 2001 vorgelegten Studie „Stand und Entwicklungsperspektiven des elektronischen Geschäftsverkehrs in Deutschland, Europa und den USA unter besonderer Berücksichtigung der Nutzung in KMU in 1999 und 2001", die vom Bundesministerium für Wirtschaft und Technologie in Auftrag gegeben wurde, stand u. a. der realisierte und geplante Einsatz von E-Procurement-Lösungen. Der Anteil der Unternehmen in Deutschland, die Vorprodukte, Produktionsmittel und Dienstleistungen elektronisch beschaffen, hat sich von 1999 (26 %) bis Ende 2001 (49 %) nahezu verdoppelt. Im Ländervergleich ist einzig in den USA eine ähnlich dynamische Entwicklung festzustellen. Etwa 43 % der deutschen Unternehmen geben an, mindestens 5 % der Wartungs-, Reparatur- und Verbrauchsmaterialien (Maintenance, Repair, Operations-[MRO]-Güter) online zu beschaffen. Vorreiter ist hier die USA mit 58 % der befragten Unternehmen. Grundsätzlich ist somit in den letzten Jahren eine drastische Zunahme elektronisch abgewickelter Beschaffungsprozesse zu konstatieren. Da E-Procurement sich gegenwärtig aber nur auf einen relativ geringen Anteil direkter und indirekter Materialarten bezieht, bestehen hier noch enorme Wachstumspotenziale. Diese Entwicklung wird von führenden Marktforschungsinstituten bestätigt. So prognostiziert AMR Research für das Jahr 2002 ein weltweites B2B-Umsatzvolumen in Höhe von einer Billion USD, das bis zum Jahr 2004 auf USD 5,7 Billionen ansteigt. Noch optimistischer sind die Prognosen der Gartner Group, die den weltweiten Umsatz im Online-Handel im Jahr 2004 mit USD 7,29 Billionen angibt.

Barrieren für die Online-Beschaffung bestehen in Deutschland vor allem in der Notwendigkeit persönlicher Kontakte mit den Lieferanten sowie in Bedenken hinsichtlich des Datenschutzes und der Datensicherheit. An dritter Stelle wird ein nicht ausreichender gesetzlicher Schutz bei Käufen angeführt. Länderspezifisch bestehen zum Teil erhebliche Unterschiede in Bezug auf die Barrieren für eine Online-Beschaffung. Positive Erfahrungen mit Online-Einkaufsprozessen manifestieren sich – nahezu länderübergreifend in gleicher Weise – in einer höheren Effizienz der Prozesse, einer gestiegenen Produktivität des Personals und einer Abnahme der Beschaffungskosten. Hinsichtlich der zukünftigen Einführung von Online-Beschaffungslösungen haben knapp 12 % der Unternehmen in Deutschland einen Online-Einkauf in den nächsten 1-2 Jahren konkret geplant. Damit wird Deutschland die bisherigen Spitzenreiter Finnland und USA übertreffen. Allerdings ist bei nahezu 40 % der Befragten die Einführung des E-Procurement unsicher bzw. nicht konkret geplant.

Um die Einsparpotenziale der Online-Beschaffung tatsächlich realisieren zu können und ein Scheitern diesbezüglicher Projekte zu verhindern, bedarf es im Vorfeld einer gründlichen Auseinandersetzung mit dem sich äußerst dynamisch entwickelnden Markt für E-Procurement-Systemanwendungen. Diese erweist sich insbesondere deshalb als unerlässlich, da aufgrund der enormen Einsparpotenziale elektronischer Beschaffungslösungen einerseits und der nachhaltigen Anstrengungen der Original Equipment Manufacturer (OEM's) zur Implementierung von E-Procurement-Systemlösungen andererseits über kurz oder lang nahezu sämtliche Unternehmen mit dem Erfordernis konfrontiert sein werden, Internet-basierte Beschaffungslösungen einzuführen.

2. Begriffsabgrenzung

Die elektronische Abwicklung von Transaktionsprozessen zwischen Kooperationspartnern im Rahmen der industriellen Beschaffung bildet ein wesentliches Gestaltungsprinzip von Supply Chain Management-(SCM-)Konzeptionen. Im Fokus von SCM-Gestaltungsprinzipien stehen

- die Konfiguration der Lieferkette sowie
- die Planung, Steuerung und Kontrolle der Güter-, Informations- und Geldströme
- innerhalb eines Netzwerkes von Unternehmen,
- die in Wertschöpfungsketten an der Entwicklung, Produktion und Verwertung von Sachgütern
- unter Einbindung moderner Informations- und Kommunikations- (IuK-) Technologien
- zielorientiert und vertrauensbasiert kooperieren (Walther 2001, S. 5).

Dementsprechend subsumiert SCM Methoden und Instrumente zur ganzheitlichen Gestaltung und Optimierung unternehmensbezogener und -übergreifender Lieferketten (Supply Chains) bzw. Liefernetzwerken (Supply Networks). Aus idealtypischer Sicht beinhalten integrierte Supply Networks sämtliche Wertschöpfungsstufen von der Rohstoffgewinnung bis zur Auslieferung eines Erzeugnisses an den Endkunden. Die Zielsetzung des SCM besteht in einer verbesserten Abstimmung der Kooperationsbeziehungen

Begriffsabgrenzung 135

der in Liefernetzwerken agierenden Unternehmen in organisatorischer, technologischer und mental-sozialer Hinsicht (Walther 2001, S. 6ff.).

Die zur elektronischen Unterstützung unternehmensbezogener und –übergreifender Geschäftsprozesse eingesetzten Technologien unterliegen extrem kurzen Innovationszyklen. Die Abgrenzung von „E-Termini" ist in der Literatur aufgrund der daraus resultierenden Dynamik recht vielfältig. Betrachtet man mit einem 1-tier-Lieferanten, einem Hersteller und einem Kunden einen Ausschnitt aus einer Lieferkette, sind zunächst reale und elektronische Transaktionsprozesse zu unterscheiden (Abb. 1). Reale Transaktionen beziehen sich auf den Austausch von Zulieferkomponenten, Fertigprodukten und Dienstleistungen. Elektronische Transaktionen bestehen in der mediatisierten Abbildung von Kommunikationsbeziehungen auf der Nachfrage- und Anbieterseite. Angesprochen sind der Internetbasierte Einkauf (E-Procurement) und Verkauf (E-Sales), die als Teilbereiche dem E-Commerce zugeordnet werden können. Um eine automatische Weiterverarbeitung der Ein- und Verkaufsdaten zwischen Lieferanten und Abnehmern zu gewährleisten, ist eine Integration der E-Procurement- und E-Sales-Anwendungen mit den unternehmensbezogenen Enterprise Resource Planning-(ERP-) Systemen erforderlich.

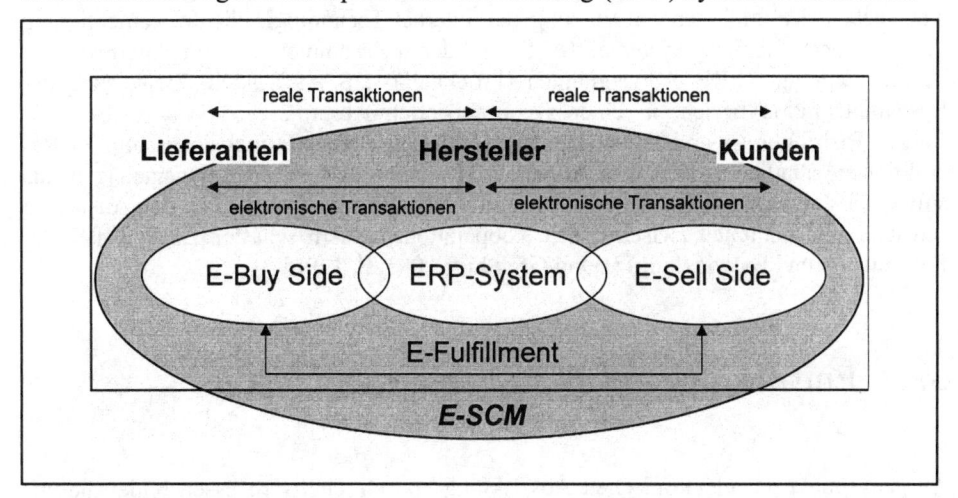

Abbildung 1: Collaborative-(C-)Supply Chain Management

Eine Weiterentwicklung des E-Commerce stellt das E-Fulfillment dar, dessen Funktionen sich auf die gesamte Auftragsabwicklung von der Internet-Bestellung über die Bezahlung, Kommissionierung, den Transport und die Retourenabwicklung beziehen. Im E-Fulfillment erkennen vor allem Logistikdienstleister zunehmend ein innovatives Geschäftsfeld. Dabei ergänzt das Konzept des 4th Party Logistic Service Provider den Auftragsabwicklungsprozess um weitere logistische Dienste. Einen Kernbereich bildet hierbei die Übernahme von Funktionen zur Planung, Steuerung und Kontrolle integrierter Lieferketten, wodurch sich der Logistikdienstleister zu einem „Supply Chain Master" entwickelt (Hellingrath/Klingebiel 2001, S. 40f.).

Die Synonyme E-SCM und E-Business bezeichnen die umfassende elektronische Abwicklung unternehmensbezogener und -übergreifender Wertschöpfungsprozesse, die sich gleichermaßen auf Business-to-Business-(B2B-), Business-to-Consumer-(B2C-) und Business-to-Administration-(B2A-)Transaktionen bezieht. Die Konzeption des E-SCM betont in erster Linie den Einsatz der Internettechnologie, basiert aber darüber hinaus auf einem zielorientierten Organisations-, Technologie- und Kooperationsmanagement. Diese integrative Sichtweise fokussiert das Collaborative-(C-)SCM, wobei insbesondere der für SCM-Anwendungen erfolgskritische Aspekt des Aufbaus und Konsolidierens einer soliden Vertrauensbasis herausgestellt wird. Wesentliches Instrument einer prozessorientierten Organisationsgestaltung bildet eine standardisierte Beschreibungssprache für Geschäftsprozesse (z. B. Supply Chain Operations Reference-(SCOR-)Modell) (Stephens 2001, S. 10ff.), die ein einheitliches Prozessverständnis der Kooperationspartner sowie die Kompatibilität der modellierten unternehmensübergreifenden Geschäftsprozesse gewährleistet. Im Mittelpunkt des Technologiemanagements steht neben der umfassenden Nutzung der Internet-Technologie die Implementierung von Advanced Planning Systemen (APS) und deren Zusammenspiel mit Enterprise Resource Planning- (ERP-)Anwendungen (Prockl 2001, S. 59ff.). Die Zielsetzung der Systemintegration besteht in einer synchronisierten Absatz-, Produktions-, Beschaffungs-, Distributions- und Transportplanung unter expliziter Berücksichtigung der Restriktionen sämtlicher Netzwerkpartner. Maßnahmen des Kooperationsmanagements sollen die Voraussetzungen für eine vertrauensvolle Zusammenarbeit und den Austausch sensibler Informationen zwischen den Kooperationspartnern schaffen (z. B. Daten der Forschungs- und Entwicklung) (Bund/Granthien 2001, S. 129ff.).

3. Entwicklung des E-Procurement

Ausgangspunkt der elektronischen Abwicklung von Geschäftsprozessen bildet die unternehmensbezogene Installation von ERP-Systemen, die u.a. Funktionen zur kaufmännischen Verwaltung abdecken (z. B. Buchhaltung, Rechnungserstellung, Lagerhaltung). Erstmals wurden damit in den 60er und 70er Jahren auch Teile des Beschaffungsmanagements elektronisch abgebildet (z. B. Bestandsführung, Mengen-, Bestellplanung), wobei i. d. R. allerdings keine direkte Kommunikationsmöglichkeit mit den Lieferanten bestand. Die Bedeutung eines effizienten bilateralen Dokumenten- und Datenaustausches stieg mit der Anwendung von Just-in-time-Versorgungskonzepten. In der Folge wurden proprietäre Datenverbindungen zwischen jeweils einem Abnehmer und einem Lieferanten etabliert. Die mit einem hohen organisatorischen und finanziellen Aufwand eingeführten Electronic Data Interchange-(EDI-)Lösungen ermöglichen somit eine direkte Kommunikation mit ausgewählten Lieferanten.

Seit Mitte der neunziger Jahre werden die klassischen EDI-Lösungen zunehmend durch Internet-basierte elektronische Beschaffungslösungen abgelöst. Die zur elektronischen Abwicklung aller oder einzelner Phasen und Funktionen der marktmäßig organisierten Leistungskoordination zwischen Besteller und Lieferanten eingesetzten E-Procurement-Tools können wie folgt differenziert werden:

(I)   Internet-basierte Informationsbeschaffung,

(II) Internet-basiertes E-Purchasing und E-Selling,

(III) E-Buy-Side- und E-Sell-Side-Solutions zur automatisierten Einkaufs- und Auftragsabwicklung basierend auf einer Integration mit dem unternehmensbezogenen ERP-System,

(IV) Elektronische Marktplätze zur Koordination von Nachfragern und Anbietern auf der Basis innovativer Geschäftsmodelle (z. B. Reverse Auctions) sowie zur kollaborativen Zusammenarbeit in Supply Networks.

Die Nutzung des Internets zur Informationsbeschaffung (I) sowie zum elektronischen (traditionellen) Ein- und Verkauf (II) bilden Grundfunktionen der elektronischen Beschaffung, die im Funktionsumfang integrierter Systemlösungen (III) und elektronischer Marktplätze (IV) i. d. R. enthalten sind.

Koordinationsprozesse einer Markttransaktion beziehen sich auf die Informations- und Entscheidungsphase sowie die Vereinbarungs-, Abwicklungs- und die Servicephase. In der Informationsphase verschaffen sich Nachfrager Informationen über geeignete Produkte und Lieferanten. Die Festlegung von Produktspezifikationen sowie Liefer- und Zahlungsbedingungen zwischen Anbietern und Nachfragern erfolgt während der Vereinbarungsphase. In der Abwicklungsphase findet der Leistungsübergang statt, das Erzeugnis wird ausgeliefert bzw. die Dienstleistung erbracht und die Finanztransaktionen werden eingeleitet. Serviceleistungen zur Betreuung von Kunden nach dem Kauf beziehen sich z. B. auf den technischen Kundendienst und die Bearbeitung von Reklamationen.

4. E-Procurement-Systemlösungen

4.1 E-Buy-Side- und E-Sell-Side-Solutions

Einer Untersuchung der KPMG Consulting AG in der deutschen Maschinenbauindustrie zufolge beträgt der durchschnittliche Aufwand des Beschaffungsprozesses für Büro- und

Verbrauchsgüter, auf die ca. 80 % der Bestellungen entfallen, 162 Minuten, die Durchlaufzeit 16 Tage und die Bestellkosten Euro 88,-. Die Zielsetzung abnehmer- und anbieterorientierter E-Procurement-Anwendungen besteht darin, den vielstufigen Prozess der Einkaufs- und Auftragsabwicklung zu vereinfachen, indem einzelne Phasen der Markttransaktion unterstützt werden bzw. gänzlich entfallen. Dadurch können Transaktionskosten und -zeiten nachhaltig reduziert werden.

Buy-Side-Solutions basieren auf einer beim beschaffenden Unternehmen installierten Standardsoftware (z. B. Ariba, CommerceOne), die das Produktangebot unterschiedlicher Lieferanten vor allem von standardisierten Erzeugnissen aggregiert. Auf der Grundlage eines mit den jeweiligen Lieferanten ausgehandelten Rahmenvertrages stellt die Einkaufsabteilung einen einheitlichen Produkt- und Lieferantenkatalog zusammen. Hierbei ist der beschaffungsrelevante Inhalt (Katalog-Content) von der Einkaufsabteilung zu qualifizieren und zu autorisieren. Zum Katalog-Content zählen Daten wie Artikelbezeichnungen, Maßeinheiten, Preis- und Mengenangaben, Lagerbestände, strukturierte Stücklisten und Ersatzprodukte.

Elektronische Kataloge sollen die Informationen von Lieferanten und Abnehmern zusammenbringen, vereinheitlichen und den E-Procurement-Systemen zur Verfügung stellen. Von Bedeutung ist hierbei die Möglichkeit einer direkten Kommunikation auf der Basis einer E-Procurement-/ERP-System-Integration, so dass die Kataloginformationen zwischen Lieferanten und Abnehmern elektronisch weiterverarbeitet werden können. Eine umfassende Kataloglösung besteht aus den folgenden Elementen (Heiler 2002, S. 39):

- Katalog-Content – Erfassung und Einarbeitung von Daten,
- Content-Management – Verwaltung der Informationen,
- Lieferanten-Enabling – Herstellung und Pflege von Verbindungen zu unterschiedlichen Lieferanten,
- Integration – Verknüpfung von E-Procurement- und ERP-Systemen,
- Katalogsoftware.

Der Austausch von Produktkatalogen basiert auf der einheitlichen Festlegung einer verbindlichen hierarchischen Datenstruktur für Materialien und Dienstleistungen. Basisformat der meisten elektronischen Produkt- und Dienstleistungskataloge ist die system- und firmenunabhängige Beschreibungssprache für Dokumente Extensible Markup Language (XML). Da XML ein vom Ausgabemedium unabhängiges Format ist, kann es vom Nutzer für die Erstellung von Katalogsystemen bedarfsspezifisch angepasst werden. Die XML-spezifischen Katalogdarstellungen lassen sich anschließend relativ problemlos zusammenführen. Weit verbreitete auf XML basierende Katalogformate sind BMEcat, cXML, eCl@ss und RosettaNet.

Aus den Produkt- und Lieferantenkatalogen kann der Besteller seinen individuellen Warenkorb zusammenstellen und im Anschluss an eine Budgetprüfung den Bestell- und anschließenden Zahlungsvorgang direkt über eine Schnittstelle zum ERP-System auslösen. Eine zentrale Produkt- und Kundendatenbank sowie Möglichkeiten der Fernüberwachung unterstützen zudem den technischen Kundendienst. Gegenwärtig unterstützen Buy-Side-Solutions vor allem die Informations- und Vereinbarungsphase. In der Abwicklungs- und Servicephase bestehen dagegen noch Potenziale (Abb. 2).

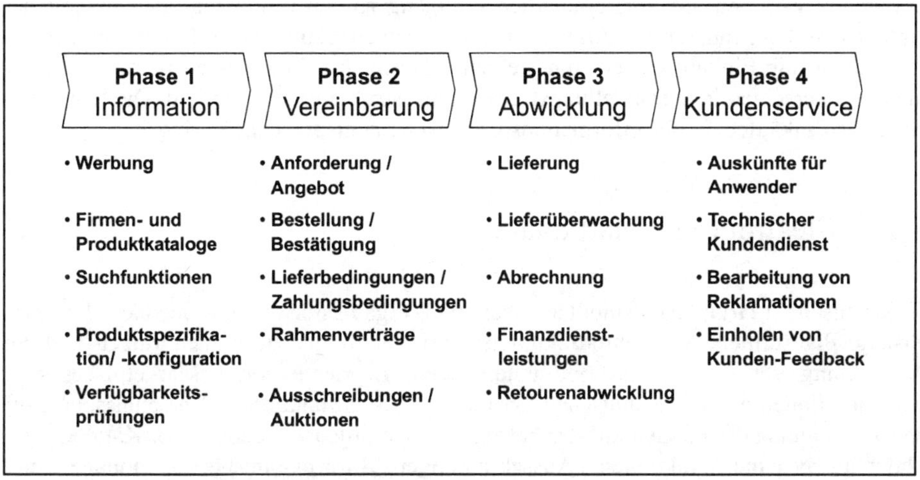

Phase 1 Information	Phase 2 Vereinbarung	Phase 3 Abwicklung	Phase 4 Kundenservice
• Werbung	• Anforderung / Angebot	• Lieferung	• Auskünfte für Anwender
• Firmen- und Produktkataloge	• Bestellung / Bestätigung	• Lieferüberwachung	• Technischer Kundendienst
• Suchfunktionen	• Lieferbedingungen / Zahlungsbedingungen	• Abrechnung	• Bearbeitung von Reklamationen
• Produktspezifikation/ -konfiguration	• Rahmenverträge	• Finanzdienstleistungen	• Einholen von Kunden-Feedback
• Verfügbarkeitsprüfungen	• Ausschreibungen / Auktionen	• Retourenabwicklung	

Abbildung 2: Abwicklung einer elektronischen Bestellung

Elektronische Katalogsysteme ermöglichen die Dezentralisierung der Beschaffung, indem der Bedarfsträger die Bestellung von Katalogartikeln vornehmen kann, ohne weitere Personen einbinden zu müssen. Dadurch wird vor allem die unternehmensbezogene Einkaufsabwicklung vereinfacht. Die Bedarfsträger sollten dabei nur die Katalogartikel einsehen können, zu deren Bestellung sie – ihrem Benutzerprofil entsprechend – autorisiert sind. Die Aktivitäten des Bedarfsträgers können ex post vom Kostenstellenverantwortlichen geprüft werden. Dabei erhöht der Verzicht auf Freigabeprozeduren nachhaltig die Kompetenz und Verantwortung der Bedarfsträger und dokumentiert ein gestiegenes Vertrauen in die Systemnutzer.

Die partielle bzw. vollständige Übertragung einzelner Funktionen der Leistungskoordination induziert eine Abnahme der Transaktionskosten. Da für einzelne Katalogartikel häufig nur ein Lieferant festgelegt wird, führt die Einführung von Katalogsystemen häufig zu einer Konzentration auf Schlüssellieferanten. Abgesehen von höheren Rabatten, die infolge dieser Reduktion der Lieferantenanzahl erzielt werden können, bleibt die Höhe der direkten Materialkosten hingegen weitgehend unverändert. Zum Teil erhebliche Investitionen resultieren aus der Anschaffung von Hard- und Softwarekomponenten sowie den Maßnahmen des Katalogmanagements. Katalogsysteme werden daher vor allem in mittleren bis größeren Unternehmen eingesetzt.

Die für den B2C-Bereich typischen Sell-Side-Solutions zeichnen sich dadurch aus, dass ein Anbieter einen Katalog seiner Produkte über das Internet bereitstellt (z. B. www.dell.com). Auf der Basis entsprechender Softwaresysteme (z. B. netscape) erfolgt das Katalogmanagement durch den jeweiligen Lieferanten. Sell-Side-Solutions eignen sich daher insbesondere für Produkte, deren Konfiguration und Verkaufspreise kundenindividuell variieren. Da kein einheitlicher Zugang zu den Produkten unterschiedlicher Anbieter besteht, müssen die Anwender darauf achten, sämtliche in Frage kommenden Anbieter in die Einkaufsentscheidung einzubeziehen. Im Zuge dessen ist die Einarbeitung in unterschiedliche Darstellungsformen und -strukturen erforderlich. Die Unterstützung des Einkäufers in der Informationsphase ist dementsprechend gering.

4.2 Elektronische Marktplätze

Elektronische Marktplätze sind technisch und organisatorisch intermediäre Internet-basierte Plattformen, die mehrere Anbieter und Nachfrager zusammenbringen und die Abwicklung von Markttransaktion unterstützen. Elemente von E-Marketplaces sind Basisfunktionen auf der technischen Ebene (z. B. Suchfunktionen, Verschlüsselungen) und Anwendungsfunktionen auf der betriebswirtschaftlichen Ebene (z. B. Katalog- und Matching-Systeme, Auktionen, Ausschreibungen, Informationsbörsen, Finanz- und Logistikdienstleistungen).

Anhand der Unternehmen, die den Aufbau und den Betrieb eines E-Marktplatzes initiieren, können Buy-Side- und Sell-Side-Marktplätze sowie neutrale Marktplätze unterschieden werden. Der Buy-Side-Marktplatz wird von einem oder wenigen konzentrierten Nachfrager(n) organisiert (www.VWGroupSupply.com, www.covisint.com). Die vorrangige Zielsetzung besteht darin, die direkten Material- und Transaktionskosten zu senken. Die Betreiber eines Buy-Side-Marktplatzes entscheiden über die Spielregeln bei einer Transaktionsabwicklung wie Zugangsvoraussetzungen oder ein mögliches Zurückziehen von Angeboten. Zudem haben sie Zugriff auf sämtliche Transaktionsdaten. Für die Betreiber von Konsortialmarktplätzen bestehen Vorteile in einem verteilten Risiko, einer starken Nachfrage und einer dadurch induzierten hohen Marktmacht. Für Zulieferer ist es aufgrund des hohen Nachfragepotenzials attraktiv, auf käuferorientierten Marktplätzen zu agieren. Probleme können sich aber bei Konsortialmarktplätzen im Hinblick auf kartellrechtliche Bedenken infolge einer zu hohen Nachfragemacht sowie bei instabilen Unternehmenskonsortien ergeben. Der verkäuferinitiierte Marktplatz wird von einem oder wenigen Anbietern organisiert, die zahlreiche fragmentierte Nachfrager mit dem Ziel bedienen, über eine intensive Kundenbindung hohe Umsätze zu erzielen (z. B. www.supplyOn.com). Sell-Side-Marktplätze haben häufig einen hohen Bekanntheitsgrad und profitieren von einem großen Vertrauen der Marktplatzteilnehmer in Bezug auf ihre Seriosität und den sensiblen Umgang mit transaktionsbezogenen Daten. Bei Verbandsmarktplätzen können sich allerdings Nachteile aufgrund potenziell bestehender Interessenkonflikte mit Nichtmitgliedern ergeben. Der neutrale Marktplatz wird von einem unabhängigen Organisator gesteuert und ist als öffentliche Plattform für Anwender ohne den Einsatz proprietärer Software zugänglich. Für die Nachfrager stehen geringe Einstandspreise und eine hohe Effizienz der Transaktionen im Vordergrund. Das wirtschaftliche Ziel aus Sicht der Initiatoren besteht darin, Gebühren zu erwirtschaften, deren Höhe überwiegend von der Anzahl durchgeführter Transaktionen oder vom getätigten Umsatz abhängt. Das Risiko einer missbräuchlichen Verwendung bei der Transaktion anfallender Daten ist hier nicht bzw. nur in vernachlässigbarem Ausmaß gegeben.

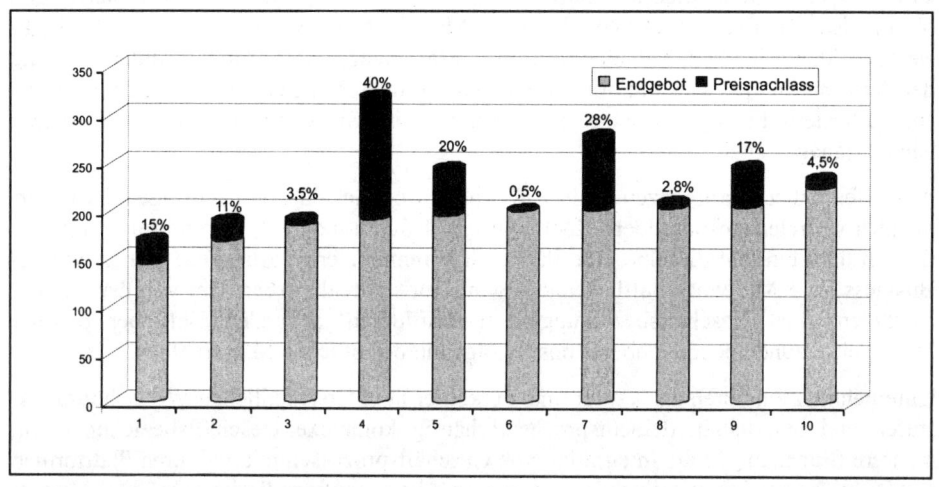

Abbildung 3: Verlauf einer Online-Auktion in der Automobilindustrie (Trade2B)

Horizontale Marktplätze sind Online-Plattformen, auf denen branchenübergreifend Produkte gehandelt (z. B. Büromaterial, MRO-Güter, C-Artikel) und Informationen und Verweise bereitgestellt werden. Der Fokus besteht in der Automatisierung von Bestellabläufen und dadurch induzierten Prozesskosteneinsparungen. Damit einher gehen geringere Fehlerraten und günstigere Einkaufskonditionen. Vertikale Marktplätze sind branchenspezifisch ausgerichtet (z. B. Spezialgüter) und ermöglichen auf der Basis innovativer Ausschreibungs- und Versteigerungsverfahren effiziente Preisfindungsmechanismen. Neben der herkömmlichen Verkäufer-Auktion, bei der von den Marktplatzteilnehmern unterschiedliche Gebote abgegeben werden (Forward Auction), ist hier insbesondere die Käufer-Auktion angesprochen (Reverse Auction). Charakteristikum dieser Form der Preisfindung ist die Umkehr des Auktionsprinzips, d.h. nicht die Käufer überbieten sich in Preisofferten für ein Erzeugnis, sondern die Verkäufer konkurrieren um das billigste Angebot für einen Auftrag. Den Umfang möglicher Preisnachlässe verdeutlicht die Entwicklung der Angebotspreise während einer in der Automobilindustrie durchgeführten Auktion (Abb. 3). Sechs Anbieter reduzierten im Laufe dieser Auktion ihren Preis in einer Größenordnung von 11 bis 40 %. Auch der günstigste Anbieter, dessen Angebotspreis bereits um ca. 45 % unter dem höchsten Anfangsgebot lag, gewährte im Laufe der Auktion einen Preisnachlass von ca. 15 %. Für den Initiator einer

Auktion ergeben sich in Bezug auf die Markttransparenz, die Reichweite und den Preiswettbewerb deutliche Vorteile. Das Leistungsangebot von E-Markets erstreckt sich neben dem Einkauf und Verkauf von Produkten und Dienstleistungen in zunehmendem Umfang auf Serviceleistungen, wie Finanz- und Logistikdienste (z. B. optionale Vermittlung von Logistikdienstleistern).

Buy-Side-Solutions und horizontale Marktplätze eignen sich insbesondere für den Einkauf von indirektem Material (Büromaterial, MRO-Güter) sowie von C-Material und Normteilen. Die Beschaffung von A- und B-Material sollte, sofern es sich um standardisierte Produkte handelt, auf elektronischen Marktplätzen insbesondere unter Nutzung der Ausschreibungs- und Auktionsfunktionen erfolgen. Mit steigendem Beschaffungsrisiko erfordern Erzeugnisse engere Kooperation im Sinne des Collaborative Supply Chain Managements.

Auf öffentlichen Markplätzen ist i. d. R. eine große Anzahl von nachfragenden Unternehmen vertreten. Insbesondere KMU wird es dadurch möglich, mit zahlreichen Nachfragern über ein und dieselbe Oberfläche zu kommunizieren. Auf diese Weise wird E-Business für KMU wirtschaftlich und organisatorisch realisierbar. Um von der Vielfalt an potenziellen Geschäftsbeziehungen zu profitieren, schließen Betreiber privater Marktplätze zunehmend Kooperationsverträge mit öffentlichen Marktplätzen.

Unternehmen fungieren als Käufer und Verkäufer in unterschiedlichen Wertschöpfungsstufen und unterhalten dementsprechend häufig komplexe Geschäftsbeziehungen in mehrere Branchen. Da die Integration von Geschäftsprozessen mit mehreren Plattformen aus Sicht der Marktplatzteilnehmer zu zeit- und kostenaufwendig ist, wird eine Vernetzung von elektronischen Marktplätzen erforderlich. In diese Richtung weisen Bestrebungen der Anbieter i2 und CommerceOne, horizontale und vertikale Marktplätze miteinander zu verknüpfen. Zielsetzung einer Marketplace-to-Marketplace-(M2M-)Integration ist es, dem Nutzer einen reibungslosen Wechsel zwischen mehreren Marktplätzen zu ermöglichen.

Elektronische Marktplätze werden sich zukünftig zu Kooperationsplattformen entwickeln, um die Abwicklung unternehmensübergreifender Geschäftsprozesse innerhalb eines Supply Networks durchgängig webbasiert zu unterstützen. Im Fokus stehen dabei die folgenden kollaborativen Anwendungsbereiche:

- Produkt- und Prozessentwicklung (Simultaneous Engineering),
- Bedarfs-, Bestands-, Kapazitätsplanung,
- Leergut- und Transportabwicklung,
- Bildung von Einkaufs-, Logistik- und Vertriebskooperationen.

Im Bereich der gemeinsamen Produktentwicklung (Collaborative Development) werden Entwicklungsprozesse durch den Internet-basierten Austausch von Produkt- und Prozessspezifikationen wesentlich erleichtert. Da etwa 30 % des gesamten Forschungs- und Entwicklungsaufwandes aus Änderungen technischer Spezifikationen resultieren, die nach einer ersten verbindlichen Festlegung der Dokumente und Freigabe des Projektes notwendig werden, impliziert ein stringentes webbasiertes Änderungsmanagement ein enormes Einsparpotenzial. Technische Änderungen können in Echtzeit vorgenommen und unmittelbar einem weltweiten Projektteam zugänglich gemacht werden. Der Informationszugriff kann nach Berechtigungen und Aufgaben strukturiert werden. Zugleich werden Zuständigkeiten für die Initiierung technischer Änderungsprozesse eindeutig dokumentiert, die eine Zuordnung der Kostenverantwortlichkeit für Spezifikationsänderungen ermöglicht. Eine webbasierte kollaborative Entwicklung schafft zudem die technologische Voraussetzung für eine 24-Stunden Forschung & Entwicklung, die angesichts abnehmender Produktlebens- und Technologiezyklen eine strategische Zielsetzung insbesondere in der Automobilindustrie bildet. Die Nutzenpotenziale der weiteren genannten Anwendungsbereiche entsprechen weitgehend denen, die grundsätzlich durch den Einsatz von SCM-Technologien entstehen (Walther 2001, S. 8). Aus technologischer Sicht erfordern kollaborative Plattformen eine umfassende Integration mit den unternehmensbezogenen i. d. R. proprietären EDV-Systemen (u. a. Informations- und Kommunikationssysteme (IKS), Planungs- und Steuerungssysteme, Entwicklungs- und Konstruktionssysteme) (Bogaschwewsky 2002, S. 12).

5. E-Procurement aus betriebswirtschaftlicher Sicht

Im Rahmen einer betriebswirtschaftlichen Beurteilung der elektronischen Beschaffung sind die Nutzenpotenziale und die Problembereiche bei der Nutzung sowie beim Aufbau und Betrieb von E-Procurement-Anwendungen zu beleuchten. Als grundsätzliche monetäre Zielsetzung von E-Procurement-Anwendungen ist die Reduzierung der direkten Materialkosten, der Transaktionskosten und der Lagerhaltungskosten herauszustellen.

Die Einführung von E-Buy-Side-Solutions ist aufgrund des hohen Investitionsvolumens nur für mittlere bis große Unternehmen eine reale Handlungsalternative. Für kleine und mittlere Unternehmen ist es bedeutend kostengünstiger, auf elektronischen Marktplätzen aktiv zu werden. Erforderlich ist hier lediglich ein Personal Computer mit Internetanschluss und Browser. Anwenderfreundliche Suchmaschinen ermöglichen das Auffinden von Lieferanten und Produkten in entsprechenden Katalogen. Darüber hinaus können Produkte und Dienstleistungen von den Unternehmen selbst ausgeschrieben werden.

Die elektronische Beschaffung ermöglicht den Zugriff auf umfassende Informationen einer Vielzahl von bestehenden und potenziellen Lieferanten (quantitative Komponente) und die Unterstützung bei der Suche, Aufbereitung und Auswertung der Informationen (qualitative Komponente). Die Transparenz globaler Beschaffungsmärkte wird dadurch nachhaltig erhöht. Diese Entwicklung induziert eine zunehmende Transparenz in Bezug auf Lieferanten, Produkte und Konditionen, eine Verschärfung des Wettbewerbs zwischen Anbietern und Nachfragern und infolgedessen eine Senkung der Einstandspreise.

Dies gilt in besonderem Maße für Auktionen, die auf elektronischen Marktplätzen durchgeführt werden.

Umfassende Marktkenntnisse verbessern zugleich die Basis für Einkaufsverhandlungen. Da Katalogsysteme auf unternehmensweit einheitlichen Rahmenverträgen mit den Lieferanten basieren, werden konzernweit gleiche Preiskonditionen gewährleistet und die Vertragstreue der Anwender nachhaltig erhöht. Dadurch wird es möglich, in größerem Umfang artikelbezogene Rabatte zu erzielen.

Automatisierung und Integration führen bei E-Procurement zu einer Vereinfachung der Bestellabwicklung und zu einer Reduzierung bzw. Eliminierung von Routineaufgaben. Auf der Ebene der operativen Abwicklungsprozesse wird dadurch die Prozesseffizienz nachhaltig gesteigert. Die automatisierte Abwicklung der transaktionsbegleitenden Bestell-, Abrechnungs- und Zahlungsvorgänge induziert abnehmende Transaktionskosten, die in Form von Such-, Informations- und Verhandlungsaufwendungen entstehen. In Einzelfällen beträgt die Abnahme der Kosten für Information und Kommunikation sowie für die Anbahnung und Abwicklung eines Leistungsaustausches bis zu 70 %.

Die Dauer des Einkaufsprozesses kann bei Auktionen von mehreren Wochen auf wenige Tage oder nur Stunden reduziert werden. Die Beschleunigung von Transaktionsprozessen führt zu geringeren Lieferzeiten. Dadurch werden bei gleichem Lieferbereitschaftsgrad geringere Bestände und infolgedessen abnehmende Lagerhaltungskosten ermöglicht.

Das Beschaffungscontrolling wird dabei durch einen webbasierten Zugriff auf Third Party Informationen, z. B. von Logistikdienstleistern oder unabhängigen Dienstleistern im Bereich Qualitätsmanagement zur Lieferantenbewertung und -zertifizierung (z. B. Buereau Veritas), ebenfalls verbessert. Eine Erhöhung der Prozesseffizienz resultiert aus der Verfügbarkeit umfassender Einkaufsdaten, einer geringeren Fehleranfälligkeit automatisierter Prozesse und verbesserter Möglichkeiten der Sendungsverfolgung.

Die Potenziale elektronischer Katalogsysteme können nur dann umfassend realisiert werden, wenn sämtliche Transaktionen im Unternehmen über die entsprechende E-Procurement-Lösung abgewickelt werden. Im Rahmen der Implementierung besteht die Anforderung vor allem darin, eine Vielzahl von Bedarfsträgern unter Umständen aus verschiedenen Ländern und Organisationen mit unterschiedlichem Kenntnisstand, z. B. in Bezug auf Internet-Anwendungen, zu qualifizieren, systembezogen zuzulassen und zu verwalten. Der operative Einkaufsprozess erfolgt direkt zwischen dem Bedarfsträger und dem Lieferanten. Damit ändert sich das Aufgabenprofil der Einkaufsabteilung hin zum Content Manager und Berater für die Systemnutzer.

Um auf elektronischen Marktplätzen aktiv zu werden, sind von Nutzern und Betreibern im Vorfeld zahlreiche Entscheidungen zu treffen. Der Anwender muss zunächst festlegen, mit welchen Gütern auf welchen Märkten gehandelt und welcher Marktplatz genutzt werden soll. Kriterien zur Beurteilung von Marktplätzen beziehen sich auf technische, institutionelle, marktbezogene und wirtschaftliche Kriterien (Brenner 2001, S.

60f.). Marktplatzbetreiber benötigen ein hohes Transaktionsvolumen. Hierzu müssen sie ein umfangreiches Angebot an handelbaren Gütern etablieren, das für Nachfrager attraktiv ist, die wiederum zahlreiche Lieferanten anziehen. Des Weiteren ist ein Interessenausgleich zwischen Nachfragern und Anbietern erforderlich, da bei einer einseitigen Berücksichtigung der Käuferinteressen Lieferanten den Marktplatz meiden werden. Darüber hinaus sind Vertraulichkeit, Verfügbarkeit und Integrität der Daten, Programme und Hardware sicherzustellen (z. B. Verschlüsselung, redundante Systeme), die sich insbesondere auf die Integration der Marktplatzsysteme mit den ERP-Systemen der Nachfrager beziehen.

Für Anbieter, die elektronische Marktplätze zur Beteiligung an Reverse Auctions nutzen, ist die exakte Kalkulation ihrer Selbstkosten zwingend erforderlich. Nur auf dieser Grundlage ist eine realistische Angebotsabgabe möglich, da die enorme Absenkung des Preisniveaus innerhalb von nur wenigen Stunden keine Zeit zur Nachkalkulation lässt. Von Seiten des ausschreibenden Unternehmens sind genaue Produktspezifikationen festzulegen; nur dann ist gewährleistet, dass die Angebotspreise vergleichbar sind, der Anbieter wirtschaftlich arbeitet und der Nachfrager auch das erhält, was seinen Anforderungen entspricht.

Zur Sicherstellung von partnerschaftlichem Verhalten auf elektronischen Marktplätzen und offenbar auf der Basis schlechter Erfahrungen der Mitgliedsfirmen hat die Arbeitsgemeinschaft Zulieferindustrie u. a. folgende Eckpunkte für eine vertrauensvolle und positive Zusammenarbeit zwischen Zulieferer und Abnehmer auf elektronischen Marktplätzen festgelegt:

- eindeutige Produktspezifikationen durch den Abnehmer,
- keine Teilnahme des Kunden an einer Auktion,
- keine Scheinauktionen,
- ausreichende Ausschreibungsfristen,
- keine Verlängerung von Angebotsfristen,
- sensibler Umgang mit Transaktionsdaten.

Darüber hinaus wird die Einrichtung einer Schiedsstelle gefordert, die bei Verstößen gegen die vereinbarten Regeln angerufen werden kann. Zweifellos ist die Bildung und dauerhafte Konsolidierung einer soliden Vertrauensbasis der kritische Erfolgsfaktor einer umfassenden Optimierung von B2B-Partnernetzwerken auf der Basis elektronischer Beschaffungslösungen.

6. Fazit

E-Procurement bildet bereits mit den gegenwärtig eingesetzten Funktionalitäten ein Instrument, um nachhaltige Einsparungspotenziale im Rahmen der Beschaffung zu realisieren. Elektronische Marktplätze bieten darüber hinaus umfangreiche Anwendungspotenziale in Bezug auf die Planung, Steuerung und Kontrolle von Supply Networks. Dies dokumentieren Projekte zur kollaborativen Bestands-, Bedarfs- und Kapazitätsplanung sowie zur Abwicklung der Produkt- und Prozessentwicklung über elektronische Marktplätze. Den kritischen Erfolgsfaktor für ein marktplatzbasiertes Collaborative-SCM bildet die vertrauensvolle Zusammenarbeit zwischen den in Supply Networks involvierten Kooperationspartnern sowie die Zuverlässigkeit der eingesetzten Systeme und die Sicherheit der Daten. Damit sind zugleich die wesentlichen Handlungsfelder für eine erfolgreiche Implementierung des Collaborative Supply Chain Management angesprochen.

Jürgen Weber, Andreas Bacher und Marcus Groll

Supply Chain Controlling

1. Einführung in das Supply Chain Controlling

2. Begriff und Aufgabe des Controllings

3. Entwicklungsstufen der Logistik und Anforderungen an das Controlling von Supply Chains
    3.1 Stellung des Supply Chain Managements in der Logistik-Entwicklung
    3.2 Besonderheiten des Controllings von Supply Chains

4. Instrumente des Supply Chain Controllings
    4.1 Überblick
    4.2 Methoden des Beziehungscontrollings
        4.2.1 Planung, Zielvorgaben und Soll-/Ist-Vergleich
        4.2.2 Vertrauenscontrolling
    4.3 Unternehmensübergreifende Prozesskostenrechnung
        4.3.1 Status quo der Prozesskostenrechnung
        4.3.2 Konzept der unternehmensübergreifenden Prozesskostenrechnung
    4.4 Kennzahlen für das Supply Chain Controlling
        4.4.1 Konzept der selektiven Kennzahlen
        4.4.2 Übertragung der selektiven Kennzahlen auf Supply Chains
        4.4.3 Struktur für unternehmensübergreifende Kennzahlen
    4.5 Balanced Scorecard für das Supply Chain Controlling
        4.5.1 Die „traditionelle" Balanced Scorecard
        4.5.2 Anforderungen an eine Balanced Scorecard für das Supply Chain Controlling
        4.5.3 Beispiel für eine unternehmensübergreifende Balanced Scorecard

5. Ausblick

1. Einführung in das Supply Chain Controlling

Aufgrund verschärfter Wettbewerbsbedingungen und gestiegener Marktanforderungen erweisen sich Prozessoptimierungen innerhalb von einzelnen Unternehmen alleine als nicht mehr ausreichend. Eine unternehmensübergreifende Gestaltung und ein Management der gesamten Wertschöpfungskette erweisen sich zunehmend als notwendig. Die Aktualität des Themas „Supply Chain Management" spiegelt sich in den zahlreichen Publikationen wider. Auch die Unternehmen haben die große Bedeutung grundsätzlich erkannt. Jedoch ist der Implementierungsstand bisher insgesamt noch sehr niedrig. Das Internet und E-Commerce leisten einer weiteren Entwicklung Vorschub und schaffen die für ein Supply Chain Management notwendigen technischen Voraussetzungen. Aber nicht nur die technischen Komponenten sind der Schlüssel zum Erfolg, wie es viele Software-Hersteller und Berater propagieren und auch die meisten Unternehmen glauben (Weber/Engelbrecht/Knobloch/Schmitt/Wallenberg 2002, S. 61f.). Erste Praxiserfahrungen zeigen, dass eine Vielzahl von ungelösten Problemen bzgl. Führung und Steuerung von unternehmensübergreifenden Wertschöpfungsketten existiert, die nach einem entsprechenden Controlling verlangt. Dies wirft die Frage auf, ob traditionelle Controlling-Instrumente – wie z. B. eine Kosten- und Leistungsrechnung oder Kennzahlen – für den Einsatz im Rahmen des Supply Chain Controllings übernommen werden können, oder den speziellen Erfordernissen für das Supply Chain Controlling anzupassen bzw. neu zu gestalten sind. Dieser Beitrag beantwortet diese Fragestellung exemplarisch für ausgewählte Controlling-Instrumente.

2. Begriff und Aufgabe des Controllings

Zugang zum Kern des Controllings erlangt man durch die Beobachtung der Tätigkeit von Controllern, die eng mit Managern zusammenarbeiten. In diesem Zusammnenspiel streben beide eine bestimmte Art von Führung mit folgenden Merkmalen an:

- Sie baut auf Zahlen auf, vernachlässigt aber nicht die Intuition des Managers.
- Sie schafft Transparenz über die wirtschaftliche Situation. Damit können Entscheidungen sowohl besser getroffen als auch durch andere besser nachvollzogen werden.
- Sie knüpft dezentrale Handlungsspielräume an Pläne und Zielerreichungskontrolle. Damit wird Eigenverantwortung gestärkt.

■ Sie versteht Kontrolle schließlich als Mittel zum Lernen, nicht zur Schuldzuweisung.

Manager und Controller wirken dabei zusammen und ergänzen sich. Der Controller ist Führungsdienstleister und Counterpart des Managers. Er verhilft dem Manager durch Informationsversorgung, vielfältige Unterstützungsleistungen und das Recht zum kritischen Diskurs zu einer besseren Wahrnehmung seiner Führungsfunktion.

Aus dieser Tätigkeit leitet sich auch die Funktion des Controllings ab: Controlling dient der Sicherstellung „vernünftiger" Unternehmensführung („Rationalitätssicherung"): Ähnlich der Qualitätssicherung im Bereich der Produktion, macht es Sinn, Führung einer kritischen Betrachtung zu unterziehen, Qualitätsprobleme frühzeitig zu erkennen und zu beseitigen, ehe sie sich zu signifikanten Ergebnisproblemen ausgewachsen haben. Genauso wie ein Qualitätsbeauftragter ist der Controller kein Übermensch. Er kann nicht besser führen als der Manager; durch seine Neutralität und Unabhängigkeit kann er aber besser zu einseitige Sichtweisen, Inkonsistenzen und andere Führungsprobleme erkennen. Genauso wie Qualitätssicherung soll Controlling nur bis zu dem Umfang erfolgen, an dem die damit erzielten Nutzen die Kosten der Rationalitätssicherung nicht übersteigen (Weber 2002b, S. 3).

3. Entwicklung der Logistik und Anforderungen an das Controlling von Supply Chains

3.1 Stellung des Supply Chain Managements in der Logistik-Entwicklung

Die Diskussion des Logistikbegriffs ist ähnlich umfangreich wie die des Controllings. Allerdings findet sich auch für die Logistik schnell ein gemeinsamer Kern: Das, was für das Controlling die Rationalitätssicherung der Führung ist, ist für die Logistik die Deckung eines Versorgungsproblems. Diese grundsätzliche Aufgabe hat in unterschiedlichen Situationen eines Unternehmens ganz unterschiedliche Schwerpunkte. Insbesondere lassen sich vier verschiedene, aufeinander aufbauende Entwicklungsstadien der Logistik unterscheiden. Supply Chain Management lässt sich hierbei als (vorerst) letzte Phase der Entwicklung der Logistik einordnen.

Der Ursprung der Unternehmenslogistik liegt in einer zusammenhängenden Betrachtung material- und warenflussbezogener Dienstleistungen, insbesondere von Transport, Umschlag und Lagerung (TUL). Logistik in diesem Sinne als eine funktionsbezogene Spezialisierung zu verstehen („TUL-Logistik"), ist noch heute weit verbreitet und bildet eine unverzichtbare Basis zur Erzielung von Versorgungssicherheit. Die nächste Stufe der Logistikentwicklung lässt sich als eine Folge dieser Funktionsspezialisierung auffassen. Nach vollzogener Rationalisierung der gegebenen Transport-, Umschlags- und Lagervorgänge waren weitere Spezialisierungsgewinne nur dadurch möglich, dass die Logistik aktiven Einfluss auf die Bedarfe nahm. Ihr Fokus wendete sich von der Effizienz einer isolierten Funktion zur Effizienz der Koordination unterschiedlicher Funktionsbereiche. Mit der Aufgabenausweitung wuchs der dispositive Anteil der Logistikaktivitäten erheblich. Gleichzeitig gewann die Logistik im Unternehmen an Bedeutung. Die dritte Stufe der Logistikentwicklung stellte dann nicht nur die Bedarfe an TUL-Leistungen, sondern die gesamte Struktur der Wertschöpfungsprozesse in Frage. Nur durch eine konsequente, flussorientierte Gestaltung der Prozesse des Gesamtunternehmens waren weitere Gewinne erzielbar.

Die vierte und vorerst letzte Stufe der Logistikentwicklung weitet den Blick über die Grenzen des einzelnen Unternehmens hinaus und versucht, das Prinzip der flussorientierten Gestaltung der Wertschöpfung auf mehrere miteinander in Liefer- und Leistungsbeziehungen stehende Unternehmen auszuweiten **(Supply Chain Management)**. Angestrebt wird eine flussorientierte Gestaltung und Koordination der Geschäftsprozesse von der „Source of Supply" bis zum „Point of Consumption". Supply Chain Management bezeichnet so die integrierte Betrachtung von Güterströmen, logistischen und akquisitorischen Informationen, Finanzmitteln und Rechten über die gesamte Wertschöpfungskette. Die unternehmensübergreifende, optimierte Wertschöpfungskette mit einer abgestimmten Strategie der Partner trägt deutlich zur langfristigen Wettbewerbsfähigkeit gegenüber Mitbewerbern bei. Frühzeitige gegenseitige Information ermöglicht schnelle und durchgängige Reaktionen auf Bedarfsveränderungen, enge gegenseitige Abstimmung in der Planung, Produktgestaltung und im Design und Betrieb von IT-Systemen schafft Vorteile gegenüber unkoordinierten Wettbewerbern (Weber 1999, S. 2; Weber/Blum, 2001, S. 9).

Wie eine aktuelle empirische Studie zeigt (im Detail Dehler 2001, Weber 2002a, S. 24f.) herrscht bei den meisten Industrieunternehmen heute noch ein eher traditionelles Logistikverständnis vor: Lediglich 7 Prozent der befragten Unternehmen sehen sich bereits auf der höchsten Entwicklungsstufe der Logistik, dem Supply Chain Management, angelangt. Allerdings hat die Mehrheit der Unternehmen (57 Prozent) das Ziel, die Logistik zu einer unternehmensübergreifenden Führungsfunktion (Supply Chain Management) weiterzuentwickeln. Also macht es Sinn, sich intensiver mit der Gestaltung "passender" Controlling-Konzepte zu beschäftigen.

3.2 Besonderheiten des Controllings von Supply Chains

Je nach Entwicklungsstand der Logistik im Unternehmen werden an das Logistik-Controlling unterschiedliche Aufgaben gestellt (im Detail Weber 1999, S. 7ff. und Weber 2002b, S. 15ff.). Gerade auf der Stufe des Supply Chain Managements ist der Blick des Controllings auf das logistische Zusammenspiel mehrerer Unternehmen auszuweiten. Neben der Lösung von koordinationsbezogenen Fragestellungen und der Optimierung der material- und warenflussbezogenen Dienstleistungen besteht die zusätzliche Aufgabe darin, rechtlich und wirtschaftlich selbständige Unternehmen zu einer engen Zusammenarbeit zu bringen und den erfolgreichen Fortbestand der Kooperation zu sichern. Gänzlich ungewohnte bzw. neue Fragen von Netzwerkfähigkeit, Vertrauen, Gerechtigkeit und Macht werden ebenso relevant wie „klassische" TUL-Problemstellungen, die übereinstimmende Definition und Messung gemeinsam genutzter Steuerungsgrößen oder der Aufbau einer unternehmensübergreifenden Logistikkostenrechnung.

Ausgehend von den internen Daten sind mit den Partnern gemeinsam Kennzahlen (Kosten-, Erlös- und Leistungskennzahlen) einheitlich zu definieren, die einen Supply Chain überspannenden Charakter tragen und beispielsweise Durchlaufzeiten bezogen auf die gesamte Supply Chain angeben. Dabei müssen alle Partner der Wertschöpfungskette zunächst ihre unternehmensinternen „Hausaufgaben" machen, da auf Kosten-, Leistungs- und Erlösdaten der innerbetrieblichen Logistik zurückgegriffen werden muss (Weber/Blum 2001, S. 9-11). Doch selbst wenn die unternehmensinternen „Hausaufgaben" erledigt sind, besteht die Schwierigkeit für das Supply Chain Controlling darin, nicht vorhandene (weil nicht erhobene) oder nicht vergleichbare Informationen über die einzelnen Teilprozesse in der Wertschöpfungskette zu „synchronisieren" (Kummer 2001, S. 82). Da im Rahmen des Supply Chain Managements mehrere Unternehmen miteinander kooperieren, sind zusätzlich zu den unternehmensübergreifenden Kosten-, Erlös- und Leistungsdaten Kennzahlen zu definieren, die in der Lage sind, die Intensität und Qualität der Kooperation abzubilden (Gericke/Kaczmarek/Schweier/Sonnek/Stüllenberg/Wiesenhahn 1999, S. 14). Somit ist eine wesentliche Aufgabe des Supply Chain Controllings, finanzielle und nicht-finanzielle Kennzahlen unternehmensübergreifend zu etablieren (Gunasekaran/Patel/Tirtiroglu 2001, S. 84) und die Abstimmung und Kommunikation über alle Partner der Supply Chain hinweg sicherzustellen.

Um diese finanziellen und nicht finanziellen Kennzahlen in einer unternehmensübergreifenden Supply Chain ermitteln zu können, ist ein intensiver Informationsaustausch – auch von vertraulichen Daten – von zentraler Bedeutung. Um diesen zwischen den Partnern zu gewährleisten, ist eine Abstimmung der Informationssysteme zur Optimierung der Schnittstellen eine wesentliche Voraussetzung (Wertz 2000, S. 104). Der Grad dieser Abstimmung gibt einen deutlichen Hinweis auf die Intensität der Kooperation. Weitere Indikatoren können z. B. die Anzahl gemeinsamer Projekte oder Abstimmungssitzungen sein. Weiterhin kann beispielsweise über einen Vertrauensindex eine Aussage über die Qualität der Kooperation gemacht werden. Da die Faktoren Kooperationsqualität und Kooperationsintensität einen entscheidenden Einfluss auf die Supply Chain Partnerschaft haben (Wertz 2000, S. 158*)*, ist es sehr wichtig, jederzeit über den Status quo dieser Faktoren informiert zu sein und zu erkennen, in welchen Bereichen negative Entwicklungen auftreten und wie diesen zu begegnen ist. Daher müssen diese Faktoren in das Supply Chain Controlling integriert werden. Eine Möglichkeit, diese Kennzahlen zu ermitteln und zu operationalisieren, wird im Abschnitt 4.2 zum Beziehungscontrolling dargestellt, das einen wesentlichen Teil des Supply Chain Controllings bildet.

Die hohe Komplexität und Interdependenz der Problemstellungen des Supply Chain Managements bedingen also unterstützende Instrumente, die eine fortlaufende Lenkung der jeweiligen Prozesse auf die zu realisierenden Ziele der gesamten Supply Chain fokussieren. Besondere Bedeutung fällt nicht nur der Frage zu, wie die Controlling-Instrumente über unterschiedliche Geschäftsprozesse und Abteilungen hinweg auszugestalten sind, sondern vor allem auch, wie dies über mehrere Unternehmensgrenzen hinweg geschehen kann und wie solche Faktoren, die eine Aussage über die Komplexität, Qualität und Intensität einer unternehmensübergreifenden Kooperation geben, integriert werden können. Um diesen Anforderungen gerecht zu werden, ist es notwendig, die verschiedenen „traditionellen" Controlling-Instrumente für die spezifischen Anforderungen des Supply Chain Managements und des Supply Chain Controllings zu erweitern. Beispielsweise beschreiben bestehende Kennzahlensysteme nicht adäquat das komplexe System einer Supply Chain, diese sind daher zu modifizieren (Beamon 1999, S. 275, Keebler 2000, S. 3ff.). Die Anpassungen sind im Wesentlichen **inhaltlicher** Art, z. B. durch die Verwendung von unternehmensübergreifenden Kennzahlen. **Strukturelle** Ergänzungen, die Aspekte der Beziehungen wie z. B. Kooperationsqualität und Kooperationsintensität berücksichtigen, sind jedoch z. T. auch erforderlich. Eine Auswahl von Controlling-Instrumenten, die zur Durchsetzung der unternehmensübergreifenden Flussorientierung (Supply Chain Management) geeignet sind, wird im nächsten Abschnitt vorgestellt.

4. Instrumente des Supply Chain Controllings

4.1 Überblick

Die eingesetzten Instrumente sollten in der Lage sein, die spezifischen strategischen und operativen Engpässe des Supply Chain Managements adäquat zu berücksichtigen. Zudem sind dabei eine hohe Transparenz und möglichst einfache Verwendbarkeit der Instrumente notwendig. Neben einer reinen Kontrolle des Status quo sollten die Instrumente Unterstützung bei der operativen und strategischen Planung bieten sowie die Umsetzung von Verbesserungsmaßnahmen in der Supply Chain unterstützen. Vielmehr als bei Controlling-Instrumenten innerhalb eines Unternehmens spielen zudem „weiche" Faktoren wie z. B. Vertrauen eine wesentliche Rolle bei der Zusammenarbeit verschiedener Unternehmen (vgl. Abschnitt 3.2). Diese beziehungsrelevanten Aspekte müssen daher Berücksichtigung in einem Controlling-System für Supply Chains finden. Die Instrumente, die nach entsprechender Anpassung und in Kombination die oben gestellten Anforderungen an ein Supply Chain Controlling umfassend erfüllen, sind:

- Methoden des Beziehungscontrollings
- Unternehmensübergreifende Prozesskostenrechnung
- Kennzahlen für das Supply Chain Controlling
- Balanced Scorecard für das Supply Chain Controlling

Die Methoden des Beziehungscontrollings bilden die Grundlage, um darauf aufbauend Kennzahlen und eine unternehmensübergreifende Prozesskostenrechnung als Teile eines leistungsfähigen, unternehmensübergreifenden Informations- und Steuerungssystems aufzubauen. Die Balanced Scorecard bildet darüber hinaus das Integrationsinstrument, das die wesentlichen Steuerungsgrößen der Supply Chain miteinander verknüpft.

4.2 Methoden des Beziehungscontrollings

Partnerschaften zwischen Unternehmen können sich aus verschiedenen Konstellationen heraus entwickeln, etwa von einem einzelnen Unternehmen voran getrieben oder aus einer länger bestehenden Geschäftsbeziehung heraus. Unabhängig von der Vorgeschichte der Partnerschaft hat ein Beziehungscontrolling die Aufgabe, Kriterien zu definieren, die den aktuellen Stand einer Partnerschaft messbar machen (Wiedemann/Dunz 2000, S.42 f.). Weiterhin ist zu identifizieren, in welchen Bereichen der partnerschaftlichen Zusammenarbeit Verbesserungen erzielt werden können. Dies kann durch ein Beziehungscontrolling erreicht werden, das zum einen auf Basis von gemeinsam vereinbarten, quantifizierten Zielvorgaben regelmäßige Soll-/Ist-Vergleiche durchführt und das zum anderen durch ein Vertrauenscontrolling die Qualität der Vertrauensbasis in einer Partnerschaft kontinuierlich überwacht.

4.2.1 Planung, Zielvorgaben und Soll-/Ist-Vergleich

Wesentliche Funktionen, die das Controlling innerhalb eines Unternehmens unterstützen muss, sind die Planung (einschließlich Zielfestlegung), Informationsversorgung und Kontrolle (vgl. Abschnitt 2). Diese Funktionen sind auch auf ein Beziehungscontrolling innerhalb einer Supply Chain Partnerschaft zu übertragen (Wiedemann/Dunz 2000, S. 46f.). Ein Beziehungscontrolling hat daher zuerst die Aufgabe eine gemeinsame Planung der Aktivitäten und Ziele der Supply Chain Partner zu ermöglichen. Ausgangspunkt sollte hierbei eine gemeinsam festgelegte Strategie sein, die von allen Supply Chain Partnern als sinnvoll erachtet wird und mit den individuellen Unternehmensstrategien (weitestgehend) kompatibel ist. Ausgehend von dieser Strategie sind regelmäßig Ziele für die gesamte Supply Chain festzulegen, die wiederum auf die einzelnen relationalen Beziehungen zwischen den Unternehmen heruntergebrochen werden können. Diese Ziele sollten möglichst quantifiziert werden, damit eine eindeutige Messbarkeit ermöglicht wird. Je nach Strategie der Supply Chain können diese Ziele unterschiedliche Ausprägung besitzen. Neben Kosten-, Leistungs- und Erlöszielen sind Ziele, die Aussagen über die Kooperationsintensität (vgl. Abschnitt 3.2 und 4.5.2) ermöglichen (wie z. B. die Anzahl gemeinsamer Projekte), zu berücksichtigen. Kongruenz und Verbindlichkeit lassen sich als wesentliche Anforderungen an die Ziele festhalten.

Auf Basis der festgelegten Ziele sind durch ein Beziehungscontrolling regelmäßige Soll-/ Ist-Vergleiche durchzuführen. Dieser Vergleich der geplanten Ziele mit dem tatsächlich erreichten Zustand der Partnerschaft erlaubt eine Aussage darüber, wie gut die Partnerschaft funktioniert und wie erfolgreich sie ist. Die Erfassung der Steuerungsgrößen über die Ist-Situation basiert auf Instrumenten, wie z. B. einer unternehmensübergreifenden Kosten- und Leistungsrechnung (vgl. Abschnitt 4.3) und Supply Chain Kennzahlen (vgl. Abschnitt 4.4). Dabei ist insbesondere bei den Kosten-, Leistungs- und Erlöszielen zu beachten, dass nur in dem Umfang quantifizierbare Ziele definiert werden können, wie vergleichbare Ausgangsdaten bei den Partnern vorliegen.

Kommt es bei diesen Vergleichen zu starken negativen Abweichungen von den Zielvorgaben, müssen die Gründe hierfür systematisch untersucht werden. Die Ursachen können z. B. im mangelnden Einsatz der Partner oder in individuellen Umsetzungsproblemen liegen. Also sollte das Beziehungscontrolling entweder dafür sorgen, dass den betroffenen Partnern Hilfestellungen bei der Umsetzung gegeben wird oder gewährleisten, dass die betroffenen Unternehmen bei weiterer Nichterfüllung mit Sanktionen zu rechnen haben. Eine weitere mögliche Ursache für negative Abweichungen sind starke Veränderungen der externen Einflussfaktoren wie z. B. starke Marktveränderungen. In diesem Fall sollte überprüft werden, inwieweit die Planung bzw. Zielsetzung der Supply Chain trotz abweichender Prämissen noch Gültigkeit besitzt.

4.2.2 Vertrauenscontrolling

Der große Einfluss von Vertrauen auf die Qualität und den Erfolg der Zusammenarbeit in einer Kooperation ist theoretisch nachweisbar (Wurche 1994, S. 155). In einer empirischen Studie wurde zudem Vertrauen als der wichtigste Erfolgsfaktor in einer Lieferanten-Produzenten-Beziehung identifiziert (Wertz 2000, S. 158). Es ist evident, dass großes Vertrauen zwischen Partnern viele Aufgaben einfacher lösbar macht. Insbesondere Fragen des Datenaustausches und der Aufteilung möglicher Gewinne zwischen den Partnern lassen sich auf Basis einer vertrauensvollen Partnerschaft einfacher lösen (vgl. Abschnitt 4.3.2).

Vertrauen ist ein komplexes, psychologisches Phänomen, das sich nicht monokausal durch einen Faktor alleine erklären lässt. Eine quantitative Messung des Vertrauens ist daher schwierig, muss jedoch realisiert werden, um das Vertrauen innerhalb der Partnerschaft kontrollieren zu können. Folgende Faktoren können das Vertrauen positiv beeinflussen (Handfield/Nichols 1999, S. 83ff.) und eine quantifizierbare Aussage über das Vertrauen ermöglichen:

- Zuverlässigkeit: Die Partner halten sich an vereinbarte Abmachungen.

- Kompetenz: Die ausgewählten Partner verfügen über nachgewiesene technologische Kompetenz und stellen kompetente und erfahrene Mitarbeiter für die Zusammenarbeit zur Verfügung.

- Emotionales Vertrauen: Die Mitarbeiter, die die Schnittstelle der Zusammenarbeit bilden, besitzen gutes technologisches Know-How, gute Führungsfähigkeiten und gesunden Menschenverstand.

- Verletzbarkeit: Ein „fairer" Informationsaustausch, der keinen der Partner benachteiligt, stellt sicher, dass kein Partner das Gefühl hat, ungerecht behandelt zu werden.

- Loyalität: Demonstration einer hohen Einsatzbereitschaft für die Partnerschaft zeigt dem Partner, dass man die Partnerschaft ernst nimmt.

Ein Vertrauenscontrolling sollte daher die Partner dazu anhalten, stärker auf diese Faktoren zu achten. Eine Möglichkeit den Grad des Vertrauens und andere „weiche" Faktoren zwischen den Partnerunternehmen zu messen, ist die regelmäßige gegenseitige Befragung aller wichtigen Partnerunternehmen der Supply Chain bezogen auf die oben genannten Faktoren. Diese Befragung sollte sowohl die relationalen Beziehungen zwischen einzelnen Unternehmen als auch Aspekte, die das Vertrauen in der Partnerschaft insgesamt berücksichtigen, erfassen. Die Befragung ist möglichst von einem unabhängigen Dritten – wie z. B. einem Marktforschungsinstitut oder externen Berater – regelmäßig durchzuführen, da ansonsten die Gefahr einer Verfälschung der Ergebnisse aufgrund von Rücksichtnahmen und Opportunismus besteht. Sollten bei einer Befragung niedrige Vertrauenswerte identifiziert werden, können die Ursachen bei einem individuellen Unternehmen liegen oder aber in strukturellen Problemen der Partnerschaft begründet sein. Im ersten Fall kann das betreffende Unternehmen angehalten werden, stärker auf vertrauensbildende Faktoren (siehe oben) zu achten. Liegen die Ursachen eher im strukturellen Bereich, z. B. begründet durch starke Machtungleichgewichte, sollten die Unternehmen gemeinsam versuchen, hier einen stärkeren Ausgleich zugunsten der Partnerschaft in der Supply Chain zu erreichen und eine Win-Win-Situation für alle Partner herzustellen. Insbesondere in der kooperativen Lösung von Konflikten, die in einer Partnerschaft wohl unvermeidlich sind, liegt auch ein wesentlicher Erfolgsfaktor für das langfristige Bestehen einer Kooperation zwischen Unternehmen (Wertz 2000, S. 88f.).

4.3 Unternehmensübergreifende Prozesskostenrechnung

Die Prozesskostenrechnung wurde in der Vergangenheit bereits ausreichend tief in der Theorie behandelt (z. B. Kaplan/Cooper 1999, Horváth & Partner 1998). Insbesondere die Anwendung der Prozesskostenrechnung auf die Logistikbereiche als Logistikkostenrechnung ist ein Feld, das bereits Berücksichtigung in der betriebswirtschaftlichen Theorie und der unternehmerischen Praxis gefunden hat (Weber 2002a). Grundsätzliches Ziel der Prozess- und auch Logistikkostenrechnung ist die Verringerung der Ungenauigkeiten, die hauptsächlich durch die Verrechnung der Gemeinkosten über Zuschlagssätze von Kostenstellen auf Kostenträger verursacht werden. Die Prozesskostenrechnung wendet die Ideen der klassischen Bezugsgrößenkalkulation auf Gemeinkostenbereiche an und erlaubt damit eine Bewertung von Leistungseinheiten, wie z. B. Kosten pro Einlagerungsauftrag. Die Bestimmung der richtigen Leistungszahlen („Leistungstreiber") kann mit Hilfe einer systematischen Prozesserfassung und -analyse erfolgen. Die Verrechnung der Kosten auf Kostenträger, wie z. B. Produkte, Kunden oder Vertriebskanäle, erfolgt dann entsprechend der tatsächlich in Anspruch genommenen Leistungsmengen und nicht auf Basis von pauschalen Gemeinkostenzuschlägen. Damit wird eine deutlich bessere Verrechnung der Gemeinkosten erreicht. Die bei der Anwendung der Prozesskostenrechnung zu Tage tretenden Kalkulationsfehler der bisherigen Kalkulation können z. T. sehr hoch sein, was wiederum starken Einfluss auf das Produkt-, Kunden- und Vertriebswegportfolio haben kann (Liberatore/Miller 1998, S. 132ff., Weber 2002a, S. 253ff.).

4.3.1 Status quo der Prozesskostenrechnung

Trotz der oben dargestellten deutlichen Vorteile der Prozesskostenrechnung gibt es bisher noch relativ wenige Unternehmen in Deutschland, die die Prozesskostenrechnung tatsächlich verwenden. Nur 40 Prozent der deutschen Unternehmen betreiben die Prozesskostenrechnung fallweise und nur vier Prozent haben die Prozesskostenrechnung im laufenden Einsatz (Homburg/Weber/Aust/Karlshaus 1998, S. 16). Auch in den USA ist dieser niedrige Implementierungsstand im Hinblick auf Activity Based Costing (ABC)[1] zu beobachten. Sogar 56% der U.S.-amerikanischen Unternehmen planen, ABC überhaupt nicht einzuführen (Keebler 2001, S. 419). Auch in den Logistikbereichen deutscher Unternehmen ist ein niedriger Verbreitungsgrad der Prozesskostenrechnung zu beobachten, was aufgrund von Anteilen der Logistikkosten an den Gesamtkosten zwischen 10 und 25 Prozent problematisch erscheint.

Der Hauptgrund für diesen recht niedrigen Implementierungsstand liegt in dem hohen Aufwand, den die Implementierung einer Prozesskostenrechnung von einem Unternehmen verlangt, da die meisten Unternehmen bisher funktional und nicht prozessorientiert ausgerichtet sind. Offenbar sehen die meisten Unternehmen diesen hohen Aufwand noch nicht durch einen entsprechenden Nutzen gerechtfertigt. Den größten Implementierungsaufwand erfordern die detaillierte Analyse der betrachteten Prozesse und die Einführung einer Leistungserfassung für diese Prozesse.

- Bei der Prozessanalyse muss im Wesentlichen ein detailliertes Prozessmapping durchgeführt werden, bei dem die einzelnen Prozessschritte erfasst werden. Zudem sind die Leistungstreiber zu bestimmen, die die Kosten der einzelnen Prozesse und Prozessteile maßgeblich beeinflussen.

- Die Einführung einer Leistungsrechnung wird meistens durch mangelhafte Datenverfügbarkeit erschwert. Als Übergangslösung wird oft versucht, die Daten manuell zu erfassen, was aber eine recht kostenintensive Lösung darstellt. Die eleganteste und zumindest mittelfristig auch kostengünstigste Variante hierzu stellt die automatisierte Erhebung von Leistungsdaten durch Betriebsdatenerfassungssysteme (BDE) dar. Das Erstellen der Schnittstellen zu den BDE-Systemen sowie die Zusammenfassung der Daten in einer Datenbank sind hierbei wiederum als Hauptprobleme der Implementierung einer Prozesskostenrechnung zu nennen.

4.3.2 Konzept der unternehmensübergreifenden Prozesskostenrechnung

Innerhalb eines Gesamtkonzeptes des Supply Chain Controllings bildet die unternehmensübergreifende Prozesskostenrechnung eine wesentliche Basis, da sie eine gemeinsame Sprache zum Austausch von Kosten- und Leistungsdaten zur Verfügung stellt. Mit Hilfe der unternehmensübergreifenden Prozesskostenrechnung sollen die Partnerunternehmen daher in der Lage sein, Ineffizienzen in der gesamten Supply Chain zu identifizieren und die Auswirkungen ihrer Entscheidungen auf die Kostenstruktur der gesamten Supply Chain beurteilen zu können.

Diese Ziele können nur auf der Basis einer unternehmensübergreifend einheitlichen Definition von Kosten- und Leistungsdaten erfüllt werden. Ähnlich wie bei kompatiblen PC-Systemen bedeutet dies, dass die in den einzelnen Unternehmen erhobenen Daten ohne weitere Bearbeitung mit den Daten aus anderen Unternehmen verknüpft oder verglichen werden können (Kummer 2001, S. 82). Diese Standardisierung wird insbesondere durch einheitliche Definition und Abgrenzung der verwendeten Kosten- und Leistungsdaten erreicht. Wichtig hierbei ist, eine gemeinsame Sprache zur Beschreibung der Prozesse über die Unternehmensgrenzen hinaus festzulegen, um die Definition und Abgrenzung der Kosten- und Leistungsgrößen zu erleichtern. Das SCOR-Modell kann hierbei eine wichtige Rolle spielen (Kloth 1999a, S. 15ff.). Meistens sind Unternehmen in mehreren verschiedenen Supply Chains eingebunden. Da das Einhalten von mehr als einem Standard für Kosten- und Leistungsdaten einen erheblichen Aufwand für das einzelne Unternehmen darstellen würde, sollte die Standardisierung möglichst branchenübergreifend erfolgen (VDA 1996, S. 6ff.).

Neben der rein definitorischen Standardisierung spielt auch die Standardisierung des Datenaustausches zwischen den IT-Systemen der beteiligten Unternehmen eine Rolle. Die zumeist sehr unterschiedlichen IT-Systeme der Partner sollten miteinander kompatibel sein, um die Kosten- und Leistungsdaten schnell verfügbar zu machen und manuelle Eingriffe und damit die Gefahr von Fehlern zu reduzieren.

Sobald die Standardisierung der Kosten- und Leistungsdaten und ein gemeinsames Prozessverständnis in einer Supply Chain hergestellt sind, ergeben sich folgende Möglichkeiten für eine unternehmensübergreifende Anwendung der Prozesskostenrechnung:

- Aggregation von unternehmensinternen Kosten- und Leistungsdaten zu Kosten- und Leistungsdaten der gesamten Supply Chain und damit Bestimmung der Gesamteffizienz einer Supply Chain
- Detaillierte Kostenanalysen für Entscheidungen, die sich auf alle Supply Chain Partner auswirken, wie z. B. Komplexitätsreduktion, Bestandsreduktion oder Veränderung der Durchlaufzeiten
- Vergleich der unternehmensinternen Daten für ein Prozessbenchmarking zwischen den Supply Chain Partnern (Kummer 2001, S. 84)
- Entwicklung einer fairen Regelung zur Aufteilung der Gewinne durch Kosteneinsparungen, die durch Optimierung der gesamten Supply Chain erzeugt wurden
- Supply Chain Costing als Target-Costing für die Logistikkosten der Supply Chain. Die Logistikprozesse in der gesamten Supply Chain werden so definiert, dass das vom Endkunden präferierte Preis-/Nutzenverhältnis für das Produkt erreicht wird (Kummer 2001, S. 83). Die Realisierung der Ziel-Kosten wird zum mittelfristigen Ziel der Prozessoptimierung in allen Unternehmen der Supply Chain.

Der bereits dargestellte niedrige Implementierungsstand der Prozesskostenrechnung in den Unternehmen wird die Umsetzung der unternehmensübergreifenden Prozesskostenrechnung allerdings wohl vorerst auf relativ wenige Unternehmen bzw. Kooperationen beschränken. Zudem muss auch zwischen den kooperierenden Unternehmen eine ausreichende Vertrauensbasis existieren, damit ein derart weitreichender Datenaustausch stattfinden kann (vgl. Abschnitt 4.2.2). Ein weiteres Problem ist das Fehlen bzw. die mangelnde Verbreitung von Standards für Kosten- und Leistungsgrößen. Erste Ansätze wie z. B. SCOR oder die Prozessdefinitionen des VDA müssen daher weiterentwickelt werden und größere Verbreitung finden.

4.4 Kennzahlen für das Supply Chain Controlling

Neben grundlegenden Kosten- und Leistungsdaten spielen Kennzahlen eine wesentliche Rolle in der Führung von Unternehmen. Kennzahlen verknüpfen verschiedene Daten in einer Zahl und machen die geschäftliche Realität damit einfacher und schneller verständlich. Kennzahlensysteme wiederum verknüpfen mehrere Kennzahlen in einer Ursache-Wirkungs-Beziehung miteinander. Ein bekanntes Beispiel für Kennzahlensysteme ist das DuPont-Schema zur Berechnung des RoI (Return on Investment), das schon im Jahre 1919 entwickelt wurde, oder die Balanced Scorecard, die im nächsten Abschnitt beschrieben wird.

4.4.1 Konzept der selektiven Kennzahlen

Aus der möglichen Vielfalt von denkbaren Kennzahlen müssen diejenigen ausgewählt werden, die für das Unternehmen oder den betrachteten Bereich von höchster Bedeutung sind. Findet eine systematische Kennzahlenauswahl nicht statt oder werden die Kennzahlen schlicht nach Verfügbarkeit aus den IT-Systemen gewählt, läuft man Gefahr einen „Kennzahlenfriedhof" zu erstellen, der komplex ist, an den Bedürfnissen der Anwender vorbei entwickelt wurde und den dann aufgrund mangelnder Relevanz auch niemand verwendet.

Für einen systematischen Prozess zur Kennzahlenauswahl bieten sich zwei komplementäre Perspektiven an, entlang derer sich die Kennzahlen auswählen lassen.

- Strategische Leistungsanforderungen an den Material- und Warenfluss als Ansatzpunkt der Kennzahlenbildung (Strategische Perspektive):

  Hierbei werden Kennzahlen als Instrument zur Messung der Erfüllung der strategischen Anforderungen an den Material- und Warenfluss, daraus abgeleiteter Ziele und gesetzter Prämissen der Planung definiert. Beispiele für derartige Kennzahlen sind Marktanteile, Lieferzeiten oder Servicegrade, die Indikatoren für die Wettbewerbsfähigkeit eines Unternehmens oder einer Supply Chain am Markt sind.

- Kennzahlen als Instrument zur effektiven Führung und Abwicklung der material- und warenflussbezogenen Leistungserstellung (operative Perspektive).

  Diese Perspektive deckt die potenziellen operativen Engpassbereiche des Flusssystems ab. Kritisch betrachtet werden sollten hierbei Engpässe in den Prozessen sowie Indikatoren der Prozesseffizienz. Beispiele sind daher Ausfallgrade einer bestimmten Förderstrecke, Aufträge pro Tag (zur Abbildung der Prozesseffizienz) oder auch die Veränderung der Zahl der Aufträge (zur Darstellung von dynamischen Entwicklungen).

Eine solche Herleitung einzelner Kennzahlen entlang der beiden komplementären Perspektiven wird als **Konzept der selektiven Kennzahlen** bezeichnet (Weber 2002a, S. 294ff.). Je nach Perspektive und Verwendung kann eine Kennzahl strategischen oder operativen Charakter haben. Beispielsweise kann die Kennzahl Lieferflexibilität strategisch verwendet werden, um Bestände gezielt zu reduzieren. Eine operative Verwendung derselben Kennzahl kann sich auf die Erfüllung spezifischer Kundenanforderungen bezüglich der Lieferflexibilität beziehen.

4.4.2 Übertragung der selektiven Kennzahlen auf Supply Chains

Das Konzept der selektiven Kennzahlen kann auch für unternehmensübergreifende Supply Chains angewendet werden. Hierzu sind wiederum Bedingungen zu erfüllen, die bereits bei der unternehmensübergreifenden Prozesskostenrechnung (vgl. Abschnitt 4.3.2) dargestellt wurden. Insbesondere eine einheitliche Definition und Abgrenzung der verwendeten Kennzahlen ist notwendig, um unternehmensübergreifende Kennzahlen definieren zu können. Zudem werden Kennzahlen für Supply Chains nur dann sinnvoll erstellt werden können, wenn bei den einzelnen Partnerunternehmen ein ausreichend detailliertes Informationssystem existiert. Dieses System sollte auch flexibel genug sein, um die vorhandenen Daten in neue, einheitlich definierte Kennzahlen umzurechnen, bzw. es sollte auf Basis einer standardisierten Definition, wie z. B. dem SCOR-Modell oder der VDA-Richtlinien 5000-5002, entwickelt worden sein. Auf der strategischen Ebene der selektiven Kennzahlen ist eine weitere Voraussetzung, dass es bereits eine festgelegte Strategie für die unternehmensübergreifende Supply Chain gibt, was bisher nur sehr selten der Fall sein dürfte (Weber/Bacher/Groll 2002).

4.4.3 Struktur für unternehmensübergreifende Kennzahlen

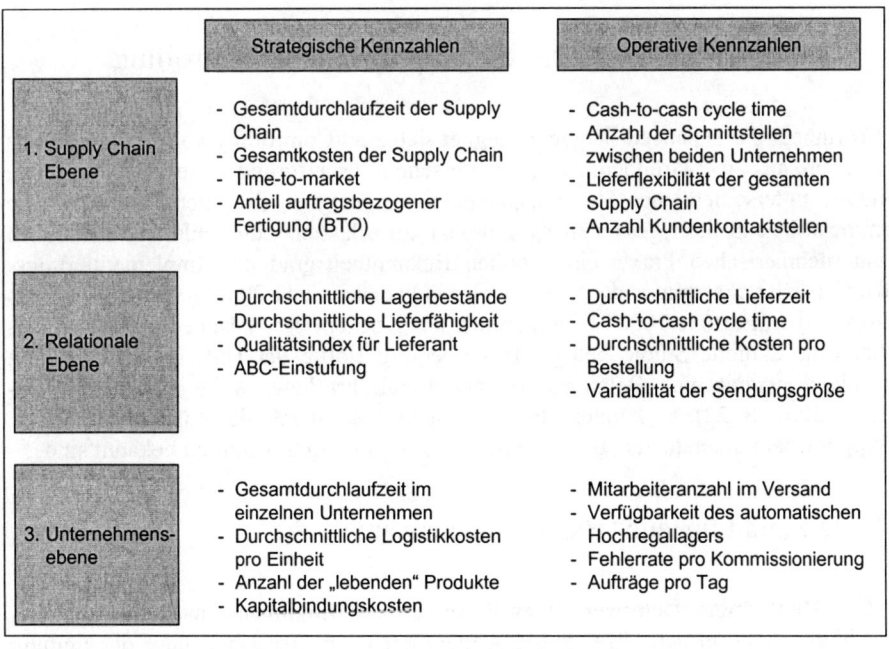

	Strategische Kennzahlen	Operative Kennzahlen
1. Supply Chain Ebene	- Gesamtdurchlaufzeit der Supply Chain - Gesamtkosten der Supply Chain - Time-to-market - Anteil auftragsbezogener Fertigung (BTO)	- Cash-to-cash cycle time - Anzahl der Schnittstellen zwischen beiden Unternehmen - Lieferflexibilität der gesamten Supply Chain - Anzahl Kundenkontaktstellen
2. Relationale Ebene	- Durchschnittliche Lagerbestände - Durchschnittliche Lieferfähigkeit - Qualitätsindex für Lieferant - ABC-Einstufung	- Durchschnittliche Lieferzeit - Cash-to-cash cycle time - Durchschnittliche Kosten pro Bestellung - Variabilität der Sendungsgröße
3. Unternehmensebene	- Gesamtdurchlaufzeit im einzelnen Unternehmen - Durchschnittliche Logistikkosten pro Einheit - Anzahl der „lebenden" Produkte - Kapitalbindungskosten	- Mitarbeiteranzahl im Versand - Verfügbarkeit des automatischen Hochregallagers - Fehlerrate pro Kommissionierung - Aufträge pro Tag

Abbildung 1: Beispiele für Kennzahlen auf den drei Ebenen

Um möglichst alle wesentlichen Aspekte einer Supply Chain abzubilden, können drei Ebenen bei der Verwendung von unternehmensübergreifenden Kennzahlen für Supply Chains unterschieden werden (vgl. Abbildung 1):

1. **Supply Chain Ebene**: Kennzahlen, die die gesamte Supply Chain betreffen, werden hier abgebildet. Beispiele sind die Gesamtdurchlaufzeit eines Auftrages über die gesamte Kette, Cash-to-Cash cycle[2] oder Supply Chain Gesamtkosten.
2. **Relationale Beziehung**: Kennzahlen, die eine Zweier-Beziehung, wie z. B. Lieferant/Händler abbilden. Beispiele für Kennzahlen sind hier: Lieferfähigkeit des Lieferanten, Zahlungszuverlässigkeit des Händlers oder durchschnittliche Lagerbestände bei Händler und Lieferant.
3. **Einzelnes Unternehmen**: Hier findet sich das ursprüngliche System der selektiven Kennzahlen wieder, das die strategischen und operativen Kennzahlen des einzelnen Unternehmens enthält.

Auf jeder Kennzahlenebene sollen die zwei Perspektiven – Strategiebezug und operativer Engpassbezug – angewendet werden. Die strategischen und operativen Kennzahlen auf den drei Ebenen sollten in einem engen Zusammenhang zueinander stehen. Dies erlaubt das Verfolgen von Problemen von der oberen Supply Chain Ebene bis in die Ebene des einzelnen Unternehmens hinein.

4.5 Balanced Scorecard für das Supply Chain Controlling

Das Instrument der Balanced Scorecard eignet sich zum Controlling von Supply Chains insbesondere aus zwei Gründen: Zum einen erscheint es aufgrund seiner ausgewogenen Abbildung unterschiedlicher Führungsperspektiven geeignet, die interorganisatorische Zusammenarbeit in ihrer gesamten Komplexität zu erfassen. Zum anderen weist sie in der unternehmerischen Praxis einen hohen Bekanntheitsgrad und Implementierungsstand auf: Nach Schätzungen der *Gartner Group* haben im Jahr 2000 in den USA bereits 40 Prozent der „Fortune 1000" Unternehmen das Konzept der Balanced Scorecard eingesetzt. Eine aktuelle Studie belegt, dass über die Hälfte der Unternehmen auch in Deutschland derzeit eine Balanced Scorecard einführt bzw. weiterentwickelt (Weber/Sandt 2001, S. 22). Es können aber nur solche Instrumente die Zusammenarbeit in der Supply Chain unterstützen, die allen beteiligten Partnern hinlänglich bekannt sind.

4.5.1 Die „traditionelle" Balanced Scorecard

Vor dem Hintergrund lauterwerdender Kritik an der Eindimensionalität finanzieller Kennzahlensysteme in den USA wurde Anfang der neunziger Jahre unter der Leitung von *Robert S. Kaplan* und *David P. Norton* ein Forschungsprojekt mit 12 amerikanischen Unternehmen durchgeführt. Ziel war es, die vorhandenen Kennzahlensysteme an die gestiegenen Anforderungen der Unternehmen anzupassen. Im Konzept der Balanced Scorecard werden dementsprechend die traditionellen finanziellen Kennzahlen durch eine Kunden-, eine interne Prozess- sowie eine Lern- und Entwicklungsperspektive ergänzt; vorlaufende Indikatoren bzw. Leistungstreiber treten damit an die Seite von Ergebniskennzahlen. Eine traditionelle Balanced Scorecard besteht aus vier Perspektiven. Für jede Perspektive sind ausgehend von der Strategie Ziele, Kennzahlen, Vorgaben und Maßnahmen zu definieren. Die Balanced Scorecard präsentiert sich somit als strukturierte, ausgewogene Sammlung von Kennzahlen, die zudem über Ursache-Wirkungsbeziehungen miteinander verbunden sind. Die Balanced Scorecard stellt nach *Kaplan/Norton* aber nicht nur ein neues Kennzahlensystem dar; als „Managementsystem" soll sie vielmehr das Bindeglied zwischen einer Strategie und ihrer Umsetzung sein. Damit ist die Strategiedefinition der Ausgangspunkt zur Entwicklung einer Balanced Scorecard und entscheidend für den Umsetzungserfolg (im Detail Kaplan/Norton 1997, S. 9f., Weber/Radtke/Schäffer 2001, S. 2ff., Weber/Schäffer 2000, S. 1ff.).

Obwohl die Balanced Scorecard in der Managementpraxis und der betriebswirtschaftlichen Diskussion eine hohe Bedeutung einnimmt (u. a. Horváth & Partner 2000, Weber/Schäffer 2000), beschäftigen sich nur wenige Autoren mit der Konzeption bzw. der Anpassung einer Balanced Scorecard für das Controlling von Supply Chains (Stölzle/Heusler/Karrer 2001, S. 79). Erste Gedanken zur Konzeption einer unternehmensübergreifenden Balanced Scorecard finden sich bei zwei amerikanischen Autoren (Brewer/Speh 2000, S. 75 und Brewer/Speh 2001, S. 54) und im deutschsprachigen Raum bei *Werner* (Werner 2000a, S. 8f., und Werner 2000b, S. 14f.). Sie übernehmen die Balanced Scorecard in ihrer Grundstruktur mit den vier bekannten Dimensionen. Es werden **inhaltlich** lediglich vereinzelt Supply Chain-spezifische Aspekte durch die Integration von unternehmensübergreifenden Leistungskennzahlen in den vier Perspektiven ergänzt, ohne die Balanced Scorecard **strukturell** an den spezifischen Anforderungen unternehmensübergreifender Kooperationen auszurichten. Nur bei *Stölzle* finden sich erste strukturelle Modifikationen (Stölzle/Heusler/Karrer 2001, S. 80f.).

4.5.2 Anforderungen an eine Balanced Scorecard für das Supply Chain Controlling

Eine Balanced Scorecard für das Controlling von Supply Chains muss zum einen unternehmensübergreifende Sachverhalte berücksichtigen und zum anderen die Faktoren Kooperationsqualität und Kooperationsintensität (vgl. Abschnitte 3.2 und 4.2) abbilden. Hieraus resultiert eine signifikante **inhaltliche** und **strukturelle** Veränderung der traditionellen Balanced Scorecard. Wir schlagen strukturell die vier Perspektiven Finanzen, Prozess, Kooperationsqualität und Kooperationsintensität vor. Inhaltlich werden ausschließlich Supply Chain-bezogene Kennzahlen verwendet (im Detail Weber/Bacher/Groll 2002).

Wie bei der traditionellen Balanced Scorecard soll im Rahmen einer Balanced Scorecard für das Controlling von Supply Chains die **finanzielle Perspektive** zeigen, ob die Implementierung der Supply Chain Strategie zur Ergebnisverbesserung beiträgt. Kennzahlen der finanziellen Perspektive können z. B. die erzielte Gesamtkapitalrendite, Economic Value Added (EVA^{TM}) oder Cash Value Added (CVA) bezogen auf die gesamte Supply Chain sein. Darüber hinaus sind finanzielle Kennzahlen, wie z. B. Gesamtlogistikkosten notwendig, um die finanzielle Leistungsfähigkeit der Supply Chain zu messen. Die finanziellen Kennzahlen nehmen auch hier eine Doppelrolle ein. Zum einen definieren sie die finanzielle Leistung, die von einer Supply Chain Strategie erwartet wird. Zum anderen fungieren sie als Endziele für die anderen Perspektiven der Balanced Scorecard, die über Ursache-Wirkungsbeziehungen mit den finanziellen Zielen verbunden sind.

Die Aufgabe der **Prozessperspektive** ist es, diejenigen Prozesse abzubilden, die vornehmlich von Bedeutung sind, um die Ziele der finanziellen Perspektive zu erreichen. Die für eine traditionelle Balanced Scorecard geforderte Abbildung der unternehmensinternen Wertschöpfungskette (Weber/Radtke/Schäffer 2001, S. 8) wird nun auf die Betrachtung der gesamten Supply Chain erweitert. Im Rahmen der Prozessperspektive ist zu überprüfen, ob die unternehmensübergreifende Flussorientierung erreicht wird und welche Hindernisse bei der Realisierung auftreten. Eine wichtige Kenngröße könnte etwa die Gesamtdurchlaufzeit der Supply Chain sein.

In Abschnitt 3.2 wurde bereits erwähnt, dass sich für das Controlling von Supply Chains spezifische Anforderungen ergeben, die insbesondere Aussagen über die Dimensionen **Kooperationsqualität** und **Kooperationsintensität** erfordern. Daher werden diese Perspektiven in die Balanced Scorecard für das Controlling von Supply Chains integriert. Im Rahmen der Perspektive **Kooperationsintensität** sollen die „harten" Faktoren der Kooperation gemessen werden. Diese Perspektive ist notwendig, um zum einen die Art und Weise zum anderen die Entwicklung der Partnerschaft zwischen den Supply Chain Partnern zu verfolgen. Dieser Sachverhalt kann z. B. durch die Quantität und Qualität ausgetauschter Datensätze quantifiziert werden. Eine solche Abbildung der Beziehungsintensität wird auch in Ansätzen von *Brewer/Speh* (Brewer/Speh 2000, S. 89) vorgeschlagen, aber nicht konsequent zu Ende geführt.

In der betriebswirtschaftlichen Literatur ist bisher die Abbildung der „weichen" Faktoren der Kooperation im Rahmen einer Balanced Scorecard vernachlässigt worden. Da diese „weichen" Faktoren aber einen zentralen Einfluss auf den Erfolg der Beziehung haben und bei Mängeln ein Scheitern der Zusammenarbeit verursachen können, müssen auch diese Faktoren in die Steuerung einer Supply Chain einbezogen werden. Hierfür dient die Perspektive **Kooperationsqualität**. Sie erfasst, wie gut die Kooperation zwischen den Partnern funktioniert. Beispiele können Indizes zum Vertrauen der Partner untereinander oder auch die Anzahl unkooperativ gelöster Konflikte sein *(Weber 2002a, S. 312)*.

Ganz entsprechend dem Standardmodell der Balanced Scorecard sollten die Supply Chain Kennzahlen der einzelnen Perspektiven auf eine überschaubare Anzahl beschränkt bleiben. Spezifisch ist aber zu beachten, dass die Kennzahlen gemeinsam und einheitlich zwischen den Partnern definiert werden und dass hauptsächlich unternehmensübergreifende Kennzahlen Verwendung finden. Auch für die hier vorgestellte Balanced Scorecard für das Supply Chain Controlling ist der Ausgangspunkt die gemeinsame Strategiedefinition der Partner bezogen auf die gesamte Supply Chain. Diese Strategie wird mit Hilfe der Balanced Scorecard operationalisiert und „umsetzungsfähig" gemacht. Allerdings sind im Bereich der unternehmensübergreifenden Strategiefindung und -definition in der Praxis (teils eklatante) Defizite festzustellen; Unternehmen sehen sich bis heute selten als Mitglieder einer oder mehrerer (gemeinsamer) Supply Chains; dementsprechend findet die Koordination einer unternehmensübergreifenden Strategie, die für das Supply Chain Management unerlässlich ist, kaum statt (Stölzle/Heusler/Karrer 2001, S. 76). *Kaufmann* spricht an dieser Stelle sehr pointiert von „Kooperationsromantik" (Kaufmann 2001, S. B 11). Fragen der gemeinsamen Strategiedefinition und der Integration der Supply Chain Strategie in die Gesamtstrategie der einzelnen Unternehmen sowie die damit einhergehende „Synchronisierung" der unterschiedlichen Balanced Scorecards sind auch im Rahmen der betriebswirtschaftlichen Forschung noch nicht ausreichend beantwortet.

4.5.3 Beispiel für eine unternehmensübergreifende Balanced Scorecard

Analog der traditionellen Balanced Scorecard (Weber/Radtke/Schäffer 2001, S. 8) sollen die Kennzahlen der Kooperationsqualitäts-, Kooperationsintensitäts- und Prozessperspektive über Ursache-Wirkungsbeziehungen mit den finanziellen Zielen verbunden sein. Die Verknüpfung kann – selten – auf mathematischen oder – überwiegend – auf sachlogischen Zusammenhängen beruhen. Analog der Vorgehensweise für eine traditionelle Balanced Scorecard sind für alle Perspektiven strategische Ziele, relevante Messgrößen und Maßnahmen zur Zielerreichung zu definieren. Dabei werden in einzelnen Perspektiven zur Ermittlung einer Messgröße für die gesamte Supply Chain Verdichtungen der Kennzahlen der einzelnen Unternehmen zu bilden sein. Diese Verdichtungen sind je nach Kennzahltyp und Perspektive unterschiedlich zu gestalten. Bei solchen Kennzahlen, die eine Aussage über das Vertrauen innerhalb der Kooperation ermöglichen, ist es beispielsweise notwendig, „Ausreißer" nicht durch eine Durchschnittsbildung zu glätten und somit aus dem Blickfeld zu verlieren. Vielmehr sollten für Kennzahlen, bei denen diese Probleme auftreten, neben den Durchschnittswerten auch Varianzen angegeben werden (vgl. Abschnitt 4.2.2). Bei Kennzahlen wie z. B. Durchlaufzeiten kann wiederum eine additive Verdichtung sinnvoll sein, da die Summe der Durchlaufzeit über die gesamte Supply Chain eine wichtige Messgröße darstellt. Für eine detaillierte Analyse sind neben der Summe auch hier die Einzelwerte anzugeben, um die Maximal- bzw. Minimalwerte identifizieren zu können. In Abbildung 2 ist beispielhaft eine Balanced Scorecard für eine Supply Chain dargestellt, die in ihrer Struktur auch für andere Kooperationen und Netzwerke verwendet werden kann.

Neben der unternehmensübergreifenden Balanced Scorecard sollten, analog zu den Kennzahlen, auch Balanced Scorecards für die relationalen Beziehungen zwischen den Unternehmen sowie die Gesamtlogistik der einzelnen Unternehmens bestehen (vgl. Abschnitt 4.4.3). Die Perspektiven der Balanced Scorecard für die relationale Beziehung können sich hierbei an der Balanced Scorecard auf Supply Chain Ebene orientieren. Für die Balanced Scorecard der unternehmensinternen Gesamtlogistik bietet sich eine Struktur an, die die Perspektiven Finanzen, Lernen und Entwicklung, Koordinationsprozess und Koordinationsstruktur abdeckt (im Detail s. Weber 2002a, S. 301f.).

Auszug aus einer SCC Balanced Scorecard	Strategische Ziele	Messgrößen	Mögliche Maßnahmen
Finanzielle Perspektive	Profitabilität der Supply Chain steigern	RoA für die gesamte Supply Chain um x% steigern	Outsourcing von Warehaousing und die Kapitalbindung entlang der Supply Chain senken
	Kostenführerschaft erreichen	Logistikkosten in der gesamten Supply Chain pro Einheit um x % senken	Kapazitäten der Supply Chain Partner bündeln
Prozessperspektive	Kunde soll Ware 10 Tage nach Auftrageingang erhalten	DLZ für die gesamte Supply Chain auf 10 Tage reduzieren	Prozessoptimierung bei Liegezeiten und wertschöpfenden Aktivitäten
	Flexibilität der Fertigung erhöhen	Freezing Point in % der gesamten DLZ erhöhen	Konstruktion der Teile flexible halten und konsequente Verankerung des Postponement Gedankens
Kooperationsintensitätsperspektive	Datenaustausch zwischen den SC Partnern intensivieren	Anzahl und Häufigkeit ausgetauschter Datensätze	IT Vernetzung der SC Partner verbessern
	Abstimmung zwischen den Partnern verbessern	Anzahl der notwendigen Abstimmungssitzungen	Protokollführung systematisieren
Kooperationsqualitätsperspektive	Vertrauen und Zufriedenheit der SC Partner erhöhen	Indizes für Vertrauen und Zufriedenheit	Vision und Grundsätze gemeinsam definieren
	Art der Zusammenarbeit verbessern	Anzahl unkooperativ gelöster Konflikte in der Supply Chain	„Schiedsrichter" für die Supply Chain einführen

Abbildung 2: Beispielhafte Darstellung von strategischen Zielen, Messgrößen und Maßnahmen für die vier Dimensionen einer BSC für Supply Chains

5. Ausblick

Vorgestellt wurden Controlling-Instrumente, die auf die spezifischen Anforderungen der Steuerung von unternehmensübergreifenden Supply Chains ausgerichtet sind. Dabei wurden die Instrumente im Vergleich zu ihrem „unternehmensinternen" Gebrauch inhaltlich und strukturell z. T. wesentlich verändert. Die inhaltliche Veränderung erfolgt

Ausblick 167

durch die gezielte Verwendung von unternehmensübergreifenden Daten, die durch die Verknüpfung standardisierter, unternehmensinterner Daten erstellt werden. Eine wesentliche strukturelle Modifikation erfuhr die Balanced Scorecard durch die Einbeziehung der für eine unternehmensübergreifende Kooperation erfolgsrelevanten Faktoren Kooperationsintensität und Kooperationsqualität. Allerdings gilt es noch eine Reihe von Problemen zu lösen und Fragen zu beantworten. Ein Problemfeld, das bereits angesprochen wurde, ist die Frage der einheitlichen Definition und Abgrenzung von Kosten- und Leistungsdaten, um den Informationsaustausch zwischen den Unternehmen zu vereinfachen. Die vorhandenen Ansätze zur Standardisierung (Kloth 1999a, S. 15ff., VDA 1996. S. 6ff.) müssen hierzu noch erweitert und in den Unternehmen fester verankert werden. Als weiterer Forschungsbedarf seien insbesondere die Themenkomplexe der unternehmensübergreifenden Strategiedefinition bzw. der Prozess der Strategiefindung innerhalb der Supply Chain Partner und die Integration der hier vorgestellten Controlling-Instrumente in das Controlling der einzelnen Unternehmen genannt. Insbesondere der Prozess der unternehmensübergreifenden Strategiedefinition als Ausgangsbasis und die Verankerung bzw. Integration in die Strategie der einzelnen Unternehmen sind detailliert zu erforschen. Ohne eine einheitliche Supply Chain Strategie aller beteiligten Unternehmen kann es auch kein sinnvolles Supply Chain Controlling geben.

Schließlich wirft die notwendige organisatorische Verankerung und Umsetzung der unternehmensübergreifenden Controlling-Konzepte sowie der dahinterliegenden Entwicklungs- und Abstimmungsprozesse Fragen auf. Soll das Supply Chain Controlling von einem Unternehmen der Kette oder von allen Partnern durchgeführt werden, oder ist es möglicherweise sinnvoller, hiermit einen neutralen Dritten zu beauftragen? Hierbei spielen wiederum Fragen der Machtverteilung zwischen den Partnerunternehmen eine wesentliche Rolle. Ob die Struktur des Partnerschaftsnetzwerkes eher hierarchisch mit einem fokalen Unternehmen, das die Kette bestimmt, oder heterarchisch, mit mehreren gleichberechtigten Unternehmen, ist, wird auch bestimmend sein für die organisatorische Verankerung eines institutionalisierten Supply Chain Controllings (s. auch Teil 2 und 3 dieses Buches). Insgesamt zeigt sich, dass das Supply Chain Controlling, ebenso wie das Supply Chain Management, noch am Anfang der Entwicklung steht. Der vorliegende Beitrag soll helfen, erste Schritte aufzuzeigen und die weitere Diskussion in der betriebswirtschaftlichen Forschung und vor allem der unternehmerischen Praxis anzustoßen.

Anmerkungen

[1]   Gegenstück zur deutschen Prozesskostenrechnung in den USA

[2]   Dauer, bis investiertes Geld, das z. B. für Rohstoffe ausgegeben wurde, wieder zum Hersteller zurückfließt.

Teil II

SCM-Konzepte und -Systeme innerhalb eines Unternehmensverbundes

Marion Steven und Rolf Krüger

Advanced Planning Systems
– Grundlagen, Funktionalitäten, Anwendungen

1. Integrierte Planung - Herausforderung des Supply Chain Managements

2. Informationssysteme für das Supply Chain Management
   2.1 Die Bedeutung des Produktionsfaktors Information
   2.2 Defizite betrieblicher PPS- und ERP-Systeme
   2.3 Advanced Planning Systems als neue Generation von Informationssystemen

3. Funktionalitäten von Advanced Planning Systems
   3.1 Funktionen im Überblick
   3.2 Strategische Ebene: Netzwerkkonfiguration
   3.3 Taktisch-operative Planung
   3.4 Steuerung und Kontrolle

4. Anwendung von Advanced Planning Systems – Eine kritische Nutzenbetrachtung
   4.1 Leistungsfähigkeit und Systemarchitektur
   4.2 Personelle und organisatorische Anforderungen
   4.3 Einsatzbereich und Alternativen

5. Zusammenfassung und Ausblick

1. Integrierte Planung - Herausforderung des Supply Chain Managements

Die erfolgreiche Implementierung von Supply Chain Management-Konzepten erfordert eine integrierte standort- und unternehmensübergreifende Planung von Geschäftsprozessen. Eine derart umfassende Integration der Planung stellt hohe Anforderungen an die Informationsverarbeitung entlang der Supply Chain. Hierfür steht eine neue Generation computergestützter, modular aufgebauter Informationssysteme zur Verfügung, die Advanced Planning Systems (APS). Advanced Planning Systems unterscheiden sich von den klassischen PPS- und ERP-Systemen durch eine standortübergreifende Unterstützung von Transaktionen und vor allem durch eine umfassende Entscheidungsunterstützung für die strategische, taktische und operative Planung der Produktions- und Logistikaktivitäten des Supply Chain Managements. Im Folgenden werden zunächst verschiedene Informationssysteme für das Supply Chain Management vorgestellt. Anschließend erfolgt ein Überblick über den Aufbau eines APS und die Funktionen der einzelnen Module, deren Leistungsfähigkeit einer kritischen Nutzenbetrachtung unterzogen wird.

2. Informationssysteme für das Supply Chain Management

2.1 Die Bedeutung des Produktionsfaktors Information

Supply Chain Management zielt auf die zwischenbetriebliche Integration aller an der Erstellung einer Leistung beteiligten Wertschöpfungsaktivitäten vom ersten Lieferanten bis zum Endkunden, unabhängig von der wirtschaftlichen und rechtlichen Selbstständigkeit der beteiligten Akteure (Krüger/Steven 2000, S. 501). Durch Supply Chain Management-Konzepte sollen Kosten-, Zeit-, Qualitäts- und Flexibilitätsvorteile erzielt werden, die allen Akteuren der Supply Chain einen nachhaltigen Wettbewerbsvorteil verschaffen. Ausgehend von Produktion und Logistik als Kernaktivitäten der Wertschöpfung stehen die Planung, Steuerung und Kontrolle der Materialflüsse und der zugehörigen Ressourcen im Mittelpunkt. Die Erfüllung dieser Aufgaben erfordert unter anderem die Bereitstellung aufgabenspezifischer Informationen, die durch die systematische Erfassung, Speicherung und Aufbereitung wertschöpfungsbezogener Daten gewonnen werden. Mit steigender Anzahl an Akteuren, Produkten und Material, aber auch mit steigenden Anforderungen an die Präzision der Auftragserfüllung wächst nicht nur die generelle Bedeutung der Informationen für die Wertschöpfung. Immer wichtiger wird auch die Fähigkeit, aus der stark anwachsenden Datenmenge diejenigen Daten zu selektieren und zu Informationen zu verarbeiten, die die Bedürfnisse der jeweiligen Verwender am besten erfüllen. Aufgrund ihrer großen Bedeutung für die Wertschöpfung gelten Informationen längst als eigenständiger Produktionsfaktor, neben den klassischen Faktoren Werkstoffe, Betriebsmittel und menschliche Arbeit (vgl. Kern 1992, S. 15ff.).

Für die Umsetzung von Supply Chain Management-Konzepten wird der Produktionsfaktor Informationen häufig als entscheidende Erfolgsgröße angesehen (vgl. Chopra/Meindl 2001, S. 335ff.). So verbindet sich mit dem Ideal durchgängiger Materialflüsse das Ideal durchgängiger, auf den Materialfluss abgestimmter Informationsflüsse. Dabei stellt die Integration der Informationsflüsse die weitaus größere Herausforderung dar, die technische, organisatorische und personelle Aspekte aufweist. Auch wenn mit computergestützten Informationssystemen die technische Ebene im Mittelpunkt der folgenden Ausführungen steht, dürfen organisatorische und personelle Fragestellungen nicht vernachlässigt werden, scheitert doch die Einführung von Informationssystemen oft an der mangelhaften Anpassung von System und Organisation oder an Akzeptanz- oder Ausbildungsdefiziten auf Seiten der Benutzer. Der Einsatz und die Leistungsfähigkeit von Informationssystemen determinieren Effektivität und Effizienz des Supply Chain Managements:

- Informationssysteme dienen zum einen der Entscheidungsunterstützung. Unter Zuhilfenahme mathematisch gestützter Verfahren lässt sich der Einsatz der Produktionsfaktoren im Hinblick auf die Zielsetzungen des Supply Chain Managements planen und steuern. Hierbei sind grundsätzlich Verfahren, die eine optimale Zielerreichung gewährleisten, von solchen Verfahren zu unterscheiden, die typischerweise nur eine durchführbare Lösung ohne explizite Optimierung konkreter Ziele anstreben.

- Zum anderen erleichtern Informationssysteme die Ausführung von Prozessen und Transaktionen, indem sie einen schnellen Zugriff auf Daten und Informationen erlauben, eine Automatisierung von Routinetätigkeiten übernehmen und eine beschleunigte Weitergabe von Informationen ermöglichen.

Der Grad an Entscheidungs- und Ausführungsunterstützung, den die Informationssysteme leisten, ist entscheidend für die Integration entlang der Supply Chain und die Realisierung der mit dem Supply Chain Management verbundenen Vorteile.

2.2 Defizite betrieblicher PPS- und ERP-Systeme

Aufgrund der Komplexität der Aufgabenstellung und der Reichweite der unternehmensübergreifenden Integration stellt das Supply Chain Management sowohl an die Entscheidungs- als auch an die Ausführungsunterstützung durch Informations- und Kommunikationssysteme hohe Anforderungen, die durch einen bloßen Rückgriff auf die bei den jeweiligen Akteuren bereits vorhandenen PPS- oder ERP-Systeme nicht erfüllt werden können. Die mangelhafte Eignung dieser Informationssysteme liegt vor allem an der Arbeitsweise der Systeme im Bereich der Produktionsplanung, die häufig weder dem wissenschaftlichen Erkenntnisstand noch den informationstechnischen Möglichkeiten zum Zeitpunkt der Anschaffung entsprechen. So orientiert sich die überwiegende Mehrheit dieser PPS- und ERP-Systeme an der Vorgehensweise des Material Requirements Planning (MRP), ein Konzept, das bereits in den 70er Jahren entwickelt und umgesetzt wurde (vgl. Kistner/Steven 2001, S. 186ff.). Durch das Material Requirements Planning wurde erstmals das komplexe Problem der Produktionsplanung so in Teilaufgaben zerlegt, dass diese tatsächlich durch den Einsatz von Informationssystemen unterstützt werden konnte: Ausgehend von den Stücklisten, den verfügbaren Beständen und einem Produktionsplan für Primärbedarfsmengen wurden mit der Stücklistenauflösung, der Nettobedarfsermittlung, der Losbildung, der Vorlaufverschiebung und dem Kapazitätsabgleich fünf Schritte sukzessiv abgearbeitet, die als Ergebnis terminierte Lose lieferten. MRP dient primär der Ausführungsunterstützung. Insbesondere bei mehrstufiger Fertigung ließen sich deutliche Vorteile, wie eine Verringerung der Lagerbestände, realisieren, so dass das MRP-Konzept als Grundlage für nahezu alle PPS-Systeme angesehen werden kann. Die einfache, auf die leistungsschwache Informationstechnik der 70er Jahre abgestimmte Funktionsweise des MRP, vor allem die hierarchische, sukzessive Abarbeitung der Teilschritte ohne die Möglichkeit der Rückkopplung sowie die externe Vorgabe der Primärbedarfsmengen, führten jedoch dazu, dass die Ergebnisse häufig unbefriedigend oder undurchführbar waren, da fehlerhafte Planvorgaben einer hierarchisch übergeordneten Stufe während der Durchführung nicht korrigiert werden konnten.

Das Manufacturing Resource Planning (MRP II) sollte als Weiterentwicklung wesentliche Defizite des Material Requirements Planning beseitigen (vgl. Zäpfel 1994, S. 235). MRP II unterscheidet sich von MRP durch die Einführung von Rückkopplungen zwischen den Teilaufgaben, so dass bei unzulässigen Vorgaben eine Wiederholung vorgelagerter Planungsaktivitäten angestoßen werden kann („closed loop"-MRP). Zudem wurde die Erzeugung des Primärbedarfs in die Gesamtplanung des Unternehmens eingebettet. Die Umsetzung des MRP II-Konzepts ging einher mit einem deutlichen Anstieg der Leistungsfähigkeit von Informationssystemen, die dazu führte, dass die zuvor separaten Informationssysteme für unterschiedliche Teilfunktionen verbunden und zu modularen Enterprise Resource Planning Systems (ERP-Systeme) mit unternehmensweit einheitlicher Datenbasis zusammengeführt wurden, z. B. im System R/3 von SAP. Auch bei den ERP-Systemen liegt der Schwerpunkt auf der Ausführungsunterstützung, die eine unternehmensweite Integration der Geschäftsprozesse ermöglicht. Eine Entscheidungsunterstützung ist dagegen nur für einzelne Aktivitäten vorgesehen, z. B. durch Algorithmen für die Losgrößenplanung. Auch wenn sich die Planungsergebnisse im Vergleich zu den nach dem einfachen MRP arbeitenden Systemen wesentlich verbessert haben, weisen auch die nach dem MRP II-Konzept arbeitenden ERP-Systeme deutliche, systemimmanente Schwächen auf, deren Ursachen in der grundsätzlichen Vorgehensweise und weniger in der Ausgestaltung einzelner Teilaufgaben liegen (vgl. Günther/Tempelmeier 2000, S. 317f., Steven/Meyer 1998, S. 21f., Zäpfel 1994, S. 249):

- Das Hauptziel eines ERP- bzw. PPS-Systems besteht in der Erstellung eines für die aktuelle Datenkonstellation zulässigen Plans. Eine Steuerung hinsichtlich produktionswirtschaftlicher Kosten- oder Zeitziele ist nach wie vor kaum möglich.

- Die zahlreichen Interdependenzen zwischen den Planungsebenen, den Produktionsstufen und den Aufträgen werden nur unzureichend berücksichtigt. Dies gilt vor allem für die Abstimmung von Produktions- und Absatzplan oder für die Bestimmung von Produktionsauftragsgrößen, die isoliert, d. h. ohne die Berücksichtigung von Abhängigkeiten erfolgt. Außerdem werden Mengenaspekte im Vergleich zu Termin- und Kapazitätsaspekten überbetont, eine systematische Erfassung der begrenzten Verfügbarkeit von Ressourcen erfolgt während keiner Planungsphase.

- Die zur Planung herangezogenen Durchlaufzeiten sind normalerweise Schätzwerte, die als Stammdaten in den Arbeitsplänen hinterlegt und unabhängig von der Ressourcenbelastung gültig sind.

- Die sukzessive Vorgehensweise stellt hohe Anforderungen an die Datenqualität und benötigt viel Zeit für die jeweiligen Planungsdurchläufe. Häufig sind deren Ergebnisse zum Zeitpunkt der Umsetzung nicht mehr aktuell, da kurzfristige Änderungen, z. B. durch Eilaufträge, keine Berücksichtigung finden können.

Da ERP-Systeme schon auf betrieblicher Ebene keine zufriedenstellenden Ergebnisse gewährleisten können, gilt dies erst recht für die weitaus komplexeren Problemstellungen der zwischenbetrieblichen Produktionsplanung, die dem Supply Chain Management zugrunde liegen. Darüber hinaus ist zu berücksichtigen, dass vorhandene ERP-Systeme die Geschäftsprozesse lediglich eines Unternehmens im Blickwinkel haben. Zwar lassen sich mehrere ERP-Systeme z. B. durch den Einsatz von Electronic Data Interchange (EDI) miteinander vernetzen, doch beschränken sich solche Lösungen auf den einfachen Informationsaustausch in ausgewählten Beziehungen mit einfacher Fließrichtung, z. B. zu einem bestimmten Lieferanten, aber nicht zurück. Eine die gesamte Supply Chain übergreifende Planung und Steuerung ist auf diese Weise nicht zu realisieren.

2.3 Advanced Planning Systems als neue Generation von Informationssystemen

Informationssysteme sollen das Supply Chain Management bei der Realisierung der Integration und der damit verbundenen Vorteile unterstützen (vgl. Steven/Krüger/ Tengler 2000, S. 16): Entsprechende Ansatzpunkte ergeben sich sowohl bei der strategisch geprägten Konfiguration der Supply Chain (Supply Chain Configuration) als auch bei der taktisch-operativen Planung (Supply Chain Planning) oder der Steuerung und Kontrolle (Supply Chain Execution). Auf der Ebene der Konfiguration erschließen Informationssysteme Verbesserungspotenziale durch eine transparente Abbildung, Modellierung und Simulation der Supply Chain. Die Ebene der taktisch-operativen Planung kann durch den Einsatz von Informationssystemen zur Koordination von Auftrags-, Bestands-, Kapazitäts- oder Transportplanung über die verschiedenen Stufen der Supply Chain verbessert werden. Schließlich können auch die übergreifende Steuerung und Kontrolle durch Informationssysteme besser auf die Erfordernisse der Supply Chain abgestimmt werden. Zur Erfüllung dieser Aufgaben wird ein spezieller Typ von Informationssystemen angeboten, der als Advanced Planning System oder als Supply Chain Management-System bezeichnet wird. Trotz scheinbar ähnlicher Funktionen unterscheiden sich Advanced Planning Systems in ihrer Arbeitsweise grundlegend von ERP-Systemen. Beide Systemtypen entwickelten sich zunächst parallel und unabhängig voneinander, auch wenn die APS von vornherein als Ergänzung zu den ERP-Systemen konzipiert waren, auf deren Datenbestände sie zugriffen. So konzentrierten sich die APS-Vorläufer zunächst auf die Unterstützung der Konfiguration von Supply Chains. Diese frühzeitige, zwischenbetriebliche Ausrichtung verhinderte letztlich, dass die APS das MRP-Konzept übernommen haben. Ausgehend vom Bereich der Konfiguration dehnten die APS ihren Funktionsumfang unter Berücksichtigung leistungsstarker Planungsmodelle immer weiter aus und näherten sich damit dem Einsatzbereich der ERP-Systeme an. Mit dem Aufkommen des Supply Chain Managements stieg die Nachfrage nach den APS sprunghaft an und dadurch auch das Interesse etablierter ERP-Systemanbieter, die ebenfalls in diesem Bereich tätig wurden, was die Verschmelzung beider Systemtypen nochmals beschleunigte. Derzeit lassen sich Spezialanbieter von Advanced Planning Systems, wie der Anbieter i2, von solchen Anbietern unterscheiden, die entweder als Anbieter von ERP-Systemen einen Spezialanbieter aufgekauft haben, wie Baan mit CAPS Logistics und J.D. Edwards mit Numetrix, oder die zu ihren bereits verfügbaren ERP-Lösungen eigenständig Advanced Planning Systems entwickelt haben, wie SAP.

Advanced Planning Systems sind modular strukturierte Informationssysteme zur integrativen Unterstützung einer unternehmensübergreifenden Planung und Steuerung von Geschäftsprozessen (vgl. Corsten/Gössinger 2001, S. 32). Notwendig für den Einsatz eines Advanced Planning System sind ERP-, PPS- oder sonstige Basissysteme für die Verwaltung von Daten und die Ausführungsunterstützung auf Betriebsebene. Advanced

Planning Systems sind somit als Ergänzung und nicht als Ersatz vorhandener Systeme zu sehen. Die Bezeichnung „Advanced Planning" verdeutlicht den Anspruch, die Defizite von ERP-Systemen zu beheben (vgl. Steven/Krüger/Tengler 2000, S. 18, Kilger 1998, S. 53ff.): Eine Verbesserung der Ausführungsunterstützung wird vor allem durch die Ausdehnung der Integrationsreichweite auf mehrere Standorte geschaffen, z. B. durch eine realitätsnahe Abbildung der Supply Chain sowie durch einen sowohl aufwärts- als auch abwärtsgerichteten Informationsfluss, was die Transparenz entlang der Supply Chain deutlich verbessert. Der Schwerpunkt der Advanced Planning Systems liegt jedoch in der Entscheidungsunterstützung. APS bieten anspruchsvolle mathematische Lösungsalgorithmen, eine restriktions- und engpassorientierte Planung sowie eine simultane Prüfung von einzuhaltenden Restriktionen und vorhandenen Kapazitäten. Dazu nutzen die APS die Möglichkeiten der modernen Informationstechnik: Sie arbeiten mit hoher Geschwindigkeit, die für die Planung notwendigen Daten werden im Arbeitsspeicher gehalten, so dass die Berücksichtigung von Änderungen, z. B. bei der Kapazitätsplanung, in Echtzeit erfolgen kann. Beschleunigend wirkt darüber hinaus die Verwendung von inkrementellen Planungsansätzen: Bei einer Veränderung von Planungsdaten werden Pläne fortgeschrieben und nicht wie beim MRP II-Konzept komplett neu erstellt, was zudem den späteren Zugriff auf vorangegangene Entscheidungen erlaubt.

3. Funktionalitäten von Advanced Planning Systems

3.1 Funktionen im Überblick

Charakteristisches Merkmal von Advanced Planning Systems ist die umfassende Unterstützung des Supply Chain Managements. Hierfür stellt ein APS eine Vielzahl von Funktionen zur Verfügung, die ähnlich wie bei ERP-Systemen zu Modulen für einzelne Bereiche zusammengefasst sind. In Abhängigkeit von der konkreten Problemstellung kann sich der Einsatz auf ausgewählte Module beschränken. Abbildung 1 zeigt den typischen Aufbau eines APS. Die hier gewählte Darstellungsform der Supply Chain Planning Matrix ordnet die Module nach ihrem Bezug zu Funktionsbereichen und der Fristigkeit ihres Planungshorizonts (vgl. Corsten/Gössinger 2001, S. 32, Rohde/Meyr/Wagner 2000, S. 10).

Funktionalitäten von Advanced Planning Systems

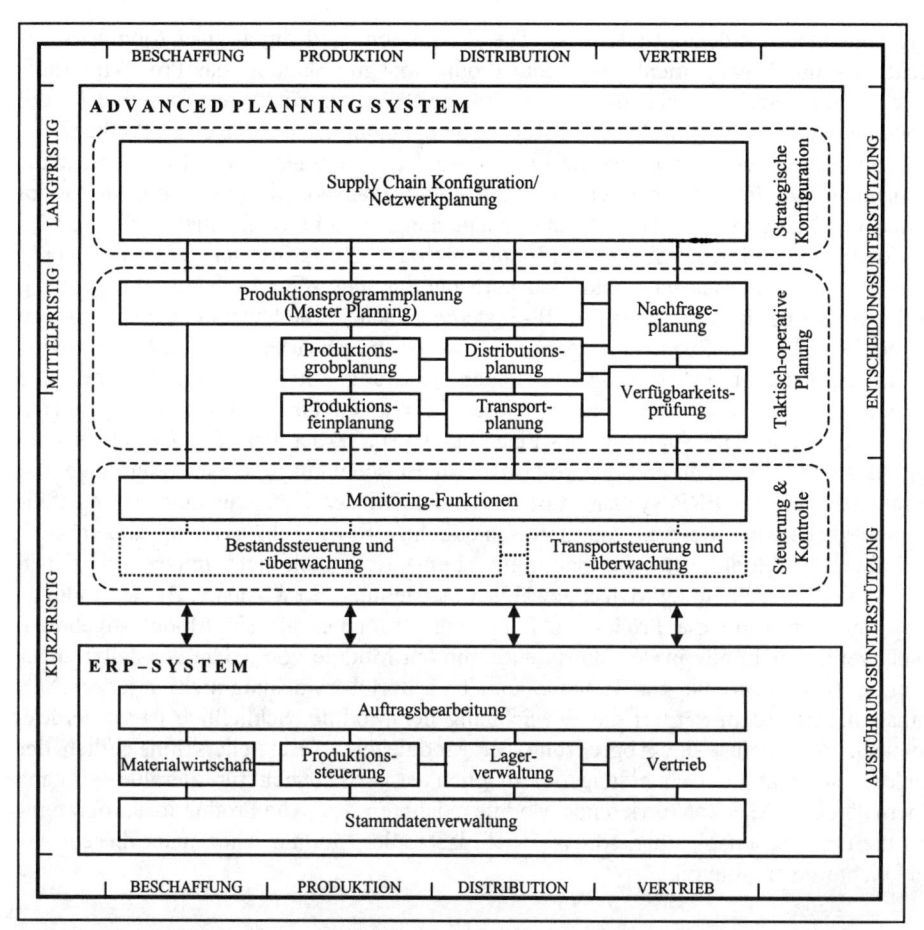

Abbildung 1: Supply Chain Planning Matrix – Funktionen von APS im Überblick

Folgende Module lassen sich danach unterscheiden (Meyr/Wagner/Rohde 2000, S. 76). Zur Unterstützung der strategischen und langfristig orientierten Konfigurationsaufgaben bieten APS Modellierungs- und Simulationsfunktionen zur Planung und Abbildung von Standorten und Beschaffungs- und Distributionswegen, die in einem Modul zur strategischen Netzwerkplanung zusammengefasst sind. Funktionen für die taktisch-operative Planung mit mittel- bis kurzfristigem Planungshorizont sind auf mehrere Module verteilt. Das Modul (mittelfristige) Produktionsprogrammplanung (Master Planning) sorgt für eine Abstimmung von Beschaffung, Produktion und Distribution und greift dazu u. a. auf Ergebnisse des Moduls Nachfrageplanung zurück, das ebenfalls einen mittelfristigen Planungshorizont besitzt. Ergänzt wird die Nachfrageplanung durch das Modul Verfügbarkeitsprüfung, das bei eher kurzfristiger Ausrichtung der verbesserten Abwicklung konkreter Kundenaufträge dient. Die Produktion wird durch zwei Module abgedeckt, das mittelfristig orientierte Modul Produktionsgrobplanung, das Produktionsaufträge für die jeweiligen Standorte generiert, und das kurzfristig ausgerichtete Modul Produktionsfeinplanung, welches die Reihenfolgeplanung für die einzelnen Produktionstage vornimmt. Vergleichbar ist die Funktionsteilung zwischen dem Modul Distributionsplanung für die netzwerkweite Bestands- und Transportplanung und dem Modul Transportplanung, das die Touren- und Ladeplanung abdeckt. Schließlich verfügen APS zur Steuerung und Kontrolle über Module für das Monitoring der gesamten Supply Chain sowie für die Bestands- und Transportsteuerung und -überwachung. In Ergänzung zu den APS sind die vorhandenen ERP-Systeme zu sehen, die Unterstützungsleistungen auf der betrieblichen Ebene erbringen, z. B. die Auftragsbearbeitung, die Materialwirtschaft, die Produktionssteuerung, die Lagerverwaltung oder den Vertrieb sowie die Stammdatenverwaltung. Der Umfang dieser Leistungen hängt von den eingesetzten APS-Modulen ab. Die Supply Chain Planning Matrix verdeutlicht das Zusammenspiel von APS und ERP: Während erstere primär zur Entscheidungsunterstützung eingesetzt werden, dienen die ERP-Systeme fast ausschließlich der Unterstützung von Ausführungsaufgaben.APS werden von unterschiedlichen Softwarehäusern angeboten. Die Aufteilung der Module ist nicht identisch und entspricht auch nicht immer exakt der in der Supply Chain Planning Matrix gewählten Darstellung. So werden z. B. die Produktionsgrobplanung und die Produktionsfeinplanung mitunter als ein Modul angeboten. Auch werden nicht alle in der Matrix aufgeführten Module von jedem Hersteller angeboten, z. B. sind Module zur Bestands- und Transportüberwachung nicht in jedem APS enthalten. Außerdem variiert die Bezeichnung der Module. Schließlich ist zu berücksichtigen, dass selbst die Abgrenzung der Module eines Herstellers hinsichtlich der Funktionen nicht überschneidungsfrei möglich ist. So können für dieselbe Aufgabe innerhalb eines APS konkurrierende Module existieren, z. B. die Produktionsprogramm- und die Distributionsplanung, so dass der Einsatz aller Module schon unter diesem Aspekt nicht immer sinnvoll ist.

3.2 Strategische Ebene: Netzwerkkonfiguration

APS-Module zur Unterstützung von strategischen Konfigurationsaufgaben des Supply Chain Managements dienen der Planung, Abbildung und Überprüfung des einer Supply Chain zugrunde liegenden Netzwerks. Durch die Konfiguration werden das Produktions- und Absatzprogramm, das Spektrum an Rohstoffen, Vor- und Zwischenprodukten, die Standorte von Beschaffungs-, Produktions- und Distributionseinrichtungen, die Beschaffungs- und Distributionsstruktur sowie die Produktions-, Lager- und Transportkapazitäten für einen Planungshorizont von mehreren Jahren festgelegt (vgl. Corsten/Gössinger 2001, S. 33). Zur Entwicklung eines Netzwerksmodells stellen die Module dem Nutzer eine grafische Oberfläche zur Verfügung. Die Netzwerkmodelle setzen sich zusammen aus Knoten, die die Beschaffungs-, Produktions- und Distributions- sowie Kundenstandorte darstellen, und Kanten als Verbindungen zwischen den Knoten, die Transportbeziehungen symbolisieren. Die diese Elemente charakterisierenden Daten werden entweder aus den Basissystemen (PPS-, ERP-Systeme usw.) importiert oder direkt als Stammdaten in den APS-Systemen angelegt (vgl. Bartsch/Bickenbach 2001, S. 79). Knoten lassen sich z. B. anhand des Typs, geografischer Informationen, Angaben über Ressourcen und Kapazitäten und Erzeugnissen beschreiben, während den Transportbeziehungen entsprechende Verfahren, Ressourcen, Prioritäten, Kalender und Zeitwerte zugewiesen werden müssen (vgl. Knolmeyer/Mertens/Zeyer 2000, S. 107-108).

Die diese Angaben verarbeitenden Entscheidungsmodelle müssen grundsätzlich alle relevanten Variablen sowie die technischen und wirtschaftlichen Restriktionen bezogen auf Länder, Zeitperioden, Produkte, Standorte, Beschaffungs- und Distributionskanäle, Materialflüsse und Bestände zueinander in Beziehung setzen. Die Konfigurations-Module der APS stellen hierfür quantitative und qualitative Verfahren der Entscheidungsunterstützung zur Verfügung (vgl. Rohde/Meyr/Wagner 2000, S. 10). Quantitative Verfahren basieren auf Standardalgorithmen, eine Optimierung der Variablen wird durch entsprechende gemischt-ganzzahlige Programme ermöglicht (vgl. Zäpfel 2001, S. 14). Stochastische Modelle, die die aufgrund des langfristigen Planungshorizonts unsichere Datenlage berücksichtigen könnten, sind im Regelfall nicht vorgesehen. Um die Modellkomplexität weiter zu vereinfachen und die Nutzung zu erleichtern, sind die Modellierungsmöglichkeiten und die in die Modelle eingehende Anzahl an Parametern durch die Hersteller der APS beschränkt worden. Eine Abbildung und Verarbeitung von Supply Chains großer Unternehmen in relativ kurzer Zeit wird dadurch gewährleistet (vgl. Goetschalckx 2000, S. 91-92). Schließlich ermöglichen Module zur Konfigurationsunterstützung eine Bewertung alternativer Supply Chain-Konfigurationen. Ein Netzwerkmodell kann verschiedene Planungsversionen besitzen. Nutzer erhalten dadurch die Möglichkeit, unterschiedliche Szenarien zu entwickeln, z. B. ein best-case und ein worst-case Szenario. Da Optimierungsmodelle über ihre Zielfunktionen auf Gewinn- oder Kostenziele ausgerichtet werden können, werden Veränderungen unmittelbar in Zusammenhang mit den Unternehmensgesamtzielen gesetzt. Das Ergebnis der Planung beeinflusst in hohem Maß die Planungsqualität nachgeordneter Planungsstufen und damit die Wirtschaftlichkeit und die Wettbewerbssituation der gesamten Supply Chain (vgl. Corsten/Gössinger 2001, S. 33, Goetschalckx 2000, S. 79). So gehen die Ergebnisse als Restriktionen in die Produktionsprogrammplanung ein, welche eine Planung von Materialflüssen auf detaillierterer Ebene vornimmt. Es besteht somit eine enge Interaktion mit den die Programmplanung unterstützenden Modulen, aber auch mit den Modulen der Nachfrageplanung, welche wichtige Daten für die Modellierung und Simulation bereitstellen kann. Es ergeben sich darüber hinaus weitreichende Interaktionen zwischen den Konfigurations-Modulen der strategischen Ebene und den Modulen der Steuerungs- und Kontrollebene zur Bereitstellung von Monitoring-Funktionen, da diese Module auf das Supply Chain Modell zurückgreifen. Konfigurations- und Monitoring-Module werden daher häufig zusammen als Paket vermarktet, was z. B. SAP als Supply Chain Cockpit bezeichnet.

3.3 Taktisch-operative Planung

Das Modul Nachfrageplanung unterstützt die Planung der zukünftigen Produktnachfrage. Da die Ergebnisse der Nachfrageplanung in weitere Module der APS übernommen werden, wie die Produktionsprogrammplanung oder die Produktionsplanung, ist die Qualität der Nachfrageplanung für die Leistungsfähigkeit der APS und damit für die Effektivität und Effizienz der gesamten Supply Chain von großer Bedeutung. Entsprechende Module von APS bieten Funktionen für folgende Aufgaben (Wagner 2000, S. 97 ff.): Im Bereich der Prognose werden verschiedene statistische Prognoseverfahren angeboten. Auch wenn die Auswahl von Verfahren und das Schätzen von Parametern automatisch durch das APS erfolgen kann, sollte eine sorgfältige Prüfung der eingesetzten Verfahren durch den Nutzer vorgenommen werden, um zuverlässige Planungsergebnisse zu erzielen (vgl. Corsten/Gössinger 2001, S. 33). Im Rahmen solcher Prognosen lassen sich auch manuell durch den Disponenten eingegebene Informationen, wie Verkaufsaktionen, berücksichtigen. Da Prognosen unter Mitwirkung verschiedener Akteure der Supply Chain entstehen sollten, unterstützen die APS derartige kooperative Prognosen gesondert. Neben diesen Prognosefunktionen stehen Simulationen in Form von What-if-Analysen für die Ausarbeitung unterschiedlicher Szenarien zur Verfügung, sowie Funktionen zur Kalkulation von Sicherheitsbeständen. Letztere basieren allerdings auf weitreichenden Einschätzungen des Nutzers, so dass dessen Annahmen das Planungsergebnis nachhaltig beeinflussen. Die der Nachfrageplanung zugrunde liegende Datenbasis beruht auf den dezentral gehaltenen Daten der PPS- und ERP-Systeme. Deren Verarbeitungsqualität wirkt sich damit auch auf das Ergebnis der APS aus (vgl. Tempelmeier 1999, S. 70). Aufgrund der umfassenden Auswertungsanforderungen nach produktspezifischen, geografischen und zeitlichen Dimensionen nimmt die Datenbasis von APS schnell einen so großen Umfang an, dass für eine leistungsfähige Nachfrageplanung der Einsatz einer Data Warehouse-Lösung als zusätzliches Basissystem erforderlich ist.

Das Modul Produktionsprogrammplanung (Master Planning) soll die Synchronisation des Materialflusses entlang der Supply Chain gewährleisten und eine effiziente Nutzung aller Produktions-, Beschaffungs- und Distributionsressourcen sicherstellen (vgl. Rohde/Wagner 2000, S. 117ff.). Um die Komplexität der Planung zu reduzieren, arbeitet dieses Modul mit hochaggregierten Daten und Entscheidungsvariablen. Lediglich potenzielle Engpassressourcen werden detailliert in Form von Restriktionen erfasst, die Einführung von Strafkosten erlaubt darüber hinaus die implizite Berücksichtigung weiterer Restriktionen. Durch diese Vereinfachungen lässt sich die Entscheidungssituation in ein lineares Programm überführen, das die Entscheidungsvariablen simultan bestimmt. Die Modellierung von Zielen und Restriktionen erfordert von den Benutzern höchste Sorgfalt und Sachkunde, um einen angemessenen Ausgleich zwischen realitätsgerechter Genauigkeit und Verarbeitungsdauer zu erreichen. Das lineare Programm basiert auf Prognosedaten, Kapazitätsdaten von Engpässen sowie produktgruppenbezogenen Stücklisten. Mögliche Variablen sind u. a. die Produktions- und Transportmengen, die Bestandshöhe am Ende einer Planperiode oder die notwendigen Überstunden. Die Zielfunktion ist auf die Minimierung entsprechender Kostengrößen gerichtet. Das Modell erzeugt für alle Akteure der Supply Chain aggregierte Produktions- und Distributionspläne, die als Vorgaben für detailliertere Pläne dezentraler Einheiten an die Produktionsgrob- und Produktionsfeinplanung, an die Distributions- und Transportplanung sowie an die Beschaffungs- und Materialbedarfsplanung der verbundenen ERP-Systeme weitergegeben werden. Die Ergebnisse der Produktionsprogrammplanung dienen also primär der Koordination von Teilplänen, die ermittelten Planwerte können ohne eine Weiterverarbeitung oft nicht genutzt werden. Besondere Bedeutung besitzen die Kapazitätsgrobplanung sowie die Ermittlung der Lagerbestände am Ende einer Planungsperiode. Beide Werte lassen sich nicht durch Module mit kurzfristigem Planungshorizont bestimmen, da ein vollständiger (mittelfristiger) Planungszyklus einbezogen werden muss. Wie bei anderen Modulen auch ermöglicht die Produktionsprogrammplanung die Durchführung und den Vergleich mehrerer Simulationsläufe. Die Ergebnisse der dezentralen Pläne sind zurückzumelden, um das eingesetzte Modell zu prüfen und zu verbessern.

Mit Hilfe des Moduls Verfügbarkeitsprüfung (Available-to-Promise, ATP) sollen schnelle und zuverlässige Liefererterminzusagen generiert werden (Kilger/Schneeweiss 2000, S. 136ff.). Dazu wird geprüft, wann ein konkreter Auftrag frühestens erfüllt werden kann, indem das Auftragsvolumen mit den verfügbaren Beständen oder den in der Produktionsprogrammplanung vorgesehenen Produktionsmengen abgeglichen wird. Bei marktorientierter Produktion beschränkt sich der Abgleich auf die Endprodukte. Dagegen kann sich bei auftragsorientierter Produktion eine Prüfung auch auf Zwischenprodukte oder auf Rohstoffe erstrecken. Gerade in diesem Fall ist nicht nur die Verfügbarkeit des Materials, sondern auch die Verfügbarkeit von Kapazitäten zu prüfen. Diese Schnittstellenfunktion zur Produktionsplanung wird auch als Capable-to-Promise (CTP) bezeichnet. Durch eine Synchronisation der Verfügbarkeitsprüfung mit den aus der Produktionsprogrammplanung abgeleiteten Bestellmengen lässt sich die Auftragsdurchlaufzeit deutlich verkürzen. Übersteigt die prognostizierte Nachfrage die verfügbaren Produktionskapazitäten, kann über das Modul Verfügbarkeitsprüfung die angebotene Menge auf verschiedene Kundengruppen verteilt werden, so dass über Zuordnungs- und Suchregeln z. B. größere Kontingente für solche Kunden reserviert werden, die bereit sind, höhere Preise zu bezahlen, während anderen Kunden eher Alternativprodukte angeboten werden.

Die Module Produktionsgrob- und Produktionsfeinplanung übernehmen die Erstellung detaillierter Produktionspläne auf Werksebene. Dazu wird zunächst ein Modell der Produktionsprozesse erstellt, wobei ähnlich wie bei der Produktionsprogrammplanung nur die potenziellen Engpässe im Detail erfasst werden: Während hier die Durchlaufzeiten in Abhängigkeit von der Belastung der Engpässe ermittelt werden, unterstellen die APS für die übrigen Aktivitäten ohne Engpässe fixe Durchlaufzeiten. Entsprechende Zeitwerte werden ebenso wie weitere Daten aus den ERP-Systemen übernommen, während darüber hinausgehende zwischenbetriebliche Rahmenbedingungen, wie zulässige Überstunden, Materialverfügbarkeit, Lagerbestandshöhen und Liefertermine für nachfolgende Wertschöpfungseinheiten aus der Produktionsprogrammplanung übernommen werden, ergänzt um weitere Daten der Nachfrageplanung. Weiterhin sind im Rahmen der Modellierung Arbeitsgänge dahingehend zu spezifizieren, dass vor der eigentlichen Durchführung der Planung Losgrößenverfahren, Prioritätsregeln und Routenpräferenzen anzugeben sind und damit Entscheidungen beeinflusst werden, die eigentlich nur von der (noch nicht bekannten) Kapazitätsbelastung bestimmt werden (vgl. hier und im Folgenden Stadtler 2000, S. 157ff.). Es kann zwischen Zeit- und Kostenzielen gewählt werden, die Verfolgung mehrerer Zielsetzungen ist aber nur eingeschränkt möglich. Die Planungsdurchläufe basieren auf unterschiedlichen Heuristiken, z. B. Constraint Based Planning oder genetischen Algorithmen, die zwar auch größere Probleme in relativ kurzer Zeit lösen können, deren Vorgehensweise nach wissenschaftlichen Maßstäben aber als unzureichend eingestuft werden muss (vgl. Tempelmeier 1999, S. 70). Die Planungsergebnisse werden in Form eines Gantt-Diagramms visualisiert und ggf. nach mehreren Planungsdurchläufen an die ERP-Systeme zur Umsetzung weitergeleitet.

Das Modul Distributionsplanung zielt auf den Ausgleich von Kundennachfrage und verfügbaren Beständen. Es ist zu entscheiden, welche Mengen eines Produkts an welchen Lagerstandorten bevorratet werden sollen, und, daraus abgeleitet, welche Mengen auf welchen Routen zu transportieren sind. Dazu stellt die Distributionsplanung lineare Programme zur Verfügung, die auf eine Minimierung der Transport- und Bestandskosten gerichtet sind. Die Distributionsplanung stellt einen Ausschnitt aus der Produktionsprogrammplanung dar und kann sich mit dieser sehr stark überschneiden. Eine deutliche Verbesserung liefern solche Module nur dann, wenn sich das Transportnetzwerk aus einer größeren Anzahl von weit entfernt liegenden Quellen und Senken mit identischem Spektrum an Materialien oder Produkten zusammensetzt. Ansonsten ist die Distribution weitestgehend durch die Produktionsprogrammplanung vorgegeben (vgl. Fleischmann 2000, S. 177-178). Darüber hinaus unterstützen diese Module Distributionsentscheidungen für eher kurzfristig geprägte Vendor Managed Inventory-Beziehungen. Das Modul Transportplanung verfügt über Algorithmen zur Beladungs- und Tourenplanung. Durch die Beladungsplanung werden Transportmengen zu Transportgebinden zusammengefasst und an die zur Verfügung stehenden Transportkapazitäten angepasst. Der Einsatz von Funktionen zur Tourenplanung gilt häufig nur dann als sinnvoll, wenn ein großer, werkseigener Fuhrpark zum Einsatz kommt. Ansonsten sind die hier bereitgestellten, sehr umfassenden Funktionen eher für einen Logistikdienstleister interessant (vgl. Fleischmann 2000, S. 179).

3.4   Steuerung und Kontrolle

Für die operative Steuerung und Kontrolle stellen die APS Module mit Monitoring-Funktionen zur Verfügung, die das Verwalten und Überwachen von Planungsvorgängen und Transaktionen entlang der Supply Chain erleichtern. Dazu greifen derartige Module auf das vom Modul für die strategische Konfiguration erstellte Netzwerkmodell der Supply Chain zurück und verknüpfen die Elemente des Modells mit relevanten Informationen anderer Module. Der Benutzer erhält über die vom Konfigurationsmodul bereitgestellte grafische Oberfläche einen Überblick über die gesamte Supply Chain, einen Teilbereich oder einen ausgewählten Beschaffungs-, Produktions- oder Distributionsstandort. Für den gewählten Bereich können Informationen in Echtzeit abgefragt werden, z. B. die aggregierten Transportmengen auf einer bestimmten Relation oder die Lagerbestände eines Standorts (vgl. Bartsch/Bickenbach 2001, S. 112ff.). Zudem lassen sich automatisch Kennzahlen zur Messung der Performance ausgewählter Elemente generieren, z. B. die Wiederbeschaffungszeit für Material oder die Leistung von Lieferanten. Durch die angebotenen Alert-Funktionen kann der Status von Planungsvorgängen überwacht werden. Die von den verschiedenen Modulen gemeldeten Probleme werden dazu zentral erfasst und aufbereitet. Anhand von vorher definierten Alert-Regeln wird automatisch auf unzulässige Planungsergebnisse oder Engpasssituationen, z. B. in der Produktionsprogrammplanung oder der Verfügbarkeitsprüfung, hingewiesen, die durch den Planer manuell beseitigt werden müssen. Gerade im Hinblick auf die zum Teil sehr hohen Anforderungen, die die APS an den Nutzer stellen, und die für manche Aufgaben eher schwache Unterstützung, sind solche Alert-Funktionen von großer Bedeutung, um der Komplexität des Supply Chain Managements gerecht zu werden.

Als primär auf die Entscheidungsunterstützung ausgerichtete Systeme bieten die meisten APS bislang wenig Funktionen zur Unterstützung von operativen Steuerungs- und Kontrollaufgaben. Die Ausführungsunterstützung bleibt daher vorerst die Domäne der ERP-Systeme, auch wenn deren innerbetrieblicher Fokus eine umfassende zwischenbetriebliche Steuerung und Kontrolle nicht zulässt. Um diese Lücke zwischen APS und ERP zu schließen, muss meistens auf Fremdsysteme zurückgegriffen werden, die von APS-Anbietern oder Spezialanbietern entwickelt wurden. Ein Beispiel für ein solches System ist das Logistics Executive System (LES) von SAP (vgl. Knolmeyer et al. 2000, S. 139-142). Derartige Systeme unterstützen z. B. das Bestands- und Transportmanagement. Im Rahmen der Bestandsüberwachung lässt sich auf der Basis von Lagerstrukturen und -einrichtungen sowie aktuellen Lagerbestandsdaten eine Übersicht über die Lagerbewegungen zu jedem Zeitpunkt erzeugen. In den Bereich der Transportsteuerung fallen Aufgaben wie die Versandterminierung, die Transportkostenberechnung sowie die Transportabwicklung und -kontrolle durch Tracking and Tracing oder Dispositionsleitstände. Es ist zu erwarten, dass zukünftig in diesem Bereich, aber auch in den Bereichen der Beschaffungsdurchführung oder der Produktionssteuerung und -kontrolle, verstärkt APS-Module oder zumindest auf die APS abgestimmte und von den Herstellern zertifizierte Fremdsysteme angeboten werden.

4. Anwendung von Advanced Planning Systems – Eine kritische Nutzenbetrachtung

4.1 Leistungsfähigkeit und Systemarchitektur

Im Vergleich zu den MRP-basierten ERP- und PPS-Systemen stellen die Advanced Planning Systems eine deutliche Verbesserung gerade im Bereich der Entscheidungsunterstützung dar. Umstritten ist jedoch, inwieweit die APS dem selbstformulierten Anspruch, fortschrittliche Planungsunterstützung zu bieten, gerecht werden. Als Beispiel für die Leistungsfähigkeit der APS weisen deren Entwickler auf die implementierten mathematischen Algorithmen hin, die eine optimale Lösung für eine Problemstellung generieren. Wurden quantitative Modelle mit Optimalitätsanspruch in der Praxis lange Zeit als überflüssig eingestuft, erfreut sich der Begriff der Optimalität mittlerweile einer häufigen und mitunter recht großzügigen Verwendung (vgl. Corsten/Gössinger 2001, S. 36). In Zusammenhang mit den APS ist eine differenzierte Betrachtung erforderlich: Kein APS kann eine optimale Gesamtlösung erzeugen. Eine solche Lösung erfordert den Einsatz von Totalmodellen, die alle Entscheidungsvariablen unter Berücksichtigung aller Interdependenzen simultan ermitteln, was sich eventuell formulieren, aber nicht lösen lässt. Deshalb basieren APS auf einem hierarchischen Planungsansatz (vgl. Rollberg 2002, S. 147ff.). Um die Planungskomplexität zu reduzieren, wird das Gesamtproblem in hierarchisch strukturierte Teilprobleme zerlegt (vgl. Steven 1994, S. 25ff.). Die Ergebnisse der übergeordneten Teilprobleme gehen als Rahmenbedingungen in die Planung nachgeordneter Teilprobleme ein, das Gesamtproblem wird also sukzessiv gelöst, indem für jedes Teilproblem separat eine Lösung ermittelt wird. Selbst wenn im Rahmen einer solchen sukzessiven Partialplanung jedes Teilproblem optimal gelöst wird, ergibt sich nicht automatisch eine optimale Gesamtlösung. Insofern lassen sich durch APS einzelne Teilprobleme tatsächlich optimal lösen, für andere Teilprobleme dagegen, wie die Produktionsplanung, finden allerdings nur relativ schwache heuristische Verfahren Verwendung, die allenfalls eine durchführbare Lösung erzeugen. Es hat daher den Anschein, dass der Einsatz optimierender Algorithmen nicht nur durch die Problemstellung und die notwendige Qualität der Lösung, sondern auch durch den Entwicklungs- und Implementierungsaufwand bestimmt wird.

Trotz der deutlichen Schwächen der ERP-Systeme besitzen diese nach wie vor Bedeutung für das Supply Chain Management, da sie als Basissysteme wesentliche Aufgaben für die als deren Ergänzung konzipierten APS erfüllen. Zum einen stellen sie Daten für die APS bereit und beeinflussen über die Datenqualität nachhaltig deren Planungsergebnis. Zum anderen übernehmen sie weite Teile der Ausführungsunterstützung und bestimmen so den Output der einzelnen Geschäftsprozesse mit. Gerade für die zwischenbetriebliche Ausführungsunterstützung ergeben sich bislang noch Lücken, die im Regelfall weder durch die APS noch durch die ERP-Systeme adäquat ausgefüllt werden.

Schließlich stellt sich die Frage nach der technischen Anpassungsfähigkeit von APS an veränderte Rahmenbedingungen, z. B. Veränderungen in der Lieferanten- oder Kundenstruktur oder das Zusammenwirken verschiedener APS. So erfordern stark veränderliche Wettbewerbsbedingungen ein hohes Maß an Flexibilität von den Informationssystemen, sonst werden sie zu einem Wettbewerbsnachteil.

4.2 Personelle und organisatorische Anforderungen

Advanced Planning Systems sind auf die Planungs- und vor allem die Entscheidungsunterstützung gerichtet. Sie decken weder den gesamten Planungszyklus ab, noch treffen sie endgültige Entscheidungen. Der Schwerpunkt der APS liegt auf der Prognose und der Vorauswahl bewerteter Planungsalternativen (vgl. Corsten/Gössinger 2001, S. 35). Dazu sind als Inputgrößen Ziele, Problembeschreibungen, Handlungsalternativen und Anwendungsbedingungen für die Lösungsverfahren anzugeben. Die Qualität der durch die APS ermittelten Lösungsvorschläge hängt in hohem Maß von der Qualität der Inputgrößen ab. Viele dieser Größen müssen regelmäßig auf ihre Plausibilität hin geprüft und an die veränderten Bedingungen angepasst werden. In vielen Fällen reicht es daher nicht aus, einmal einen Spezialisten mit der Implementierung der Systeme zu beauftragen, auch der Nutzer selbst braucht umfassende Kenntnisse über die Inputgrößen, die eingesetzten Lösungsverfahren und die mit verschiedenen Ergebnissen verbundenen Konsequenzen. Die dazu notwendigen Ausbildungskosten können die Vorteile einzelner Module nachhaltig in Frage stellen. So erfordert der Einsatz des Konfigurationsmoduls hohe Sachkenntnis, die Ausbildung und Beschäftigung eigener Spezialisten dürfte sich jedoch nur bei entsprechend häufigen Veränderungen der Supply Chain rechnen.

Der Einsatz von APS erfordert tendenziell eine hierarchische Organisation der Supply Chain: Fallbeispiele für die Implementierung von APS beziehen sich daher in erster Linie auf den Einsatz von APS zur zwischenbetrieblichen Planung der Supply Chain eines Unternehmens. Möglich ist auch der Einsatz eines APS für mehrere rechtlich selbstständige Unternehmen, wenn z. B. ein fokales Unternehmen seinen Lieferanten und Abnehmern aufgrund von wirtschaftlichen Abhängigkeiten ein bestimmtes APS vorschreiben kann. Für die Unterstützung eines heterarchisch organisierten Supply Chain Management ohne fokales Unternehmen scheint die derzeitige Generation von APS wenig geeignet. Von ihrer Arbeitsweise her unterstellen APS grundsätzlich einheitliche Entscheidungsinstanzen - eine Koordination verschiedener Entscheidungsträger ist fast nicht vorgesehen - und erwarten eine vorbehaltlose Bereitschaft der Akteure zur Offenlegung aller relevanten Informationen, was sich in heterarchischen Supply Chains schwer verwirklichen lässt. Auch für hierarchische, unternehmensweite Supply Chains erfordert der Einsatz von APS organisatorische Veränderungen hin zu einer stärker prozessübergreifenden Perspektive, da sich Entscheidungsbefugnisse und Kommunikationsstrukturen entsprechend verändern (vgl. Tempelmeier 1999, S. 72).

4.3 Einsatzbereich und Alternativen

Funktionsumfang, hierarchische Ausrichtung und hohe Implementierungskosten von Advanced Planning Systems sprechen dafür, dass auf absehbare Zeit die APS nur für größere Unternehmen interessant sind, die die Ausprägung ihrer Supply Chain unmittelbar oder mittelbar beeinflussen können. Grundsätzlich sind APS für Industrieunternehmen konzipiert, deren Produktion als Sorten- und Serienfertigung bei hoher Variantenvielfalt konzipiert ist (vgl. Steven/Krüger/Tengler 2000, S. 22), z. B. die Konsumgüterindustrie. Darüber hinaus werden für verschiedene APS branchenspezifische Lösungen angeboten, die nicht nur die speziellen Anforderungen verschiedener Industriezweige berücksichtigen, sondern auch für Handels- und Dienstleistungsunternehmen, z. B. Logistikdienstleister, geeignet sein sollen. Inwieweit der Einsatz von APS als Ganzes oder zumindest von ausgewählten Modulen für ein Unternehmen interessant ist, hängt vor allem von den jeweiligen Anforderungen ab, die das Supply Chain Management an die Informationssysteme stellt. Eine genaue Spezifikation der Unterstützungsleistung verhindert nicht nur Fehlinvestitionen in überdimensionierte APS, sondern eröffnet auch Alternativen zu APS. Neben diesen umfassenden Systemen existiert mittlerweile eine große Anzahl von Spezialsystemen, deren Einsatz das Supply Chain Management gezielt unterstützen kann.

5. Zusammenfassung und Ausblick

Mit den Advanced Planning Systems steht eine neue Generation von Informationssystemen zur Verfügung, die deutlich leistungsstärker als die MRP-basierten PPS- und ERP-Systeme sind. Erstmals ist eine weitreichende informationstechnische Unterstützung des Supply Chain Managements möglich, was sich nicht nur in der Unterstützung zwischenbetrieblicher Ausführungsaktivitäten, sondern vor allem in einer verbesserten Entscheidungsunterstützung verdeutlicht. Der Einsatz von anspruchsvollen mathematischen Lösungsalgorithmen des Operations Research für einige Teilprobleme führt dazu, dass fundierte wissenschaftliche Erkenntnisse endlich auch umfassend in der Praxis zum Einsatz kommen. Die für andere Teilprobleme vergleichsweise schwachen heuristischen Lösungsverfahren, der weiterhin notwendige Einsatz von ergänzenden ERP-Systemen, die Defizite bei der zwischenbetrieblichen Ausführungsunterstützung sowie die streng hierarchische Arbeitsweise der APS zeigen aber, dass Advanced Planning Systems noch weit vom Idealbild universaler Supply Chain Management-Systeme entfernt sind. Hier sind in den nächsten Jahren weitere Entwicklungen zu erwarten.

Bernd Hellingrath, Ralf Hieber, Frank Laakmann und Kasra Nayabi

Die Einführung von SCM-Softwaresystemen

1. Die IT als "Enabler" im Supply Chain Management
   1.1 Die drei Säulen des Supply Chain Managements
   1.2 Neue Anforderungen des Supply Chain Managements an die IT-Unterstützung
   1.3 Neue Nutzenpotenziale durch den Einsatz von SCM-Software

2. Die Entwicklung des Supply Chain Management Softwaremarkts

3. Das Aufgabenspektrum der Supply Chain Management Software
   3.1 Gestaltung/Strategische Netzwerkgestaltung
   3.2 Planung (Supply Chain Planning SCP)
   3.3 Ausführung (Supply Chain Execution)
   3.4 Netzwerk-Informationsmanagement

4. Die Strukturierung des Anbietermarktes

5. Die SCM-Software im Unternehmen einführen
   5.1 Die SCM-Software systematisch auswählen
   5.2 Worauf Sie bei der Einführung achten sollten

6. Aktuelle Marktstudie SCM-Software 2002: Planungssysteme im Überblick

7. Ausblick

1. Die IT als "Enabler" im Supply Chain Management

1.1 Die drei Säulen des Supply Chain Managements

Dem Beispiel der USA folgend, hat sich in den letzten Jahren auch in Europa das Thema Supply Chain Management, das Management von Wertschöpfungsketten, erfolgreich etabliert. Stärkere Kundenorientierung, umfassenderer Logistikservice und ständige Produktinnovationen haben dazu geführt, dass sowohl Großunternehmen als auch kleine und mittelständische Unternehmen die Strategie einer Konzentration auf ihre Kernkompetenzen verfolgen. Ergänzende Wertschöpfungsprozesse werden auf spezialisierte Betriebe ausgelagert. Dies führt jedoch auch zu einer zunehmenden Verflechtung von Lieferanten, Produzenten und Logistik-Dienstleistern in Netzwerken. Der individuelle Erfolg einzelner Unternehmen wird damit zunehmend durch die Leistungsfähigkeit des gesamten Netzwerkes bestimmt. Als Folge müssen Kostensenkungspotenziale nicht mehr nur unternehmensintern, sondern gemeinsam im Netzwerk erschlossen werden.

Nach unserem Verständnis bilden drei Grundbausteine, gewissermaßen die Säulen, das Fundament für ein erfolgreiches Supply Chain Management (vgl. Kuhn/Hellingrath 2002). Säule Nr. 1: die Integration aller Partner der Wertschöpfungskette in die übergreifenden Aufgaben durch ein prozessorientiertes Kooperationsmanagement. Säule Nr. 2: das Design der Kernprozesse und die ganzheitliche, prozessorientierte Gestaltung und Steuerung aller Flüsse von Informationen, Materialien und Finanzmitteln in der Wertschöpfungskette. Und Säule Nr. 3: der Einsatz moderner IT-Systeme mit zwei fundamentalen Funktionen, nämlich Koordination (Planung und Steuerung der Prozesse der Wertschöpfungskette) und Kommunikation (durch Abbau der Informationsbarriere zwischen den angestammten Planungs- und Steuerungsbereichen). Ziel der Koordination ist es, innerhalb eines Unternehmens und unternehmensübergreifend Optimierungsverluste, die sich aufgrund mangelnder Abstimmung voneinander abhängiger Entscheidungen ergeben, zu verhindern. In diesem einführenden Abschnitt wollen wir uns in aller Kürze die zweite und daraus abgeleitet die dritte Säule ansehen.

Ändert man Prozesse, besteht immer die Gefahr, dass alte Prozesse – leicht geändert – im Grunde genommen nur kopiert werden. Das Gleiche schneller oder in weniger Schritten zu tun, ist keine Garantie dafür, dass ein besserer Prozess entsteht. Umgekehrt birgt die Vorgehensweise, die alten und wenig effizienten Prozesse abzuschaffen und durch neue, effizientere zu ersetzen, das Risiko, dass bis zur Etablierung der neuen Prozesse Instabilitäten durchlaufen werden müssen und zudem eine umfassende Aufwands-Nutzen-Betrachtung nur schwer möglich ist. Die Vergangenheit hat gelehrt, dass Unternehmen am besten beraten sind, inkrementell ihre Prozesse zu überprüfen und weiter bzw. neu zu entwickeln. Erst dann sollten IT-Systeme entworfen und implementiert werden, die diese optimierten Prozesse unterstützen sollen oder sie gegebenenfalls erst möglich machen. Dieser Aspekt ist uns wichtig. Denn nur so erklärt sich die eigentliche Funktion der SCM-Software als „Enabler", als ein mächtiges Instrument, um etablierte Strukturen, aber auch Prozesse schrittweise aufzubrechen und zu optimieren. Richtig eingesetzt, kann man Durchlaufzeiten verkürzen, Fehler verringern, Redundanzen vermeiden und so Einsparungen erzielen.

1.2 Neue Anforderungen des Supply Chain Managements an die IT-Unterstützung

Die SCM-Philosophie beschäftigt sich nicht nur mit dem Management und der Optimierung der internen Prozesse und Abläufe eines Unternehmens – sie hat das Management und die Optimierung der gesamten Wertschöpfungskette (inklusive der Lieferanten, der Sublieferanten und der Logistikdienstleister) im Blick. Deshalb muss die SCM-Software in der Lage sein, sowohl die Prozesse und die Abläufe *innerhalb* eines Unternehmens als auch *unternehmensübergreifend* zwischen den Partnern in der Beschaffungs- und in der Distributionskette durchgängig zu unterstützen. Dies ist eine anspruchsvolle Aufgabe und erfordert große Anstrengungen aller Beteiligten.

Die Produktionsplanungs- und -steuerungs-(PPS-)Systeme werden seit den 60er Jahren zur Planung, Steuerung, Durchführung und Überwachung der internen Produktionsabläufe eingesetzt. In den 70er und 80er Jahren wurde das Funktionsspektrum der PPS-Systeme so erweitert, dass nicht nur die Produktionsprozesse, sondern auch die Prozesse anderer Unternehmensbereiche (wie Auftragsabwicklung, Lagerverwaltung, Controlling, Vertrieb, Personal- und Finanzwesen) unterstützt werden. Die hieraus entstandenen Softwaresysteme, die sog. Enterprise Resource Planning (ERP)-Systeme, unterstützen alle unternehmensinternen Prozesse. Der Nutzen solcher ERP-Systeme ist hauptsächlich in der Bereitstellung einer einheitlichen Datenbasis innerhalb eines Unternehmens zu sehen, so dass alle Unternehmensbereiche mit den gleichen Informationen in der gleichen Qualität versorgt werden. Innerhalb kurzer Zeit kann man aus diesen Systemen aktuelle Informationen über Auftragslage, Bestände und die buchhalterischen Kennzahlen abfragen. Bei der ganzheitlichen Betrachtung der Wertschöpfungskette bzw. der unternehmensübergreifenden Planung und Optimierung, wie es die SCM-Philosophie propagiert, stoßen die ERP- bzw. PPS-Systeme jedoch an ihre Grenzen. Hier setzt die SCM-Software an: Mit ihrer Hilfe werden nicht nur die unternehmensinternen Prozesse, sondern auch die Prozesse der Lieferanten, Distributoren, Logistik-Dienstleister und Kunden betrachtet.

Ein wesentlicher Unterschied gängiger ERP-Systeme gegenüber SCM- bzw. APS- (Advanced Planning and Scheduling) Software-Paketen ist die sequenzielle Planungsvorgehensweise. Bei den SCM- bzw. APS-Softwaresystemen hingegen werden mittels integrierter simultaner Planung *alle* Restriktionen gleichzeitig berücksichtigt. Das Resultat: die Planung der Materialbedarfe, Produktionsprogramme, Termin- und Kapazitätspläne werden in einem Zug durchgeführt bzw. optimiert. Eine weitere Schwachstelle der ERP-Systeme sei ebenfalls noch genannt: deren begrenzte Simulations- und Optimierungsmöglichkeit. Aus diesem Grund bieten sie nur bedingt Unterstützung bei der Erstellung, Analyse und Bewertung unterschiedlicher Szenarien an. Dieser Aspekt ist in der SCM-Software von besonderer Bedeutung, da man mit Hilfe dieser Simulationen die Engpässe in der Versorgungskette frühzeitig identifizieren und im Vorfeld beheben kann.

Die ERP-Systeme bilden aber die Grundlage bzw. die Basisarchitektur für die heutigen SCM-Softwarelösungen und sind in den meisten Fällen unabdingbare Voraussetzung für den Einsatz von SCM-Systemen. Sie liefern sowohl die für die Planung notwendigen Transaktionsdaten (wie Kapazitäten, Termine, Auftragsdaten) als auch abgelegte Restriktionen an die SCM-Tools. Diese führen dann die Planungsläufe bzw. Simulationen durch und geben die daraus resultierenden Ergebnisse wieder an die ERP-Systeme zurück. In Netzwerken, dies ist die Crux an der Sache, existieren i. d. R. die ERP-, Warehouse-Management-Systeme (WMS) bzw. sonstige Legacy-Systeme (historisch gewachsene Transaktionssysteme) mehrfach verteilt in den einzelnen Unternehmen. Die Integration all dieser Systeme stellt deshalb einen wesentlichen Erfolgsfaktor für einen effizienten Einsatz von SCM-Software dar.

1.3 Neue Nutzenpotenziale durch den Einsatz von SCM-Software

Die wichtigsten Fragen, die sich für Industrieunternehmen in Bezug auf Kauf bzw. Einsatz einer SCM-Software stellen, lassen sich auf drei zentrale Fragestellungen reduzieren: die nach dem Nutzen dieser Systeme, deren Eignung Prozesse zu unterstützen und selbstverständlich nach deren Rentabilität. Der Hauptnutzen einer Software besteht im Allgemeinen darin, Arbeits- und Betriebsprozesse zu unterstützen, zu automatisieren sowie zu beschleunigen. SCM-Software unterstützt speziell bei der Planung und Durchführung von Supply Chain-Aktivitäten, schafft die nötige Transparenz im Hinblick auf Informationen und Daten sowie beim Informationsaustausch bzw. bei der Zusammenarbeit mit den Partnern der Kette. Die Erfahrungen aus bisher realisierten Projekten haben gezeigt, dass durch den Einsatz von SCM-Software, die die Anforderungen der Prozesse vollständig erfüllen, folgende Nutzenpotenziale erschlossen werden konnten:

- *Die Erhöhung der Liefertreue und der Kundenorientierung:* Durch eine genaue Voraussage/Prognose des Marktbedarfs verbessert sich die Lieferbereitschaft bzw. der Kundenservicegrad. Dadurch können Unternehmen die Märkte bzw. Kunden besser bedienen und gleichzeitig verlorene Umsatzchancen reduzieren. Eine gute Bedarfsvoraussage und deren rechtzeitige Weitergabe an die Partner der Kette kann außerdem den Bullwhip-Effekt verringern bzw. vermeiden. Ferner erhöhen Unternehmen durch konkrete Lieferterminzusagen, unterstützt durch die ATP/CTP-Komponenten der SCM-Software, die Kundenbindung.

- *Die Reduzierung der Bestände*: Durch einen intelligenten und frühzeitigen Austausch von Informationen werden Bestände (v. a. die Sicherheitsbestände) sowie unnötige Lagerstufen entlang der Wertschöpfungskette reduziert und abgebaut. Hierbei können durch den Einsatz geeigneter SCM-Software die Zusammenarbeit mit Lieferanten und Kunden sowie optimierter Prozesse Einsparungen in Höhe von 25 % bis 60 % realisiert werden (vgl. METAGroup 2001).

- *Die Verringerung der Gesamtdurchlaufzeiten*: Durch automatisierte Informationsweitergabe bzw. durch Informationsbringschuld anstelle von traditioneller Informationsholschuld werden sowohl innerhalb eines Unternehmens als auch in der gesamten Kette die Durchlaufzeiten beschleunigt. Aufgrund der Planungsfunktionalitäten der SCM-Software verkürzen sich die Planungszyklen (i. d. R. können diese von Wochen auf Stunden, gar Minuten verkürzt werden). Dieser Umstand trägt ebenfalls zu einer Reduzierung der Gesamtdurchlaufzeiten bei und erhöht die Flexibilität auf schnelle Änderungen der Marktanforderungen zu reagieren.

- Die *Kostensenkung* im Beschaffungs-, Produktions- und Distributionsnetzwerk (Senkung der Supply Chain Kosten): Es können in allen Bereichen (Beschaffung, Produktion sowie Distribution) die Kosten gesenkt werden – aufgrund der Reduzierung der Planungszeiten, der Beschleunigung der Durchlaufzeiten, die Verfügbarkeit notwendiger Daten bzw. Informationen, des optimierten Einsatzes der Ressourcen und Kapazitäten, der Reduzierung von Lagerbeständen in der gesamten Kette, des erhöhten Lagerumschlages sowie auch der Vermeidung von Sonderfahrten aufgrund eines kooperativen Notfallmanagements.

2. Die Entwicklung des Supply Chain Management Softwaremarkts

Neue Möglichkeiten, diese Nutzenpotenziale auszuschöpfen, ergeben sich dabei durch immer leistungsfähigere Softwarepakete, die eine effiziente Planung und Steuerung unternehmensübergreifender Prozesse unterstützen. Obwohl die SCM-Philosophie bzgl. ihrer Grundgedanken nicht neu ist, hat sie ihren Auftrieb erst durch die rasante Entwicklung der modernen Informations- und Kommunikationstechnologie erhalten, die eine effiziente Umsetzung dieses Konzeptes ermöglicht.

Aufgrund dieser Entwicklung sowie der augenblicklich stattfindenden Symbiose von SCM und E-Business ändert sich jedoch der Stand der Technik rasant, und die Zahl der Softwareanbieter steigt ebenfalls. Die Folge: eine hohe Dynamik bzw. eine wachsende

Intransparenz am Markt. Bei der Suche nach SCM-Software stößt man heute schnell auf über 100 Anbieter weltweit, die unter dem Oberbegriff „SCM" Software vertreiben. Doch nicht alle dieser sehr unterschiedlichen Anbieter stehen unmittelbar mit dem SCM-Thema in Verbindung. Hat man nach langwierigen und aufwändigen Analysen die SCM-Aufgabenfelder identifiziert, die für die eigenen Anforderungen relevant sind, stellt man anschließend u. U. überrascht fest, dass sich die Software-Module der Anbieter und deren zur Verfügung gestellte Funktionalitäten erheblich von dem unterscheiden, was benötigt wird. Erschwerend kommt hinzu, dass immer mehr ERP-Anbieter ihre Produktpalette um einzelne SCM-Funktionalitäten erweitern, so dass eine klare Trennung zwischen den ERP- und SCM-Toolanbietern zunehmend schwieriger wird.

Bereits in ihrer ersten Studie haben die Fraunhofer Institute IML und IPA im Jahre 1999 20 Anbieter aus dem Bereich Supply Chain Planning (SCP) untersucht, die im deutschsprachigen Raum agieren (Gehr/Hellingrath/Kulow/Laakmann/Palm/Witthaut 1999, S. 10). Bei dieser Studie wurde die Software dieser Anbieter bezüglich der Funktionalitäten sehr detailliert analysiert. Aufgrund der rasanten Software-Entwicklungen und der Intransparenz am Markt sind die Veränderungen, speziell im SCM-Softwaremarkt, jedoch gravierend. Deshalb ist der Bedarf an einer aktuellen, detaillierten Studie, die – ausgehend von den Anforderungen der Industrieunternehmen – die relevanten Software-Lösungen untersucht, enorm gestiegen. Ferner sind aufgrund dieser Intransparenz Konzepte zur systematischen Auswahl bzw. zur Einführung von SCM-Softwarelösungen von großer Bedeutung.

Als gemeinsame Partner des *scm Competence & Transfer Centers* aktualisieren die Fraunhofer-Institute derzeit zusammen mit dem ETH-Zentrum für Unternehmenswissenschaften (BWI) der Eidgenössischen Technischen Hochschule Zürich ihre Marktstudie aus dem Jahr 1999. In den folgenden Abschnitten wird das der neuen Studie unterlegte Aufgabenmodell sowie die Vorgehensweise zur Auswahl und Einführung eines SCM-Tools dargestellt.

3. Das Aufgabenspektrum der Supply Chain Management Software

Eine SCM-Software ist i. d. R. aus mehreren Komponenten zusammengesetzt, die unterschiedliche Aufgabenspektren unterstützen und unterschiedliche Funktionalitäten bieten bzw. diese in unterschiedlicher Detailtreue und Qualität abdecken. Dies ist das eigentliche Problem: Software-Lösungen mehrerer Anbieter zu vergleichen ist aufgrund dieser Inhomogenität ein sehr kompliziertes Unterfangen. Hinzu kommt erschwerend, dass die Anbieter *unterschiedliche* Bezeichnungen für *dieselbe* Funktionalität verwenden. Dies trägt zur Intransparenz bezüglich der Software-Funktionalitäten bei und erschwert die

Auswahl. Soweit das Problem. Die Lösung: Abhilfe soll ein standardisiertes, herstellerunabhängiges Referenzmodell für das Aufgabenspektrum der SCM-Funktionalität schaffen. Der Supply Chain Council (SCC), eine 1996 gegründete branchenübergreifende Initiative aus den USA mit mittlerweile über 700 Mitgliedsunternehmen, zu denen auch das Fraunhofer IML und das BWI der ETH gehören, hat ein Referenzmodell entwickelt: das Supply Chain Operation Reference (SCOR)-Modell (s. Abbildung 1). Mit dem SCOR-Modell soll eine einheitliche Beschreibung, Bewertung und Analyse von Supply Chains sowohl firmen- als auch branchenübergreifend möglich sein. Man konzentrierte sich bei der Entwicklung des Modells auf drei Aspekte: Man wollte

- eine Methodik entwickeln, die strategische und taktische Geschäftsziele von Unternehmen mit der operativen Produktions- und Logistikebene verbinden sollte.

- gemeinsame, abgestimmte Definitionen, Prozesse und Kennziffern generieren, um die Kommunikation mit Kunden, Lieferanten und weiteren Partnern in der SC deutlich zu verbessern.

- ein Evaluierungskonzept entwickeln, um bei der Auswahl der Software-Tools zu unterstützen, die die Implementierung im Unternehmen sicherstellen sollten.

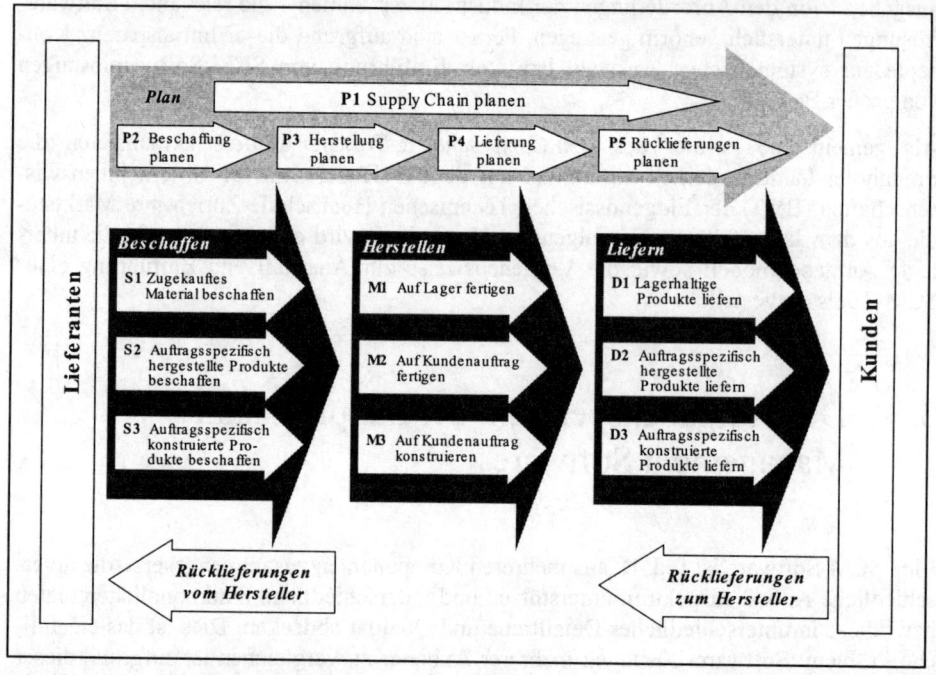

Abbildung 1: SCOR Modell Version 5.0 des Supply Chain Councils (Supply Chain Council 2001)

Das Aufgabenspektrum der Supply Chain Management Software

Dieses Referenzmodell beschreibt bzw. standardisiert zwar die Supply Chain-Operationen und Supply Chain-Kennzahlen auf mehreren gestaffelten Beschreibungsebenen, bietet jedoch leider keine Unterstützung für eine detaillierte Modellierung der Supply Chain Prozesse. Für diese Aufgabe kann in Ergänzung des SCOR-Modells besonders gut die Prozesskettenmethodik (Kuhn 1997) eingesetzt werden. Um SCM-Konzepte zu visualisieren, zu analysieren und zu gestalten, beinhaltet das Prozesskettenmodell eine Modellierungssprache für logistische Prozesse und ihre relevanten Gestaltungsparameter. Sie kann zur Visualisierung und Dokumentation von Informations- und Materialflussprozessen eingesetzt werden, um sie einer Neugestaltung in definierten Schritten zugänglich machen zu können. Damit stellt es ein mächtiges Instrumentarium für die Durchführung von Reorganisationsprojekten im Bereich der inner- und überbetrieblichen Logistik dar. Insbesondere bei der Aufgabe, Lösungen für bereichs- und unternehmensübergreifende Wertschöpfungsketten zu erarbeiten und zu implementieren, erweist sich die Prozesskette als besonders wertvoll. Das SCOR-Modell hat jedoch auch im Hinblick auf den Aspekt Software-Funktionalitäten Schwächen, da aus dem Modell nicht direkt die Prozesse identifiziert werden können, die sinnvoll und ausreichend durch Software-Systeme Unterstützung finden.

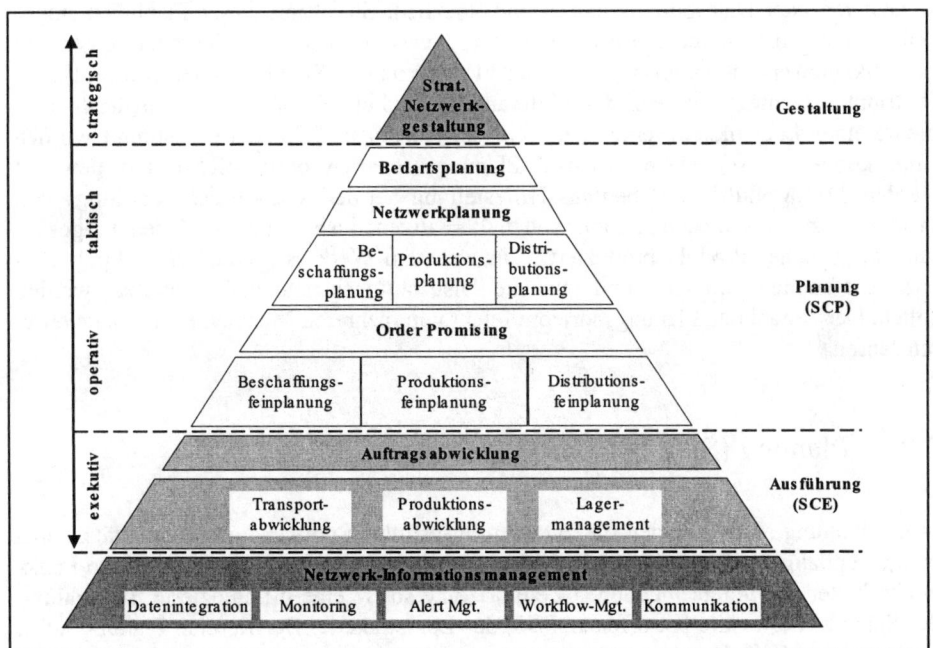

Abbildung 2: Das SCM-Aufgabenmodell

An dieser Stelle setzt das Aufgabenmodell der SCM-Software der Fraunhofer-Institute IML, IPA und des BWI der ETH Zürich an. Es zerlegt die Elemente des SCOR-Modells und beschreibt diese auf einem detaillierten Level bzgl. der möglichen Software-Funktionalität. Auf diese Weise kann dieses Aufgabenmodell als Grundlage für die Untersuchung, Analyse und Auswahl der SCM-Software eingesetzt werden. Das Aufgabenspektrum des Modells gliedert sich in drei Hauptaufgabenbereiche (vgl. Abbildung 2): Gestaltung (Strategic Network Design), Planung (Supply Chain Planning) und Ausführung (Supply Chain Execution), die in den folgenden Abschnitten detailliert beschrieben werden.

3.1 Gestaltung/Strategische Netzwerkgestaltung

Aufgabe der strategischen Netzwerkgestaltung ist die kosteneffektive Auslegung und Gestaltung des gesamten Logistiknetzwerkes, ausgerichtet an den SCM-Strategien eines Unternehmens bzw. eines Unternehmensverbundes und den daraus abgeleiteten Zielsetzungen des Supply Netzes. Eine Hauptfragestellung der strategischen Netzwerkgestaltung ist die Bewertung von Investitionsentscheiden wie dem Aufbau neuer Produktionskapazitäten oder Distributionszentren und -kanälen. So ist mit dieser Planungskomponente eine kostenmäßige Bewertung der Auswirkungen von Veränderungen im Logistiknetzwerk, abhängig von der Anzahl und von den Standorten der Werke, Lager, Distributionszentren als auch der Lieferanten, möglich. Wenn die verschiedenen Elemente eines Logistiknetzwerkes bzgl. Größe, Anzahl und Standorte bestimmt worden sind, können verschiedene „what-if"-Planungsszenarien durchgeführt und bewertet werden. Das Modul bietet ebenfalls Hilfestellung bei der Analyse der Zuordnung von Produkten zu verschiedenen Lieferkettenalternativen, insbesondere bei den Fragestellungen, „welches Produkt produziert", „in welchem Werk es produziert", „durch welchen Lieferanten beliefert" und „welche Distributionskanäle dafür benutzt" werden sollen. Der betrachtete Planungshorizont reicht von mehreren Monaten bis hin zu mehreren Jahren.

3.2 Planung (Supply Chain Planning SCP)

In der Planung (SCP) werden die zur Auftragserfüllung notwendigen Kapazitätszuordnungen entlang der Logistikkette festgelegt. Ein Unterscheidungsmerkmal für die Funktionen bieten die unterschiedlichen Zeithorizonte sowie eine differenzierte Betrachtung der Spannweite für die betroffenen Teile der Logistikkette. Der Bereich Planung ist in die folgenden Aufgaben unterteilt:

Bedarfsplanung

Die Aufgabe der Bedarfsplanung ist es, hinsichtlich des vorliegenden kurzfristigen Bedarfs Transparenz zu schaffen und den mittel- und langfristigen Bedarf zu prognostizieren. Der kurzfristige Bedarf wird durch die Auswertung der vorliegenden Bestellungen – entnommen aus ERP-Systemen – und über die verschiedenen Stufen der Wertschöpfungskette ermittelt. Der Schwerpunkt bei der Bedarfsplanung liegt allerdings in den verschiedenen Methoden zur Prognose des mittel- und langfristigen Bedarfs auf Basis der Vergangenheitsdaten. Hier bieten die Werkzeuge eine Vielzahl von statistischen Prognoseverfahren an, die – entsprechend parametrisiert – in verschiedensten Anwendungsfällen nutzbar sind.

Beim langfristigen Bedarf wird aus Unternehmenssicht der Absatz der Produktgruppen bzw. -familien für einen Zeitraum von mehreren Jahren (meist in monetären Einheiten) prognostiziert. Beim mittelfristigen Bedarf hingegen wird der Marktbedarf auf Produkttypebene (Stock Keeping Unit - SKU) für einen Zeitraum von Monaten ermittelt. Die Prognose des mittelfristigen Bedarfs erfolgt zumeist über verschiedene Abstraktionsebenen, unterschieden nach Produkt bzw. Produktgruppen, Einzelkunden oder Kundensegmenten sowie Absatzkanälen und Regionen.

Ein weiterer wesentlicher Qualitätsfaktor ist die Möglichkeit, Kausalfaktoren und saisonale Einflüsse zu modellieren, so dass diese bei der Prognose der Bedarfsmengen berücksichtigt werden können. Für bestimmte Aufgaben wie z. B. die Planung von Markteinführungen oder von Werbeaktionen bieten die Systeme eigene Funktionalitäten an, mit denen man – aufbauend auf Vergangenheitsdaten vergleichbarer Produktmodelle – Prognosen des Bedarfs für neue Produkte oder die Wirkung von Werbeaktionen bzw. von Preisänderungen simulieren kann.

Netzwerkplanung

Die Aufgabe der Netzwerkplanung ist die übergreifende Koordinierung der einzelnen Partner in der Wertschöpfungskette oder dem Wertschöpfungsnetz. Häufig spricht man auch von der Verbundplanung oder von der Netzwerkmasterplanung. Die Netzwerkplanung kann sowohl unternehmensintern als auch unternehmensübergreifend verstanden werden.

In der Regel wird die Netzwerkplanung in Verantwortung des „stärksten" Partners des Produktions- oder Logistiknetzes durchgeführt, der in der Regel neben einem großen Wertschöpfungsanteil auch die größte Nähe zu den Endkunden besitzt. Mit Hilfe der Netzwerkplanung erfolgt eine Abstimmung von Bedarfen auf der einen sowie von Material- und Kapazitätsressourcen auf der anderen Seite. Ziel der übergreifenden Planung ist die Ermittlung eines Gesamtoptimums für alle Partner des Netzwerkes. Der Horizont der Planung erstreckt sich über mehrere Monate bis Jahre. Die Netzwerkplanung orientiert sich dabei neben der Netzwerkstruktur an den Produktionsprogrammen und Absatzplänen, die durch die Geschäftsjahresplanung festgelegt worden sind.

Innerhalb eines Produktionsverbundes ist die Netzwerkplanung eine werks- oder standortübergreifende Planung. Mit ihrer Hilfe wird eine Zuordnung von Produkten zu einem Standort durchgeführt. Dadurch erhalten die Werke das für sie geltende Produktionsprogramm. Optimierungskriterien sind Kapazitätsauslastung, Nähe zum Absatzmarkt, Produktionsquoten oder Materialverfügbarkeit. Die Netzwerkplanung liefert den Input für die detaillierteren Planungsaufgaben in der Beschaffung (Source), Produktion (Make) und Distribution (Deliver).

Produktionsplanung

Aufgabe der Produktionsplanung ist es, einen optimierten Produktionsplan für jede einzelne Produktionsstätte der Supply Chain zu erstellen. Ziel ist die Maximierung der Lieferbereitschaft und Termintreue bei gleichzeitiger Optimierung der Auslastung und Minimierung der Bestandskosten. Der mittlere Planungshorizont liegt im Monats- bis Wochenbereich, wobei die betrachteten Zeitscheiben Wochen oder sogar Tage sein können.

Ausgehend von dem werksübergreifenden Produktionsprogramm, das in der Netzwerkplanung bestimmt wurde, wird nun durch eine integrierte Mengen-, Termin- und Kapazitätsplanung ein grober Produktionsplan (Master Production Schedule) für das individuelle Werk erstellt. In der Mengenplanung werden die Materialbedarfe durch Auflösung der Produktionsstruktur (z. B. Stücklistenauflösung oder Rezepturen) bestimmt und an die Beschaffungsplanung weitergeleitet. Dafür erfolgt in der Regel ein Übergang von Produkten und Produktmerkmalen zu konkreten Teilelisten.

In der Durchlaufterminierung werden die intern zu fertigenden Produktionsaufträge unter Berücksichtigung der ggf. vorhandenen Randbedingungen (wie z. B. Kapazitätsrestriktionen, Schichtpläne oder Nutzung von Alternativressourcen) zeitlich angeordnet. Diese Planung erfolgt jedoch maximal auf der Ebene von Maschinengruppen. In dieses Aufgabenfeld fällt auch die Bestimmung der Losgrößen, in denen produziert werden soll. Ergebnisse der Produktionsplanung sind Mengenbedarfe, die an die Beschaffung weitergeleitet werden, Kapazitätsbedarfe sowie ein Produktionsplan, der die Zuordnung von Kapazitäten und benötigtem Material zu den Fertigungsaufträgen einer Planungsperiode enthält.

Beschaffungsplanung

Aufgabe der Beschaffungsplanung ist die optimierte Beplanung der Teileversorgung bzw. der Bestände einer mehrstufigen Lagerstruktur – basierend auf den Ergebnissen der Bedarfs-, Netzwerk- bzw. Produktionsplanung. Ziel bei der Planung ist es, ausreichend Teile bzw. Materialien termingerecht am richtigen Ort zu haben und dabei gleichzeitig die Bestände minimal zu halten. Die hier betrachteten Zeiträume liegen im taktischen Bereich, d. h. zwischen Wochen bis Tagen.

Ausgehend von dem durch Stücklistenauflösung ermittelten Sekundärbedarf werden die Minimal-/Maximal- sowie die optimalen Sicherheitsbestände ermittelt, abhängig von den in der Vergangenheit zu beobachtenden Prognoseabweichungen. Berücksichtigt werden dabei Lieferanten- bzw. eigene Kapazitäten, auch Anlieferrhythmen und Wiederbeschaffungszeiten. Ferner können verschiedene Versorgungsszenarien (wie Single-, Multisourcing oder „Make or Buy") simuliert und mit dem Ziel der optimierten Bedarfserfüllung miteinander verglichen werden. Der hierbei entstandene Beschaffungsplan ist die Grundlage für die Beschaffungsfeinplanung.

Distributionsplanung

Aufgabe der Distributionsplanung ist die optimierte Planung der Lagerbestände und der Verteilung der Produkte hin zum Kunden. Analog zur Beschaffungsplanung wird auch in der Distributionsplanung eine mehrstufige Distributionsstruktur betrachtet. Hier wird jedoch die Verteilung und der Abruf von Produkten im Distributionskanal/-netz fokussiert. Der betrachtete Planungszeitraum liegt in der Dimension von Monaten bis Tagen.

Die Distributionsplanung liefert eine optimierte Planung und Kombination der Lieferungen, um die Nachfrage zu befriedigen. Hierbei werden ähnlich wie bei der Bedarfsplanung Grund- und Sicherheitsbestände bzw. Reichweiten optimal geplant. Ausgehend von dem Typ und den Standorten der einzelnen Lager, den Beständen sowie den Bedarfsprognosen werden die Transportkapazitäten grob geplant und die Kosten durch Kombinationsbildungen optimiert. Die Grundlage für die Distributionsplanung liefern die Prognoseergebnisse der Bedarfsplanung sowie die Vorgaben, die in der Netzwerkplanung festgelegt sind. Die Distributionsplanung liefert die Grundlage für die Distributionsfeinplanung.

Order Promising

Beim Order Promising geht es darum, die Erfüllbarkeit von Kundenanfragen oder Kundenaufträgen zu prüfen. Je nach Anforderung gibt es unterschiedliche Möglichkeiten: Entweder wird der schnellstmögliche Liefertermin ermittelt, oder es werden Wunschliefertermin, Wunschliefermenge und geforderte Produktkonfiguration bestätigt. Möglich ist auch der Vorschlag von alternativen und lieferbaren Produktvarianten, falls der Kundenwunsch nicht wie angefragt realisierbar ist. Damit stellt das Order Promising eine Kernaufgabe des Supply Chain Managements dar und steht innerhalb des Aufgabenmodells zwischen den kundenauftragsanonym ablaufenden Planungsaufgaben und den Planungsaufgaben, die einen Bezug zu Kundenaufträgen aufweisen. Das Order Promising kann ausgelegt sein als

- *Available-to-Promise (ATP)* – Prüfung der Verfügbarkeit des gewünschten Produkts im Lagerbestand oder im Produktionsplan,

- *Capable-to-Promise (CTP)* – Prüfung der Kapazitäten und Materialien zur Produktion des gewünschten Produktes,

- *Configure to Promise (CoTP)* – Konfiguration des gewünschten Produktes nach den Kundenwünschen und Prüfung der Kapazitäten und Materialien zur Zusicherung eines Liefertermins.

Beschaffungsfeinplanung

Aufgabe der Beschaffungsfeinplanung ist die optimierte Beplanung der Anlieferungen bzw. der Anliefermengen für den kurzfristigen Zeitbereich zwischen Tagen und Stunden, basierend auf den Ergebnissen der Beschaffungsplanung und Produktionsfeinplanung.

In der Beschaffungsfeinplanung wird ausgehend vom Bruttosekundärbedarf unter Berücksichtigung der Lager- und Transit-Bestände der Nettosekundärbedarf berechnet. Auf dieser Basis werden – in Anlehnung an die aus der Beschaffungsplanung vorgegebenen Minimal-/Maximalbestände – die optimalen Anliefermengen über den betrachteten Planungszeitraum ermittelt. Bei der Optimierung dieser Anlieferungen müssen alle internen, aber auch externen Kapazitäten und Restriktionen (wie Wareneingangskapazität, Anlieferrhythmen, Wiederbeschaffungszeiten usw.) berücksichtigt werden.

Produktionsfeinplanung

Die Produktionsfeinplanung befasst sich mit der Planung des Produktionsbereiches im mittel- und mehr noch im kurzfristigen Bereich. Während in der Produktionsplanung der Produktionsplan auf Werksebene ermittelt wird, werden hier in kürzeren Zeithorizonten detailliertere Pläne für einzelne Produktionsbereiche erstellt.

Basierend auf dem Produktionsplan ist es die Aufgabe der Produktionsfeinplanung, konkrete Produktions-, d. h. Fertigungs- oder Montageaufträge, festzulegen, zu terminieren und freizugeben. Hierfür ist die Kenntnis der aktuellen Einflussgrößen (wie die tatsächliche Verfügbarkeit von Personal- und Maschinenkapazitäten) sowie die tatsächliche Materialverfügbarkeit erforderlich. Aufgrund aktueller Änderungen oder Störungen sind rasche und flexible Anpassungen von Produktionsaufträgen, in Abstimmung mit der Beschaffungs- und Distributionsseite, notwendig.

Distributionsfeinplanung

Aufgabe der Distributionsfeinplanung ist die optimierte Festlegung der Transportmittel, der Touren und der Beladung zur termingerechten Belieferung. Sie baut auf den Planungsvorgaben der Distributionsplanung auf und verfeinert deren Ergebnisse für einen kurzfristigen Zeithorizont mit dem Ziel, geringe Lieferzeit und hohe Liefertreue bei gleichzeitig geringen Kosten zu erreichen.

Im Rahmen der Vorgaben aus der Distributionsplanung erfolgt eine auftragsbezogene definitive Festlegung der Transportmittel, mit denen eine Auslieferung erfolgen soll. Dies geschieht über den Vergleich verschiedener Transportszenarien, in denen die Kosten alternativer Transportmöglichkeiten berechnet und gegenübergestellt werden. Dabei muss man zahlreiche Restriktionen wie verfügbare Kapazitäten, gesetzliche Vorschriften, Abhol- und Anlieferzeiten usw. berücksichtigen.

3.3 Ausführung (Supply Chain Execution)

Im Unterschied zum Supply Chain Planning (SCP) werden unter der Supply Chain Execution (SCE) die Aufgaben zusammengefasst, die eine Auftragsabwicklung und Kontrolle der Supply Chain ermöglichen bzw. der operativen Prozessabwicklung dienen. Mit den Systemen der SCE werden die im SCP Beschaffungs- bzw. Produktions- und Distributionsfeinplanung erstellten Feinpläne umgesetzt. Ziel der SCE ist eine direkte Verbesserung der Kundenzufriedenheit über das Beherrschen der dynamischen Komplexität, die aus den vielfältigen Kundenbeziehungen heraus entsteht. Diese Zielsetzungen haben mit dem Aufschwung des E-Business und E-Commerce eine erhöhte Relevanz bekommen. Einige Funktionalitäten der Ausführung werden von ERP- bzw. PPS-Systemen abgedeckt, und für einige andere Bereiche wie Transport- bzw. Bestandsabwicklung existieren spezielle innovative Software-Lösungen auf dem Markt. Folgende Ausführungsaufgaben können unterschieden werden:

- *Auftragsabwicklung*: Die Auftragsabwicklung beinhaltet die Aufgaben zur Steuerung und Überwachung von Kundenaufträgen und allen anderen Produktions-, Beschaffungs- und Distributionsaufgaben, die einen Kundenbezug aufweisen. Das Order Management bildet eine Schnittstelle zwischen dem Produktionsunternehmen und den unterschiedlichen Vertriebskanälen und Vertriebspartnern oder Kunden. Damit verfügt es über alle relevanten Informationen zu den kundenauftragsbezogenen Prozessen. Ziel ist die Sicherstellung einer hohen Kundenzufriedenheit. Die Aufgabe des Order Managements ist eng verbunden mit der Verfügbarkeits- und Machbarkeitsprüfung im Order Promising, das aber mit seiner Liefertermbestimmung nur einen Teil eines umfassenden Order Management beinhaltet.

- *Transportabwicklung*: Diese Funktion umfasst alle Aufgaben, die die Abwicklung, Erfassung und Verwaltung der Transportvorgänge sowohl auf der Beschaffungsseite als auch auf der Distributionsseite betreffen. Zu diesen Aufgaben zählen u. a. die Erstellung von Transportdokumenten, Berechnung von Transportkosten, Erstellung von Lieferscheinen und Lieferavis sowie die Festlegung von Abholzeitfenstern. Ferner werden hier die kundenspezifischen Wünsche bezüglich Reihenfolge der Verladung der Produkte im Transporter und deren Ausladung berücksichtigt. Die Erfassung der Transportstati in dieser Phase ermöglicht ein Tracking&Tracing der Sendungen.

- *Produktionsabwicklung*: Die Produktionsabwicklung umfasst die Erfassung und Verwaltung von aktuellen Produktionsaufträgen, Produktionsdaten und -informationen. Ausgehend von den Produktionsfeinplänen werden hier die Informationen über Maschinen, Materialien bzw. Teile, Betriebsmitteln und Werkzeuge gesammelt und bereitgestellt. Diese Aufgabe wird traditionell von ERP- bzw. PPS-Systemen bzw. auf einer detaillierten Ebene von Fertigungsleitständen oder Manufacturing Execution Systemen (MES) abgewickelt.

- *Lagermanagement*: Diese Funktion beinhaltet die Erfassung bzw. Buchung und Verwaltung aller Bestands- und Materialbewegungen. Hierbei werden auf der Beschaffungsseite die Roh-, Hilfs- und Betriebsstoffe, Teile und Baugruppen und auf der Distributionsseite die Fertigprodukte Lagerplätzen und -orten zugeordnet und verwaltet. Das Lagermanagement wird üblicherweise von Lagerverwaltungssystemen übernommen. Die genaue und systematische Erfassung der Bestandsdaten über eine Supply Chain mit den Lagerverwaltungssystemen ermöglicht die exakte Visualisierung bzw. das Monitoring der Bestände in der ganzen Kette.

3.4 Netzwerk-Informationsmanagement

Im Netzwerk-Informationsmanagement werden mehrere Teilaufgaben zur Informationsverteilung und -verwaltung zusammengefasst. Bei einem durchgängigen SCM Konzept gilt es, Stamm- und Bewegungsdaten aus den jeweiligen lokalen datenhaltenden Transaktionssystemen zu extrahieren, man denke z. B. an Enterprise Resource Planning- (ERP), Produktdatenmanagement- (PDM), Business Information Warehouse- (BIW) oder Warenwirtschafts- (WWS) Softwaremodule. Diese müssen ggf. noch aggregiert und dann den SCM-Planungsmodulen zur Verfügung gestellt werden. Im Gegensatz zu den Transaktionssystemen, die zur Unterstützung von Geschäftsprozessen zum Einsatz kommen, werden aus Gründen der Verarbeitungsgeschwindigkeit bei der SCM-Planungssoftware die Daten im Hauptspeicher oder über eine separate Datenbank vorgehalten. An dieser Stelle sei ausdrücklich hervorgehoben, dass die SCM Software von den Daten und deren Qualität aus den jeweiligen Transaktionssystemen signifikant abhängig ist und diese nicht ersetzen kann.

Ebenso müssen die Planungsdaten durch das Netzwerk-Informationsmanagement in die jeweiligen operativen Systeme wieder zurückgespielt als auch zwischen den verschiedenen Planungsmodulen ausgetauscht werden können. Die Teilaufgaben lassen sich wie folgt strukturieren:

- *Datenintegration*: Aufgabe der Datenintegration und des Datenaustausches ist die Steuerung der Datenbereitstellung aus den verschiedenen Transaktionssystemen. Die größte Hürde in der Datenintegration stellt in der Unternehmenspraxis die verteilte, heterogene DV-Landschaft dar, die von entscheidungsautonomen Einheiten verwaltet wird.

- *Kommunikation*: Neben der Datenintegration der verschiedenen betrieblichen EDV-Systeme ist der Datenaustausch zwischen Unternehmen zur überbetrieblichen Zusammenarbeit eine weitere wichtige Aufgabe für das Netzwerk-Informationsmanagement. In diesem Zusammenhang ist insbesondere die Sicherheit der Datenübertragung von hoher Relevanz. Die übertragenen Informationen müssen vollständig und unverfälscht beim Empfänger ankommen, Vertraulichkeit muss gewährleistet und die Authentizität des Senders und Empfängers sichergestellt werden. Der Datenaustausch kann über dedizierte, bilaterale Datenfernverbindungen, geschlossene Netzwerke oder über das Internet erfolgen, bei der die Gewährleistung der Vertraulichkeit besondere Bedeutung besitzt. Für den Datenaustausch werden von den Software-Systemen zumeist unterschiedliche Standards wie z. B. EDIFact, ANSI oder Odette angeboten.

- *Monitoring*: Im Monitoring ist im Sinne einer Cockpit-Funktion eine Visualisierung des Netzwerkstatus (wie z. B. Bestände, Kapazitäten, Transportstati und Auftragssituationen) über mehrere Stufen im Netzwerk möglich.

- *Alert Management*: Eine Erweiterung des Monitorings bildet das Alert Management. Aufgabe ist die Überwachung der Aktivitäten im Logistiknetzwerk, die Meldung von Planabweichungen sowie das Einleiten notwendiger korrektiver Maßnahmen. Basis hierfür ist ein ereignisgesteuerter Informationsbus, der die entsprechenden Echtzeitdaten den jeweiligen Alert-Modulen meldet. Mit der Festlegung von Zielgrößen sowie der Definition von Ausnahmesituationen ist die schnelle Erkennung von kritischen Planabweichungen im Logistiknetzwerk möglich.

- *Workflow*: Das oft an das Alert Management gekoppelte Workflow Management bietet eine weitere Unterstützung des Entscheidungsprozesses, inwieweit und welche Sofortmaßnahmen im Falle eines Alerts zu ergreifen sind. Beim Initiieren der unternehmensübergreifenden Zusammenarbeit kann mit Hilfe eines Workflow-Managements die Bestimmung zuständiger Ansprechpartner für spezifizierte Typen von Ausnahmen, die schnelle Benachrichtigung dieser Person und der Beginn und die Durchführung der Problembehebung angestoßen und begleitet werden.

4. Die Strukturierung des Anbietermarktes

Der SCM-Softwaremarkt ist sehr heterogen und entsprechend intransparent. Insbesondere unterliegt er sehr raschen Veränderungen, was sich schon allein an dem Auf und Ab des Aktienmarktes sowie den zahlreichen Akquisitionen und Ankündigungen über strategische Partnerschaften ablesen lässt. Die Veränderungen resultieren zum anderen aus der Vielschichtigkeit der Aufgaben, die mit SCM verbunden sind, und aus der Entwicklungshistorie der heutigen Anbieter. Man kann den Markt dennoch grob in fünf Kategorien von Anbietern unterteilen:

- *Anbieter integrierter SCM- und E-Business-Suiten*: Diese Kategorie umfasst Softwarehersteller, die mit „Advanced Planning & Scheduling Funktionalitäten" in ihren Werkzeugen starteten und ihre meist modulartig aufgebauten Produkte zu beinahe kompletten „SCM-Toolsuites" weiterentwickelt und verbunden haben. Eine Toolsuite ist eine Palette von miteinander integrierten Softwareprodukten, die große Teile des SCM-Aufgabenspektrums realisiert. Die Software-Lösungen dieser Anbieter decken die im Aufgabenmodell (s. Abbildung 2) beschriebenen Aufgaben der Planung größtenteils ab. Zusätzlich bieten diese Anbieter einige E-Business-Applikationen bzw. Plattformen für die unternehmensübergreifende Zusammenarbeit im Bereich SCP an. Der Bereich der Ausführung wird häufig durch Partnerschaften mit Anbietern von Softwareprodukten dieses Aufgabenbereichs abgedeckt. Zu den Anbietern integrierter SCM- und E-Business-Suiten gehören Firmen wie i2 Technologies, Manugistics und SAP. Durch ihre SCM-Applikationen, die in Eigenregie entwickelt wurden und die alle im Aufgabenmodell beschriebenen Funktionalitäten der Gestaltung und Planung abdecken, kann man auch SAP in diese Kategorie einordnen. Die Toolanbieter dieser ersten Kategorie bieten oft modular aufgebaute Produkte an und bauen auf den Transaktionssystemen der klassischen ERP-Anbieter auf, wobei sie Teile der ERP-Funktionalität durch ihre Planungssysteme ersetzen. Kunden dieser Softwareunternehmen im Bereich SCP sind überwiegend Großunternehmen.

- *Anbieter spezialisierter SCM-Suiten:* Diese Kategorie umfasst Software-Anbieter, die ähnlich wie die Anbieter der ersten Kategorie mit „Advanced Planning and Scheduling-Funktionalitäten" in ihren Werkzeugen starteten und ihre meist modulartig aufgebauten Produkte zu SCM-Toolsuites mit umfangreichen und eindrucksvollen Funktionalitäten weiterentwickelt und verbunden haben. Die Software-Lösungen dieser Anbieter decken spezialisierte Lösungen in den verschiedenen Bereichen der Aufgaben ab, die wir in unserem Modell beschrieben haben. Diese Lösungen sind in ihrem Gesamtabdeckungsgrad noch nicht so umfassend wie die Systeme der Anbieter der ersten Gruppe, bieten aber in bestimmen Aufgabenfeldern funktional umfassendere Ergebnisse. Kunden dieser Anbietergruppe verfügen häufig über sehr spezielle oder sehr anspruchsvolle Planungsaufgaben, die nicht immer von der anderen Anbietergruppe erfüllt werden können. Dies zeigt sich auch darin, dass die installierten Anwendungen zumeist erst in einigen Branchen zu finden sind. Dieser Kategorie gehören z. B. die Unternehmen Adexa, Aspentech, DynaSys, Skyva, SynQuest und TXT e-Solutions an. Die Firma Skyva nimmt mit ihrem Lösungsansatz eine Sonderrolle ein, da hier ausgehend von einer Prozessmodellierung eine weitgehende Generierung kundenspezifischer Lösungen angestrebt wird. Derzeit erweitern die Anbieter dieser Gruppe ihr angestammtes Leistungsspektrum, so dass sie teilweise in den nächsten Jahren der ersten Kategorie zugeordnet werden können.

- *Anbieter funktional erweiterter ERP-Systeme:* In der dritten Kategorie sind Anbieter zusammengefasst, welche ihre SCM-Funktionalität als Erweiterung und Ergänzung zu den von ihnen angebotenen PPS- und ERP-Systemen entwickelt haben. Kern ihres Leistungsangebotes bleiben eher die traditionellen Systeme. Zu dieser Gruppe zählen z. B. die Unternehmen Baan, Frontstep, PeopleSoft, SCT, Intentia, Oracle sowie J.D. Edwards. Insbesondere durch Unternehmensakquisitionen haben diese Unternehmen Funktionalitäten der jeweils anderen Anbieterkategorie hinzugekauft. So ergänzte sich z. B. Baan durch den Zukauf von Berclain, PeopleSoft durch den Kauf von red Pepper. Die Firma Oracle konzentriert sich als ERP-Anbieter eher auf den Bereich E-Business und weniger auf SCM-Systeme mit Planungsfunktionalitäten. Die SAP AG, deren SCM-Lösungen ein breites Funktionsspektrum aufweisen und auf ein branchenübergreifendes Anwendungsfeld zielen, ist hierbei eine Ausnahme und kann aus diesem Grunde der ersten Kategorie zugeordnet werden. Kunden der Anbieter dieser Kategorie sind sowohl Großunternehmen oder einzelne Konzernbereiche sowie kleine und mittelständische Unternehmen.

- *Nischenanbieter im Bereich SCP*: Einige Anbieter haben für spezielle Teilaufgaben des SCM oder für dedizierte Zielgruppen Lösungen entwickelt. Diese Anbieter bieten keine übergreifenden SCM-Gesamtlösungen oder SCM-Toolsuiten an. Dies heißt jedoch nicht, dass die Software in dem vorgesehenen Einsatzbereich Mängel aufweist. Die Fokussierung der angebotenen Software auf bestimmte Aufgaben oder Branchen kann durchaus zu qualitativ und preislich sehr interessanten Lösungen führen. Während die Anbieter der ersten drei Kategorien sich vorzugsweise auf Großunternehmen konzentrieren, gehen einige der Nischenanbieter auch auf die Anforderungen der mittelständischen Unternehmen ein. Der Aufbau, die Leistungsfähigkeit und der Abdeckungsgrad der angebotenen Werkzeuge ist dabei sehr unterschiedlich. Zu dieser Kategorie gehören Anbieter wie flexis, ICON oder Logistik World.

- *Anbieter von Chain Execution-Suiten/-Software*: Es handelt sich hierbei um Anbieter, deren Software-Lösungen nicht die Planungsaktivitäten im SCM, sondern die Steuerung, Abwicklung und Kontrolle der Aktivitäten in der Lieferkette ermöglichen bzw. unterstützen. Diese Ausführungs-Komponenten haben dabei die Aufgabe, vor dem Hintergrund der aktuellen betrieblichen Situation, Entscheidungsunterstützung in der operativen Arbeit zu leisten. Eine besondere Bedeutung kommt diesen Modulen durch die effiziente IT-Unterstützung bei e-Commerce Lösungen zu. Einige Funktionalitäten werden zwar in diesem Bereich von ERP-Systemen abgedeckt, doch es gibt eine Vielzahl von Anbietern, die sich auf die Entwicklung von bestimmten SCE-Funktionalitäten spezialisiert haben. Zu diesen Unternehmen zählen u. a. Descartes, Industri-Matematik, Optum, EXE Technologies und LIS. Aufgrund der Vielzahl von schon existierenden Lösungen in den Aufgabenfeldern der Transport- und Produktionsabwicklung bzw. des Lagermanagements ist diese Anbieterkategorie von einer hohen Heterogenität gekennzeichnet.

5. Die SCM-Software im Unternehmen einführen

5.1 Die SCM-Software systematisch auswählen

Aufgrund des intransparenten bzw. des kompliziert strukturierten Software-Marktes empfiehlt sich bei der Auswahl einer derartig umfangreichen Software eine systematische Auswahlmethodik und -vorgehensweise. Hierbei müssen zunächst der Rahmen des SCM-Projektes und dessen Ziele definiert und festgelegt werden. Diese Definition bzw. Abgrenzung bildet die Grundlage für das weitere Vorgehen bei der Auswahl der richtigen SCM-Software. Die Erfahrungen aus mehreren SCM-Toolauswahlprojekten in unterschiedlichen Industriezweigen haben gezeigt, dass man das Vorgehen in 4 Phasen unterteilen kann:

1. Phase – Definition der Business Cases und der Hauptanforderungen: Die erste Phase umfasst die Definition der Anwendungsfälle, die sog. „Business Cases", verbunden mit einer Kosten-Nutzen-Abschätzung. Die Business Cases beinhalten die Definition der zu realisierenden Prozesse und deren Zielstellungen für konkrete Anwendungsfälle auf einer groben Ebene und bilden die Diskussionsgrundlage mit den Anbietern. Hierbei werden als erstes die Umfänge und die Hauptprozesse der Anwendungsfälle festgelegt und daraus die wesentlichen Anforderungen (Hauptkriterien) an die Unterstützung durch eine SCM-Software abgeleitet. Es handelt sich bei diesen Hauptanforderungen um Kriterien, die ein SCM-System erfüllen muss, ohne dass man bereits eine detaillierte Spezifikation der Prozesse durchgeführt haben muss.

2. Phase – Vorselektion der relevanten Softwareanbieter: Auf Basis von Marktstudien und Informationsmaterialien werden alle für die Anwendungsfälle in Frage kommenden Softwareanbieter identifiziert und untersucht. Für die Vorselektion relevant sind die Erfahrungen bzw. Referenzen der identifizierten Anbieter und die in der ersten Phase definierten Hauptanforderungen. Das Ziel dieser Phase ist es, ca. 3-5 relevante Anbieter zu selektieren, die die Hauptanforderungen erfüllen und genügend Erfahrung bzw. branchenspezifisches Know-How für die zu betrachtenden Geschäftsprozesse mitbringen. Diese werden dann in der vierten Phase genauer untersucht.

3. Phase – Entwicklung von Kriterienkatalogen: Für eine genauere Untersuchung der vorselektierten Anbieter ist die Spezifikation detaillierter Anforderungen an die Softwaresysteme notwendig. Hierfür werden zunächst, ausgehend von den Business Cases und den Hauptanforderungen (Hauptkriterien) aus den vorhergehenden Phasen, die Detailkriterien zusammengestellt. Hierzu kann es nötig sein, die zu unterstützenden Geschäftsprozesse detaillierter im Sinne eines fachlichen Lastenhefts auf Basis des Business Case zu spezifizieren. Dieser Schritt greift auf die anfangs dargestellte zweite Säule eines erfolgreichen Supply Chain Managements zurück, dem Re-Design der betroffenen inner- und überbetrieblichen Prozesse. Die aus dem Lastenheft abgeleiteten Kriterien umfassen die fachlichen Kriterien, welche die Prozessanforderungen an die Software im Detail wiedergeben. Hinzu kommen i. d. R. allgemeine Kriterien bezüglich des Softwareunternehmens (Größe, Standort, Referenzen) sowie softwaretechnischen Kriterien, die die Anforderungen bezüglich der Softwarearchitektur und des Softwareaufbaus untersuchen. Diese Kriterienkataloge bilden die Grundlage für weitere detaillierte Untersuchungen der vorselektierten Anbieter.

4. Phase – Endauswahl der Softwareanbieter: Auf Basis der vorselektierten Anbieter werden mit Hilfe der Kriterienkataloge den oder die am besten geeignet erscheinenden Anbieter ausgewählt. Im Rahmen von gemeinsamen Workshops mit den Anbietern werden deren Softwarefunktionalitäten näher untersucht und analysiert. Die Kriterienkataloge bilden die Diskussionsgrundlage für diese Workshops. Sie sind in der Regel sehr zeitaufwändig, können – abhängig vom Projektumfang und den Anforderungen – mehrere Tage in Anspruch nehmen. Gerade bei größeren Einführungsvorhaben ist es sinnvoll, sich vom Softwareanbieter anhand von vereinfachten Prozessen auf Basis der Business Cases realisierte Szenarien demonstrieren zu lassen. Um die Ergebnisse der Workshops vergleichen zu können, empfiehlt es sich, ein durchgängiges Workshop-Konzept, Bewertungsmethodik und geeignete Bewertungsskalen zu entwickeln. Mit Hilfe dieser Bewertungsmethodik kann schließlich eine Reihenfolge in der Eignung der Softwareanbieter für die angestrebte Aufgabe festgelegt werden.

5.2 Worauf Sie bei der Einführung achten sollten

Die Einführung von SCM-Software ist ein sehr diffiziler und komplexer Prozess, der sowohl ein fundiertes IT- als auch gutes Prozess-Know How voraussetzt. Aus diesem Grund sollte man SCM-Projekte immer in enger Kooperation zwischen IT-Spezialisten, Anwendern und dem Softwareanbieter durchführen. Diese enge Zusammenarbeit kann dabei sehr effizient durch Berater der Drittfirmen, die unterschiedliche SCM-Projekte begleitet haben, unterstützt werden. Ist die Wahl des geeigneten Softwareanbieters getroffen, kann man die weitere Vorgehensweise zur Einführung einer SCM-Software in folgenden Schritten zusammenfassen:

Schritt 1 – Bildung eines gemeinsamen Projektteams: Bei der Zusammensetzung des Projektteams kommt es darauf an, Fach- und Methodenwissen aus den verschiedensten Bereichen zu kombinieren. Grundsätzlich sind eine ganze Reihe unterschiedlicher Beteiligter bei IT-Projekten zur Einführung von SCM-Lösungen denkbar: Systementwickler, Programmierer, Organisatoren aus den vorgelagerten Phasen; Vertreter der Fachabteilungen (funktionsübergreifende Teams aus Mitarbeitern aller von der Supply Chain betroffenen Abteilungen); Mitglieder der Unternehmensleitung; evtl. externe Berater und/oder Beteiligte aus anderen Unternehmen (Lieferanten, Distributoren, Kunden usw.).

Eine Besonderheit von SCM-Projekten sei an dieser Stelle erwähnt, weil unserer Meinung nach das IT-Management umdenken muss. Waren bislang oft die internen Anforderungen des Unternehmens das Maß aller Dinge, so sollte sich bei SCM-Projekten diese Denkweise radikal ändern. Der Blick auf die Supply Chain zwingt nämlich die Unternehmen, in den konzeptionellen Planungen der IT neben der Ausrichtung nach innen zusätzlich einen genauen und ständigen Blick auf die externen technischen Infrastrukturen von Lieferanten und Distributoren zu richten. Hier wird von allen an der Supply Chain beteiligten IT-Verantwortlichen ein hohes Maß an Kooperationsbereitschaft gefordert. Wichtig für den Erfolg ist es, die Zulieferer und Kunden mit ins Boot zu holen, ihre Probleme zu erfassen und zu begreifen. Kooperiert wird beim SCM aber nicht nur im Prozess, sondern auch bei den IT-Verantwortlichen.

Schritt 2 – Definition und Abgrenzung des Pilotprojekts: Dieser Schritt spiegelt die erste Phase der Softwareauswahl wider. Hier sollte man die für das Pilotprojekt relevanten Prozesse und die Projektziele bezogen auf einen Business Case definieren. Um eine erfolgreiche Softwareeinführung gewährleisten zu können, ist hier zu empfehlen, den Umfang des Pilotprojekts auf überschaubare Prozesse einzugrenzen. Ferner sind in diesem Zusammenhang Kennzahlen zu definieren, welche die Güte und den Erfolg des Piloten wiedergeben können. Soweit möglich sollte auch eine Betrachtung des zu erwartenden Nutzens in Bezug zu den Kosten aufgestellt werden, um Transparenz hinsichtlich der Amortisation der geplanten Investitionen zu erlangen. In Abhängigkeit von dem verfolgten Vorgehen geschieht dieser Schritt entweder in der Spezifizierung der umgestalteten Geschäftsprozesse oder in der Festlegung der Business Cases im Rahmen der Anbieterselektionsphase. Zum Abschluss dieses Schritts kann es aus Organisationssicht wichtig sein, das Projekt in Teilprojekte zu unterteilen und Verantwortlichkeiten festzulegen.

Schritt 3 – Realisierung des Piloten: Bei diesem Schritt werden die Prozesse des Unternehmens und die relevanten Daten für den Business Case im System des ausgewählten Anbieters abgebildet. Durch Modellierung und Parametrisierung werden die Softwarefunktionalitäten an die kundenspezifischen Anforderungen angepasst. Nach Einführung der Prozesse und IT-Systeme kann anhand der vordefinierten Kennzahlen innerhalb dieses Schrittes der Erfolgsgrad des Softwareeinsatzes gemessen und bewertet werden.

Schritt 4 – Verbesserung der Prozesse und Software-Unterstützung: Stellt sich die Software-Lösung im Piloten als ein Erfolg heraus, so kann sie durch die gesammelte Piloterfahrung weiter optimiert werden. Hierzu können zunächst die gewonnenen Erfahrungen für die Ableitung von Verbesserungen an der Prozessgestaltung sowie an der IT-Unterstützung genutzt werden. Diese optimierten Prozesse und verbesserten IT-Systeme sind dann die Grundlage für den umfassenden Roll-Out über weitere Kettenpartner, Geschäftsbereiche und Produkte.

Schritt 5 – Roll-Out der Prozesse und Systeme: In diesem Schritt wird aufbauend auf den Erfahrungen der Pilotierung und den Prozess- sowie IT-Verbesserungen ein umfassenderes Roll-Out über weitere Supply Chains bezüglich betrachteter Produkte und weiterer Geschäftsbereiche sowie externen Partner durchgeführt. Parallel zu der Feinkonzeption und Abstimmung der beteiligten Kooperationspartner sowie der Implementierung der Systeme bei den einzelnen Kooperationspartnern müssen alle Aufgabenträger der Kooperation in ihre zukünftigen Aufgabenbereiche eingeführt werden. Dabei stehen nicht nur Trainings im Umgang mit den neuen Prozessen und eingesetzten SCM-Systemen auf dem Plan, sondern auch unternehmensübergreifende, gemeinsame Schulungen und Teambildungsmaßnahmen auf den Gebieten der SCM-Methoden, der Kooperation und des Konfliktmanagements.

Steht man vor der Entscheidung, SCM-Software im Unternehmen einzuführen, gibt es für die Art und Weise des Vorgehens bei der Implementierung vielfältige Möglichkeiten. Dabei kann man zwischen zwei extremen Positionen unterscheiden. Ein mögliches

Extrem ist die abrupte Einführung einer kompletten SCM-Lösung über alle Planungsstufen und Ausführungsbereiche hinweg: der „Big Bang" gewissermaßen, um einen deutlichen Leistungssprung im Wertschöpfungsnetzwerk zu bewirken. Die wenigsten Unternehmen sind allerdings bereit, dieses Investitionsrisiko in Kauf zu nehmen. Das andere Extrem ist die Einführung eines lokalen Planungssystems, also eines einzelnen SCM-Moduls, anstelle einer vollumfassenden SCM-Software Lösung. Der Leistungssprung dürfte in den meisten Fällen – wie nicht anders zu erwarten – allerdings nur gering sein. Der empfehlenswerte Weg liegt wohl zwischen diesen beiden Extremen. In der Praxis hat sich die Vorgehensweise bewährt, ausgehend von einer Identifikation der Prozesse mit dem höchsten Verbesserungspotenzial eine grobe Landkarte für die zukünftigen Prozesse und Systeme aufzubauen, die anschließend zur Schaffung eines Fahrplans für die schrittweise Einführung verwendet wird.

SCM-Projekte betreffen zumeist mehrere (unternehmensübergreifende) Organisationseinheiten, die oft nicht gleichberechtigt miteinander umgehen. Erfolgreiche Projekte zeichnen sich durch ein klares, die Organisationseinheiten übergreifendes Projektmanagement aus. Das Prozessdesign, d. h. die Ausrichtung der Prozesse, die der SCM-Lösung zugrunde liegen, sollte im Rahmen des Projektes überprüft und validiert werden. Aufgrund der unternehmensübergreifenden Diskussion unter allen Prozessbeteiligten über deren spezifisches Prozesswissen werden i. d. R. Verbesserungspotenziale in der Prozesskette deutlich. Diese Diskussion hat noch eine andere Funktion, weil durch sie eine Einigung über zukünftige Veränderungen erst möglich wird. Wie umfangreich und wann Prozesswissen innerhalb von SCM-Projekten untersucht werden sollte, kann man nur projektspezifisch abschätzen. Erfolgreiche Projekte zeichnen sich durch einen harmonisierten Material- und Informationsfluss aus, der alle Organisationseinheiten übergreift und der von den Prozessverantwortlichen verstanden und getragen wird.

Die Durchführung von SCM-Projekten ist von vielen Erfolgsfaktoren abhängig. Deshalb sind derartige Projekte mit einer Reihe von Risiken behaftet. Und eingedenk der erheblichen Investitionen, die in den meisten Fällen damit verbunden sind, sollten sie auch nie halbherzig angegangen werden.

6. Aktuelle Marktstudie SCM-Software 2002: Planungssysteme im Überblick

Das Internet als Informations- und Kommunikationsmedium und seiner zunehmenden Nutzung auch für geschäftliche Belange war in den letzten Jahren einem starken Wachstum unterworfen. Von daher ist es nicht weiter verwunderlich, dass die Vermischung von SCM und E-Business mit der Integration der Kunden und der Zulieferer einen

Schwerpunkt der Weiterentwicklung der Funktionalitäten der Software-Systeme darstellt (vgl. Abbildung 3).

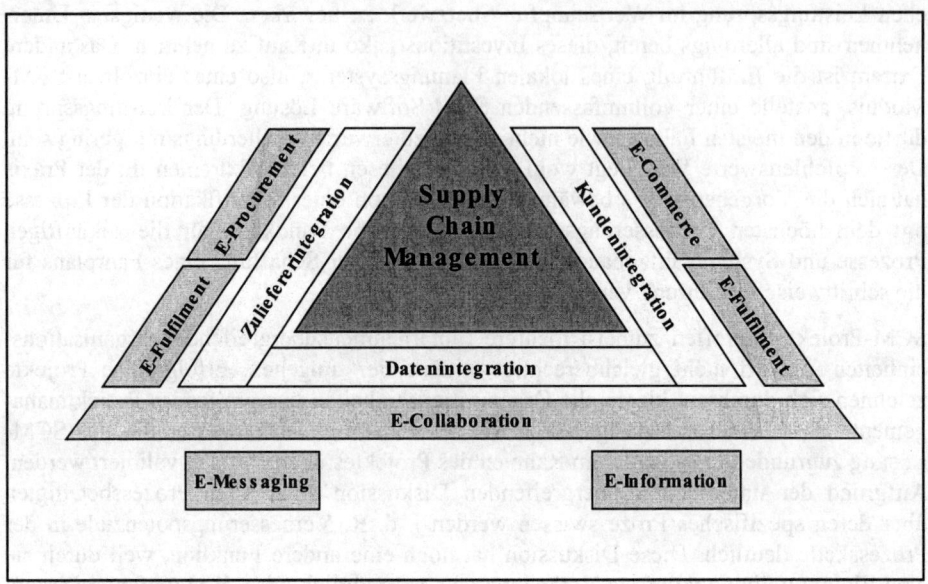

Abbildung 3: Segmente des E-Business mit Relevanz für das Supply Chain Management (Hellingrath/Klingebiel 2001)

In den vergangenen drei Jahren, seit der Veröffentlichung der Marktstudie der Fraunhofer-Institute aus dem Jahr 1999, haben sich nicht nur Unternehmensstrukturen grundlegend verändert. Auch die Softwareprodukte wurden erneuert, bedingt durch die rasante Weiterentwicklung der Softwaretechnologien im Bereich SCM. Aus diesem Grund arbeiten die Fraunhofer-Institute IML und IPA zurzeit gemeinsam mit dem ETH-Zentrum für Unternehmenswissenschaften (BWI) der Eidgenössischen Technischen Hochschule Zürich an der Aktualisierung bzw. der Neuerstellung der Marktstudie SCM-Software. Den Schwerpunkt dieser unabhängigen Studie bilden – analog zu der ersten Auflage aus dem Jahre 1999 – die Planungssysteme (SCP-Systeme). In dieser Studie wird, ausgehend von dem in Kapitel 4 dargestellten Aufgabenmodell (siehe Abbildung 2), die Planungssoftware von ca. 40 Anbietern untersucht, die auf dem europäischen Markt agieren. Ziel dieser Marktstudie ist in erster Linie die Schaffung von Markttransparenz und die Unterstützung der SCM-Interessenten und -Anwender bei der Projektarbeit. Die Untersuchung umfasst allgemeine Informationen wie Unternehmensangaben, Mitarbeiterstrukturen, die fachlichen Kriterien bezüglich der Funktionalitäten, deren Einzelheiten und die technischen Kriterien bezüglich des Softwareaufbaus, der Softwarearchitektur und deren Performance. Ferner soll diese Studie Aufschluss über die aktuelle Leistungsfähigkeit der zur Zeit aktiven Anbieter, deren Entwicklungshistorie und deren strategischen Ziele geben. Außerdem wird hierbei das Zusammenspiel der neuen E-Business-Philosophien wie Supply Chain Event Management (SCEM), Supplier Relationship Management (SRM) und Customer Relationship Management (CRM) zusammen mit den SCM-Aufgaben analysiert und dargestellt.

Die Basis dieser Studie bilden die langjährigen Erfahrungen der Institute IML, IPA und BWI aus unterschiedlichen SCM-, E-Business- und Reorganisationsprojekten. Sie ist durch langjährige Kontakte zwischen den Software-Anbietern und den Instituten ermöglicht worden. Die Antworten bzw. Ergebnisse sind, soweit möglich, in Gesprächen mit Herstellern und Anwendern überprüft worden und über Toolpräsentationen der Hersteller und durch Erfahrungswissen abgesichert.

7. Ausblick

Die Änderung des Marktes von einer „Push"- zu einer „Pull"-Orientierung erfordert immer stärker die Zusammenarbeit zwischen den Partnern bzw. die Bildung von Wertschöpfungsnetzwerken. Die METAGroup geht sogar weiter und spricht in diesem Zusammenhang von Commerce Chains, den Handelsnetzwerken (vgl. METAGroup 2001). Hier sind *alle* am Prozess beteiligten Partner – vom Endkonsumenten über den Hersteller bis zum Sublieferanten – mit den elektronischen Medien verbunden. Diese Entwicklung wird die Weiterentwicklung der SCM-Software in den nächsten Jahren entscheidend prägen. E-Business und SCM vermischen sich immer stärker, und einige SCM-Softwareanbieter haben bereits ihre Produktpalette um E-Business-Module wie E-Procurement, Customer bzw. Supplier Relationship Management erweitert. Die Anbindung der Software an elektronische Marktplätze und E-Shops ist ebenfalls ein wichtiger Schritt in Richtung eines nahtlosen Informationsflusses in einer E-Commerce Chain.

Die Anbieter sind heute von dem Ziel einer durchgängig elektronisch vernetzten Kette jedoch noch weit entfernt. Teilweise fehlen noch die technologischen Grundlagen für vernetzte und verteilte Planungs- und Steuerungsarchitekturen. Bei den in der Industrie realisierten Lösungen bzw. Pilotprojekten handelt es sich derzeit meistens um partielle Lösungen für Teile der Supply Chain. Durchgängige Komplettlösungen sind immer noch die Ausnahme. Die Einführung von SCM und E-Business Lösungen in einem Unternehmen muss aber bereits heute strategisch geplant und integriert betrachtet werden, so dass die Umdenkphase und Prozessneuorganisation abgeschlossen sind, wenn die Technologien für die durchgängige IT-Vernetzung bereitstehen.

Christoph Kilger und Andreas Müller

Integration von Advanced Planning Systemen in die innerbetriebliche DV-Landschaft

1. Aspekte der Integration von APS
   1.1 Einführung
   1.2 Prozesstechnische Integration
   1.3 Systemtechnische Integration
   1.4 Gliederung

2. Prozesstechnische Integration
   2.1 Integration in die logistischen Prozesse
   2.2 Integration in die Rechnungswesenprozesse

3. Systemtechnische Integration
   3.1 Überblick über DV-Systeme in Unternehmen
   3.2 Schnittstellen von Advanced Planning Systems
       3.2.1 Datenversorgung von APS
             3.2.1.1 Input-Daten für APS
             3.2.1.2 Datenaufbereitung für APS
             3.2.1.3 Batch-Schnittstellen vs. Online-Schnittstellen
             3.2.1.4 Vollständige Datenladung vs. Net Change Verfahren
       3.2.2 Weitergabe von Planungsergebnissen
       3.2.3 Generierung von Alerts
       3.2.4 APS-basierte Auftragsbestätigung
   3.3 Workflow-Kontrolle in APS-basierten Planungssystemen
       3.3.1 Systemtechnische Workflow-Kontrolle
       3.3.2 Kontrolle des Planungsprozesses
   3.4 Integrationstechnologien
       3.4.1 APS-spezifische Integrationstechnologien
       3.4.2 APS-unabhängige Integrationstechnologien
   3.5 Systemarchitektur APS-basierter Planungssysteme

1. Aspekte der Integration von APS

1.1 Einführung

ERP-Systeme wie bspw. SAP R/3, Baan, Oracle Applications durchdringen heute die meisten Geschäftsprozesse in Unternehmen. Geschäftstransaktionen werden auf Basis von ERP-Systemen abgewickelt, die damit verbundenen Belege, Bewegungs- und Stammdaten werden in ERP-Systemen verwaltet. ERP-Systeme schaffen die Grundlage, um Geschäftsprozesse über funktionale Organisationsstrukturen hinweg zu integrieren und den Ablauf der Prozesse zu optimieren.

In den vergangen fünf Jahren haben sich zunehmend Advanced Planning Systems (APS) als Ergänzung zu ERP-Systemen etabliert mit dem Ziel, die Leistungsfähigkeit von Logistikketten (Supply Chains)[1] stärker zu verbessern, als dies mit ERP-Systemen möglich ist. ERP-Systeme unterstützen und optimieren vorwiegend die Standardabläufe in Unternehmen. Dagegen sind es gerade Ausnahmesituationen, die die größte Auswirkung auf die Leistungsfähigkeit einer Supply Chain haben. Bspw. kann der unerwartete Anstieg des Auftragsvolumens in einem Monat zu einer drastischen Reduktion der Lieferfähigkeit führen. Durch „advanced demand planning / master planning" Prozesse, wie sie von APS unterstützt werden, kann man Zeitperioden mit höherem Bedarf tendenziell genauer und früher erkennen sowie die gesamte Logistikkette (Distributionszentren, Werke, Lieferanten) besser darauf einstellen. Die Supply Chain kann dadurch das erhöhte Auftragsvolumen besser bewältigen, der Umsatz steigt. Andere Beispiele für Ausnahmesituationen, in denen APS Vorteile bringen, sind der Ausfall oder die Verspätung von Lieferungen durch Lieferanten, der Ausfall von eigener Produktionskapazität oder die Verschiebung des Bedarfsprofils innerhalb des Produktportfolios.

APS, wie bspw. SAP APO, i2 Technologies, oder Manugistics, ermöglichen die schnelle, optimierte Reaktion auf Ausnahmesituationen und helfen so, Kosten zu senken, den Service Level zu verbessern (gemessen bspw. über die Lieferfähigkeit oder die Liefertreue) und damit den Umsatz zu erhöhen. Weiterhin bieten APS leistungsfähige Planungsprozeduren und Optimierungsverfahren an, bspw. um den Kundenbedarf zu planen (Demand Planning), die internen Operationen der Supply Chain zu planen (Master Planning) oder einen optimierten Produktionsplan aufzustellen (Production Planning, Detailed Scheduling). Durch diese Voraussicht und Vorausplanung wird die Anzahl der Ausnahmesituationen bereits im Vorfeld deutlich verringert. Die Geschäftsprozesse bleiben stärker im „Standardmodus", der profitabler ist als die ständige und kurzfristige Reaktion auf Ausnahmesituationen (Kilger 2002).

Damit APS in der Lage sind, schnell optimierte Entscheidungen bez. der aktuellen Situation in einer Supply Chain vorzubereiten und zu unterstützen, müssen

a) die von dem APS unterstützten Planungsprozesse betriebswirtschaftlich in die Prozesslandschaft des Unternehmens integriert werden (prozesstechnische Integration) und

b) das APS system- und datentechnisch in die IT-Landschaft des Unternehmens integriert werden.

1.2 Prozesstechnische Integration

Die prozesstechnische Integration ist für das Zusammenspiel der betriebswirtschaftlichen Prozesse verantwortlich. Zum einen ist eine strenge Koordination der Planungsprozesse notwendig, um konsistente Pläne auf jeder Planungsstufe und für jede Planungseinheit in der Supply Chain zu erhalten (Rohde 2002). Bspw. bilden Absatzplanung (Demand Planning) und Master Planning gemeinsam einen Planungsworkflow (siehe Abb. 1): Der Absatzplanungsprozess plant den Absatz an Produkten im kurz- und mittelfristigen Bereich. Diese Planung wird ggf. mit einem gemeinschaftlichen Planungsprozess mit Kunden abgestimmt. Die Absatzplanung ist Voraussetzung für den Master Planungsprozess. Dieser ermittelt einen optimierten Plan zur Erfüllung des Absatzplans, der sämtliche Constraints (Randbedingungen, die potenziell einen Engpass darstellen können) in der Supply Chain beachtet. Die Materialverfügbarkeitsinformation für den Master Plan kann ggf. über einen kollaborativen Planungsprozess mit Lieferanten ermittelt werden. Der Master Plan wird dann als machbarer Plan dem ungeprüften Absatzplan gegenüber gestellt.

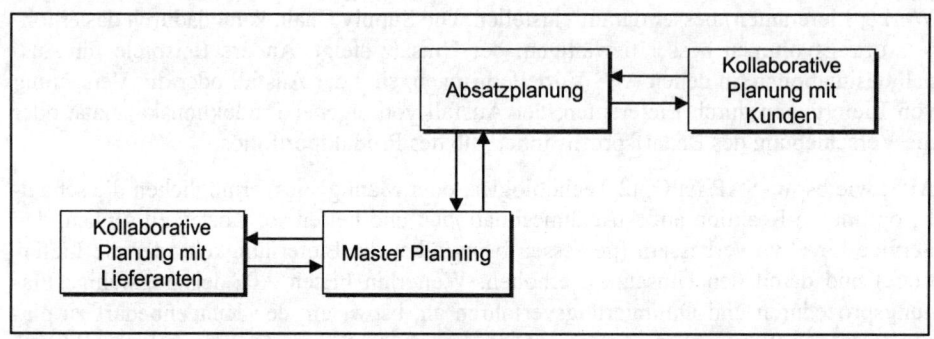

Abbildung 1: Zusammenspiel von Planungsprozessen

Das Beispiel zeigt, wie die von einem APS unterstützten Planungsprozesse zusammenspielen müssen, um ein abgestimmtes Planungsergebnis zu erhalten. Darüber hinaus müssen die Planungsprozesse auch mit den Ausführungsprozessen koordiniert werden, um zum einen eine konsistente und aktuelle Ausgangssituation für die Planung zu erhalten, und zum zweiten, um die Planungsergebnisse betriebswirtschaftlich sinnvoll in den Ausführungsprozessen umzusetzen. Ein Beispiel hierfür ist die Abstimmung von Einkaufsprozessen und Verkaufsprozessen mit den Planungsprozessen, um eine konsistente Verfügbarkeits- und Bedarfssituation für Produkte und Materialien zu erhalten.

1.3 Systemtechnische Integration

Ein APS legt eine informationstechnische Schicht über die ERP-Systeme (und sonstigen Ausführungssysteme), die die operativen Geschäftsprozesse unterstützen und integriert Informationen – insbesondere über Bedarf und Verfügbarkeit von Ressourcen und Materialien – aus sämtlichen Einheiten der Supply Chain. Die Rolle eines APS lässt sich somit als **systemübergreifendes Entscheidungsunterstützungssystem** beschreiben (Abb. 2).

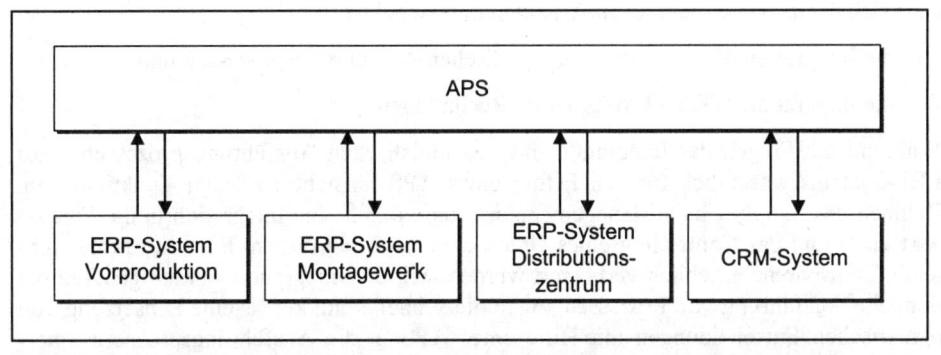

```
┌─────────────────────────────────────────────────────────────┐
│                           APS                               │
└─────────────────────────────────────────────────────────────┘
     ↕              ↕              ↕                ↕
┌──────────┐  ┌──────────┐  ┌──────────────┐  ┌──────────┐
│ERP-System│  │ERP-System│  │  ERP-System  │  │   CRM-   │
│Vorproduk-│  │Montagewerk│  │Distributions-│  │  System  │
│  tion    │  │          │  │   zentrum    │  │          │
└──────────┘  └──────────┘  └──────────────┘  └──────────┘
```

Abbildung 2: APS als systemübergreifendes Entscheidungsunterstützungssystem

Die prozesstechnische Integration der von einem APS unterstützten Planungsprozesse legt die Grundlage für die Integration des APS in die innerbetriebliche DV-Landschaft. Aus der Kombination der Prozessintegration und der DV-Systeme, die die Prozesse unterstützen, ergeben sich die Anforderungen (und die Möglichkeiten) für die systemtechnische Integration. Betrachten wir als Beispiel das in Abschnitt 1.2 beschriebene Zusammenspiel der Planungsprozesse Absatzplanung und Master Planning. Die APS-Module, die die beiden Planungsprozesse unterstützen, müssen geeignet datentechnisch integriert werden, um die Planungsergebnisse auszutauschen. Zweitens müssen die Inputdaten für die Planungen aus den ERP-Systemen übernommen werden. Und drittens müssen die Planungsergebnisse an die ERP-Systeme übergeben werden, um die Planung auch umzusetzen.

1.4 Gliederung

Dieser Beitrag ist entsprechend der Aufteilung in die prozesstechnische Integration und die DV-technische Integration gegliedert, da beide Sichten auf die Integration von APS eng verzahnt betrachtet werden müssen. Abschnitt 2 beschreibt die prozesstechnische Integration von APS-unterstützten Planungsprozessen in die Prozesslandschaft eines Unternehmens. Abschnitt 3 baut auf den Ausführungen zur prozesstechnischen Integration auf und zeigt, wie die Systeme, die die Geschäftsprozesse unterstützen, DV-technisch miteinander verbunden werden können.

2. Prozesstechnische Integration

Die Integration von APS in die betriebswirtschaftlichen Prozesse eines Unternehmens lässt sich nach zwei wesentlichen Aspekten unterscheiden:

- die Integration der SCM mit den logistischen Ausführungsprozessen und
- die Integration mit den Prozessen im Rechnungswesen.

Während die Fragen der Integration mit den logistischen Ausführungsprozessen eines ERP-Systems wesentlich für den Erfolg eines APS hinsichtlich seiner Funktionen im Rahmen des Supply Chain Managements ist, kann durch eine Integration in die Finanzwirtschaft und das Controlling eines Unternehmens die in diesem Bereich oftmals fehlende Transparenz erheblich verbessert werden. Mit der Integration werden generell die doppelte Ausführung von Prozessen sowie die schnelle und konsistente Umsetzung von planerischen Entscheidungen mit Hilfe eines APS in die Ausführungsprozesse unterstützt, bspw. im Rahmen der Verfügbarkeitsprüfung (ATP).

Ein anderer Gesichtspunkt bei der Betrachtung der Integration zwischen Planungs- und Ausführungsprozessen ergibt sich durch die Darstellung als hierarchisches Planungssystem (Schneeweiss 1999). Die Ausführungsprozesse müssen Grundlage für Planungsprozesse in Form von entsprechenden Vorgaben bieten. Die Ausführungsprozesse wiederum beeinflussen durch ihre Ergebnisse die Planungsprozesse, bspw. kann das Buchen eines Auftrags die verbleibende Allokationsmenge im Rahmen eines zugewiesenen Kontingents verringern. Abb. 3 zeigt ein hierarchisches Planungssystem und die Beziehungen zu dem „beplanten" Objektsystem (Ausführungsprozesse).

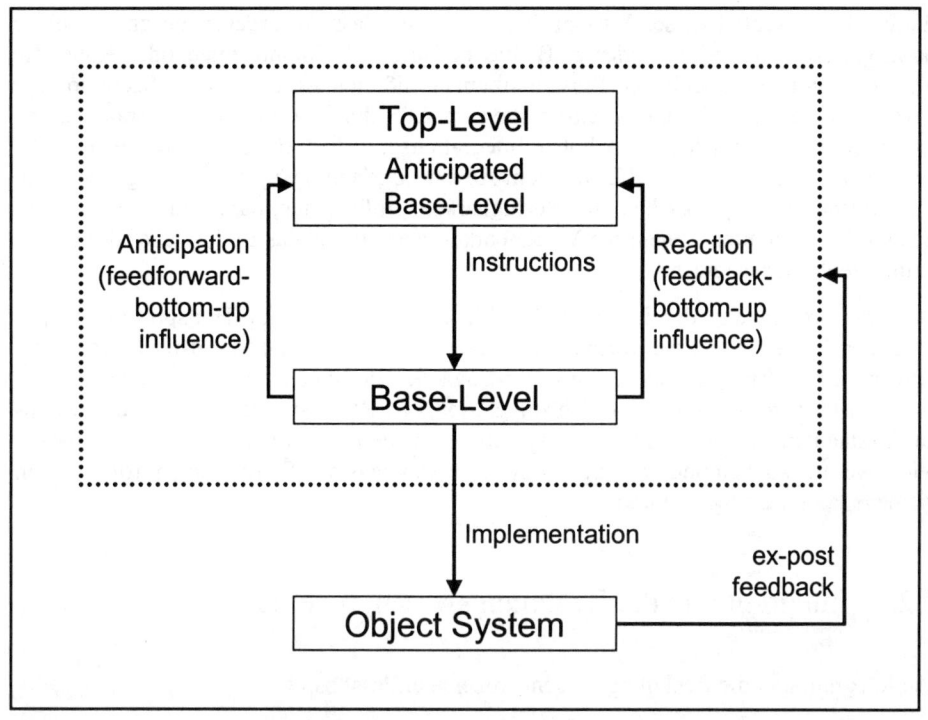

Abbildung 3: Hierarchisches Planungssystem mit 2 Planungsebenen (Schneeweiss 1999)

2.1 Integration in die logistischen Prozesse

Die Integration in die logistischen Prozesse umfasst bspw.

- die Verfügbarkeitsprüfung beim Auftragseingang,
- die Übergabe der Planungsvorschläge für Produktion, Einkauf oder Distribution an das ERP-System,
- die Optimierung von Transporten durch APS in die Transportmanagementsysteme,
- die Integration mit CRM-Funktionalitäten im Rahmen der Absatzplanung etc.

Bei der Auftragsannahme vom Kunden muss in der Regel eine Verfügbarkeitsprüfung durchgeführt werden, um den gewünschten Liefertermin zu bestätigen. Dabei kann man sich zwei Szenarien vorstellen. Einerseits kann man die Planungsergebnisse vom APS in das ERP-System übertragen und dann die Verfügbarkeitsprüfung im ERP-System durchführen. Der Nachteil dieser Variante besteht darin, dass Anforderungen an komplexe (konfigurierbare) Produkte oder z. B. die Prüfung auf Komponenten oder Rohstoffe nicht oder nur mit erheblichen Einschränkungen möglich ist. Das zweite Szenario geht davon aus, dass die Verfügbarkeitsprüfung im APS durchgeführt wird. Voraussetzung hierzu ist ein technisch extrem hoher Integrationsgrad wie er beispielsweise bei SAP zwischen dem ERP-System R/3 und dem Advanced Planning System APO gegeben ist. Der Auftragseingang löst hier die Verfügbarkeitsprüfung aus, dann wird im APS auf Basis von bestimmten Regeln die Verfügbarkeit geprüft und das Lieferwerk oder Distributionszentrum ausgewählt.

Die Transportplanung durch APS liefert Planungsvorschläge für Transporte und optimiert den Einsatz von Transportressourcen, sowohl für Outbound-Logistik (z. B. Lieferungen an Kunden) als auch für Inbound-Logistik (Lieferungen auf Bestellungen, z. B. Werk an Distributionszentrum). Die Integration zu ERP-Systemen ist dabei ein wichtiger Bestandteil, damit die Planungsergebnisse an die ausführenden Systeme weitergereicht werden können und umgekehrt Änderungen wie bspw. Stornierungen frühzeitig in die neue Planung eingehen können.

2.2 Integration in die Rechnungswesenprozesse

Die Integration in die Rechnungswesen-Prozesse umfasst bspw.

- Absatzplanung als Ausgangspunkt für die Umsatz- und Ergebnisplanung in Unternehmen,
- Zusammenspiel zwischen strategischer Unternehmensplanung und Absatzplanung,
- Planung/Budgetierung auf Basis von gemeinsamen Planungen.

Häufig trifft man in Unternehmen die Situation an, dass die Umsatz- und Ergebnisplanung und die mengenmäßige Absatzplanung nicht integriert sind. Auf der anderen Seite müssen strategische Vorgaben des Managements aus der Umsatz- und Ergebnisplanung in die Absatzplanung integriert werden. Selbst in Industrien mit langlebigen Produkten und konstanten Märkten ist diese Vorgehensweise unzureichend.

Die mengenmäßige Absatzplanung orientiert sich an den externen Kundenbedarfen und bietet daher optimale Voraussetzungen als Ausgangspunkt für eine Umsatz- und Ergebnisplanung. Voraussetzung dazu ist ein entsprechend langer Planungshorizont in der Absatzplanung. Die Ergebnisse der Umsatz- und Ergebnisplanung können nur im Rahmen eines Konsensus-basierten Planungsprozesses zwischen Marketing und Controlling bezüglich ihrer Auswirkungen auf die Absatzplanung eingeschätzt und berücksichtigt werden.

3. Systemtechnische Integration

Um die prozesstechnische Integration der Planungsprozesse, die wir im vorigen Abschnitt beschrieben haben, umzusetzen, müssen die APS-Module, die die Planungsprozesse unterstützen, mit anderen DV-Systemen integriert werden. Im Folgenden geben wir zunächst einen Überblick über eine typische DV-Landschaft in einem Unternehmen bzw. einer Supply Chain und beschreiben darauf aufbauend die Integration eines APS und der DV-Landschaft. Abschließend behandeln wir Integrationstechnologien und Systemarchitekturen für APS-basierte Planungssysteme.

3.1 Überblick über DV-Systeme in Unternehmen

In Unternehmen findet sich heutzutage eine stark heterogene Systemlandschaft. Der Trend geht zwar klar in Richtung Standardsoftwaresysteme, insbesondere für etablierte DV-Anwendungsbereiche wie bspw. das Buchen von Transaktionen oder die Verwaltung von Stammdaten. Es gibt aber nach wie vor eine Vielzahl eigenentwickelter Systeme (Legacy-Systeme). Diese können unterschieden werden in Systeme, die mittels einer Programmiersprache programmiert wurden und solche, die auf Basis eines Office-Tools wie Microsoft Excel oder Microsoft Access entwickelt wurden. Insbesondere Excel wird in nahezu allen Funktionsbereichen in Unternehmen als Planungs- und Kalkulationswerkzeug eingesetzt; häufig entstehen dabei komplette kleine Systeme, die auf Sachbearbeiterebene für den persönlichen Bedarf entwickelt werden und die auch betriebswirtschaftlich relevante Stamm- und Bewegungsdaten verwalten.

Aus funktionaler Sicht kann die Systemlandschaft in einem Industrieunternehmen entlang der Funktionsbereiche gegliedert werden. Abb. 4 zeigt exemplarisch Funktionsbereiche und unterstützende DV-Verfahren.[2] ERP-Systeme (Eigenentwicklungen oder Standardsoftwaresysteme) bilden das Rückrat in der DV-Landschaft eines Industrieunternehmens. Daneben gibt es eine Vielzahl von Verfahren, die spezielle Aufgaben der Funktionsbereiche besser unterstützen als ein ERP-System und die i. a. auch eigene Stamm- und Bewegungsdaten verwalten. Über Schnittstellen sind diese Verfahren mit dem oder den ERP-Systemen sowie untereinander verknüpft.

Die in Abb. 4 dargestellten Verfahren werden direkt für die Abwicklung der (logistischen) Geschäftsprozesse eines Unternehmens eingesetzt. Zusätzlich gibt es DV-Verfahren, die die Geschäftsprozesse indirekt unterstützen:

- Data Warehouse Systeme speichern historische Transaktionsdaten, bspw. Aufträge, Lieferungen, Rechnungen, Zahlungseingänge. Sie ermöglichen damit die Analyse zurückliegender Geschäftsperioden und stellen die Grundlage für in die Zukunft gerichtete Prognoseverfahren dar.

- Systeme zur Unterstützung der Bürokommunikation, wie bspw. Email-Systeme, Intranet-Systeme, Groupware-Systeme wie Lotus Notes oder Microsoft Outlook, erleichtern die Zusammenarbeit mit Kollegen und Geschäftspartnern. 2/3 der Tätigkeiten im Büro sind mit Kommunikation verbunden *(Picot/Reichwald 1987)*, so dass eine effiziente Unterstützung notwendig ist.

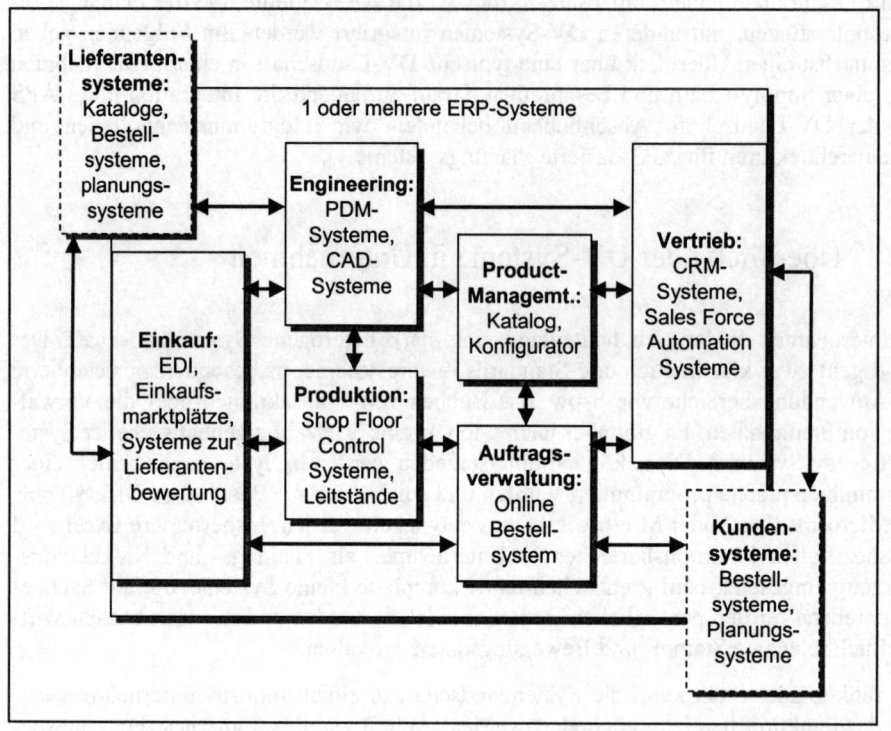

Abbildung 4: Funktionaler Überblick über die IT-Landschaft in Industrieunternehmen

3.2 Schnittstellen von Advanced Planning Systems

3.2.1 Datenversorgung von APS

3.2.1.1 Input-Daten für APS

Die Verwaltung von Stamm- und Bewegungsdaten gehört nicht zu den primären Aufgaben von APS. Einige planungsbezogene Stammdaten werden durchaus in APS verwaltet

Systemtechnische Integration 225

(Planungsmappen, Planungsszenarien, etc.), APS sind aber auf die Datenversorgung von außen angewiesen. Zwei Arten von Eingabedaten können unterschieden werden:

- Daten für den Aufbau des Planungsmodells (Stammdaten): Produkt- und Materialinformationen, Ressourcen, Arbeitspläne, Stücklisten, Planungsstrukturen, Kapazitätsangebot, Durchlaufzeiten, Lieferantendaten, Kundendaten, Strukturinformationen über die Supply Chain, etc.

- Daten für den Betrieb des Planungsmodells (Bewegungsdaten): Materialbestände, Fertigerzeugnisbestände, Durchlaufbestände, Auftragsbestand, Planbedarf, geplante Materialzugänge, etc.

Für beide Arten von Daten gibt es zwei wesentliche Informationsquellen: ERP-Systeme/Transaktionssysteme und Data Warehouse Systeme (vgl. Abb. 5). ERP-Systeme/Transaktionssysteme stellen aktuelle Transaktionsdaten und Stammdaten bereit. Data Warehouse Systeme liefern historische Daten und Kennzahlen.

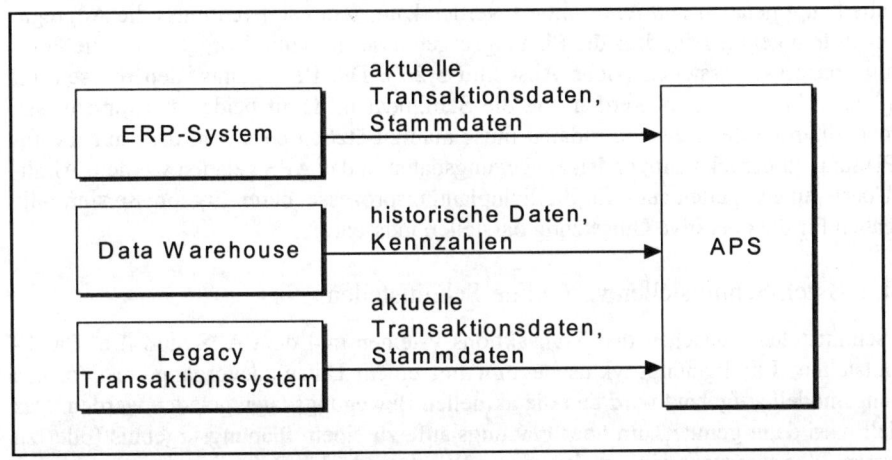

Abbildung 5: Datenversorgung von APS aus Transaktionssystemen/ERP-Systemen und Data Warehouse Systemen

3.2.1.2 Datenaufbereitung für APS

Die operativen Daten aus den ERP- und Transaktionssystemen sowie die historischen Daten aus einem Data Warehouse sind i. a. nicht direkt für die Zwecke der Planung einsetzbar, da sie zu detailliert sind. Betrachten wir bspw. einen Master Planning Prozess. Master Planning erstellt einen (soweit möglich) machbaren Plan für die gesamte Supply Chain über 12-24 Monate mit dem Ziel, den Auftragsbestand und den (Netto-) Absatzplan[3] möglichst wirtschaftlich zu erfüllen. Um die Komplexität einer solchen Planung in einem Planungs- bzw. Optimierungsverfahren überhaupt beherrschen zu können, werden die Produktstrukturen und die zugehörigen logistischen Strukturen (Stücklisten, Arbeitspläne, Ressourcen, Durchlaufzeiten, etc.) aggregiert und gefiltert:

- Über die Aggregation fasst man bspw. Arbeitsgänge eines komplexen Arbeitsplans zu groben Fertigungsphasen zusammen. Dies korrespondiert mit der Aggregation von Ressourcen zu abstrakten Planungsressourcen, die i. a. den Durchfluss durch Bereiche der Supply Chain (bspw. Werke, Distributionszentren, Transportkanäle) beschränken. Ein anderes Beispiel für Aggregation ist die Gruppierung von Produkten zu Plantiteln, auf denen der Absatzplan repräsentiert wird.
- Filterung wird eingesetzt, um nur die relevanten logistischen Strukturen in das Planungsmodell aufzunehmen. Bspw. werden aus Stücklisten alle Positionen ausgefiltert, die nicht planungsrelevant sind.

Die Datenaufbereitung insbesondere für das Master Planning ist ein kritischer Schritt: Zum einen muss die Aggregationsstufe so grob gewählt werden, dass das Planungsmodell überhaupt geladen und repräsentiert werden kann. Zum anderen muss die Aggregation noch fein genug sein, dass die Planungsergebnisse sinnvolle Vorgaben für die Feinplanungsprozesse darstellen (siehe Abschnitt 3.2.2). Die Bewegungsdaten müssen auf die gleiche Art aggregiert werden wie die Stammdaten, damit beides zusammenpasst. Bei der Filterung der Bewegungsdaten muss man zusätzlich beachten, dass nur die für die Planung zu berücksichtigenden Bewegungsdaten in das APS geladen werden. Ähnliche Überlegungen gelten auch für die Feinplanungsprozesse, deren Ergebnisse sinnvolle Vorgaben für die operative Umsetzung darstellen müssen.

3.2.1.3 Batch-Schnittstellen vs. Online-Schnittstellen

Die Schnittstellen zwischen den Transaktionssystemen und dem APS sind i. a. Batch-Schnittstellen: Ein Planungszyklus beginnt mit einem Datenladevorgang, in dem das Planungsmodell aufgebaut wird und die aktuellen Bewegungsdaten geladen werden. Das Modell wird dann genutzt, um über Planungsläufe zu einem Planungsergebnis (oder zu mehreren Planungsszenarien) zu kommen. Würde sich die Datensituation durch eine Online-Schnittstelle zu den Transaktionssystemen ständig ändern, könnte man

a) keine Planungsszenarien durchspielen, die auf der gleichen Ausgangsbasis aufbauen und

b) die Planungsergebnisse nur sehr schwer oder gar nicht interpretieren, da die Ausgangsdaten der Planung nicht mehr verfügbar wären.

Eine Online-Schnittstelle zwischen einem APS und einem ERP-System ist nur für den Prozess der Auftragsbestätigung notwendig (siehe Abschnitt 3.2.4).

3.2.1.4 Vollständige Datenladung vs. Net Change Verfahren

Der Umfang der Datenladung kann unterschieden werden in eine vollständige Datenladung und Net Change Verfahren. Bei einer vollständigen Datenladung wird das gesamte

Planungsmodell basierend auf den aktuellen Stammdaten neu aufgebaut, und die Bewegungsdaten komplett neu geladen. Bei einem Net Change Verfahren lädt man nur die geänderten Stamm- und Bewegungsdaten in das Modell. Die vollständige Datenladung dauert i. a. wesentlich länger als ein Net Change Verfahren. Sie ist dafür jedoch leichter einzurichten, da außer den Aggregations- und Filtervorschriften keine weiteren Regeln für den Aufbau des Planungsmodells benötigt werden.

Bei einem Net Change Verfahren muss man sich dagegen für jede mögliche Änderung eines Datums genau überlegen, wie diese Änderung in dem Planungsmodell nachgezogen wird. Änderungen von Bewegungsdaten sind dabei i. a. einfach abzubilden. Um Änderungen von Stammdaten im Planungsmodell nachzuziehen, müssen die Aggregations- und Filtervorschriften angewendet und alle abhängigen Bewegungsdaten entsprechend angepasst werden. Der Vorteil eines Net Change Verfahrens liegt (a) in der schnelleren Ladezeit und (b) darin, dass man große Teile des Plans beibehalten kann, und nur die von der Datenänderung betroffenen Teile des Plans neu bestimmen muss.

3.2.2 Weitergabe von Planungsergebnissen

Die Hauptaufgabe von APS ist die Generierung von Planungsergebnissen, die eine gute Basis für operative Entscheidungen darstellen. Die mit Hilfe eines APS erzeugten Planungsergebnisse müssen hierzu an die operativen Verfahren weitergegeben werden. Die Erzeugung eines Plans erfolgt dabei häufig in mehreren Planungsstufen, wie in Abb. 1 am Beispiel Absatzplanung und Master Planning gezeigt. Die jeweiligen Planungsprozesse werden dabei von unterschiedlichen APS-Modulen unterstützt, so dass Planungs(teil)ergebnisse auch zwischen APS-Modulen ausgetauscht werden müssen. Abb. 6 zeigt eine Zusammenstellung von Planungsergebnissen, die zwischen APS-Modulen ausgetauscht werden (übernommen aus Rohde 2002).

Im Folgenden geben wir einen kurzen Überblick über die wichtigsten Planungsergebnisse und beschreiben kurz, welche Folgeprozesse (und Systeme) die Pläne weiterverarbeiten:

- **Supply Chain Konfiguration:** Die Supply Chain Konfiguration ist ein Planungsergebnis der strategischen Planung und beschreibt die wichtigsten Komponenten (Lieferanten, Werke, Distributionszentren) und Transportbeziehungen innerhalb der Supply Chain. Die Supply Chain Konfiguration wird hauptsächlich vom Master Planning Prozess genutzt (s. u.).

- **Absatzplan:** Die Absatzplanung prognostiziert den künftigen Bedarf am Markt, strukturiert nach Planungsperioden, Produktgruppierungen und Kundengruppierungen. Der Absatzplan wird an den Master Planning Prozess weitergegeben.

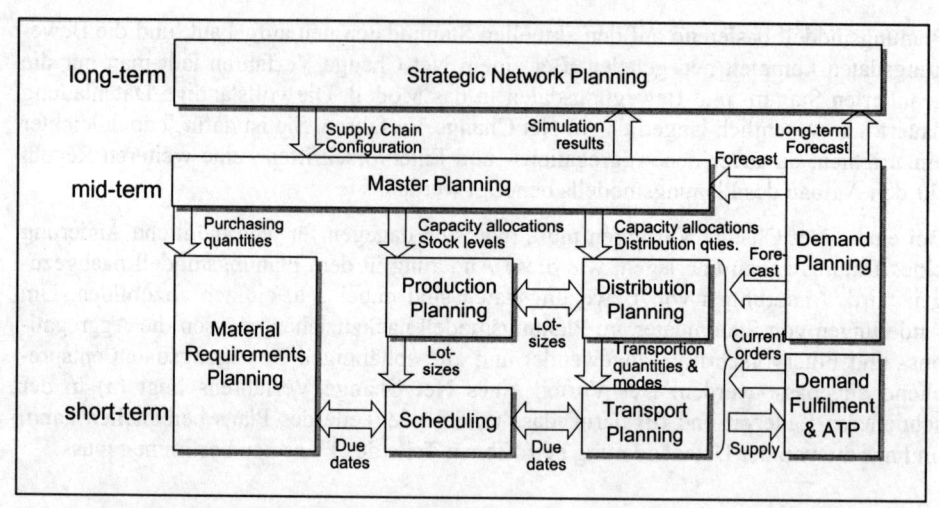

Abbildung 6: Weitergabe von Planungsergebnissen zwischen APS-Modulen (nach Rohde 2002)

- **Master Plan:** Der Master Planning Prozess erstellt einen kapazitäts- und materialgeprüften (machbaren) Mittelfristplan, aus dem hervorgeht, wie (und ob) der Absatzplan und der Auftragsbestand erfüllt werden können. Der Master Plan wird zum einen an den Absatzplanungsprozess als Information zurückgegeben (Ist der Absatzplan machbar?), zum zweiten macht der Master Plan Vorgaben für die Feinplanungsprozesse (Materials Requirement Planning, Production Planning, Distribution Planning).

- **Feinplanungsprozesse:** Die Feinplanungsprozesse generieren jeweils spezifische Planungsergebnisse, bspw. Bestellmengen, Produktionsmengen, Transportmengen, Losgrößen, Liefertermine, die untereinander ausgetauscht werden, und die insbesondere an die operativen Verfahren (i. a. ein oder mehrere ERP-Systeme) weitergegeben werden.

3.2.3 Generierung von Alerts

APS sind in der Lage, planerische Probleme oder Abweichungen zwischen Realität und Plan über Warnmeldungen dem Planer direkt sichtbar zu machen (sogenannte Alerts). Ein Beispiel für ein „hartes" planerisches Problem ist der (planerische) Verbrauch einer größeren Materialmenge als zu dem jeweiligen Zeitpunkt (planerisch) verfügbar ist. Ein solches Problem heißt „hartes Problem", weil der Plan in der vorliegenden Form nicht machbar ist. Ein Beispiel für ein „weiches Problem" ist die (planerische) Verspätung eines Kundenauftrags: Der Plan ist zwar machbar, aber es sollte versucht werden, durch geeignete Maßnahmen den Kundenauftrag zum bestätigten Termin zu erfüllen.

Alerts können als sehr stark verdichtete Planungsergebnisse interpretiert werden, die an entsprechende Monitoring- bzw. Reportingsysteme im Unternehmen weitergegeben werden können. Bspw. kann man über Alerts eine „planerische Liefertreue" für eine bestimmte Lieferwoche ermitteln, und kontrollieren, wie durch geeignete Sondermaßnahmen diese Kennzahl über die Zeit verbessert wird – oder sich ggf. auch verschlechtert.

3.2.4 APS-basierte Auftragsbestätigung

Aufträge werden in einem ERP- oder Transaktionssystem erfasst und können online von einem APS über sogenanntes ATP (Available-to-Promise) bestätigt werden. ATP-Mengen werden auf Basis des Master Plans berechnet: Der Master Plan gibt die Operationen der Supply Chain im mittelfristigen Bereich vor (Einkaufs-, Produktions-, Transport-, Distributionsoperationen etc.) und repräsentiert damit die **geplanten Produktionsmengen der Supply Chain**. Diese geplanten Mengen werden in der Allokationsplanung Bedarfsträgern zugeordnet, bspw. Vertriebsregionen, Schlüsselkunden, Kundengruppen, usw..

Wird ein Auftrag mit Bezug zu einem Bedarfsträger, bspw. einem Schlüsselkunden, in einem ERP-System erfasst, dann überträgt das ERP-System den Auftrag an das APS. Dort wird nach ATP für den Schlüsselkunden und das gewünschte Produkt zu dem vom Kunden gewünschten Termin gesucht. Wird kein ATP oder nicht genügend ATP gefunden, dann wird über vordefinierte Regeln

a) in anderen Zeitperioden (früher oder später),

b) bei übergeordneten Bedarfsträgern (bspw. der Kundengruppe, zu der der Schlüsselkunde gehört) oder

c) bei anderen Produkten (sofern zulässig)

nach ATP gesucht (Kilger/Schneeweiss 2002). Für die Integration des APS in das ERP-System bedeutet dies, dass Aufträge online vom ERP-System an das APS übertragen werden und dass die Auftragsbestätigung online vom APS an das ERP-System übergeben wird. Bei Aufträgen mit mehreren Auftragspositionen wird jede Position einzeln bestätigt; das ERP-System muss dann die Bestätigungen der einzelnen Positionen synchronisieren und den letztendlichen Termin für den gesamten Auftrag dem APS mitteilen, damit das APS die ATP-Mengen richtig abbucht. Antworten auf Kundenanfragen nach einem möglichen Liefertermin werden nach der selben Logik erzeugt. Abb. 7 zeigt das Prinzip der Online-Integration für die Auftragsbestätigung zwischen einem APS und einem ERP-System.

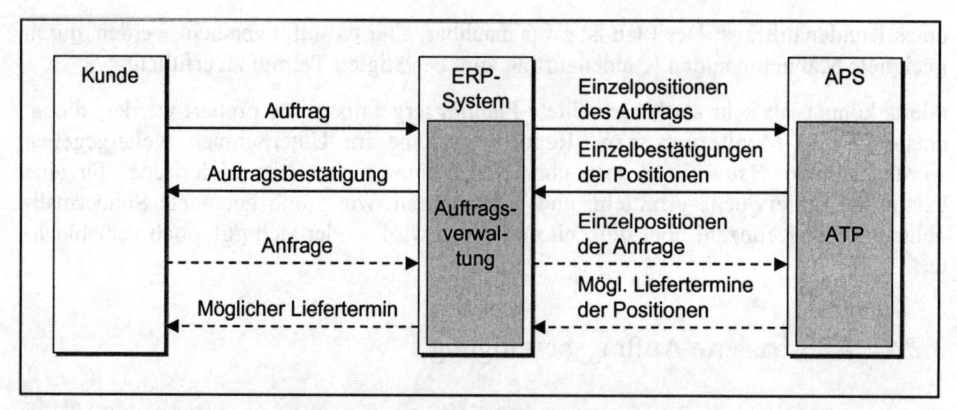

Abbildung 7: Online-Integration für die Auftragsbestätigung

3.3 Workflow-Kontrolle in APS-basierten Planungssystemen

3.3.1 Systemtechnische Workflow-Kontrolle

In einem APS-basierten Planungssystem kann man drei Arten von technischen Workflows unterscheiden: (1) das Laden von Daten in einem APS, (2) automatisierte Planungsläufe und (3) die Weitergabe der Planungsergebnisse. Technische Workflows können entweder automatisch oder manuell gesteuert und kontrolliert werden. Dabei ist die automatisierte Steuerung und Kontrolle einer manuellen Lösung aufgrund der reduzierten Fehleranfälligkeit und der besseren Kostenstruktur vorzuziehen.

Die Jobketten des APS müssen in die betriebliche Systemmanagement-Architektur integriert werden. Für das Management komplexer Systeme werden dabei auch immer häufiger spezialisierte Standardsoftwaresysteme wie bspw. IBM/Tivoli (www.tivoli.com) oder HP/OpenView (www.openview.hp.com) eingesetzt. Solche Systeme steuern und kontrollieren die Abläufe von Jobketten inkl. Jobmonitoring und Performancemessung, ohne dass die Semantik der Anwendungen betrachtet wird.

3.3.2 Kontrolle des Planungsprozesse

Der Ablauf eines Planungsprozesses wird über Workflows gesteuert. Abb. 8 zeigt als Beispiel den typischen Ablauf eines Master Planning Prozesses. Die meisten Phasen des Workflows werden von dem Master Planning Modul des eingesetzten APS und von weiteren Systemen (ERP-System, weitere APS-Module) unterstützt. Insgesamt ergibt sich ein komplexer Workflow, der im Wesentlichen über die Analyse der Planungsergebnisse (Phase 4) und über die Rückmeldungen der nachgelagerten Planungsprozesse (bspw. Produktionsplanung, Phase 6) gesteuert wird. Der Planer erhält über einen Alert Monitor[4] eine Zusammenfassung der Planungsprobleme. Typische Planungsprobleme im Master Planning sind bspw. die Verletzung eines Kapazitäts- oder Materialconstraints, so dass der Absatzplan nicht vollständig erfüllt werden kann. Der Planer versucht zunächst, durch Auflösen des Engpasses das Problem zu beheben, bspw. indem zusätzliche Kapazität (bspw. Sonderschichten) oder eine höhere Materialverfügbarkeit (bspw. durch Gespräche mit Lieferanten) bereitgestellt wird. Dies kann er teilweise in dem APS durch Anpassung des Master Planning Modells durchführen. Teilweise muss er auch auf andere Systeme, z. B. das ERP-System, zugreifen.

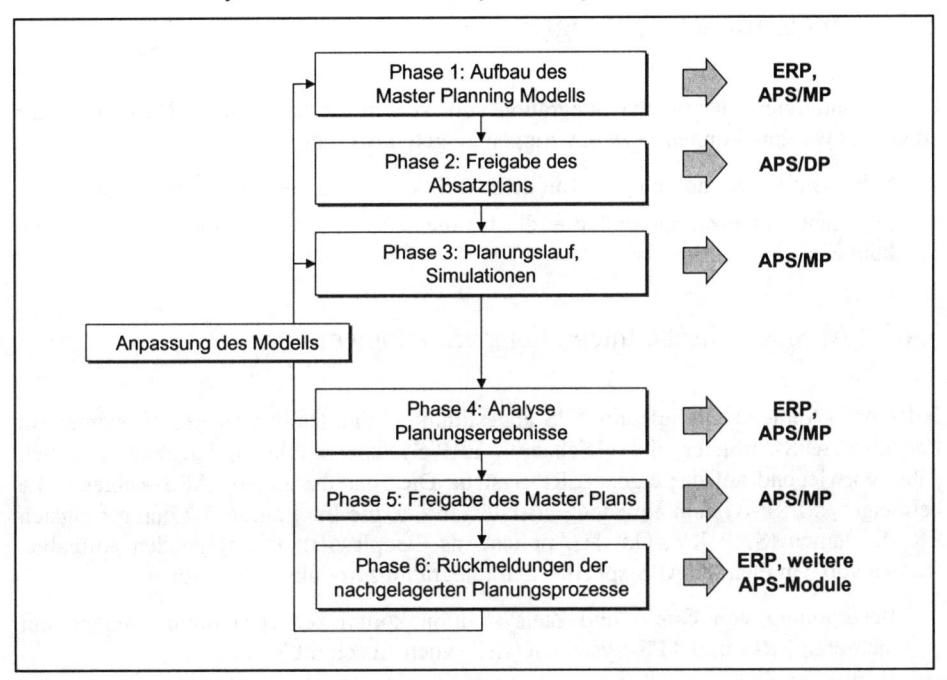

Abbildung 8: Typischer Master Planning Workflow (Darstellung nach Meyr et al. 2002)

Insgesamt ergibt sich ein Workflow, der sowohl *intern* in dem APS durchgeführt wird, teilweise aber auch *extern* zu dem APS abläuft. Die Kontrolle eines solchen Workflows kann entweder rein manuell erfolgen (der Ablauf wird dann durch die beteiligten Planer, Disponenten, etc. verantwortet), oder er kann durch ein Workflow-Management-System unterstützt werden. In beiden Fällen sollte der Ablauf des Workflows, insbesondere die Ausnahme- und Fehlersituationen, als Geschäftsprozess exakt spezifiziert sein. Als

Grundlage dienen hierbei Methoden zur Gestaltung, Planung, Überwachung und Abwicklung von Geschäftsprozessen, bspw. das ARIS-Toolset (www.ids-scheer.com/aris) oder die standardisierte Business Process Modeling Language (www.bpmi.org). Zur Unterstützung von Aktivitäten in einem Planungsworkflow, die in unterschiedlichen Systemen erfolgen – bspw. dem APS und dem ERP-System –, können auch die Benutzeroberflächen der beteiligten Systeme über ein Unternehmensportal zusammengeführt werden. Der Anwender erhält dabei eine personalisierte Oberfläche, die die Benutzerschnittstellen der von ihm verwendeten Applikationen enthält. Daten und Funktionalität können Applikations-übergreifend genutzt werden, bspw. über die drag-and-relate-Technologie von SAP Portals (siehe bspw. www.sapportals.com).

3.4 Integrationstechnologien

Die Technologien, die für die Integration von APS in die betriebliche DV-Landschaft eingesetzt werden, können in zwei Gruppen eingeteilt werden:

- Schnittstellentechnologie, die von dem APS-Anbieter bereitgestellt wird und
- allgemeine Integrationsprodukte, die für die APS-ERP-Integration genutzt werden können.

3.4.1 APS-spezifische Integrationstechnologien

Jeder APS-Anbieter hat auf sein APS abgestimmte Schnittstellen zu ERP-Systemen im Portfolio. APS-Anbieter, die gleichzeitig ERP-Systeme anbieten, konzentrieren sich dabei vorwiegend auf das eigene ERP-System. Die „unabhängigen" APS-Anbieter, die kein eigenes ERP-System anbieten, unterstützen i. a. die Integration mit den gängigsten ERP-Systemen (SAP R/3, Oracle Applications, Peoplesoft). Die folgenden Aufgaben werden von den meisten APS-spezifischen Integrationsprodukten unterstützt:

- Bestimmung von Quell- und Zielsystem in komplexen Systemumgebungen mit mehreren ERP- und APS-Systemen (siehe auch Abschnitt 3.5),
- Vollständige Versorgung des APS mit Stamm- und Bewegungsdaten (initiales Laden) sowie inkrementelles Net-Change-Laden der Daten (Aktualisierung),
- Übergabe von Planungsergebnissen an das ERP-System.

Das **Integrationsmodell** bestimmt, welche Objekte zwischen den APS und den ERP-Systemen ausgetauscht werden. Das **Datenaustauschmodell** bestimmt, wie der Datenfluss zwischen den Systemen organisiert und gesteuert wird (Rohde 2002*)*. Die meisten APS bieten eine Makrosprache an, um das Integrationsmodell und das Datenaustauschmodell zu spezifizieren und zu parametrisieren.

Folgende Bewegungsdaten können bspw. bei dem SAP APO Core Interface zu SAP R/3 bei der Integration ausgewählt werden (SAP 2000): Kundenaufträge, Fertigungs-/Prozessaufträge, manuelle Reservierungen, Bestellanforderungen/Bestellungen, Planaufträge, Planprimärbedarfe, Bestände, Klassen und Merkmale. Über das SAP APO Core Interface können die folgenden Planungsergebnisse von APO an R/3 weitergegeben werden: Zugänge aus dem Supply Network Planning (Master Planning), Bedarfe aus dem Demand Planning, Kundenauftragsbestätigungen aus der globalen Verfügbarkeitsprüfung (ATP), Produktionsaufträge aus der Produktions- und Feinplanung.

3.4.2 APS-unabhängige Integrationstechnologien

In den letzten Jahren ist die Komplexität betrieblicher DV-Landschaften kontinuierlich gestiegen. Dabei werden in zunehmendem Maße spezialisierte Standardsoftware-Systeme eingesetzt, die untereinander und mit selbstentwickelten Systemen integriert werden müssen. Zur effizienten Bewältigung von Integrationsaufgaben wurden spezialisierte Integrationssysteme entwickelt, die als ETL-Systeme (Extract-Transform-Load) oder EAI-Systeme (Enterprise Application Integration) bezeichnet werden. Integrationssysteme bieten i. a. die folgenden Funktionalitäten an:

- Technische Verbindung zu den zu integrierenden Systemen (Connectors, Adaptors),
- Bereitstellung eines generischen Datenformats für betriebswirtschaftliche Objekte (häufig XML-basiert),
- Transformationsregeln (Mappings) zwischen den Datenformaten der zu integrierenden Systeme und dem generischen Datenformat und
- Repräsentation und Abarbeitung von Prozessen, die über Systemgrenzen hinweg reichen (Collaborations).

Häufig folgt die Systemarchitektur dem „Hub-and-Spoke"-Paradigma: Das Integrationssystem sitzt in der Mitte, und alle Integrationsstränge führen über das Integrationssystem. Anbieter wie Informatica (www.informatica.com), webMethods (www.webmethods.com) und CrossWorlds (www.crossworlds.com)[5] haben Connectoren für gängige APS und ERP-Systeme im Angebot, u. a. für SAP, i2, Manugistics. Diese Connectoren nutzen Schnittstellen auf Seiten des APS und des ERP-Systems, um auf die jeweils verfügbaren Daten und Funktionen zuzugreifen. Bei der Integration von SAP R/3 werden bspw. BAPIs, IDOCs, RFCs und die ALE-Technologie von den Integrationssystemen eingesetzt, um auf SAP R/3 zuzugreifen.

3.5 Systemarchitektur APS-basierter Planungssysteme

In Abschnitt 2 haben wir gezeigt, dass das Zusammenspiel zwischen den Modulen eines APS untereinander und auch zwischen einem APS und einem ERP-System dem Modell der hierarchischen Planung folgt (Hax/Meal 1975, Schneeweiss 1999): Ein übergreifendes Planungsmodell (bzw. APS-Modul) plant auf einer aggregierten Ebene, um die Komplexität des Planungsproblems zu beherrschen. Ein oder mehrere detaillierte Planungsmodelle erhalten Vorgaben von dem übergeordneten Modell, planen diese jeweils in Teilbereichen detaillierter und geben Rückmeldungen an das übergeordnete Modell. Die detaillierten Planungsmodelle geben ihre Vorgaben ihrerseits entweder an weitere, detailliertere Planungsmodelle weiter oder direkt an die Ausführungssysteme. Üblicherweise besteht ein hierarchisches Planungssystem aus ein bis drei Planungsebenen und der Ausführungsebene.

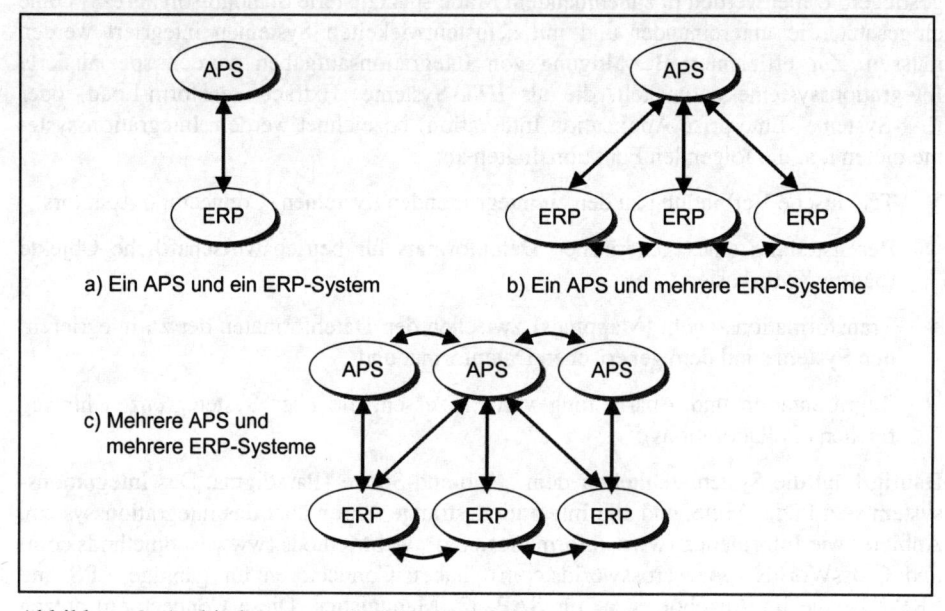

Abbildung 9: Architekturtypen APS-basierter Planungssysteme

Aus dieser Art der hierarchischen Organisation von Planung (ggf. auf mehreren Ebenen) und Ausführung ergeben sich unterschiedliche Optionen für die Architektur des Gesamtsystems (vgl. Abb. 9, angelehnt an Knolmayer/Mertens/Zaier 2002):

- 1:1-Beziehung: Ein APS macht Planungsvorgaben für ein ERP-System
- 1:n-Beziehung: Ein APS macht Planungsvorgaben für mehrere ERP-Systeme; diese können untereinander ebenfalls über Schnittstellen verbunden sein

- n:m-Beziehung: Mehrere APS machen Planungsvorgaben für mehrere ERP-Systeme; sowohl die APS als auch die ERP-Systeme können untereinander über Schnittstellen verbunden sein.

Ein typisches Szenario des in Abb. 9 a) gezeigten Falls ist ein Unternehmen mit einem zentralen ERP-System, das die gesamte (interne) Supply Chain des Unternehmens abdeckt. Abb. 9 b) zeigt ein Unternehmen mit mehreren ERP-Systemen, bspw. für unterschiedliche Werke oder Business Units. In beiden Fällen a) und b) wird die gesamte durch die ERP-Systeme abgedeckte Supply Chain mittels eines APS geplant.

In Abb. 9 c) ist ein komplexeres Szenario mit mehreren APS und mehreren ERP-Systemen gezeigt. Hier sind unterschiedliche Beispiele denkbar:

- Eine Firma betreibt unterschiedliche APS, die jeweils auf bestimmte Arten von Planungsproblemen spezialisiert sind (bspw. SAP APO für die Teile der Supply Chain mit Prozessfertigung und i2 Technologies für die Teile der Supply Chain mit diskreter Fertigung).
- Mehrere Firmen mit jeweils eigenen APS und ERP-Systemen schließen sich zu einem Planungsverbund zusammen (integrierte, unternehmensübergreifende Supply Chain).

Anmerkungen

[1] In diesem Beitrag verwenden wir den deutschen Begriff Logistikkette und den englischen Begriff Supply Chain synonym. Dabei ist zu beachten, dass Logistiksysteme i. a. Netzwerke und nicht lineare Ketten bilden – die Begriffe Logistik*kette* und Supply *Chain* haben sich jedoch im Sprachgebrauch etabliert.

[2] Aus Gründen der Übersichtlichkeit und des Themenbezugs zu APS zeigt die Darstellung nur Systeme aus den Logistikbereichen; Rechnungswesen und Personalwesen sind nicht gezeigt.

[3] Der Netto-Absatzplan enthält die Planbedarfe abzüglich der bereits eingegangenen Aufträge.

[4] Alert Monitor ist ein Begriff aus dem SAP APO-System; andere APS-Anbieter nennen das Kontrollfenster für Planungsergebnisse bspw. Problem Window.

[5] CrossWorlds wurde Anfang 2002 von IBM übernommen.

Michael Freitag

Managementansatz zur Optimierung der Supply Chain im Unternehmensnetzwerk der Vaillant Hepworth Group

1. Ausgangssituation und Aufgabenstellung
   1.1 Das Unternehmen Vaillant Hepworth Group – ein Kurzüberblick
   1.2 Stufenmodell der Unternehmensintegration

2. Einführung eines effizienten SCM in der Gruppe
   2.1 Projektorganisation mit dem Ziel der Cash-flow-Optimierung
   2.2 Einführung eines zentralen Supply Chain Managements

3. Ganzheitlicher Ansatz zur Supply Chain-Optimierung
   3.1 Gruppenweites Supply Chain-Controlling
   3.2 Strategieentwicklung und Ableitung der Projektstruktur
   3.3 Ganzheitlicher Optimierungsansatz
   3.4 Weiterentwicklung des Strategieprozesses und Implementierung des neuen Fertigungsnetzwerkes

4. Beispielhafte Supply Chain-Lösungen
   4.1 Implementierung eines VMI am Beispiel des Marktes Deutschland
   4.2 Verbrauchsgesteuerte Fertigwaren-Disposition im Rahmen eines Plant-managed inventory (PMI)
   4.3 Segmentierte Steuerung der Sekundärbedarfe und Anbindung der Lieferanten

5. Zusammenfassung und Ausblick

1. Ausgangssituation und Aufgabenstellung

Die aktuelle Herausforderung des Supply Chain Managements der Vaillant-Hepworth-Gruppe liegt neben der Implementierung einer effizienten Supply Chain-Organisation in der Optimierung und Integration eines komplexen Produktions- und Vertriebsnetzwerkes von 12 Produktionsstandorten und Vertriebsgesellschaften in nahezu allen europäischen Ländern sowie in Asien.

Das strategische Ziel der Gruppe ist es, die Supply Chain übergreifend in Hinblick auf Service level, Working capital und Logistikkosten zu optimieren. Prägende Rahmenbedingungen hierbei sind eine konsequente Ausrichtung auf die insbesondere durch den Anfang 2001 durchgeführten Merger Vaillant-Hepworth priorisierte Cash-flow-Optimierung sowie die Neugestaltung und prozessseitige Harmonisierung des sich neu ergebenden Produktions- und Vertriebsnetzwerks.

Als wesentliche Hebel zur Erreichung dieser Ziele wurden frühzeitig erkannt:

- die auf „Supply Chain Excellence" ausgerichtete Optimierung der gesamten Prozesskette auf Basis einer integrierten Prozessorganisation,
- die konsequente Kundenbedarfsorientierung,
- die Flexibilisierung der gesamten Lieferkette,
- die Integration und Optimierung aller bisherigen Supply Chains der Gruppe sowie
- die schrittweise, aktive Einbindung von Kunden und Lieferanten in die SC-Planung und -Ausführung.

In diesem Praxisbericht wird daher ein Managementansatz vorgestellt, der sowohl die schrittweise Implementierung der SC-Organisation innerhalb des Unternehmens als auch die Strukturierung dieser Aufgabenstellung und der daraus abgeleiteten, wichtigsten Problemstellungen bzw. Lösungsansätze umfasst.

1.1 Das Unternehmen Vaillant Hepworth Group – ein Kurzüberblick

Mit dem Anfang 2001 durchgeführten Merger der Unternehmensgruppen Vaillant und Hepworth Heating entstand das größte Heizungstechnik-Unternehmen Europas mit einem Gesamtumsatz von ca. 1,65 Milliarden Euro. Aus Sicht des Supply Chain Managements ergab sich als Ausgangssituation eine Struktur aus im Wesentlichen vier unterschiedlichen „Supply Chains", die sich durch die ehemaligen Gesellschaftsstrukturen und Marken definierte: die der „alten" Vaillant-Gruppe sowie die der Gesellschaften der Hepworth PLC, bestehend aus Hepworth Heating (Hauptmarke Glow-worm), Saunier Duval und Protherm (siehe Abbildung 1). Für 2003 beläuft sich der Absatz der neuen Gruppe auf insgesamt ca. 2,2 Millionen Heizgeräte. Der Umsatz beträgt ca. 1,75 Milliarden Euro. Kernprodukte der Gruppe sind:

- Gas-Wandgeräte in Heizwert-/Brennwerttechnik,
- bodenstehende Kessel in Heizwert-/Brennwerttechnik und
- Gas-Wasserheizer zur Wandinstallation, Warmwasserspeicher sowie Elektrogeräte (Durchlauferhitzer, Speicher) für verschiedene Anwendungen.

Mit den jeweiligen Marken Vaillant, Saunier Duval, Glow-worm, Protherm, Bongioanni, Renova Bulex und AWB ist Vaillant-Hepworth in vielen europäischen Märkten Marktführer. Die Unternehmensvision basiert auf der Ausrichtung der Gruppe als „führender Hersteller von intelligenten Systemen für Wohnkomfort".

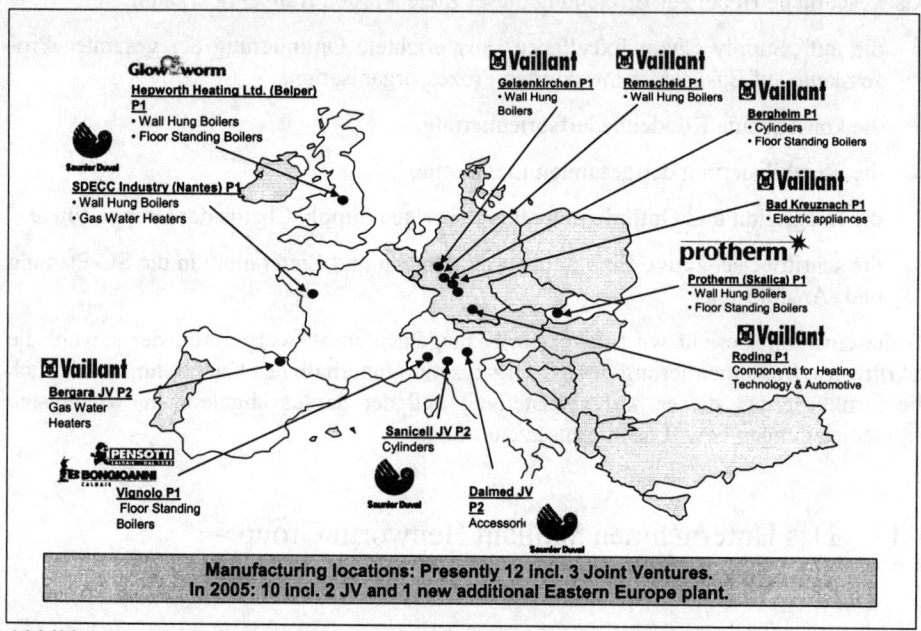

Abbildung 1: Marken, Produktions- und Vertriebsstandorte der VH-Gruppe

Der Vertriebsweg ist in den meisten Märkten dreistufig. D.h. der direkte Kunde ist der Fachgroßhandel, der wiederum an das Fachhandwerk bzw. im Anschluss an den Endkunden vertreibt. In Abhängigkeit von der Kundenstruktur und Größe des Marktes erfolgt der Vertrieb auch direkt an das Fachhandwerk (zweistufig). Einen weiteren Vertriebskanal stellt die Wohnungsbauwirtschaft dar.

1.2 Stufenmodell der Unternehmensintegration

Die organisationsseitige Strategie des Unternehmens nach dem Merger von Vaillant und Hepworth Heating beruht auf der schrittweisen Integration der legalen Einheiten bzw. Produktions-/Vertriebsstandorte zu einem Gesamtnetzwerk. Dieses basiert auf:

- einer klar strukturierten Marken- und Produktstrategie sowie Produktpositionierung,
- einer optimierten Beschaffungs- und Produktionsstrategie unter Berücksichtigung einer integrierten Lieferantenbasis und eines integrierten Fertigungsnetzwerkes sowie
- der Integration der Vertriebsgesellschaften und Optimierung der Vertriebsstrukturen bei Aufrechterhaltung der Markentrennung.

Die Strategie unterscheidet die drei Phasen (1) Quick wins, (2) Konsolidierung und Restrukturierung und (3) Integration (siehe Abbildung 2).

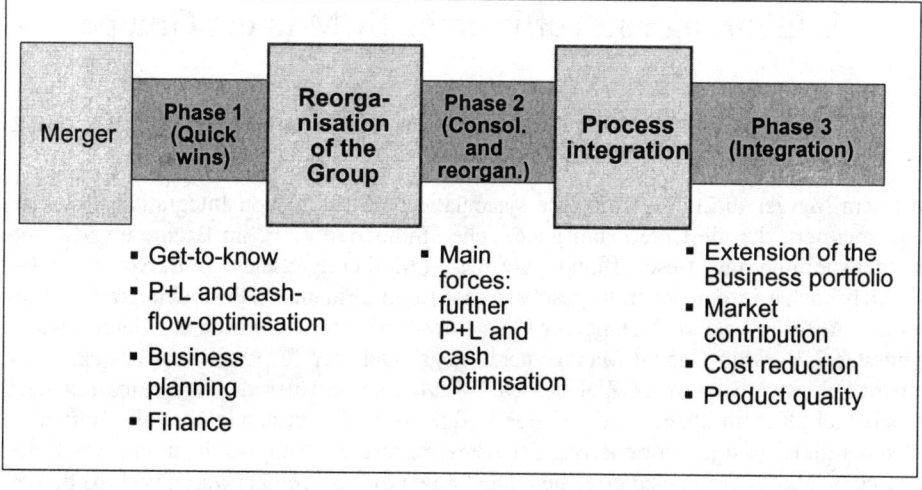

Abbildung 2: Stufenmodell der Integration (aus Unternehmens- und SC-Sicht)

Die Herausforderung der Integration bedeutet somit:

- <u>Produktentwicklung</u>: Entwicklung einer Modulstrategie und Standardisierung, Aufrechterhaltung der Marken und adäquate Differenzierung.
- <u>Beschaffung</u>: Erzielen von Synergien auf Basis zusammengefasster Bedarfe, Standardisierung der Prozesse und Managementsysteme, konsolidiertes Lieferantenmanagement.
- <u>Fertigung</u>: Reorganisation des Fertigungsnetzwerks auf Basis einer kostenseitigen und SC-seitigen Neustrukturierung der Komponenten-/Systemfertigung und der

Endmontage sowie klare Gliederung in die Wertschöpfungsstufen Komponentenfertigung – Modulfertigung/-montage – Endmontage.

- <u>Vertrieb</u>: Konsolidierung und Integration der Vertriebsgesellschaften in den jeweiligen Märkten, Optimierung der Positionierung der Marken und Produkte, Optimierung und Integration der Vertriebsorganisation (z.B. in der Auftragsabwicklung, im After Sales oder in der Logistik).

Das Supply Chain Management versteht sich als „Enabler" der entstehenden neuen Organisation bzw. seiner Prozesse. Entsprechend des Stufenmodells wurden im Rahmen der Implementierung des SCM in der Gruppe folgende Phasen unterschieden: die Implementierung und Durchführung eines SC-Projekts zur Optimierung des Cash-flows und priorisierter SC-Prozesse (Phase 1, siehe Abbildung 2) sowie nachfolgend die Implementierung einer zentralen SCM-Organisation mit dem Fokus auf konsequente und weiterführende Optimierung und Integration der gesamten Lieferkette (Phasen 2 und 3).

2. Einführung eines effizienten SCM in der Gruppe

2.1 Projektorganisation mit dem Ziel der Cash-flow-Optimierung

Mit dem Merger in 2001 wurde eine systematische Struktur von Integrationsprojekten implementiert, die die Unternehmensbereiche „Industrial" (z.B. im Bezug auf SC- und Bestandsoptimierung, Beschaffungssynergien), „Marketing&Sales" (z.B. Synergien bei Vertriebskosten in den Vertriebsgesellschaften) und „Finance" (Finanzintegration) umfassten. Aufgrund der Bedeutung der Cash-flow-Verbesserung wurde ein Geschäftsführungsstab „Working Capital Management" gegründet, der für Cash-flow-Projekte verantwortlich war. So war es Ziel des ca. 14 Monate andauernden Projektes mit dem Arbeitstitel „Kashin 2", eine kurzfristige Reduzierung der Bestände über alle Bestandsarten bei gleichzeitiger Optimierung der Kernprozesse der Supply Chain und Erhalt des Service levels der Gruppe zu erreichen. Die Säulen dieses Projekts waren (vgl. Abb. 3):

- so genannte „Leitstände" in allen Standorten zur Analyse der Potenziale und einer aktiven, bestandsorientierten Steuerung der Disposition und Produktionsplanung inkl. eines zielorientierten Bestandscontrollings und Tracking der Maßnahmen,

- eine Prozessoptimierung in den Kernprozessen operative Absatzplanung, Nachschubsteuerung der Fertigwaren und Disposition der Rohmaterialien/Komponenten und

- die Einführung eines gruppenweiten Controlling- und Reportingsystems zur Messung der wesentlichen Supply Chain-Kennzahlen inkl. der Implementierung von Regelkreisen.

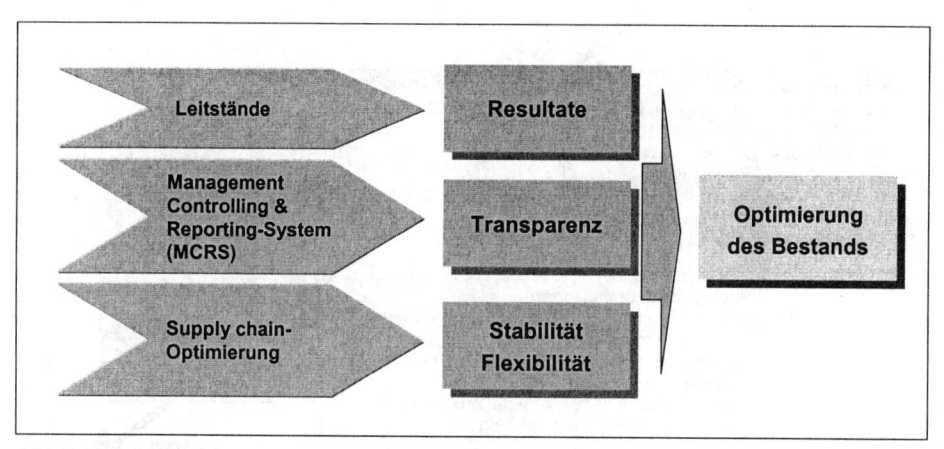

Abbildung 3: Säulen des Supply Chain-Projekts „Kashin 2"

Die Ergebnisse des Projekts waren:

1. **eine Bestandsreduzierung von ca. 48 % über alle Bestandsarten bei einer Verringerung der Reichweite von über 50 %,**

2. die signifikante Verbesserung der bereits benannten Prozesse bzw. Systeme, insbesondere der Nachschubsteuerung (siehe Abbildung 4) und

3. eine hohe Transparenz der SC-Kenngrößen, vor allem

   - Lagerbestände (Fertigwaren, Halbfertigwaren, Komponenten) über alle Standorte (Werke, Vertriebsgesellschaften) bei gleichzeitiger Differenzierung der Bestandsverursacher und Sondereffekte, wie z.B. obsoleter Ware,

   - Service level (hier als „On-time-in-full-delivery": OTIF), und Lieferrückstände („Backorders").

In Kapitel 4 ist das eingeführte Prinzip der Verbrauchssteuerung und des Nachschubautomaten zur bedarfsorientierten Steuerung der Endmontage und Vorfertigung als Beispiel näher erläutert.

Neben der Prozessoptimierung und dem SC-Controlling ergab sich ein wesentlicher Aspekt in der frühzeitigen organisatorischen Festlegung eines „Plant managed inventory" (PMI). Bei diesem Prinzip wird die Bestands- und Dispositionsverantwortung auf die jeweiligen produktbereitstellenden Organisationen (im Wesentlichen die Werke) übertragen. Diese sind für die Produktverfügbarkeit und die Bestände verantwortlich. Die operative Verantwortung der Produktionsplanung und -steuerung für Fertigwaren liegt dabei in den Händen so genannter „Broker".

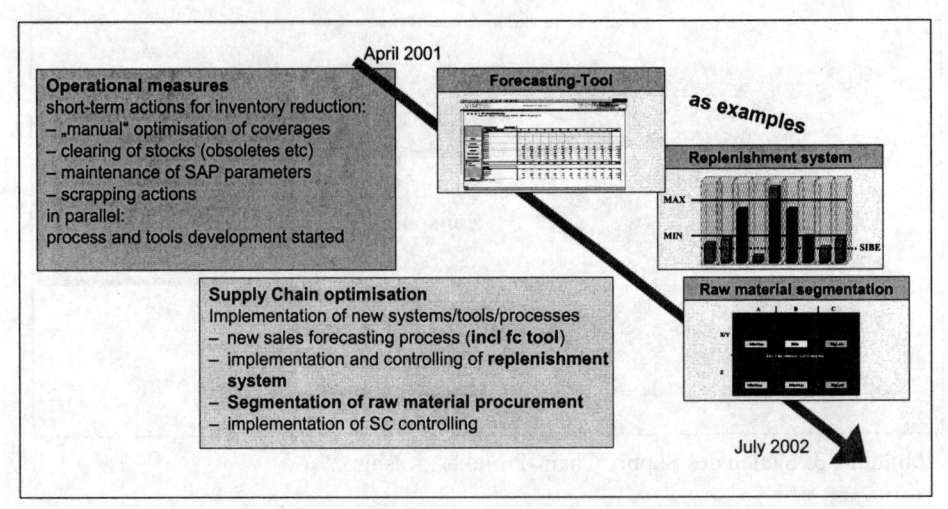

Abbildung 4: Wesentliche Hebel der Bestandsoptimierung in Kashin 2

2.2 Einführung eines zentralen Supply Chain Managements

Mit der im Sommer 2002 durchgeführten Reorganisation der Vaillant Hepworth Gruppe und erfolgreichem Abschluss des Projekts Kashin 2 wurde die Projektorganisation in eine funktionale Organisation überführt. Nach Erreichung der quantitativen Ziele galt es nun, den Fokus auf die systematische Optimierung der Supply Chain und deren Integration zu einem Gesamtnetzwerk zu legen.

Zu diesem Zweck wurde die zentrale Stabsfunktion „Supply Chain Management" implementiert. Ihre Aufgabe besteht in der Analyse, der systematischen Optimierung und dem Controlling der Supply Chain der gesamten Gruppe. Im Sinne einer internen Beratung entwickelt sie die SC-Strategie, initiiert SC-Projekte und führt diese z.T. in Leitungsfunktion durch. Aufgrund der vollständig strategischen Ausrichtung ergibt sich eine klare Trennung von operativen Aufgaben, die den lokalen Werken oder Vertriebsgesellschaften zugeordnet sind. Die Projekte erstrecken sich über alle Unternehmensfunktionen und Organisationsbereiche: Produktentwicklung, Beschaffung, Fertigung, Vertrieb und Finanzen. Damit ist gewährleistet, dass eine durchgängige Optimierung erzielt werden kann.

Die über eine funktionale und fachliche Führung angebundenen lokalen SC-Manager der Werke und Vertriebsgesellschaften sind für die Erreichung der operativen Ziele verantwortlich. In allen Projekten ergibt sich eine gezielte Kooperation zwischen dem zentralen und dem operativen SCM (Abbildung 5).

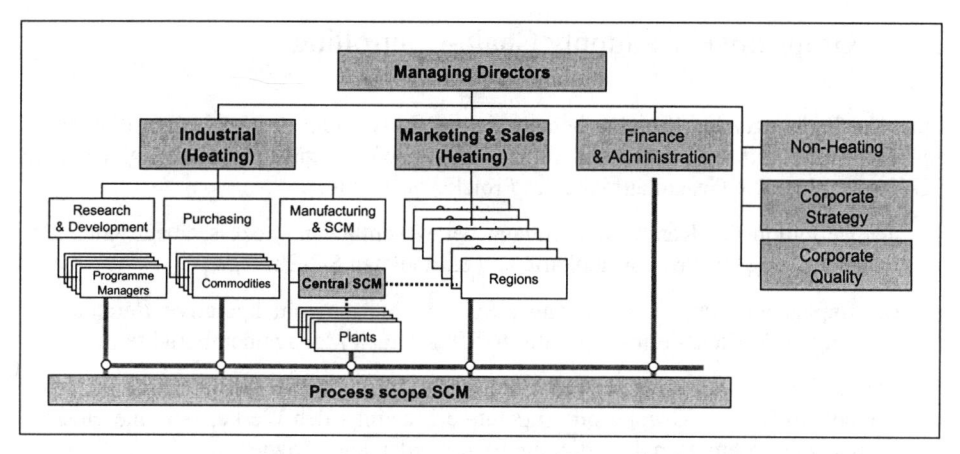

Abbildung 5: Organisatorische Einbindung des zentralen SCM

3. Ganzheitlicher Ansatz zur Supply Chain-Optimierung

Der immer wieder gern genutzte Begriff der ganzheitlichen Supply Chain definiert sich in der Vaillant Hepworth Group in zwei Dimensionen. Zum einen ist es das erklärte Ziel, die ehemaligen Supply Chain- und Organisationsstrukturen der Gruppe in ein integriertes Netzwerk zu überführen, zum anderen definiert sich das Supply Chain Management durch eine vollständige Betrachtung der Wertschöpfungskette. Die Kette beginnt mit den Vertriebsprozessen in den Tochtergesellschaften und der kollaborativen Einbindung der Großhändler (beim vorwiegend gegebenen, klassischen dreistufigen Vertriebsweg: Handel – Handwerk - Endkunde) und endet mit der Steuerung und Einbindung der Lieferanten von Baugruppen, Komponenten und Rohmaterialien. Die konsequente Optimierung der Supply Chain wurde bereits frühzeitig durch ein detailliertes SC-Controlling unterstützt, das z.T. bereits in der Projektphase Kashin 2 implementiert werden konnte und mit seinen Kennzahlen eine gruppenweite Analyse und Verbesserung der Kernprozesse ermöglicht.

Eine weitere wesentliche Voraussetzung stellt sich in der Entscheidung dar, die bisherige heterogene ERP-Struktur aus SAP R3 (Vaillant-Gruppe), MOVEX (Hepworth und Saunier Duval) sowie JD Edwards, AMIS und SCALA durch eine integrierte SAP R3-Systemlösung im Rahmen eines gruppenweiten Projekts bis Ende 2005 abzulösen. Damit ist die Voraussetzung gegeben, die durchgängige Umsetzung der erwähnten SC-Strategie zu erreichen.

3.1 Gruppenweites Supply Chain-Controlling

Eines der bedeutendsten Projekte befasst sich in Fortsetzung der in Kashin 2 begonnenen Tätigkeiten mit der Implementierung von gruppenweit gültigen und vergleichbaren SC-Kennzahlen. Die Gesamtaufgabe des Projekts besteht in:

- der Definition der Kennzahlen entlang der wesentlichen Prozessschritte unter Berücksichtigung der Prozesslandkarte und erarbeiteten SC-Strategie,
- der Implementierung entsprechender SC-Berichte (sowohl operative Berichte zur Nutzung in Werken/Vertriebsgesellschaften als auch Managementberichte),
- der Einführung von Regelkreisen, z.B. durch Einbindung der Kennzahlen in Management-Boards der Gruppe oder operative Meetings der Werke, wo eine entsprechende Abweichungsanalyse durchgeführt werden kann sowie
- der Unterstützung des Projektcontrollings zur Kontrolle der Projektergebnisse.

Das Controlling des Service levels gegenüber dem Kunden (im Wesentlichen dem Großhandel) basiert auf den Kennzahlen der On-time-in-full-delivery (OTIF) als Produkt aus Mengen- und Termintreue sowie des Lieferrückstands bzw. der Fehlmenge (in absoluten Werten, Stückzahlen oder relativiert am Umsatz in Days-of-backorders/days-of-shortfall).

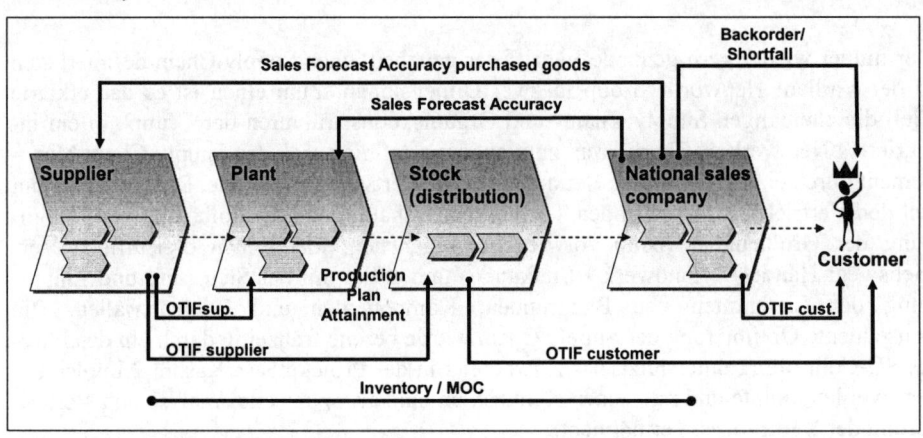

Abbildung 6: Kennzahlen im Rahmen des SC-Controllings

Das Bestandscontrolling erfolgt anhand einer sehr detaillierten Darstellung der absoluten Bestände und Reichweiten/Umschlagshäufigkeiten unter Differenzierung fast beliebiger Sichten, z.B. Bestandsarten, Dispositionsverantwortung, Produkte, Eigen-/Fremdfertigung, Bestandslokationen.

Weitere Hauptkennzahlen sind:

- die Forecastgenauigkeit für Fertigwaren (insbesondere Geräte und Zubehöre),
- die „Produktionserfüllung" der tatsächlichen Fertigungsmengen je Artikel und
- die On-time-in-full-delivery der Lieferanten.

Ziel ist es, die zurzeit teilweise manuell durchgeführte Erfassung und Konsolidierung der Daten und Kennzahlen durch eine systemgestützte Lösung im Business Data Warehouse bzw. SAP R3 abzulösen. Erste Kennzahlen sind für Teilbereiche der Gruppe bereits erfasst. Bis Ende 2004 ist das Kennzahlensystem im Datawarehouse komplett abgebildet und steht damit allen Standorten und Funktionsbereichen zur Verfügung.

3.2 Strategieentwicklung und Ableitung der Projektstruktur

Die Implementierung des zentralen Supply Chain Managements wurde in den folgenden Schritten vollzogen:

1. Detaillierte Prozessanalyse der Supply Chains der Organisationen Vaillant, Saunier Duval, Glow-worm und Protherm (inkl. einer Stärken-/Schwächenanalyse: SWOT)
2. Erarbeitung der gruppenweiten SC-Vision und SC-Strategie bei Festlegung der prinzipiellen Lösungsansätze auf Basis von Best-practice-Vergleichen
3. Entwicklung einer Projekt-Roadmap zur Festlegung der Projektorganisation und der Einbindung der Werke und Vertriebsgesellschaften
4. Aufbau eines Projektcontrollings zur Steuerung der ca. 16 SC-Projekte (Status Ende 2003) inkl. einer Steering Committee-Organisation zur übergreifenden Einbindung der Geschäftsleitung und des Managements der Gruppe

Die Entwicklung der SC-Strategie wurde durch ein umfassendes Projekt unterstützt, das die Analyse der Kunden- und Marktanforderungen sowie die Ermittlung von SC-Potenzialen verfolgte. Gegenstand der Untersuchung war nicht nur die Erfassung von logistischen Anforderungen und Service-Parametern, sondern auch die Fragestellung, inwieweit Möglichkeiten bestehen, eine Optimierung der Supply Chain durch aktives Bedarfsmanagement zu erreichen, z.B. durch:

- die Ausnutzung von Make-to-order-Potenzialen (z.B. bei „Langsamdrehern" im so genannten CZ-Segment einer ABC-XYZ-Segmentierung),
- die konsequente Implementierung von Vendor managed inventory-Konzepten (VMI), für die in Deutschland bereits positive Erfahrungen vorliegen oder
- die aktive Aussteuerung von Kundenbedarfen im Auftragsmanagement durch gezielte Terminierung der Kundenaufträge.

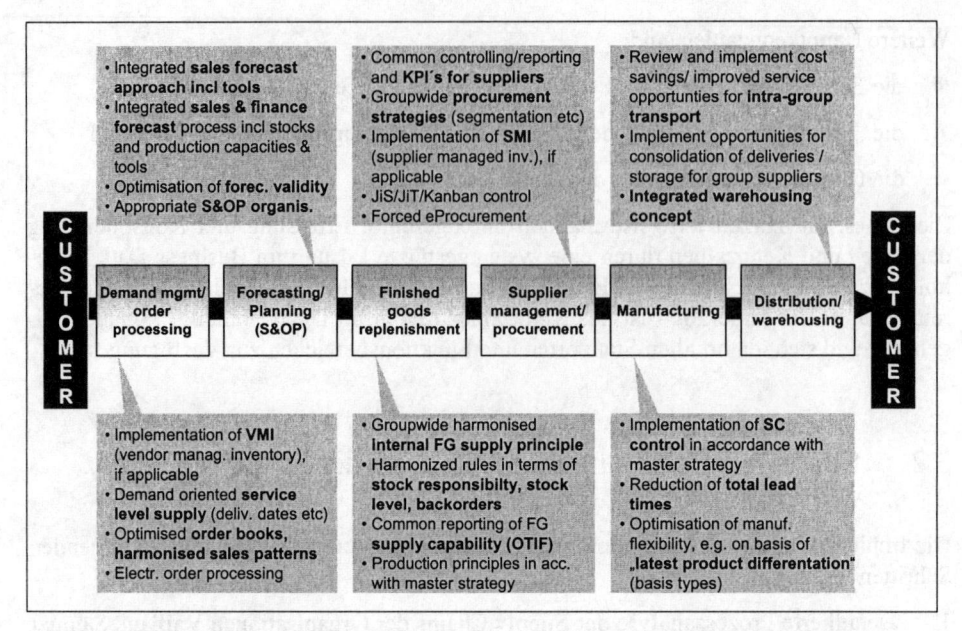

```
┌─────────────────────────────────────────────────────────────────────────────┐
│ • Integrated sales forecast      • Common controlling/reporting    • Review and implement cost │
│   approach incl tools              and KPI´s for suppliers            savings/ improved service │
│ • Integrated sales & finance     • Groupwide procurement              opportunities for intra-group │
│   forecast process incl stocks     strategies (segmentation etc)      transport │
│   and production capacities &    • Implementation of SMI           • Implement opportunities for │
│   tools                            (supplier managed inv.), if        consolidation of deliveries / │
│ • Optimisation of forec. validity  applicable                         storage for group suppliers │
│ • Appropriate S&OP organis.      • JiS/JiT/Kanban control          • Integrated warehousing │
│                                  • Forced eProcurement                concept │
└─────────────────────────────────────────────────────────────────────────────┘
```

Abbildung 7: Lösungsansätze der SC-Strategie der VH-Gruppe (bis Ende 2005)

Process chain: CUSTOMER → Demand mgmt/ order processing → Forecasting/ Planning (S&OP) → Finished goods replenishment → Supplier management/ procurement → Manufacturing → Distribution/ warehousing → CUSTOMER

Lower box:
- Implementation of **VMI** (vendor manag. inventory), if applicable
- Demand oriented **service level supply** (deliv. dates etc)
- Optimised **order books, harmonised sales patterns**
- Electr. order processing

- Groupwide harmonised **internal FG supply principle**
- Harmonized rules in terms of **stock responsibilty, stock level, backorders**
- Common reporting of FG **supply capability (OTIF)**
- Production principles in acc. with master strategy

- Implementation of **SC control** in accordance with master strategy
- Reduction of **total lead times**
- Optimisation of manuf. flexibility, e.g. on basis of „latest product differentiation" (basis types)

Basierend auf den Analyseergebnissen wurde im Abgleich mit der SC-Vision die in Abbildung 7 dargestellte Strategie erarbeitet, die eine Zuordnung der Lösungsansätze zu den Kernprozessen beinhaltet. In allen Projekten wurde eine klare Festlegung getroffen, welche Rolle das zentrale SCM wahrzunehmen hat: bei gruppenweiten Projekten z.B. die Gesamtverantwortung inkl. Bereitstellung der wesentlichen Ressourcen, bei zentralen Aufgabenstellungen, wie z.B. der Implementierung einer standardisierten Nachschubsteuerung, die Projektleitung bei gleichzeitigem lokalen Support oder die Unterstützung lokaler Projekte mit Know-how und Ressourcen. Abbildung 8 stellt vereinfacht die Projektstruktur mit Status Ende 2003 dar.

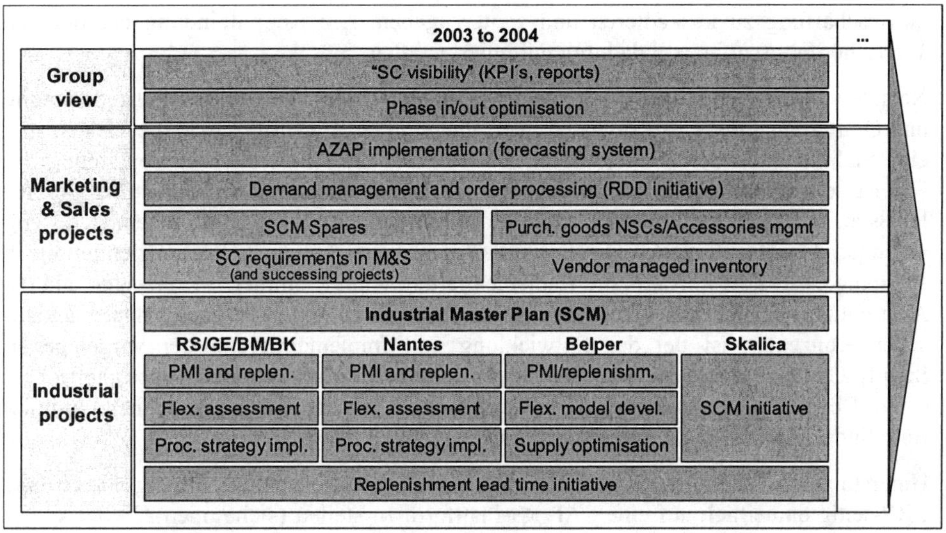

Ganzheitlicher Ansatz zur Supply Chain-Optimierung   249

	2003 to 2004	...
Group view	"SC visibility" (KPI's, reports)	
	Phase in/out optimisation	
Marketing & Sales projects	AZAP implementation (forecasting system)	
	Demand management and order processing (RDD initiative)	
	SCM Spares	Purch. goods NSCs/Accessories mgmt
	SC requirements in M&S (and successing projects)	Vendor managed inventory
Industrial projects	Industrial Master Plan (SCM)			
	RS/GE/BM/BK	Nantes	Belper	Skalica
	PMI and replen.	PMI and replen.	PMI/replenishm.	SCM initiative
	Flex. assessment	Flex. assessment	Flex. model devel.	
	Proc. strategy impl.	Proc. strategy impl.	Supply optimisation	
	Replenishment lead time initiative			

Abbildung 8: Projekt-Roadmap aller SC-Projekte der Gruppe

3.3 Ganzheitlicher Optimierungsansatz

Die Implementierung der neuen Prozesse und Systeme wird durch die Erarbeitung von „Business rules" unterstützt, die bei „Best-practice"-Analysen ermittelt werden konnten. Diese Regeln definieren sowohl die Zielprozesse als auch Methoden, die gruppenweit Anwendung finden sollen. Sie basieren auf einem Top-down-Ansatz, d.h. die Regeln beschreiben:

- die Auftragssteuerung, Bedarfseinlastung und die operative Absatzplanung,
- die Bestandsverantwortung und Bedarfsdeckung/Nachschubsteuerung der Fertigwaren durch die Werke,
- die flexible Bereitstellung der Produktionsressourcen, z.B. inkl. der Pufferung von „bedarfsneutraler Wertschöpfung" (so genannte „Basic types") im Falle von Über-/Unterdeckung sowie
- die flexible Bereitstellung der Komponenten/Rohmaterialien.

Dieser Ansatz basiert auf der Strategie, die sich kundenseitig ergebenden, z.T. sehr sporadischen Bedarfe flexibel decken zu können (i.a. aus dem Bestand des lokalen Lagers im Markt) und diese Flexibilitätsanforderung über die Fertigung bis zur Disposition/Beschaffung zu kaskadieren und weiterzugeben. Die Kapitalbindung der höheren Wertschöpfungsstufen soll dadurch minimiert werden.

Nachdem in 2001 und 2002 der Managementfokus deutlich auf der Bestandsreduzierung und Optimierung des Cash-flows lag, verfolgen die benannten Projekte die Zielsetzung, eine Stabilisierung der Supply Chain zu erreichen, die eine weitere Verbesserung des Service levels ermöglicht. Dabei geht es nicht um die beliebige Erhöhung des Service levels an sich, sondern um die Erfüllung der Kundenanforderungen in einem sich stetig verändernden Marktumfeld. Die Dynamik, die mit der kundenseitigen Orientierung in Richtung Cash-flow entsteht, die Implementierung von e-Commerce-Konzepten und die Ausrichtung in Richtung eines Vendor managed inventory (VMI) oder neuen logistischen Konzepten ist bei der Entwicklung und Implementierung der vorgelagerten Supply Chain-Prozesse zu berücksichtigen und verlangt robuste und abgesicherte Prozesse. Der in Theorie und Praxis vielfach genutzte Begriff der ganzheitlichen Optimierung findet bei Vaillant Hepworth insofern tatsächlich Anwendung.

Unterstützt wird diese Strategie durch die in 2003 getroffene Entscheidung, die Gruppe ERP-seitig einheitlich auf eine SAP R3-Plattform zu stellen (siehe oben). In der so genannten „SAP Guidelines"-Phase wurden daher bis Ende 2003 alle wesentlichen SC-Prozesse von der Auftragsabwicklung bis zur Bestellung von Komponenten basierend auf der SC-Strategie, den „Business rules" sowie den bereits vorliegenden Projektergebnissen definiert und beschrieben. Im Ergebnis liegen so genannte „SCM Guidelines" vor, die sowohl in der Lokalisierungsphase der SAP-Teilprojekte als auch in den SC-Projekten genutzt werden können. Damit ist sichergestellt, dass die SC-Strategie konsequent in allen Standorten umgesetzt wird und ein integriertes Produktions-/Vertriebsnetzwerk entsteht.

3.4 Weiterentwicklung des Strategieprozesses und Implementierung des neuen Fertigungsnetzwerkes

Der bisher dargestellte Strategieprozess wird Anfang 2004 aufgrund der Restrukturierung des Fertigungsnetzwerkes weiter verbessert (siehe Abbildung 9). Zum einen gilt es, die sich mit insgesamt 17 Verlagerungsprojekten ergebenden, neuen Materialflussstrukturen SC-seitig abzubilden, zum anderen muss die Synchronisation mit der „Go-live"-Planung von SAP R3 in den einzelnen Werken und Vertriebsgesellschaften sichergestellt werden. Die wesentliche Herausforderung liegt in der Steuerung der sich damit ergebenden Komplexität und Dynamik.

Ganzheitlicher Ansatz zur Supply Chain-Optimierung 251

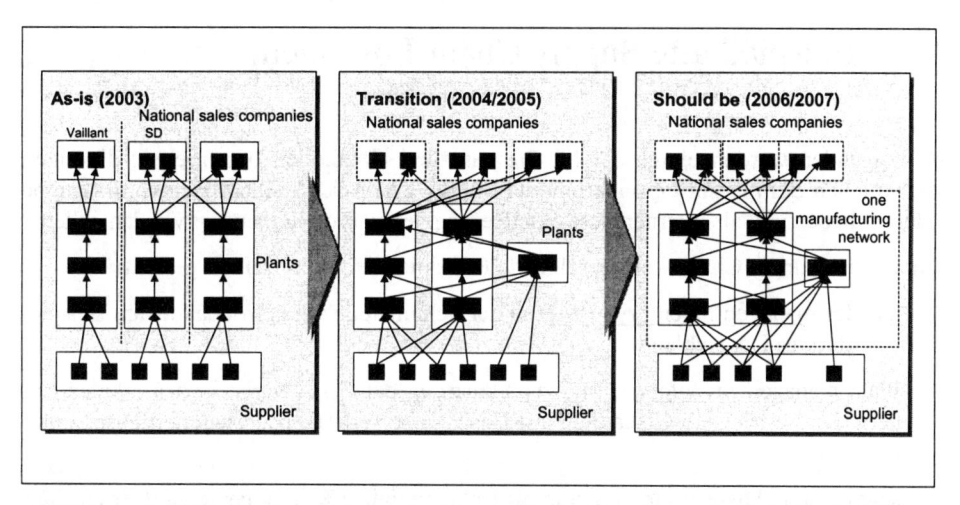

Abbildung 9: Veränderung des Fertigungsnetzwerkes im Zuge des „Industrial Master Plan"

Neben der bisher linearen Optimierung der Supply Chain ergeben sich nunmehr zusätzliche Optimierungsaufgaben der SC-Planung und -Ausführung im Bereich der „Interplant- und Intra-company-Prozesse". Die stringente Differenzierung der Dispositionsstufen in Komponentenfertigung, Modulfertigung und Endmontage macht die Entwicklung und Implementierung folgender Prozesse/Methoden/Konzepte notwendig:

- Methodik der Bestands- und Dispositionsverantwortung,
- Methodik der Priorisierung von Bedarfen, insbesondere im Falle von Kapazitätsunterdeckung,
- Verfahren der deterministischen Bedarfsauflösung im Rahmen des MRP und Abbildung der Stücklisten,
- Dispositionsverfahren und Nachschubsteuerung (verbrauchsgesteuert, plandeterministisch etc.) und
- optimierte Verfahren zur Distribution und Lagerung der Komponenten und insbesondere der Module.

4. Beispielhafte Supply Chain-Lösungen

Im Folgenden werden einige der SC-Prozesse und -Methoden beschrieben, die einen wesentlichen Beitrag zur Optimierung der Supply Chain der Vaillant Hepworth Gruppe geleistet haben und als interner Best-practice gruppenweit implementiert werden sollen.

Entlang der Supply Chain werden folgende Prinzipien exemplarisch dargestellt:

- Vendor managed inventory (VMI) an der Schnittstelle zum Großhandel am Beispiel des Marktes Deutschland,

- Plant managed inventory (PMI) zur Steuerung der Fertigwaren in den lokalen Lagern der Vertriebsgesellschaften auf Basis einer verbrauchsgesteuerten Disposition und

- segmentierte Dispositionsstrategie für Rohmaterialien/Komponenten auf Basis einer ABC-XYZ-Matrix.

4.1 Implementierung eines VMI am Beispiel des Marktes Deutschland

Die bereits in 1999 begonnene Entwicklung des VMI-Konzepts im Markt Deutschland verfolgt die Zielsetzung, eine partnerschaftliche Zusammenarbeit mit den kooperierenden Großhändlern zu erreichen („Win-win-situation"), die eine Optimierung der Bestände, Verbesserung des Service levels und eine Verbesserung der Prozesskosten ermöglicht. Voraussetzung hierfür ist der tagesaktuelle Zugriff auf dispositive Grunddaten (Absatz, Bestand etc.) am „Point-of-sale" des Händlers, der Vaillant-seitig zur Dispositionsentscheidung auf Basis eines verbrauchsgesteuerten Ansatzes genutzt wird (siehe Abbildung 10). Bei den meisten Kunden wird der Dispositionsvorschlag, der auf Basis des MRP-Laufs in SAP R3 im Vaillant-System generiert wird, direkt in einen SD-Auftrag übersetzt. Als erste Zwischenlösung ist es aber auch denkbar, den Vorschlag durch den Kunden zunächst bestätigen zu lassen. Im Normalfall wird kundenseitig eine „volle VMI-Lösung" erwünscht.

Die Vorteile des Kunden liegen insbesondere in:

- der Reduzierung des Dispositionsaufwands (Absatzplanung und Bestellung), z.B. durch die Verringerung der Anzahl von Einzelbestellungen um den Faktor 200 – 300% (!),

- den optimierten Beständen (durchschnittliche Reduktion ca. 30%) und erhöhten Service leveln sowie

Beispielhafte Supply Chain-Lösungen 253

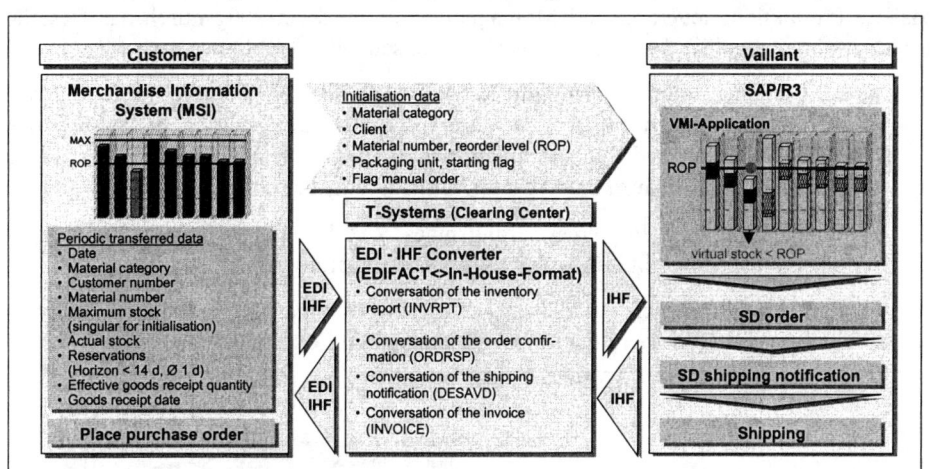

▪ der Verbesserung des Produkt-Mixes und des optimierten Produktan-/auslaufs.

Abbildung 10: Informationsfluss beim EDI-basierten VMI-Konzept

„Vendor-seitig", d.h. bei Vaillant, ergibt sich

▪ eine höhere Transparenz der „Point-of-sales"-Daten zur Verbesserung der Absatzplanung,

▪ eine deutliche Reduzierung der Prozesskosten in der Auftragsabwicklung (s.o.),

▪ eine wie auch beim Kunden deutlich verbesserte Anlauf-/Auslaufsteuerung sowie

▪ eine verbesserte Distributionsplanung und Harmonisierung des Bedarfs.

Mit einem Implementierungstand und repräsentativen Umsatzanteil von mehr als 30%, der in 2004 nochmals signifikant erhöht werden wird, ist es nun u.a. möglich, die Originärdaten am „PoS" für die Absatzplanung direkt zu nutzen. Zudem ist ein „Frühwarnsystem" in der Entwicklung, das die Identifizierung signifikanter „Events" erlaubt, die in der Informationskette an den Absatzplaner und Fertigwarendisponenten weitergeleitet werden können, z.B. im Falle von Mix-Veränderungen oder deutlichen Absatzsteigerungen.

4.2 Verbrauchsgesteuerte Fertigwarendisposition im Rahmen eines Plant managed inventory (PMI)

Ein wesentliches Instrument zur Erreichung der in Kapitel. 2.1 dargestellten Reduzierung der Gesamtbestände um ca. 48% war die konsequente Einführung einer verbrauchsgesteuerten Disposition. Die vorherige plandeterministische und absatzplanbasierte Produktionssteuerung und Montageplanung wurde in 2001 durch das Bestellpunktverfahren abgelöst. Voraussetzungen für den schnellen Erfolg waren:

- die z.T. schon erfolgte Umstellung auf die operative Bestandsverantwortung der Werke für alle Fertigwaren in den Vertriebsgesellschaften zur Sicherstellung der Warenverfügbarkeit und Bestandszielerreichung bei voller Sichtbarkeit aller Daten wie Bestände, Kundenaufträge, Absätze, Umlagerungsbestände etc.,
- die Entwicklung und Implementierung eines SAP-basierten Planungs- und Ausführungssystems zur Abbildung der Verbrauchssteuerung sowie
- die Einbindung der sich aus diesem „Nachschubautomaten" ergebenden Bedarfsanforderungen in die operative Montageplanung und Fertigungssteuerung.

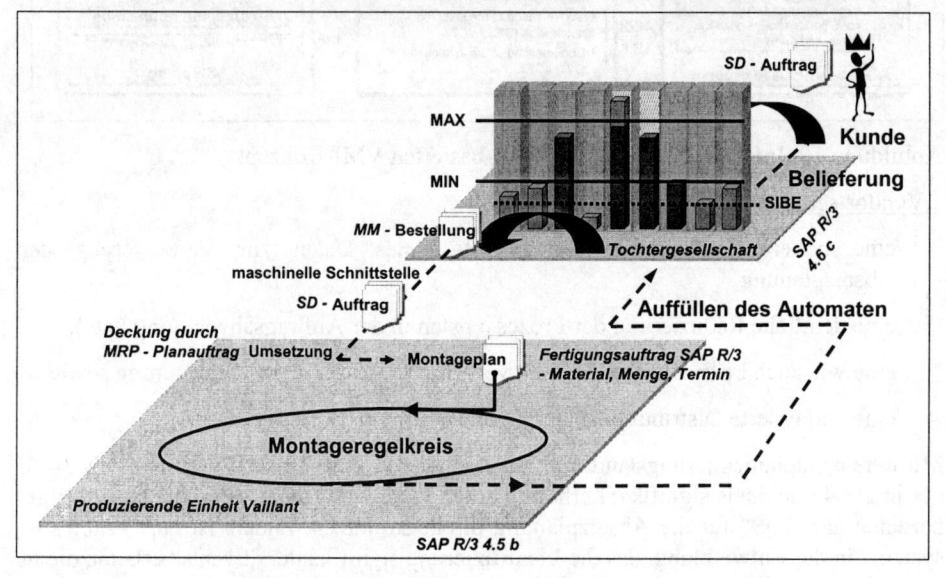

Abbildung 11: Verbrauchsgesteuerte Disposition der Fertigwaren

Der entscheidende Aspekt bei der Einführung der Verbrauchssteuerung war die strikte Orientierung an realen Bedarfen in den Senken der Supply Chain. Ein Fertigungsauftrag wird nur dann eingestellt, wenn sich aufgrund eines realen Bedarfs des Artikels im Lager eine Unterschreitung des „Meldebestandes" ergeben hat (siehe Abbildung 11). Das Nachschublos dimensioniert sich anhand der eingestellten Parameter, wie z.B. Sicherheits-, Melde- und Maximalbestand, die sich durch die Wiederbeschaffungszeit, das Nachschubintervall, dem Verbrauchsverhalten (MAD und durchschnittlicher Verbrauch), dem Ziel-Servicegrad sowie den definierten Losgrößenverfahren errechnen lassen.

Die damit verbundene Realisierung einer kundenauftragsnahen Fertigung basiert somit auf der konsequenten Betrachtung der vergangenheitsbezogenen Bedarfe zur Dimensionierung der Parameter sowie einer Trennung der operativen Montageplanung von der nach wie vor plandeterministischen Kapazitäts- und Produktionsgrobplanung. Im Falle einer kapazitiven Über- bzw. Unterdeckung wird auf die Fertigung bzw. die Verwendung von Schnelldrehern bzw. den so genannten „Basic types" (s.o.) zurückgegriffen. Ein ebenfalls auf dem Prinzip der Verbrauchssteuerung basierendes SAP-Montageplanungs-Tool erlaubt eine klare Priorisierung der drei Nachschubarten: Fertigung des Nachschubloses, der Schnelldreher oder der Basic types.

4.3 Segmentierte Steuerung der Sekundärbedarfe und Anbindung der Lieferanten

Die geforderte Flexibilität bei der Fertigwarennachschubsteuerung ist nur zu erreichen, wenn bei der Montageplanung unabhängig von der Verfügbarkeit der Komponenten geplant werden kann. Entscheidend hierfür ist vor allem die Verfügbarkeit der varianten Teile, bei denen es sich häufig um C-Teile handelt. Während interne Bedarfe im Rahmen von selbstregelnden Kanban-Regelkreisen gedeckt werden, erfolgt die Bereitstellung der externen Bedarfe auf Basis einer ABC-XYZ-Segmentierung, die für jedes Segment eine Zuordnung folgender Verfahren trifft (siehe Abbildung 12):

- plandeterministische Disposition bei interner Steuerung,
- verbrauchsgesteuerte Disposition bei interner Steuerung,
- externe Disposition innerhalb eines Supplier managed inventory (SMI), möglichst begleitet durch ein Konsignationsprinzip und
- e-Ordering und automatische Bestellabwicklung, insbesondere bei C-Teilen.

Ziel der Verbrauchssteuerung bei C-Teilen ist es zum einen, möglichst automatisiert die Bestellungen zu generieren, zum anderen, einen hohen Service level von 95 bis 98 % zu garantieren. Ein weiteres Anwendungssegment für die Verbrauchssteuerung sind A- und B-Teile mit kurzen Wiederbeschaffungszeiten, die selbst bei spontanen Bedarfsänderungen kurzfristig nachdisponiert werden können. Eine elektronische Anbindung auf Basis eines Web-Portals, die zunächst für C-Teile-Lieferanten genutzt werden soll, ist zurzeit in Planung.

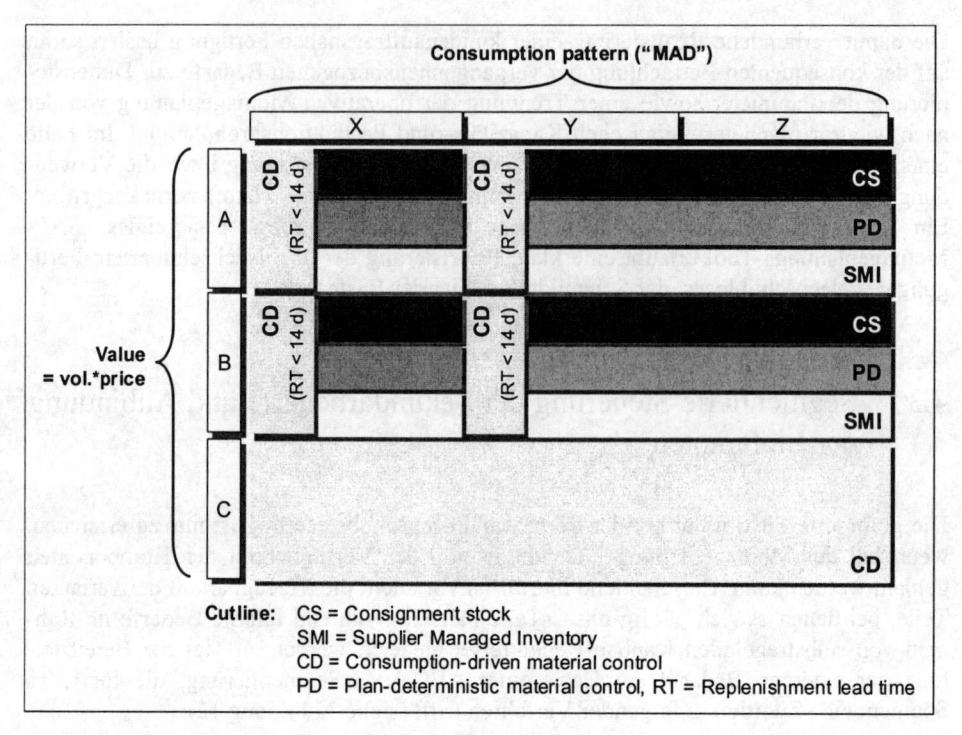

Abbildung 12: Segmentierung der Sekundärbedarfssteuerung

Das Konzept des Supplier managed inventory (SMI) befindet sich momentan in Pilotanwendung in einem der Montagewerke. Dieses insbesondere für hochwertige Komponenten genutzte Verfahren wurde mit dem Prinzip der Konsignation kombiniert, so dass sich neben der Verfügbarkeitssicherheit auch eine entsprechende Cash-flow-Optimierung darstellt. Lieferantenseitig wird das Konzept im Wesentlichen zur Verbesserung der Bedarfstransparenz, aber auch für die Optimierung der Losgrößensteuerung und der Logistik genutzt.

5. Zusammenfassung und Ausblick

Ziel des Beitrags ist es, einen praxisorientierten Managementansatz zur Implementierung eines Supply Chain Managements am Beispiel der Vaillant Hepworth Gruppe zu beschreiben. Neben der organisatorischen Einführung des SCM im Rahmen einer Projekt- und einer funktionalen Organisation wurden exemplarische Lösungskonzepte zur prozessseitigen und methodischen Optimierung der Supply Chain dargestellt.

Die „Lessons learned" können wie folgt zusammengefasst werden:

- Bei der Implementierung einer SCM-Organisation steht, ähnlich wie bei Strategien und Konzepten eines Total Quality Managements, die Unterstützung, die aktive Begleitung und bestenfalls sogar die Initiierung einer SC-Ausrichtung durch die Geschäftsleitung am Anfang eines solchen Prozesses.

- Die Durchführung eines umfassenden, hoch priorisierten SC-Projekts ermöglicht die Fokussierung einer Organisation auf die neue Philosophie, ihre Strategien und Prozesse/Methoden. Eine sowohl auf operative Ergebnisse als auch auf Prozessoptimierung ausgerichtete Projektstruktur gewährleistet den Erfolg, der zur nachhaltigen Verbesserung notwendig ist.

- Gemäß des „allgemeinen Management-ABC's" sind nach dem Pareto-Prinzip die Teilprojekte und Prozesse zu priorisieren, die aus quantitativer Sicht das größte Optimierungspotenzial bieten.

- Weitere Aspekte sind: Einbeziehung der Gesamtorganisation entlang der SC in die Projekte, Bereitstellung von Kapazität (z.B. im Rahmen einer Stabsfunktion), stringentes Controlling und Einbindung des SCM in die „Regelkreise" und Managementboards des Unternehmens).

Die in Kapitel 4 dargestellten Lösungsansätze können als Beispiele verstanden werden, die eine zielorientierte und nachhaltige Optimierung der SC der Vaillant Hepworth Gruppe ermöglichen. Als wesentliches Kriterium erscheint hier die Durchgängigkeit der implementierten SC-Strategien und -Philosophien. Aufgrund der Querschnittsorientierung des SCM versteht es sich von selbst, dass der vielfältig benutzte Begriff des kollaborativen SCM (mit Blick auf Lieferanten und Kunden) seine Bedeutung zunächst in der unternehmensinternen Kooperation erlangt. Die beschriebenen Organisationsansätze können dies unterstützen.

Michael Bick

Einführungskonzept für Supply Chain Management Software am Beispiel von SAP APO

1. Einleitung

2. Ausgangslage

3. Konzept der stufenweisen Einführung
    3.1 "Big Bang"
    3.2 Stufenweise Einführung

4. Praxisbeispiel aus der Chemischen Industrie
    4.1 Eingesetzte Produkte
    4.2 Abgebildetes APO-Netzwerk
    4.3 Abgebildete Business Scenarios
    4.4 Funktionalitäten
    4.5 Status nach dem ersten GoLive
    4.6 Nächste Phasen

5. Implementierungsempfehlungen
    5.1 Festlegung des Projektscopes
    5.2 Definieren von Projektzielen
    5.3 Tätigkeiten - projektbegleitend oder im Vorfeld
    5.4 Lessons Learned

6. Zusammenfassung und Ausblick

1. Einleitung

Komplexe Planungsabläufe über mehrere Standorte bestimmen heute die Szenarien in international agierenden Unternehmen und Zulieferketten. Steigender Wettbewerbsdruck und die daraus resultierende Forderung nach besserer Nutzung von Optimierungspotenzialen stellen die Unternehmen auch hinsichtlich ihrer IT-Struktur vor neue Herausforderungen.

Um eine integrierte Planung über die gesamte Supply Chain zu ermöglichen, entwickeln Softwarehersteller SCM-Systeme – auch unter dem Begriff APS (Advanced Planning Systems) bekannt - , welche auf die vorhandenen ERP-Systeme der Unternehmen aufgesetzt werden, um einen Überblick über die zu planenden Prozesse zu liefern. Mit diversen Optimierungsverfahren und planungsunterstützenden Funktionen helfen sie dem Planer, die richtigen Entscheidungen zu treffen. Das Produkt APO (Advanced Planner and Optimizer) der Firma SAP gewinnt in diesem Zusammenhang aufgrund der zahlreichen R/3 Installationen aus dem gleichen Haus immer mehr an Bedeutung.

Eine der Branchen, die sich der Herausforderung der integrierten Planung als eine der ersten stellen, ist die Chemische Industrie. Die Einführung eines solchen Systems bedeutet einen nicht zu unterschätzenden Einschnitt im Bezug auf den organisatorischen Ablauf der betroffenen Unternehmen. Die Möglichkeiten der Bereitstellung von Ressourcen finanzieller und personeller Art bestimmt hierbei in erheblichem Maße die zu wählende Einführungsstrategie.

In den folgenden Kapiteln werden der Advanced Planner and Optimizer (APO) der Firma SAP sowie verschiedene Implementierungsstrategien anhand eines Praxisbeispiels erläutert. Weiterhin werden grundsätzliche Empfehlungen zur Projektdurchführungge geben.

2. Ausgangslage

Die Forderung nach SCM basiert auf dem Wandel der Rahmenbedingungen, der sich in den letzten Jahren vollzogen hat. Gestiegenen Kundenansprüchen sowie sinkender Loyalität, hohem Wettbewerbsdruck und zunehmender Globalisierung stehen kurze Produktzyklen, der Wunsch nach großer Produktvielfalt, sowie Forderungen nach Kostenreduzierungen und einem globalen Logistikmanagement gegenüber. Daraus resultierend lässt sich die Notwendigkeit nach Supply Chain Management ableiten.

Je größer die Verbünde werden und je größer die Zahl der angeschlossenen Händler wird, desto wichtiger wird ein funktionierendes Supply Chain Management. Dabei wird die internationale Entwicklung den Trend zum Supply Chain Management nicht nur beschleunigen, sondern sogar ein effizientes Supply Chain Management erfordern. Nach Umfragen wird sich die Anzahl der Unternehmen, die bereits Supply Chain Management praktizieren, in den nächsten zehn Jahren verzehnfachen.

Die Definitionen von SCM in der Literatur sind zu vielfältig, um sie an dieser Stelle zu erörtern. Im Sinne der Einführung eines SCM-Systems können als Ziele von SCM die unternehmensübergreifende Planung und Optimierung sowie die Integration der wichtigen Geschäftsprozesse entlang der gesamten Supply Chain genannt werden.

Vorhandene IT-Infrastruktur und Systemlandschaft

In multinationalen Unternehmen oder international agierenden Supply Chains ist im Allgemeinen ein hoher Grad an IT-orientierter Unterstützung der Geschäftsprozesse anzutreffen. Diejenigen Unternehmen, die sich bereits intensiv mit Supply Chain Management auseinandersetzen, sind in der Regel überdurchschnittlich innovationsgetrieben. Oft finden sich hier moderne IT-Infrastrukturen mit z. T. komplexen Systemlandschaften. Dabei sind nicht selten über die einzelnen Teilnehmer einer Supply Chain verschiedene ERP-Systeme der führenden Softwarehersteller im Einsatz. D. h. die vorherrschenden Prozesse sind bereits mehr oder weniger vollständig in den vorhandenen ERP-Systemen abgebildet, und Optimierungspotenziale innerhalb eines Unternehmens – die Grenzen hierfür werden oft nicht zuletzt durch die eingesetzte Software und das entsprechende Customizing bestimmt – werden bereits genutzt. Die Optimierungspotenziale liegen aktuell insbesondere im Schnittstellenbereich der einzelnen Unternehmen einer Supply Chain. Diese Schnittstellen werden sowohl physisch, definiert durch Material- und Geldfluss, als auch logisch, bestimmt durch den Informationsfluss, sichtbar.

Die Voraussetzungen, um ein Planungs- und Optimierungssystem in die vorhandene Systemlandschaft zu integrieren, sind allerdings nicht immer gegeben. Oft ist eine Implementierung eines neuen ERP-Systems im Vorfeld zu empfehlen. Hierbei muss besonders auf die Schnittstellenproblematik, d. h. die Anbindungsmöglichkeiten geachtet werden.

Vielfach wird bei der Auswahl eines geeigneten SCM-Systems darauf Wert gelegt, dass die einzelnen Softwareprodukte von einem Hersteller stammen, um auf standardisierte Schnittstellen zurückgreifen zu können. Die Erfahrungen zeigen, dass zumindest beim Softwarehersteller SAP diese Rechnung bisher aufgeht. Sobald der Implementierungsumfang sich jedoch vom ausgelieferten Standard entfernt, verkompliziert sich die Integration sehr schnell und der „Plug & Play" Gedanke muss ad acta gelegt werden. Insbesondere im Bereich der Wartung und im Rahmen von zukünftigen Releasewechseln führen heterogene Lösungen zu höherem Pflegeaufwand.

Ausgangslage 263

Advanced Planner and Optimizer (APO)

Die folgende Abbildung zeigt die Architektur des APO, wie er von dem Softwarehersteller SAP im Standard ausgeliefert wird, in seiner üblichen IT-Umgebung.

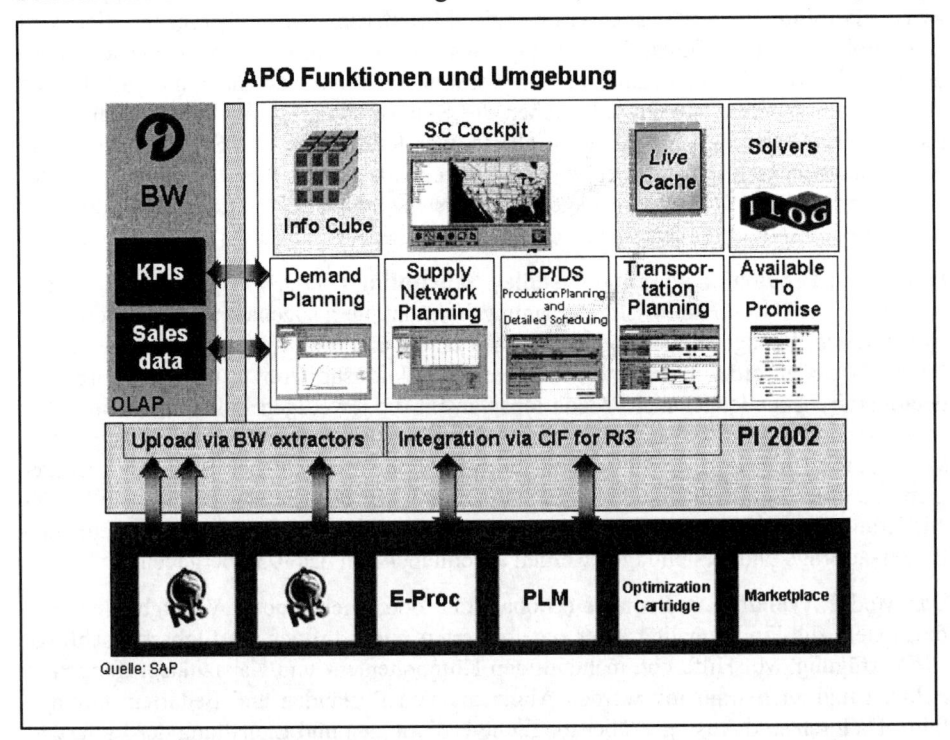

Abbildung 1: APO Funktionen und Umgebung

Üblicherweise ist der APO integriert über eine ALE Schnittstelle in ein oder mehrere ERP-Systeme, idealerweise R/3. Weiterhin besteht eine Anbindung an ein Business Warehouse System, idealerweise ein SAP BW.

APO setzt sich im Wesentlichen aus vier Modulen zusammen. Das Modul **Demand Planning** (DP oder auch Bedarfsplanung) beinhaltet das Erfassen und Aufbereiten der vertrieblichen Daten mit dem Ziel der Erstellung eines Absatzplans. Die Anbindung an ein Business Information Warehouse System ermöglicht die Versorgung mit spezifischen Daten wie z. B. historische Absatzdaten für die Prognose, Kundenaufträge, Bestände etc.

Anhand der historischen Daten werden vom System auf Basis eines Prognosemodells, welches kundenspezifisch auszuwählen ist, Prognosen für den Planungszeitraum errechnet – der sogenannte System Forecast. Dieser kann als Grundlage für die zukünftige Absatzplanung herangezogen und optional manuell verändert werden.

Die aufbereiteten Daten werden in definierten Zeitabständen an das Modul **Supply Network Planning** (SNP oder auch Grob- bzw. Mittelfristplanung) übergeben. Hier wird eine Grobplanung für Einkauf, Fertigung, Bestand und Transport erstellt, welche über einen definierten Zeitraum anhand von vereinfachten Arbeitsplänen und Stücklisten kritische Ressourcen und Produkte über die Supply Chain plant. Durch Heuristiken (Nettobedarfsrechnung), die Auswahl alternativer Ressourcen und Schichtpläne sowie ein automatisches Kapazitätsleveling soll hier ein machbarer Plan, bestehend aus Bestellanforderungen, SNP-Planaufträgen etc., entstehen. Dieser Plan kann durch die Verwendung des SNP-Optimierers (Solver) nach verschiedenen Kriterien optimiert werden.

Das Modul **Production Planning/Detailed Scheduling** (PP/DS) verarbeitet die Ergebnisse aus dem SNP im kurzfristigen Planungshorizont, dem sogenannten Produktionshorizont. Dieser beträgt üblicherweise zwischen einem und drei Monaten. Sobald Planaufträge, Bestellanforderungen etc. in den Produktionshorizont rutschen, wird ein detaillierter, sekundengenauer Produktionsplan für die jeweiligen Lokationen erarbeitet, welcher sowohl grafisch auf einer Plantafel als auch tabellarisch dargestellt werden kann. Durch Hinterlegung von verschiedenen im Standard anbotenen Einplanungsstrategien und unter Zuhilfenahme des PP/DS Optimierers ist das Ziel der Planung im PP/DS wiederum ein machbarer und optimierter Produktionsplan. Die enstprechend geplanten Prozessaufträge und Bestellungen werden anschließend an das R/3 übergeben.

Das Modul **Available to Promise** (Global ATP oder auch globale Verfügbarkeitsprüfung) stellt die Funktionalität einer regelbasierten, mehrstufigen Verfügbarkeitsabfrage zur Verfügung. Mit Hilfe von mehrstufigen Komponenten- und Kapazitätsprüfungen in Echtzeit und auch simulativ werden Abgleiche von Beständen und Bedarfen durchgeführt. Dadurch sind Aussagen über mögliche Lieferungen und Einhaltung der Lieferverpflichtungen möglich.

Weitere Bestandteile der APO-Software sind im Folgenden beschrieben:

- Der **Alert Monitor** zeigt Ausnahmesituationen basierend auf ein userspezifisch zugrunde gelegtes Profil an – sogenannte Alerts. In diesem Profil sind nur die Objekte selektiert, welche für den jeweiligen User von Interesse sind sowie eine Auswahl von spezifischen Ausnahmesituationen. Dadurch lassen sich auch die Laufzeiten des Auslesens der Alerts in Grenzen halten.

- Das **Supply Chain Cockpit** bietet anhand einer anschaulichen grafischen Oberfläche dem Benutzer die Übersicht über das gesamte oder benutzerspezifisch definierte Netzwerk. Das beinhaltet die Sicht auf alle Produkte, Ressourcen, Standorte, Produktionsprozessmodelle und Transportbeziehungen. Vom Supply Chain Cockpit aus ist ein direktes Verzweigen auf sämtliche planungsrelevante Anwendungen im APO möglich.

Durch die beschriebenen Alert Monitor Funktionen zeigt das Cockpit auch direkt den Status der betrachteten Objekte. Dem User können hier alle Ausnahmesituationen im betrachteten Netzwerk aufgezeigt werden.

- **Live Cache und Info Cube** stellen die Speichereinheiten des APO dar. Vergleichbar mit einem Desktop PC ist der Live Cache der Arbeitsspeicher, in dem alle relevanten Bewegungsdaten festgehalten werden. Der Info Cube stellt enstprechend einer Festplatte die Datenhaltung sicher.

- Der **Optimierer** bietet lineare Optimierungsverfahren auf der Grundlage von Simplex-basierten Algorithmen und Branch-and-Bound-Verfahren. Mit Hilfe derer sollen planerisch die Unternehmensziele, welche anhand von Zielfunktionen festgelegt werden, erreicht werden.

- Das **Deployment**, eine Funktion innerhalb des SNP, vergleicht in einem definierten Horizont die aufkommenden Bedarfe mit den zur Verfügung stehenden Beständen oder Zugängen. Nach festgelegten Verteilungsregeln wird beim Deploymentlauf vom System ein Vorschlag unterbreitet, welche Mengen an welche Lokationen verteilt werden können. Dabei können sowohl Produkt-Substitutionsregeln als auch VMI-Techniken hinterlegt werden.

- Die Funktion **Transportation Planning/Vehicule Scheduling** (TP/VS) optimiert Transportladungen, indem sie auf Basis der Ergebnisse des Deploymentlaufs die verfügbaren Mengen unter Berücksichtigung von eingestellten Restriktionen auf die Transportmittel verteilt. Anschließend kann eine Zeitplanung der Transportmittel durchgeführt werden.

3. Konzept der stufenweisen Einführung

Die Einführung eines Planungs- und Optimierungstools wie den APO, welches in strategischer, taktischer und operationaler Hinsicht übergeordnet über verschiedene angebundene Systeme die Planung über die gesamte Lieferkette im Sinne des Supply Chain Managaments unterstützen soll, ist ein Projektvorhaben, welches das Projektteam vor eine besondere Herausforderung stellt. Überlegungen im Vorfeld bezüglich Projektstrategie und vor allem zu leistender Vorarbeiten müssen dem erfolgreichen Projektstart vorausgehen. Im folgenden Kapitel werden die verschiedenen gängigen Implementierungsstrategien aufgezeigt.

3.1 "Big Bang"

Die Entscheidung der Einführungsstrategie ist - wie aus anderen Projekten bekannt – für den Projektverlauf von zentraler Bedeutung. Darüber hinaus legt die Einführungsstrategie erste inhaltliche Abgrenzungen fest. Die aus R/3 und anderen Systemeinführungen bekannte Strategie des „Big Bang" beinhaltet die Liveschaltung des jeweiligen Systems mit allen Komponenten zu einem bestimmten Stichtag. Aus den bisherigen Erfahrungen kann abgeleitet werden, dass eine Implementierung des SCM-Systems APO von SAP mit allen Modulen zu einem Stichtag nach der Big Bang Methode wenig praktikabel erscheint, da dieses Vorhaben einen erheblichen sowohl personellen, zeitlichen als auch finanziellen Aufwand bedeutet.

3.2 Stufenweise Einführung

Die stufenweise Einführung ermöglicht eine Einführung einzelner Komponenten bzw. in einzelnen Bereichen der Supply Chain. Bei dieser Vorgehensweise ist der Umfang des Projekts überschaubarer und die Kernkompetenzen können besser gebündelt werden. Ist der Zeitdruck einer Gesamteinführung nicht zu hoch, so ist diese Variante aus finanziellen und organisatorischen Gründen attraktiver. Die gesammelten Erfahrungen aus den ersten Phasen oder dem Pilotprojekt sind so auch in den nächsten Phasen effizient umsetzbar.

Die Einteilung einer Einführung in verschiedene Phasen kann sowohl nach organisatorischen als auch nach funktionalen Gesichtspunkten erfolgen. Der Status, der nach dem jeweiligen Ende einer Phase erreicht wird, muss allerdings auch gewährleisten, dass ein funktionsfähiges System vorhanden ist. Dieses sollte bezüglich Funktionalität, Handhabung, Arbeitsweise und Zuverlässigkeit nicht schlechter als das bisherige zu bewerten sein. Im folgenden Abschnitt werden die verschiedenen Möglichkeiten einer stufenweisen Implementierung beschrieben.

Einführung in einzelnen Unternehmensbereichen oder Unternehmen der Supply Chain

Um den Aufwand einer Einführung in der ersten Phase zu beschränken, können zuerst einzelne Teile der Supply Chain im Sinne eines Pilotprojektes mit dem vollen Implementierungsumfang versehen werden, bevor dann die implementierte Lösung auf die anderen Teile ausgerollt wird. Im Falle von APO sind die anderen Teilnehmer der Supply Chain nach und nach anzubinden. Das bedeutet aber auch, dass bereits bei der Einführung für das Sizing der Hardware der potenzielle Datenumfang der gesamten Supply Chain berücksichtigt wird.

Konzept der stufenweisen Einführung 267

Abbilden einzelner Business Scenarios

Eine Differenzierung nach einzelnen Business Scenarios kann in einer ersten Phase oder unter Umständen auch als Projektendziel sinnvoll sein. Je nachdem, wie hoch der Anteil der verschiedenen Scenarios wie Auftragsfertigung, Vorratsfertigung etc. am Gesamtumsatz ist, können daraus Entscheidungen für eine Planung mit einem SCM-Tool abgeleitet werden. Denkbar ist, dass vermeintlich weniger umsatzstarke Business Scenarios nur Teile der Planungsfunktionalitäten eines SCM-Tools nutzen. Das in Kapitel 4 skizzierte Praxisbeispiel zeigt unter anderem solche Ansatzpunkte.

Einführen einzelner Module und Funktionalitäten

Die Implementierung einzelner Module oder Funktionalitäten eines SCM-Systems kann als Zwischenschritt zum im Vorfeld definierten Projektendziel dienen, aber auch durchaus ohne weiter folgende Phasen sinnvoll sein. Das heißt, dass die jeweiligen Phasen in sich ein eigenes Projekt mit dem Ziel des Erreichens eines wirtschaftlich und funktional sinnvollen Status darstellen. So hat der APO in seinen einzelnen Modulen auch bei nur lokalem Einsatz gegenüber den gängigen ERP-Systemen teilweise überlegene Planungs- und Optimierungsfunktionalitäten zu bieten. Da es sich hier noch um ein relativ junges und innovatives Tool handelt, sind allein schon die Oberflächen und Funktionen benutzerfreundlicher gestaltet.

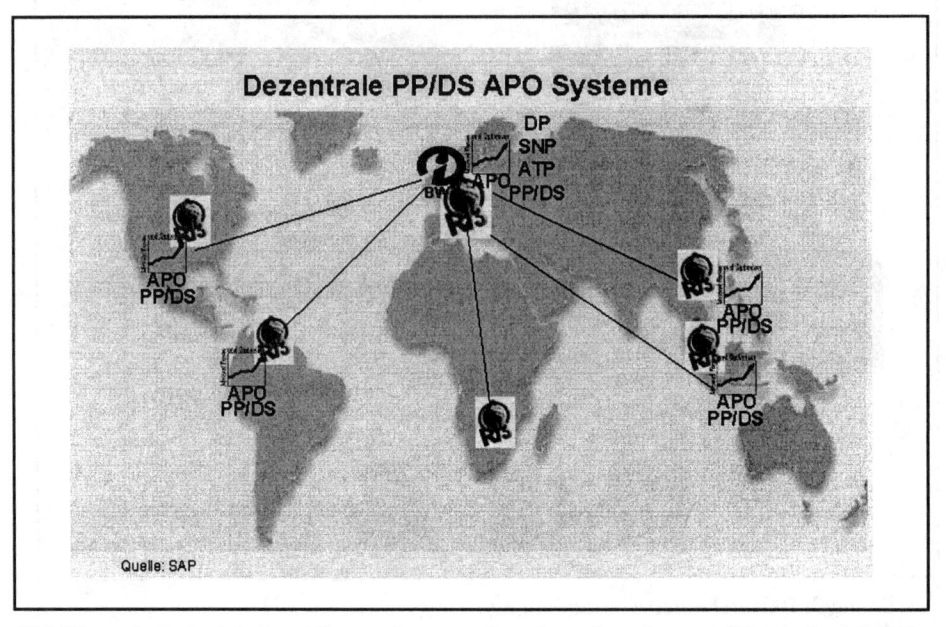

Abbildung 2: Beispiel eines Unternehmensverbundes mit mehreren dezentralen PP/DS

In der Praxis werden oft Implementierungen in produzierende Werke durchgeführt, welche den Bereich der Produktionsplanung nur durch den Einsatz des APO-Moduls PP/DS unterstützen. Eine weitere Anbindung im Sinne eines Supply Chain Managements muss nicht zwingend erfolgen. Aktuell existieren Implementierungen, die in jedem produzierenden Werk eines Unternehmens ein eigenes PP/DS in Betrieb haben. Es können auch mehrere dezentrale PP/DS-Systeme an ein APO angebunden sein, um jeweils die Feinplanung vor Ort durchzuführen. Die Vorteile liegen im autarken und ausfallsichereren Einsatz sowie in der besseren Performance bezüglich des Gesamtsystems.

Ebenso verbreitet sind Installationen des Moduls Demand Planning über mehrere Glieder der Lieferkette. Auf diese Weise können Informationen z. B. über Bedarfe und Bestände entlang der Lieferkette transparent gemacht, oder auch im Sinne des Collaborative Plannings Bedarfe über mehrere Unternehmen aggregiert und gemeinsam beschafft werden. Optional kann dies mit dem Modul SNP verbunden und die weitere Planung im angebundenen ERP-System durchgeführt werden.

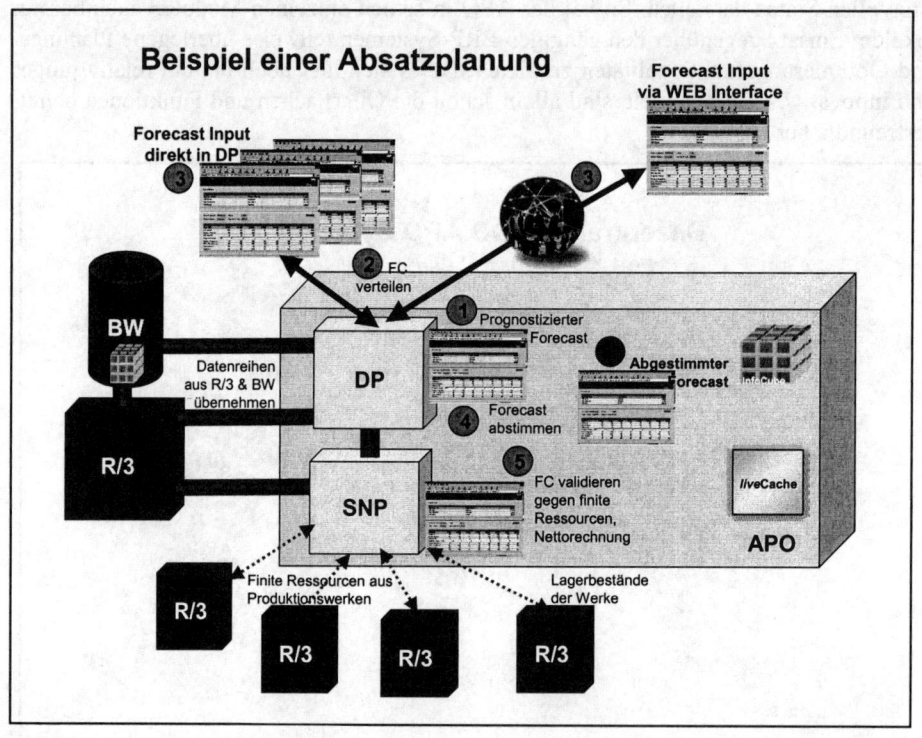

Abbildung 3: Beispiel einer Absatzplanung

Alternativ können auch nur ausgewählte Funktionen einzelner Module genutzt werden, um Teile des Gesamtablaufes im jeweiligen ERP-System zu belassen. In Kapitel 4 ist ein Szenario aufgezeigt, in dem das Modul SNP nur teilweise eingesetzt wird.

Mixed Scenarios

Kombinationen aus den in diesem Kapitel vorgestellten Implementierungsmöglichkeiten sind in verschiedene Richtungen denkbar und bereits in einigen Supply Chains anzutreffen. Die Beschreibung solcher Einführungsszenarien im Detail würde jedoch den Rahmen dieses Artikels sprengen. Daher wird an dieser Stelle nur auf die potenzielle Möglichkeit der Verknüpfung von Implementierungsstrategien hingewiesen.

Systemvoraussetzung (Sizing)

Über die notwendigen Hardwarevoraussetzungen – das Sizing – kann an dieser Stelle keine pauschale Aussage getroffen werden. Mehrere Faktoren spielen bei der Auswahl der Hardware eine wichtige Rolle, welche erst in einer eingehenden Analyse im Vorfeld des Projektes untersucht und beurteilt werden können. Das zu erwartende Datenvolumen wird durch Faktoren wie z. B. der Anzahl der zu planenden Materialien, Kundenaufträge, Werke, Kunden und Lieferanten, Planungshorizonte, simulative Planung und natürlich den geplanten Funktionsumfang der einzelnen Module beeinflusst.

4. Praxisbeispiel aus der Chemischen Industrie

Das folgende Kapitel beschreibt ein konkretes Projekt in einem multinationalen Unternehmen der Chemischen Industrie. Das betrachtete Unternehmen entschied sich aufgrund der Größe seiner Supply Chain, der Komplexität der Prozesse und der Vielzahl an individuellen Erfordernissen, welche in der Form nicht als Standard des Softwaretools angeboten werden, für eine stufenweise Einführung. Signifikante Teile der Planung wie die gesamte Produktions- und Programmplanung verblieben in dieser ersten Phase im R/3.

4.1 Eingesetzte Produkte

Als Basis ERP-System dient das Produkt R/3 aus dem Hause SAP im Releasestand 4.6b. Eingeführt wurde das Supply Chain Management Tool APO im Releasestand 3.0. Weiterhin wird das SAP Business Warehouse als Datenbasis für Historische Absatzdaten und Kundenauftragsdaten genutzt. Diverse Altsysteme sind noch indirekt angebunden, indem man mit Extraktionstools über Up- und Downloadprozesse und entsprechende Datenaufbereitung einzelne Bewegungs- und Stammdaten übernimmt.

4.2 Abgebildetes APO-Netzwerk

Die zu planenden Lokationen wurden in dieser ersten Phase auf die meisten der weltweit verteilten Kundenlokationen (außer Auftragsfertigung und Vorratsfertigung ohne Replenishment; s. Kapitel 4.3) sowie die in der Kette vorgelagerten Werke beschränkt. Andere Lokationstypen wie Lager oder Distributionszentren wurden nicht abgebildet. In den Fällen, in denen ein auslieferndes Werk mit Hilfe von Umlagerungen vom produzierenden Werk beliefert wird, wurde nur das ausliefernde Werk im APO-Netzwerk abgebildet. Um Bedarfe und Lagerbestände von den Kundenlokationen in das APO laden zu können, wurden je nach örtlichen technischen Voraussetzungen Anbindungen über Internet oder direkte Anbindungen über Intranet und APO GUI (Graphical User Interface) realisiert.

4.3 Abgebildete Business Scenarios

Abbildung 4 zeigt die vier verschiedenen Business Scenarios, welche in der ersten Phase berücksichtigt worden sind.

Business Scenarios				
Belieferungsstrategie	Replenishment (VMI Lager)		Kein Replenishment	
Scenario	Vorratsfertigung	Vorratsfertigung	Vorratsfertigung	Auftragsfertigung
Nettobedarfsrechnung	Berücksichtigung der Eigenbestände	Keine Berücksichtigung der Eigenbestände	Keine Berücksichtigung der Eigenbestände	Keine Berücksichtigung der Eigenbestände
Übergabe Forecast	Kundenlokation	Kundenlokation	Werkslokation	Werkslokation
Planungsstrategie	Vorplanung mit Endmontage	Vorplanung mit Endmontage	Vorplanung mit Endmontage	Vorplanung ohne Endmontage
SD-Auftrags-Generierung (R/3)	Automatische Auftragsgenerierung		Manuelle Auftragsgenerierung	

Abbildung 4: Abgebildete Business Scenarios

Die meisten der zu planenden Materialien werden nach dem Prinzip der Vorratsfertigung gefertigt und ohne Zwischenlagerung (Push Strategie) in kundeneigene VMI-Lager geliefert. Diese beiden Business Scenarios haben eine automatische Auffüllung der Kundenbestände zum Ziel. Die vom Kunden im DP gemeldeten Bedarfe werden auf die Kundenlokation im SNP übergeben. Darauf basierend wird eine Nettobedarfsrechnung durchgeführt. Diese berücksichtigt die vom Kunden ebenfalls gemeldeten eigenen Bestände, es sei denn, der Kunde hat sie beim Erfassen der Bedarfe bereits berücksichtigt, also eine Nettorechnung schon durchgeführt. Auf Basis der Planungsergebnisse wird aus dem APO eine automatische Generierung der Kundenaufträge angestoßen.

Die anderen beiden Scenarios der Auftrags- und der Vorratsfertigung, welche nicht nach dem Replenishment Prinzip abgewickelt werden, unterscheiden sich durch verschiedene Planungsstrategien voneinander. Da hier die Kundenlokationen nicht im APO Netzwerk abgebildet sind, wird der aus dem DP kommende Bedarf direkt an die Werkslokationen übergeben. Von dort aus findet die weitere Planung ausschließlich im R/3 statt, und die Kundenaufträge müssen manuell erfasst werden.

4.4 Funktionalitäten

Von den von der SAP angebotenen Standardfunktionalitäten wendet das betrachtete Unternehmen nur die Module DP und SNP an. Aufgrund der technologischen Voraussetzung – in der ersten Phase wurde ein 8GB NT-Live Cache installiert – ist die ursprünglich geplante Einführung von PP/DS und die damit zusammenhängende Kapazitäts- und Ressourcenplanung im kurzfristigen Planungsbereich auf die nächsten Phasen verschoben worden. Somit wurde auch von einer Übertragung der für die kapazitive Planung notwendigen Stammdaten von R/3 in APO, wie z. B. der Arbeitspläne und Rezepturen, welche sich im APO zu sogenannten Produktionsprozessmodellen (PPM) zusammenfügen, abgesehen.

Für die Business Scenarios der Vorratsfertigung für Replenishment Lager blieben demzufolge die unten aufgelisteten Funktionalitäten in APO:

Modul Demand Planning (DP)

- Bezug der Daten aus dem BW und von den nicht mit einem SAP APO GUI angebundenen Kunden über Internet

  Die Internet Lösung ist der Plantafel im APO nachempfunden und übergibt an festgelegten Stichtagen via Upload die Daten an das APO. Hier sind die Daten ersichtlich, als wären sie direkt im APO erfasst worden.

- Automatische Erstellung eines System Forecasts auf Basis der Historie

  Durch Hinterlegung eines Prognosemodells (hier wurde ein lineares Modell gewählt) wird anhand der historischen Absatz- bzw. Verkaufsdaten eine Prognose für den Planungshorizont errechnet. Der betrachtete Planungszeitraum reicht 18 Monate in die Zukunft.

- Korrekturmöglichkeit des System Forecasts

Der System Forecast dient als Basis für die Planung und kann manuell korrigiert werden. Wahlweise wird als weitere Möglichkeit als Basis der Planung die Vormonatsbedarfszahlen zur Verfügung gestellt.

- Alert Monitor

Der Alert Monitor wird an dieser Stelle dazu benutzt, um die Prognosegenauigkeit zu überprüfen. Er vergleicht die Vormonatsplanung mit der aktuellen Planung und erstellt bei Überschreitung eines prozentualen Schwellenwertes eine Meldung, einen sogenannten Alert. Anhand dieses Alerts kann der jeweilige Planer gezielt auf dem Level der in der Ausnahmemeldung ausgewiesenen Merkmalskombination eingreifen.

Modul Supply Network Planning (SNP), nur für Replenishment Szenarien

- Planungslauf für Nettobedarfsrechnung (Heuristik)

Basierend auf den Bedarfszahlen und Beständen aus DP sowie den Konsignationsbeständen, welche aus dem angebundenen R/3 gemeldet werden, wird für die Replenishment Szenarien eine Nettobedarfsrechnung auf der Kundenlokation durchgeführt. Dabei werden auch eingestellte Parameter zur Kalkulation des Ziellagerbestandes (Sicherheitsbestand, Sicherheitsreichweite, Sicherheitsbestandsmethode, Zielreichweite) berücksichtigt.

- Alert Monitor

Im Bereich SNP wird der Alert Monitor verwendet, um Alerts bezüglich Bedarfsunterdeckungen auf den Werkslokationen und Unterschreiten von Sicherheitsbeständen auf den Kundenlokationen zu melden.

- Deployment

Das Deployment ist eine Funktionalität, welches dem Modul SNP zugeordnet ist. Hier wird in einem kurzfristigen Horizont von ein bis zwei Monaten ein Abgleich zwischen aufkommenden Bedarfen und vorhandenen Bedarfsdeckern durchgeführt. Anhand hinterlegter Regeln wird definiert, wie die vorhandenen Bestände oder Zugänge an die Kunden verteilt werden. Die Ergebnisse des Deployments stoßen die automatische Erzeugung entsprechender Kundenaufträge im R/3 an.

Praxisbeispiel aus der Chemischen Industrie 273

4.5 Status nach dem ersten GoLive

Im folgenden Abschnitt wird der Status nach dem ersten GoLive exemplarisch für das Szenario Vorratsfertigung im Replenishmentfall beschrieben. Das Szenario wurde ausgewählt, weil es den größten Umfang an APO-Funktionalitäten nutzt.

Die folgende Abbildung zeigt die Schritte eines Planungszyklus auf, insbesondere auch hinsichtlich der Interaktion zwischen R/3 und APO.

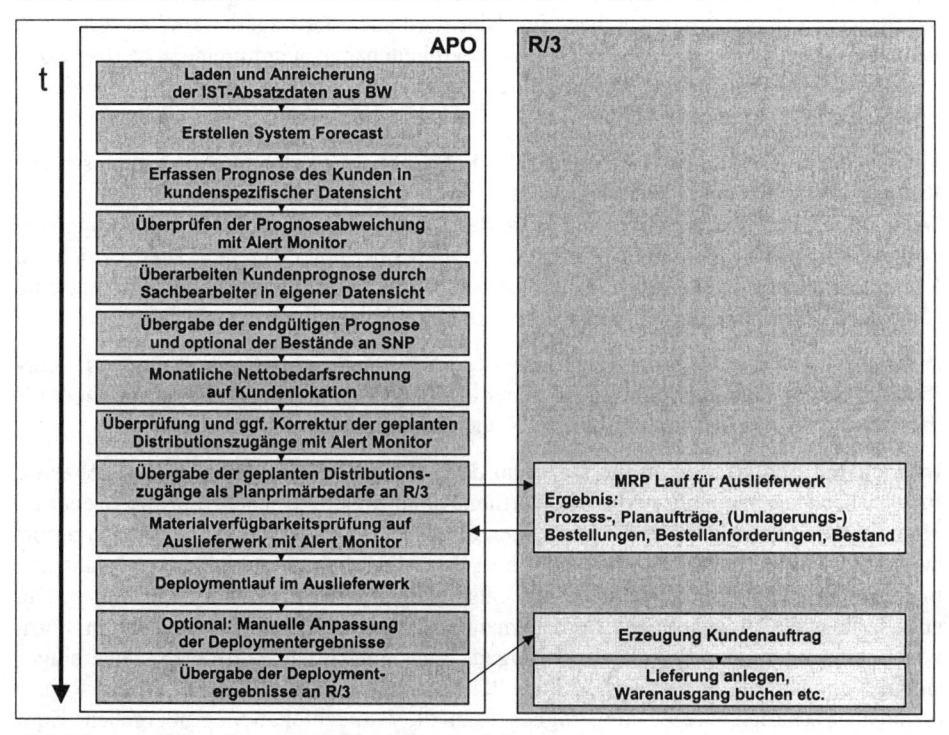

```
              APO                                    R/3
t    Laden und Anreicherung
     der IST-Absatzdaten aus BW
            ↓
     Erstellen System Forecast
            ↓
     Erfassen Prognose des Kunden in
     kundenspezifischer Datensicht
            ↓
     Überprüfen der Prognoseabweichung
     mit Alert Monitor
            ↓
     Überarbeiten Kundenprognose durch
     Sachbearbeiter in eigener Datensicht
            ↓
     Übergabe der endgültigen Prognose
     und optional der Bestände an SNP
            ↓
     Monatliche Nettobedarfsrechnung
     auf Kundenlokation
            ↓
     Überprüfung und ggf. Korrektur der geplanten
     Distributionszugänge mit Alert Monitor
            ↓
     Übergabe der geplanten Distributions-    →   MRP Lauf für Auslieferwerk
     zugänge als Planprimärbedarfe an R/3        Ergebnis:
            ↓                                    Prozess-, Planaufträge, (Umlagerungs-)
     Materialverfügbarkeitsprüfung auf       ←   Bestellungen, Bestellanforderungen, Bestand
     Auslieferwerk mit Alert Monitor
            ↓
     Deploymentlauf im Auslieferwerk
            ↓
     Optional: Manuelle Anpassung
     der Deploymentergebnisse                    Erzeugung Kundenauftrag
            ↓
     Übergabe der Deployment-                    Lieferung anlegen,
     ergebnisse an R/3                      →   Warenausgang buchen etc.
```

Abbildung 5: Workflow des Replenishment Szenarios

Alle Erfassungen von Daten im APO werden durch Zwischenspeicherungen gesichert. Dadurch ist gewährleistet, dass bei einem Absturz des Live Caches anhand der Sicherungskopien ein Neuaufbau mit einer zum R/3 konsistenten Datensituation möglich ist.

Im **ersten Schritt** werden einmal im Monat die Ist-Absatzdaten aus dem Business Warehouse in APO geladen bzw. die vorhandenen Daten angereichert. Die Versorgung des BW wird teilweise noch durch ein angebundenes Altsystem übernommen. Die abgebildete Historie reicht bis 36 Monate in die Vergangenheit zurück. Anschließend wird im

zweiten Schritt aus den historischen Absatzdaten automatisch ein System Forecast erstellt. Für die Berechnung wird ein lineares Prognosemodell zugrunde gelegt.

Vom elften Arbeitstag eines Monats bis zum zweiten Arbeitstag des Folgemonats hat der Planer beim Kunden nun im **dritten Schritt** Zeit, seine Prognosen für die kommenden 18 Monate zu erfassen – angefangen beim Folgemonat. Er kann als Basis hierfür den System Forecast oder die Vormonatsplanzahlen zugrunde legen oder auch die komplette Planung manuell durchführen. Die Erfassung erfolgt in einer eigenen Datensicht, welche dem Planer beim Kunden genau die Kennzahlen zur Verfügung stellt, die er für die Erfassung seiner Prognosen benötigt. Hier wird auch der Lagerbestand am Ende des aktuellen Monats erfasst. Einzelne Geschäftsbereiche haben sich für eine gefrorene Zone (Frozen Period) entschieden, welche keine Eingabe von oder Korrektur der vorhandenen Prognosen im Folgemonat zulässt.

Vom ersten auf den zweiten Arbeitstag des Folgemonats werden nun die Prognosen der Kunden den Vertriebssachbearbeitern des produzierenden Unternehmens übermittelt. Diese prüfen im **vierten Schritt** mit Hilfe des Alert Monitors, ob die Kundenprognosen vorher definierte zugelassene Abweichungen über- oder unterschreiten. Hier werden die Vormonatswerte mit den aktuellen Prognosen verglichen. Dieser Abgleich bringt eine Liste aller Materialien hervor, wann sie wo zu hohe Abweichungen vorweisen.

Anhand dieser Liste kann der Sachbearbeiter im **fünften Schritt** gezielt manuelle Korrekturen an den Kundenprognosen in seiner eigenen Datensicht vornehmen. Er hat dafür drei Tage Zeit, also bis zum einschließlich vierten Arbeitstag.

Im **sechsten Schritt** werden die Daten an das Modul SNP übergeben und gleichzeitig für den nächsten Planungszyklus als Vormonatsplanzahlen gesichert. Für die Szenarien ohne Replenishment werden die Prognosen direkt an die Werkslokationen und von dort aus als Planprimärbedarfe an das R/3 übergeben. Für diese Materialien wird dann ein mehrstufiger MRP-Lauf angestoßen, um entsprechende Bedarfsdecker zu erzeugen. Die erforderlichen Kundenaufträge werden manuell angelegt. Die Bedarfsdecker in Form von Bestellungen oder Bestellanforderungen, Plan- oder Prozessaufträgen sowie eingestellte Kundenaufträge sind online im APO zu sehen. Für die Materialien der Replenishment Szenarien werden die Prognosen an die Kundenlokationen übergeben. Zum selben Zeitpunkt findet auch eine Übergabe der Bestände an das SNP statt, sofern sie bei der Nettobedarfsrechnung berücksichtigt werden sollen. Bei Nichtberücksichtigung der Bestände sind die Bestandsinformationen dennoch im DP zu sehen.

Auf Basis der von DP übergebenen Prognosen, der Kundenbestände und Kundenkonsignationsbestände (diese kommen direkt aus dem R/3) sowie der eingestellten Parameter zur Errechnung des Ziellagerbestandes (gewünschter Endbestand eines Monats) wird im **siebten Schritt** in der Nacht vom vierten auf den fünften Arbeitstag die Nettobedarfsrechnung (Heuristik) durchgeführt. Die Ergebnisse sind auf der Kundenlokation in Form von geplanten Distributionszugängen sichtbar.

Im **Schritt acht** am fünften Arbeitstag können die geplanten Distibutionszugänge noch manuell korrigiert werden. Dabei kann der Alert Monitor, welcher an dieser Stelle Unterschreitungen des Sicherheitsbestandes auf der Kundenlokation anzeigt, zur Hilfe genommen werden.

In der Nacht vom fünften auf den sechsten Arbeitstag werden die auf der Kundenlokation errechneten und optional korrigierten geplanten Distributionszugänge auf die Werkslokation in Form von geplanten Distributionsbedarfen im **neunten Schritt** übergeben und von dort aus für alle Materialien die entsprechenden Planprimärbedarfe an das R/3 übermittelt. Dort kommen diese in Form von Vorplanungsbedarfen an.

Im **zehnten Schritt** wird in derselben Nacht unter anderem für das im APO relevante Auslieferwerk im R/3 ein mehrstufiger MRP-Lauf durchgeführt, welcher zu den übergebenen Vorplanungsbedarfen unter Berücksichtigung der Lagerbestände auf dem Werk, der eingestellten Sicherheitsbestandsparameter und Losgrößen und der bereits vorhandenen Zu- und Abgänge entsprechende Bedarfsdecker in Form von (Umlagerungs-) Bestellungen bzw. Bestellanforderungen, Plan- oder Prozessaufträgen ermittelt.

Die Ergebnisse des MRP-Laufs sind online im APO verfügbar. Auf deren Basis kann jetzt in APO im **Schritt elf** eine Überprüfung der Werkslokationen auf Bedarfsunterdeckung mit Hilfe des Alert Monitors durchgeführt werden. Diese Anwendung ist für die Produktionslogistiker für den Rest dieses Planungszyklusses notwendig.

Der sich im **Schritt zwölf** anschließende Deploymentlauf gleicht die erzeugten Bedarfsdecker mit den aufkommenden Bedarfen aus der Kundenlokation ab und ermittelt für einen kurzfristigen Horizont, welcher materialspezifisch zwischen ein und zwei Monaten eingestellt worden ist, die Zugänge für den Kunden.

Im **dreizehnten Schritt** während des sechsten Arbeitstages können die Deploymentergebnisse optional verändert werden. An dieser Stelle hat der Planer bereits die Möglichkeit, auf die automatische Generierung der Kundenaufträge Einfluss zu nehmen, indem er Mengen- oder Terminänderungen durchführt. Anschließend werden in der Nacht vom sechsten auf den siebten Arbeitstag durch **Schritt vierzehn** die Deploymentergebnisse an das R/3 übergeben. **Schritt fünfzehn** legt im R/3 automatisch die korrespondierenden Kundenaufträge an.

Die nächsten Schritte finden im R/3 im Modul SD statt und komplettieren die Arbeitsschritte bis zum Buchen des Warenausgangs im R/3. Der Wareneingang beim Kunden wird im kundeneigenen Fremdsystem erfasst.

Diese Sequenz beschreibt die typische Arbeitsreihenfolge bei den Szenarien mit Replenishment. Sämtliche Jobs laufen in der Regel nachts automatisch im Hintergrund ab. Die Interaktion mit R/3 ist sehr intensiv und bezüglich der Schnittstellen außergewöhnlich aufwändig. Die online Synchronisierung der Bewegungsdaten kann jedoch als Standard bezeichnet werden.

4.6 Nächste Phasen

In den nächsten Projektphasen wird zuerst die technische Voraussetzung für eine umfangreichere Planung im APO geschaffen. Zu diesem Zweck wird der NT Live Cache durch einen Unix Live Cache ersetzt, welcher zum gegenwärtigen Zeitpunkt bis zu 64 GB Daten aufnehmen kann.

Das ermöglicht dann die Implementierung von PP/DS mit den dazugehörigen Funktionalitäten. Durch Verwendung von Optimierungsfunktionen kann dann eine effiziente Planung der Ressourcen im kurzfristigen Bereich durchgeführt werden.

Die kapazitive Planung im Mittel- und Langfristbereich wird von SNP übernommen. Mit Hilfe des Kapazitätslevelings und der Optimierungsfunktionen soll hier ein machbarer und möglichst optimaler Produktions- und Beschaffungsplan erstellt werden. Dabei sollen vereinfachte Produktionsprozessmodelle zugrunde gelegt und auf Monatsbasis für die nächsten 18 Monate geplant werden.

Im Bereich DP soll in erster Linie die Qualität des System Forecasts verbessert werden. Durch Erlangen genauerer historischer Absatzdaten und Prognosen sowie die Hinterlegung eines dem Bedarfsverlauf besser angepassten Prognosemodells soll die Qualität des Prognosevorschlages vom System besser werden als die Planung aus dem Vormonat. Weiterhin ist geplant, die Vielzahl von technischen Abläufen in Form von Hintergrundjobs, Up- und Downloads etc. effizienter und weniger fehleranfällig zu gestalten.

Das Netzwerk im APO wird auf einige Werkslokationen erweitert und die Anbindung von Kunden-ERP-Systemen vorangetrieben werden. Hier werden in erster Linie R/3 Systeme angebunden. Aber auch andere Fremdsysteme sollen Informationen über Bestände online liefern.

Sollten die in den nächsten Phasen geplanten technischen Voraussetzungen und Scopeerweiterungen realisiert werden, wird ein umfangreiches Netzwerk eines international agierenden Unternehmen tatsächlich mit einem zentralen SCM-Tool den Großteil der Planung durchführen. Optimierungsfunktionen werden dazu beitragen, dass von einem effizienten Supply Chain Management gesprochen werden kann.

5. Implementierungsempfehlungen

Aus den bisherigen Erfahrungen in der Praxis der Implementierungsprojekte lassen sich einige grundlegende Empfehlungen ableiten, welche bei Berücksichtigung in der Durchführung ähnlich gearteter Projekte wesentlich zu einem erfolgreichen Projektabschluss beitragen können.

Generell ist anzuraten, dass vom Hersteller des Softwareproduktes und auch vom Hardwarelieferanten ein permanenter Support zur Verfügung stehen sollte. Beim Softwareunternehmen SAP muss eine gute Unterstützung durch das Online Support System (OSS) gewährleistet sein. Wenn möglich sollten SAP Mitarbeiter im Implementierungsteam involviert sein, um unter Umständen auch informell für einen schnellen Informationsaustausch mit der Entwicklung sorgen zu können. Diese Variante hat sich gerade in Situationen extremen zeitlichen Drucks als unverzichtbar erwiesen.

Betrachtet man Listen, in denen Lessons Learned nach Beendigung von Projekten festgehalten werden, so tauchen neben einigen spezifischen Aspekten, welche in dem individuellen Charakter eines jeden Projektes begründet sind, immer wieder gleiche Ansatzpunkte für eine effizientere Gestaltung eines Projektes auf. Diese werden im Folgenden vorgestellt.

5.1 Festlegung des Projektscopes

Im Vorfeld des Projektes sollte bereits möglichst genau der Umfang des Projektes festgelegt werden. Dies dient in den ersten Projektphasen als Anhaltspunkt für Meilensteine, Ressourceneinteilung und Einhaltbarkeit des Projektplans.

In der Endphase eines Projektes bestimmt der Projektscope sehr oft aufgrund von Zeit- oder Ressourcenmangel, ob und mit welcher Intensität an welcher „Baustelle" gearbeitet wird. Ist der Scope im Vorfeld des Projektes nicht eindeutig festgelegt worden, kommt es oft zu Interessenkonflikten innerhalb des Projektteams, da hier nicht von Homogenität bezüglich der Priorisierung von Projektzielen ausgegangen werden kann.

5.2 Definieren von Projektzielen

Um beurteilen zu können, ob die im Rahmen eines Projektablaufplans definierten Meilensteine oder auch Ziele bzw. Teilziele in der vorgegebenen Zeit in angemessener Qualität erreicht worden sind, sollten diese möglichst genau umrissen und bewertbar sein. Die so definierten Ziele müssen sich innerhalb des vorher festgelegten Projektscopes befinden.

Ziele wie die Validierung der Planungsprozesse sollten demnach auf die einzelnen abzubildenden Geschäftsprozesse heruntergebrochen werden. Nur so kann beispielsweise die Machbarkeit der Abbildung einzelner Prozesse in der jeweiligen Software evaluiert und daraus eine Implementierungsempfehlung abgeleitet werden.

Ebenso können Ziele wie „Verbesserung der Planungsgenauigkeit" oder „Reduzierung von Beständen" zum Benchmarking herangezogen werden, um nach abgeschlossenem Projekt den Benefit eines neuen Planungstools quantifizieren zu können.

5.3 Tätigkeiten - projektbegleitend oder im Vorfeld

Vor Beginn eines Projektes oder projektbegleitend in der Anfangsphase gibt es einige notwendige und sinnvolle Vorarbeiten, welche das Projekt im weiteren Verlauf erheblich vereinfachen können.

Ist-Analyse

Sofern noch nicht vorhanden, sollte im Vorfeld oder in einem sehr frühen Projektstadium eine Analyse der vorhandenen Prozesse durchgeführt werden. Diese hat nicht zwingend eine Verbesserung der Abläufe zum Ziel, sondern in erster Linie eine Visualisierung der im System abzubildenden Geschäftsprozesse. Mit Hilfe von Modellierungstools werden Abläufe dokumentiert und transparent gemacht. Dadurch wird vor allem für externe Projektmitarbeiter eine Möglichkeit geschaffen, sich schnell in die kundenspezifischen Prozesse einzuarbeiten.

Kosten-Nutzen und Risikoanalyse

In der Anfangsphase eines Projektes kann eine Ermittlung von Nutzenpotenzialen gewünscht werden. Hierbei spielt die Betrachtung der Kosten eine entscheidende Rolle. Während Projekt- und zusätzliche Betriebskosten einer APO Einführung mit dem geplanten Scope im Rahmen des Projektes noch relativ gut geplant werden können, kann der entstehende Nutzen dem Softwareeinführungsprojekt in der Regel nicht zugeordnet werden. Der Nutzen entsteht nicht mit dem Softwareeinführungsprojekt alleine, sondern nur mit den gleichzeitig stattfindenden Prozess-, Organisations- und Verhaltensänderungen. So treffen eine Mehrzahl von Aktivitäten oder sogar Projekte mit entsprechenden Kosten auf eine Mehrzahl von Maßnahmen mit entsprechenden Nutzenpotenzialen.

Bottom-up Kalkulationen sind daher im Kausalzusammenhang zwischen Kosten und Nutzen nicht trennscharf und führen außerdem häufig zur Ermittlung und Summierung von Teilpotenzialen, die anschließend in der Realität nicht messbar sind. Zur Ermittlung des Nutzens ist daher eine sehr pragmatische und Top-down orientierte Vorgehensweise wichtig.

Axentiv Business Consult hat eine spezielle Methode entwickelt, die Top-down vorgeht. Sie hängt jedoch auch davon ab, ob die verantwortlichen Führungskräfte in der Organisation dazu bereit sind, unter gemeinsam getroffenen und dokumentierten Annahmen eine Nutzenabschätzung vorzunehmen. Im Ergebnis erhält man in der Regel eine Kombination aus quantitativen und qualitativen Potenzialen, da üblicherweise zum Teil immer noch nicht quantifizierte Bereiche von Nutzenpotenzialen verbleiben.

Grundlage dieser Methodik ist ein Kennzahlensystem, welches alle Nutzenpotenziale in die Kategorien Erlösverbesserungen, Kostensenkung und Kapitalbindungssenkung bzw. darunter liegenden Kennzahlen zuordnet. Hierzu muss das Controlling eingebunden werden, um die Basisstruktur abzustimmen und die Ausgangssituation zu ermitteln.

Die zu erwartenden Nutzenpotenzialbereiche werden jeweils im Vorfeld erörtert, z. B.:

- Kostensenkung soll in der Folge eines Projektes durch operative Prozess- und Ablaufoptimierungen, Reduktion von Exception Handling, Reduktion von externen Services, Reduktion von Expresslieferungen etc. erreicht werden.

- Eine verlässlichere Planung, Kurzfristkoordination und ein optimiertes Logistiknetzwerk soll out of stock Situationen vermeiden, geringere Lieferzeiten und verlässliche Lieferzusagen ermöglichen und so eine höhere Lieferfähigkeit, Liefertreue und damit Wettbewerbsfähigkeit bringen. Diese Faktoren wirken sich direkt in Erlössteigerungen aus.

- Die Senkung von Kapitalbindungskosten soll im Rahmen eines Einführungsprojektes vor allem durch eine Reduktion von Bestandskosten erreicht werden.

Die Kosten-Nutzen- und Risikountersuchung werden in vier Projektschritten abgewickelt:

- Aufteilung in beeinflussbare Potenzialblöcke
- Maßnahmendefinition
- Potenzialabschätzung
- Konsolidierung

Schritt 1: Aufteilung in beeinflussbare Potenzialblöcke (top-down)

In Schritt eins werden aus vorhandenen Zahlen und Controlling Strukturen (top-down) eine später auch messbare Grundlage für die Potenzialabschätzung erarbeitet. Die durch das Projekt beeinflussbaren Potenzialblöcke (Kosten- bzw. Nutzenblöcke) werden grob identifiziert.

Schritt 2: Maßnahmendefinition

In Schritt zwei werden die identifizierten Aktivitäten zu Maßnahmenbündeln zusammengefasst und festgelegt, welche Maßnahmenbündel auf welche Potenzialblöcke wirken. Dabei lässt sich in der Regel auch identifizieren, für welche Maßnahmenbündel quantitative Potenzialabschätzungen möglich sind. Da quantitative Potenziale in der Regel nicht sinnvoll nach der Bottom-Up Methode errechnet werden können, sind die verantwortlichen Führungskräfte einzubinden, um zu einer gemeinsamen Abschätzung der Potenziale zu gelangen.

Schritt 3: Potenzial- und Risikoabschätzung

Gemeinsam mit den betroffenen Führungskräften, die später für die anvisierten Einsparungen verantwortlich sind, werden Annahmen getroffen und dokumentiert sowie die Höhe von Verbesserungspotenzialen quantitativ abgeschätzt. Dabei kommen gegebenenfalls auch Delphi-Techniken zum Einsatz, die zu relativen Nutzenabschätzungen führen. Gleichzeitig werden die möglichen Geschäftsrisiken beschrieben und bewertet, die je nach Planungsszenario entstehen.

Schritt 4: Potenzialkonsolidierung

Um sicherzustellen, dass keine Lücken oder Doppelnennungen auftreten, werden die ermittelten Nutzenpotenziale in ein Gesamtmodell konsolidiert.

Stammdaten

Die Qualität der Stammdaten ist oft selbst bei bereits erfolgter Implementierung von SAP R/3 oder anderen neueren ERP-Systemen mangelhaft. Da das jeweilige ERP-System das führende System in Bezug auf die Stammdatenhaltung darstellt und die Stammdaten über die Schnittstelle mit Hilfe von definierten Integrationsmodellen im APO angelegt werden, führen Stammdatenfehler zu Problemen in der Schnittstelle und dadurch zu asynchronen Systemzuständen. Die Fehlerbehebung ist meistens aufwändig und erfordert einen auf die Schnittstelle APO-ERP-System spezialisierten Support.

Empfehlenswert ist hier eine groß angelegte Stammdatenbereinigung vor Beginn des Projektes, welche auch zum Ziel haben sollte, überflüssige Stammdaten aus dem jeweiligen System zu entfernen.

5.4 Lessons Learned

Aus dem im Kapitel 4 beschriebenen Projekt lassen sich speziell für diese Aufgabenstellung zu beachtende Punkte ableiten. Diese können nach den eingesetzten Modulen DP und SNP sowie dem Bereich Training getrennt werden.

Lessons Learned DP

Im Bereich DP sind unter anderem folgende Punkte zu beachten:

- Die Anzahl der technischen Jobs, insbesondere eigenentwickelte Programme, sollte so gering und effizient wie möglich gehalten werden, da hier das Fehlerpotenzial enorm hoch ist. Darüber hinaus ist eine gute und nachvollziehbare Dokumentation erforderlich.
- Für angebundene Kunden, welche über APO GUI direkt in das System eingeben, ist ein gesondertes Training erforderlich.

- Bei internationalen Unternehmen sind die entsprechenden Datensichten multilingual anzubieten (Multi-Codepage Fähigkeit).
- Bei direkten Anbindungen von Kunden ist ein entsprechendes Berechtigungskonzept zu hinterlegen. Sonst droht unter Umständen zu viel Transparenz.
- Bei indirekt angebundenen Kunden (Internet-Anbindung) ist für einen entsprechenden technischen Support zu sorgen, denn der Upload in das APO System kann dann vom Kunden nicht überwacht werden.
- Eine enge Zusammenarbeit mit dem SNP Team ist zwingend erforderlich, vor allem im Hinblick auf Prozessdesign.
- Im Rahmen der Stammdatenmigration sind die durchaus üblichen Probleme zu erwarten, dass unvollständige Daten in den Altsystemen vorliegen, und bezüglich der Prognosedaten aufgrund nicht einheitlich gepflegter Materialnummern nicht immer eine eindeutige 1:1-Zuweisung von alten und neuen Materialnummern möglich sein wird. Im Zuge der Datenmigration ist daher ein aufwändiges „Säubern" der Altdaten vorzunehmen, so dass bis auf wenige Ausnahmen die im Altsystem vorhandenen Prognosedaten migriert werden können.

Lessons Learned SNP

Folgende Empfehlungen gelten für den Bereich SNP:

- Das Netzwerkdesign sowie die abzubildenden Prozesse sollten in der ersten Phase des Projektes definiert werden. Darauf baut die Systemeinstellung auf und nachträgliche Änderungen führen meist zu einem immensen Arbeitsaufwand.
- Sämtliche Planungshorizonte sind frühzeitig festzulegen.
- Das Zusammenspiel mit R/3 bedarf neben APO Kenntnissen ebenfalls Spezialisten Know-How im Bereich R/3 PP, MM und SD. Weiterhin ist für den Support der Schnittstelle eine personelle Ressource während des Projektes aufzubauen, welche diese fachlich komplexe Aufgabe nach GoLive übernehmen kann.
- Die Zeitpunkte und Intervalle der verschiedenen Hintergrundjobs im Kontext DP, SNP und R/3 müssen gemäß Workflow definiert werden.
- Frühzeitige User Acceptance Tests sowie Massentests müssen Aufschluss über technische Unzulänglichkeiten und eventuelle Scopeänderungen bezüglich Design oder Funktionalitäten zu einem Zeitpunkt geben, an dem noch angemessen auf die neuen Anforderungen reagiert werden kann.
- Die Einstellungen von Parametern wie Deploymentstrategien, Sicherheitsbestandskalkulation oder Planungsstrategie sollten so gut wie möglich flexibel gestaltbar sein. Das impliziert, dass eine kurzfristige Änderung jederzeit durchführbar ist, ohne aufwändige Designänderungen anzustoßen.

Lessons Learned aus dem Bereich Training

Der Bereich Schulung der Endanwender und Key User wird schon beinahe traditionell vernachlässigt. Oft wird dort noch am Budget eingespart, da in erster Linie die Lauffähigkeit des Systems vorangetrieben wird. Nicht zu unterschätzen ist jedoch auch die Aufgabe, ein funktionierendes System zu „promoten" und bei den Usern die notwendige Akzeptanz aufzubauen, um nicht in den ersten Monaten nach GoLive eine signifikante Verschlechterung des Tagesgeschäftes zu provozieren.

Ebenso wichtig ist die Einbindung der Trainer in das Implementierungsteam, um diese auf dem neuesten Stand zu halten. Sie sind das Bindeglied zwischen technischer Implementierung und den Usern und bauen ein Vertrauensverhältnis zu den Endanwendern auf. Daher ist es unerlässlich, dass die Trainer das System nicht nur aus der Theorie kennen, sondern auch die kundenspezifischen Entwicklungen und Erfordernisse verstehen.

Die folgende Auflistung gibt stichwortartig Empfehlungen und Erfordernisse zu diesem Gebiet wieder.

- Trainer: Aufbau von Verständnis über branchenspezifische Prozesse
- Trainer müssen in das aktuelle Implementierungsgeschehen involviert sein und über kundenspezifische Neuerungen bzw. Entwicklungen informiert werden
- Eigenes Schulungssystem mit angebundenem R/3 oder entsprechendem Fremdsystem
- Dem Produktivsystem nachempfundene Berechtigungsprofile für die User
- Einrichten einer Testumgebung für die Schulungsteilnehmer an deren Arbeitsplatz
- Ausstattung der Schulungsräumlichkeiten mit mindestens 6 PC's auf Hauptschirm schaltbar (Master/Slave-Anlage), Beamer/Projektor, Flipchart und Overhead-Projektor
- Schulungen für Key- bzw. Enduser: Anzahl der Teilnehmer höchstens 10, bei Überblickschulungen höchstens 15
- Liste der Teilnehmer mit deren Vorkenntnissen, derzeitigen Tätigkeiten und zukünftigen Rollen, um sinnvolle Gruppeneinteilungen und Schulungsinhalte zu definieren
- Sprachkenntnisse der Teilnehmer -> ggf. Erstellung der Schulungsunterlagen in Muttersprache
- Abklären der generellen Verfügbarkeit der Schulungsteilnehmer auch hinsichtlich der R/3-Schulungen
- Koordination der Inhalte mit R/3-Schulung (Bestandsführung, Produktionsplanung, Auftragswesen, Stammdaten)

- Vorbereitung eines detaillierten Schulungsplans mit Inhalten, Zeiten und Räumlichkeiten
- Abklären der Supportverantwortlichkeit in den einzelnen Modulen
- Intensiveres Miteinbeziehen der Business Verantwortlichen, welche im Implementierungsteam mitgearbeitet haben, in die Trainings, um kundenspezifische Fragestellungen während des Schulungsprozesses adäquat beantworten zu können
- Verwendung von realistischen Zahlen (am besten aus dem aktuellen Business) zur Durchführung von Übungen. Vor allem bei Planungsläufen sollten Zahlen benutzt werden, die das Ergebnis evaluierbar machen.

6. Zusammenfassung und Ausblick

Oft bedeutet die erste Phase eines solchen Projektes lediglich, dass die neuen Tools und Funktionalitäten den bisherigen Status quo zumindest halten und nicht verschlechtern. Erst der Ausbau der Funktionalitäten und die Erweiterung der Implementierung auf die einzelnen Mitglieder einer Supply Chain kann dann einen Return on Investment als Ziel haben.

Den Ausbau eines funktionierenden Netzwerkes in Bezug auf Informationsaustausch und logistischer Infrastruktur voranzutreiben, welches einen möglichst effizienten Ablauf der Geschäftsprozesse gewährleistet, wird zunehmend für viele international agierende Unternehmen ein Muss darstellen. Von daher ist anzuraten, das Schlagwort „Supply Chain Management" nicht als Modeerscheinung abzutun, sondern möglichst frühzeitig über ein SCM Konzept im eigenen Unternehmen nachzudenken.

In Zukunft wird die Anzahl von umfangreichen Implementierungen weiter zunehmen und die daraus gewonnene Erfahrung der Softwarehersteller direkt in die Weiterentwicklung einfließen. Das lässt hoffen, dass selbst Implementierungen in Branchen mit spezifischen Abläufen und komplexen IT-Infrastrukturen nicht mehr die hohen Investitionen und langen Projektlaufzeiten erfordern, wie sie in der Vergangenheit zu beobachten waren.

Bei Fragen oder Anregungen zu den Themenbereichen dieses Artikels stehe ich gerne zur Verfügung. Bitte kontaktieren Sie mich über: Michael Bick, axentiv AG, Uhlandstrasse 9, 64297 Darmstadt, Tel.: 06151 1301 0, michael.bick@axentiv.de.

Stephan Franke

Einführung von SCM-Systemen bei der BASF AG Ludwigshafen – Erfahrungen der Geschäftseinheit Styrolpolymere mit SAP APO/DP

1. Einführung in das SCM des Kunststoffs Polystyrol
    1.1 Die Geschäftseinheit Styrolpolymere Europa
    1.2 Der Kunststoff Polystyrol
    1.3 Planung als Notwendigkeit

2. Ausgangssituation und Projektauftrag
    2.1 Unterstützung des Planungszyklus
    2.2 Erwarteter Nutzen des Projekts

3. Umsetzung des Planungsablaufs in APO/DP
    3.1 Projektarbeit und Implementierung
        3.1.1 Projektteam
        3.1.2 Nutzung von Planungsmappen
        3.1.3 Nutzung des SAP Business Explorers (BEx)
        3.1.4 APO/DP-Integration in das SAP-Umfeld
        3.1.5 Implementierung im Parallelbetrieb
    3.2 Benutzerakzeptanz
    3.3 Einsatz von SAP APO/DP 3.0

4. Erfahrungen/„Lessons Learned"
    4.1 Projektarbeit
    4.2 Anwendungsentwicklung

5. Weiteres Vorgehen

1. Einführung in das SCM des Kunststoffs Polystyrol

1.1 Die Geschäftseinheit Styrolpolymere Europa

Als ein weltweit erfolgreich operierendes Unternehmen der chemischen Industrie unterhält die BASF Geschäftsbeziehungen zu Kunden in über 170 Staaten und betreibt als innovatives und transnationales Unternehmen Produktionsstätten in 39 Ländern.

Kernstück der BASF-Gruppe ist die BASF Aktiengesellschaft mit Stammsitz in Ludwigshafen. Die zur AG gehörende Geschäftseinheit "Styrenic Polymers Europe" ist zuständig für Produktion und Vermarktung von Polystyrol und Styrolcopolymeren ex Europa. Ihre Ziele sind u. a. Teilhabe an Marktwachstum und Globalisierung sowie Kostenführerschaft, Nutzung von Innovationen und erstklassiger Service gegenüber den Kunden. Das an den europäischen Produktionsstandorten Ludwigshafen, Antwerpen (Belgien) und Tarragona (Spanien) hergestellte Polystyrol wird weltweit vermarktet.

1.2 Der Kunststoff Polystyrol

Unter der Bezeichnung "Polystyrol" vertreibt die Geschäftseinheit ein Sortiment von Styrolpolymeren für das Thermoformen, Blasformen und Spritzgießen. Der Kunststoff findet seine Anwendung u. a. in den Branchen Verpackung, Kühlgeräte (Inliner), Unterhaltungselektronik, Office Equipment und Medizintechnik.

Haupteinsatzstoff ist Monostyrol, das man über verschiedene Produktionsstufen aus Naphtha gewinnt. Bei seiner Polymerisation erhält man einen glasklaren und spröden Kunststoff, der durch Zugabe von Butadienkautschuk zu "schlagzähem" Polystyrol modifiziert werden kann.

Das Sortiment umfasst ca. 550 Produkte, darunter Spezialitäten wie Einfärbungen, UV-Stabilisierung, Brandschutzausstattung sowie kundenspezifische Modifikationen.

1.3 Planung als Notwendigkeit

Große Teile des Polystyrolsortiments sind Commodities, also Produkte, die der Wettbewerb in gleicher oder ähnlicher Qualität herstellen und vermarkten kann. Damit wird der Preis unvermeidbar zu einem wichtigen Marketinginstrument. In den vergangenen Jahren ist gerade das Geschäft mit den Polystyrol-Commodities größeren Umwälzungen unterworfen. Veränderten Marktanforderungen und Kundenverhalten sowie verstärktem Wettbewerbsdruck und damit einhergehendem Preisverfall stehen steigende Herstellkosten und eine überproportionale Verteuerung der Rohstoffe gegenüber.

Da sich dauerhafte Ertragssteigerungen in Commoditymärkten in der Regel kaum durch Preiserhöhungen, sondern eher über eine Verbesserung der Marge zwischen Rohstoff-/ Herstellkosten und dem Marktpreis erreichen lassen, ist Cost Management das geeignete Mittel, sinkenden Margen zu begegnen.

So beantwortet das Management der Geschäftseinheit diese Veränderungen der Rahmenbedingungen mit einem stärker diversifizierendem Vorgehen in der Vermarktung und einer Reorganisation der Produktionsstruktur. Bestände und Produktionsflexibilität, bzw. die jeweils davon verursachten Kosten, werden umbewertet. Produktionskapazitäten werden abgebaut, wobei die verbleibenden Produktionsstätten erweitert werden, um Größendegressionseffekte in der Kostenstruktur zu erzielen. Gleichzeitig wird versucht, die Anlagen gleichmäßiger auszulasten, die Losgrößen (Kampagnenlängen) zu erhöhen und die Anzahl der Produktwechsel zu verringern, wobei Bestände Bedarfsschwankungen abpuffern und die Zeiten zwischen den Produktionskampagnen überbrücken. Die erhöhten Bestands- werden durch Senkung der Herstellkosten überkompensiert.

Da die Kosteneffizienz der Polystyrolproduktion maßgeblich von der Qualität der Planung bestimmt wird, erhält die Bedarfsplanung im Zuge der o. g. Umstrukturierung einen hohen Stellenwert. Sie ist die Basis für die Produktionsprogramm- und Bestandsplanungen und trägt somit maßgeblich dazu bei, Wettbewerbsvorteile in den Kostenstrukturen zu erzielen.

2. Ausgangssituation und Projektauftrag

2.1 Unterstützung des Planungszyklus

Übergeordnetes Ziel des Polystyrol-Planungszyklus ist eine ökonomische Nutzung der vorhandenen Produktionskapazitäten und ein bedarfsgerechtes Vorhalten von Beständen. Über mehrere Jahre hinweg hat die Logistik einen Bedarfsplanungsprozess etabliert und kontinuierlich verfeinert, der die betrieblichen Funktionen über Einheitsgrenzen hinweg verbindet. Dieser unterteilt sich in vier Planungsphasen, die sich in einzelne Planungsschritte gliedern.

1) Bedarfserfassung

Ermittlung von Planbedarfen durch ein kombiniertes Verfahren aus mathematisch/ stochastischen Algorithmen und manueller Überarbeitung der Ergebnisse durch Vertriebsexperten. Ergebnis: (Brutto-)Planbedarfe.

2) Bedarfskonsolidierung

Plausibilitätsprüfung und Übertragung der Bedarfsplanung in eine Form, auf die die Produktionsplanung aufsetzen kann. Ergebnis: Verdichtete (Brutto-)Planbedarfe.

3) Produktionsgrobplanung

Simultane Zuordnung der geplanten Bedarfe auf Produktionsstandorte (Lokationsmapping) und vorhandene Bestände (Nettobedarfsrechnung); dabei Entwurf eines machbaren Produktionsprogramms auf aggregierter Ebene. Ergebnis: Produktionszusage.

4) Bedarfsdeckung

Verteilung der Produktionszusage auf die Bedarfsträger; dabei Bildung und (spätere) Fortschreibung von Kontingenten. Ergebnis: Bedarfszusagen (Kontingente).

Ergebnisse der Phasen 1 und 2 sind Bruttobedarfe in einer Verdichtungsstufe, auf die in der Folge Produktions- und Bestandsplanung aufbauen können. Die Verteilung von Produktionszusagen und vorhandenen Beständen in Form von Kontingenten (Phase 4) ist die Brücke des Planungsprozesses in das operative Geschäft hinein.

In der Vergangenheit wurde zur Unterstützung der Planungsphasen 1 und 4 ein Planerfassungs- und -verwaltungssystem als Individualsoftware selbst programmiert und mit Erfolg betrieben. In dem Projekt, über das dieser Artikel berichtet, gilt es nun, das Altsystem durch APO/DP (Demand Planning) abzulösen und auch Phase 2 zu integrieren.

2.2 Erwarteter Nutzen des Projekts

Das in APO/DP zu entwickelnde Tool soll zu den bewährten Planungsabläufen passen, d. h. ein Wechsel der Technik bei allenfalls geringen Veränderungen der Ablauforganisation. Auch Komfort und Funktionsumfang des Altsystems sollen mindestens erreicht werden. Die Funktionalität soll über die des Vorgängersystems hinaus ausgeweitet werden, das die Planungsphase 2 (Bedarfskonsolidierung) nur bruchstückhaft unterstützt hatte – hierzu verwendete man mehrere Excel-Listen, die zeitaufwendig manuell gepflegt und konsistent gehalten werden mussten.

Durch Integration der bisher in Excel abgebildeten Planungsschritte darf man sich neben Ausschaltung einer Fehlerquelle vor allem eine Entlastung der Planer von manuellen Tätigkeiten versprechen. Dabei kommt es nicht darauf an, Mitarbeiter einzusparen, sondern einen Zeitgewinn zugunsten von anspruchsvolleren planerischen Aufgaben zu erzielen und darüber zu einer Verbesserung der Prognosequalität zu kommen.

Gleichzeitig soll mit dem System eine Informations- und Analyseplattform über kurzfristige Planungsdaten geschaffen werden, die z. B. Aussagen über die Qualität der Planung und die Kontrolle von Vertriebszielen und Marketingaktionen erlaubt, bis hin zur Analyse von Ursache-/Wirkungszusammenhängen.

Schließlich ist ein wichtiger Pluspunkt, dass die SAP-Anwendung zur Ziel-EDV-Landschaft der BASF AG kompatibel ist, die sich verstärkt zur SAP-Welt bekennt. In deren Reifestadium sollen mehrere APO-Anwendungen und Projekte parallel betrieben werden, die jeweils auf die Bedürfnisse einer Geschäftseinheit zugeschnitten sind.

3. Umsetzung des Planungsablaufs in APO/DP

3.1 Projektarbeit und Implementierung

Große Unternehmen tendieren bisweilen zu überdimensionierten und damit entsprechend unflexiblen EDV-Projekten. Glücklicherweise hatte im Fall des "Demand Planning" eine Vorstudie der Informatikeinheit frühzeitig erkannt, dass bei der Einführung des Moduls ein individualistisches Vorgehen zielführender sein würde.

Die Chance, die sich für das Projekt dadurch auftut, ist die Ausprägung des Moduls durch die Facheinheit, die es hinterher auch nutzen wird. Die fachlichen Bedürfnisse finden so ihre optimale Berücksichtigung. Allein die technischen Rahmenbedingungen und formalen Projektrichtlinien (Dokumentation, Test-/Abnahmeprotokolle etc.) werden durch die Informatikeinheit vorgegeben.

3.1.1 Projektteam

Das Kern-Projektteam wird bewusst klein gehalten und besteht aus je einem Mitarbeiter aus Facheinheit, BASF IT Services (BIS) und einem externen Berater. Jeder steuert sein Wissen bei. So ergänzen sich Kenntnisse über das Polystyrolgeschäft und dessen planerische Abläufe, Know How über Methoden des Projektmanagements und die technische Infrastruktur sowie natürlich Erfahrungen in der Ausprägung des SAP Moduls.

Das Team zieht dort, wo detailliertere Analysen oder Praxiskenntnisse notwendig sind, weitere Mitarbeiter aus Fach- und Informatikeinheiten hinzu. Darüber hinaus werden Endanwender aus Vertrieb und Produktion frühzeitig in die Gestaltungsentscheidungen mit einbezogen und komplexere Programmierarbeiten an die hauseigene Informatik-Tochtergesellschaft (BIS) vergeben.

Dieses Vorgehen reduziert den Zeitaufwand für Abstimmungen und Entscheidungen deutlich und ist einer der Erfolgsfaktoren, die die Erreichung der ambitionierten Projektziele ermöglichen. Die Arbeit unterwirft das Team den Regeln „Pragmatismus statt Formalismus" und „Beschränkung auf das Notwendige". Das ist notwendig, da Management und Einführungszeitplan eine Implementierung in höchstens sieben Monaten fordern.

3.1.2 Nutzung von Planungsmappen

In der Planungsphase 1 (Bedarfserfassung) erstellen einzelnen Absatzregionen zugeordnete Planungsverantwortliche (in der Regel Mitarbeiter der Vertriebsinnendienste der Ländergesellschaften) monatliche Bedarfsprognosen für ausgewählte Kombinationen aus Absatzregion, Produkt und Kunde. Der Prognosehorizont beträgt drei Monate. Die Schätzungen werden monatlich rollierend überarbeitet und an das Polystyrol Logistic Center (mit Sitz in Ludwigshafen) als zentrale Auswertungsinstanz weitergeleitet.

In APO/DP bietet sich zur Erfassung von Prognosen die Nutzung von „Planungsmappen" an. Darin können zu „Merkmalen" genannten Schlüsselbegriffen Kennzahlen angezeigt und eingegeben werden. Eine Mappe gliedert sich in einen Selektions- und einen Arbeitsbereich. In ersterem werden die Merkmale ausgewählt, zu denen in letzterem Kennzahlen angezeigt bzw. erfasst werden sollen. Der Arbeitsbereich zeigt die Kennzahlen in einem "Planungsgrid" an.

Nachdem der Vertriebsplaner die entsprechende Mappe ausgewählt hat, selektiert er die Planregion, die er bearbeiten möchte und erhält dann die zur Region passende Kundenliste. Die Wahl eines Kunden listet im Arbeitsbereich die von ihm bezogenen Produkte. In tabellarischer Form erhält der Planer einen Überblick über die Monatsabsätze (versandte Aufträge) des laufenden und vorangegangenen Jahres, den offenen Auftragsbestand und den rechnerischen Durchschnittsabsatz der letzten sechs Monate. Diese Kennzahlen sollen ihm als Entscheidungshilfe bei seiner Bedarfsprognose dienen, die er in eingabebereite Felder erfasst. Natürlich wird er seine Schätzungen weit stärker auf den persönlichen Kontakt mit seinen Kunden gründen (siehe Abb. 1).

Auch die Planungsphasen 2 und 4 werden durch Planungsmappen unterstützt. In Phase 4 (Bedarfsdeckung) wird die Produktionszusage, das Ergebnis der Produktionsgrobplanung (Phase 3), auf die planenden Regionen verteilt. Diese monatliche Bedarfszusage wird „Kontingent" genannt und erfolgt unabhängig vom Produktionsstandort. „Kontingentierung" ist primär nicht als Kürzung der Planung einer Region oder der Verwaltung einer temporären Knappheitssituation zu verstehen. Vielmehr ist sie eine Art "gedanklicher" Reservierung von Produktionskapazität für den Bedarf einer Region an einem

Produkt, bzw. steht für die Menge, die dafür in der Produktionsgrobplanung berücksichtigt wurde.

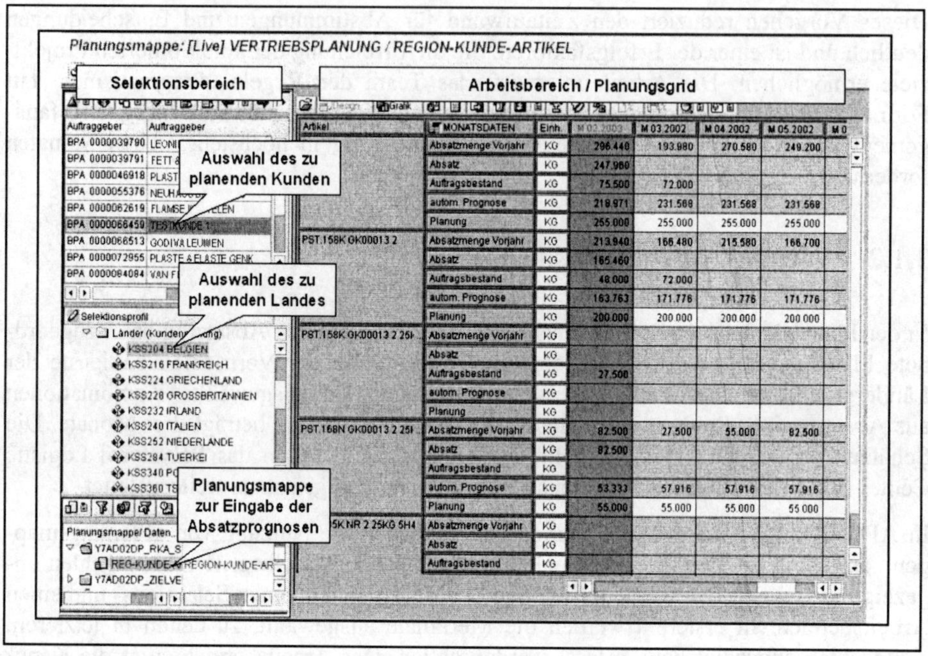

Abbildung 1: Planungsmappe zur Eingabe der Absatzprognosen

Im operativen Geschäft verbrauchen die Kundenauftragsmengen die Kontingente, deren Einhaltung bei der Auftragserfassung geprüft wird. Ist das freie Kontingent aufgebraucht, werden weitere Kundenaufträge zunächst zurückgewiesen. Der Auftragseingeber wird dann mit dem Materialmanager in Verbindung treten, der das Kontingent nach Rücksprache mit dem Produktionsplaner fallweise erhöhen wird. Zwar bietet die Produktion häufig Flexibilitäten und Reserven, auch ungeplante Bedarfe zu berücksichtigen – diese sollen jedoch den Produktionsplan nicht ungeprüft durcheinanderbringen. Die Kontingentierung ist somit ein Schutzmechanismus gegen erhöhte Produktionskosten und abnehmende Lieferzuverlässigkeit, da die Produktion ungeplanter Bedarfe bereits bestätigte Termine möglicherweise durcheinander bringen kann.

Die Planungsmappe ist ähnlich aufgebaut, wie die zuvor beschriebene. Allerdings existieren zwei Varianten, bedingt durch die unterschiedlichen Sicht- und Arbeitsweisen von Materialmanager und Vertriebsmitarbeiter. Ersterer wählt die Produkte aus, für deren Steuerung er zuständig ist, und vergibt dann im Arbeitsbereich die Kontingente je Planregion. Letzterer wählt als Einstieg seine Planregion und bekommt daraufhin im Arbeitsbereich alle Produkte angezeigt, die für ihn kontingentiert wurden (siehe Abb. 2).

Als Kennzahlen werden angezeigt:

- die Summe aus Auftragseingang (offene Auftragsmengen) und Absatz (versendete Auftragsmengen), die den „Kontingentverbrauch" repräsentiert
- die Planung (Absatzprognose) des Vertriebsmitarbeiters für das Produkt je Region, die er in Planungsphase 1 erfasst hatte
- das (Produkt-)Kontingent, das der Materialmanager im Logistic Center für die Region vorgesehen hat
- das freie Kontingent als die Differenz zwischen Kontingent und Kontingentverbrauch
- Überschreitungen des Kontingents werden farblich hervorgehoben.

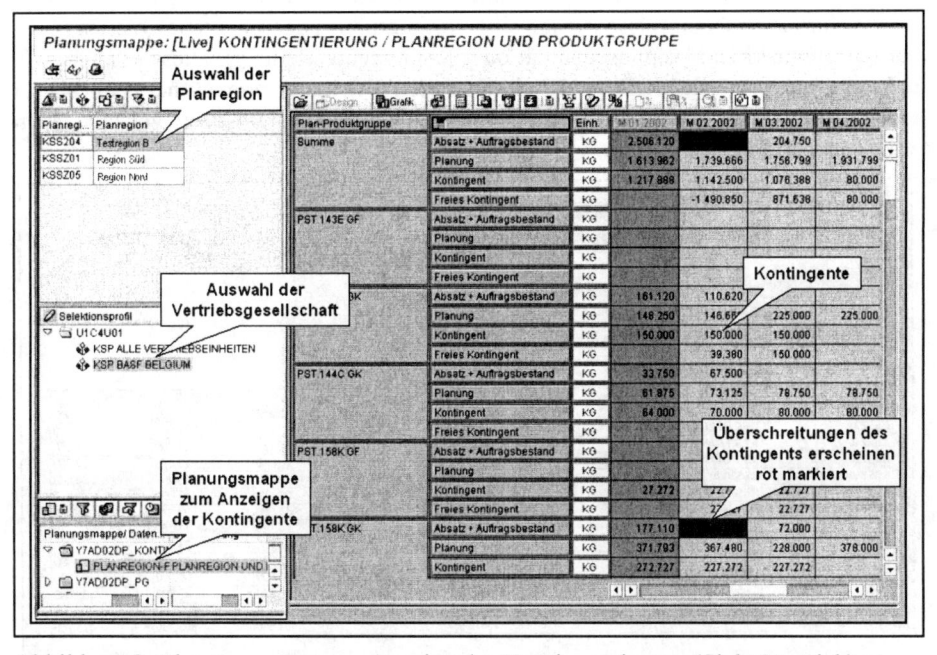

Abbildung 2: Planungsmappe zur Anzeige der Kontingentierung (Sicht Vertrieb)

3.1.3 Nutzung des SAP Business Explorers (BEx)

Wie eingangs beschrieben, soll die zu entwickelnde Anwendung auch die Informationstransparenz über die Planung erhöhen und als Analyseplattform dienen. APO/DP deckt diese Anforderung mit dem Werkzeug „Business Explorer" (BEx) ab, das im Lieferumfang des APO enthalten ist. Damit sind Auswertungen (Queries) über alle Kennzahlen möglich, die in der Planungsumgebung zur Verfügung stehen, also insbesondere vergleichende Gegenüberstellungen von Prognose, Absatz und Kontingent.

Die BEx-Queries unterstützen durch OLAP-Funktionalität (Online Analytical Processing) die gezielte Navigation innerhalb der Daten und ermöglichen eine individuelle Aufbereitung und Weiterverarbeitung. Dazu transferiert BEx die Auswertungsergebnisse nach Microsoft Excel als Präsentationstool (siehe Abb. 3). So stehen dem User alle Möglichkeiten zur Tabellenmanipulation zur Verfügung, die das Office-Tool bietet, insbesondere auch die grafische Aufbereitung und Veranschaulichung von Zusammenhängen.

Das Projektteam sammelt und klassifiziert die Informationsanforderungen der Mitarbeiter aus Vertrieb, Marketing und Logistik und entwickelt in der BEx-Umgebung mehrere auf die Informationsbedürfnisse der jeweiligen Zielgruppe zugeschnittene Queries (z. B. zu Absatzentwicklung, Prognosequalität oder Kontingentverteilung). Diese können, wie die Planungsmappen, durch Doppelklick aus dem APO-Benutzermenü heraus gestartet werden, so dass dem Anwender nicht bewusst wird, dass er mit zwei verschiedenen Werkzeugen arbeitet.

KSP PLANUNG: Produktgruppe - Planregion

Plan-Produktgruppe
Kennzahlen
Planregion

Plan-Produktgruppe	Polystyrol Testdaten Gruppe 1
Plan-Produktgruppe	Test 1
Aktueller Monat :	02.2002

Planregion		Absatz	Planung	Absatz+Atrbst	Planung MAR	Atrbst MAR
		KG	KG	KG	KG	KG
KSS204	KSS BELGIEN	0	25.000	0	25.000	0
KSS216	KSS FRANKREICH	60.750	49.500	60.750	24.750	11.250
KSS228	KSS GROSSBRITANNIEN	0	0	0	23.375	23.750
KSS240	KSS ITALIEN	130.500	250.000	208.000	318.250	50.000
KSS252	KSS NIEDERLANDE	22.520	40.000	22.520	37.000	0
KSS332	KSS SLOWENIEN	11.000	0	11.000	23.375	0
KSS360	KSS TSCHECHIEN	0	0	0	11.250	0
KSS370	KSS RUSSLAND	24.750	24.750	24.750	24.750	24.750
KSS380	KSS UNGARN	88.000	0	133.000	180.000	90.000
KSS488	KSS SUEDAFRIKA	72.000	90.000	72.000	90.000	90.000
KSS548	KSS ISRAEL	18.540	26.000	36.540	49.000	36.000
KSS960	KSS URUGUAY	0	0	0	0	0
Gesamtergebnis		428.060	505.250	568.560	806.750	325.750

Abbildung 3: Beispiel einer BEx-Auswertung in der Präsentation durch Excel

3.1.4 APO/DP-Integration in das SAP-Umfeld

SAP APO kann als eine von SAP R/3 eigenständige Anwendung gesehen werden. Während im R/3 das operative Geschäft (Auftragsabwicklung, Materialmanagement usw.)

abgewickelt wird, stellt APO die planerischen Funktionen zur Verfügung. Abbildung 4 verdeutlicht das Zusammenwirken der beiden Systemwelten am Beispiel des Polystyrolgeschäfts der BASF AG.

Aus den Vertriebsprognosen werden, wie beschrieben, im Modul APO/DP Kontingente abgeleitet, die an eine weiteres APO-Modul, das sogenannte ATP (Available To Promise) übergeben werden. Hier finden zum Zeitpunkt der Auftragserfassung im R/3-Modul SD (Sales and Distribution) die werksübergreifende Verfügbarkeitsprüfung und gleichzeitig der Kontingentcheck mit den beschriebenen Konsequenzen statt.

Die operativen Daten aus der R/3-Umgebung erhält DP indirekt über Kopplung mit dem sogenannten SAP „Business Information Warehouse" (BIW), in dem die Daten des Tagesgeschäfts fortgeschrieben werden. Es ist Datenbasis nicht nur für APO/DP, sondern für verschiedenste Informationssysteme, die das SAP mit dem Ziel zur Verfügung stellt, Daten zu sammeln und Analysen zu erstellen, um Entscheidungsvorgänge zu beschleunigen und Maßnahmen zu gestalten und zu bewerten.

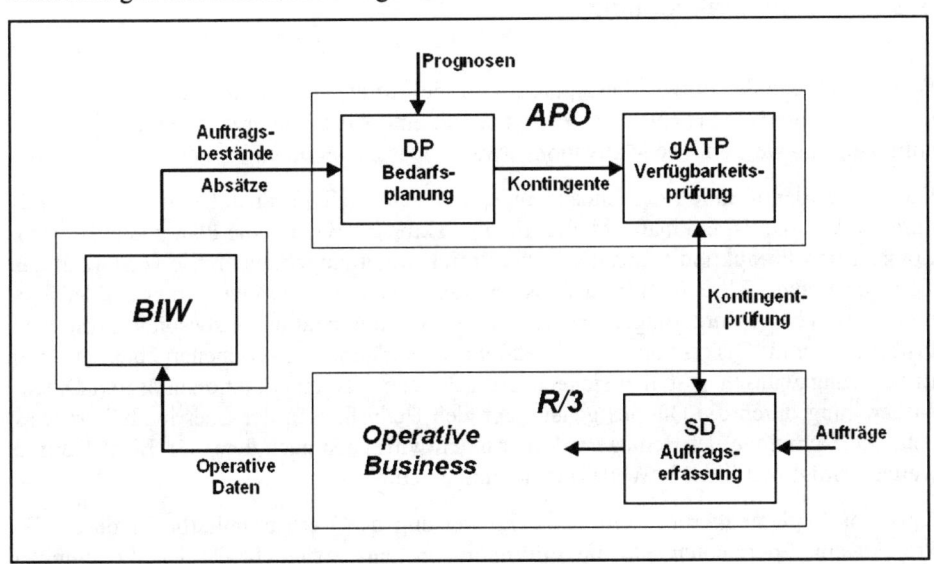

Abbildung 4: Das Zusammenwirken von ausgewählten APO- und R/3-Modulen

3.1.5 Implementierung im Parallelbetrieb

Die Fertigstellung der DP-Anwendung inklusive der Schnittstellen zu den Umsystemen und Freigabetests erfolgen rund sechs Monate nach Projektstart. In der Einführungsphase werden altbewährtes und neu entwickeltes Absatzplanungssystem zwei Monate lang parallel betrieben. Das hat den Vorteil, dass man das Datenmaterial, das in beiden Systemen geführt wird, miteinander vergleichen kann. Dies dient der Qualitätsprüfung, denn im Normalfall sollten die Inhalte beider Anwendungen identisch sein, da die Algorithmen im DP denen des Altsystems nachempfunden wurden. Das Vorgehen stößt bei den Vertriebsusern auf Akzeptanz, obwohl sich der Arbeits- sprich Eingabeaufwand verdoppelt.

Die Mühe lohnt jedoch, denn der Parallelbetrieb, quasi ein "Live-Test", hilft dem Projektteam, Problemstellen schnell zu identifizieren und zu beheben. Gleichzeitig kann durch Tuningmaßnahmen das Antwortzeitverhalten noch einmal deutlich verbessert werden. Nach zwei Monaten läuft das auf die Bedürfnisse des Polystyrol zugeschnittene DP so stabil, valide und performant, dass die Altanwendung abgeschaltet werden kann. Entwicklung, Design und Implementierung sind mit Erfolg abgeschlossen!

3.2 Benutzerakzeptanz

Bereits während der Entwicklungsphase wird viel für die spätere Benutzerakzeptanz des neuen Planungssystems getan. Es gelingt sogar, eine Art „Pioniergeist" und "Aufbruchstimmung" zu wecken. Die Motivation, etwas Neues zu beginnen, ist hoch.

Die starke Identifikation der Endanwender mit dem Planungsablauf und seiner Abbildung in APO/DP ist ein maßgeblicher Erfolgsfaktor. So werden die Planer aus Vertrieb, Logistik und Produktion frühzeitig in die Projektarbeit eingebunden. Sie verstärken das Team im Bedarfsfall durch ihr Fachwissen oder stehen als Interviewpartner bei der Formulierung von Anforderungen bereit. Offene Kommunikation, insbesondere die von Problemen und Diskussion von Gestaltungsspielräumen, Zwischenergebnissen und Erweiterungswünschen stellen sicher, dass gebotene Planungsfunktionalität und Datenaufbereitung durch die Queries genau nach den Bedürfnissen der User modelliert werden. Die Sammlung der Benutzeranforderungen wird auch nach dem "Go Live"-Termin weiterverfolgt und fließt in Weiterentwicklungen ein.

Kurz vor Implementierung erfolgt die Einweisung der Vertriebsmitarbeiter durch das Projektteam. So erhalten alle die Informationen „aus erster Hand". Die Schulungen finden überwiegend an den Vertriebsstandorten statt, also dort, wo später die Prognosen erfasst werden. Auch das trägt zur Akzeptanz bei, denn die Anwender werden nicht an den zentralen Entwicklungsstandort beordert, sondern fühlen sich durch die Anwesenheit des Projektteams vor Ort als gleichberechtigte und ernstgenommene Partner.

In der Schulung werden Polystyrol-Planungstheorie und Bedienung der Software gleichwertig behandelt. Jeder Schritt wird im Gesamtprozesszusammenhang erklärt und danach am System vorgeführt. Der Stoff wird schließlich durch praktisches Üben im DP gefestigt. Grundlage der Veranstaltungen ist ein durch das Projektteam verfasstes Benutzerhandbuch, das, in Analogie zum Training, theoretische Ausführungen mit praktischen Schritt-für-Schritt Anleitungen mischt. Parallel zur Systemweiterentwicklung wird das Handbuch fortgeschrieben und die Ergänzungen verteilt. Für Interessierte erklärt das Kompendium auch die internen Verteilungs- und Verarbeitungsalgorithmen des DP-Moduls. Niemand soll das Gefühl haben, dass irgendetwas „Undurchsichtiges" mit seinen Daten geschieht.

Die Ausgestaltung der Funktionen orientiert sich an der Gestaltung des Altsystems. Dieses war ebenfalls aus den Anforderungen der User heraus entstanden und evolutionär gewachsen. Das Bewährte soll, wo immer möglich, bewahrt werden. Leichte Bedienbarkeit und intuitive Benutzerführung werden hoch bewertet. Das höchste Lob, das die Entwickler während der Schulungsphase bekommen, ist, dass die Vertriebskollegen nie gedacht hätten, dass "SAP" so einfach und komfortabel zu bedienen sei.

Damit die Motivation der Benutzer nicht plötzlich abreißt, wird zum Implementierungstermin eine kompetente Benutzerbetreuung aufgebaut, die den in der Projektarbeit begonnenen Dialog fortführt. Sie ist Anlaufstelle für alle technischen und Bedienungsprobleme und sammelt Anregungen und Anforderungen für Systemerweiterungen.

Das Vertrauen in ein neues System steigt und fällt sicherlich nicht zuletzt mit der Qualität und Aktualität seiner Daten. Das sind insbesondere die, die aus dem BIW übernommen werden.

Schließlich ist die Performance ein wichtiger Faktor für den Erfolg einer EDV-Anwendung. Wenn Liefer- anstatt Antwortzeiten geboten werden, wird niemand über längere Zeit motiviert mit dem neuen System arbeiten bzw. nur noch die allernötigsten Eingaben machen. Bei Produktivstart des DP ist das Antwortzeitverhalten gerade noch befriedigend und die Benutzer müssen um Geduld gebeten werden. Innerhalb weniger Wochen greifen schließlich mehrere Tuningmaßnahmen und die Performance kann die Erwartungen erfüllen.

3.3 Einsatz von SAP APO/DP 3.0

Die verbesserungswürdige Performance, die schon während verschiedener Lasttests aufgefallen war, ist nicht das einzige Problem, dem sich das Projektteam während seiner Arbeit stellen muss. Auch das gegenüber dem R/3 veränderte Transportwesen stellt die Entwickler des öfteren vor Rätsel. Makros und Queries gehen auf ihrem Weg vom Entwicklungs- in das Produktivsystem verloren oder laufen dort zunächst nicht. Mehrere sogenannte "OSS-Hinweise" der SAP müssen immer wieder eingespielt werden, bevor bestimmte Funktionen das tun, was von ihnen erwartet wird.

Neben den OSS-Hinweisen, die kleinere "Schönheitsfehler" der SAP-Software beheben, muss das System regelmäßig durch Updates, genannt „Service Release Packs", aktualisiert werden, die den Funktionsumfang anreichern, vorhandene Features jedoch bisweilen stören. Dies wird dann durch Einspielen weiterer OSS-Hinweise oder einer nächsten Version der Service Release Packs wieder in Ordnung gebracht.

Auch Ergonomie und Benutzerführung sind zwar fortgeschritten, bieten aber stellenweise Verbesserungspotenzial. Beispielsweise ist für die Planungsmappen keine Druckfunktion vorgesehen. Der Ausdruck gelingt nur über den Umweg einer eigenen BEx-Auswertung.

All das hat seine Begründung darin, dass APO 3.0 ein im Vergleich zu R/3 sehr junges Produkt ist. Doch gerade das kann als Herausforderung begriffen werden und das Potenzial, das im APO-Gesamtpaket steckt, rechtfertigt den Aufwand, denn es wird dem Unternehmen sicher einen Wettbewerbsvorteil gegenüber der Konkurrenz sichern, die nur R/3 allein einsetzt. Außerdem ist beachtlich, wie das neue SAP-Produkt allein während der kurzen Projektlaufzeit reift und zusehends an Zuverlässigkeit gewinnt.

4. Erfahrungen/„Lessons Learned"

4.1 Projektarbeit

Die Geschäftseinheit Polystyrol ist in Absatz, Umsatz, Beschäftigtenzahl und Internationalität durchaus mit einem größeren mittelständischen Unternehmen vergleichbar. Wie die Erfahrungen des eingesetzten Beratungspartners bestätigen, beträgt auch dort die Einführungsdauer einer kompletten APO/DP-Lösung ungefähr sechs Monate. Die zuvor geschätzten Projektkosten werden eingehalten bzw. leicht unterschritten.

Während der Projektarbeit bestätigt sich wieder einmal die Wichtigkeit folgender Arbeitsprinzipien:

- Bereits zum Startup eines IT-Projekts sind dessen Inhalt, Zielsetzung und Abgrenzung klar festzulegen. Nur so können die Arbeiten zielführend organisiert und koordiniert werden. Dass Zielerreichung (auch Milestones) und Budgetverbrauch im laufenden Projekt ohnehin einer ständigen Kontrolle bedürfen, soll in diesem Rahmen nicht weiter vertieft werden.

- Ebenso sollten zu Anfang die sogenannten Key Performance Indicators (KPIs) identifiziert werden. Sie ermöglichen ein fortlaufendes Controlling und eine abschließende Beurteilung des Projekterfolgs. Dabei gilt, dass KPIs für Planungsprozesse schwieriger abzuleiten sind als für operative Abläufe (z. B. Auftragsbearbeitung). Qualitative Verbesserungen in der Planung wirken sich eher indirekt auf den Geschäftserfolg aus und sind oftmals nicht monetär bewertbar. Typische KPIs des beschriebenen Projekts sind beispielsweise Prognosegüte (Abweichung Istabsatz gegenüber Prognose), Zeitaufwand für Planerhebung und Kontingentierung und der durchschnittliche Polystyrolbestand. Letzterer sollte sich durch eine verbesserte Planung verringern.

- Auf eine umfangreiche Dokumentation von Konzepten und Lösungen kann nicht verzichtet werden. Diese sollte schriftlich erfolgen und allen jederzeit zugänglich sein, z. B. über ein gemeinsames Projektverzeichnis im Intranet. In der täglichen Arbeit haben sich die Microsoft Office Produkte bewährt. Durch die Beschreibungen von Abläufen, Ergebnissen, Algorithmen und Zusammenhängen lässt sich verifizieren, ob im Team ein gemeinsames Verständnis zu einem Sachverhalt oder einer Problemstellung/-lösung herrscht und es bleibt nachvollziehbar, aufgrund welcher Prämissen Entscheidungen getroffen wurden. Außerdem bilden die Aufzeichnungen einen Wissensschatz, der als Grundlage für die Betreuung des produktiven Betriebs durch den 1st und 2nd Level Support herangezogen werden kann.

4.2 Anwendungsentwicklung

Bei der Ausprägung von SAP APO/DP gelten im Allgemeinen die Empfehlungen, die auch für den Umgang mit den operativen R/3-Modulen gegeben werden. Folgende Punkte seien hier ergänzend hervorgehoben:

- Das DP ist deutlich flexibler als die „althergebrachten" SAP-Anwendungen. Die Programmierer haben viele sinnvolle Erweiterungsmöglichkeiten und Schnittstellen vorgesehen. Doch auch wenn sich eigene Steuertabellen und Algorithmen relativ leicht einbinden lassen, sollte man sich nie zu weit weg vom SAP-Standard bewegen oder sich zu unstrukturiertem Arbeiten "verführen" lassen und daher Erweiterungen einem eigenen Regelwerk unterwerfen. Das Einspielen der erwähnten „Service Release Packs" kann andernfalls mit Überraschungen verbunden sein.

- Zur Versorgung des DP mit Daten des Tagesgeschäfts ist eine Anbindung an das Business Information Warehouse (BIW) notwendig. Der Aufwand dazu wurde zunächst unterschätzt. Es stellt sich rasch als vorteilhaft heraus, zeitweise einen weiteren Berater mit BIW-Know How hinzuzuziehen.

- Funktionalität und Datenqualität können nicht genug getestet werden. Dazu werden umfassende Testszenarien entworfen. Sie enthalten Testfälle, die das Systemverhalten und zu erwartende Ergebnisse aufgrund vorbestimmter Inputs beschreiben. Sie sind z. B. nach dem Einspielen eines Service Release Packs oder der Aktivierung eigener Erweiterungen durchzuarbeiten.

- Wie die Erfahrung zeigt, sind Designfehler (z. B. ungünstig gewählte Schlüsselkombinationen) und Inkonsistenzen in der Datenstruktur oftmals nicht unmittelbar erkennbar. Sie wirken sich bisweilen erst unter einer größeren Systemlast aus und führen z. B. zu Performanceproblemen. Je später sie gefunden werden, desto teurer und aufwendiger ist die Behebung.

- Im Zusammenhang mit der Fehleranalyse und -beseitigung ist die ständige Kommunikation mit der SAP in Walldorf unverzichtbar. Sie wird auch für die APO-Anwendungen über das bewährte „Online Service System" (OSS) abgewickelt. Die Antwortzeiten und gegebenen Hilfen sind befriedigend bis gut.

- Die Organisation des 1st und 2nd Level Support erweist sich als aufwendig, da viele Themen abzudecken sind (Benutzerautorisierung, Selektionszuordnung, Tabellenpflege, Jobmanagement, Hotline, Erweiterung der Queries etc.). Der Support ist zum Produktivstart mehr als ein Fulltimejob. Mit der Zeit dürfte sich der Zeitaufwand auf einen halben Mannmonat einpendeln.

5. Weiteres Vorgehen

Obwohl große Teile des Polystyrol-Planungszyklus abgebildet werden, ist der Nutzen der Einführung des Demand Planning allein kein allzu großer, bedenkt man, dass "nur" ein bestehendes Altsystem abgelöst und einige neue Funktionen ergänzt werden. Er dürfte sich mit dem Aufwand in etwa die Waage halten. Das Bild ändert sich jedoch deutlich, sobald man das DP mit dem Folgemodul APO "Supply Network Planning" (SNP) kombiniert. Auf Basis der DP-Planung ermittelt das SNP, unter Berücksichtigung der vorhandenen Kapazitäten, einen Plan zur Deckung der geschätzten Bedarfe.

Nach Produktivstart des DP wird sofort ein Anschlussprojekt begonnen, mit dem Ziel, die Planungsphase 3 (Produktionsgrobplanung) in APO/SNP abzubilden. Mit Hilfe des Moduls sollen die DP-Bruttobedarfe den drei Produktionsstandorten zugeordnet und eine Nettobedarfsrechnung durchgeführt werden. In Folge wird je Standort ein kurz- bis mittelfristiges Produktionsprogramm entwickelt. Dabei gehen die vorhandenen Anlagenkapazitäten und erforderlichen Mengen der wichtigsten Einsatzstoffe in die Rechnung mit ein. Das Ergebnis ist der Grobentwurf eines standortübergreifenden Produktionsplans. Er erlaubt es, eine Produktionszusage zu machen, auf die die Planungsphase 4 (Bedarfsdeckung) aufsetzt.

Der Einführungsaufwand für SNP ist viel höher als der für das DP, doch dürfte er, wie eine erste Projektvorstudie belegt, vom zu erwartenden Nutzen einer integrierten Planung bei weitem übertroffen werden. Das Ziel, den gesamten Planungsablauf der Geschäftseinheit Polystyrol unter einer einheitlichen Oberfläche abzubilden und dort vorhandene Synergien zu aktivieren, ist in greifbare Nähe gerückt. Das Supply Network Planning soll zum Jahresende 2002 einsatzbereit sein und wird der Geschäftseinheit weitere Wettbewerbsvorteile sichern. Das Projektteam hat die neue Herausforderung angenommen.

Matthias Mekschrat

Umsetzung des SCM-Systems SAP APO bei der Degussa AG in den Business Units der Röhm GmbH & Co KG

1. Einleitung

2. Die Ausgangslage
   2.1 Das Unternehmen
   2.2 Probleme in der Praxis als Initiatoren des Supply Chain Managements
   2.3 Historie und aktuelles Verständnis des Supply Chain Managements in der Praxis

3. Umsetzungsstrategie
   3.1 Vorgehenskonzept zur Einführung des Supply Chain Managements
   3.2 Entscheidungskriterien für Supply Chain Management Produkte

4. Ergebnisse
   4.1 Welche Produktkomponenten werden in welchem Stadium genutzt?
       4.1.1 Production Planning and Detailed Scheduling
       4.1.2 Demand Planning als Basis eines Vendor Managed Inventory
       4.1.3 Demand Planning als Instrument der internen Bedarfsübergabe
       4.1.4 Supply Network Planning
       4.1.5 Globale Verfügbarkeitsprüfung
   4.2 Realisierungserfahrungen aus den Projekten
   4.3 Erfolgsfaktoren
       4.3.1 War das Vorgehenskonzept richtig ?
       4.3.2 Ein integriertes SAP R/3 als Basis eines erfolgreichen Supply Chain Managements
       4.3.3 Erfolgsmessung des Supply Chain Managements
       4.3.4 Einfluss durch die Organisationsstruktur
   4.4 Handling Probleme in der Praxis

1. Einleitung

Dieser Praxisbericht beschreibt die Umsetzung des Supply Chain Managements in drei Business Units der Degussa AG. Der Umsetzungsprozess ist noch nicht vollständig abgeschlossen, signifikante Teile des Supply Chain Managements sind aber bereits eingeführt und werden im täglichen Betrieb genutzt.

In diesem Bericht soll keine Schilderung von weiteren Detaillösungen des Supply Chain Managements im Vordergrund stehen, vielmehr sollen die bei der Umsetzung gemachten Erfahrungen beschrieben werden. Vielleicht können diese „lessons learned" ja dazu beitragen,

- dass die Wissenschaft den ein oder anderen Hinweis bekommt, zu welchen Fragestellungen sich weiterführende Forschungsarbeit lohnen könnte und
- dass anderen Praktikern, die sich ebenfalls mit der Umsetzung eines Supply Chain Managements befassen und dabei ähnliche Probleme erkennen oder vielleicht erst erahnen, nützliche Hilfestellungen gegeben werden.

2. Die Ausgangslage

2.1 Das Unternehmen

Während des Umsetzungsprozesses des Supply Chain Managements hat eine Neuordnung der zugrunde liegenden Unternehmensstruktur stattgefunden. Zu Beginn der Umsetzung war das Unternehmen als Röhm GmbH noch ein selbstständiges Tochterunternehmen. Heute ist das Unternehmen als Röhm GmbH & Co KG aufgeteilt in drei unabhängige Business Units der Degussa AG. Ebenfalls während des Umsetzungsprozesses wurde die IT-Abteilung in eine neue IT-Tochterfirma eingebracht. Diese Neuordnung sowohl seitens der IT als auch seitens der Fachbereiche hat den Umsetzungsprozess des Supply Chain Managements mit beeinflusst.

Die Röhm GmbH & Co KG ist ein Unternehmen der Methacrylatchemie. Basis der Methacrylatchemie ist ein Monomer, das im Wesentlichen aus fünf Rohstoffen hergestellt wird. Aus diesem Basismonomer werden eine Vielzahl von Zwischen- und Endprodukten hergestellt, die in den verschiedensten Branchen Verwendung finden. Alle Zwischenprodukte können auf allen Produktionsstufen sowohl weiterverarbeitet als auch verkauft werden. Die Röhm GmbH & Co KG hat weltweit ca. 4.400 Mitarbeiter, 18 Produktionsstätte und ca. 70 Vertriebsstandorte. Alle Standorte verwenden ein einziges gemeinsames SAP R/3 mit Releasestand 4.6C. Dabei sind flächendeckend alle Module des SAP R/3 im Einsatz. Auch einige Module des mySAP.com sind bereits im praktischen Einsatz.

Das SAP R/3 wird, wenn irgend möglich, im Standard genutzt. Modifikationen am Code des ausgelieferten Systems sind die sehr seltene Ausnahme. Lediglich auf dem Standard aufsetzende, selbst entwickelte Zusatztransaktionen sind im Einsatz. Diese sogenannten „Autobahntransaktionen" bündeln im Standard schwerfällige Buchungsabläufe und beschleunigen sie.

2.2 Probleme in der Praxis als Initiatoren des Supply Chain Managements

Gemäß einer internen Umfrage haben die Unternehmensbereiche in der optimierten Integration der Supply Chain deutlich mehr Verbesserungspotenziale gesehen als z. B. im e-Business. Die Anfragen nach Lösungen des Supply Chain Managements kamen daher aus allen Ebenen des Unternehmens.

Am häufigsten waren Anfragen nach neuen Abbildungen betrieblicher Funktionen, die mit den klassischen Modulen des SAP R/3 nicht oder nicht gut genug lösbar waren.

Auch Anfragen oder Forderungen von Kunden haben die Umsetzung des Supply Chain Managements weiter vorangetrieben.

Die Problemstellungen wurden von den Unternehmensbereichen direkt an die IT-Abteilung adressiert. Daneben wurde die grundsätzliche Konzeption, aber auch die Beschäftigung mit weiteren Teilaspekten des Supply Chain Managements von der IT-Abteilung selbst initiiert, da die IT-Abteilung einen „Innovationsauftrag" hatte, also als interner Unternehmensberater fungierte.

Die meisten praktischen Probleme wurden aus dem Bereich der detaillierten Fertigungsplanung gemeldet. Die Optimierung der Reihenfolge von Fertigungsaufträgen unter Berücksichtigung gegebener Kapazitätsrestriktionen sowie die Nutzung einer Plantafel waren häufige Forderungen. Hierbei spielte die Notwendigkeit einer mit klassischen Mitteln nicht zu erreichenden zufriedenstellenden Reaktionszeit auf kurzfristige Änderungen von Kundenwünschen eine besondere Rolle.

Kommunikationsprobleme zwischen Unternehmensbereichen führten weiterhin zu der Forderung nach neuen Wegen des Demand Planning.

Nicht integrierte funktionale Einzellösungen, die mit Excel oder individuellen Datenbanken realisiert wurden und nicht mit dem zentralen SAP R/3 kommunizierten, führten ebenfalls zu weiteren Forderungen nach Lösungen des Supply Chain Managements.

Andere funktionale Verbesserungspotenziale scheiterten bisher an der Komplexität des Problems und seiner Abbildbarkeit und führten so zu weiteren Anforderungen an ein Supply Chain Management. Hier sei insbesondere die Optimierung des internen Supply Netzes genannt.

Bei den Kunden standen die Anfragen nach der Einrichtung eines VMI Szenarios im Vordergrund.

2.3 Historie und aktuelles Verständnis des Supply Chain Managements in der Praxis

Der Prozessgedanke, also der Ansatz, die funktionalen Abläufe am gesamten Unternehmensprozess und nicht nur an den Teilprozessen pro Abteilung auszurichten, war im Unternehmen schon länger etabliert. Diese Denkweise hatte die IT-Abteilung im Rahmen ihres „Innovationsauftrages" bei allen Beteiligten bereits festigen können. Die Erkenntnis, dass sich IT-Lösungen nicht auf einzelne Module oder Unternehmenseinheiten beschränken dürfen, sondern sich am Zusammenspiel der betrieblichen Funktionen ausrichten müssen, hatte bereits vor den ersten Ansätzen des Supply Chain Managements Erfolge in der Integration gezeigt. Allerdings war die Prozessintegration zu diesem Zeitpunkt noch abhängig von den begrenzten funktionalen Mitteln des bestehenden SAP R/3 Systems. Aber immerhin: die Basis war geschaffen, um auch ein Supply Chain Management effektiv zu etablieren, nur hat die Erkenntnis alleine noch nicht genügt, es mussten auch Methoden und Werkzeuge gefunden werden, um die fehlenden übergreifenden Funktionen abzubilden.

Außerdem beschränkte sich der Prozessgedanke vor der Beschäftigung mit dem Supply Chain Management ausschließlich auf die interne Sicht der Prozesse. Der Wandel von der internen zur externen Sicht und damit die Integration externer Partner wurde erst mit dem Supply Chain Management Ansatz thematisiert.

Mittlerweile hat sich folgendes praktisches Verständnis des Supply Chain Managements eingebürgert:

Supply Chain Management ist die Integration, die Steuerung, die Koordination und die Optimierung des Netzwerkes aller logistischen Informationen sowie der Waren- und Geldflüsse über alle beteiligten Unternehmensbereiche hinweg unter Einbeziehung von externen Partnern.

Supply Chain Management ist sowohl eine organisatorische Aufgabe als auch eine Aufgabe der Implementierung von IT-Lösungen.

Supply Chain Management bezieht sich sowohl auf die horizontale Integration, also auf die Integration der beteiligten Netzwerkeinheiten, als auch auf die vertikale Integration, also auf die Integration der Aufgaben verschiedener Ebenen innerhalb einer Einheit.

E-Business aus Sicht des Supply Chain Managements ist dabei die Umsetzung kollaborativer Prozesse mit internen und externen Partnern über geeignete Plattformen.

Pro Business Unit ist mittlerweile die Stelle eines hauptamtlichen Supply Chain Managers eingerichtet. Diese Stelle hat sich zur Lösung praktischer Probleme und als Ansprechpartner für Fragen entlang des Netzwerkes bewährt. Innerhalb der IT-Abteilung gibt es eine analoge Stelle, die als Gegenpart zu den Supply Chain Managern fungiert.

3. Umsetzungsstrategie

3.1 Vorgehenskonzept zur Einführung des Supply Chain Managements

Beim Einstieg in die Thematik des Supply Chain Managements stellt sich zunächst die Frage, wie man sich dem Thema grundsätzlich nähert. Man benötigt ein Vorgehenskonzept, ausgerichtet an einer Zielvision.

Es gibt prinzipiell beliebig viele Wege, eine Zielvision zu definieren und daraus ein Vorgehenskonzept zu entwickeln. Meistens wird allerdings einer der folgenden beiden Wege gewählt: Entweder die Zielvision wird sehr weit gefasst und daraus entwickelt sich ein „globales" Vorgehenskonzept oder die Zielvision wird eher eng gefasst und dann entwickelt sich ein „lokales" Vorgehenskonzept.

In der weit gefassten Zielvision werden möglichst der gesamte Unternehmensprozess und alle potenziellen Chancen in das Konzept integriert. Alle davon betroffenen internen wie externen Personen nehmen an der Bearbeitung des Konzeptes teil. Man erhält globale Effekte mit einer gedanklich gesicherten Gesamtintegration, der Nutzen ist allerdings im Detail schwer zu bestimmen. Das resultierende „globale" Vorgehenskonzept führt zu einem sehr hohen Koordinationsaufwand mit vielen zu erwartenden politischen Schwierigkeiten. Im schlimmsten Fall können diese Probleme die Umsetzung des Vorgehenskonzeptes verzögern oder sogar verhindern.

In der eng gefassten Zielvision wird nur ein als problematisch erkannter Teil des gesamten Unternehmensprozesses mit den erwarteten potenziellen Verbesserungen in das Konzept integriert. Lediglich die unmittelbar davon betroffenen internen Mitarbeiter nehmen an der Bearbeitung des Konzeptes teil. Man hat überschaubare Effekte, allerdings ohne eine konzeptionelle Gesamtintegration. Der Nutzen ist dafür recht genau bestimmbar, weil in der Regel die Verbesserungspotenziale eines Teilproblems, das den

Konzeptionsprozess ausgelöst hat, bereits bekannt sind. Das resultierende „lokale" Vorgehenskonzept bedarf eines sehr geringen Koordinationsaufwandes und aufgrund der wenigen Beteiligten sind auch nur geringe politische Schwierigkeiten zu erwarten. Man kann also mit einer zügigen Umsetzung des Vorgehenskonzeptes rechnen, zahlt aber unter Umständen dafür den Preis, dass die Lösung später nicht in ein noch zu generierendes Gesamtkonzept passt.

Im vorliegenden Fall wurde ein gemischtes Vorgehen geplant. Die Zielvision wurde global gefasst, ohne dabei aber gleich alle internen wie externen Betroffenen zu integrieren. Vielmehr wurde zunächst nur von wenigen Experten eine grobe Skizze der Zielvision entworfen, die eine Gesamtintegration gewährleisten sollte, ohne alle Aspekte der Zielvision detailliert bearbeiten zu müssen. Dann wurde auf der Basis eines konkreten Problems ein erstes „lokales" Vorgehenskonzept entwickelt, um den Koordinationsaufwand gering zu halten, die Umsetzung des Vorgehenskonzeptes zügig zu gestalten und dennoch die Lösung an dem skizzierten Gesamtkonzept auszurichten. Dieser Ansatz wurde „think big, start small" tituliert.

Durch diesen „bottom up" Ansatz versprach man sich bei den Benutzern auch eine weit schnellere Akzeptanz des Konzeptes und des eingesetzten Produktes als bei einem „top down" Ansatz.

Es war dann vorgesehen, nach und nach die Lösung weiterer Teilprobleme mit begrenzten Effekten umzusetzen und so die Akzeptanz für ein Supply Chain Management zu festigen, ehe man sich mit den ersten Lösungen von Teilproblemen mit größeren Wirkungen befassen wollte. Ein möglichst schneller Übergang von der integrierten internen Lösung zur integrierten vernetzten Lösung mit Externen spielte bei der Vorgehenskonzeption keine Rolle, sondern ausschließlich die Komplexität der zu lösenden Teilprobleme. Folglich war auch das Thema „e-Business" kein treibender Faktor für die Vorgehenskonzeption.

3.2 Entscheidungskriterien für Supply Chain Management Produkte

Nachdem das Vorgehenskonzept zur Einführung eines Supply Chain Managements geklärt war, galt es nun, Kriterien für die Auswahl geeigneter Produkte aufzustellen.

Mit Abstand wichtigstes Kriterium war die Integration des Produktes in das bestehende Abwicklungssystem. Eigene praktische Erfahrungen mit immens hohen Kosten zur Schaffung, aber insbesondere auch zum Betrieb von Schnittstellen haben dazu geführt, sich diesem Aspekt intensiv zu widmen. Auch die Erfahrungen von Referenzkunden verschiedener in Betracht gezogener Produkte haben diese Überlegungen noch bestärkt. In aller Regel werden die Kosten von Schnittstellen vernachlässigt oder zumindest im Vorfeld völlig unterschätzt. Dabei spielt es keine Rolle, ob sich die Kosten von Schnittstellen auf technische Betriebskosten oder organisatorische Kosten durch manuelles Übertragen von Daten beziehen. Zu oft wird vereinfachend davon ausgegangen, dass eine Integration lediglich ein technisches Problem ist, sozusagen nur das Einstecken des richtigen Steckers an der richtigen Stelle. IT-Schnittstellen sind aber hoch komplexe und zumeist sehr individuelle Probleme, die hohen Aufwand erzeugen können. Ein Aufwand, der bei mangelnder vorheriger Berücksichtigung erst im Nachhinein erkannt wird und bei genauerer Berechnung oft das Optimierungspotenzial gefährdet. Und je weniger integriert das bestehende Abwicklungssystem bereits ist, desto höher werden diese Kosten werden. Teilweise wurde von Referenzkunden berichtet, dass sich eine Person hauptamtlich mit der Pflege der Schnittstelle des Produktes zum zentralen Abwicklungssystem befassen muss. Es ist geradezu paradox, in der Integration der Supply Chain große Optimierungspotenziale zu sehen, aber gleichzeitig bei den Produkten nicht oder nur unzureichend auf die Integrationsfähigkeit zu achten. Interessanterweise scheint sich auch die Theorie nur wenig mit den Kosten von Schnittstellen zu befassen, eine diesbezügliche - zugegeben nicht sehr intensive - Recherche war jedenfalls nicht besonders erfolgreich. Aus diesen Überlegungen heraus war die wichtigste Forderung klar: Ein Produkt zur Unterstützung des Supply Chain Managements muss ohne zusätzliche Kosten in das bestehende Abwicklungssystem, im betrachteten Fall das SAP R/3, voll integrierbar sein. Der Hersteller muss die Verantwortung für die Schnittstellen übernehmen.

Ein weiteres wichtiges Kriterium war natürlich die abzubildende Funktionalität, die durch die konkreten Probleme, soweit sie bekannt waren, definiert wurde. Welche Funktionalität im einzelnen realisiert werden musste, ist bei den Ergebnissen beschrieben. Dabei wurde zwischen Muss- und Kann-Kriterien unterschieden.

Ebenfalls wichtig war das Einsparungspotenzial. Hier wurden zwei Aspekte als Kriterium herangezogen. Zum einen die Einsparungen aufgrund vereinfachter Abwicklungen, also durch den Wegfall bestimmter, nicht mehr benötigter Buchungs- oder Bearbeitungsschritte. Zum anderen die Einsparungen aufgrund von Optimierungsergebnissen durch die Algorithmen des Produktes.

Eine für die Entscheidung untergeordnete Rolle spielte das Handling und die Oberfläche des Produkts. Die Erfahrungen aus verschiedenen Neueinführungen von IT-Produkten in der Vergangenheit haben immer wieder gezeigt, dass – ein grundsätzlich sinnvolles Handling des neuen Produkts natürlich vorausgesetzt - die Zufriedenheit der Benutzer mit der Oberfläche von der Routine im Umgang mit dem Produkt abhängt. Anders ausgedrückt ist fast jedes neue Produkt aus der Sicht des routinierten Benutzers zunächst immer schlechter als das gewohnte Produkt oder Abwicklungsverfahren, und zwar so lange, bis es selbst wieder durch ein neues Produkt abgelöst werden soll und dann das bessere Produkt wird. Außerdem ist bei einer so großen Anzahl von potenziellen neuen Benutzern immer damit zu rechnen, dass viele unterschiedliche Anforderungen an ein Produkt gestellt würden, die ohnehin nicht alle zu erfüllen wären. Die Forderung für dieses Kriterium beschränkt sich also auf ein sinnvolles Handling. Auf einen Katalog mit einzelnen Anforderungen an das Handling wurde bewusst verzichtet.

4. Ergebnisse

4.1 Welche Produktkomponenten werden in welchem Stadium genutzt?

Nachdem das Vorgehenskonzept zur Einführung eines Supply Chain Management geklärt war und die Kriterien für die Auswahl geeigneter Produkte aufgestellt waren, wurde nun ein Produkt ausgewählt und mit der Implementierung von Teilen des Produktes begonnen. Die Wahl fiel auf SAP APO mit seinen Komponenten, da mit der Realisierung der gewünschten Funktionalität das Einsparungspotenzial umsetzbar erschien und die Integration in der geforderten Form gewährleistet erschien. Die folgende Beschreibung des Einsatzes der Komponenten gibt die chronologische Abfolge der Einführung wieder.

4.1.1 Production Planning and Detailed Scheduling

Als erstes wurde das SAP mySAP.com Modul APO PP/DS eingesetzt. Die Aufgabe war, die Reihenfolge der Prozessaufträge in der Herstellung von Formmassen zu optimieren. Es wurde nur die Komponente des Detailed Scheduling genutzt, der Part des Production Planning wurde wie bisher im SAP R/3 Modul PP ausgeführt, da die Auflösung der Sekundärbedarfe weiter im SAP R/3 Modul PP notwendig war. Es ging um ungefähr 2000 Produkte, im Wesentlichen Einfärbungen und Stabilisierungen von ca. 20 Basisprodukten. Limitierender Faktor war die Kapazität der parallelen Extruder, der Abfüllanlagen und des Personals. Rahmenbedingungen waren eine sehr hohe Änderungshäufigkeit der Aufträge durch häufige Änderung der Kundenwünsche sowie kurzfristige Kundensonderfertigungen. Das Projekt wurde in neun Zeitmonaten mit zwei Mitarbeitern aus der IT und ebenfalls zwei Mitarbeitern des Fachbereichs umgesetzt. Das Modul ist mittlerweile seit ca. einem Jahr im produktiven Einsatz. Die Bearbeitungszeit der Feinplanung durch die Disponenten konnte um ca. 80 % reduziert werden. Die Planungsnervosität durch die kurzfristige Änderung der Kundenwünsche ist mit der Einführung des Moduls beherrschbar. Mittlerweile stehen zwei weitere Projekte mit dem Modul APO PP/DS unmittelbar vor dem Abschluss. Auch hierbei geht es um Reihenfolgeoptimierungen. Anfragen für fünf weitere Projekte liegen vor.

4.1.2 Demand Planning als Basis eines Vendor Managed Inventory

Mit einem wichtigen Kunden wurde ein Vendor Managed Inventory (VMI) Scenario realisiert. Dabei geht es auf der Basis der Informationen über die aktuellen Tankstände beim Kunden um die Zusage, die notwendige Auffüllung der Tanks automatisch und ohne Bestellung des Kunden vorzunehmen. Es handelt sich also um eine erste Lösung des Supply Chain Managements mit einem externen Partner.

Das Scenario basiert auf vier Phasen: der Kollaboration, der Bestandsprüfung, der „frozen Period" und dem Abschluss des Geschäftsvorfalles. In der Phase der Kollaboration wird die Bedarfsplanung abgestimmt. Das ist notwendig, da eine automatische Bestandsauffüllung beim Kunden nur dann funktionieren kann, wenn man zum entsprechenden Reaktionszeitpunkt selbst auch genügend Material zur Verfügung hat. Um aber nur eine einfache Verlagerung des Sicherheitsbestandes vom Kunden zum Lieferanten zu vermeiden, hat man sich auf diesen Abstimmungsprozess geeinigt. Verwendet wird dazu das SAP mySAP.com Modul APO DP (Demand Planning). Der Abstimmprozess wird über das Internet mit einem Zugang über ein Workplace durchgeführt. Die Kollaboration wird monatlich rollierend oder bei besonderen Anlässen ausgeführt.

In der Phase der Bestandsprüfung werden die Tankstände des Kunden automatisch kontrolliert. Zusätzlich übermittelt der Kunde ebenfalls automatisch die geplanten Verbräuche durch seine freigegebenen Fertigungsaufträge. Aus beiden Informationen wird der aktuelle Auffüllbedarf ermittelt.

In der „frozen Period" wird daraus eine Konsignationsbeschickung generiert, die im Versand umgesetzt wird. Die Dauer der „frozen Period" ist die Summe der Transportzeit und der Transportvorbereitungszeit. Während dieser Zeit sind Änderungen nicht mehr möglich.

In der Phase des Abschlusses des Geschäftsvorfalles meldet der Kunde automatisch seine Konsignationsentnahmen und bezahlt aufgrund dieser Konsignationsentnahmen. Eine Rechnung wird nicht erstellt. Differenzen werden über den Vergleich von Bestand, Auffüllungen und Kohnsiegnationsentnahmen ermittelt.

Die Vorteile dieses Verfahrens liegen für den Kunden darin, dass kein Sicherheitsbestand angelegt werden muss, dass keine Bestellungen mehr anfallen, dass die Qualitätskontrolle entfallen kann und dass auch keine Rechnungsprüfung betrieben werden muss. Der gesamte Abwicklungsprozess wurde dadurch wesentlich vereinfacht. Die eigenen Vorteile liegen neben der Kundenbindung in einer genaueren Bedarfsplanung, dem Entfallen von Kundenaufträgen und dem Verzicht auf eine Rechnungsschreibung und -kontrolle.

Das Projekt wurde in zwölf Zeitmonaten mit zwei Mitarbeitern aus der IT und ebenfalls jeweils zwei Mitarbeitern des Fachbereichs und des Kunden umgesetzt. Diese Anwendung ist mittlerweile seit ca. einem halben Jahr im produktiven Einsatz. Ein weiteres VMI Projekt mit dem Modul APO DP steht unmittelbar vor dem Abschluss. Anfragen für zwei weitere VMI Projekte liegen vor.

4.1.3 Demand Planning als Instrument der internen Bedarfsübergabe

Ein großes Problem war die Kommunikation zwischen Unternehmensbereichen bei der Übergabe der Bedarfsprognose. Es mangelte dabei weder an der Einsicht der Notwendigkeit einer funktionierenden Bedarfsplanung noch an dem Willen, diese umzusetzen, sondern einfach an geeigneten Instrumenten. Bisher wurden Excel-Listen ausgetauscht, denen weder eine mathematisch fundierte Vergangenheitsanalyse noch eine praktikable Regelung zur Aktualisierung zugrunde lag.

In einem ersten Bereich wird die gemeinsame interne Bedarfsplanung mit dem SAP mySAP.com Modul APO DP (Demand Planning) realisiert. Der interne Abstimmprozess wird über das Intranet mit einem Zugang über ein Workplace durchgeführt. Die Kollaboration soll monatlich rollierend oder bei besonderen Anlässen ausgeführt werden.

Dieses Projekt wird nach sechs Zeitmonaten mit zwei Mitarbeitern aus der IT und ebenfalls zwei Mitarbeitern des Fachbereichs abgeschlossen werden. Damit wird das Modul in Kürze in den produktiven Einsatz genommen werden. Ein weiteres Projekt mit dem Modul APO DP ist in Arbeit. Auch hierbei geht es um interne Bedarfsübergabe. Anfragen für drei weitere interne Projekte liegen vor.

4.1.4 Supply Network Planning

Wie eingangs schon beschrieben, ist die Basis der Methacrylatchemie ein zentrales Monomer, aus dem eine Vielzahl von Zwischen- und Endprodukten hergestellt wird. Im klassischen SAP R/3 kommt dieses Basisprodukt somit in fast allen Stücklisten vor. Das führt dazu, dass der Disponent dieses Basisprodukts trotz Bündelung der Bedarfsübergabe dennoch eine Vielzahl von Einzelbedarfen erhält, die faktisch nicht mehr überschaubar ist. Eine vernünftige Disposition im SAP R/3 PP war nicht möglich, da sich diese Informationen mit jeder automatischen stündlichen Bedarfsauflösung veränderten. Hier hatte sich eine aufwändige manuelle Disposition neben der Disposition im SAP R/3 PP etabliert. Diese manuelle Disposition galt es abzulösen. Eine systemgestützte Planung auf aggregierter Ebene war nötig.

Daneben haben andere Bereiche Alternativen in der Planung der Produktion und der Beschaffung zu berücksichtigen. Dieser Warenfluss durch das gesamte Supply Network sollte optimiert werden. Dabei spielen Kontingente zwischen den mittlerweile ja unabhängigen Business Units eine wichtige Rolle.

Der Lösungsansatz zur Optimierung des Supply Network Planning wird derzeit mit dem SAP mySAP.com Modul APO SNP (Supply Network Planning) realisiert. Der interne Abstimmprozess zur Aggregierung und Kontingentierung soll dabei in einer Abstimmrunde aller Supply Chain Manager ausgeführt werden.

Dieses Projekt wird nach zwölf Zeitmonaten mit drei Mitarbeitern aus der IT und sechs Mitarbeitern des Fachbereichs abgeschlossen werden. Das Modul SNP wird Mitte des Jahres in den produktiven Einsatz genommen werden.

Ein weiteres Projekt mit dem Modul APO SNP ist in Planung.

4.1.5 Globale Verfügbarkeitsprüfung

Ein Bereich stellt unter anderem Produkte für einen anonymen Endverbraucherkreis her, muss sich also faktisch wie ein Produzent von Konsumgütern verhalten. Die fertigen Produkte können in verschiedenen Distributionszentren lagern. Es ist geplant, die Produkte auch über das Internet anzubieten, zum Beispiel über Kataloge. Dafür ist eine zuverlässige Verfügbarkeitsprüfung notwendig, um den anfragenden Kunden online Liefertermine bestätigen zu können. Weiter sollen Produktalternativen angeboten werden, wenn die Verfügbarkeitsprüfung für das ursprünglich angefragte Produkt negativ ausfällt.

Diese globale Verfügbarkeitsprüfung wird derzeit mit dem SAP mySAP.com Modul APO gATP (global Available to Promise) realisiert und befindet sich in der Phase des Prototyping.

Dieses Projekt wird nach nur sechs Zeitmonaten mit einem Mitarbeiter aus der IT und einem Mitarbeiter des Fachbereichs abgeschlossen werden. Das Modul gATP wird Mitte des Jahres in den produktiven Einsatz genommen werden.

4.2 Realisierungserfahrungen aus den Projekten

In den diversen abgeschlossenen und noch laufenden Projekten wurden einige neue Erfahrungen gemacht, da mySAP.com Projekte oft ein ganz anderes Vorgehen erfordern als klassische SAP R/3 Projekte.

Ein wesentlicher Unterschied besteht darin, dass der Erfolg nicht mehr von der Konzeptions-, der Einführungs- und der Schulungsphase abhängt, sondern vielmehr von der richtigen Modellierung des Systems. Die Modellierung entspricht der Abbildung des zu optimierenden Geschäftsablaufes und der dabei limitierenden Restriktionen. Die Phase der Modellierung ist im Zeitablauf der Projektphasen irgendwo zwischen Detailkonzept und Realisierung angesiedelt und ist ein zeitraubender Teil eines jeden mySAP.com Projekts. Da bei der Modellierung unbedingt das detaillierte Fachwissen der Experten einfließen muss, ist gerade in dieser Phase immer ein sehr hoher Einsatz seitens der Fachbereiche notwendig. Die Experten des Fachbereichs müssen von Anfang an in das Team integriert werden. Das hat als Nebeneffekt den angenehmen Vorteil, dass die

Schulungen in einem „Train the Trainer" Konzept weitestgehend vernachlässigt werden können.

mySAP.com Projekte beinhalten im Vergleich zu klassischen SAP R/3 Projekte viel Aufwand für das Customizing, dafür aber sehr wenig zusätzliche Programmierung, da die individuellen Spezifika über die Modellierung abgedeckt werden. Andererseits ist immer mit vielen Anpassungen beim Aufbau der Stammdaten zu rechnen. Günstigstenfalls müssen lediglich die bestehenden SAP R/3 Stammdaten ergänzt werden, ungünstigstenfalls steht ein Redesign der Stammdatenstruktur an.

Die etappenweise Einführung von Teilen eines Moduls hat sich auch als vorteilhaft erwiesen. Nicht nur das Supply Chain Management kann im Sinne des „think big, start small" sukzessive wachsen, auch die Ausprägung der Module empfiehlt sich als Umsetzung in Etappen.

Interessant war auch die Erfahrung, wie anfangs mit den neuen Möglichkeiten der mySAP.com Module umgegangen wurde. So gab es Denkweisen, die erst einmal abgelegt werden mussten, um die Potenziale der Module besser auszuschöpfen.

Ein Beispiel: Im ersten APO PP/DS Projekt haben die Kollegen des Fachbereichs immer versucht, die Planung in Kampagnen zu modellieren. Es hat ein wenig gedauert zu verstehen, dass das Einrichten von Kampagnen ja nur eine Vereinfachung mangels Beherrschung der Komplexität eines Planungsvorganges war. Mit einem System, das eben diese Komplexität kontrollieren kann, entfällt die Notwendigkeit, in Kampagnen zu denken. Und damit brauchen sie auch nicht mehr modelliert zu werden.

Ein weiteres Beispiel ist die Fixierung von Prozessaufträgen. Eine Fixierung führt dazu, dass der Optimierer diesen Prozessauftrag ignoriert und aus der Optimierung herausnimmt. Es wird vom System unterstellt, dass der Benutzer aus welchen Gründen auch immer willentlich festgelegt hat, dass der Auftrag nur hier und sonst nirgends gefertigt werden kann. Nun hat es sich aber eingebürgert, viele dieser Fixierungen vorzunehmen, teilweise sogar nur, um die Prozessaufträge auf der Plantafel schneller wiederzufinden, eben so wie es im Excel auch gemacht wurde. Natürlich entspricht dann das vermeintliche Optimum, das der Optimierer liefert, nur einem Suboptimum. Auch diese Erkenntnis, dass mit dieser übernommenen Vorgehensweise der Vorteil eines Planungssystems ausgehebelt wird, brauchte doch etwas Zeit.

Interessant war auch die Frage, was in den Projekten von der anfänglichen e-Business Euphorie übriggeblieben ist. Man kann feststellen, dass die Euphorie vorbei ist und die Anforderungen sich wieder auf das Wesentliche konzentrieren. Auch hier steht die Analyse dessen, was wirklich gebraucht wird, wieder vor der Begeisterung, alles umsetzen zu wollen, was machbar erscheint oder als notwendig suggeriert wird.

4.3 Erfolgsfaktoren

4.3.1 War das Vorgehenskonzept richtig?

Ja! Das Vorgehenskonzept hat sich in der Praxis bewährt, auch wenn es natürlich nicht ohne Probleme umgesetzt werden konnte. Dazu später mehr.

Beabsichtigt war, über das Vorgehen „think big, start small" eine schnelle Akzeptanz des eingesetzten Produktes zu erreichen. Das kann bestätigt werden, nach den ersten Teilerfolgen war das Thema mySAP.com APO intern sehr positiv besetzt. Es war sogar eine gewisse Euphorie festzustellen, als einer der nächsten Anwender mit einem neuen Projekt dabei zu sein.

Sowohl der IT als auch den Fachbereichen hat dieses Vorgehen eine schnelle Erlangung erster Fertigkeiten im praktischen Umgang mit den mySAP.com APO Modulen vermittelt. Die notwendige Beteiligung an der Modellierung hat ein Übriges zur Identifikation des Fachbereiches mit dem Vorgehen und den Inhalten getan.

Für die IT war dieses Konzept auch eine gute Möglichkeit, die technische Beherrschung der mySAP.com APO Module in möglichst kleinem Rahmen zu trainieren.

Ein besonderes Augenmerk gilt einem weiteren Effekt dieses Vorgehenskonzeptes. Wählt man nicht den Ansatz „think big, start small", besteht eine gewisser Trend, die erste Einführung immer wieder hinauszuzögern, um das Risiko einer Fehlentscheidung zu minimieren, denn die Entscheidung ist ja viel weitreichender. Die Suche nach der optimalen Funktionalität will nicht enden und auch der Abgleich unterschiedlichster Interessen zu bestimmten Details verschlingt Entscheidungszeit, obwohl andere Teilthemen gar nicht betroffen sind. Sie warten trotzdem wegen des kollektiven Abstimmungsprozesses. Die Zeit, die für dieses Delta an „besserer" Funktionalität aufgebracht wird, verhindert aber die sofortige Hebung eines Potenzials, das man mit der „nicht ganz so guten", aber sofort realisierten Alternative umgesetzt hätte. Mit anderen Worten, wählt man nicht den Ansatz „think big, start small", besteht die Gefahr, dass die Projekte künstlich nicht nur direkt, sondern durch die Unterlassung auch indirekt verteuert werden. Der Ansatz „think big, start small" hat als Nebeneffekt noch den Ansatz „do it now, save money"!

4.3.2 Ein integriertes SAP R/3 als Basis eines erfolgreichen Supply Chain Managements

Die Basis eines erfolgreichen Supply Chain Managements ist immer ein voll integriertes klassisches Abwicklungssystem, im vorliegenden Fall ein voll integriertes SAP R/3 auf einer gemeinsamen Plattform mit allen relevanten Modulen, das weitestgehend im Standard genutzt wird.

Ohne eine stabile integrierte Informationsbasis auf den Ebenen der logistischen Abläufe und des Controllings stehen dem Supply Chain Management keine aktuellen und konsistenten Informationen zur Verfügung. Aktuelle und konsistente Informationen erhält man durch zeitnahe Buchungen. Dazu ist das Prozessbewusstsein bei allen Beteiligten notwendig. Fehlt dieses Bewusstsein und wird mit inkonsistenten Informationen eines nicht integrierten Systems gearbeitet, führt das unweigerlich zu falschen Schlüssen im Supply Chain Management. Optimierungen auf der Basis inkonsistenter oder nicht aktueller Informationen schaden mehr als sie nützen, sie optimieren den Fehler.

Was ist zu tun, wenn dieser Stand nicht gegeben ist? Eine integrierte IT-Lösung muss installiert werden, das Prozessbewusstsein muss bei allen Beteiligten etabliert werden und gegebenenfalls müssen Geschäftsprozesse angepasst werden. Zu glauben, man könne ein Supply Chain Management ohne diese Basis erfolgreich installieren, ist ziemlich sicher illusorisch. Ein Supply Chain Management braucht die Integration der Informationen, wenn diese Integration aber bereits an der Basis fehlt, ist das Supply Chain Management, das ja darauf aufsetzt, wirkungslos.

Der Wettbewerbsvorteil eines Unternehmens liegt in diesem Zusammenhang also nicht darin, wie schnell Supply Chain Management Tools eingeführt werden, sondern wie schnell die Installation einer eventuell fehlenden Basis nachgeholt werden kann, m. a. W. wie schnell die versäumten Hausaufgaben gemacht werden.

4.3.3 Erfolgsmessung des Supply Chain Managements

Während die Erfolgsmessung des Supply Chain Managements bei Einsparungen aufgrund vereinfachter Abwicklungen durch Vergleich der alten und neuen Aufwände recht einfach ist, bereitet das Benchmarking von Optimierungsergebnissen weit mehr Sorgen. Meist fehlen nicht nur die richtigen Vorgehensweisen, sondern auch Vergleichswerte aus der Vergangenheit. Gebraucht werden z. B. Aussagen zur Verbesserung der Reaktionsgeschwindigkeit, zur Verbesserung der Deckungsbeiträge und zur Reduktion der Rüstzeiten, um nur einige zu nennen. Die Liste kann je nach betrachtetem Modul beliebig lang erweitert werden. Daneben gibt es viele weiche Faktoren, wie „mehr Transparenz" oder „schnellerer Zugriff auf aktuelle Informationen", die nicht richtig quantifiziert werden können, aber dennoch im Verständnis der Benutzer einen wesentlichen Erfolg darstellen.

Im vorliegenden Fall wurden bisher nur die Messungen der Einsparungen aufgrund vereinfachter Abwicklungen vorgenommen, wie z. B. die Reduktion der manuellen Planung in der Disposition um 80 %. Allein mit diesen Erfolgsmessungen waren die Projekte aber immer bereits erfolgreich. Ein ausführliches Benchmarking der Optimierungsergebnisse ist gerade in Arbeit, es liegen aber noch keine Erfahrungen vor.

4.3.4 Einfluss durch die Organisationsstruktur

Die gewählte Organisationsform hat ebenfalls großen Einfluss auf die erfolgreiche Installation eines Supply Chain Managements. Ist die IT eine interne Abteilung, die sich per Definition lediglich auf das Umsetzen von vorgegebenen Aufgaben beschränkt, dann muss die grundsätzliche Konzeption des Supply Chain Managements von einer anderen Abteilung initiiert werden, sonst fehlt der bereits erwähnte „Innovationsauftrag". In der Konstellation besteht allerdings die Gefahr, dass die Konzeption unter Umständen an den praktischen Möglichkeiten der betrachteten Systeme vorbei entwickelt wird. Dann müsste zunächst für ausreichende Systemkenntnisse bei der mit der Konzeption beauftragten Abteilung gesorgt werden. Der Ansatz, die Konzeption losgelöst von den Möglichkeiten der in Frage kommenden Systeme zu entwickeln, führt in der Regel zu mindestens einer zusätzlichen Iterationsschleife in der Detailkonzeption.

Hat die IT-Abteilung diesen „Innovationsauftrag" oder besitzt eine mit der Konzeption beauftragte Abteilung ausreichende Systemkenntnisse, werden die Ergebnisse der Konzeption vermutlich am stabilsten ausfallen.

Ist die IT oder eine andere mit der Konzeption beauftragte Stelle externer Dienstleister, muss über die Form der Zusammenarbeit geregelt werden, dass der „Innovationsauftrag" ernst genommen wird, ansonsten besteht eine gewisse Gefahr, dass Lösungsansätze umgesetzt werden, die nicht optimal auf den gesamten Prozess als Basis des Supply Chain Managements abgestimmt sind. Man sollte unter dieser Konstellation auf jeden Fall auf erfahrene Kenner des Unternehmens, mindestens aber der Branche bestehen.

Seitens der Fachbereiche hat sich die Installation eines Supply Chain Managers pro beteiligtem Fachbereich als sehr sinnvoll erwiesen. Eine solche Stelle ist faktisch die einzige Institution, die den dringend notwendigen Prozessgedanken installieren kann.

Es gibt noch einen weiteren für das Supply Chain Management tendenziell relevanten Zusammenhang zwischen der Organisationsstruktur und der Konjunktur bzw. der Gewinnerwartung. Grundsätzlich führt eine verminderte Gewinnerwartung immer dazu, dass in IT-Lösungen investiert wird, um schnell weitere Einsparpotenziale zu heben. Man kann nun in einer solchen Situation beobachten, dass in einer integrierten Organisationsstruktur die integrierten Lösungen wie das Supply Chain Management wesentlich leichter durchzusetzen sind, als in einer unabhängigen Organisationsstruktur. Hier kommt dann eher die Sicht auf den individuellen Vorteil einer abgegrenzten Lösung als der vielleicht nicht so leicht zuzuordnende partielle Vorteil an einer integrierten Lösung zum Tragen.

4.4 Handling Probleme in der Praxis

Entgegen anfänglicher Vermutung stellte sich das etwas gewöhnungsbedürftige Handling der mySAP.com Module in der Praxis nicht als Akzeptanzproblem heraus. Mit der Routine im Umgang mit dem Produkt legten sich die anfänglichen Irritationen. Mittlerweile werden auch diese Module genutzt wie alle anderen auch. Es war schon sehr interessant mit anzusehen, wie sich nach und nach herausstellte, dass all diejenigen vermeintlichen Neulinge, um die man sich bezüglich des Handlings so neuer Module so viele Sorgen gemacht hatte, dann damit keine Probleme hatten, weil sie im privaten Bereich längst Profis in der Benutzung ähnlicher Produkte waren.

Auch das Hin- und Herspringen zwischen SAP APO und SAP R/3 stellte sich nicht als das befürchtete Akzeptanzproblem heraus, dazu kommt die Notwendigkeit in der Praxis zu selten vor.

Anfangs stellte sich der Zeitbedarf zum Ausprobieren der komplexen Möglichkeiten der Module als kritisch heraus.

Die Ausfallsicherheit des Systems war ein Problem. Zum einen die Module selber, aber auch die zusätzliche Netzbelastung durch den vermehrten Austausch von Daten lieferten anfangs Anlass zur Sorge. Ein Belastungscheck am Anfang der Massentestphase kann hier nur empfohlen werden.

Es gibt zwei praktische Problemstellungen, für die die ausgewählten Module mySAP.com APO PP/DS bzw. mySAP.com APO SNP derzeit keine zufriedenstellende Lösung anbieten. Zum einen ist in der Optimierung die Berücksichtigung von Tankressourcen bei gleichzeitiger Verwendung von SAP R/3 LVS nicht gelöst. Zum anderen fehlt im SNP eine Optimierung nach Deckungsbeiträgen. In beiden Fällen ist SAP noch in der Pflicht, Lösungen nachzulegen, denn darauf kann in der chemischen Industrie nicht verzichtet werden.

Die mit Abstand größten Probleme waren die anfangs immer wiederkehrenden Inkonsistenzen in der Schnittstelle zwischen SAP APO und SAP R/3. Das war deshalb so unangenehm, da eben diese Integration ja das Hauptargument für die Auswahl von SAP APO war. Hier hat SAP im ersten APO PP/DS Projekt eine Menge Erfahrungen gesammelt, jetzt kann man das Problem als gelöst betrachten. Es zeigt aber auf jeden Fall, wie schwierig offensichtlich das Problem der Schnittstellen ist. Wenn bereits der gemeinsame Hersteller zweier Module solche Probleme in der Bereitstellung von online Schnittstellen hatte, mag man an die möglichen Probleme getrennter Hersteller zweier Module nicht richtig denken wollen.

Thorsten Brand, Jochen Griebel und Harald Schallner

Stahlproduktion werksübergreifend planen mit mySAP APO bei Ispat Germany

1. Einleitung

2. Ausgangssituation

3. Anforderungen an ein systemgestütztes Supply Chain Management
    3.1 Werksübergreifend integrierte Systemarchitektur
    3.2 Ziele der Produktionslogistik
    3.3 Planungsfunktionalität

4. Einführung des SCM-Systems mySAP APO

5. Planungsprozess realisiert mit mySAP APO
    5.1 Prozessschritt: Produktionsplan erzeugen
    5.2 Prozessschritt: Auftragsreihenfolge planen
    5.3 Prozessschritt: Auftragsfortschritt kontrollieren
    5.4 Prozessschritt: Kapazitätsangebot anpassen
    5.5 Prozessschritt: Planungsprobleme bearbeiten

6. Projekterfahrungen

7. Realisierter Nutzen

8. Ausblick

1. Einleitung

Ziel dieses Praxisberichts ist es, Erfahrungen des Stahlherstellers Ispat Germany mit der Einführung und dem Betrieb der integrierten Supply Chain Management Lösung mySAP APO (Advanced Planer and Optimizer) darzustellen. Fokussiert auf die für die Stahlbranche spezifischen Gegebenheiten werden Anforderungen einer integrierten Produktionsplanung an ein Supply Chain Management System diskutiert. Anschließend werden der werksübergreifende Produktionsplanungsprozess sowie deren realisierte Systemunterstützung detailliert erläutert. Der realisierte Nutzen des Einführungsprojektes und zukünftige Entwicklungsmöglichkeiten werden aufgezeigt.

Ispat Germany GmbH mit ihren drei Produktionswerken, dem Drahtwalzwerk in Duisburg Hochfeld, dem Stahlwerk in Duisburg Ruhrort und dem Hamburger Stahlwerk ist Mitglied der Ispat International N.V., damit Teil der LMN-Group, dem weltweit zweitgrößten Stahlproduzenten mit Standorten in zwölf Ländern. Ispat Germany nimmt eine führende Position für Walzdrahtgüten mit hoher Qualität in Europa ein. Die Jahresproduktion von 2,8 Millionen Tonnen Stahl umfasst hochqualitative Stahlerzeugnisse in Form von Kaltstauch-, Schweißdraht-, Wälzlager-, Reifen- und Federstahlgüten, Automatenstahl, Schmiede- und Schienenqualitäten.

2. Ausgangssituation

Ausgangslage vor der Einführung der integrierten Supply Chain Management Lösung war eine gewachsene und damit heterogene betriebliche Informationslandschaft. Zurückzuführen ist der damalig geringe Integrationsgrad auf die Entwicklungshistorie des Unternehmens, welche die ursprünglich unabhängigen Werke in Duisburg und Hamburg zusammenführte. Folglich war vor der Inbetriebnahme von mySAP APO keine integrierte Systemunterstützung der werks- und fertigungsstufenübergreifenden Produktionsplanung gegeben.

Damit ergaben sich besondere Schwierigkeiten bei der Termin- und Kapazitätsplanung, die durch komplexe Produktstrukturen mit verkaufsfähigen Halbfertig- und Fertigprodukten auf mehreren Fertigungsstufen gekennzeichnet ist. Insbesondere die Synchronisation der terminlichen Abhängigkeiten zwischen komplexen metallurgischen Produktionsrestriktionen im Stahlwerk und abmessungsbedingten Kampagnen im Walzwerk stellte eine besondere Herausforderung dar. Durch situatives Planen kam es teilweise zu Kapazitätsüberschreitungen an einzelnen Aggregaten. Häufig waren erhöhte Rüstaufwände zur Erfüllung zugesagter Termine notwendig und erhöhte Lagerbestände vor den Produktionsaggregaten zur sicheren Belegung der Anlagen erforderlich. Insbesondere der termingerechte Auftragsdurchlauf und der aktuelle Auftragsstatus konnten nur mit hohem Aufwand manuell geprüft werden. Lieferterminzusagen waren aufgrund der fehlenden Transparenz über zukünftige Kapazitätsbelegungen und deren terminliche Abhängigkeiten zwischen vor- und nachgelagerten Fertigungsstufen mit hoher Unsicherheit behaftet. Damit gehörte das Einplanen rückständiger Kundenaufträge, für die zugesagte Liefertermine nicht eingehalten werden konnten, zu den wesentlichen Bestimmungsgrößen der Produktionsplanung.

3. Anforderungen an ein systemgestütztes Supply Chain Management

Als Folge der beschriebenen Ausgangslage ergeben sich nachstehend beschriebene Projektziele.

3.1 Werksübergreifend integrierte Systemarchitektur

Das übergeordnete Projektziel ist die Schaffung einer integrierten Systemarchitektur, die eine integrative Planung über alle Werke, Produktionsstufen, Rohstoffe, Halbfertig- und Fertigprodukte sicherstellt. Eingebettet in den Geschäftsprozess der Auftragsabwicklung ist eine bereichsübergreifende Daten- und Prozessintegration vom Auftragseingang, über die Planung, Produktion, Qualitätsprüfung bis zum Versand zu realisieren.

Über ein gemeinsames Planungs- und Informationsmedium für alle an der Produktionsplanung beteiligten Mitarbeiter und die daraus resultierende Reduzierung von Medienbrüchen ist der Kommunikationsfluss hinsichtlich Qualität und Geschwindigkeit zu steigern. Es sind Produkte und Produktionsmöglichkeiten in ihrer Gesamtheit unter Berücksichtigung ihrer Abhängigkeiten realitätsnah zu planen, indem eine durchgehende Transparenz der Produktionskorrelationen verschiedener Fertigungsstufen und Produkte hergestellt wird.

3.2 Ziele der Produktionslogistik

Die grundlegenden Ziele eines marktgerechten Kundenservices und einer hohen Produktionseffizienz sind Gegenstand eines kontinuierlichen Verbesserungsprozesses. Gemessen wird der Kundenservice anhand der Liefertreue, mit der bestätigte Liefertermine eingehalten werden. Da grundsätzlich eine begrenzte Kapazitäts- und Materialverfügbarkeit gegeben ist, ist es erforderlich, dass Kundenaufträge mit früheren Lieferterminen gegenüber Kundenaufträgen mit späteren Lieferterminen priorisiert auf freie Kapazitäten und unter Verwendung frei verfügbaren Komponenten eingeplant werden. Voraussetzungen für die Bestätigung von Lieferterminen ist die vorherige Prüfung hinsichtlich machbarer Produktionstermine und der Verfügbarkeit benötigter Komponenten für alle Fertigungsstufen.

Das Ziel hoher Produktionseffizienz wird über die Minimierung von Beständen und Durchlaufzeiten verfolgt. Das SCM-System muss Instrumente bereitstellen, die durchführbare Produktionspläne über alle Fertigungsstufen terminlich synchronisieren, sodass planerische Sicherheitszeiten und Sicherheitsbestände reduziert werden können. Hohe Planungssicherheit ermöglicht die Reduktion von Sicherheitsbeständen und –zeiten auf ein Niveau, das weitgehend nur noch von der Stabilität des Produktionsprozesses selbst bestimmt wird.

3.3 Planungsfunktionalität

Voraussetzung für eine realitätsnahe Produktionsplanung ist die Berücksichtigung von produktionstechnischen Restriktionen der Stahlproduktion. Der Produktionsprozess der Ispat Germany GmbH erstreckt sich über neun Fertigungsstufen. Im Hamburger Produktionswerk wird über die Reduktionsanlage aus Eisenerz Eisenschwamm hergestellt, der wiederum zusammen mit verschiedenen Schrottsorten und Legierungselementen im Elektrolichtbogenofen erschmolzen und in der Stranggießanlage des Stahlwerks zu Knüppeln unterschiedlicher Stahlqualitäten gegossen wird. Die Knüppel werden entweder als Verkaufsknüppel auf dem Knüppelplatz auf kundenspezifische Längen gekürzt, im Hamburger Drahtwalzwerk zu Draht verarbeitet oder ins Walzwerk Hochfeld geliefert. Produzierte Drahtringe können in der Reckanlage zu Betonstahldrähten weiterverarbeitet werden. Im Ruhrorter Produktionswerk werden auf der Fertigungsstufe des Stahlwerks in Abhängigkeit von Qualitätsanforderungen unterschiedliche Produktionswege durchlaufen. Produktionswege, die über die Stanggießanlage 1 laufen, erzeugen gegossene Knüppel, die direkt zur Weiterverarbeitung in das Hochfelder Walzwerk geliefert werden. Die Stranggießanlage 2 fertigt Vorblöcke, die wiederum im Halbzeugwalzwerk auf unterschiedliche Abmessungen gewalzt und in der Halbzeugzurichtung zugerichtet werden, hieraus wird ein breites Spektrum an Schmiede- und Reroller-Kunden versorgt. Ein weiterer Anteil der gewalzten Knüppel dient der Vormaterialversorgung des Hochfelder Drahtwalzwerkes. Darüber hinaus liefert das Ruhrorter Stahlwerk gegossene Knüppel und Vorblöcke, z.B. Schienenvormaterial, direkt an Kunden.

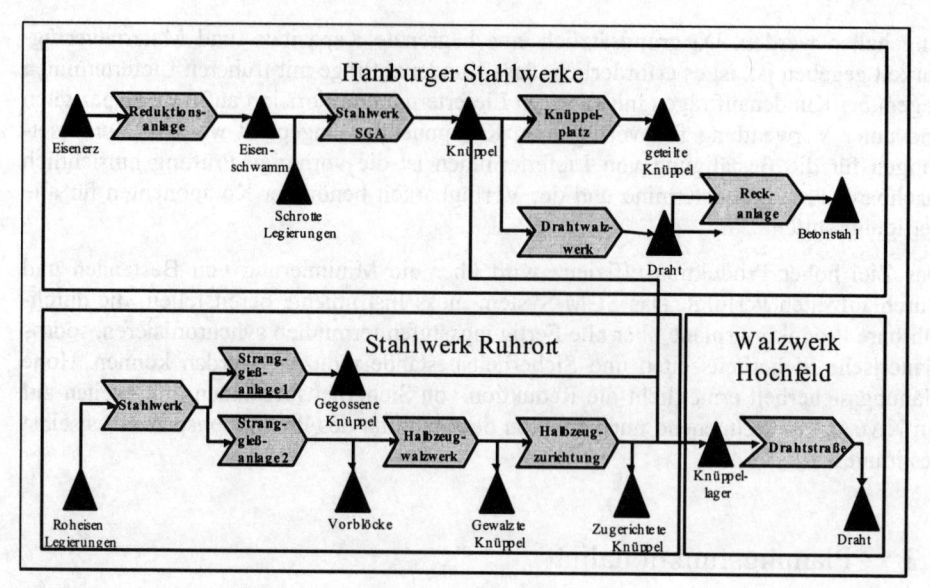

Abbildung 1: Materialfluss zwischen Fertigungsstufen

In der Drahtstraße des Hochfelder Walzwerks wird Walzdraht entsprechend der Kundenauftragsspezifikation aus Knüppeln produziert. Die Hamburger Stahlwerke beliefern Kunden mit Walzdraht, geteilten Knüppeln und Betonstahl. Damit werden auf sechs von neun Fertigungsstufen Halb- bzw. Fertigprodukte ausgeliefert.

Um flexibel und kurzfristig auf Kundenbedarfe reagieren zu können werden Bestände an gegossenen und zugerichteten Knüppeln im Anschluss an ihre Fertigung direkt an das Knüppellager im Walzwerk Hochfeld geliefert.

Die Fertigungsstufen bestehen jeweils aus ein bis vierzehn Arbeitsvorgängen. Die Wahl von Produktionswegen und damit die Durchführung einzelner Arbeitsvorgänge ist abhängig von der Kundenspezifikation und deren Qualitätsanforderungen.

Für die Einplanung von Aufträgen ist die Kapazitäts- und Materialverfügbarkeit durch die Planungsfunktionalität sicherzustellen, wobei die Kapazitätsbelegung der Anlagen unter der Restriktion begrenzter Kapazitäten erfolgen muss.

Innerhalb der Kampagnenplanung der Anlagen werden Zeiträume reserviert, für die einzelne Walzgruppen bzw. metallurgische Kampagnen vorgesehen sind. Im Halbzeugwalzwerk, sowie dem Hamburger bzw. dem Hochfelder Drahtwalzwerk werden Aufträge entsprechend ihrer Abmessungen zu Walzgruppen zusammengefasst, zwischen denen jeweils ein Rüstzeitraum eingeplant wird. Analog bildet das Ruhrorter Stahlwerk metallurgische Kampagnen. Das Hamburger Stahlwerk strukturiert den Produktionsplan anhand von Kampagnen gleicher Knüppelabmessungen.

Charakteristisch für die Stahlproduktion sind Mengendifferenzen zwischen geplanten und produzierten Losgrößen, sodass es zu Unter- und Überlieferungen kommen kann, welche vom Kunden in begrenzten Bandbreiten akzeptiert werden. Zusätzlich haben aufgrund produktionstechnischer Restriktionen Schmelzen im Stahlwerk feste Losgrößen von 140 Tonnen in Ruhrort und 135 Tonnen in Hamburg. Damit im Falle einer Unterschreitung der Kundenauftragsmenge keine komplette neue Schmelze für Restmengen, z.B. in Höhe von 4 Tonnen, produziert werden muss, ist es erforderlich, dass die Produktionsplanung kundenauftragsabhängige Unter- und Überlieferungstoleranzen berücksichtigt.

Die Anforderung nach einer Einzelstückverfolgung begründet sich auf Erfordernisse des Qualitätswesens, die eine nahtlose Dokumentation der Qualitätsanalysen für jeden gefertigten Knüppel, Vorblock und Drahtring verlangt. Planerisch sind im Hamburger Drahtwalzwerk gefertigte Knüppel auf ihre Verwendbarkeit für einzelne Drahtdurchmesser zu prüfen. Im Falle eingeschränkter Verwendbarkeit sind gegebenenfalls benötigte Knüppel im Stahlwerk nachzuproduzieren.

Eine erhöhte Transparenz hinsichtlich der Auswirkung von Planungsentscheidungen auf die Termintreue und Kapazitätsbelegung ist notwendig. Gefordert ist eine Systemunterstützung mit „Was wäre wenn Analysen" für verschiedene Planungsszenarien, wie zum Beispiel für kurzfristig zulaufende Kundenaufträge oder für den Ausfall von Produktionsaggregaten.

Die Reihenfolgeplanung für Engpasskapazitäten muss anhand von Merkmalsausprägungen der zu produzierenden Materialvarianten (Stahlqualitäten) erfolgen. Für die Hochfelder Drahtstraße bedeutet dies, dass Produktionsaufträge u.a. anhand von Drahtdurchmessern und Qualitäten sortiert werden. Innerhalb der Ruhrorter Stahlwerkskampagnen werden Auftragsreihenfolgen über Qualitäten und Gießformate gebildet. Aufträge für das Halbzeugwalzwerk werden anhand von Walzgruppen sortiert.

4. Einführung des SCM-Systems mySAP APO

Eine komplexe Produktstruktur mit einer Vielzahl unterschiedlicher Qualitätsanforderungen sowie die Berücksichtigung unterschiedlicher produktionstechnischer Restriktionen auf neun Fertigungsstufen an drei Produktionsstandorten erfordern eine integrierende Produktionsplanung auf hohem Niveau. Dem gegenüber stand eine heterogene Systemunterstützung der Produktionslogistik. Aufgrund der Entwicklungshistorie war nur eine gewachsene Systemunterstützung der Planungsprozesse vorhanden, zurückzuführen auf die ursprünglich unabhängigen Produktionsstandorte mit ihren unterschiedlichen IT-Landschaften.

Vor diesem Hintergrund war die Ablösung der Altsysteme und die Einführung der mySAP Komponente APO (Advanced Planner and Optimizer) sowie deren Integration mit der SAP R/3 Branchenlösung für die Stahlindustrie (SAP for Mill-Products) eine folgerichtige Entscheidung. Implementiert wurde die Standardsoftware mySAP APO für ein Planungsszenario, welches mit seiner Komplexität und Funktionalität branchenübergreifend eine herausragende Stellung einnimmt. Insbesondere berücksichtigen die Planungsalgorithmen Unterliefertoleranzen über alle Fertigungsstufen, priorisierte Einplanung rückständiger Kundenaufträge, kundenspezifischer Qualitätsanforderungen und Planungsblöcke. Durch die Weiterentwicklung standardisierter Planungsalgorithmen haben die Berater und Entwickler der IDS Scheer AG[1] die Planungsfunktionalität an den unternehmensspezifischen Planungsprozess anforderungsgerecht angepasst.

Als Implementierungsstrategie wurde eine stufenweise Einführung gewählt, bei der in drei Schritten sukzessiv die einzelnen Werke in Betrieb genommen wurden. In jedem Implementierungsschritt wurde im jeweiligen Werk die komplette Systemfunktionalität realisiert. Begonnen wurde mit dem Hochfelder Walzwerk, da sich die einstufige Fertigung mit ihrer geringeren Komplexität für den ersten Schritt als besonders geeignet erwies. Nachfolgend wurde das Ruhrorter Stahlwerk mit seinen umfangreichen Lieferbeziehungen nach Hochfeld in Betrieb genommen. Abschließend wurde die Planungsfunktionalität auf die Hamburger Stahlwerke ausgedehnt.

Parallel erfolgte die Einführung eines neuen MES/BDE-Systems von PSI in Duisburg, der mySAP R/3 Komponenten FI, CO, SD, PP-PI, MM, QM, PM mit Standard-SAP-Schnittstellen zu MES/BDE und des Advanced Planners and Optimizers mySAP APO mit den Komponenten PP/DS und SNP und der Standardschnittstelle zu den R/3 Komponenten. In Hamburg wurde das vorhandene MES/BDE-System von KSOFT angepasst. Die Neuordnung der betrieblichen Informationssysteme führte zur Ablösung des Altsystems Tandem am Duisburger Standort.

5. Planungsprozess realisiert mit mySAP APO

Als grundlegende Prozessschritte des Planungsprozesses werden die Erzeugung des Produktionsplans, die Reihenfolgeplanung, die Auftragsfortschrittskontrolle, die Kapazi-

---

[1] IDS Scheer berät Unternehmen aller Branchen darin, wie sie ihre Geschäftsprozesse effizienter, kostengünstiger und damit wettbewerbsfähiger gestalten können. Das Unternehmen deckt heute das gesamte Spektrum der IT-Beratung ab: von strategischer Beratung über Software-Implementierung bis zur kontinuierlichen Verbesserung und der Kontrolle von Geschäftsprozessen. Mit ARIS Toolset und dem ARIS Process Performance Manager als Bestandteile der ARIS Process Platform verfügt das Unternehmen über weltweit führende Softwarelösungen für ein ganzheitliches Geschäftsprozessmanagement.

tätsanpassung und die Bearbeitung von Planungsproblemen von der Systemfunktionalität unterstützt. In der Abbildung 2 wird der Ablauf der Prozessschritte dargestellt.

5.1 Prozessschritt: Produktionsplan erzeugen

Der Produktionsplan wird täglich in einen Planungslauf für alle Fertigungsstufen und Werke automatisch erzeugt. Ergebnis sind machbare Planaufträge, d.h. vorläufige Produktionsaufträge, die hinsichtlich ihrer Kapazitäts- und Materialverfügbarkeit möglichst nah am Kundenwunschtermin eingeplant werden. Bei der Terminierung werden insgesamt neunzehn Engpasskapazitäten finit geplant. In Konkurrenzsituationen, in denen Planaufträge eine vollständig belegte finite Kapazität innerhalb des gleichen Zeitraums benötigen, wird der Planauftrag mit dem früheren Kundenwunschtermin priorisiert eingeplant.

Die Losgrößen der Planaufträge werden auf Basis des Kundenauftragsbestands und vorhandener Lagerbestände in einer Bruttonettorechnung ermittelt. Dabei werden auf den neun Fertigungsstufen verschiedene Losgrößenverfahren angewandt. Je Material werden maximale und minimale Losgrößen sowie Rundungsprofile individuell berücksichtigt. Zusätzlich werden Bedarfe von einem Tag bis zu vier Wochen zu einem Los zusammengefasst.

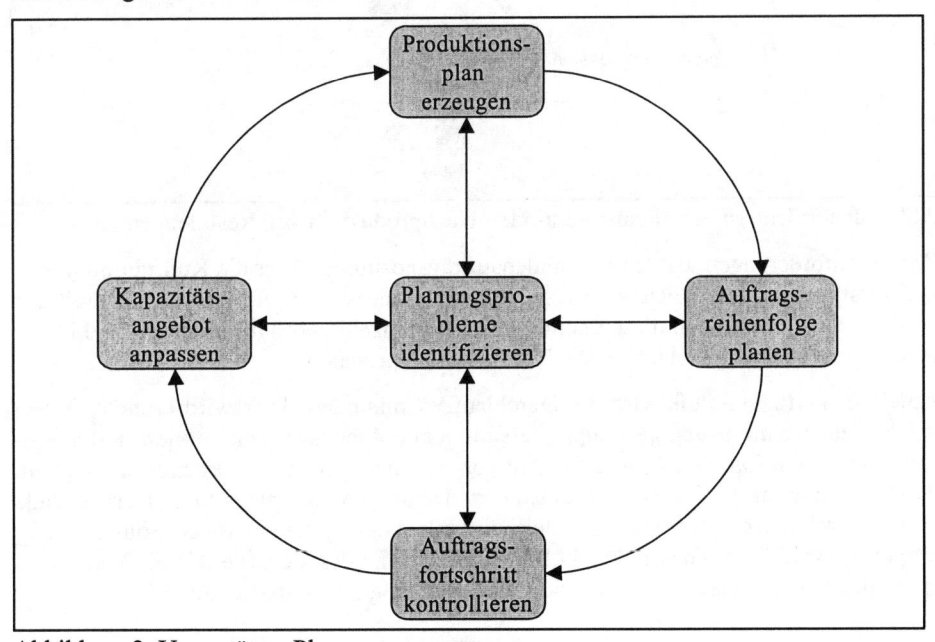

Abbildung 2: Unterstützer Planungsprozess

Eine Unterliefertoleranz wird über den jeweiligen Kundenauftrag determiniert und über den Sekundärbedarf an die vorgelagerten Fertigungsstufen propagiert. In der Abbildung 3 wird der Fall dargestellt, bei dem die produzierten Mengen innerhalb der Unterlieferungstoleranz liegen. Folglich wird in der Bruttonettorechnung kein neuer Planauftrag erzeugt, obwohl zwischen Bedarf und Produktionsmenge eine Differenz existiert. Im alternativen Fall, siehe Abbildung 4, wird die Unterliefertoleranz unterschritten, sodass neue Planaufträge erzeugt werden.

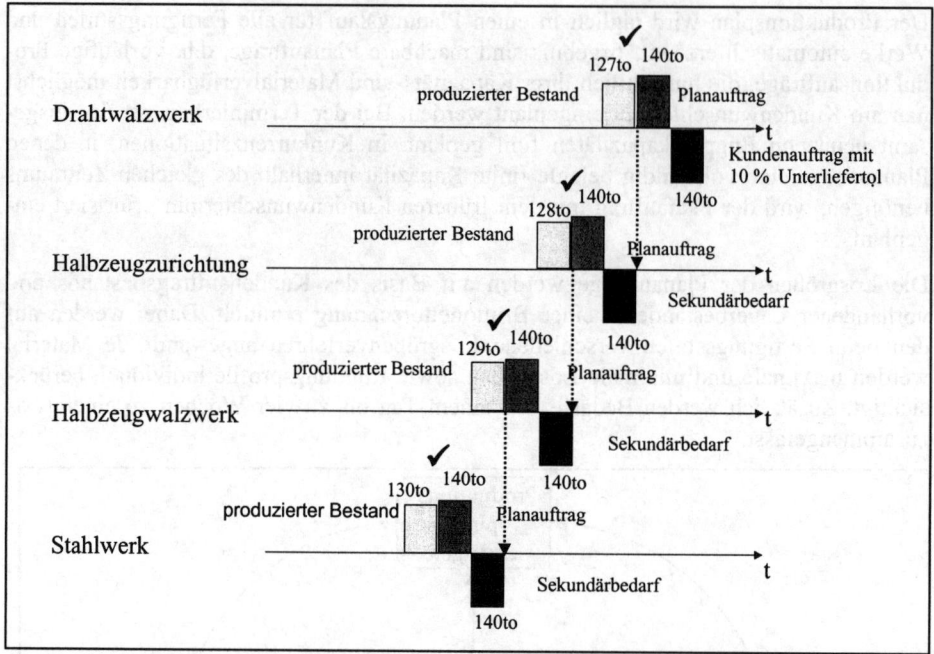

Abbildung 3: Unterliefertoleranz verhindert Nachproduktion von Restmengen

Kundenanforderungen werden in Kundenauftragspositionen über die Konfiguration von verkaufsfähigen Materialien verwaltet. Bei der Generierung zugehöriger Planaufträge wird die Konfiguration in diese übernommen. Gleichzeitig wird die Auswahl und Dauer geplanter Arbeitsvorgängen über die Konfiguration gesteuert.

Auf jeder Fertigungsstufe wird die Durchlaufzeit minimiert. Dies wird erreicht, indem das System für die jeweilige Engpassressource alle Arbeitsvorgänge fixiert und ausgehend von jedem fixierten Arbeitsvorgang vor- und nachgelagerte Vorgänge so umplant, dass sich minimale Zeitabstände einstellen. Damit die fertigungsstufenübergreifende Gesamtdurchlaufzeit ebenfalls minimiert wird, plant das System in Materialflussrichtung ausgehend vom Fertigungsstellungs- bzw. Liefertermin des Vormaterials die Weiterverarbeitung bzw. Lieferung zum kapazitiv frühesten möglichen Starttermin.

Planungsprozess realisiert mit mySAP APO

Während des Planungslaufs werden für Knüppelbedarfe des Hochfelder Drahtwalzwerks Umlagerungsbestellanforderungen generiert, die wiederum Bedarfe im Ruhrorter Produktionswerk auslösen. Nach Fertigstellung der Knüppel in Ruhrort werden automatisch Umlagerungsbestellungen in Höhe des Bestands generiert, sodass eine sofortige Direktlieferung in das Drahtwalzwerk erfolgen kann.

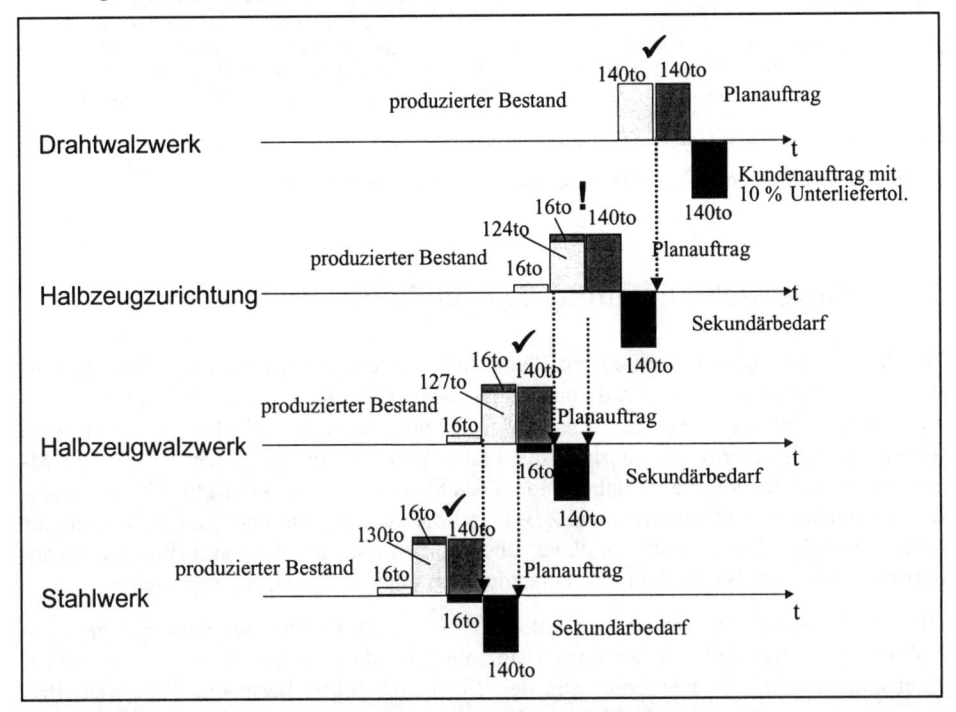

Abbildung 4: Unterschritte Unterliefertoleranz löst Neuproduktion aus

Der geplant Materialfluss mit seinen terminlich und mengenmäßigen Abhängigkeiten wird exemplarisch für einen Kundenauftrag in der Abbildung 5 visualisiert. Der für die Kundenauftragsabwicklung zuständige Ordermanager bestätigt im Anschluss an die Erzeugung des Produktionsplans den berechneten Liefertermin.

Auftrag / Ressource	Alert	Zug./Bed.	E.	Bedarf	Verf.term.	Prod.Bez.
▽ 👤 K-AUFT 4010789/000001/1		15-	TO	01.03.2004	01.03.2004	4176D
▽ 🔄 PL-AUF 2916431		15	TO	01.03.2004	01.03.2004	4176D
▽ 🗎 BS-ANF 10281532/000010		15,750	TO	29.02.2004	21.02.2004	4176Z
▽ 🔄 PL-AUF 2919934		15,750	TO	20.02.2004	20.02.2004	4176Z
▽ 🔄 PL-AUF 2920369		16,144	TO	19.02.2004	19.02.2004	4176K
▽ 🔄 PL-AUF 2922276	⚡	140	TO	18.02.2004	07.02.2004	4176V
🔄 LABST /0201/CC	⚡	57,930	TO	01.02.2004	17.12.2003	Blei-Kleing...

Abbildung 5: Geplanter Materialfluss für ein Kundenauftragsbeispiel

5.2 Prozessschritt: Auftragsreihenfolge planen

Durch den Planungslauf werden die Planaufträge in denjenigen Planungsblock einsortiert, der bei gegebener Material- und Kapazitätsverfügbarkeit möglichst nahe am Bedarfstermin liegt. Im Anschluss muss aufgrund produktionstechnischer Anforderungen die Produktionsreihenfolge innerhalb des Planungsblocks festgelegt werden. Das SCM-System unterstützt den Planer dabei, indem das System eine frei konfigurierbare Vorsortierung anhand von Merkmalen, wie z.B. Durchmesser, Qualität und Knüppelbreiten, als Liste vorschlägt. Diese kann der Planer übernehmen oder per drag-and-drop an Besonderheiten, wie zum Beispiel an das Verschleißverhalten von Walzen, anpassen.

Die verschiedenen Planungsebenen mit der Block- oder Kampagnenplanung werden in Abbildung 6 dargestellt. In der Langfristplanung werden vordefinierte Referenzzyklen aneinandergereiht, die wiederum aus den Planungsblöcken bestehen. Für jeden Planungsblock werden merkmalsabhängig Anforderungen definiert, welche die Konfiguration des Plan- bzw. Prozessauftrages erfüllen müssen, damit dieser innerhalb des Planungsblocks terminiert werden kann. In der Abbildung 6 werden beispielhaft Walzgruppen als Planungsblock abgebildet, für die Abmessungen als Anforderungen festgelegt wurden. Kurzfristig bildet der Planer innerhalb der Abmessung systemgestützt die Auftragsreihenfolge. Die Auftragsreihenfolge sowie deren Konfigurationen werden in der Feinplanungsplantafel, siehe Abbildung 7 visualisiert.

Planungsprozess realisiert mit mySAP APO 331

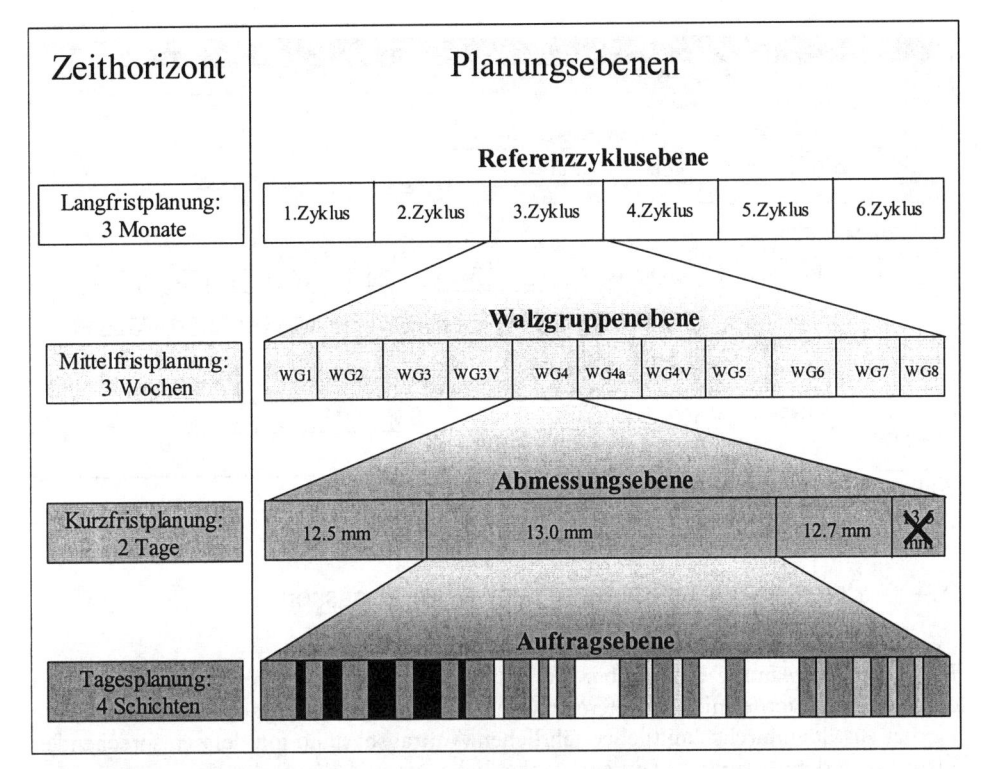

Zeithorizont	Planungsebenen
	Referenzzyklusebene
Langfristplanung: 3 Monate	1.Zyklus 2.Zyklus 3.Zyklus 4.Zyklus 5.Zyklus 6.Zyklus
	Walzgruppenebene
Mittelfristplanung: 3 Wochen	WG1 WG2 WG3 WG3V WG4 WG4a WG4V WG5 WG6 WG7 WG8
	Abmessungsebene
Kurzfristplanung: 2 Tage	12.5 mm 13.0 mm 12.7 mm ~~13,6 mm~~
	Auftragsebene
Tagesplanung: 4 Schichten	

Abbildung 6: Planungsebenen

5.3 Prozessschritt: Auftragsfortschritt kontrollieren

Nach Fertigstellung der Auftragsreihenfolge werden Planaufträge zu Prozessaufträgen umgesetzt, um diese an das R/3-System zu übertragen. Dort werden Prozessaufträge innerhalb eines kurzfristigen Horizonts freigegeben, wodurch eine Übertragung an das BDE-System erfolgt. Die Durchführung der Arbeitsgänge und die produzierten Mengen werden vom BDE-System an R/3 zurückgemeldet und in Echtzeit an das APO-System übertragen. Damit sind der aktuelle Auftragsstatus und aktuelle Bestandssituationen für die Produktionsplanung transparent. Falls eine von der Planung abweichende Qualität oder eine geringere Menge produziert wurde, kann der Planer kurzfristig durch neuerliche Einplanung der gewünschten Qualitäten reagieren. Die Auswirkungen eines zeitweiligen Ausfalls von Produktionsaggregaten auf den Produktionsfortschritt werden durch eine Neuplanung sichtbar.

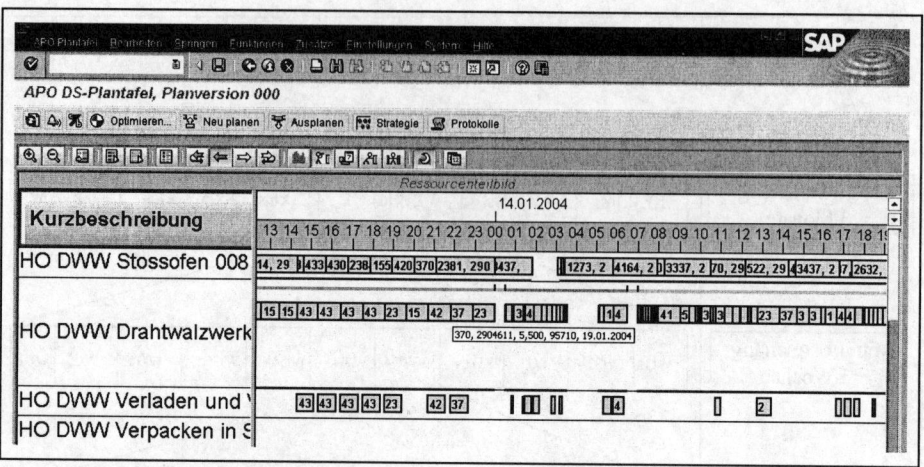

Abbildung 7: Feinplanungsplantafel

5.4 Prozessschritt: Kapazitätsangebot anpassen

Die Kapazitätsplanung erfolgt über die Festlegung von Planungsblöcken (Kampagnen) auf der Basis vordefinierter Referenzzyklen. Die Länge der einzelnen Blöcke wurde hierbei aus dem durchschnittlichen jährlichen Auftragsbestand mit dem entsprechenden Planungsmerkmal ermittelt. Um eine einheitliche Art und Weise der Kapazitätsplanung zu ermöglichen werden geplante Nichtarbeitszeiten ebenfalls als ein Block abgebildet, in den kein Planauftrag einsortiert werden kann (Stillstandsblöcke). Für einzelne Kapazitäten, die nicht über Kampagnen verplant werden, werden Schichtpläne hinterlegt, um diese alternativ ein-, zwei- oder dreischichtig zu belegen.

Die Anpassungen der Planungsblöcke an den aktuellen Auftragsbestand erfolgt manuell. Aufgrund des schwankenden Auftragszulauf kann es zu Abweichungen zwischen dem Kapazitätsbedarf und -angebot der einzelnen Planungsblöcke kommen. Im Falle geringerer Kundenauftragsbestände werden Blöcke nicht gefüllt und müssen manuell gekürzt werden. Umgekehrt können bei höherem Auftragsvolumen die Planaufträge nicht zum benötigten Termin eingeplant werden, sondern fallen in den nächsten freien Planungsblock. Anhand von Auswertungsfunktionalitäten wird die aktuelle Kapazitätsbelastung pro Block ermittelt. So kann der Planer unterausgelastete Blöcke verkürzen bzw. hochausgelastete Blöcke verlängern, sodass eine maximale Kapazitätsnutzung erreicht wird.

5.5 Prozessschritt: Planungsprobleme bearbeiten

Das SCM-System stellt mit dem Alertmonitor eine Auswertungsfunktionalität bereit, mit deren Hilfe Planungsprobleme identifiziert und Maßnahmen zu deren Lösung unterstützt werden. In Echtzeit werden unter anderen Unter- und Überdeckungen von Bedarfen sowie Verspätungen und Verfrühungen von Plan- bzw. Prozessaufträgen aufgelistet. Ausgehend vom Planungsproblem navigiert der Planer zu den Transaktionen, mit denen adäquate Gegenmaßnahmen erfolgen. Zum Beispiel kann der Planer direkt zum verspäteten Auftrag navigieren und dessen Fertigungstermin anpassen.

Die Ursachen von Planungsproblemen können vielfältig sein:

- Produktionskapazitäten zur Erfüllung des Kundenauftrags sind nicht ausreichend
- Verspätete Lieferung von Rohstoffen oder Halbfertigprodukten
- Ausfall von Kapazitäten
- Abweichende Produktion hinsichtlich Menge oder Stahlqualität
- Blockgrößen entsprechen nicht der Bedarfssituation
- Kundenauftragsmenge liegt unterhalb der Mindestlosgröße des Materials
- Kundenauftrag wurde kurzfristig hinsichtlich der Menge, der Konfiguration oder des Liefertermins geändert
- Kundenauftrag wurde kurzfristig abgesagt
- Fertigstellungstermin weicht aus technischen Gründen vom Produktionsplan ab.

6. Projekterfahrungen

Das Vorgehen einer sukzessiven Implementierung der drei Produktionswerke hat die Risiken einer Inbetriebnahme wesentlich gesenkt und handhabbar gemacht. Insbesondere hat die Vielzahl von zu integrierenden Geschäftsprozessen eine andere Einführungsstrategie ausgeschlossen. Folge der gleichzeitigen Inbetriebnahme der vollen Systemfunktionalität eines Werkes war, dass die Mitarbeiter vom ersten Tag an entsprechend der neu gestalteten Prozesse und Strukturen arbeiten mussten. Durch die Vermeidung langandauernder Übergangsphasen war im Gegensatz zur hohen Komplexität der Einführung des Supply Chain Management Systems das Außerbetriebnehmen der Altsysteme unproblematisch.

Die Anforderungen an die Systemhardware zum Betrieb der Software stiegen im Laufe des Projektes auf ein hohes Niveau. Die wesentliche Systemlast ergab sich durch die

Einzelstückverfolgung und die Vielzahl an Merkmalsbewertungen der Materialvarianten in Chargen, Kunden-, Plan- und Prozessaufträgen. Im Projektverlauf stieg die Zahl planungsrelevanter Merkmale auf ca. 150. Das aktuelle Datenvolumen setzt sich zusammen aus ca. 90 Kapazitäten, 6600 Materialien, 7000 offenen Kundenauftragspositionen, 8000 offenen Plan- bzw. Prozessaufträgen und über 76000 bewerteten Einzelbeständen. Aktuell ist der Live-Cache des APO-Systems mit 12 GB Hauptspeicher, 32 GB Festplatte und vier Prozessoren zufrieden stellend dimensioniert. Umfangreiche Performanzverbesserungen waren für die Feinplanungsplantafel notwendig und wurden durch optimiertes Customizing und Programmanpassungen erreicht.

Besondere Anstrengungen waren notwendig, um eine hochwertige Qualität der Stammdaten zu erreichen. Fehlerhaft gepflegte Stammdaten haben gravierende Auswirkungen auf die Planungsqualität. Die frühe Einbindung der Mitarbeiter in das Projekt und deren grundlegende Schulung vereinfacht die Inbetriebnahme merklich. Nicht zuletzt war die aktive Unterstützung durch die Ispat-Geschäftsführung ein wesentlicher Faktor für die erfolgreiche Systemeinführung.

Die Stahlproduktion von Ispat Germany erfordert anspruchsvolle Planungsalgorithmen. Jedoch erfüllten die im mySAP APO zur Verfügung gestellten Standard-Heuristiken diese Anforderung nur teilweise. Daher war es notwendig, eine umfangreiche Kundenheuristik für die Planung durch die IDS Scheer AG entwickeln zu lassen, die Aufträge in eine merkmalsabhängige Reihenfolge bringt, Unterliefertoleranzen berücksichtigt und rückständige Aufträge über alle Fertigungsstufen priorisiert einplant.

7. Realisierter Nutzen

In einer intensiven Zusammenarbeit von Ispat-Mitarbeitern und Beratern der IDS Scheer AG wurden die planungsrelevanten Produktionsabläufe und Ressourcen analysiert und mit mySAP APO abgebildet. Ergebnis der systemgestützten Produktionsplanung sind realitätsnahe Produktionspläne. Kern der Planungsfunktionalität im APO ist eine termingenaue Verfügbarkeitsprüfung von notwendigen Materialien und Kapazitäten. Damit wird eine weitgehende Durchführbarkeit der Planung sichergestellt. Dies ermöglicht wiederum den Abbau von Sicherheitsbeständen und Sicherheitszeiten, die bisher aufgrund fehlender Planungssicherheit notwendig waren.

Die Überschaubarkeit der Planung von Walzwerken und Halbzeugzurichtung wurde verbessert durch eine Vorausschau auf die erforderlichen Walzabmessungen und eine Übersicht über Folgeprogramme. Mit dem planmäßigen Walzeneinsatz gehen eine Verringerung der Rüstvorgänge und eine bessere Ausnutzung der Walzen einher. Die implementierte Planungsfunktionalität ist an dem werksübergreifenden Planungsprozess ausgerichtet worden, sodass metallurgische Produktionsrestriktionen im Stahlwerk mit der abmessungsabhängigen Weiterverarbeitung im Drahtwalzwerk terminlich synchronisiert werden. Diese ganzheitliche Betrachtung des werksübergreifenden Produktionsprozesses bringt eine Reduzierung von Produktionsbeständen mit sich, die auf eine Weiterverarbeitung warten. Durch die Vermeidung dieser Wartezeiten werden wiederum die Durchlaufzeiten optimiert und der Materialfluss verstetigt. Quantifizierbares Ergebnis ist der abnehmende Produktionsrückstand im Drahtwalzwerk seit Inbetriebnahme des zweiten Produktionswerks. In der Abbildung 8 ist die verbesserte Termintreue insbesondere seit der Fertigstellung der entwickelten Kundenheuristik im August 2003 sichtbar. Die realisierte Heuristik priorisiert über alle Fertigungsstufen die Einplanung von Planaufträgen anhand des Kundenwunschtermins. Durch diese Planungsstrategie konnte ebenfalls die Auftragsdurchlaufzeit für Hochfelder Walzdrahtproduktion, vom Buchen des Kundenauftrages bis zur Auslieferung des Drahtes um 15% reduziert werden.

In Echtzeit werden Auswertungen der aktuellen Planungssituation den Produktionsplanern über den Alert-Monitor individuell zur Verfügung gestellt. Zusätzlich schaffen Planungsszenarien Transparenz hinsichtlich der Abhängigkeiten zwischen zukünftiger Ressourcenbelegung und dem zu erwartenden Materialfluss. Damit werden fundierte Planungsentscheidungen ermöglicht.

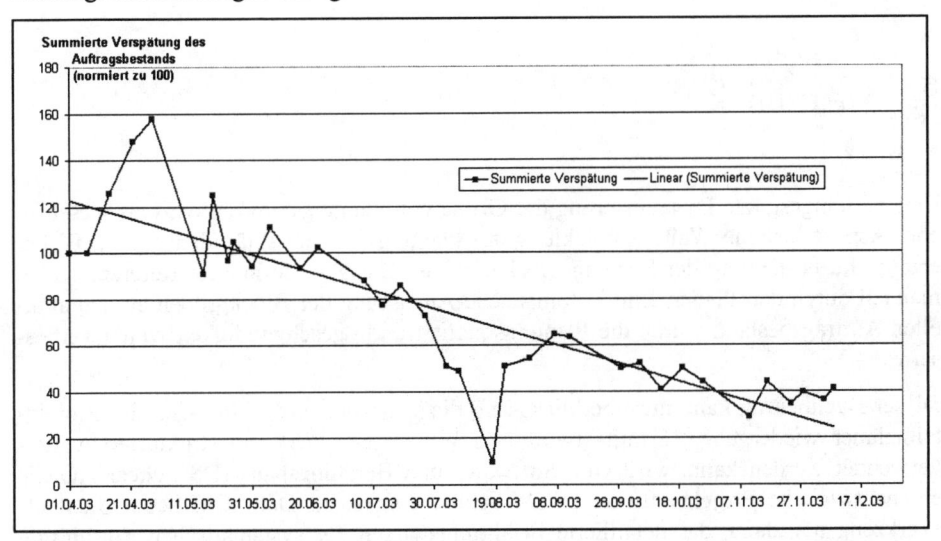

Abbildung 8: Summierter Auftragsrückstand

Die Standardintegration des APO-Systems mit dem R/3-System gewährleistet die Übertragung von Beständen, Produktionsrückmeldungen, Kunden- und Prozessaufträgen in Echtzeit. Die Systemunterstützung hat die Kommunikation horizontal zwischen den Mitarbeitern der einzelnen Fertigungsstufen und Werke sowie vertikal zwischen den Produktionsplanern und Betriebssteuerern verbessert. Die gewonnene Transparenz ermöglicht es, frühzeitig Probleme in der Produktion zu erkennen und adäquate Maßnamen zu ergreifen. Die erfolgreiche Einführung der integrierten Systemlandschaft hat zur Harmonisierung der Prozesse und Strukturen in allen Unternehmensbereichen beigetragen.

Zusammenfasst wurden mit Hilfe des Planungswerkzeugs folgende logistische Zielstellungen signifikant verbessert:

- Integrative Produktionsplanung über alle Fertigungsstufen und Werke optimiert Durchlaufzeiten
- Vorausschauende Produktionsplanung synchronisiert und verstetigt den Materialfluss
- Termintreue verbessert durch die Implementierung einer Kundenheuristik
- Berechnung durchführbarer Pläne ermöglicht reduzierte Sicherheitsbestände und Sicherheitszeiten
- Transparenz über Kapazitäts- und Auftragssituation sichert Planungsentscheidungen ab.

8. Ausblick

Eine systemgestützte Dynamisierung der Größe von Planungsblöcken wird als wesentlicher Aspekt für eine Weiterentwicklung der Planungsfunktionalität identifiziert. Bisher erfolgt die Festlegung der Planungsblöcke auf der Basis vordefinierter Referenzzyklen manuell durch den Planer. Eine automatische Anpassung der Blockgrößen an den aktuellen Auftragsbestand würde die Planungsqualität und –geschwindigkeit weiter verbessern.

Dieser Buchbeitrag kann nur überblicksartig die gewonnenen Erfahrungen der Projektteilnehmer wiedergeben. Damit erworbenes Wissen gesichert und strukturiert weiterverwendet werden kann, wird vom Software- und Beratungshaus IDS Scheer AG die eigenentwickelte Projektsoftware „SCM-Scout" eingesetzt. Der SCM-Scout dient als Werkzeug u.a. dazu, das detaillierte Erfahrungswissen zur systematischen Einführung von SCM-Systemen zu erfassen, zu strukturieren und bereitzustellen. Des Weiteren verfügt die IDS Scheer AG über SCM-Referenzmodelle unterschiedlicher Branchen und Prozesse, die mit Hilfe der Module der IDS Produktfamilie ARIS abgebildet werden. Die Mitarbeiter der IDS Scheer AG können in zukünftigen SCM-Projekten auf diesen Erfahrungsschatz zurückgreifen.

Michael Schmelmer und Klaudia Seiling

Erfahrungsbericht über die Einführung des Supply Chain Management Systems von i2 bei Infineon

1. Infineon ist Vorreiter
    1.1 Die logistischen Charakteristika der Halbleiterindustrie
    1.2 Infineon Technologies

2. Das Supply Chain Management Projekt bei Infineon
    2.1 Die Vorgehensweise und Organisation des Projektes
    2.2 Der Lösungsansatz
        2.2.1 Die 3-Ebenen Architektur
        2.2.2 Die Modelle und ihre Arbeitsweise
    2.3 Die technische Plattform

3. Die Schlüsselfaktoren für die Implementierung einer SCM Lösung
    3.1 Implementierungsstrategie
    3.2 Datenverfügbarkeit
    3.3 Change Management
    3.4 Top Management Support

4. Never stop thinking – was wir noch tun wollen

1. Infineon ist Vorreiter

Die Idee war anspruchsvoll und visionär. Wir wollten immer und überall sofort über jedes Detail unserer gesamten Logistikkette informiert sein, um schnell auf Veränderungen zu reagieren und jederzeit unseren Kunden Auskunft über aktuelle Lieferungen und unsere Kapazitätsmöglichkeiten geben zu können. Ein Kunde fragt an, ob er zu einem Zeitpunkt X seinen Bedarf um 500.000 Stück erhöhen kann. Der neue Bedarf wird in ein System eingetragen, die verfügbaren Kapazitäten an allen Fertigungsstandorten werden geprüft, etwaige Engpässe werden angezeigt und sofort ein möglicher Liefertermin an den Kunden gemeldet.

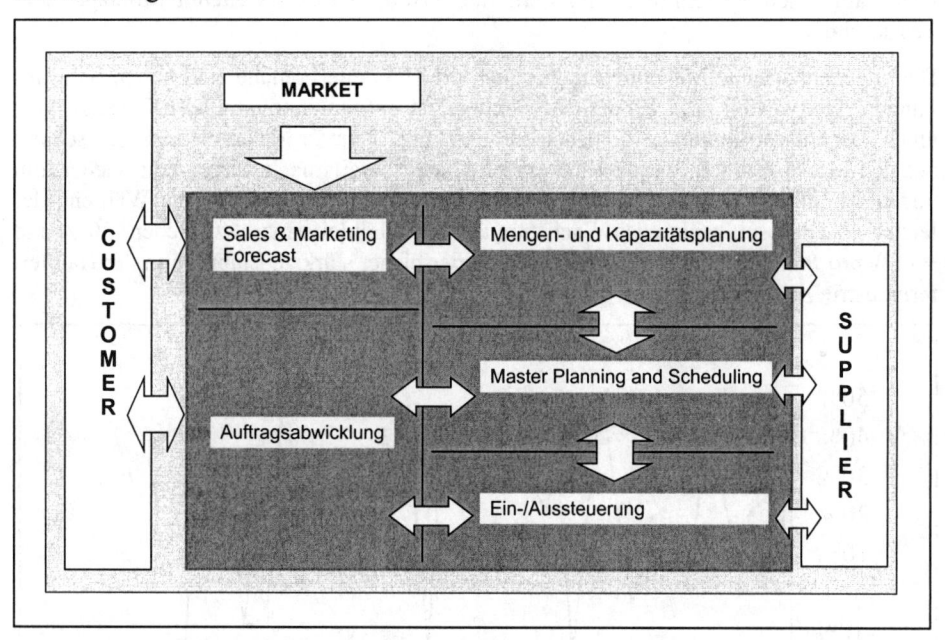

Abbildung 1: Logistische Kernprozesse

Der Begriff „Supply Chain Management" war in Europa noch weitgehend unbekannt, als sich ein Team im damaligen Siemens Bereich Halbleiter (heute Infineon Technologies) unter dem Schlagwort „topLogistik" anschickte, die gesamte Logistikkette für den Halbleiterbereich neu zu gestalten. Der Fokus lag und liegt auf einem Reengineering und der Integration aller in die Logistikkette involvierten Prozesse, der Mengen- und Kapazitätsplanung, der Disposition und der Kontrolle der Ein-/Aussteuerung in der

Fertigung. Alle diese Prozesse beeinflussen letztendlich den Prozess der Kundenauftragsabwicklung in einem Unternehmen.

1.1 Die logistischen Charakteristika der Halbleiterindustrie

Die herkömmliche Halbleiterproduktion besteht aus zwei Hauptfertigungsabschnitten, dem Frontend und dem Backend. Das Frontend umfasst die Scheibenfertigung, bei der die Halbleiterstrukturen auf Rohsiliziumscheiben aufgebracht und die prozessierten Scheiben anschließend getestet werden. Im Backend werden die Halbleiter-Chips aus den Siliziumscheiben herausgesägt, in der Montage in ein Gehäuse montiert (z. B. ein Plastik-Trägerband) und abschließend getestet. Die herkömmlichen Abläufe werden heute erweitert, zum Beispiel um die Modulfertigung. Bei Modulen werden mehrere Chips auf einen Systemträger montiert; dies erfordert einen weiteren Montage- und Testschritt.

Der sogenannte neue Markt und damit auch die Halbleiterbranche sind hohen Schwankungen unterworfen. Die Produktentwicklung ist extrem innovativ, der Lebenszyklus eines Halbleiterproduktes ist dementsprechend kurz. Neue Produkte müssen sehr schnell auf den Markt gebracht werden und verschwinden bereits nach kurzer Zeit wieder, um neuen schnelleren und ausgereifteren Produktversionen Platz zu machen. Während der letzten 40 Jahre schwankte das Wachstum auf dem Halbleitermarkt zwischen -30 % und +50 % pro Jahr. Im Jahr 2001 war mit -32 % der bisher stärkste Einbruch in der Halbleiterindustrie zu verzeichnen.

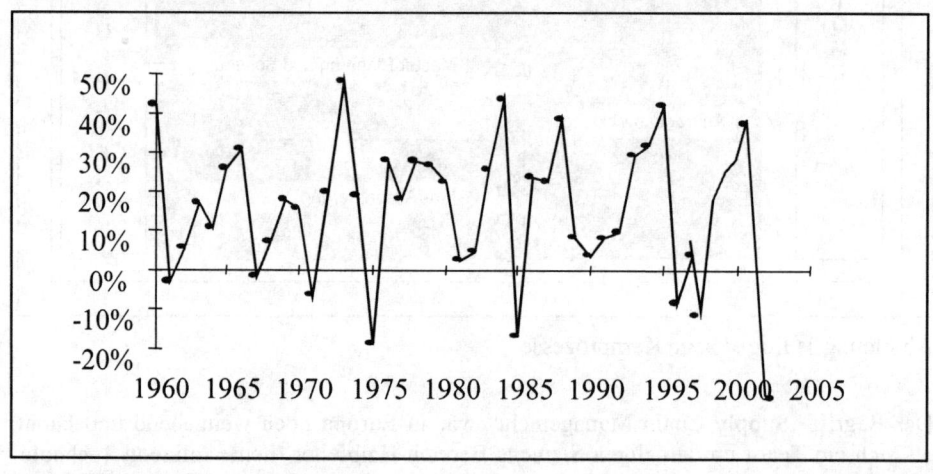

Abbildung 2: Marktschwankungen

Der Entwicklungs- und Technologieaufwand in der Chipfertigung ist aufwändig und teuer; dem gegenüber steht ein rasanter Preisverfall der Produkte auf dem Markt bereits kurz nach Markteinführung. Daraus resultiert ein immenser Kostendruck, dem man durch „Shrinken" der Produkte gerecht wird. Shrinken in der Halbleiterindustrie bedeutet, die benötigte Siliziumfläche für einen Chip wird kleiner und somit können mehr Chips auf einem Wafer in derselben Prozesszeit prozessiert werden.

Die Fertigungsstruktur eines Halbleiterproduktes verhält sich umgekehrt wie die „Stücklistenproduktion" traditioneller Produkte, wo aus verschiedenen Einzelteilen letztendlich ein Produkt für den Markt gebaut wird. Die Fertigung von Halbleiterprodukten beginnt mit einem Standard, der sich im Verlauf des Fertigungsprozesses immer weiter aufsplittet; d. h. aus einem angefertigten Produktteil können in den nächsten Fertigungsschritten viele – oft kundenspezifische – Varianten entstehen. Diese Verfeinerung oder Detaillierung setzt sich über mehrere Fertigungsstufen fort. Ein Austausch von Teilen ist nicht möglich.

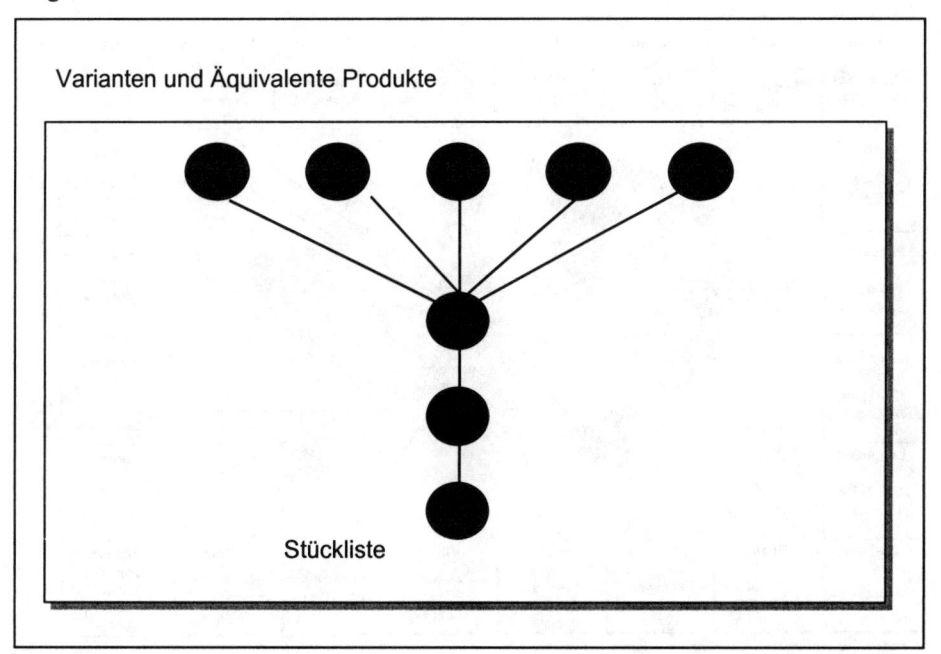

Abbildung 3: bill of material

Die hochsensible Scheibenfertigung, das Prozessieren der Rohsiliziumscheiben in vielen Einzelschritten, hat lange Durchlaufzeiten und unterliegt Ausbeuteschwankungen.

Um den Kundenanforderungen und den Bestellzeiten gerecht zu werden, erfolgt eine forecastgetriebene Einschleusung bis zum Variantenpunkt (Produktvarianten). Von diesem Punkt ändert sich das Prinzip von „make to stock" (Bestands- oder Vorfertigung) in „make to order" (kundenauftragsgetriebene Fertigung).

1.2 Infineon Technologies

Infineon hat sich während der letzten Jahre auf einen der vorderen Plätze in der Weltrangliste der Halbleiterindustrie vorgearbeitet.

Das Unternehmen liefert Produkte für fünf verschiedene Marktsegmente, die unterschiedliche Anforderungen an die logistischen Prozesse stellen. Die Produktpalette bei Infineon umfasst Chips für mobile Kommunikation, für Kommunikations- und Multimediageräte, für Automobil- und Industrieelektronik, Chips für Sicherheitssysteme und Chipkarten sowie Speicherchips.

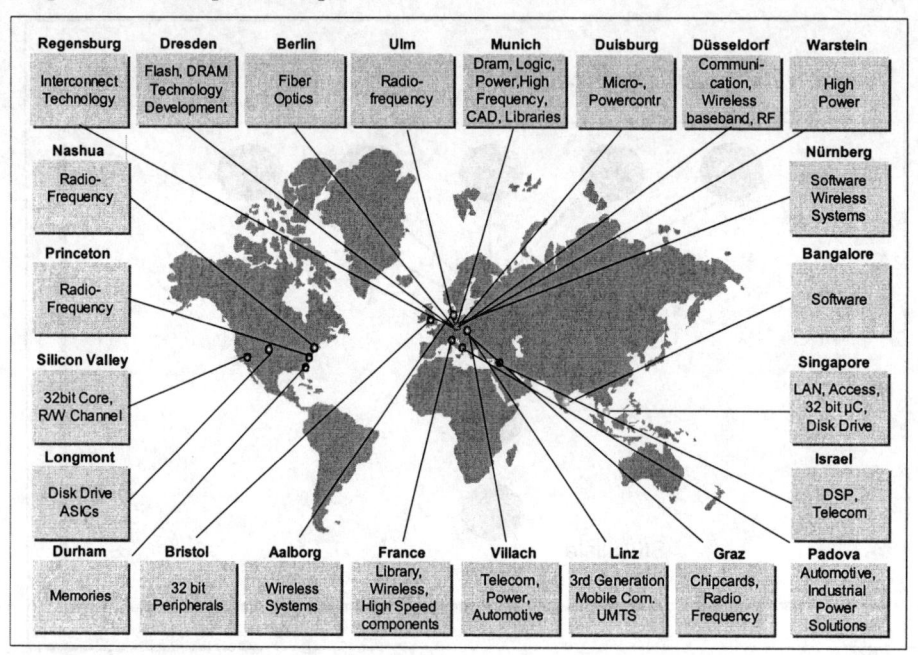

Regensburg	Dresden	Berlin	Ulm	Munich	Duisburg	Düsseldorf	Warstein
Interconnect Technology	Flash, DRAM Technology Development	Fiber Optics	Radio-frequency	Dram, Logic, Power, High Frequency, CAD, Libraries	Micro-, Powercontr	Communi-cation, Wireless baseband, RF	High Power

Nashua							Nürnberg
Radio-Frequency							Software Wireless Systems

Princeton							Bangalore
Radio-Frequency							Software

Silicon Valley							Singapore
32bit Core, R/W Channel							LAN, Access, 32 bit µC, Disk Drive

Longmont							Israel
Disk Drive ASICs							DSP, Telecom

Durham	Bristol	Aalborg	France	Villach	Linz	Graz	Padova
Memories	32 bit Peripherals	Wireless Systems	Library, Wireless, High Speed components	Telecom, Power, Automotive	3rd Generation Mobile Com. UMTS	Chipcards, Radio Frequency	Automotive, Industrial Power Solutions

Abbildung 4: „Weltkarte und Standorte"

Dem globalen Markt mit seinen weltweit ansässigen Kunden trägt auch eine globale Produktion Rechnung. Rund 20 Frontend- bzw. Backend Fertigungsstätten weltweit und zuliefernde Subcontractor-Firmen sind an der Halbleiterfertigung bei Infineon beteiligt. Da die unterschiedlichen Werke in Europa, Asien und USA nicht alle Produktbereiche bedienen können, sind an der Fertigung in der Regel mehrere Standorte in unterschiedlichen Ländern beteiligt. Im Extremfall reist ein Produkt 1 ½ mal um die Welt, bevor der Baustein fertiggestellt, verpackt und termingerecht über eines von drei Distributionszentren an den Kunden versandt wird.

Die Vertikalisierung der Organisation zur Stärkung der Wettbewerbskraft und zur Absicherung eines profitablen Wachstums erhöhen die Komplexität in der Logistik. Herkömmliche logistische Methoden haben zu hohen Beständen in den Lägern und im Transit geführt. Außerdem waren die Planungszyklen bei einer global verteilten Fertigungsstruktur wegen der aufwändigen Abstimmung so lange, dass bei Verabschiedung eines Planes die Planprämissen nicht mehr gültig waren.

2. Das Supply Chain Management Projekt bei Infineon

Die ehrgeizigen Wachstumsziele des Unternehmens konnten nur durch eine radikale Anpassung und Umstrukturierung der logistischen Kernprozesse erreicht werden. Nur durch einheitliche, durchgängige und integrierte Prozesse können die steigende Komplexität des Halbleitermarktes beherrscht und die logistischen Kundenanforderungen zufriedengestellt werden. Das Unternehmen beabsichtigte,

- den Forecastprozess signifikant zu verkürzen
- die Zuverlässigkeit der Prognosen zu erhöhen
- Transparenz über den Arbeitsfortschritt der Produktion weltweit zu erlangen
- schnelle Information und Reaktion auf interne und externe Veränderungen innerhalb der gesamten Wertschöpfungskette zu ermöglichen
- einheitliche Prozesse und Daten in allen Geschäftsbereichen bereitzustellen

und damit die Entscheidungsunterstützung wesentlich zu verbessern und die Reaktionszeit auf unsere Kundenanfragen zu verringern.

Das Projekt „top Logistik" wurde bereits Ende 1994 als unternehmensweites Projekt im Auftrag des Bereichsvorstandes gestartet. Aufgabe war die Erstellung eines logistischen Geschäftsmodells mit entsprechender Toolunterstützung. Teilbereiche waren

- Analyse der Ist-Situation
- Definition der Sollprozesse in den Bereichen Logistik und Basisdaten
- Informations- und Kommunikationskonzept zur Unterstützung des Geschäftsmodells mit Softwareprovider
- Implementierung der Lösung mit Erstellung eines Feinkonzeptes, Pilotimplementierung und Gesamt-Rollout.

2.1 Die Vorgehensweise und Organisation des Projektes

Während einer mit ca. einem Jahr angesetzten Konzeptphase wurden die existierenden Prozesse im Unternehmen analysiert, bewertet und ein Konzept für ein integriertes Supply Chain Management entwickelt.

Ein wesentlicher Gedanke für die Durchführung des Projektes war von Anfang an die Einbeziehung von Mitarbeitern aller Infineon-Geschäftsbereiche. Gemeinsam sollten die Ist-Situation untersucht und ein Lösungsvorschlag erarbeitet werden, der von allen getragen wird.

Basierend auf diesen Erkenntnissen erfolgte eine aufwändige Evaluierung des Softwareangebotes auf dem Markt zusammen mit den künftigen Usern aus den Geschäftseinheiten. Kriterien für die Auswahl waren hier zum Beispiel der gesamtheitliche Ansatz, weltweiter Einsatz einer Softwarelösung und auch der Innovationsgrad, das „Visionäre" des vorgestellten Ansatzes. Zum Zeitpunkt der Evaluierung gab es wenig Anbieter, die unseren umfassenden Ansatz unterstützen konnten oder wollten.

Das Ergebnis der Konzeptphase bildet die Basis für die Implementierung der SCM Lösung bei Infineon:

- Unternehmensweit einheitliche Gestaltung der logistischen Kernprozesse Mengen- und Kapazitätsplanung, Disposition, Ein-/Aussteuerung und Auftragsabwicklung
- Einsatz von Software-Produkten aus der „i2 SCM Suite" der Firma i2 Technologies
- Das Logistik-Datenmanagement und die Datenhaltung werden über Datenbanken und Tools der Firma ORACLE erfolgen
- Das Reengineering der Grunddatenstrukturen als eine wesentliche Voraussetzung für die Einführung neuer Prozesse und neuer Tools.

2.2 Der Lösungsansatz

Die SCM-Lösung der Firma i2 Technologies schien uns geeignet, um die von uns angestrebte Einführung der Geschäftsprozesse zu unterstützen. Nicht nur bot i2 hier die umfassendste Produktpalette zur Umsetzung der Ziele von Infineon, auch hinsichtlich der Vision und der strategischen Ausrichtung fanden wir mit i2 einen Partner. Parallel unterstützte uns die Firma KPMG im Change Management Prozess und bei der Einführung der Lösung. Siemens Business Services übernahm die Verantwortung der Infrastruktur einschließlich Systemverwaltung, Datenbankentwicklung und Einführung der Logistikdatenbank.

Das Supply Chain Management Projekt bei Infineon

Die SCM-Implementierung bei Infineon ist hinsichtlich des Umfanges einzigartig, zumal auch i2 zu diesem Zeitpunkt noch keine sogenannten Template- oder Standardlösungen für das Halbleitergeschäft anbot.

2.2.1 Die 3-Ebenen Architektur

Um alle logistischen Prozesse zwischen Planung, Disposition und Fertigung unter einen Hut zu bringen, entwickelte das Team zusammen mit der Firma i2 Technologies eine Architektur mit drei logischen Ebenen oder Modellen:

- Corporate Model (unternehmensweite Mengen- und Kapazitätsplanung)
- Divisional Model (geschäftsfeldspezifische Disposition)
- Facility Model (standortspezifische Ein-/Aussteuerung)

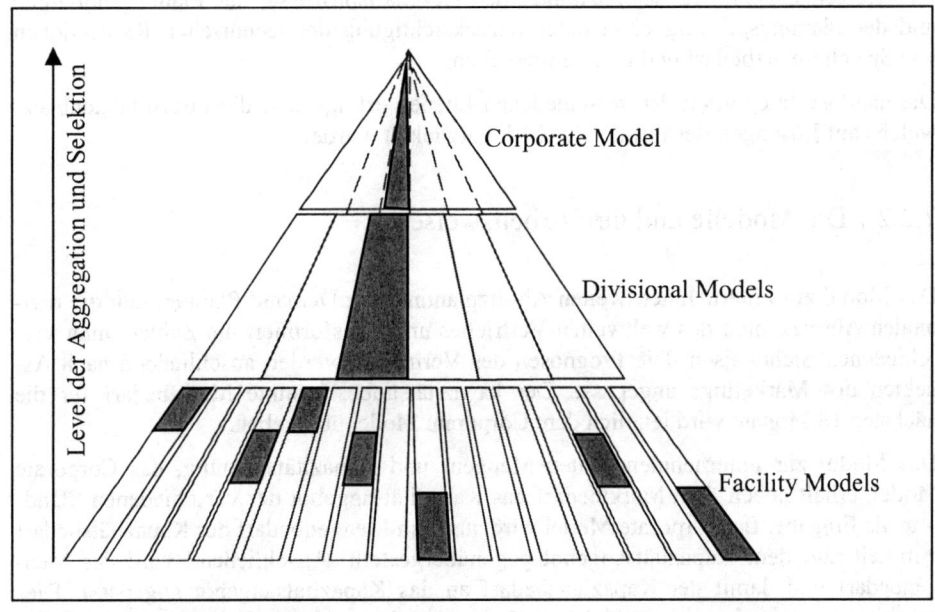

Abbildung 5: 3-Modelle-Architektur

Auf der Ebene der unternehmensweiten Planung werden die Vertriebs- und Marketingprognosen gesammelt, der Marktbedarf in einen Kapazitätsbedarf umgewandelt und eine unternehmensweite Kapazitätsbedarfsplanung erstellt. Unterstützt werden diese Teilprozesse vom i2 Demand Planner und dem sogenannten Corporate Model, welches in einer einzigen Instanz des i2 Supply Chain Planners abgebildet wird. Die unternehmensweite Planung erfolgt monatlich mit einem Planungshorizont zwischen 18 und 36 Monaten.

Auf der divisionalen Ebene erfolgt die Fertigungsdisposition unter Berücksichtigung aller für die Auftragseinplanung relevanten Detaildaten. Dadurch ergeben sich Liefervorgaben für die verschiedenen Fertigungsstandorte. Jedes Geschäftsfeld wird auf dieser Ebene durch eine unabhängige Instanz des i2 Supply Chain Planners, einem divisionalen Modell, abgebildet. Die divisionale Planung erfolgt wöchentlich mit täglicher Aktualisierung des Plans. Der Planungshorizont beträgt 12 Monate.

Auf der dritten Ebene werden die Fertigungsstandorte durch die Facility Modelle abgebildet. Basierend auf den Liefervorgaben der divisionalen Modelle werden auf der standortspezifischen Ebene die Startvorgaben ermittelt und Lieferzusagen abgegeben. Die Facility Modelle werden durch den i2 Factory Planner realisiert. Die standortspezifische Planung erfolgt wöchentlich mit täglicher Aktualisierung des Plans. Der Planungshorizont beträgt 6 Monate. Die gewählte Architektur ermöglicht die Abbildung der Anforderungen hinsichtlich der abzubildenden Geschäftsprozesse, der Planungshorizonte und der Planungsgenauigkeiten unter Berücksichtigung der technischen Restriktionen wie Speicherplatzbedarf und Laufzeitverhalten.

Die nahtlose Integration der verschiedenen Ebenen erfolgt über die Logistikdatenbank, welche auf Lösungen der Firma ORACLE entwickelt wurde.

2.2.2 Die Modelle und ihre Arbeitsweise

Das Modul zur unternehmensweiten Absatzplanung, der Demand Planner, lädt die regionalen Absatzzahlen des weltweiten Vertriebes und transformiert die Zahlen unter verschiedenen Sichtweisen. Die Prognosen des Vertriebes werden anschließend nach Aspekten des Marketings angepasst. Der kapazitätsunbeschränkte Marktbedarf für die nächsten 18 Monate wird letztlich dem Corporate Model übergeben.

Das Modul zur unternehmensweiten Mengen- und Kapazitätsplanung, das Corporate Model, erhält neben dem Marktbedarf das Kapazitätsangebot der verschiedenen Standorte als Eingabe. Im Corporate Model wird aus dem Mengenbedarf der Kapazitätsbedarf ermittelt und dem Kapazitätsangebot gegenübergestellt. Anschließend wird der Mengenbedarf und damit der Kapazitätsbedarf an das Kapazitätsangebot angepasst. Dies resultiert im gemeinsamen und kapazitätsbeschränkten Absatzplan. Der kapazitätsbeschränkte Absatzplan wird zum einen dem Produktmarketing als Feedback im Demand Planner angezeigt. Zum anderen wird der Absatzplan auf die einzelnen Geschäftsfelder umgelegt und den Geschäftsfeldern entsprechende Teilmengen der Gesamtkapazität zugeteilt.

Das Modul zur geschäftsfeldspezifischen Fertigungsplanung, das Divisional Model, existiert für jedes Geschäftsfeld in einer eigenen, unabhängigen Instanz. Ein Modell erhält neben dem geschäftsfeldspezifischen Absatzplan und der Kapazitätszuteilung alle relevanten Aufträge und Kundenreservierungen aus dem Modul zur Auftragsabwicklung.

Im Divisional Model wird der Absatzplan um die Aufträge und Reservierungen reduziert und die Nettobedarfe unter Berücksichtigung verschiedener Prioritäten über alle Standorte hinweg kapazitäts- und materialgeprüft eingeplant. Die hieraus resultierenden Liefervorgaben werden an die einzelnen Module zur standortbezogenen Fertigungsplanung geschickt. Weiterhin beliefert das Divisional Model das Modul zur Auftragsabwicklung mit den kapazitäts- und materialgeprüften Auftragseinplanungsmöglichkeiten (Available To Promise).

Das Modul zur standortspezifischen Fertigungsplanung, das Facility Model, existiert für jeden Standort in einer eigenen, unabhängigen Instanz. Die Liefervorgaben des divisionalen Modelles werden standortbezogen auf detaillierter Ebene durchgeplant und in Startvorgaben umgewandelt. Weiterhin werden die Liefervorgaben der Geschäftsfelder mit Lieferzusagen der Standorte beantwortet. Diese Zusagen werden von den divisionalen Modellen im nächsten Planungslauf berücksichtigt.

Die Liefervorgaben und Lieferzusagen sind sowohl in der Unternehmenszentrale als auch in den Standorten vorhanden und werden nach jeder Änderung aktualisiert. Die Kollaboration zwischen Standorten und Divisionen wird durch eine Benutzeroberfläche auf den Vorgaben und Zusagen unterstützt. Diese erlaubt den Planern beider Ebenen Vorgaben oder Zusagen situationsbedingt unter Einhaltung bestimmter Protokolle zu ändern.

2.3 Die technische Plattform

Die Grundlage der Architektur bildet die logistische Datenbank, durch welche die drei unterschiedlichen Ebenen (Corporate, Divisional, Facility) integriert werden. Die Kommunikation der Modelle untereinander erfolgt immer über die gemeinsame Datenbasis der Logistikdatenbank. Diese hält und liefert alle Daten und Informationen, die für die Ermittlung der Planungsergebnisse in den drei Planungsebenen erforderlich sind. Die gewählte Lösung basiert auf der Datenbanktechnologie von ORACLE.

Die zentrale Datenbank wurde auf einem SUN Server unter Solaris mit einem Hochverfügbarkeitscluster verwirklicht. In den Fertigungsstandorten sind weitere lokale Datenbanken im Einsatz.

Für die Entscheidung, wie der Zugriff der Standorte auf die Informationen letztlich organisiert sein sollte, hatten die SBS-Architekten die Wahl zwischen einem verteilten Datenbank-Konzept und dem Konzept der Daten-Replikation. Innerhalb eines verteilten Konzeptes hätten mit jeder Transaktion lokale und zentrale Datenbankinformationen verknüpft werden müssen. Der maßgebliche Vorteil des verteilten Ansatzes: Daten sind im Netz nur einmal vorhanden. Das hätte die Speicherressourcen geschont und parallel unterschiedliche Informationsstände von vornherein ausgeschlossen.

Man entschied sich für die Replikation der relevanten zentralen Datenbank auf die Facility-Datenbanken trotz des erhöhten Aufwandes bei der Überwachung der Replikationsläufe. Folgende Gründe sprachen dafür:

- geringere Datenkomplexität, da mit einer Transaktion immer nur auf den lokalen Datenbestand zurückgegriffen wird,
- bessere Antwortzeiten, da mit jeder Transaktion eben nur der lokale Datenpool angesprochen werden muss,
- eine größere Autonomie der Standorte, die so über ihren eigenen kompletten Datenbestand verfügen,
- höhere Verfügbarkeit der Informationen, da kurzzeitig auch bei Ausfall der Netzverbindung zur zentralen Datenbasis mit dem eigenen Datenbestand weitergearbeitet werden kann.

3. Die Schlüsselfaktoren für die Implementierung einer SCM Lösung

Am Anfang des Projektes stand eine Vision: Wir hatten die Idee von einem allumfassenden Modell, das uns – am besten online – zu jeder Zeit und an jedem Ort der Welt alle notwendigen Informationen über aktuellen Bedarf, verfügbare Kapazitäten und eventuelle Engpässe liefert und daraus einen optimierten Gesamtplan liefert.

Im Lauf des Projektes mussten beide Seiten (Kunde und Software-Implementierer) erkennen, dass Vision und Realität auseinanderlaufen können. Heute haben wir eine SCM Lösung implementiert, die es Infineon erlaubt einen integrierten Planungsprozess mit konsistenten Daten über alle Ebenen hinweg durchzuführen. Auch wenn die derzeitige Lösung einige unserer Anforderungen nicht vollständig erfüllt, konnten wir doch unsere Planungsdurchlaufzeiten inzwischen drastisch reduzieren und die globale Performance nachhaltig steigern.

Aus den Erfahrungen des Projektes haben wir die folgenden Punkte als die Schlüsselfaktoren für einen erfolgreichen Projektverlauf identifiziert:

- Implementierungsstrategie
- Datenverfügbarkeit
- Change Management
- Top Management Support.

Im Folgenden werden die Faktoren näher erläutert.

3.1 Implementierungsstrategie

Rückblickend hätten wir die Realisierung in einigen Punkten optimieren können. Hilfreich wäre hier zum Beispiel die Verfügbarkeit von Standardfunktionalitäten gewesen. Standards in Form von Templates wurden von i2 über die Projektzeit bei Infineon erst begonnen und vorangetrieben – verschiedene i2 Standards sind wesentlich durch unser Projekt entstanden.

Ein sogenannter „big bang approach" (das Ziel, alle entwickelten Module zu einem Zeitpunkt in den produktiven Betrieb zu übernehmen) birgt die Gefahr, dass das Projekt zu einem unüberschaubaren Moloch anwächst und die Projektdauer sich – wie in diesem Fall – über viele Jahre erstreckt. Die Rahmenbedingungen, aber möglicherweise auch Details in der Zielsetzung werden sich verändern; und man gerät sehr schnell in den Modus von „moving targets" und verliert das eigentliche Ziel aus den Augen.

Eine klare Aufteilung in Teilprojekte und eine Implementierung Schritt für Schritt führen schnell zu ersten Erfolgen. Dies erhöht die Akzeptanz bei den Mitarbeitern, fördert die Motivation des Teams, erlaubt ein konsequentes Projektcontrolling, so dass im Bedarfsfall frühzeitig korrigierende Maßnahmen angestoßen werden können. Die Verwendung von Standards unterstützt diese Vorgehensweise.

3.2 Datenverfügbarkeit

Voraussetzung für die erfolgreiche Implementierung jeder Software ist immer die Existenz einer klar strukturierten, umfassenden und vollständigen Datenbasis.

Ein wesentlicher Projektabschnitt muss sich deshalb mit der Analyse der existierenden Daten und dem Aufbau eines klar strukturierten Datenmodells beschäftigen. Die Daten im Unternehmen müssen gesammelt, korrigiert, ergänzt oder neu aufgebaut werden.

Infineon hat in dem Projekt sehr viel Wert darauf gelegt, nur korrekte Informationen in die neue Datenbank zu speichern. Deshalb wurden Daten aus den bestehenden Transaktionssystemen nur bereinigt in das neue ORACLE-Datenbanksystem eingespielt. Zusätzlich formulierte man aus den Sollprozessen neue Daten, um den Anforderungen eines durchgängigen SCM-Systems gerecht zu werden. Die parallel zur Einführung des SCM durchgeführte Datenintegration und Bereinigung war ein wesentlicher Meilenstein im Projekt. Viele Supply Chain Projekte scheitern an unvollständigen und unsauberen Stammdaten. Wenn aber die Basisdaten nicht stimmen, dann kann das System nur suboptimale Pläne generieren und damit die Entscheidungen der Planer nur unzureichend unterstützen. Die Mitarbeiter aber müssen dem IT-System und der Treffsicherheit der Algorithmen jederzeit vertrauen können.

3.3 Change Management

Während des gesamten Projektes lag der Fokus auf der Implementierung einer neuen Software und der Logistikdatenbank. Das Prozess-Reengineering und das Hineintragen des neuen Geschäftsmodells in die Bereiche geriet dadurch in den Hintergrund. Die Bedeutung und daraus folgend auch der Aufwand für Information und Training neuer Prozesse werden oftmals unterschätzt. Die Implementierung einer Softwarelösung kann jedoch nur erfolgreich sein, wenn gleichzeitig auch die Prozesse und Arbeitsabläufe dieser neuen Lösung angepasst werden.

Die Implementierung eines neuen Lösungsansatzes sowohl in den Prozessen als auch in der Software kann wesentliche Veränderungen in den bestehenden Organisationsstrukturen und in den Verantwortlichkeiten mit sich bringen. Gewohnte und gut beherrschte Arbeitsschritte können entfallen, neue ungewohnte Aufgaben hinzukommen. Hierbei gilt es sowohl Ängsten als auch fachlichen Vorbehalten in den beteiligten Funktionseinheiten/Abteilungen durch umfassende Information zu begegnen. Nur durch kontinuierliche Einbindung aller Beteiligten in die Implementierungsphasen, durch Information über neue Funktionalitäten, Auswirkungen auf bestehende Abläufe und vor allem das Aufzeigen von zu erwartenden Vorteilen für Unternehmen und einzelne Mitarbeiter kann Change Management Erfolg haben.

Ein erfolgreiches Change Management ist wiederum die Voraussetzung für die effektive Nutzung einer Softwarelösung. Nur wenn die Prozesse und Arbeitsweisen mit der diese unterstützenden SW-Lösung einhergehen, kommen die Stärken der gewählten Softwarelösung zum Tragen, können die neuen Möglichkeiten effizient genutzt werden. Die Implementierung der neuen Lösung sollte demzufolge vom Geschäft getrieben und gefordert werden. Für den ersten Rollout haben wir einen bereits im Projekt sehr aktiv mitarbeitenden Geschäftsbereich als Piloten gewählt. Konnten wir bei einem Bereich erst einmal Erfolge aufweisen, gerieten die anderen Geschäftsbereiche unter Zugzwang, da nun bewiesen war, dass das Neue machbar ist. Vorhandene Ängste konnten so abgebaut oder auch die Neugier angestachelt werden.

3.4 Top Management Support

Nicht zu vergessen ist die Einbindung des Top Managements von Beginn an, um die unternehmensweite und effektive Einführung neuer Methoden und Prozesse durchzusetzen. Die Managementebene muss hier eindeutig Flagge zeigen und dem Thema die notwendige Aufmerksamkeit widmen.

4. Never stop thinking – was wir noch tun wollen

Infineon konnte durch die Einführung der Supply Chain Management Lösung seine internen Planungs- und Fertigungsprozesse beschleunigen, Kapazitäten besser auslasten sowie Performance und Workflow-Qualität erhöhen. Trotzdem gibt es noch weitere Herausforderungen und Ideen, um die bestehende Lösung kontinuierlich zu verbessern:

- Einbindung in die gesamte IT-Strategie von Infineon

  Die vorhandenen E-Business und Commercial Planning Systeme müssen in unser Supply Chain Management integriert werden. Die Einführung der i2 Demand Fulfillment Lösung zur Ergänzung des Order Management Prozesses ist hier ein entscheidender Faktor.

- Kollaboration mit Kunden und Lieferanten

  Gemeinsam mit Kunden und Lieferanten wollen wir die gesamte Zulieferkette optimieren. Schlagworte wie „Collaborative Planning" oder „Demand Collaboration" spielen hier eine entscheidende Rolle.

- Technologische Weiterentwicklung, zum Beispiel web-basierte Lösungen

- Migration von der kundenspezifischen Lösung zu einer Standardlösung von i2

  Bedingt durch den frühen Start und die lange Projektdauer wurde die Lösung bei Infineon unabhängig von zwischenzeitlich aufgesetzten Standardlösungen der i2 Software entwickelt. Der Aufwand und das Risiko für die langfristige Wartung sind entsprechend hoch. Die Vorteile der Standardlösung greifen bei der Infineon-Lösung noch nicht. Eine Analyse soll aufzeigen, wo die wesentlichen Unterschiede zwischen heutiger Standardlösung und der Infineon-Implementierung liegen und inwieweit diese Abweichungen vom Standard entscheidend für unsere Geschäftsprozesse sind. Gleichzeitig wird zu prüfen sein, welche Vorteile Infineon durch die Einführung der Standard-Halbleiterlösung zu erwarten hat.

Teil III

SCM-Konzepte und -Systeme in einer Supply Chain mit gleichberechtigten, autonomen Partnern

Thomas Rautenstrauch

SCM-Integration in heterarchischen Unternehmensnetzwerken

1. Grundlagen der Koordination heterarchischer Unternehmensnetzwerke
    1.1 Ausgangspunkt
    1.2 Erklärungsansätze zur Bildung heterarchischer Netzwerke
        1.2.1 Transaktionskostenansatz
        1.2.2 Ressourcenbasierter Ansatz
    1.3 Grundformen heterarchisch koordinierter Logistiknetzwerke
        1.3.1 Interne Netzwerke
        1.3.2 Dynamische versus stabile Netzwerke
        1.3.3 Virtuelle Unternehmen

2. Anforderungen zur unternehmensübergreifenden SCM-Integration
    2.1 IT-Infrastruktur
    2.2 Integration anstelle von Schnittstellenmanagement
    2.3 Vertrauen

3. Ausgewählte Konzepte zur SCM-Integration
    3.1 Electronic Commerce
    3.2 Collaborative Business Networking
    3.3 Multi-Agentensysteme

4. Fazit und Ausblick

1. Grundlagen der Koordination heterarchischer Unternehmensnetzwerke

Durch den Zusammenschluss rechtlich selbständiger Unternehmen zu Unternehmensnetzwerken wird die effiziente Gestaltung und Optimierung unternehmensübergreifender Wertschöpfungsprozesse angestrebt, um eine umfassende Marktleistung aus Sicht des Gesamtnetzwerkes zu erbringen. Hierzu ist die zielgerichtete Koordination aller Logistikprozesse und Beziehungen der Netzwerkpartner erforderlich, die allerdings in eterarchischen Netzwerken andere Anforderungen an das Supply Chain Management als in hierarchischen Netzwerken stellt. Nachfolgend soll deshalb dargestellt werden, mit welchen Konzepten die durch das SCM zu leistende Integration der zwischenbetrieblichen Logistikprozesse und Beziehungen in heterarchischen Unternehmensnetzwerken konzeptionell gelöst werden kann.

1.1 Ausgangspunkt

Der durch die Dynamik des globalen Wettbewerbs ausgelöste Bedarf nach strategischer Neuausrichtung unternehmerischer Aktivitäten führt Unternehmen regelmäßig dazu, sich mit der strategischen Option einer Unternehmenskooperation als Alternative zu Wettbewerbsstrategien zu befassen. Innerhalb der Vielzahl unterschiedlicher Kooperationsformen bildet dabei ein Unternehmensnetzwerk eine spezifische Ausprägung, da es als langfristiger und zielgerichteter Verbund mehrerer rechtlich selbständiger Unternehmen verstanden wird, bei dem die zum Netzwerk zugehörigen Unternehmen die Generierung oder Verbesserung von Wettbewerbsvorteilen gegenüber den außerhalb des Netzwerks stehenden Unternehmen verfolgen (Jarillo 1988, S. 32). Die multilaterale Kooperation in Form eines Unternehmensnetzwerkes ist dabei gekennzeichnet durch eine hohe Flexibilität im Vergleich zu vertikal integrierten Einzelunternehmen sowie eine vergleichsweise höhere Stabilität gegenüber marktbezogenen Austauschbeziehungen.

Angesichts wachsender marktbedingter Anforderungen im Hinblick auf die permanente Verbesserung von Produkten und Prozessen ist die Gestaltung und Optimierung von Prozessen entlang der Wertschöpfungskette als weiterer Wettbewerbsfaktor zu sehen (Thaler 1999, S. 12f.). Bei der Gestaltung der unternehmensübergreifenden Wertschöpfungskette sollte grundsätzlich eine kompetenzorientierte Arbeitsteilung zwischen den einzelnen Partnerunternehmen im Netzwerk verfolgt werden. Für die Unternehmen innerhalb eines Netzwerkes ergibt sich in diesem Zusammenhang somit die Notwendigkeit, eine unternehmensübergreifende und netzwerkweite Abstimmung aller Prozesse der Lieferkette (Supply Chain) zu erreichen. Die Struktur dieser Lieferkette hängt einerseits von der Anzahl der beteiligten Kunden, Lieferanten und sonstigen Dienstleistern sowie andererseits von den zwischen ihnen bestehenden Beziehungen ab. In diesem Zusammenhang übernimmt das Supply Chain Management (SCM) die Aufgabe der Steuerung und Koordination der logistischen Prozesse und Beziehungen entlang der Wertschöpfungsstufen innerhalb des Netzwerks.

Aufgrund der Vielzahl möglicher Lieferanten-Kunden-Verbindungen, Zwischenprodukte sowie einzelner Prozessschritte innerhalb der Supply Chain des Netzwerks erweist sich diese Steuerungs- und Koordinationsaufgabe dabei als äußerst komplex. Nach der Art der vorherrschenden Beziehungen und Strukturen zwischen den Partnern eines solchen Unternehmensnetzwerks lassen sich grundsätzlich hierarchische und heterarchische Netzwerke unterscheiden. Die unternehmensübergreifende Koordination der gesamten Supply Chain des Netzwerks erfolgt daher anders als in hierarchischen Netzwerken nicht primär über Anordnungen sondern über eine marktähnliche Koordination im Sinne einer Selbstabstimmung.

Aufgrund der gleichrangigen Machtverhältnisse zwischen den Partnern eines heterarchischen Unternehmensnetzwerkes wird diese Art des Netzwerks vor allem von Klein- und Mittelunternehmen (KMU) gewählt, da bei diesen das dominante Unternehmensziel in der Wahrung der eigenen Unabhängigkeit und Selbständigkeit besteht (Kayser 1997, S. 85). Demzufolge sind KMU besonders motiviert, durch die Beteiligung an Unternehmensnetzwerken mit vergleichbaren Partnern die Schwierigkeiten der regelmäßig nur unzureichenden Ressourcenausstattung zu überwinden. Dies lässt sich am Beispiel des Innovationsprozesses beobachten, im Rahmen dessen KMU regelmäßig mit neuen Kompetenzanforderungen konfrontiert werden und zugleich durch fehlende Ressourcen wie technisches Know-How, Finanz- oder Humankapital schnell an die eigenen Grenzen stoßen (Staudt 1999, S. 35).

Für die durch das SCM zu leistende Abstimmung und Harmonisierung der Logistikprozesse entlang der gesamten Supply Chain des Netzwerks ergeben sich folglich spezifische Anforderungen durch die heterarchische Netzwerkstruktur.

1.2 Erklärungsansätze zur Bildung heterarchischer Netzwerke

Auf die Fragestellung, warum es zur Bildung heterarchischer Unternehmensnetzwerke kommt, finden verschiedene theoriegeleitete Erklärungsansätze eine Antwort. Die beiden wichtigsten sind die Transaktionskostentheorie und der ressourcenbasierte Ansatz, die im Folgenden kurz vorgestellt werden sollen.

1.2.1 Transaktionskostenansatz

In jeder arbeitsteilig organisierten Wirtschaft ist die Koordination der Austauschbeziehungen aller Akteure notwendig, um eine effiziente Allokation der vorhandenen knappen Ressourcen zu erreichen. Der transaktionskostentheoretische Erklärungsansatz erklärt die unterschiedlichen Formen der Koordination wirtschaftlicher Aktivitäten durch die Entstehung von Transaktionskosten. Hierbei bezeichnet eine Transaktion den Prozess der Vornahme von unternehmensinternen oder marktbezogenen Tauschhandlungen hinsichtlich von Handlungs- und Verfügungsrechten, zu dem es kommt, „...when a good or service is transfered across a technologically separate interface. One stage of activity terminates and another begins" (Williamson 1985, S. 1). So sind Transaktionen für die jeweiligen Akteure mit der Entstehung von Kosten für die Anbahnung, Vereinbarung, Kontrolle und Anpassung verbunden (Picot 1982, S. 270). Im Unterschied zur Koordination von Transaktionen durch Märkte steuert ein Unternehmen seine Aktivitäten dagegen durch Anweisungen, die innerhalb der Unternehmensorganisation getroffen werden. Allerdings verursacht auch die Unternehmensorganisation Transaktionskosten, die vornehmlich durch die Kontrolle der Einhaltung von Anweisungen entstehen. Neben den konträren Institutionen Markt und Unternehmen gibt es zusätzlich ein Reihe von hybriden Formen der Koordination von Transaktionen, die der Kooperation zugeordnet werden.

Die Ursachen von Transaktionskosten lassen sich vor allem auf Kommunikations- und Informationsprobleme zurückführen, da für die Behebung unvollkommener Informationsstände über das Verhalten und die Absichten des Transaktionspartners Kosten entstehen, die sich damit direkt der betreffenden Transaktion zuordnen lassen. Die Höhe der entstehenden Transaktionskosten bestimmt sich in Abhängigkeit von der Ausprägung bestimmter Annahmen über das Verhalten der Akteure sowie von den Eigenschaften der zugrunde liegenden Transaktion (Williamson 1975, S. 8).

Die Transaktionskostentheorie nimmt an, dass die Akteure sich grundsätzlich opportunistisch verhalten und durch Vorliegen von beschränkter Rationalität in ihren Fähigkeiten zur Aufnahme, Verarbeitung und Weitergabe von Informationen begrenzt sind. Als opportunistisches Verhalten wird das Handeln der Akteure gesehen, von dem angenommen wird, dass es auf die Erlangung eigener Vorteile zu Lasten anderer ausgerichtet ist.

Daneben wird die Transaktionskostenhöhe vor allem von der Spezifität, Unsicherheit und Häufigkeit der im Mittelpunkt stehenden Transaktionen abhängig gemacht (Williamson 1985, S. 52ff.). Die Transaktionseigenschaft der Spezifität einer Ressource beschreibt das Ausmaß der Bindung dieser Ressource an eine einzige Verwendungsalternative im Sinne der damit verbundenen Opportunitätskosten (Picot 1993, S. 52). Spezifität kann hierbei beispielsweise die Investition in Sach- und Humankapital betreffen. Die mit einer Transaktion verbundene Unsicherheit wird maßgeblich durch die Komplexität und Dynamik der Umwelt beeinflusst. Die Häufigkeit einer Transaktion bestimmt die Ausnutzung von Lern-, Erfahrungs- sowie (Fix-)Kostendegressionseffekten, so dass mit zunehmender Transaktionshäufigkeit ceteris paribus eine Senkung der Transaktionskosten induziert wird.

Insgesamt ergibt sich durch die Zuordnung der genannten Verhaltensannahmen und Transaktionseigenschaften ein Beziehungsgeflecht, anhand dessen die komparative Effizienz der Koordinationsformen Markt, Hierarchie und Kooperation erklärt werden kann.

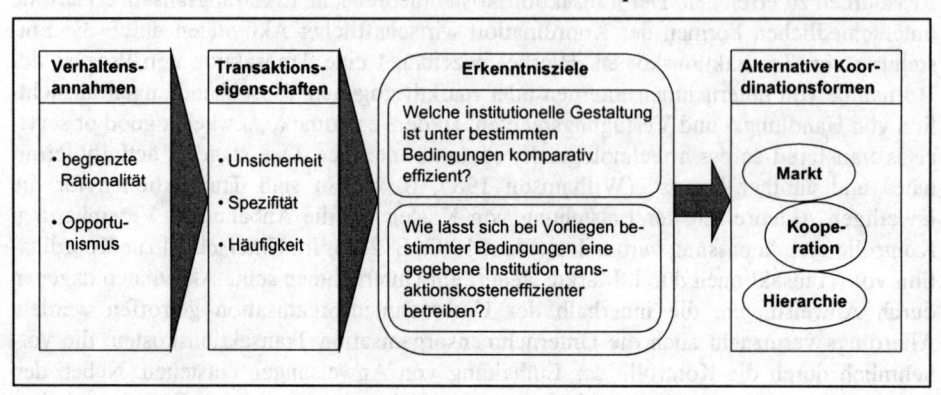

Abbildung 1: Erklärungsansatz Transaktionskostentheorie

Die Beantwortung der Frage nach der effizientesten Koordinationsform von Transaktionen gilt zugleich als wesentlicher Gegenstand der Transaktionskostentheorie (Picot 1982, S. 270). Trotz einer Kritik an der Transaktionskostentheorie, die sich vor allem gegen die unzureichende Falsifizierbarkeit der Aussagen sowie die fehlende Messung von Transaktionskosten richtet, werden doch Hinweise geliefert, wann die Kooperation als Form der Koordination von Transaktionen komparativ effizient sein wird (Schneider 1985, S. 1237ff.).

So ist eine hierarchische und damit unternehmensinterne Koordination von Transaktionen gegenüber einer marktlichen Koordination vor allem dann effizienter, wenn bei Vorliegen von Opportunismus eine hohe Spezifität der Transaktion gegeben ist, weil es damit zur Entstehung höherer Kontrollkosten kommt. Ursächlich hierfür ist die erhöhte Abhängigkeit der Transaktionspartner und damit zugleich der Mangel an Koordinationsalternativen mit komparativ niedrigen Kosten, wodurch in der Folge eine monopolartige Marktstruktur (small number-situation) begünstigt wird (Sauter 1985, S. 50f.). Märkte sind dagegen bei geringer Spezifität gemessen an den entstehenden Transaktionskosten effizienter. Hybride, kooperative Formen, hier insbesondere Unternehmensnetzwerke, nehmen eine mittlere Position zwischen Markt und Hierarchie ein und empfehlen sich bei Vorliegen einer mittleren Spezifität bei gleichzeitiger hoher Unsicherheit (Picot/Reichwald/Wigand 2001, S. 269f.).

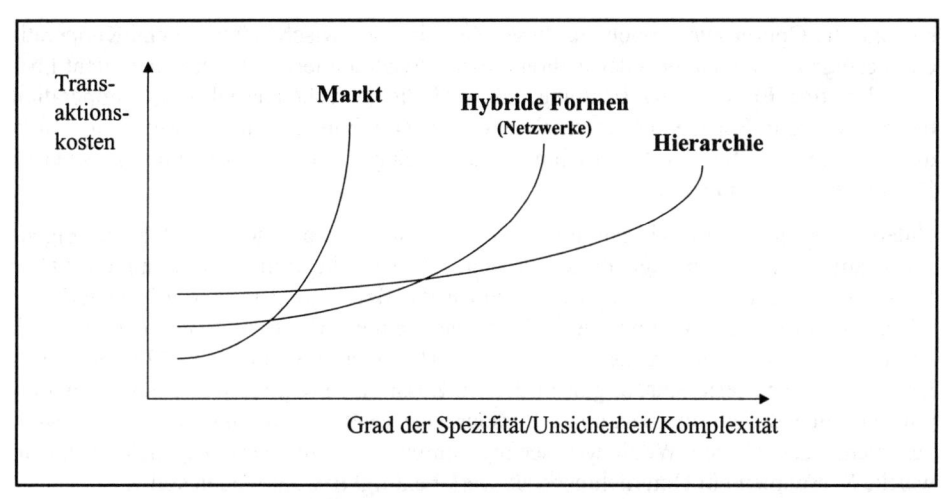

Grundlagen der Koordination heterarchischer Unternehmensnetzwerke 361

Abbildung 2: Transaktionskosten bei unterschiedlichen Koordinationsformen (Picot/ Reichwald/Wigand 2001, S. 55)

1.2.2 Ressourcenbasierter Ansatz

Seit Beginn der 90er Jahre ist im Kontext der Ansätze zum strategischen Management der ressourcenbasierte Erklärungsansatz zu finden. Hiernach wird ein Unternehmen als Aggregation von verschiedenen Ressourcen aufgefasst, wobei der Begriff der Ressource eher weit abgegrenzt wird und neben materiellen und immateriellen Gütern auch Humanressourcen umfasst (Grant 1998, S. 111).

Aus Sicht einer ressourcenorientierten Unternehmensführung wird deshalb die Wettbewerbsposition des Unternehmens vor allem durch die unternehmenseigene Ressourcenausstattung beeinflusst. In Anlehnung an Barney bestimmt der Bestand unternehmensinterner Ressourcen die Wettbewerbsposition des betroffenen Unternehmens, da von der

- Heterogenität der Ressourcenausstattung auszugehen ist, d. h., dass die einzelnen Unternehmen jeweils über unterschiedliche Ressourcen verfügen, sowie

- Immobilität der Ressourcen in dem Sinne auszugehen ist, dass die Möglichkeiten des Ressourcentransfers aufgrund fehlender bzw. unvollkommener Faktormärkte begrenzt sind (Barney 1991, S. 101).

Auf Basis dieser Grundannahmen des ressourcenbasierten Ansatzes lassen sich dauerhafte Wettbewerbsvorteile und Unternehmenswachstum demnach nur erzielen, wenn ein Unternehmen über solche einzigartigen Ressourcen verfügt, die wertvoll, knapp, schwer zu imitieren, nicht substituierbar und dauerhaft sind (Theuvsen 2001, S. 1546f.). Eine strategische Option zur Erreichung dieser Ziele ist die zwischenbetriebliche Kooperation: Verfügen demnach ein oder mehrere wachstumsorientierte Unternehmen nicht über eine derartige Ressourcenausstattung, so wird die zwischenbetriebliche Kooperation beispielsweise in Form eines Unternehmensnetzwerks immer dann attraktiv sein, sofern diese es dem betreffenden Unternehmen erlaubt, Zugriff zu fehlenden komplementären Ressourcen zu bekommen.

Unternehmensnetzwerke weisen aus Sicht des ressourcenbasierten Ansatzes die Eigenschaft auf, dass sie den zugehörigen Partnern im Netz die Bündelung komplementärer Ressourcen erlaubt, so dass für Unternehmen die Beteiligung in einem Netzwerk vor allem dann in Betracht kommt, wenn die eigene wettbewerbsstrategische Position durch zusätzliche Ressourcen verbessert werden kann (Eisenhardt/Schonhoven 1996, S. 136f.). Der ressourcenbasierte Ansatz gibt in diesem Zusammenhang Hinweise auf die Bedingungen, unter denen eine bestimmte Ressourcenausstattung im Unternehmensnetzwerk zu einem nachhaltigen Wettbewerbserfolg führen kann und lässt zugleich erkennen, welche Ressourcen ein Unternehmensnetzwerk benötigt bzw. aufbauen sollte.

Mit der Weiterentwicklung des ressourcenbasierten Ansatzes zum kernkompetenzbasierten Ansatz wird vor allem die Bedeutung der Kernkompetenzen für die optimale Festlegung der Leistungstiefe eines Unternehmens betont. Durch die Kooperation von Unternehmen in Netzwerken besteht daneben zusätzlich die Möglichkeit des Zugriffs auf komplementäre Kompetenzen der Netzwerkpartner, so dass der eigene Aufbau dieser Kompetenzen vermieden werden kann, um stattdessen zusätzliche Kompetenzen durch die kooperative Ausnutzung von Lerneffekten zu erwerben (Weber/Dehler/Wertz 2000, S. 269).

Insgesamt bleibt damit festzuhalten, dass die strategische Entscheidung eines Unternehmens zur zwischenbetrieblichen Zusammenarbeit im Rahmen eines heterarchischen Netzwerks entscheidend davon abhängig sein wird, inwieweit komplementäre Ressourcen bei den Partnern des Netzwerks vorhanden sind und zum gemeinsamen Vorteil genutzt werden können.

1.3 Grundformen heterarchisch koordinierter Logistiknetzwerke

Im Hinblick auf die Steuerung und Koordination im Netzwerk werden hierarchische (monozentrische) und heterarchische (polyzentrische) Netzwerke unterschieden. Ein heterarchisches Unternehmensnetzwerk ist ein multilateraler, polyzentrischer Verbund von mehreren selbständigen Akteuren, zwischen denen relativ homogene, gegenseitige Abhängigkeiten bestehen (Wildemann 1997, S. 425). In Abgrenzung zu hierarchischen Unternehmensnetzwerken weisen heterarchische Netzwerke die zentrale Eigenschaft auf, dass die Koordination und Steuerung hierbei nicht durch die Ausübung von Macht durch ein einzelnes Unternehmen oder eine kleine Gruppe von Unternehmen (sogenannter fokaler Akteur) erfolgt. Stattdessen dominiert in heterarchischen Unternehmensnetzwerken das Prinzip der Selbststeuerung durch einen marktähnlichen Verhandlungsmechanismus in Verbindung mit einem unreglementierten Informationsfluss innerhalb des Netzes (Weber 1996, S. 117). Heterarchische Netzwerke sind demnach solche Handlungs- und Verhaltenssysteme, in denen die Führung und Dominanz innerhalb des Netzwerks regelmäßig auf dem Verhandlungsweg wieder neu festgelegt wird. Nach Wildemann übernehmen einzelne Akteure in heterarchischen Netzwerken alleinverantwortlich die Koordination bestimmter Ausschnitte der Supply Chain, wobei sich die Verteilung der Koordinationskompetenzen durch die Spezialisierung einzelner Akteure innerhalb des Netzes ergibt (Wildemann 1997, S. 425).

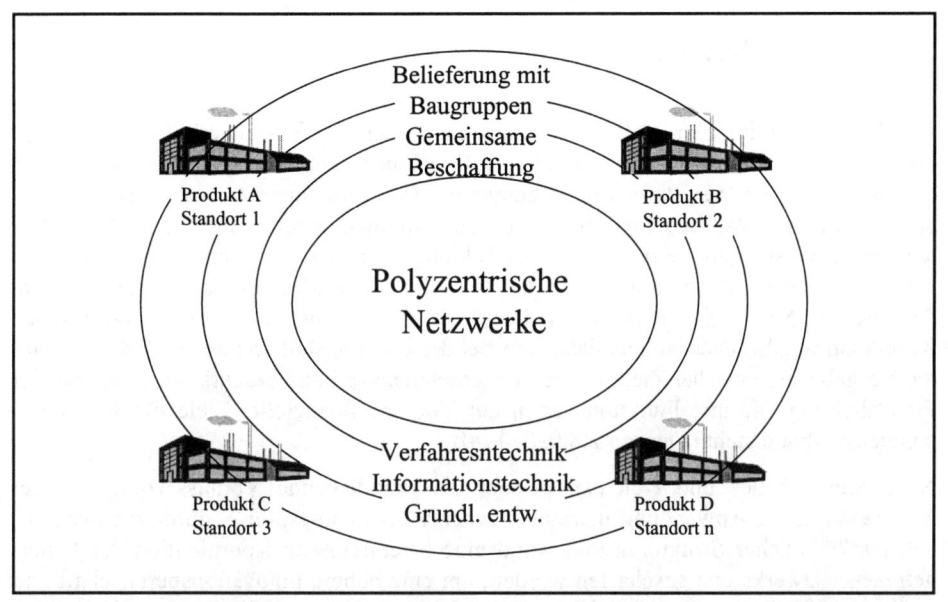

Abbildung 3: Architektur eines heterarchischen (polyzentrischen) Netzwerks (Wildemann 1997, S. 426)

Grundlegende Formen heterarchischer Unternehmensnetzwerke lassen sich beispielsweise anhand der folgenden Bezugsebenen abgrenzen, wobei die Grenzen zwischen heterarchischer und hierarchischer Steuerung bei allen aufgeführten Netzwerktypen stets fließend sind:

- Richtung der Zusammenarbeit (horizontal, vertikal, lateral),
- Veränderungsgeschwindigkeit (stabil, dynamisch),
- lokale Reichweite (regional, national, international).

Nach einer anderen Einteilung von Miles und Snow lassen sich interne, statische und dynamische Netzwerke als generische Netzwerktypen unterscheiden, die allesamt eine intermediäre Stellung innerhalb des Kontinuums zwischen den gegensätzlichen Koordinationsformen Markt und Hierarchie einnehmen und somit auch für eine heterarchische Steuerung in Betracht kommen können (Miles/Snow 1986, S. 65).

Nachfolgend sollen diese drei generischen Grundformen im Hinblick auf heterarchische Unternehmensnetzwerke dargestellt werden. Zusätzlich wird die Sonderform des virtuellen Unternehmens aufgrund ihrer hohen Bedeutung separat vorgestellt, wenn auch virtuelle Unternehmen als eine spezifische Ausprägung dynamischer Netze verstanden werden können.

1.3.1 Interne Netzwerke

Zur Entstehung interner Netzwerke kann es regelmäßig nur innerhalb eines nichtkooperativen Zusammenschlusses von Unternehmen wie beispielsweise Konzernen kommen. Die einzelnen Partnerunternehmen des (konzern-)internen Netzwerks sind dabei rechtlich selbständige Beteiligungen eines Holdingkonzerns, die als zentrale Willenseinheit verstanden werden kann. Die Bildung eines heterarchischen, internen Netzwerks setzt dabei jedoch voraus, dass die Holding als zentrales Führungsorgan innerhalb des internen Netzes der marktlichen Koordination den Vorzug vor der hierarchischen Koordination gibt. Dies ist beispielsweise bei der Führungsholding der Fall, die sich auf die Vorgabe strategischer Ziele für den Unternehmensverbund beschränkt, sowie bei der Finanzholding, die ihre Funktion nur in der Vorgabe finanzieller Ziele für den Unternehmensverbund sieht (Theisen 2000, S. 174ff.).

Nach Snow, Miles und Coleman besteht die grundlegende Voraussetzung interner Netzwerke in der Anwendung marktbezogener Verrechnungspreise, durch die der Aufbau marktähnlicher Strukturen und damit eine heterarchische Koordination des Unternehmensnetzwerks erst geschaffen werden, um eine höhere Innovationsbereitschaft und verbesserte Performance zu erreichen (Snow/Miles/Coleman 1992, S. 11). Die heterarchische Steuerung interner Netzwerke ist somit stets abhängig von der gewählten Organisationsform eines Konzerns.

1.3.2 Dynamische versus stabile Netzwerke

Nach einer auf Miles und Snow zurückgehenden Unterscheidung lassen sich stabile und dynamische Netzwerke insbesondere am Ausmaß der unternehmensübergreifenden Arbeitsteilung innerhalb des Netzwerks, an der Flexibilität der Netzwerkbeziehungen sowie an der wesentlichen Zielsetzung des Netzwerkverbundes voneinander abgrenzen (Miles/Snow 1992, S. 55ff.).

Das dynamische Netzwerk weist eine hohe vertikale Arbeitsteilung zwischen den rechtlich unabhängigen, spezialisierten Partnerunternehmen auf, die auftragsspezifisch zu temporären, flexiblen Wertschöpfungsketten zusammengeführt werden. Ein solches dynamisches Netzwerk wird ausgehend von einem Pool potenziell geeigneter Kooperationspartner gebildet. Hierbei ist es das Ziel, die Zusammensetzung des Netzwerks an der optimalen Erfüllung der Kundenbedürfnisse auszurichten, so dass sich über den Zu- und Abgang geeigneter Partner im aktivierten Netz eine vergleichsweise hohe Dynamik innerhalb des gesamten Unternehmensnetzwerks entwickelt. Zu den zentralen Merkmalen dynamischer Netzwerke zählen:

- ein fokaler Akteur mit den Eigenschaften eines Brokers, der die netzwerkinternen Prozesse steuert,
- die Koordination über einen marktähnlichen Mechanismus sowie
- das Vorhandensein vollständiger Informationssysteme (Miles/Snow 1986, S. 64).

Stabile Netzwerke sind im Unterschied zu den bereits angeführten dynamischen Netzwerken eher langfristig orientiert und in der Regel zeitlich nicht befristet. In stabilen Netzwerken erfolgt die strategische Koordination zumeist durch ein fokales Unternehmen, welches im Kontext heterarchischer Netzwerke darauf zu achten hat, dass marktähnliche Strukturen erhalten bleiben, da vor allem bei gegenseitiger Abhängigkeit und starker wirtschaftlicher Verflechtung der spezialisierten Netzwerkpartner die Gefahr des Übergangs zu einer vertikal-hierarchischen Netzstruktur besteht (Sydow 1992, S. 82). Daraus ergibt sich, dass auch bei polyzentrischen Strukturen mit wechselseitiger Vernetzung der Partnerunternehmen durch das fokale Unternehmen eine heterarchische Steuerung und Koordination geleistet werden kann, wenn gleich auch diesem notwendigerweise eine gewisse Machtposition im Netzwerk zufällt (Weber 1996, S. 118).

Zur Erhaltung eines heterarchischen Steuerungskonzepts sind deshalb die Rahmenbedingungen im Netzwerk so zu gestalten, dass bestehende selbststeuernde Prozesse im Netzwerk durch die Unterstützung der Partnerunternehmen im Netzwerk erhalten bleiben (Naujoks 1994, S. 265). Allein durch das Vorhandensein eines fokalen Unternehmens kann in Unternehmensnetzwerken nicht automatisch auf das Vorhandensein einer monozentrischen bzw. hierarchischen Steuerung geschlossen werden, soweit dieser fokale Akteur die Rolle eines Gesamtkoordinators im Sinne eines Brokers einnimmt (Miles/Snow 1984, S. 26f.).

1.3.3 Virtuelle Unternehmen

Unter dem Begriff des „Virtuellen Unternehmens" wurde zu Beginn der neunziger Jahre von Davidow und Malone ein spezifisches heterarchisches Organisationskonzept beschrieben, das als weitgehend konturloses Netzwerk unabhängiger Unternehmen und deren Kernkompetenzen ständig wechselnde Schnittstellen aufweist (Davidow/Malone 1993, S. 15). Nach dem Begriffsverständnis von Byrne ist das virtuelle Unternehmen „a temporary network of independent companies...linked by information technology to share skills, costs and access to one another's markets. It will have neither central office nor organization chart. It will have no hierarchy, no vertical integration. Instead, proponents say this new, evolving model will be fluid and flexible – a group of collaborators that quickly unite to exploit a specific opportunity." (Byrne 1993, S. 99)

Virtuelle Unternehmen weisen damit in Abgrenzung zu anderen Kooperationsformen insbesondere die folgenden Merkmale auf:

- zeitlich begrenzter, polyzentrischer Zusammenschluss rechtlich selbständiger Unternehmen
- flexibel und schnell im Hinblick auf die Zusammensetzung und Zusammenarbeit der beteiligten Unternehmen durch die Nutzung von Informations- und Kommunikationstechnologien (IuK)
- Bündelung der jeweils besten Kernkompetenzen mit dem Ziel der Erreichung einer am konkreten Kundenauftrag ausgerichteten optimalen Wertschöpfungskette
- schlanke Organisation durch Selbstabstimmung arbeitsteiliger Prozesse, die räumlich und zeitlich voneinander entkoppelt sind
- geschlossener Auftritt der Netzwerkteilnehmer gegenüber Kunden als ein einziges Unternehmen.

In Analogie zum Konzept eines virtuellen Speichers von Computersystemen sollen virtuelle Unternehmen durch die Auflösung von Orts- und Zeitgrenzen für die Kunden mehr Leistungen erbringen als ein einzelnes, traditionelles Unternehmen aufgrund seiner unmittelbar verfügbaren Ressourcen könnte (Picot/Reichwald/Wigand 2001, S. 421).

Die genannten Merkmale verdeutlichen, dass es sich bei virtuellen Unternehmen um eine spezifische Form dynamischer heterarchischer Netzwerke handelt, die sich problem- bzw. auftragsbezogen regelmäßig aus einem als Unternehmenspool betrachteten größeren stabilen Netzwerk heraus formieren. Somit wird die Struktur des virtuellen Unternehmens durch die vom Kunden gegebene individuelle Aufgaben- bzw. Problemstellung anhand der jeweiligen Kernkompetenzen einzelner Partner dieses dynamischen Netzwerks bestimmt (Rautenstrauch 2002, S. 21).

Damit es allerdings zu einer schnellen und auf den konkreten Kundenauftrag optimal abgestimmten Zusammensetzung des virtuellen Unternehmens kommen kann, ist ein Netzwerkmanagement erforderlich, in dem verschiedene Funktionsträger mitwirken, die überbetriebliche Dienstleistungen erbringen, wie ein Netzwerkcoach, Broker, Leistungsmanager, Auftragsmanager, In-/Outsourcingmanager und Auditor (Schuh/Millarg/Göransson 1998, S. 93).

2. Anforderungen zur unternehmensübergreifenden SCM-Integration

Eine kooperative Zusammenarbeit in heterarchischen Unternehmensnetzwerken stellt vor allem im Hinblick auf eine gewünschte Vernetzung der komplementären Kompetenzen aller Netzwerkpartner besondere Anforderungen an die Integration des netzwerkweiten Supply Chain Managements, welche im Mittelpunkt der nachfolgenden Ausführungen stehen.

2.1 IT-Infrastruktur

Der Einsatz von Informations- und Kommunikationstechnologie (IuK) stellt für die Integration des SCM-Managements in heterarchischen Netzwerken eine notwendige Bedingung dar, weil es die Transaktionskosten innerhalb des Netzwerks erheblich senken kann. Dennoch ist zu beachten, dass die Bereitstellung einer integrierten IuK-Infrastruktur erhebliche Investitionen erfordert und somit gerade für KMU aufgrund fehlender finanzieller Ressourcen eine Eintrittsbarriere darstellen kann.

Das SCM setzt keine bestimmte Softwareumgebung voraus, sondern umfasst eine Sammlung unterschiedlicher Softwarewerkzeuge und offener Standards sowohl im Hinblick auf technische als auch funktionale Aspekte. Die Basistechnologie bildet jedoch das Internet, welches nicht mehr nur als Informations- und Kommunikationsmedium sondern für die Abwicklung von Transaktionen eingesetzt wird. Auf der Internet-Technologie basierende Werkzeuge wie die Metasprache XML (eXtensible Markup Language) gelten als Enabler für den Aufbau von Supply Chains, weil sie eine automatische Zuordnung und Weiterverarbeitung von Informationen ermöglichen (Turowski 1999, S. 202ff.).

Innerhalb der IT-Infrastruktur eines heterarchischen Netzwerks werden SCM-Anwendungen regelmäßig komplementär zu unternehmensbezogenen Enterprise Ressource Planning (ERP)-Systemen eingesetzt, weshalb in der Berücksichtigung von Restriktionen der Netzwerkpartner ein wesentliches Kriterium für die erfolgreiche unternehmensübergreifende Integration der Supply Chain zu sehen ist (Schinzer 1999, S. 861). Zur Verringerung der Komplexität der IT-Infrastruktur ist es darüber hinaus notwendig, dass ERP-Komponenten dem Konzept der Netzwerkbildung folgen und eine problemlösungsorientierte, modulare Struktur aufweisen (Wildemann 2001a, S. 13).

2.2 Integration anstelle von Schnittstellenmanagement

Im Fokus der Integration der unternehmensübergreifenden Supply Chain stehen die Schnittstellen des Unternehmens mit den einzelnen Partnerunternehmen des heterarchischen Netzwerks. Die zur Realisierung einer SCM-Integration notwendige Festlegung und Unterstützung von Standards wie z. B. EDI (Electronic Data Interchange) oder EDIFACT (EDI for Administration, Commerce and Transport) führt dazu, dass sowohl auf technischer als auch organisatorischer Ebene Komplexität verringert werden kann und Transaktionskosten gering gehalten werden können (Schuh 1996, S. 171).

Bei Betrachtung der Informationsinfrastruktur lassen sich mit Mertens/Faist drei Schichten unterscheiden: Daten-Sharing, Applikations-Sharing und Applikations-Kommunikation.

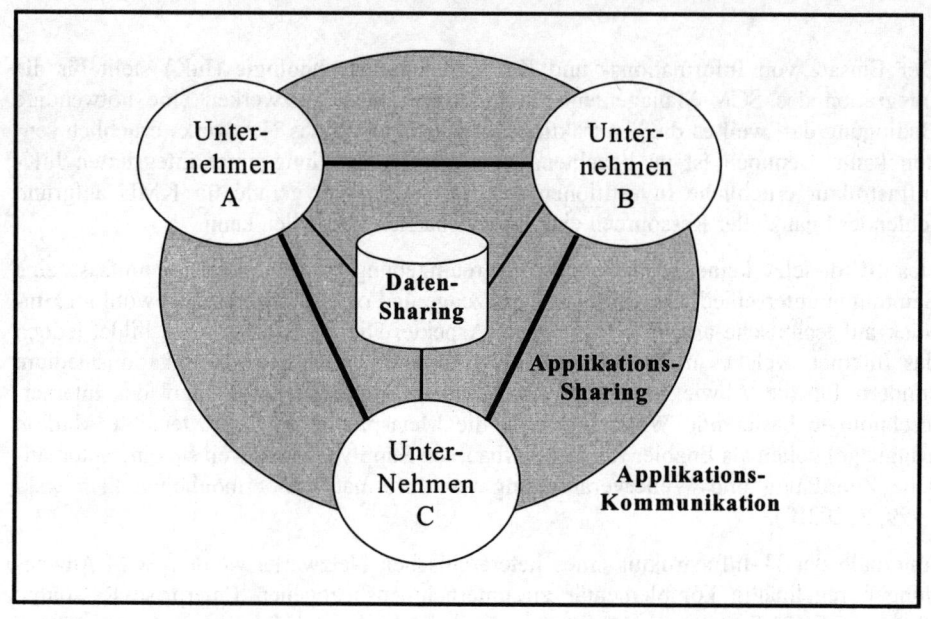

Abbildung 4: 3-Schichten-Modell der IT-Infrastruktur (aus Mertens/Faist 1996, S. 166)

Die Integrationsbemühungen sind grundsätzlich in allen drei Schichten notwendig. Eine vollständige Integration aus Sicht des SCM bedingt jedoch, dass die Anwendungssysteme der verschiedenen Partner im Rahmen ihrer Kommunikation nicht lediglich auf gemeinsame Datenbestände zugreifen, während die Applikationen selber unabhängig von einander sind. Das Ziel bildet dagegen eine integrierte Lösung, bei der die Informationsflüsse vollständig miteinander gekoppelt sind und es zu einem Applikations-Sharing kommt. Erst hierdurch wird erreicht, dass die Anwendungssysteme der Partner ohne ein aufwendiges Schnittstellenmanagement auskommen, sofern eine Standardisierung aller beteiligten Anwendungssysteme erreicht worden ist. Nach Scheer kann erst durch die Synchronisation einzelner Stufen der Wertschöpfungskette von einer wirklichen Integration gesprochen werden, die allerdings notwendig ist, damit die Partner im Netzwerk ihre Planungs- und Steuerungssysteme auf Ereignisse in vor- und nachgelagerten Stufen abstimmen (Scheer 1999, S. 8).

2.3 Vertrauen

Im Hinblick auf die Koordination in heterarchischen Netzwerken bilden gegenseitiges Vertrauen und Offenheit essentielle Voraussetzungen für das Funktionieren eines heterarchischen Unternehmensnetzwerks, da erst hierdurch ein ungestörter Informationsfluss ermöglicht wird. Vertrauen kann in diesem Zusammenhang als eine positive Erwartungshaltung der Partnerunternehmen im Netzwerk verstanden werden, aufgrund derer diese bei der Bereitstellung ihrer Ressourcen im Netzwerk auf den Einsatz umfassender Sicherungs- und Kontrollinstrumente verzichten. Einflussfaktoren für das Vertrauen in heterarchischen Netzen sind neben der Dauer der Kooperation vor allem ein offenes Informations- und Kommunikationsverhalten (Sydow 1995, S. 191).

Da die Bindungen der Netzwerkpartner häufig nur auf vergleichsweise offenen und flexiblen Verträgen basieren, wird opportunistisches Verhalten erleichtert und führt damit zu erhöhter Unsicherheit (Wildemann 1997, S. 433). Für heterarchische Unternehmensnetzwerke besteht vor diesem Hintergrund eine wichtige Herausforderung in der Gestaltung von wirksamen Anreiz- und Sanktionsmechanismen. Hierdurch lassen sich die Partnerunternehmen zur Einhaltung vorgegebener Verhaltensnormen veranlassen, so dass die Unsicherheit über ein opportunistisches Verhalten der Netzwerkpartner nicht zu hohe Transaktionskosten der Kooperation entstehen lässt. Dies kann beispielsweise eine gemeinsame Unternehmensverfassung sein, mit der eine übergreifende Kooperationskultur im Unternehmensnetzwerk aufgebaut und gepflegt werden kann (Picot/Reichwald/Wigand 2001, S. 331).

3. Ausgewählte Konzepte zur SCM-Integration

Die Abstimmung in heterarchischen Unternehmensnetzwerken im Zusammenhang mit dem Supply Chain Management erfordert die integrierte Planung, Abwicklung, Koordination und Kontrolle der unternehmensübergreifenden Aktivitäten entlang der Supply Chain einschließlich der sie begleitenden Geld- und Informationsströme.

Die in heterarchischen Unternehmensnetzwerken zur Anwendung kommenden Integrationskonzepte sind insgesamt durch unterschiedliche Anwendungsbereiche und Merkmale gekennzeichnet. Im Folgenden werden die Konzepte Elektronische Märkte, Electronic Commerce, Collaborative Business Networking und Multi-Agenten-Systeme dargestellt.

3.1 Electronic Commerce

Nach Picot et al. umfasst Electronic Commerce jede Art von wirtschaftlicher Tätigkeit auf der Basis elektronischer Verbindungen und reicht von elektronischen Märkten bis zu elektronisch unterstützten Unternehmensnetzwerken (Picot/Reichwald/Wigand 2001, S. 337). Elektronische Märkte basieren auf der digitalen Abwicklung von Markttransaktionen, wobei für Anbieter und Nachfrager zeit- und ortsunabhängige Zugangsmöglichkeiten bei hoher Markttransparenz und niedrigen Transaktionskosten bestehen (Schmid 1993, S. 467f.). Basierend auf dem Internet als offene Plattform übernehmen elektronische Marktplätze, Handels- und Marktunterstützungssysteme die Zusammenführung des Zusammentreffens von Angebot und Nachfrage sowie die Durchführung und Unterstützung von Markttransaktionen (Picot/Reichwald/Wigand 2001, S. 342f.).

Ein elektronischer Marktplatz kann innerhalb des heterarchischen Netzwerks als Transaktionsmittler zwischen den Partnern eingesetzt werden, so dass diese eine gemeinsame Plattform finden, auf der sie ihre geschäftlichen Transaktionen anbahnen, vereinbaren und abwickeln können (Wildemann 2002, S. 9). Zur unternehmensübergreifenden SCM-Integration stellt die Nutzung eines solchen elektronischen Marktplatzes sowohl in technischer Hinsicht als auch in prozessualer Hinsicht erhöhte Anforderungen an die Partner eines heterarchischen Unternehmensnetzwerks. So ist es erforderlich, dass sich die Netzgemeinschaft auf einen gemeinsamen technischen Standard verständigt, eine Integration in bereits bestehende ERP-Systeme vornimmt und vor allem die betroffenen Beschaffungsprozesse unternehmensübergreifend standardisiert (Ebenda, S. 9).

Als Voraussetzung für den Erfolg eines elektronischen Marktplatzes heterarchischen Unternehmensnetzwerks kann vor allem eine vollständige Abdeckung der Supply Chain und in Verbindung hiermit eine ausreichende Anzahl Partner im Netz angesehen werden (Schinzer 1998, S. 1173).

Aus Sicht heterarchischer Unternehmensnetzwerke ist der prozessorientierte Ansatz eines digitalen Handels über ein Virtuell integriertes Netzwerk (VIN) von besonderem Interesse. Dieses kann als geschlossener Business-to-Business-Markt verstanden werden und bildet somit eine spezifische Form elektronischer Marktplätze. Hierbei können die Kunden in einem VIN nach Hinterlegung einer individuellen Problemstellung einen integrierten Geschäftsprozess generieren, dessen Struktur sich durch die jeweils einbezogenen Prozessteilnehmer ergibt (Schinzer 1998, S. 1167).

Die sich in einem heterarchischen Unternehmensnetzwerk vollziehende Abwicklung von Transaktionen sowie die Kooperation von Kunden und Lieferanten über das Konzept des elektronischen Marktes bzw. VIN bietet bei Vorliegen einheitlicher Standards den Vorteil einer hohen Flexibilität, sofern keine Schnittstellenprobleme die Integration behindern.

3.2 Collaborative Business Networking

Mit dem Begriff „Collaborative Business" wird ein neues Geschäftsmodell bezeichnet, das eine dynamische Zusammenarbeit der Partner innerhalb eines Unternehmensnetzwerks mit Hilfe von Plattformen und Marktplätzen im Internet zum Ziel hat. Im Unterschied zu bereits bekannten anderen internet-basierten Geschäftsmodellen wird beim Collaborative Business eine Interaktion zwischen den Partnern im Netzwerk angestrebt. Diese beschränkt sich allerdings nicht nur auf den Austausch und Zugriff von Informationen sowie die Abwicklung von Transaktionen, sondern bezieht darüber hinaus sämtliche Geschäftsprozesse der beteiligten Partner entlang der Supply Chain mit ein. Dennoch ist Collaborative Business kein gänzlich neues Konzept sondern eine Weiterentwicklung der bereits länger bekannten Internet-Konzepte des E-Business bzw. E-Commerce.

Die für die Umsetzung von Collaborative Business in einem heterarchischen Unternehmensnetzwerk erforderliche Integration von Daten, Transaktionen sowie kompletten Geschäftsprozessen der Partner erfordert allerdings nicht lediglich die Systemintegration aller Netzwerkpartner über die gesamte Supply Chain, was bereits durch EDI/EDIFACT ebenso wie durch B2B auf Basis von XML erreicht werden kann. Vielmehr ist der Aufbau dynamischer Netze zwischen den einzelnen Partnern erwünscht, um in Echtzeit nicht nur Daten sondern auch Dienste und Leistungen auszutauschen. Dies erfordert zusätzlich die Integration der bei den Partnern eingesetzten Applikationen, die durch Enterprise Application Integration (EAI)-Werkzeuge unterstützt wird, jedoch zum derzeitigem Stand noch mit sehr hohen Kosten für Lizenzen und Implementierung verbunden ist (Seidel 2002, S. 6).

Die Realisierung von Collaborative Business in einem heterarchischen Unternehmensnetzwerk erfordert daher die Berücksichtigung hoher Sicherheitsanforderungen, weil das einzelne Unternehmen im Netzwerk seine ausschließliche Hoheit über die eigenen Geschäftsprozesse teilweise aufgeben muss. Die für die Integration notwendige Modellierung vollständiger unternehmensübergreifender Geschäftsprozesse kann daneben nur erfolgreich umgesetzt werden, wenn

- die bei den einzelnen Partnern eingesetzten Systeme sich auf einer einheitlichen Plattform befinden

- eingesetzte monolithische/hierarchische Systeme modular aufgebaut und integrationsfähig sind

- standardisierte Prozessschnittstellen die Zusammenlegung der bei einzelnen Partnern stattfindenden Teilprozesse ermöglichen (Scheer/Hanebeck 1995, S. 13ff.).

Die Modellierung, Steuerung und Kontrolle der Prozesse wird durch den Einsatz spezifischer Integrations-Tools geleistet.

Erst durch offene Schnittstellen und integrierte Standards wird den Partnern innerhalb des heterarchischen Unternehmensnetzwerks ein Wechsel in vor- und nachgelagerte Stufen der Wertschöpfungskette möglich, weshalb die Integration vergleichsweise hohe Anforderungen an die unternehmensübergreifende Infrastruktur, Steuerung und Kommunikation stellt. Neben technischen Erfordernissen darf nicht übersehen werden, dass die Integration durch Collaborative Business eine strategische Kooperationskultur bei den Partnern des Netzwerks bedingt, die eine Öffnung der eigenen Organisation und Geschäftsprozesse bei teilweiser Aufgabe der alleinigen Souveränität über Informationen und Prozesse verlangt.

3.3 Multi-Agentensysteme

Ein weiterer Ansatz zur Integration des SCM-Managements in heterarchischen Logistiknetzwerken sind Multi-Agentensysteme, mit denen die unternehmensübergreifende Vernetzung der verschiedenen Anwendungssysteme automatisiert wird. Bei Multi-Agentensystemen handelt es sich um spezifische Softwaresysteme, die dem Konzept der Verteilten Künstlichen Intelligenz zuzuordnen sind. Die Agenten repräsentieren die Partner des heterarchischen Netzwerks, als deren „künstliche Stellvertreter" sie im Hinblick auf ein spezifisches Ziel selbständig handeln, nicht jedoch ohne eine vorgegebene Zielsetzung und Autorisierung. Hierbei kann es sich sowohl um ein individuelles Ziel als auch um ein für alle Netzwerkpartner gemeinsames Gruppenziel handeln, wobei die Aufgabenerfüllung kooperativ durch Kommunikation der Agentensysteme erfolgt (Knirsch/Timm 1999, S. 188).

Die bei der komplexen Koordination kooperativer Aufgabenerfüllung notwendige Abstimmung, Kontrolle und Konfliktlösung zwischen den verschiedenen Agenten wird durch Verhandlungen erreicht. Damit solche Verhandlungen koordiniert und durchgeführt werden können, ist eine Kommunikation der beteiligten Agenten notwendig, für die wiederum standardisierte Kommunikationsverfahren eingesetzt werden (Müller 1993, S. 12f.).

Eine Anwendungsmöglichkeit für Multi-Agentensysteme besteht beispielsweise auf den bereits genannten elektronischen Marktplätzen bzw. in VIN, wo Multi-Agentensysteme für den Kunden die Vorauswahl der geeigneten Lieferanten selbständig treffen und anschließend die selektierten Alternativen zur Entscheidung vorschlagen (Schinzer

1998, S. 1168). Bei heterarchischer Netzwerkkoordination ohne zentralisierte Planungsinstanz übernehmen Multi-Agentensysteme die Kommunikation zwischen verteilten Planungsknoten, wodurch den Partnern im Netzwerk die Möglichkeit eröffnet wird, für die Dauer einer Geschäftsbeziehung flexibel in einen Planungsverbund integriert zu werden (Thome/Böhnlein 2001, S. 1527). Neben der automatisierten Unterstützung der unternehmensübergreifenden Kommunikation im heterarchischen Netzwerk lassen sich Multi-Agentensysteme ebenso für automatisierte Beschaffungstransaktionen und zur Koordination der Fertigung einsetzen. Wesentliche Vorteile von Multi-Agentensystemen ergeben sich für die Integration des SCM aus:

- der besseren Performance durch verteiltes Problemlösen,
- der höheren Transparenz durch Modularität sowie
- der besseren Pflege und Erweiterbarkeit (Knirsch/Timm 1999, S. 195).

Allerdings existieren für Multi-Agentensysteme als Netzwerkkoordinatoren derzeit noch Schwächen im Hinblick auf die Stabilität und Effizienz des Konzepts, weil ein geschlossenes Modell des Gesamtnetzwerks für Systemtests bislang nicht zur Verfügung steht und deshalb eine weitere Forschung auf diesem Gebiet notwendig ist (Thome/Böhnlein 2001, S. 1527).

4. Fazit und Ausblick

Für die Integration des Supply Chain Managements innerhalb von heterarchischen Unternehmensnetzwerken lässt sich eine Reihe unterschiedlicher Herausforderungen erkennen, die sowohl im informationstechnischen als auch im organisatorischen Bereich verankert sind. Zwar wirkt die Informations- und Kommunikationstechnologie als starker Treiber eines integrierten Supply Chain Managements, dennoch bildet die Integration der Geschäftsprozesse aller Partner eines heterarchischen Netzwerks regelmäßig eine wichtige Voraussetzung für den Einsatz informationstechnischer Integrationslösungen. Als Folge hieraus sollte der Aufbau von gegenseitigem Vertrauen sowie einer entsprechenden Kommunikationskultur innerhalb des heterarchischen Unternehmensnetzwerks mit der gleichen Anstrengung betrieben werden wie die Implementierung notwendiger informationstechnischer Werkzeuge. Eine integrierte unternehmensübergreifende Koordination ist allerdings in heterarchischen Netzwerken nicht lediglich durch eine Selbstorganisation zu erreichen, sondern bedarf einer Koordination, die durch die vorgestellten IuK-Konzepte unterstützt wird.

Vor allem auch im Hinblick auf die Gruppe der KMU besteht weiterhin Bedarf nach finanzierbaren informationstechnischen Lösungen, da heutige Ansätze aufgrund hiermit verbundener Kosten für KMU noch immer eine wesentliche Zutrittsbarriere zu heterarchischen Netzwerken darstellen.

August-Wilhelm Scheer und Ralf Angeli

Management dynamischer Unternehmensnetzwerke

1. Einführung

2. Unternehmensnetzwerke
    2.1 Entstehung
    2.2 Organisations- und Koordinationsformen

3. Logistik dynamischer Unternehmensnetzwerke
    3.1 Anforderungen
    3.2 Konfiguration
    3.3 Durchführung

4. Informationstechnologien für dynamische Unternehmensnetzwerke
    4.1 Bestehende Systeme
    4.2 Integration

5. Ausblick

1. Einführung

Ein Hauptziel des Supply Chain Managements (SCM) ist die Schaffung von Informationstransparenz über die betrachtete Lieferkette hinweg. Beispielsweise soll damit der Bullwhip-Effekt (Forrester 1958, Lee/Padmanabhan/Whang 1997a), also ein Aufschaukeln von Planungs- bzw. Bestandskurven, verhindert werden. Aus dieser Erkenntnis heraus wurden Konzepte und Informationssysteme entwickelt, die sowohl Transparenz bezüglich der aktuellen Planungs- und Bestandssituation sicherstellen als auch eine gemeinsame Planung von Terminen und Mengen zu bearbeitender Produkte über die beteiligten Unternehmen der Lieferkette hinweg ermöglichen. Dieser gemeinsamen Planung und anschließenden Optimierung der Güterflüsse geht im Allgemeinen die Modellierung der Lieferketten- bzw. Netzwerkstruktur voran (Heinrich 2001, S. 5).

Aus dieser Vorgehensweise heraus wird deutlich, dass klassische Konzepte des SCM vornehmlich von langfristigen Beziehungen zwischen den beteiligten Unternehmen sowie einer relativ invariablen Umwelt, bspw. in Form konstanter Nachfrage, ausgehen. Gibt es in diesen Wertschöpfungsnetzwerken zudem noch Fokalunternehmen, die eine starke Verhandlungsmacht gegenüber den anderen beteiligten Unternehmen besitzen und somit einen großen Einfluss auf die Planung und Ausführung der Güterproduktion ausüben, ist die Erstellung eines zentralen Rahmenplans und dessen Steuerung mittels hierarchischer Koordinationsmechanismen angebracht (Fleisch 2001, S. 77). Ein klassisches Beispiel solcher Strukturen ist in der Automobilindustrie zu finden.

Durch neue Informationstechnologien, insbesondere das Internet, und darauf aufbauende Anwendungen entstehen neue Möglichkeiten der Zusammenarbeit. Sie ermöglichen eine Dynamisierung von Geschäftsprozessen und damit den Aufbau von Ad-hoc-Geschäftsbeziehungen in temporären und wandelbaren Netzwerken, die oftmals durch heterarchische Organisationsstrukturen und selbstorganisatorische Koordinationsmechanismen geprägt sind. Als Beispiel, wenn auch nicht kommerzieller Art, sei die Entwicklung von Open-Source-Software wie dem freien Betriebssystem Linux genannt. Software-Entwickler auf der ganzen Welt arbeiten mit Hilfe des Internets projektbasiert zusammen. Koordination erfolgt hierbei im Allgemeinen nicht durch eine zentrale, weisungsbefugte Stelle, sondern durch fachliche Diskussion und Ermittlung der besten Lösung für ein gegebenes Problem (Malone/Laubacher 1998, S. 145).

Ähnliche Ansätze finden sich auch bei der Koordination logistischer Prozesse der industriellen oder projektbasierten Güterproduktion. Das Konzept virtueller Unternehmen (Davidow/Malone 1992, Krystek/Redel/Reppegather 1997, Mertens/Griese/Ehrenberg 1998) fokussiert bspw. auf die Temporarität der Netzwerke, die sich anlässlich einer Geschäftsopportunität formen und nach Erbringung der Leistung wieder auflösen. Dieser Ansatz betrachtet in seiner ursprünglichen Form allerdings nicht explizit güterlogistische Fragestellungen, die vor allem bei Netzwerken produzierender Unternehmen neben Probleme der Informationslogistik treten. Um die hier betrachteten, dezentral organisierten bzw. heterarchischen Netzwerke von Güterproduzenten zu steuern, müssen folglich Konzepte, wie das der virtuellen Unternehmen, um logistische bzw. produktionsplanerische Komponenten erweitert bzw. bestehende logistische Methoden und Konzepte um dynamische Elemente ergänzt werden.

Der vorliegende Artikel beschreibt zunächst die Organisationsform dynamischer Unternehmensnetzwerke. Anschließend werden Anforderungen an die logistischen Prozesse der Gütertransformation und des Gütertransports sowie der damit verbunden koordinativen Prozesse beleuchtet, um in Folge Inhalte und Aufgaben der Logistik bei dem Aufbau und der Durchführung produzierender Netzwerke darzustellen. Schließlich werden Informationstechnologien zur Unterstützung der Prozessabwicklung beschrieben, wobei neben der Darstellung bestehender unternehmensinterner und -übergreifender Informationssysteme ein integrativer Ansatz mit Hilfe verteilter, künstlich-intelligenter Systeme abgeleitet wird.

2. Unternehmensnetzwerke

2.1 Entstehung

Die Bildung von Kooperationsnetzwerken im Allgemeinen hat sowohl ökonomische als auch informationstechnologische Ursachen. Als exogene Treiber sind bspw. der Wandel von Verkäufer- zu Käufermärkten sowie deren Globalisierung und Dynamisierung zu nennen. Neue Informations- und Kommunikationstechnologien begünstigen diesen Wandel bzw. ermöglichen ihn erst. Konsumenten werden in die Lage versetzt, sich mit Hilfe dieser Technologien umfassend über das zur Verfügung stehende Produktangebot zu informieren. Auf die Information folgt die Emanzipation der Kunden, die damit qualitäts- und preisbewusster werden. Um ihre Bedürfnisse zu befriedigen, suchen sie nicht mehr nur nach Produkten, sondern vielmehr nach Problemlösungen.

Unternehmen können auf den stetigen Wandel und den steigenden Wettbewerbsdruck in unterschiedlicher Art und Weise reagieren. Eine Strategie kann Wachstum und die Ausweitung des Leistungsangebots, also Generalisierung, sein. Hierüber sollen Kostenvorteile durch die Nutzung von Skaleneffekten (Economies of Scale) und Verbundvorteile (Economies of Scope) erreicht werden. Eine andere Alternative ist die Konzentration auf ausgewählte Leistungsbereiche und damit die Nutzung von Spezialisierungsvorteilen. Beide Strategien können durch hierarchische und marktliche Koordinationsmechanismen bedient werden. Eine marktliche Koordinationsform lässt eine effiziente Leistungserstellung vor allem bei Leistungen mit geringem Spezifitätsgrad und damit geringen Transaktionskosten zu (Picot/Reichwald/Wigand 1996, S. 59f.). Obwohl Transaktionskosten auf Märkten generell höher sind als in Hierarchien, kann dies durch geringere Produktionskosten kompensiert werden (Malone/Yates/Benjamin 1987, S. 485f.). Die Höhe der koordinationsbedingten Transaktionskosten, wie Kosten einer Suche nach Transaktionspartnern oder Kosten einer Vertragsaushandlung, ist unter anderem abhängig von den verwendeten Informations- und Kommunikationstechnologien. Durch den Einsatz neuer Technologien und damit einer schnelleren und kostengünstigeren Informationsübertragung können sowohl diese Kosten als auch die Spezifität gesenkt werden (Malone/Crowston 1994, S. 102f., Fleisch 2001, S. 65f.). Konsequenterweise vergrößert sich der Bereich des effizienten Einsatzes marktlicher bzw. heterarchischer Koordinationsformen der Leistungserstellung durch den Einsatz moderner Informations- und Kommunikationstechnologien gegenüber einer hierarchischen Form, d.h. eine Leistungserstellung in Unternehmensnetzwerken gewinnt aus betriebswirtschaftlichen Gesichtspunkten an Attraktivität.

Für Fälle, in denen es aus diesem einfachen Modell heraus sinnvoll ist, Leistungen in heterarchischen Unternehmensnetzwerken zu erstellen, kann die Netzwerkbildung aus unterschiedlichen Richtungen erfolgen. Zum einen aus Großunternehmen heraus, indem sich durch Segmentierung oder Auflösung entstandene, (teil-)autonome Organisationseinheiten zusammenschließen (sog. Top-down-Virtualisierung bzw. Quasi-Externalisierung) und zum anderen durch den losen Zusammenschluss bereits ursprünglich organisatorisch wie rechtlich selbständiger Unternehmen bzw. Kompetenzträger (sog. Bottom-up-Virtualisierung bzw. Quasi-Internalisierung) (Schuh 1997, S. 296f., Sydow 1992, S. 105ff.). Die beiden Virtualisierungsrichtungen korrelieren insofern mit den oben genannten Strategien der Generalisierung und der Spezialisierung. Mit Hilfe der Netzwerkbildung sollen die Vorteile beider Strategien genutzt werden. So ist das Netzwerk als Ganzes ein Generalist, dabei aber zusammengesetzt aus einer Menge von Spezialisten.

Neben Effizienz- und Kostenvorteilen als Motive der Vernetzung besteht ein wesentlicher Grund in der Möglichkeit einer effektiveren Leistungserstellung durch die Schaffung einer neuen Organisations- und Koordinationsform zwischen Markt und Hierarchie, die durch eine enorme Flexibilität gegenüber einer sich wandelnden Umwelt gekennzeichnet ist. Diese Flexibilisierung wird im folgenden Abschnitt u. a. näher betrachtet.

2.2 Organisations- und Koordinationsformen

Wie bereits erwähnt, ist ein Motiv der Vernetzung die Möglichkeit flexibel auf exogene Veränderungen zu reagieren. Die Leistungserstellung in Netzwerken bietet hierbei die Möglichkeit dies nicht nur innerhalb eines starren Organisationsrahmens zu tun, sondern die Organisationsform selbst den entsprechenden Gegebenheiten anzupassen, indem

Netzwerkpartner, also Kompetenzen und Ressourcen, hinzugenommen, abgestoßen oder ausgetauscht werden (strukturelle Anpassung). Durch die Möglichkeit der dezentralen Koordination eines Netzwerks müssen diese adaptiven Verhaltensmuster nicht unbedingt zentral angestoßen oder gesteuert werden, sondern können selbstorganisatorisch ablaufen. Diese Art der Organisation ist in unternehmensübergreifenden Netzen keine Besonderheit, da bspw. der Lieferant eines Produktherstellers seine eigenen Lieferanten im Allgemeinen selbst auswählt. Neben der Änderung der Netzwerkstruktur, die in Extremfällen bis zur Auflösung und Re-Formation des Netzwerks führen kann, besteht auch die Möglichkeit der Anpassung innerhalb der gegebenen Konfiguration (strukturneutrale Anpassung). Im Falle produzierender Netzwerke kann dies bspw. bedeuten, Mengen und Zeiten der Güterproduktion und des Transports so zu planen und zu steuern, dass, gemessen an logistischen oder produktionsplanerischen Zielgrößen, ein möglichst optimaler Fluss an Gütern von den Rohstofflieferanten zu den Kunden entsteht. Innerhalb der Netzwerkstruktur können hierbei die Kapazitäten der Produktion (Netzwerkknoten) und des Transports (Netzwerkkanten) in einem gewissen Rahmen angepasst werden. Ähnliche Überlegungen lassen sich fraktal auf Fertigungs- und Organisationsstrukturen innerhalb produzierender Unternehmen abbilden. Hierbei ist zu berücksichtigen, dass strukturneutrale Anpassungen auf Ebene des Netzwerks strukturneutrale aber auch strukturelle Anpassungen auf Ebene der Netzwerkknoten bedeuten können. Beispielsweise kann die Outputrate eines Unternehmens, das einen Netzwerkknoten bildet, sowohl durch Anpassung der Produktionsgeschwindigkeit als auch durch Hinzunahme (Kauf oder Aktivierung) weiterer Potenzialfaktoren erreicht werden. Die Geschwindigkeitsanpassung eines Potenzialfaktors verändert im Gegensatz zu einer Hinzunahme das unternehmensinterne Fertigungsnetzwerk nicht.

Die Art der Anpassungsreaktion hängt unter anderem von der Marktunsicherheit und der Produktkomplexität ab. Diese Größen haben hierbei einen Einfluss auf die Fristigkeit der Netzwerkbeziehungen und die Art der Koordination. Trägt man sie in einem Koordinatensystem an den Achsen ab, so lassen sich in dem Kontinuum verschiedener Organisationsformen die vier nennenswerten Ausprägungen „Hierarchische Organisation", „Modulare Organisation", „Vernetzte Organisation" und „Virtuelle Organisation" klassifizieren (Abbildung 1).

Hierarchische Organisationsformen sind bei der Produktion einfacher Produkte für einen stabilen Markt am besten geeignet. Die Koordination erfolgt, ausgehend von einer zentralen Stelle, über ein Weisungsgefüge mit Über- und Unterordnungsverhältnissen und administrativen Kontrollmöglichkeiten. Durch die relativ starre Organisationsform erfolgt bei Änderungen der Umweltbedingungen kurz- bis mittelfristig lediglich eine strukturneutrale Anpassung.

Je höher die Größen Marktunsicherheit und Produktkomplexität sind, desto eher sind vernetzte und marktliche Organisationsstrategien die passende Wahl. Im Falle hoher Produktkomplexität aber geringer Marktunsicherheit bietet sich bspw. die Modularisierung der Organisation an. Hierbei wird die Organisation auf Basis integrierter, kundenorientierter Prozesse in relativ kleine, eigenverantwortliche Einheiten restrukturiert, die dezentrale Entscheidungskompetenz besitzen und sich meist nicht-hierarchisch koordinieren. (Picot/Reichwald/Wigand 1996, S. 43f.) Diese Struktur besitzt bei der Entwicklung und Produktion von wissensintensiven Leistungen mit hohem Variantenreichtum und hoher Innovationsdynamik Vorteile gegenüber einer hierarchischen Organisation. Die modulare Organisation kann aufgrund der kürzeren Kommunikationswege sowie einer besseren Beweglichkeit der eigenverantwortlichen Organisationseinheiten flexibler und schneller auf Änderungen der Leistungsanforderungen reagieren. Die organisatorischen Rahmenbedingungen erlauben hier bereits neben der strukturneutralen in begrenztem Umfang eine strukturelle Anpassung.

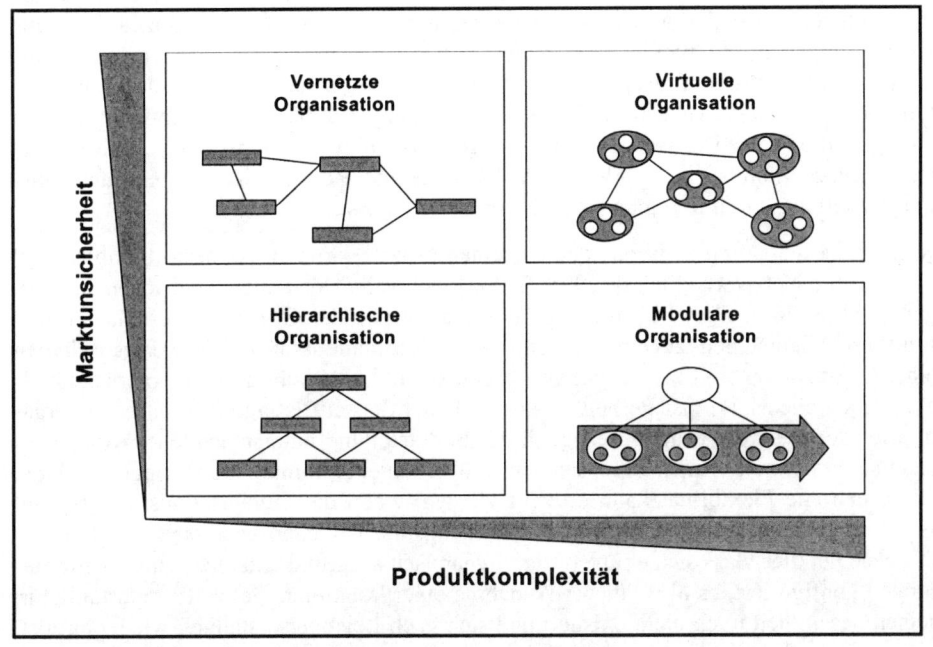

Abbildung 1: Wettbewerbsbedingungen und Organisationsformen (Reichwald/Möslein/Sachenbacher/Englberger 2000, S. 42)

Die beiden Konzepte der hierarchischen und der modularen Organisation sind vornehmlich unternehmensintern ausgerichtet, wenngleich entsprechende Ansätze durchaus auch unternehmensübergreifend Anwendung finden. So bestehen bspw. oftmals sog. hierarchisch-pyramidale Netzwerke in Industrien, die durch Enderzeuger mit großer Marktmacht gekennzeichnet sind, wie Automobilfertigung oder Anlagenbau (Wildemann 1997, S. 423f.). Hier besitzt das strategisch führende, fokale Unternehmen die Möglichkeit, aufgrund der wirtschaftlichen Abhängigkeiten seiner Zulieferer hierarchische Koordinationsinstrumente einzusetzen, wie zentrale Pläne, Vorgaben und Kontrollen. Durch die stetige Reduktion der Fertigungstiefe, d. h. Abgabe von Kompetenzen an die

Zulieferer, die wiederum komplexere Bauteile an ihre Abnehmer liefern, und das Einbeziehen derselben in den Produktionsprozess werden Hierarchien abgebaut und den Zulieferern mehr Eigenverantwortlichkeit eingeräumt (Wirth 2000, S. 185). Dadurch verändern sich diese Netzwerke in Richtung einer modularen Organisation.

Hierarchische und modulare Organisationen sind Konzepte, die sich unter stabilen Marktbedingen effektiv einsetzen lassen. Verhält sich der Markt aber eher turbulent, sind diese Formen aufgrund ihrer geringen Flexibilität weniger geeignet eine effektive Leistungserstellung zu gewährleisten. Unter diesen Bedingungen zeigen sich Organisationsstrategien als erfolgreich, die von vornherein auf die Vernetzung kleiner Organisationseinheiten, also der Abkehr von unternehmensinternen Lösungen setzen. Im Falle einer geringen Produktkomplexität bilden sich hierbei Netzwerke in Form mittel- bis langfristiger Wertschöpfungspartnerschaften, wie strategische Allianzen oder Joint Ventures an (Reichwald/Möslein/Sachenbacher/Englberger 2000, S. 44). Dadurch werden einerseits die Risiken von Marktveränderungen auf mehrere Unternehmen aufgeteilt und andererseits erhöht sich die Flexibilität (Agilität und Robustheit) der gesamten Leistungserstellung durch Redundanzen innerhalb des Netzwerks.

Je loser die Kopplung zwischen den einzelnen Netzwerkknoten ist, desto flexibler wird das gesamte Netzwerk (Fleisch 2001, S. 33, Reichwald/Möslein/Sachenbacher/Englberger 2000, S. 261). Dies bedingt eine hohe Autonomie der Organisationseinheiten und führt im Allgemeinen zu einer dezentralen Koordinationsform. Diese Eigenschaften einer Organisation sind wünschenswert, wenn sowohl eine hohe Produktkomplexität als auch eine hohe Marktunsicherheit vorliegen. Unter diesen Bedingungen muss die Organisationsform extrem adaptiv bezüglich der Bereitstellung unterschiedlicher Kompetenzen und variierender Kapazitäten sein sowie über kurze Kommunikationswege verfügen. Diese extreme Flexibilität kann erreicht werden, wenn die Organisationsform sowohl strukturneutrale als auch strukturelle Anpassungsmechanismen beherrscht. Im Extremfall bedeutet dies, dass sich ein Netzwerk dynamisch aufgrund aktueller Kundenanforderungen konfiguriert, es also vor der Annahme einer konkreten Geschäftsopportunität in seiner Gesamtheit noch nicht existiert und sich nach Leistungserstellung wieder auflöst. Eine solche Organisationsform wird im Allgemeinen als dynamisches Netzwerk bezeichnet (Odendahl 2002, S. 7, Fleisch 2001, S. 78f., Reichwald/Möslein/Sachenbacher/Englberger 2000, S. 44).

Eine konkrete Ausprägung dynamischer Netzwerke sind virtuelle Unternehmen. Diese sind gekennzeichnet durch den losen Zusammenschluss unterschiedlicher, rechtlich unabhängiger Organisationseinheiten (Unternehmen, Institutionen, Einzelpersonen etc.) mit unterschiedlichen (Kern-)Kompetenzen, die in Summe optimal geeignet sind, ein Kundenproblem zu lösen und treten dem Kunden gegenüber als ein einheitliches Unternehmen auf (Mertens/Griese/Ehrenberg 1998, S. 3). Das Netzwerk hat im Allgemeinen nur so lange Bestand, bis die Bedürfnisse des Kunden befriedigt sind. Um das Problem mangelnden Vertrauens bei temporären Kooperationen ohne konkrete vertragliche Regelungen zu umgehen, wird oftmals davon ausgegangen, dass sich die Unternehmen bereits länger kennen, also Mitglied in einer Art Unternehmenspool sind, und/oder sich in geographischer Nähe befinden (Wirth 2000, Schuh 1997). Die Koordination zwischen den beteiligten Organisationseinheiten wird entweder durch ein fokales Unternehmen bzw. einen Koordinator übernommen, der bspw. auch den Netzwerkaufbau steuert und die Kommunikation mit Kunden übernimmt oder wird durch die Netzwerkteilnehmer auf bi- bzw. multilateraler Ebene dezentral übernommen. Um eine schnelle und reibungslose Koordination der geographisch verteilten Kooperationspartner sicherzustellen, bedienen sich die Netzwerke moderner Informations- und Kommunikationstechnologien.

Dynamische Netzwerke sollen hier als hybride Organisationsform angesehen werden, die teilweise feste Strukturen besitzen und für konkrete Geschäftsopportunitäten situativ die benötigten Kompetenzen in das Netzwerk mit aufnehmen. Durch diese Annahme rückt die Organisationsform näher an die Gegebenheiten der Realität, da hier selten vollständig dynamische Netzwerke zu finden sind. Selbst in Fällen der Projektfertigung oder des Anlagenbaus werden Unternehmen teilweise starre Beziehungen zu bestimmten Lieferanten haben, die nicht ohne weiteres durch neue zu ersetzen sind.

Dynamische Unternehmens- bzw. Wertschöpfungsnetzwerke lassen sich folglich als eine Form der unternehmungsübergreifenden Zusammenarbeit beschreiben, die sich zwischen virtuellem Unternehmen und Kooperationsformen auf vertraglicher Basis einordnet (Odendahl 2002, S. 7). Einerseits besitzen sie die Fähigkeit sowohl strukturneutraler als auch struktureller Anpassung, die bis zur Auflösung eines temporären Netzwerks und (Re-)Formation für eine neue Geschäftsopportunität reichen kann. Die strukturelle Anpassung erfolgt durch die Kombination autonomer Organisationseinheiten mit komplementären Kompetenzen. Andererseits wird aufgrund der Problematik der Entstehung einer Vertrauenskultur in temporären Kooperationen auf eine mindestens bilaterale Vertragsaushandlung verwiesen, die der Dynamik und Temporarität des Netzwerks allerdings nicht entgegenstehen darf. Entsprechende Vertragsverhandlungen laufen umso reibungsloser oder fallen weg, je häufiger Unternehmen in der Vergangenheit erfolgreich miteinander kooperiert haben oder falls die Unternehmen einen längerfristigen Rahmenverbund gebildet haben. Die Koordination innerhalb des Netzwerks sollte aus Gründen der Komplexitätsreduktion und Flexibilitätssteigerung weitestgehend dezentralisiert ablaufen und ist auf die Herstellung von Informationstransparenz und die Sicherstellung von Zielkongruenz zu beschränken. Zur Koordination und Kommunikation werden in dynamischen Unternehmensnetzwerken moderne Informations- und Kommunikationstechnologien mit standardisierten Datenaustauschformaten eingesetzt.

3. Logistik dynamischer Unternehmensnetzwerke

3.1 Anforderungen

Aufgabe der Logistik ist die möglichst ökonomische Überwindung der zeitlichen und/oder örtlichen Diskrepanz zwischen der Erzeugung und dem Verbrauch von Gütern unter Berücksichtigung von Restriktionen zeitlicher oder kapazitiver Natur. Ziel ist es, die richtige Ware in der richtigen Qualität zur richtigen Zeit am richtigen Ort kostenminimal bereitzustellen (Pfohl 2000b, S. 12). Zur Erreichung dieses Ziels erfolgt in der Logistik eine integrative Betrachtung von Güterströmen und Informationsflüssen. Für die Koordination der beteiligten Organisationseinheiten und damit die Steuerung der Güterflüsse ist die Bereitstellung planungs- und steuerungsrelevanter Informationen von besonderer Relevanz. Mit dem Ziel einer möglichst großen Flexibilität des logistischen Systems ist bezüglich der Anpassungsreaktionen über die Planung und Steuerung der Flüsse hinaus die Gestaltung des gesamten Netzwerks zu betrachten. Logistik kann somit definiert werden als die Planung, Durchführung, Kontrolle und Steuerung der inner- und überbetrieblichen Güter- und Informationsflüsse in einem Unternehmensnetzwerk sowie die Gestaltung des logistischen Systems, in dem diese Flüsse fließen (Scheer/Angeli/Herrmann 2001, S. 33).

Die Wahrnehmung dieser Aufgaben, insbesondere auf unternehmensübergreifender Ebene, ist Inhalt des SCM-Konzepts. Dies umfasst die auf strategisch-taktischer Ebene erfolgende Gestaltung des Liefernetzwerks. Hier werden bspw. Entscheidungen über die Art und Anzahl der Lieferanten getroffen, ob und wie viele Transportleistungen extern über Logistikdienstleister bezogen werden oder welche räumliche Verteilung, d. h. Anzahl und Lage, für Produktions- und Lagerstandorte gewählt werden soll. Die beteiligten Netzwerkunternehmen planen und optimieren anschließend gemeinsam Mengen und Zeiten zu produzierender bzw. abzusetzender Produkte für das entstehende, logistische Netzwerk über einen kurz- bis mittelfristigen Zeitraum (Heinrich 2001, S. 4ff.). Aufgabe des operativen SCM ist die Steuerung der geplanten Güterflüsse während der Ausführungsphase. Die Steuerungsaufgaben schließen u. a. die Funktionen Beschaffung, Produktion, Transport, Lagerung und Distribution ein. Die für die Steuerung wichtige Informationstransparenz über den aktuellen Zustand des Netzwerks wird durch die Möglichkeit der Einsichtnahme in Bestände und Kapazitäten der Netzwerkunternehmen gewährleistet, soweit diese die Technik und vor allem den Willen und das Vertrauen zur Preisgabe dieser Informationen besitzen.

Das SCM-Konzept setzt aufgrund der Modellierung und simulativen Optimierung des Liefernetzwerks voraus, dass das in Frage stehende Netzwerk relativ stabil ist, um umfangreiche Neuplanungen weitestgehend zu vermeiden. Stabile, längerfristig angelegte Netzwerke findet man vor allem in Industrien mit relativ sicher planbaren Marktbedingungen sowie Fällen mit geringer bis mittlerer Produktkomplexität. Die korrespondierenden Organisationsformen sind die oben dargestellten hierarchischen, modularen und vernetzten Organisationen. Diese Organisationsformen haben durch die ihnen meist innewohnende Langfristigkeit der Geschäftsbeziehungen den Vorteil, dass Vertrauen zwischen den Netzwerkunternehmen aufgebaut werden kann und damit die Schaffung von Informationstransparenz erleichtert wird. Die Koordination des Netzwerks erfolgt durch die gemeinsame Prognose und Planung sowie über die gemeinsam genutzten Informationen während der Steuerung, die bspw. über produzierte Mengen, Produktionskapazitäten oder aufgelaufene Bestände vorliegen. Durch die Erstellung eines zentralen Plans werden allerdings vormals rein marktliche Beziehungen durch hierarchische ersetzt (Fleisch 2001, S. 179). Dies wird im Fall von Unternehmensnetzwerken mit einem Fokalunternehmen durch dessen Marktmacht noch verstärkt. Die einhergehende Hierarchisierung schränkt hierbei die Fähigkeit des Netzwerks zur Selbstorganisation ein. Das Netzwerk wird damit inflexibler gegenüber Veränderungen des Markts.

Das Konzept des SCM besitzt bezüglich der Planung und Steuerung logistischer Prozesse dynamischer Unternehmensnetzwerke also mehrere Unzulänglichkeiten:

- Die Prämissen der längerfristigen Stabilität der Umweltbedingungen und der Gestalt des Netzwerks sind nicht gegeben. SCM ist nicht für diese Bedingungen konzipiert worden und stellt demnach auch keine entsprechenden Strategien und Methoden bereit. Beispielsweise sieht SCM explizit keine Unterstützung der dynamischen, kompetenzbasierten Konfiguration (Initialisierung und Adaption) kundenbedürfnisorientierter Unternehmensnetzwerke, d. h. einer strukturellen Anpassung, vor.

- Die mit SCM einhergehende Hierarchisierung des Unternehmensnetzwerks widerstrebt der Notwendigkeit des Aufbaus flexibler Organisationsformen aufgrund eines turbulenten Umfelds. Dies kann mittels heterarchisch-dezentraler Organisations- bzw. Koordinationsformen, die ein hohes Maß an Selbstorganisation besitzen, erreicht werden.

- Die zentralistische Vorgehensweise bei der Planung und Steuerung des Liefernetzwerks besitzt neben einer Einschränkung der Planungshoheit beteiligter Unternehmen einen weiteren Nachteil. Zentrale Pläne sind weitaus anfälliger gegenüber Störungen wie Betriebsmittel- und Mitarbeiterausfällen oder ausbleibenden Materiallieferungen aufgrund des Ausfalls eines Lieferanten. In diesen Fällen können Produktionspläne schnell obsolet (Scheer/Odendahl 2000, S. 10f.) und damit eine Steuerung des Netzwerks unmöglich werden, solange kein neuer Plan verfügbar ist.

- Unternehmen agieren oftmals in mehr als einem Wertschöpfungsnetzwerk. Die Verflechtung und deren Implikationen werden bei der Planung und Steuerung einer Lieferkette innerhalb des SCM nur unzureichend berücksichtigt. Ein entsprechendes Vorgehen wäre schon aus Komplexitäts- und Informationsverfügbarkeitsgründen kaum durchführbar. Dennoch sollten sie aufgrund der Chance einer Synergiebindung sowie der Problematik einer Koordinationskonkurrenz betrachtet werden. (von Stengel 1999, S. 917)

Diese Unzulänglichkeiten können wiederum als Anforderungen an ein Konzept aufgefasst werden, dass die Planung und Steuerung dynamischer Unternehmensnetzwerke zum Inhalt hat. Ansätze organisatorischer und informationstechnologischer Art hierzu werden im Folgenden beschrieben.

Zur Vereinfachung der Darstellung wird die Struktur dynamischer Unternehmensnetzwerke als hybride Organisationsform mit statischen sowie dynamischen Regionen auf rein dynamische Formen zurückgeführt, indem statische Regionen als einzelne Organisations- bzw. Kompetenzeinheiten aufgefasst werden. Die folgenden Ausführungen beschränken sich auf Gestaltungs- und Steuerungsaufgaben des verbleibenden, rein dynamischen Netzwerks.

3.2 Konfiguration

Unter dem Begriff Konfiguration wird die strukturelle Anpassung des Netzwerks verstanden. Damit ist hier das Schaffen eines organisatorischen Rahmens gemeint, der Selbstorganisation nicht nur zulässt, sondern fördert. Das initiale Schaffen des Rahmens selbst kann sowohl selbstorganisatorisch als auch planerisch ablaufen. Das auslösende Ereignis ist im Normalfall entweder der Auftrag eines Kunden oder das Erkennen einer Absatzchance durch ein Unternehmen. Es gilt dann, für die artikulierten bzw. erkannten Kundenbedürfnisse ein Netzwerk von Wertschöpfungspartnern mit den benötigten, komplementären Kompetenzen und ausreichenden Kapazitäten aufzubauen, das in Folge die nachgefragte Leistung produziert. Die beteiligten Partner eines logistischen Netzwerks sind hierbei sowohl Güterproduzenten als auch Logistikdienstleister. Im Fall eines selbstorganisatorischen Netzwerkaufbaus erfolgt das Knüpfen von Netzwerkverbindungen auf bilateraler Basis ausgehend von dem Unternehmen, das den Kundenauftrag erhalten oder die Absatzchance erkannt hat, und setzt sich baumartig bis zu den entsprechenden Rohstofflieferanten fort. Der Prozess ist also rekursiv, da Kompetenzen auf verschiedenen Wertschöpfungsstufen unvollständig sein können und durch weitere horizontale oder vertikale Kompetenzen, bspw. in Form von Herstellern von Komplementärprodukten bzw. Inputfaktoren, ergänzt werden müssen. Implizit wurde hier bereits eine sog. Build-to-Order-Struktur angenommen. Eine planerische Konfiguration des Netzwerks kann durch eine Art Netzwerkarchitekt oder Broker durchgeführt werden, der sowohl Informationen über die nachgefragten Kompetenzen als auch über anbietende Kompetenzträger besitzt (Odendahl 2002, S. 74). Der Netzwerkarchitekt kann hierbei einerseits außerhalb des primären Wertschöpfungsnetzwerks als unabhängiger Koordinator oder andererseits innerhalb als fokales Unternehmen angelegt sein. Die Komplexität eines solchen Netzwerkaufbaus ist für den Netzwerkarchitekten ungleich höher verglichen mit dem Aufbau bilateraler Beziehungen bei der evolutorischen Gestaltung, besitzt allerdings auch Vorteile. Ein unabhängiger Netzwerkarchitekt kann Spezialisierungsvorteile aufgrund seiner Konzentration auf Kompetenzen wie Partnersuche, -identifikation und -integration nutzen. Diese Kompetenzen, kombiniert mit Domänenwissen, können den Netzwerkaufbau durchaus effizienter und schneller vonstatten gehen lassen und unter Umständen die netzwerkübergreifende Nutzung von Synergien erleichtern. Durch die Fremdgestaltung des organisatorischen Rahmens wird in diesem Fall auch von „planmäßiger Selbstorganisation" (Holtbrügge 2001, S. 104, Kieser 1994, S. 217) gesprochen. Der Grad dieser Planmäßigkeit ist wiederum abhängig von der Marktmacht des Netzwerkarchitekten bzw. Fokalunternehmens und dem Willen diese durchzusetzen. Im Extremfall wird ein zentraler Plan des Netzwerks und der darin ablaufenden Wertschöpfungstätigkeiten nach Mengen und Zeiten erstellt und damit eine Hierarchie eingeführt. Der hier verfolgte Ansatz geht von einer „sanften" Form der Koordination aus, die sich auf Informations- bzw. Vermittlungsfunktionen, die Sicherstellung der Zielkongruenz sowie unter Umständen der Bildung einer Schnittstelle zum Kunden beschränkt. Auf diese Art und Weise ist eine entsprechende Koordinationsfunktion auch von einem Informationssystem unterstützbar.

Dynamische Wertschöpfungsnetzwerke werden zur Lösung von Kundenproblemen gebildet, eignen sich also insbesondere zur Verwirklichung eines Pull-Ansatzes. Damit ist zu unterscheiden zwischen dem Fall, dass bereits eine definierte Leistung zur Befriedigung des Kundenbedürfnisses existiert und diese lediglich produziert werden muss (Build-to-Order) und dem Fall, dass die Leistung erst entwickelt werden muss, um anschließend gefertigt zu werden (Design-to-Order). Ein Build-to-Order-Ansatz bietet sich für leicht modularisierbare und komponentenbasierte Leistungen an. Kunden können sich personalisiert Produkte, bspw. mit Hilfe eines Produktkonfigurators im Internet, zusammenstellen. Ein entsprechendes Vorgehen setzt voraus, dass die verwendeten Komponenten entweder standardisiert sind oder aber ein Lieferantenwechsel inklusive der Übermittlung von Komponentenspezifikationen reibungslos erfolgen kann. Dies ist meist bei Produkten mit geringer Spezifität gegeben. Im Gegensatz dazu steht bei dem Design-to-Order-Ansatz keine vollständige Produktspezifikation zur Verfügung. Das gesamte Produkt oder zumindest Teile davon müssen angepasst auf die speziellen Kundenwünsche entwickelt werden. Typische Beispiele dieses Ansatzes sind im Bereich der Projektfertigung wie in der Bauindustrie oder im Anlagenbau und Systemgeschäft zu finden.

In Abhängigkeit des speziellen Modells der Kundenbedürfnisbefriedigung kann entweder direkt ein Produktionsnetzwerk aufgebaut oder muss der Leistungserstellung ein Produktentwicklungsnetzwerk vorgeschaltet werden (Odendahl 2002, S. 130f.). Das Ergebnis des Entwicklungsnetzwerks ist die Spezifikation der zu erstellenden Leistung und dient als Eingangsfaktor für das Produktionsnetzwerk. Die beiden Netzwerke können vollständig oder teilweise aus den gleichen Netzwerkpartnern bestehen, aber auch unterschiedlich zusammengesetzt sein. Im Allgemeinen wird zumindest eine Teilmenge der im Entwicklungsnetzwerk vertretenen Partner auch am Produktionsnetzwerk partizipieren.

Ohne weiter auf die Einflüsse von Entscheidungen der Leistungsgestaltung auf logistische Prozesse der Leistungserstellung einzugehen, sollen hier gleich Aspekte des Aufbaus eines Produktionsnetzwerks dargestellt werden. Durch die Gestaltung des Produktionsnetzwerks werden unter anderem Standorte der Güterproduktion und -lagerung festgelegt. So hat die Auswahl von Produktionspartnern direkten Einfluss auf die Gesamtkosten der Leistungserstellung innerhalb des Netzwerks durch die Kostenstruktur bzw. Preisgestaltung des entsprechenden Lieferanten sowie indirekten Einfluss durch die geographische Strukturentscheidung und die Kosten der damit verbundenen Lager- und Transportvorgänge. Entscheidende Faktoren sind hier die Entfernung und verkehrstechnische Anbindung der gewählten Partner zueinander. Diese bestimmen mitunter Häufigkeit und Umfang bestimmter Lieferungen und damit auch die Rentabilität bzw. Durchführbarkeit spezieller Produktionsformen wie bspw. Just-in-Time oder Vendor Managed Inventory.

Die Frage ist nun, wie strukturelle Entscheidungen bezüglich der Partnerwahl unter den Gesichtspunkten begrenzter Rationalität und unvollständiger Informationen in dezentralen Strukturen getroffen werden können, die Verbundeffekte berücksichtigen und möglichst optimal bezüglich der Kosten und Erlöse des gesamten Netzwerks wirken. Setzt man hier die Annahme der Linearität der Netzwerkentwicklung ausgehend vom Kunden, hin zu den Rohstofflieferanten, kann man davon ausgehen, dass Kosten nachgelagerter Wertschöpfungsstufen hin zum Abnehmer bereits festgelegt sind. Somit sind durch die Entscheidung zu Gunsten eines bestimmten Partners lediglich die Kosten der vorgelagerten Stufen beeinflussbar und zu berücksichtigen. Bei einer Gesamtstufenzahl von n müsste der Endproduzent $n-1$ Stufen berücksichtigen, ein Lieferant des Endproduzenten $n-2$ Stufen usw. Für den Endproduzenten bedeutet dies, dass er theoretisch alle möglichen Netzwerkkonstellationen simulieren und bewerten sowie die Entscheidungen der Lieferanten bezüglich ihrer Sublieferanten antizipieren müsste und sich damit in der Rolle eines Netzwerkarchitekten ohne Entscheidungsgewalt bezüglich vorgelagerter Stufen wiederfindet. Ein entsprechendes Vorgehen wäre also kaum realisierbar und die Betrachtung lediglich einer Wertschöpfungsstufe die logische Konsequenz. Fraglich ist allerdings, ob ein Netzwerkarchitekt die unterschiedlichen Möglichkeiten durchspielen, bewerten und vor allem auch umsetzen kann. Mit den heute verfügbaren SCM-Systemen lassen sich durchaus Unternehmensnetzwerke modellieren, simulieren und optimieren. Eine detaillierte Abbildung des Netzwerks innerhalb eines SCM-Systems ist allerdings sehr zeitaufwendig. Demgegenüber steht die Temporarität dynamischer Netzwerke und zwingt zu einer groben Modellierung. Die Ergebnisse einer auf solch einem groben Modell basierenden Optimierung sind folglich einer dezentral getriebenen Netzwerkgestaltung gegenüberzustellen und auf Gesamtoptimalität zu vergleichen. Hier liegen bisher keine Forschungsergebnisse vor, so dass im Weiteren eine dezentrale, stufenbasierte Netzwerkgestaltung mit Unterstützung durch einen Informationsbroker für das gewählte Anwendungsgebiet favorisiert wird (vgl. Abbildung 2).

Logistik dynamischer Unternehmensnetzwerke 389

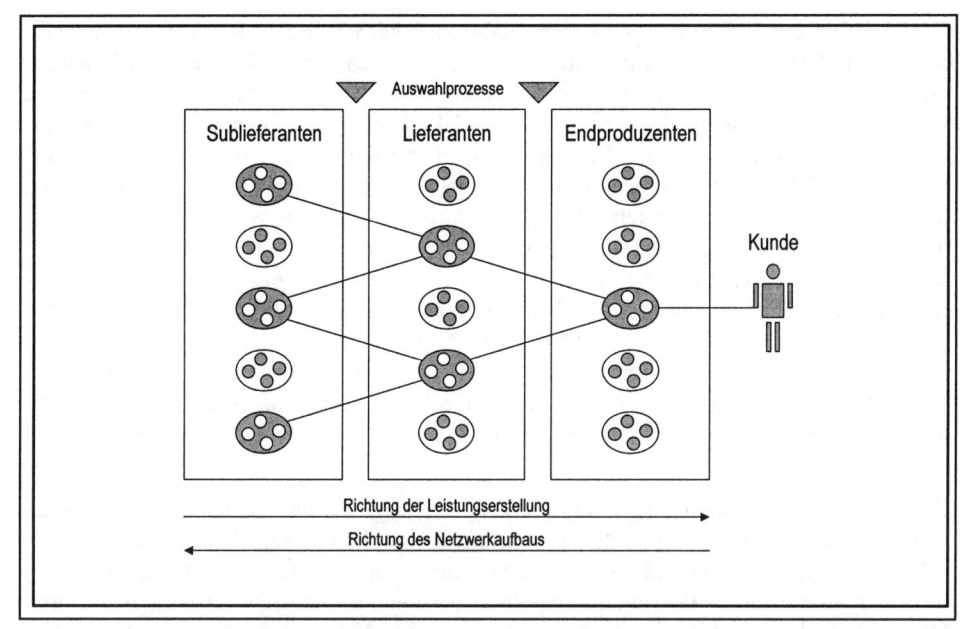

Abbildung 2: Netzwerkkonfiguration

Die Aufgaben der Partnersuche, -identifikation und -integration sind Hauptinhalte der Netzwerkkonfiguration. Zur Partnersuche und -identifikation müssen entsprechende Methoden und Verfahren zur Unterstützung bereitgestellt werden, um Partner mit den notwendigen Kompetenzen und Leistungen zu finden und die unterschiedlichen Alternativen kosten- und qualitätsmäßig zu bewerten. Eine Möglichkeit ist die Bereitstellung der Informationen durch einen oder mehrere der oben genannten Informationsbroker sowie die Möglichkeit Auswahlkriterien in Form von Filtern zu vergeben. Entsprechende Dienste können bspw. über Integrationsplattformen wie elektronische Marktplätze angeboten werden.

3.3 Durchführung

Unter dem Begriff Durchführung wird hier die eigentliche Ausführungsphase des Wertschöpfungsnetzwerks eingeordnet, nachdem dieses durch die Netzwerkgestaltung aufgebaut wurde. Aus güterlogistischen Gesichtspunkten heraus wird hier insbesondere auf das Produktionsnetzwerk eingegangen. Aufgabe der Netzwerkkoordination ist die Sicherstellung eines reibungslosen Güter- und Informationsflusses durch das Netzwerk. Ziel ist es, diese Flüsse zu optimieren und damit kurze Durchlaufzeiten, eine hohe Kapazitätsauslastung, geringe Lagerbestände und eine hohe Termintreue zu erreichen. Diskontinuitäten der Flüsse können durch unabsichtliche Störungen, wie bspw. Unsicherheiten der Planausführung, Ressourcenausfälle oder geändertes Kundenverhalten, und durch absichtliches Fehlverhalten von Unternehmen des Liefernetzwerks entstehen. Der Beseitigung der entstehenden Engpässe oder Überkapazitäten kann sowohl auf Unternehmens- als auch auf Netzwerkebene begegnet werden. Unternehmensinterne Anpassungen bestehen unter anderem in der De-/Aktivierung ungenutzter Betriebsmittel und der Variation von Arbeitszeiten oder Produktionsintensitäten bzw. Taktraten (strukturneutrale Anpassung). Auf Netzwerkebene können Kapazitätsanpassungen durch Hinzunahme, Wechsel oder Entfernung von Netzwerkteilnehmern erreicht werden (strukturelle Anpassung). Für die strukturelle Anpassung gelten prinzipiell die Ausführungen des Abschnitts 3.2. Es ist aber zu beachten, dass die Fluktuationen in der Netzwerkstruktur nicht nur durch einen Kundenwunsch, sondern auch Planverfehlungen unterschiedlicher Ursachen ausgelöst werden können. Es ist hierbei zu entscheiden, welche Strategie unter unterschiedlichen Gesichtspunkten wie Zeit und Kosten in einem konkreten Störungsfall einzusetzen ist.

Eine zentrale Koordination bzw. Optimierung ist aufgrund der Temporarität des Netzwerks und der hohen Komplexität dieser Aufgabe problematisch. Die Komplexität erwächst nicht nur aus den zu koordinierenden Knoten und Kanten des betrachteten Netzwerks, sondern durch die Beteiligung der Unternehmen eines Netzwerks in anderen Netzwerken, die theoretisch in die Koordination mit einbezogen werden müssten.

Verfahren zur Koordination der dezentralen Planung, Steuerung und Kontrolle logistischer Prozesse auf Ebene des Liefernetzwerks müssen als Minimalanforderung Informationstransparenz über die beteiligten Unternehmen hinweg sicherstellen. Zu den relevanten Informationen zählen Angaben über geplante Absatzmengen und -zeiten nachgelagerter Wertschöpfungsstufen. Sie sollen helfen die Planung eines Unternehmens auf eine aussagekräftigere Basis als vergangenheitsorientierte Indizien, wie eingegangene Bestellungen, zu stellen und damit ungewünschte Erscheinungen, wie den Bullwhip-Effekt, zu verhindern. Weiterhin sind Informationen über Lagerbestände und Kapazitätsauslastungen (Wildemann 1997, S. 432f.) von Bedeutung. Diese bieten einem übergeordneten Koordinator die Möglichkeit Suboptimalitäten bei der Leistungserstellung, wie bspw. lange Warte- oder Lagerzeiten, hohe Bestände, Überkapazitäten oder Engpässe, zu identifizieren und informierend oder anpassend einzugreifen. Im Falle rein dezentraler Koordination sind für das einzelne Unternehmen je nach Ausgestaltung der Lieferbeziehungen insbesondere Informationen über den Zustand vor- bzw. nachgelagerter Netzwerkknoten relevant. Diese Informationen können helfen Durchlaufzeiten zu verkürzen, indem bspw. Just-in-Time-Anlieferungen präziser durchgeführt oder lieferantengesteuerte Eingangslager knapper ausgestattet werden können.

Die Preisgabe entsprechender Informationen auf netzwerkübergreifender Basis ist insbesondere in temporären Netzwerken aufgrund der Angst vor defektivem Verhalten der involvierten Netzwerkunternehmen problematisch. Falls die Bereitstellung nicht möglich ist, stellt sich die Frage ob und wenn ja, wie eine Realisierung des Optimierungspotenzials des Netzwerks erreicht werden kann. Da davon ausgegangen wird, dass die

Logistik dynamischer Unternehmensnetzwerke 391

beteiligten Unternehmen ihre Planungshoheit behalten, bietet sich hier eine Organisation in gruppenähnlichen, vermaschten Regelkreisen ähnlich zu Kanban an. Besitzen die Unternehmen, wie oben bereits erwähnt, zumindest Informationen über die jeweils vor- und nachgelagerte Wertschöpfungsstufe, so kann eine Steuerung innerhalb dieser Bereiche durchgeführt werden. Durch die Verzahnung dieser Koordinationsgruppen können weiterhin Informationen schnell über das Netzwerk hinweg propagiert werden. Sollten bei der Leistungserstellung gravierende Probleme auftreten, die mit der bestehenden Konfiguration der Regelkreise nicht bewältigt werden können, können diese durch Hinzunahme, Wechsel oder Entfernung eines Partners den Regelkreis strukturell anpassen. Sollte dies nicht möglich sein, wird ein Management-by-Exception-Ansatz verfolgt. Hierbei wird eine übergeordnete, koordinierende Stelle über die Probleme informiert und kann über das Netzwerk hinweg anpassend eingreifen. Für die koordinierende Stelle ergibt sich eine Komplexitätsreduktion, da nur noch die Regelkreise koordiniert werden müssen, und dies auch nur bei gravierenden Problemen. Der beschriebene Ansatz wird in Abbildung 3 veranschaulicht, wobei darüber hinaus Integrationsplattformen angedeutet werden, die sich in der vereinfachten Abbildung zwischen den Wertschöpfungsstufen befinden aber auch über mehrere Stufen hinweg denkbar sind. Diese Plattformen, bspw. ausgestaltet als elektronische Marktplätze, können neben der Bereitstellung von Zustandsinformationen auch zur Abwicklung logistischer Prozesse, wie Ein- und Verkauf von Güter- und Transportleistungen, eingesetzt werden und realisieren hierüber neben der Abstimmung der Planung und Steuerung die Möglichkeit einer strukturellen Anpassung des Netzwerks. Setzt man entsprechende Kommunikationsstandards voraus, wirken sie durch die elektronische Abwicklung zudem integrierend bei gleichzeitiger Aufrechterhaltung dynamischer Strukturen.

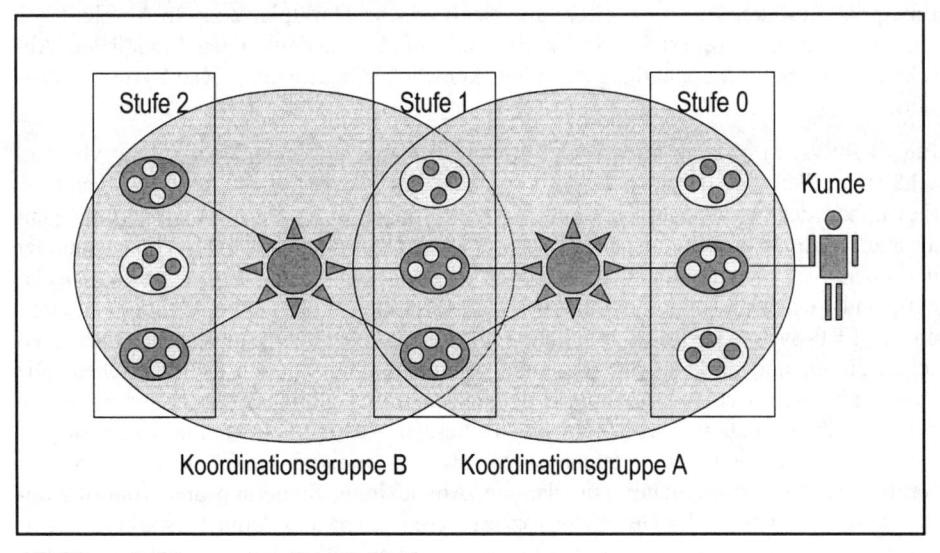

Abbildung 3: Vermaschte Regelkreise

Da die Steuerung des Netzwerks sich vom Kunden ausgehend über die Regelkreise bis zum Rohstofflieferanten fortsetzt und das gesamte Netzwerk nach dem Pull-Konzept organisiert ist, können Störungen selbstorganisatorisch ausgeglichen werden. Das Netzwerk schwingt sich im Idealfall durch die Ausrichtung am Kundenbedarf und die strukturellen sowie strukturneutralen Anpassungen in ein Fließgleichgewicht ein (Ashby 1956, S. 80), verwendet zur Veranschaulichung eines solchen Sachverhalts das Bild einer hölzernen Spielzeugeisenbahn für Kinder, die keine Schienen besitzt. Steht diese in einer Kurve und wird von einer Lokomotive angeschoben, verstärkt sich die Krümmung des Zugs, bis er irgendwann nichts anderes macht, als sich in einem kleinen Kreis zu drehen. Wird der Zug aber stattdessen von der Lokomotive gezogen, so glättet sich die Krümmung und der Zug kann fahren wo immer ihn die Lokomotive ziehen mag.

4. Informationstechnologien für dynamische Unternehmensnetzwerke

4.1 Bestehende Systeme

Unter bestehenden Systemen sollen hier insbesondere betriebliche und überbetriebliche Informationssysteme eingeordnet werden, die ein dezentrales Planungsparadigma prinzipiell unterstützen. Bezüglich der Planung und Steuerung trifft dies auf Systeme für das Enterprise Resource Planning (ERP) und elektronische Marktplätze zu. In Abschnitt 4.2 wird ein Konzept vorgestellt, das, aufbauend auf dem gedanklichen Modell aus Abschnitt 3 und unter Verwendung verteilter, künstlicher Intelligenz, diese Systeme integriert.

Ein ERP-System ist eine integrierte Software zur ganzheitlichen Bearbeitung von Geschäftsvorfällen. Sie beruht auf dem Grundsatz der Prozessorientierung und deckt die Gesamtheit der betriebswirtschaftlichen Anwendungen eines Betriebs sowohl mengen- als auch wertmäßig ab. Logistische Prozesse werden vor allem auf unternehmensinterner und operativer Ebene unterstützt. Hier werden Funktionalitäten für die Produktionsplanung und -steuerung sowie die Lagerverwaltung bereitgestellt. Durch die hohe Integration der ERP-Systeme wird es möglich, den Fluss nötiger bzw. anfallender Daten zwischen diesen und anderen primären und sekundären Funktionen sicherzustellen. Die Systeme stoßen in einem zunehmend dynamischen und globalen Unternehmensumfeld aufgrund ihrer noch primär unternehmensinternen Ausrichtung an ihre Grenzen. Sie müssen innerhalb von Unternehmensnetzwerken – seien sie kurz- oder langfristiger Natur – neue Funktionalitäten zur Planung, Abwicklung, Steuerung und Kontrolle unternehmensübergreifender Geschäftsprozesse bereitstellen und damit verstärkt untereinander kommunizieren können (Scheer/Angeli/Herrmann 2001, S. 44). Der bisher praktizierte Austausch von Aufträgen, Rechnungen etc. über EDI-Schnittstellen wird von dem

Austausch komplexerer Datenobjekte über neue Standards, wie z. B. XML, abgelöst werden. Damit ist es möglich durchgehende Prozessabläufe zu gewährleisten.

ERP-Systeme decken somit den Bereich dezentraler Planung der Netzwerkunternehmen ab und bieten Möglichkeiten, um mit anderen Unternehmen elektronisch kommunizieren zu können. Zur Planung und Steuerung des gesamten Netzwerks sind die dezentralen Systeme auf Netzwerkebene zu integrieren. Eine Möglichkeit dies zu erreichen bieten elektronische bzw. virtuelle Marktplätze. Unter elektronischen Marktplätzen werden konkrete, nicht-reale Orte verstanden, auf denen sich Anbieter und Nachfrager treffen, um wirtschaftliche Transaktionen durchzuführen. Sie sind hierbei nur über vernetzte elektronische Datenleitungen verbunden. Die Transaktionsanfragen können von einer übergeordneten Instanz, dem Marktplatzbetreiber, aktiv koordiniert werden (Kollmann 2001, S. 46ff.). Dieser hat also die Aufgabe, passende Angebote und Bestellungen zu koppeln. Zu den verschiedenen Formen der Kopplung zählen das Angebot von Lieferanten- und Produktkatalogen sowie die Möglichkeit, den Kauf und Verkauf von Gütern und Dienstleistungen nach dem Börsen- oder Auktionsprinzip zu organisieren. Elektronische Marktplätze in ihrer reinen Form unterstützen also hauptsächlich die betrieblichen Funktionen des Einkaufs und des Vertriebs auf operativer Ebene.

Einige Betreiber erweitern ihre Marktplätze um die Möglichkeit der Integration mit unternehmenseigenen Backend-Systemen. Hierbei stehen zwei Aspekte im Vordergrund. Einerseits soll die Informationstransparenz innerhalb der über die Marktplätze entstehenden Unternehmensnetzwerke bezüglich der logistischen Prozesse erhöht werden. Andererseits sollen die Beschaffungsprozesse möglichst medienbruchfrei ablaufen. Die Bestellung von Leistungen kann hierbei direkt aus den unternehmenseigenen ERP-Systemen bzw. damit verbundenen eProcurement-Systemen erfolgen. Die Marktplätze selber dienen hierbei zur dynamischen Formung der Netzwerke durch das Finden geeigneter Netzwerkpartner. Im Moment werden die Marktplätze allerdings hauptsächlich zur Vermittlung leicht zu beschreibender Produkte und Dienstleistungen des indirekten Bereichs, sog. Maintenance, Repair and Operating- (MRO-)Materialien, und des Produktionsbereichs eingesetzt. Komplexere Produkte und Spezialanfertigungen werden durch den langen Vorlauf und die intensive Interaktion zwischen Lieferanten und Kunden noch nicht über Marktplätze abgewickelt. Will man in Zukunft Netzwerke unterstützen, die Leistungen austauschen, welche nicht von vornherein definiert sind, muss die Auswahl der Partner nicht mehr produkt- sondern kompetenzbasiert ablaufen. Im Anschluss sollten dann nicht nur logistische Prozesse unterstützt werden, sondern auch eine Integration der Leistungsgestaltung erfolgen.

4.2 Integration

Für die Koordination und Steuerung dynamischer Wertschöpfungsnetzwerke bieten sich die oben genannten ERP-Systeme und elektronischen Marktplätze an. ERP-Systeme unterstützen die Forderung nach dezentraler Planung innerhalb des Netzwerks. Jedes Unternehmen plant und steuert die eigenen Kapazitäten und Kompetenzen und realisiert damit die strukturneutrale Anpassung auf Ebene des Netzwerks. Elektronische Marktplätze dienen daneben der strukturellen Anpassung des Netzwerks. Über sie ist es möglich neue Unternehmen und Kompetenzträger in des Netzwerk zu integrieren. Durch Ein- und Verkaufsvorgänge erfolgt zudem eine marktliche Koordination des Netzwerks, die durch Informationsdienstleistungen, wie bspw. den Zugriff auf Bestands- und Kapazitätsinformationen, unterstützt werden kann. Sowohl ERP-Systeme als auch elektronische Marktplätze besitzen aber noch Defizite bezüglich ihrer Eignung zur Konfiguration und Koordination dynamischer Wertschöpfungsnetzwerke (Odendahl 2002, S. 100ff.). Hierzu zählen insbesondere die lediglich rudimentäre Unterstützung einer kompetenzbasierten Auswahl geeigneter Netzwerkpartner und, damit zusammenhängend, die schlechte Unterstützung der Abwicklung komplexerer Leistungen bis hin zur kollaborativen Entwicklung neuer Produkte. Für die Integration müssen zum einen technologische Voraussetzungen, bspw. standardisierte Datenformate und -repräsentationen sowie entsprechende Schnittstellen mit unternehmensinternen Informationssystemen, geschaffen werden. Zum anderen gilt es Komplexitäts- und Vertrauenshindernisse zu überwinden (Heinrich 2001, S. 18). In der Praxis sind bereits Anstrengungen in Bezug auf eine verbesserte Integration durch Marktplätze zu beobachten. So stellt bspw. der Marktplatz Covisint Möglichkeiten für die verteilte Entwicklung von Produkten und rudimentäre SCM-Funktionalitäten in Form von Informationen über aktuelle Lagerbestände bereit.

Zur Integration von ERP-Systemen und elektronischen Marktplätzen mit dem Ziel der Koordination logistischer Geschäftsprozesse wird hier die Verwendung verteilter, künstlich-intelligenter Systeme, sog. Multiagentensysteme, vorgeschlagen. Ein Agent ist allgemein gesehen eine Einheit, die ihre Umwelt durch Sensoren wahrnimmt und sie mit Effektoren beeinflusst (Russel/Norvig 1995, S. 31). In diesem Sinne kann auch ein Mensch als Agent mit Sinnesorganen als Sensoren und Armen, Beinen und Mund als Effektoren gesehen werden. Software-Agenten hingegen nehmen ihre Umwelt über eine elektronische Repräsentation von Symbolen wahr, auf denen sie operieren und somit die Umwelt beeinflussen können. Daneben weisen Agenten in einem Multiagentensystem die Eigenschaften der Autonomie, Intelligenz bzw. Rationalität, Reaktivität, Proaktivität und Interaktion, also soziale Fähigkeiten, auf (Wooldridge 1999, S. 28ff.). In Multiagentensystemen interagieren mehrere autonome, verteilte Agenten, die kooperativ oder eigennützig handeln können. Multiagentensysteme stellen hierbei eine Umgebung bereit, die Kommunikations- und Interaktionsprotokolle definiert sowie im Allgemeinen offen ist und keinen zentralen Gestalter besitzt (Huhns/Stephens 1999, S. 81f.). Durch die Eigenschaften der Dezentralität und der Möglichkeit kompetitive/verhandlungsbasierte sowie kooperative/planerische Koordinationsmechanismen abzubilden, eignen sich Multiagentensysteme gut zum Management dynamischer Wertschöpfungsnetzwerke. Die mit dem Einsatz von Multiagentensystemen intendierte verteilte Problemlösung besitzt daneben den Vorteil, dass sie die Möglichkeit bietet Informationen der Netzwerkunternehmen, bspw. bei mangelndem Vertrauen oder drohendem Verlust von Wettbewerbsvorteilen, zu schützen (Huhns/Stephens 1999, S. 80).

Multiagentensysteme können bei dem Management von Wertschöpfungsnetzwerken sowohl bei der Netzwerkkonfiguration als auch bei der -durchführung eingesetzt werden. Hierbei wird davon ausgegangen, dass es neben aufgabenspezifischen Agenten, die bspw. Caching-, Vermittlungs- oder Match-Making-Dienste auf Marktplätzen anbieten, auch unternehmensdedizierte Agenten gibt, die jeweils die Ziele der eigenen Organisationseinheit nach außen hin vertreten.

Hauptinhalte der Netzwerkkonfiguration sind die oben genannten Aufgaben der Partnersuche, -identifikation und -integration. Für die Funktionen der Suche und Identifikation bietet sich eine Unterstützung durch Filtermechanismen an (Odendahl 2002, S. 107ff.). Die Filter werden so gestaltet, dass durch Angabe verschiedener Parameter, wie bspw. Produkt-/Materialspezifikation, Preis, Kompetenz, Zertifizierung oder geographische Nähe, eine semiautomatische Auswahl passender Unternehmen über elektronische Marktplätze erreicht werden kann. Ein mögliches Vorgehen ist die Erstellung eines Profils gesuchter Kompetenzen und Kapazitäten mit Hilfe von Daten aus ERP- und CAx-Sytemen. Dieses Kompetenzprofil wird mit Profilen anbietender Unternehmen auf elektronischen Marktplätzen entsprechend der spezifizierten Filterparameter verglichen. Mit den gefundenen Unternehmen kann in Folge ein, je nach Ausgestaltung, manueller oder (semi-)automatischer Verhandlungsprozess durchgeführt werden, bei dem dynamische Daten, wie Preise und Kapazitäten aber auch Leistungsspezifika, eine Rolle spielen. Die Wahl eines Lieferanten kann zudem durch unabhängige Informationsdienstleister auf dem Marktplatz unterstützt werden. Dazu zählt bspw. das Angebot von Informationen über die Güte der Kooperationsfähigkeit von Unternehmen durch Zertifizierungsstellen. Mit Hilfe der Informationen aus der Verhandlung lassen sich zudem die kostenmäßigen Konsequenzen der Wahl eines bestimmten Partners auf das logistische Netzwerk beurteilen (vgl. Abschnitt 3.2). Für die Integration unternehmensinterner und -übergreifender Systeme bei zur Netzwerkkonfiguration müssen folglich Filtermechanismen und Vorgehensweisen zur Erstellung von Kompetenzprofilen entwickelt werden, die sowohl für die Suche nach Produkten, Materialien und Dienstleistungen, aber auch zur Identifikation geeigneter Kompetenzträger bei schlecht zu spezifizierenden bzw. innerhalb des Netzwerks zu entwickelnden Produkten eingesetzt werden können. Dazu zählt die Definition und Verknüpfung unterschiedlicher Filterparameter sowie die Spezifikation der erforderlichen statischen und dynamischen Daten inklusive Strategien bezüglich ihrer zentralen und/oder dezentralen Bereitstellung (Odendahl 2002, S. 93ff.).

Multiagentensysteme können bei der Unterstützung der Durchführung eines logistischen Netzwerks bei der Abstimmung der dezentralen Pläne und Steuerungsmaßnahmen sowie der Beseitigung von Planabweichungen und Störungen eingesetzt werden, die durch die Überwachung der logistischen Flüsse innerhalb des Unternehmens und vor allem zwischen Unternehmen erkannt werden können. Wird davon ausgegangen, dass entsprechende Leistungen bei der Netzwerkkonfiguration bereits spezifiziert wurden, erfolgen hier dem Pull-Prinzip folgend Lieferabrufe bei den gewählten Lieferanten, deren Höhe und Termin in Abhängigkeit zur eigenen Produktions-, Lager- und Auftragslage sowie mit Hilfe von Informationen der nachgelagerten Wertschöpfungsstufe durchgeführt werden. Aufgabe der Agenten ist es hier, den reibungslosen Verlauf durch Terminierung der Abrufe zu unterstützen und zu optimieren. Sobald innerhalb des Netzwerks Suboptimalitäten und Störungen erkannt werden, die strukturneutral nicht mehr (ökonomisch) behoben werden können, können die beteiligten Agenten nach substitutiven oder neuen Netzwerkpartnern suchen. Es bietet sich in diesem Fall die Suche nach alternativen Bezugsquellen und Logistikdienstleistern an. Insbesondere Transportdienstleistungen sind aufgrund ihrer geringen Spezifität leicht substituierbar und auf Märkten handelbar. Durch die Verknüpfung der Netzwerkunternehmen über die Integrationsplattformen besteht zudem die Möglichkeit angepasste Routenplanungen über mehrere Lieferanten hinweg und damit eine Verringerung der Losgröße bei gleichzeitiger Erhöhung der Auslastung der Transportressourcen durchzuführen. Bezüglich der Lieferanten gelten obige Ausführungen zur Netzwerkkonfiguration analog. Verlagert man den Betrachtungspunkt von der nachfragenden auf die kompetenzanbietende Seite eines Unternehmens, bietet sich die Möglichkeit freie Kapazitäten mittels Agenten auf unterschiedlichen Marktplätzen anzubieten, dadurch ihre Marktpräsenz und anschließend Absatz bzw. Auslastung zu erhöhen oder deckungsbeitragsstärkere Aufträge zu akquirieren. Durch die Partizipation in mehreren Wertschöpfungsnetzwerken entstehen allerdings Interdependenzen, die bei der innerbetrieblichen Planung und Steuerung und dem Angebot der eigenen Leistungen auf unterschiedlichen Marktplätzen bzw. Absatzkanälen zu berücksichtigen sind.

5. Ausblick

Die Konfiguration und Durchführung dynamischer Wertschöpfungsnetzwerke lassen sich aufgrund der damit verbundenen Komplexität kaum automatisieren. Die Komplexität erwächst mitunter aus der Komplexität und Spezifität der produzierten Produkte, der Vielfalt möglicher Netzwerkkonfigurationen im Sinne struktureller und strukturneutraler Anpassung sowie der Vielzahl weicher Faktoren bei der Beurteilung von Leistungen und Lieferanten. Eine vollständige Modellierung, Planung und Steuerung dieser Zusammenhänge und Faktoren ist weder durch ein zentrales, noch ein dezentrales System durchführbar und unter Umständen auch nicht wünschenswert. Informationstechnologien können und sollen in diesem Zusammenhang vor allem unterstützend eingesetzt werden. Auch wenn der Titel dieses Artikels das Wort „Unternehmensnetzwerke" beinhaltet, so kooperieren hier vor allem Menschen. Neben dem Abnehmen von Routinetätigkeiten und der Möglichkeit Informationen nach bestimmten Maßgaben zu suchen, selektieren, prozessieren und darzustellen müssen Informationssysteme für Wertschöpfungsnetzwerke vor allem die Interaktion und den gegenseitigen Vertrauensaufbau dieser Menschen unterstützen. Dies wurde auch von den klassischen SCM-Ansätzen erkannt, die allesamt kollaborative Planung als integralen Bestandteil enthalten.

Über die kollaborative Planung logistischer Aktivitäten wie Produktion und Transport hinaus spielt die logistikgerechte Gestaltung von Produkten eine Rolle. Wie oben bereits angedeutet kann auch die Leistungsgestaltung Inhalt eines dynamischen Unternehmensnetzwerks sein. Die Konfiguration und Steuerung solcher Entwicklungsnetzwerke kann durch ähnliche Mechanismen und Informationssysteme, wie die oben dargestellten, unterstützt werden. Web-basierte Systeme, die der elektronisch unterstützten Zusammenarbeit zeitlich und/oder örtlich verteilter Arbeitsgruppen dienen, sog. Virtual Workplaces, gibt es heute bereits. Wenn diese Angebote im Funktionsumfang ausgebaut werden und damit zu kompletten Arbeitsumgebungen heranreifen, kann die Arbeit in kompetenzbasiert zusammengestellten, virtuellen Teams über den gesamten Lebenszyklus eines Produkts, also von der Gestaltung über die Produktion bis zu After-Sales-Services und Entsorgung, möglich werden.

Norbert Gronau, Liane Haak und Ralph-Peter Noll

Integration von SCM-Lösungen in die betriebliche Informationssystemarchitektur

1. Einleitung

2. Der Technologiebedarf in heterarchisch koordinierten Unternehmensnetzwerken
    2.1   Charakteristika Wandelbarer Produktionsnetzwerke
    2.2   Funktionsumfang der übergreifenden Logistikplanung
    2.3   Technologiebedarf

3. Datenaustausch mit XML

4. Middleware und EAI
    4.1   Applikationsserver
    4.2   Basistechnologien: COM, CORBA und EJB
    4.3   Vergleich der Basistechnologien
    4.4   Entwicklung des Marktes
    4.5   Web Services

5. Portale und Benutzungsoberflächen

6. Ausblick

1. Einleitung

In heterarchisch koordinierten Unternehmensnetzwerken kommt der Rekonfiguration von Wertschöpfungspartnerschaften eine hohe Bedeutung zu. Zahlreiche Untersuchungen der Praxis haben belegt, dass eine rasche Rekonfiguration des Auftragsnetzwerkes nur möglich ist, wenn die zur Verfügung stehenden IT-Werkzeuge dies unterstützen. Auf der anderen Seite ist es zur Herstellung einer dem hierarchisch koordinierten Gesamtunternehmen gleichwertigen Wettbewerbsfähigkeit erforderlich, über das gesamte Auftragsnetzwerk hinweg Termine zu koordinieren. Hinter dieser Terminkoordination verbirgt sich dann jeweils eine lokale Mengen- und Kapazitätskoordination. In diesem Beitrag werden, ausgehend vom notwendigen Integrationsbedarf, technologische Lösungen für die Integration von *Supply Chain Management-Funktionen* in betriebliche Informationssystemarchitekturen vorgestellt. Der Beitrag konzentriert sich dabei auf die drei Ebenen Datenaustausch, Funktionsaufrufe und Benutzungsoberflächen.

2. Der Technologiebedarf in heterarchisch koordinierten Unternehmensnetzwerken

In diesem Abschnitt wird zunächst der sich aus der Verteilung der einzelnen Kapazitäten und Kompetenzen ergebende Bedarf an Informationstechnologie zur Sicherstellung einer verteilten Kooperation abgeleitet. Dabei werden zunächst die Merkmale heterarchischer Unternehmensnetzwerke am Beispiel der *Wandelbaren Produktionsnetze* erläutert. Ausgehend vom Kooperationsverhalten in Wandelbaren Produktionsnetzen wird der notwendige Funktionsumfang einer übergreifenden Logistikplanung und -steuerung dargestellt. Die Gegenüberstellung dieser beiden Themen gestattet es dann, den Technologiebedarf für heterarchisch koordinierte Unternehmensnetzwerke abzuleiten.

2.1 Charakteristika Wandelbarer Produktionsnetzwerke

Die produkt- und ressourcenbezogene Vernetzung von Unternehmen in Form von Einkaufs-, Produktions- oder Lieferverbünden wird als spezielle Ausprägung *virtueller Unternehmen* mit dem Begriff „Wandelbare Produktionsnetze" gekennzeichnet (vgl.

Dangelmaier/Kirsten 1996). Andere Autoren verwenden den Begriff Logistiknetzwerk (vgl. Schönsleben 2000, S. 10).

Ein wandelbares Produktionsnetz kann als ein sich dynamisch rekonfigurierender Verbund auf Zeit angesehen werden, der sich aus mehreren Unternehmen zusammensetzt. Von solchen Kooperationsformen können insbesondere kleine und mittlere Unternehmen profitieren. Kennzeichen wandelbarer Produktionsnetze sind die redundante Auslegung von Funktionen, die Mehrfachbindung von Partnern, Ressourcenteilung sowie Ansätze zu einer Kreislaufwirtschaft bei eingesetzten Ressourcen und Rohstoffen (vgl. Wiendahl 1996, S. 24). Die funktionalen Redundanzen werden bewusst in Kauf genommen, um die Flexibilität des Prozessnetzes zu erhöhen. Mehrere Prozesse oder Partner erbringen das gleiche Teilprodukt oder die gleiche Dienstleistung. Erfahrungen aus der Praxis zeigten (vgl. Wiendahl 1996, S. 24), dass Beteiligte sich gleichzeitig an mehreren Produktionsnetzen beteiligen wollen, um ihre Abhängigkeit von nur einem Netzwerk zu verringern. Daher können bei der Kapazitätszuordnung oder bei der Priorisierung von Aufträgen im Netz Zielkonflikte auftreten.

Um Engpässe in der Kapazität der Partner zu beseitigen und den Investitionsaufwand zu reduzieren, ist in wandelbaren Produktionsnetzen eine Teilung von Ressourcen wie Betriebsmittel, Fläche, Personal, Material sowie Hilfs- und Organisationsmittel vorgesehen. Die Integration neuer Partner in ein wandelbares Produktionsnetz ist möglich, um neue Prozesse und neues Wissen ins Netzwerk integrieren zu können. Ziel der Wieder- und Weiterverwendung von Rohstoffen und Komponenten in wandelbaren Produktionsnetzen ist es, geschlossene Kreisläufe aufzubauen und dadurch Entsorgungskosten zu senken.

2.2 Funktionsumfang der übergreifenden Logistikplanung

In Anlehnung an (Reinhart 2001) zeichnen sich marktresponsive Liefernetzwerke durch eine kundenindividuelle Konfiguration der Wertschöpfungskette aus, um schnell temporäre Marktchancen zu nutzen. Die Stabilität der Supply Chain ist auf die Dauer der Auftragsbearbeitung beschränkt. Bei Zustandekommen eines Kundenauftrags wird auf einen Pool möglicher Kooperationspartner zugegriffen, um eine individuelle Wertschöpfungskette zu konfigurieren. Das primäre Ziel einer marktresponsiven Kette ist es, schnell und effizient auf einen unvorhersehbaren, kurzfristig entstandenen Kundenwunsch zu reagieren. Die zur Zielerreichung notwendigen Anforderungen bzw. Strategien für diese Form der Supply Chain sind in Bild 1 dargestellt. Zukünftige Anwender einer marktresponsiven Supply Chain zeichnen sich durch eine kundenindividuelle Produktion und die Bearbeitung von Aufträgen in kleinen Stückzahlen aus. Kleine und mittelständische Unternehmen (KMU) sind dafür aufgrund ihrer Reaktionsfähigkeit prädestiniert.

Der Technologiebedarf in heterarchisch koordinierten Unternehmensnetzwerken

	Kosteneffiziente Prozesskette	Marktresponsive Prozesskette
Primäres Ziel	prognostizierten Bedarf zu möglichst geringen Kosten liefern	schnell auf unvorhersehbare Bedarfe reagieren
Fertigungsstrategie	hohe Auslastung	flexible Kapazitäten
Bestandsstrategie	hohe Umschlagsraten und Bestand in der gesamten Kette minimieren	definierte Pufferbestände auf bestimmten Wertschöpfungsstufen
Durchlaufzeitstrategie	Durchlaufzeiten nur verkürzen, soweit die Kosten nicht steigen	Durchlaufzeiten deutlich verkürzen
Zuliefererauswahl	Auswahl nach geringen Kosten bei hoher Qualität	Auswahl nach Reaktionsgeschwindigkeit, Flexibilität und Qualität
Produktarten	 Konsumartikel, Massengüter 	Kundenindividuelle Güter, Aufträge mit geringen Stückzahlen 

Abbildung 1: Ausprägung einer marktresponsiven Prozesskette im Vergleich zur kosteneffizienten Prozesskette

Der Aufbau einer marktresponsiven Supply Chain in Kompetenznetzwerken erfolgt ausgehend von einer Kundenanfrage bzw. einem Kundenwunsch. Das angefragte Unternehmen muss innerhalb kürzester Zeit in der Lage sein, eine kundenindividuelle Wertschöpfungskette zu konfigurieren, um die gegebene Marktchance nutzen zu können. Fehlen ihm zur Erfüllung des Kundenwunsches bei der Produkterstellung unterschiedliche Kompetenzen, muss das Unternehmen in der Lage sein, schnell kompetente Kooperationspartner zu finden.

Anhand einer Zeichnung oder Produktbeschreibung wird bei unterschiedlichen Unternehmen eine Entwicklungs- bzw. Konstruktionsdienstleistung angefragt. Die einzelnen Unternehmen geben ihre Angebote mit Daten zu Liefertermin und Preis ab. Für den weiteren Planungsprozess stehen die von den Unternehmen genannten Liefertermine primär im Vordergrund. Durch die Angabe des frühesten und spätesten Endtermins eines jeden Lieferanten bei der Angebotsabgabe ergeben sich Zeitfenster, innerhalb derer mit der nächsten Wertschöpfungsstufe begonnen werden kann. Auf Basis dieser Zeitfenster können Anfragen an Unternehmen im Netzwerk der nächsten Wertschöpfungsstufe gestellt werden. Das koordinierende Unternehmen erhält anschließend wiederum Angebote der Dienstleister, die ein neues Zeitfenster zur Leistungserfüllung vorgeben. Diese Informationen dienen als Grundlage zur Anfrageerstellung für die nächste Wertschöpfungsstufe. In diesem Kompetenznetzwerk können die Unternehmen ebenfalls abhängig von Kapazität und Auslastung die angebotenen und eigenen Flexibilitätspotenziale zur Produktion nutzen.

Die Vorgehensweise zur Planung der Supply Chain erfolgt zu Beginn basierend auf unscharfen Informationen hinsichtlich der Endtermine bzw. spätesten Liefertermine der einzelnen Wertschöpfungsstufen. Aufgrund der oben dargestellten Netzwerkeigenschaften kann nun eine Bestimmung des Technologiebedarfs vorgenommen werden.

2.3 Technologiebedarf

E-Business fördert organisatorische Veränderungen in Unternehmen. Zum einen durch die zunehmende Dezentralisierung, beispielsweise durch das Ausgliedern ganzer Abteilungen in selbständige Unternehmen (z. B. Outsourcing der IT-Abteilung), zum anderen durch die Auslagerung von bestimmten Aufgaben, wie dem Application Service Providing (ASP). Hinzu kommen die Veränderungen in der Beschaffung, d. h. zunehmend erfolgen Bestellungen online und die Vernetzung der gesamten Lieferkette wird angestrebt. Dadurch soll die Ablaufgeschwindigkeit innerhalb der Supply Chain erhöht werden. Aus diesen Zielen resultieren eine Reihe von Anforderungen an die Technologien im E-Business (vgl. Abb. 2):

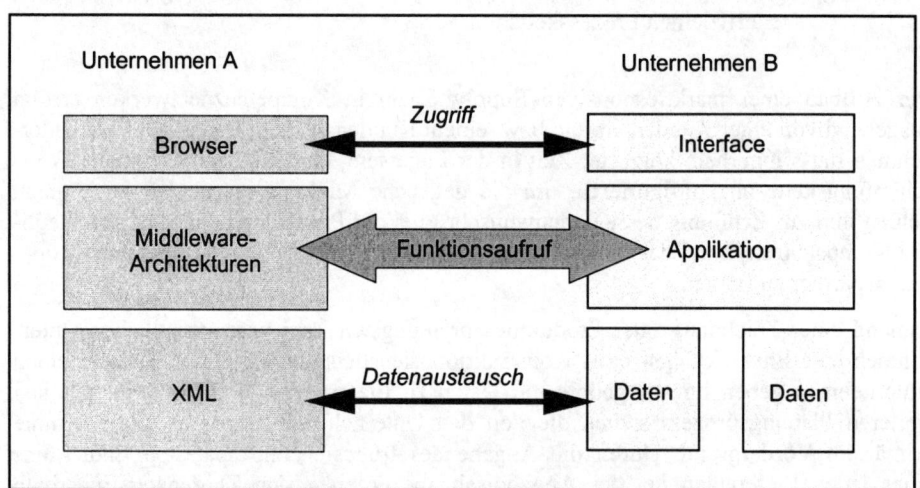

Abbildung 2: Technologiebedarf im E-Business (Gronau/Haak 2002)

Erste Lösungsansätze für den Zugriff stellen browserbasierte Lösungen dar. Indem der Zugriff auf das Interface des Unternehmens B über einen Browser erfolgt, ist Unternehmen A von dem jeweiligen System unabhängig. Der Zugriff erfolgt mit Hilfe eines Standardbrowsers über das Internet ohne eine Installation eines speziellen Clients und ist zudem plattformunabhängig. Zur Zusammenfassung der Zugriffe werden heute häufig Portale eingesetzt. Zur vereinheitlichten Abwicklung des Datenaustausches hat sich XML als standardisierendes Element durchgesetzt. Im Bereich der Applikationen werden sog. Middleware-Architekturen eingesetzt, die die Funktionsaufrufe der Applikationen steuern.

3. Datenaustausch mit XML

XML dient dazu, Auszeichnungssprachen für Texte zu entwickeln, mit denen Informationen gekennzeichnet werden können. Gegenüber dem älteren Standard SGML, auf dem XML aufbaut, ist XML zugunsten einer leichteren Implementierung um einige Möglichkeiten eingeschränkt. Die XML-Spezifikation des W3-Consortiums bietet eine Sammlung verbindlicher Regeln, um sich für den eigenen Bedarf eine HTML ähnliche Syntax zu definieren. Dokumente in dieser Syntax sind insbesondere leicht auf den korrekten formalen Einsatz dieser Vorschriften verifizierbar und damit sehr gut für eine automatische Verarbeitung geeignet. Im Gegensatz zu HTML, wo die Markierungen (Tags) und Attribute mit ihrer Bedeutung fest spezifiziert sind, ist die Interpretation bei XML beliebig. Tags dienen hier dazu, Daten zu benennen und voneinander abzugrenzen, wobei nur das jeweils lesende Programm weiß, welche Bedeutung diesen zukommt. Aus diesem Grunde ist XML besonders allgemein und erweiterbar. Voraussetzung für den Datenaustausch zwischen EDV-Systemen ist also die Festlegung einer Semantik.

XML unterstützt im Vergleich zu binären Datenformaten besser die Plattformunabhängigkeit von Anwendungen, da es auf einer textuellen Kodierung basiert, welche auf alle Architekturen übertragbar ist. XML-Dateien sind in der Regel zwar erheblich größer als äquivalente binär kodierte, den damit verbundenen Nachteilen kann jedoch auf einer anderen Ebene, zum Beispiel mit Datenkompression, begegnet werden. Die maschinelle Verarbeitung von XML-Dateien ist mit Hilfe der (gerade für Java) in großer Zahl verfügbaren Werkzeuge ähnlich leicht möglich wie die von binären Daten.

XML bietet eine Reihe von Vorteilen. Es ist sowohl von Maschinen als auch von Menschen lesbar, erleichtert den Datenaustausch und fördert die Interoperabilität und Portabilität von Anwendungen.

4. Middleware und EAI

Das Schlagwort EAI steht für *Enterprise Application Integration*, die prozessorientierte Integration von Anwendungssystemen und Daten in heterogenen IT-Anwendungsarchitekturen. Am Markt bezeichnet EAI umfassendere Produkte, welche bestehende Software über spezifische Konnektoren einbinden kann, so dass es möglich wird, diese mit wenig Aufwand als Komponente eines neuen, übergeordneten Systems heranzuziehen. EAI ist der am stärksten wachsende Markt für Middleware. Sie dient dem Ziel gesteigerter allgemeiner Wettbewerbsfähigkeit. Eine Effizienzsteigerung erhofft man sich insbesondere durch:

- Überwindung der Grenzen zwischen Organisationseinheiten
- Reduzierung manueller Arbeiten durch Automatisierung der Programm-zu-Programm-Kommunikation
- Intensivere Nutzung vorhandener Daten, geringere Datenredundanz
- Schnellere Entdeckung inkorrekter Daten
- Vollständigere Erfassung von Geschäftsprozessen durch EDV

Als Middleware wird eine Klasse von Software bezeichnet, die als Abstraktionsschicht zwischen Betriebssystem und Anwendung einerseits und in typischen Software-Architekturen zwischen Datenhaltung und Präsentation angesiedelt ist. Primär dient sie der Kommunikation in verteilten Systemen. Der Einsatzkontext von Middleware ist die komponentenbasierte Entwicklung potenziell verteilter Anwendungen und Integration bestehender Anwendungen in ein möglicherweise verteiltes neues Gesamtsystem mit erweiterter Funktion. Middleware kann daher als „Enabler" für die Integration von unterschiedlichen Anwendungen in einem Umfeld unkoordiniert verteilter Daten und heterogener Systeme definiert werden. Damit ist sie die Technologie, die das fachliche Nutzenversprechen von EAI einlösen kann.

Komponentenbasierte schnelle Software-Neuentwicklung
Integration bestehender Anwendungen
Stärkung der Unabhängigkeit von grundlegender Infrastruktur
Leistungssteigerung, Skalierung durch Parallelisierung

Abbildung 3: Motivation für den Einsatz von Middleware

Der Markt der Middlewareprodukte lässt sich nach den unterschiedlichen technischen Ansätzen in verschiedene Segmente einteilen. Diese spiegeln die zeitliche Entwicklung der Technologie wider, d. h. einige der Produkte besitzen Vorläufer, die eine über dreißigjährige Geschichte haben (Abbildung 4). Abbildung 5 zeigt die Nutzeneffekte, die vom Einsatz von Middleware zu erwarten sind.

Segment	Funktion	Beispiele
Message Passing- und Message Queueing Middleware	Synchroner oder asynchroner Austausch von Nachrichten, etwa Text-Zeichenketten	MQSeries, MSMQ
Entfernter Prozeduraufruf: RPC-Middleware	Synchroner Aufruf mit Parameterübergabe, unabhängig von Programmierparadigmen	RPC bei DCE, COM, CORBA, Java
Entfernter Datenzugriff: Data Access Middleware	Zugriff auf separate Datenbestände	ODBC, JDBC, Konnektoren für Standardsoftware
Verteilte Transaktionsverarbeitung: Transaction Processing -Monitors	Konsistenzerhaltung über mehrere Datenbanken, Leistungsoptimierung und Zusatzdienste für verteilte Anwendungen	TP-Monitore (TPM) wie TXSeries, Tuxedo
Objektorientierte (OO) Transaktionsverarbeitung: Object Transaction Monitors	TP-Monitore (s. o.) für objekt- und komponentenorientierte Entwicklung	Applikationsserver - Komponenten nach COM, CORBA, EJB
Spezialisierte Frameworks für verteilte Umgebungen	Funktionalität mit Middleware-Charakter für einen Anwendungsbereich	Groupware, EDI, Systemmanagement

Abbildung 4: Klassische Middleware-Marktsegmente

Segment	Stärke	Schwäche
Message Queuing	Reife der Produkte, Zuverlässigkeit der Übermittlung, zeitliche Entkopplung	eigene Abbildung von Datenstrukturen auf Zeichenketten notwendig
Entfernter Prozeduraufruf	Einfache Anwendung	synchrone Aufrufe, ggf. Notwendigkeit von Threads
Entfernter Datenzugriff	Reife der Produkte, leichte Erweiterung von Einzelplatz- zu verteilten Anwendungen	v. a. für den Datenzugriff - Fat Clients
Verteilte Transaktionsverarbeitung	Reife der Produkte, Sicherheit, Leistung	v. a. für den Datenzugriff - Fat Clients
Objektorientierte Transaktionsverarbeitung	Eignung für OO-Prozess - und Eignung des OO-Prozesses für verteilte Systeme, Aktualität der Produkte	wie bei RPC synchrone Aufrufsemantik
Spezialisierte Frameworks für verteilte Umgebungen	Eignung für den Anwendungsfall	Verbreitung am Markt, Portabilität, Verfügbarkeit

Abbildung 5: Nutzenprofile der Basis-Middlewareprodukte

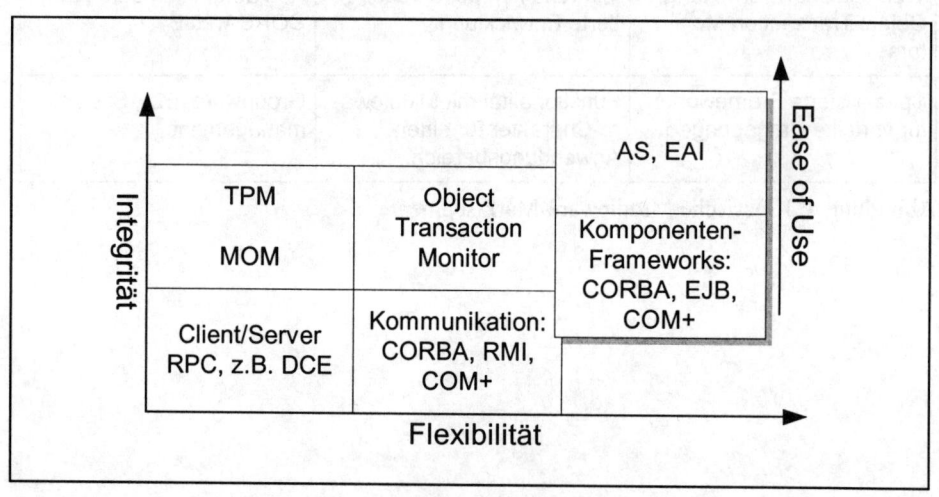

Abbildung 6: Systematisierung von Middleware

4.1 Applikationsserver

Zum Segment der objekt- und komponentenorientierten Middleware werden die Applikationsserver gezählt. Dies sind integrierte Softwarepakete, die auf Middleware-Funktionalität sowie einem Transaktionsmonitor und/oder einem Webserver basieren. Der Markt der Applikationsserver und darauf aufbauenden Integrationslösungen (EAI-Produkte) besitzt heute die größte Dynamik. Er steht im Zentrum der Entwicklung zu umfassenden Middleware-Suiten. Das Marktsegment der Applikationsserver lässt sich u. a. nach den Dimensionen Technik und Vorgeschichte, Funktionsumfang, Leistung und Kosten differenzieren.

Den funktionalen Kern eines Applikationsservers bildet eine Kommunikations-Middleware. In den untersuchten Fällen ist dies grundsätzlich ein objektorientierter RPC-Mechanismus, welcher nach einem oder mehreren Standards der Gruppe COM, CORBA und EJB/J2EE angesprochen wird. Dieser vermittelt zwischen selbst erstellten und enthaltenen Komponenten. Die sichtbarsten technischen Unterschiede bei der Anwendungsentwicklung sind durch die Wahl des Komponentenmodells bedingt, welches jeweils durch COM, CORBA und J2EE vorgegeben wird.

Die Produkte bestehen aus mehreren Komponenten und sind in mehreren Editionen unterschiedlichen Umfangs erhältlich. Typisch ist eine Preis-/Leistungs-Differenzierung in drei Schritten vom erweiterten Webserver mit Servlet-Engine über einen einfachen J2EE-Applikationsserver bis zum erweiterten Applikationsserver mit Transaktionsmonitor und Anbindung an diverse Standardsoftware, etwa Datenbanken und ERP-Systeme.

Skalierbarkeit ist das Maß dafür, wie sich die Leistung bei vermehrtem Einsatz von Ressourcen verbessert. Häufig wird dies mit dem Wachstum von Unternehmen assoziiert, die dann möglichst durch Zukauf nur von Hardware die Anzahl der verarbeiteten Geschäftsvorfälle pro Zeiteinheit vergrößern wollen. Durch die überproportionale Vergrößerung des Overheads ist die Leistungssteigerung jedoch im Allgemeinen begrenzt. Zum Kriterium der Skalierbarkeit gehört das Verhalten bei Erhöhung der Anzahl der Komponenten, Komponenteninstanzen und Arbeitsstationen. Die Skalierbarkeit kann ähnlich behandelt werden wie die Funktionalität. Hier gibt es eine Reihe typischer Hilfestellungen wie *Caching*, *Pooling* und *Threading*. Auch die Verwendung von Datenbanken anstelle einfacher Dateien als Datenspeicher kann hilfreich sein.

4.2 Basistechnologien: COM, CORBA und EJB

Bei COM (Component Object Model) entstanden die verschiedenen Entwicklungsstufen wie DCOM, COM+ und Dot-NET parallel zu den Betriebssystemen der Firma Microsoft. Im Mittelpunkt steht die Festlegung von Anforderungen für die Interoperabilität und Austauschbarkeit binärer Komponenten-Implementierungen. Bei COM basieren die

Rahmenbedingungen der Komponentenentwicklung vollständig auf den technischen Gegebenheiten. Dies ermöglicht, mit COM sehr effiziente Programme zu schreiben. Der Komplexität, vor allem im Vergleich zu den Java-Standards, muss mit entsprechenden Schulungsmaßnahmen begegnet werden. Dies gilt gerade, da nicht jedes Detail vollständig spezifiziert ist. Wenn man bei der Implementierung andere Wege beschreitet als vorgesehen, leidet leicht die Qualität. Das Angebot an erfahrenen COM-Programmierern dürfte jedoch aufgrund der höheren Verbreitung deutlich größer sein als bei CORBA. Die Plattformunabhängigkeit vom COM ist eingeschränkt. Wo Portierungen auf andere Plattformen existieren, sind diese häufig veraltet.

Ab DCOM (Distributed Component Object Model) können Komponenten auch transparent auf entfernten Rechnern angesprochen werden. COM+ brachte Zusatzdienste wie Transaktionskontrolle und Message Queueing. Dot-NET bietet schließlich eine ganzheitliche Sicht auf Microsofts Rahmen der Produktpflege weiter integrierte Programmiersprachen, Betriebssysteme und Server-Software.

Aufbauend auf den Erfahrungen mit dem allgemeinen Komponentenmodell JavaBeans wurde von Sun die Enterprise JavaBeans (EJB) Architektur für Applikationsserver entwickelt. Der Standard wird im Rahmen der Java 2 Enterprise Edition (J2EE) an Hersteller von Applikationsservern lizenziert. Diese bietet ein Komponentenmodell ähnlich den JavaBeans für die Entwicklung von „Server-Komponenten". Die EJBs sind vor allem für den Einsatz in einem Business-Umfeld vorgesehen.

J2EE ist im Wesentlichen ein um „Enterprise-Funktionalität" erweitertes Java API. Typische kommerzielle Produkte, die das J2EE-API implementieren, enthalten Funktionen zur Leistungssteigerung (*Pooling, Clustering*), Basis- Middlewarefunktionalität wie oben beschrieben (MOM, RPC, Transaktionen) sowie Anbindung an das WWW, Datenbanken und an weitere Standardsoftware.

EJB-konforme Server sollen die Anwendungsentwicklung erleichtern, indem vom *Container* häufig benötigte Dienstleistungen zur Verfügung gestellt werden. Mit dieser Grundlage sollen sich Anwendungsprogrammierer auf die Implementierung der eigentlichen Geschäftslogik konzentrieren können. Gleichzeitig fördert die Standardisierung der Schnittstellen auch hier die Austauschbarkeit von Komponenten. Die Erweiterung der JavaBeans zu Enterprise JavaBeans betrifft besonders folgende Bereiche:

- Kommunikation in verteilten komponentenbasierten Anwendungen
- Optimierte Ausführungsumgebung (Vorbereitung für Skalierbarkeit, Sicherheit etc.)
- Standardisierte Schnittstellen zu Server-relevanten Diensten

CORBA (Common Object Request Broker Architecture) ist ein Standard der Object Management Group, zu deren 800 Mitgliedern die bedeutendsten Soft- und Hardwarehersteller zählen. CORBA umfasst eine Architektur, bei der eigene und Standardkomponenten bzw. -dienste um einen zentralen Kommunikations-Vermittler (*ORB*) angeordnet sind. Bemerkenswert ist die Fülle der Schnittstellen für Bereiche vom Objektlebenszyklus bis zum Systemmanagement, die in diesem Standard definiert werden. In realen Produkten werden diese nur zum Teil implementiert.

Eine weitere Stärke von CORBA ist die Unterstützung besonders vieler verschiedener Plattformen und Sprachen. Wie bei COM wird die Sprachunabhängigkeit über eine von der Implementierung abstrahierende Schnittstellenbeschreibungssprache erreicht. Durch ein standardisiertes Kommunikationsprotokoll können CORBA-Implementierungen verschiedener Hersteller auf verschiedenen Plattformen miteinander interagieren.

4.3 Vergleich der Basistechnologien

Zusammenfassend kann gesagt werden, dass die drei Standards sich angeglichen haben und heute in vielen Fällen austauschbar sind. Faktoren zur Differenzierung sind Entstehung und Weiterentwicklung, Portabilität und Kompatibilität sowie technische Detailfragen. Ein grundsätzliches Merkmal ist der Entstehungsprozess:

Handelt es sich um ein gewachsenes Produkt oder eines, das auf einem abstrakt ausgearbeiteten Standard beruht (tatsächlich liegen Mischformen vor). Damit verbunden ist auch die Frage nach der Offenheit der Standards und Verantwortlichkeit für die Weiterentwicklung.

Zur Kompatibilität können klare Aussagen gemacht werden. Hier ist zu unterscheiden zwischen der Interoperabilität, der Unabhängigkeit von der Infrastruktur und Implementierungssprache und der Quellcode-Portabilität zwischen verschiedenen Produkten. Bekanntlich ist J2EE bezüglich der Sprache und COM bezüglich der Plattform festgelegt, auch wenn einzelne Produkte diese Beschränkung aufweichen.

4.4 Entwicklung des Marktes

Betrachtet man die Entwicklung des Marktes, so kann man Entwicklungstendenzen identifizieren, wie sie auch andere Teilmärkte für Software durchgemacht haben (vgl. Noll 2002):

Zunächst ist zu beobachten, dass der Komfort bei der Anwendungsentwicklung durch Abstraktion von der Infrastruktur erreicht, also durch einen gesteigerten technischen Overhead erkauft wird (siehe Java und EJB). Entsprechend leistungsfähig ist die Infrastruktur auszulegen.

Vorher separat erhältliche Funktionalität wird in den Produkten zusammengefasst. Gleichzeitig werden Stärken von Konkurrenzprodukten schnell nachgeahmt. Damit werden sich die Produkte ähnlicher und grundsätzlich leichter austauschbar. Dies wird durch die weitreichende Portabilität und Interoperabilität sowie die Standardisierung umfangreicher Schnittstellensammlungen für Kerndienste und anwendungsspezifische Funktionen (siehe CORBA) noch verstärkt. Durch den Standardisierungsprozess wird die Entwicklung der Produkte vorangetrieben und sowohl inhaltlich als auch bezüglich der Release-Abfolge gleichgeschaltet.

Aber nicht nur Produkte, bei denen ein ähnlicher Weg bei der technischen Realisierung beschritten wurde, sondern auch die Technologien selbst werden so austauschbar. Beispielsweise kann man aufführen, dass etwa RPC und ORBs (Objekt-RPC) die gleiche Mächtigkeit besitzen, da letztere meistens auf ersteren aufbauen. Ebenso haben objektorientierte Programme die gleiche Ausdrucksmächtigkeit wie prozedurale. Ähnlich verhält es sich mit COMWare gegenüber TPMs und, unter Vernachlässigung erzielter Reaktionszeiten, Message-oriented Middleware und Groupware.

4.5 Web Services

Dieser Standard soll den Informationsaustausch im Internet verbessern und serverseitige Kompatibilitätsprobleme verringern. Im vorangegangenen Abschnitt wurde bereits Middleware am Beispiel von CORBA erläutert. Web Services setzen nun da an, wo Middleware im Allgemeinen endet. Grundsätzlich ist es zwar auch allein mit Middleware möglich verteilte Applikationen zu schreiben, allerdings ist man oft auf eine bestimmte Middleware ausgerichtet. Zudem existieren gerade in der Windows-Welt noch „Altlasten", die z. B. auf COM (Component Object Modelling) basieren.

Sollen also vorhandene Softwarekomponenten von unterschiedlichen Unternehmen in ein neues unternehmensübergreifendes System integriert werden, besteht häufig das Problem, das unterschiedliche Unternehmen gar keine oder verschiedene Middleware nutzen. Es müsste dann viel Arbeit in die Anpassung solcher Systeme, damit diese untereinander Informationen austauschen können. Genau an dieser Stelle setzen Web Services an.

Die Web Services setzen sich aus einer Reihe anderer Standards, wie beispielsweise XML (eXtensible Markup Language) als Beschreibungssprache, SOAP (Simple Object Access Protocol) als Internetprotokoll und damit TCP als Transportprotokoll, UDDI (Universal Description, Discovery and Integration) als zentrales Register und WSDL (Web Services Description Language) als Service-Beschreibungssprache zusammen. Einzeln betrachtet sind dies wichtige Bausteine für die Funktion, Architektur und Distribution von Webservices.

Ein kompletter SOAP Aufruf besteht aus einer Anfrage und einer Antwort. Diese werden in sog. SOAP Envelopes auf der Basis von XML kodiert. Rein technisch betrachtet sind allerdings bei der Verwendung von SOAP noch einige Hürden zu nehmen. Dies betrifft insbesondere Verschlüsselungsmöglichkeiten und zentrale Verwaltungseinheiten. Da SOAP auf HTTP basiert, wird mit SSL (Secure Socket Layer) verschlüsselt.

Mit UDDI lassen sich nun die jeweils gesuchten Webservices finden. Zentraler Bestandteil eines solchen Dienstes ist dabei ein Verzeichnis, in dem die Unternehmen Informationen über die angebotenen Dienste und die notwendigen Informationen zum Zugriff darauf speichern. Dabei ähnelt UDDI anderen Diensten wie z. B. DNS (Domain Name Service) oder LDAP (Lightweight Directory Access Protocol). Ein solches Verzeichnis besteht dabei auf drei Komponenten (vgl. Kuschke/Wölfel 2001):

- White pages: Diese enthalten allgemeine Informationen über das Unternehmen (z. B. Firmenname, Adresse, Beschreibung oder auch die Handelsregisternummer).

- Yellow pages: Diese kategorisieren das Unternehmen anhand von Standardeinteilungen (z. B. geographisch).

- Green pages: Diese beschreiben von der technischen Seite die angebotenen Dienste und den Zugriff darauf.

Diese Informationen werden durch die sog. WSDL beschrieben. Diese basiert auf XML und ermöglicht die einfache Kopplung von verschiedenen Web Services. Damit diese Aufrufe zur Laufzeit dynamisch erstellt werden können, ist es notwendig, dass bestimmte Standards für verschiedene Dienste geschaffen werden.

Zusammenfassend lässt sich sagen, dass Web Services im Prinzip ein Standard für Schnittstellen zwischen Applikationen und Contentservices im Internet sind. Sie stellen eine weitere Abstraktionsschicht dar und reichern Legacy-Systeme um neue Zugangswege an. Für Business Anwendungen bedeutet das, dass in Zukunft die angesprochenen Middleware-Lösungen zur Integration teilweise substituiert werden könnten. Damit würde der Integrationsaufwand zur Verknüpfung verschiedener Systeme erheblich reduziert werden.

5. Portale und Benutzungsoberflächen

Portale sichern den virtuellen Zugang zu Informationen oder Dienstleistungen im World Wide Web. Sie verfügen über ein konsolidiertes Angebot von Informationen und weisen einen hohen Grad der Individualisierbarkeit für Personen, Gruppen oder Unternehmen auf. Dabei muss zwischen dem eigentlichen Inhalt und der äußeren Darstellungsform unterschieden werden. Zudem ermöglichen Portale sog. Self-Service-Funktionen, in dem sie dem Nutzer Informationen beispielsweise zu Produkten oder Fehlerlösungen anbieten. Das folgende Architekturmodell (vgl. Abb. 7) stellt den klassischen Aufbau eines Portals schematisch dar:

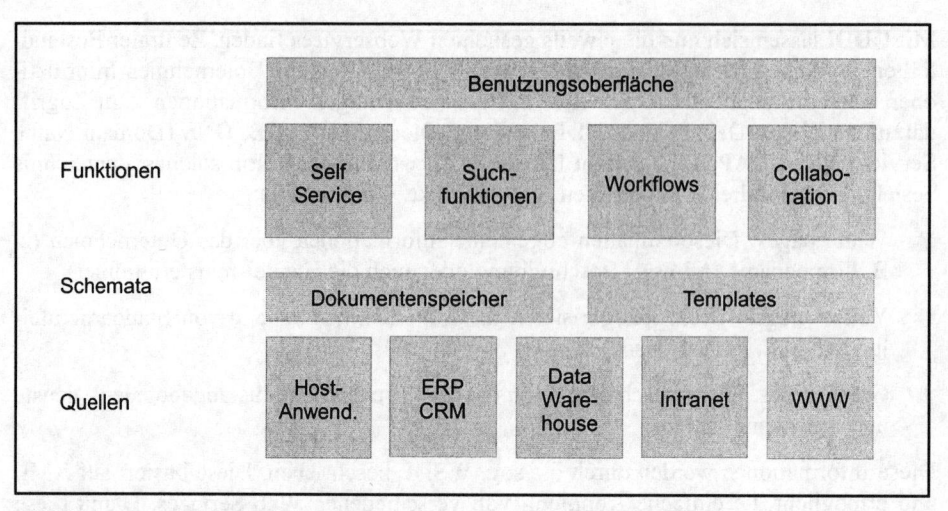

Abbildung 7: Architekturmodell eines Portals (Gronau/Haak 2002)

Daraus lassen sich folgende spezifischere Funktionen eines Portals ableiten:

1. Navigation

Sie ermöglicht eine leistungsfähige, unternehmensweite Suche nach Informationen und gewährleistet einen konsistenten Blick auf die vorhandenen Ressourcen. Dabei steht die individuelle Organisierbarkeit der Inhalte im Vordergrund, der man i. d. R. durch sog. „Single Sign On" Mechanismen Rechnung tragen will. Durch eine einmalige Anmeldung am System werden dem Benutzer eine personalisierte Oberfläche und Informationen angeboten. Zudem stellt die Navigation Links zu Analysen und Berichten zur Verfügung.

2. Publishing

Diese Funktion dient zur Unterstützung von Publishing-Standards und von Autorensystemen. Sie erleichtert bzw. ermöglicht die Veröffentlichung der Informationen.

3. Prozessunterstützung

Zur Unterstützung der Prozesse werden sowohl Workflows, als auch weitere Genehmigungsverfahren eingesetzt.

4. Direktzugriff auf Anwendungen

Sie können die direkten Zugriffe auf unternehmenseigene Anwendungen oder auf die der jeweiligen Partner ermöglichen.

Die technische Realisierung von Portalen mit den Zugriffen auf Middleware-Applikationen erfolgt heute überwiegend durch Content Management Systeme. Ein

Beispiel für die Erstellung von Portalseiten mittels Content Management Systems ist in Abb. 8 dargestellt.

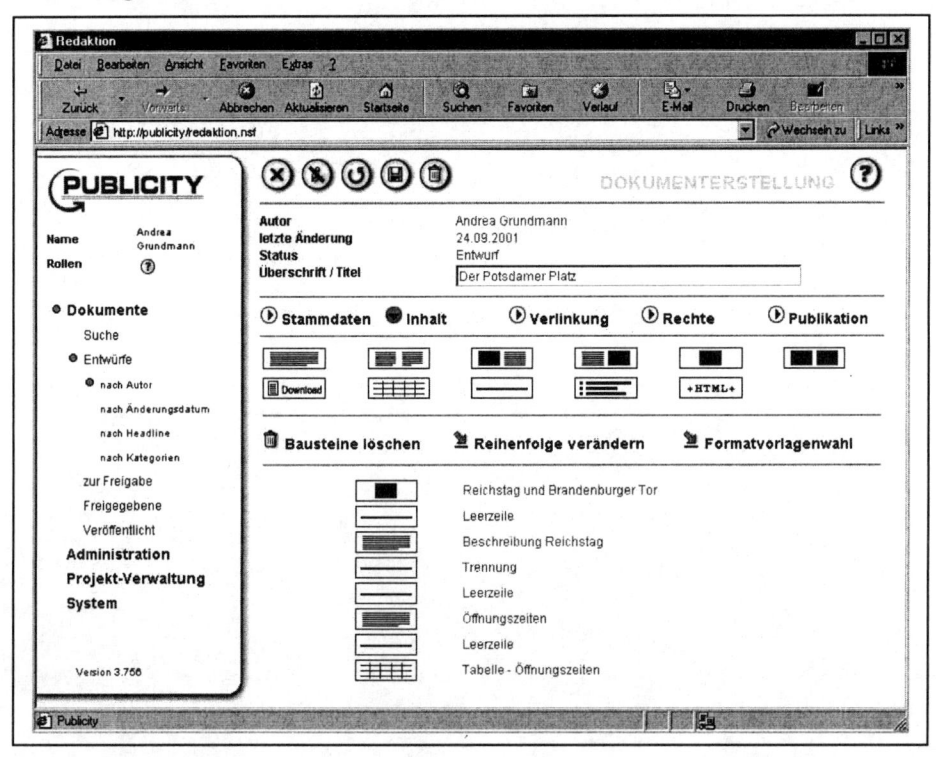

Abbildung 8: Bausteinsystem eines Content Management Systems (www.altavier.de)

6. Ausblick

Die technischen Möglichkeiten zur Bildung heterarchisch koordinierter Unternehmensnetzwerke sind vorhanden. Ihre jeweilige Nutzung hängt jedoch stark von der Investitionsbereitschaft der beteiligten Unternehmen ab. Im Zweifel sind zunächst die hemmenden Fragen ungeklärter Wirtschaftlichkeit beim Einsatz neuer Informationssystemarchitekturen zu lösen. Vorteile im Wettbewerb genießen diejenigen Unternehmen, die frühzeitig auf die hier beschriebenen Architekturlösungen setzen.

Hartmut Werner

Elektronische Supply Chains (E-Supply Chains)

1. Problemstellung und Begriffsklärung

2. Inhalte und Strategien elektronischer Supply Chains
   - 2.1 Vertikale und horizontale E-Supply Chains
     - 2.1.1 Vertikale E-Supply Chains
       - 2.1.1.1 Upstream-Supply-Chains
       - 2.1.1.2 Downstream-Supply-Chains
     - 2.1.2 Horizontale E-Supply Chains
   - 2.2 Elektronische Marktplätze
   - 2.3 Collaborative Business
     - 2.3.1 Enterprise Resource Planning (ERP)
     - 2.3.2 Advanced Planning and Scheduling (APS)

3. Plattformen elektronischer Supply Chains
   - 3.1 Tracking-and-Tracing-Systeme
   - 3.2 Virtuelle Frachtbörsen
   - 3.3 Excess-and-Obsolete-Supply-Chains
   - 3.4 Web-EDI

4. Entwicklungstrends in den E-Supply Chains

5. Schlussbetrachtung

1. Problemstellung und Begriffsklärung

Der Mausklick allein sichert noch nicht das Geschäft. Beispielsweise erwartet ein Kunde, dass er sein über das Internet bestelltes Buch innerhalb von zwei Tagen ausgeliefert bekommt. Jugendliche sind sogar noch anspruchsvoller: Wenn sie eine CD via Internet ordern, muss der Tonträger spätestens 36 Stunden später bei ihnen zu Hause eintreffen. Ansonsten erlischt ihr Wunsch nach aktuellen CDs (Werner 2001, S. 12). Doch offenkundig sind viele Unternehmungen noch nicht in der Lage, diese hohen Kundenanforderungen zu erfüllen. In den USA tätigten im Weihnachtsgeschäft 1999 zwar ein Viertel der potenziellen Online-Kunden ihre Bestellung über das Internet. 26% von ihnen bekamen ihre Waren jedoch erst nach dem Weihnachtsfest ausgeliefert. Insbesondere die **Internet-Retailer** (Unternehmungen, die ihre Aktivitäten speziell auf das Internet ausrichten) enttäuschten sehr. Bei ihnen betrug die Termintreue lediglich 64%. Traditionelle Versandhändler hingegen erreichten hier immerhin eine Erfolgsquote von 79% (Straube 2001, S. 177). Über den Erfolg im Internet entscheiden zunehmend funktionierende Lieferketten. In Zeiten von E-Commerce wird das Management der Supply Chain zum kritischen Erfolgsfaktor.

Elektronische Supply Chains (**E-Supply Chains**) sichern die Versorgung, die Entsorgung und das Recycling elektronisch initiierter Geschäftsabläufe. Sie umfassen sowohl die physische Auftragsabwicklung als auch den Geld- und den Informationsfluss in den Lieferketten. Dabei beschreiben Supply Chains in ihrem Ablauf ein **Order-to-Payment-S**, das sich in folgende drei Bereiche untergliedern lässt (vgl. Abbildung 1):

- Bereich 1: Die Philosophie in den E-Supply Chains folgt dem Pullprinzip. Erst nachdem ein Kunde seine Bestellung (**Order**) elektronisch aufgegeben hat, startet der Hersteller seine Aktivitäten. Der erste Abschnitt im Order-to-Payment-S verläuft von rechts nach links (stromaufwärts).

- Bereich 2: Der zweite Bereich beschreibt den eigentlichen Materialfluss in den Supply Chains. Stromabwärts, von links nach rechts, *versorgt* eine Stufe ihre jeweils nachgelagerte. Über die Bereiche Input, Throughput und Output nimmt die Wertschöpfung schrittweise zu. Von entscheidender Bedeutung ist hier eine gelungene Integration ausgewählter Lieferanten („Source of Supply") und externer Dienstleister (EDL). Dieser Abschnitt endet mit der Distribution der Waren an die Kunden („Point of Consumption"). Um ihre Abnehmer individuell und schnell bedienen zu können, setzen die Hersteller bei der Warenverteilung verstärkt flexible KEPs (Kurier-, Express- und Paketdienste) ein.

- Bereich 3: Schließlich sind die Waren durch den Kunden zu bezahlen (**Payment**). Dieser dritte Abschnitt verläuft wiederum stromaufwärts (von rechts nach links).

Und auch die *Entsorgung* und das *Recycling* folgen dieser Flussrichtung in zeitgemäßen Lieferketten. Zusammengefasst kennzeichnet der gesamte Prozess von Order bis Payment den Buchstaben „S".

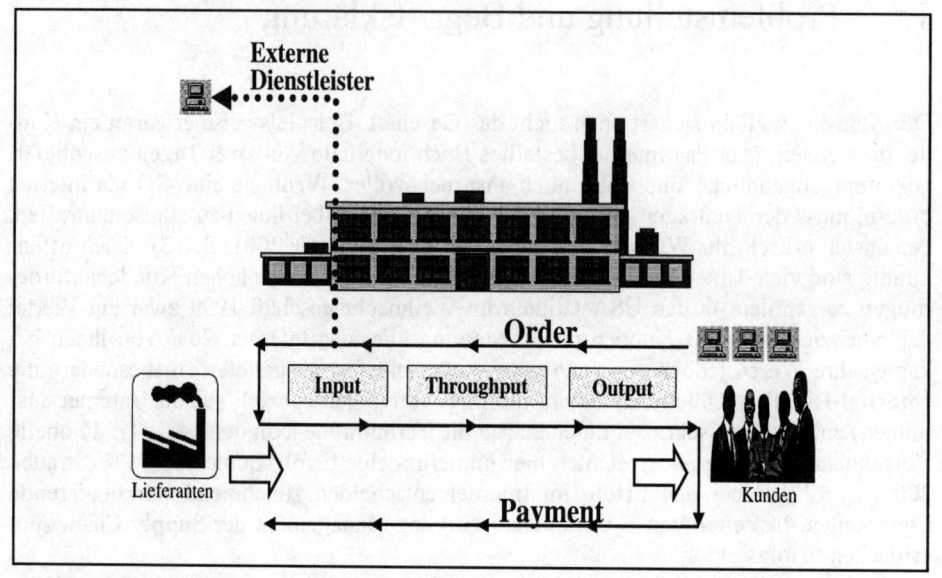

Abbildung 1: Order-to-Payment-S in den elektronischen Supply Chains

Die elektronischen Lieferketten stellen **Front-End-Back-End-Beziehungen** dar. Als Front-End-Systeme dienen Internet, Extranet oder Intranet. Das Back-End-Modul ist das Supply Chain Management, welches die reibungslosen Abläufe von physischen Prozessen (die Zustellung der elektronisch georderten Waren) sowie von Geld- und Informationsströmen gewährleisten soll. In diesen Front-End-Back-End-Abwicklungen der E-Supply Chains dominieren zwei **Business-to-Alternativen (B2)**: Einerseits Business-to-Business (B2B), eine Interaktion institutioneller Partner untereinander. Andererseits Business-to-Customer (B2C), das Geschäft mit dem Endverbraucher. Die größeren Erfolgspotenziale im Wettbewerb liegen sicherlich im B2B-Geschäft. Heute werden bereits über 80% des Umsatzes im E-Business durch B2B-Anbindungen erzielt. Nach Schätzungen soll dieser Anteil in den nächsten Jahren sogar auf 90% steigen (Baumgarten 2001a, S. 22).

2. Inhalte und Strategien elektronischer Supply Chains

In den folgenden Ausführungen sind Inhalte und Strategien elektronischer Supply Chains zu diskutieren. Es wird deutlich, dass in Zeiten des Supply Chain Managements der Gedanke zur *Integration* dominiert. Während bislang die unterschiedlichen Bereiche zur Steigerung einer Wertschöpfung ein unverbundenes Nebeneinander darstellten, verschmelzen jetzt diese Aktivitäten. In modernen Lieferketten entstehen interne und externe Netzwerke. Über die Unternehmungsgrenzen hinweg kooperieren die Hersteller mit Lieferanten, Kunden und Wettbewerbern. Sie bauen gemeinsam elektronische Marktplätze auf, betreiben ein Collaborative Business.

2.1 Vertikale und horizontale E-Supply Chains

Elektronische Supply Chains können sich vertikal oder horizontal ausrichten. Vertikale Supply Chains beziehen vorgelagerte Stufen (Lieferanten) oder nachgelagerte Stufen (Kunden) in das Kooperationsgeflecht eines Herstellers ein. Horizontale Supply Chains erstrecken sich auf die Zusammenarbeit von Partnern der gleichen Wertschöpfungsebene. Eine nähere Beschreibung dieser verschiedenen Ausprägungsformen erfolgt nachstehend.

2.1.1 Vertikale E-Supply Chains

2.1.1.1 Upstream-Supply-Chains

Unter Upstream-Supply-Chains wird die nachhaltige Integration von **Lieferanten** in das Netzwerk des Herstellers verstanden. Die Produzenten akzeptieren ausgewählte Anbieter zunehmend als echte Wertschöpfungspartner. In Zeiten von Single Sourcing und Modular Sourcing rücken die Systemlieferanten räumlich näher an den Hersteller. Sie arbeiten mittlerweile recht eigenständig, ihnen wird immer mehr Verantwortung übertragen. Zur Kommunikation mit ihren Lieferanten nutzen die Hersteller das World Wide Web bereits recht umfangreich. *General Electric* schreibt schon seit 1995 seine Aufträge im Internet aus. Der positive Effekt für *General Electric*: Unter den Anbietern ist ein regelrechter Preiskampf entstanden. Der amerikanische Baumaschinenhersteller *Caterpillar* schöpft beachtliche Kostensenkungspotenziale aus, indem er seinen Lieferanten spezielle Informationen zur Wartung und Reparatur der Maschinen ins Netz stellt.

2.1.1.2 Downstream-Supply-Chains

Das Internet bietet völlig neue Möglichkeiten, um die Anforderungen der **Kunden** nach individueller Produktgestaltung, schneller, akkurater und zuverlässiger Warenlieferung, umfangreicher Wareninformation sowie bequemer Zahlweise zu befriedigen. In den Downstream-Supply-Chains verfügen die Best Practices über unkomplizierte Websites und gut genutzte Datenbestände. Die neuen Medien ersetzen Anfassbarkeit durch Information. Die Daten gehen durch ihren Gebrauch jedoch nicht unter. Vielmehr sind sie über eine beliebig große Anzahl von Websites jederzeit reproduzierbar. Auch entstehen Preisvorteile für den Kunden, wenn durch den Einsatz des Internets die Gewinnmargen für zwischengeschaltete Handelsstufen entfallen. Was in modernen Supply Chains zählt, ist die Realisierung der *Built-to-Order-Philosophie*: die schnelle, preiswerte und kundengerechte Herstellung von Produkten. Zum Beispiel offeriert das Pariser Kaufhaus *Printemps* ein völlig neues Kauferlebnis. Per Mausklick wählen die Kunden im Internet ihre Produkte aus. Ein Angestellter von Printemps fährt auf Inlineskates zu den Artikeln. Auf seiner Schulter trägt er eine Kamera. Wenn der Kunde möchte, kann der Angestellte die Waren drehen oder schütteln. Online verfolgt der Nachfrager die Aktivitäten an seinem PC. Er entscheidet erst nach dieser Produktprüfung über einen Kauf.

2.1.2 Horizontale E-Supply Chains

Die horizontalen Lieferketten, also die Zusammenarbeit von Partnern der gleichen Wertschöpfungsstufe, richten sich in der Form **strategischer Allianzen** aus. In den elektronischen Lieferketten bauen die Konkurrenten gemeinsame Plattformen auf. Beispielhaft dafür steht „Covisint". Ende 2000 errichteten *Daimler-Chrysler*, *Ford* und *General Motors* diesen gemeinsamen elektronischen Markt. Die beteiligten Partner betreiben mit Hilfe von „Covisint" ein gemeinsames Beschaffungs- und Lieferkettenmanagement über das Internet. *Goldman&Sachs* hat errechnet, dass aus dieser Verbindung ein Kostensenkungspotenzial pro hergestelltem Fahrzeug von circa 3.500 US$ entstünde (O. V. 2000, S. 21). Im Autobau streben auch die Lieferanten nach dem Aufbau horizontaler Partnerschaften im Internet. „SupplyOn" oder „RubberNetwork" stehen stellvertretend für diesen Trend. Schließlich meint **Coopetition** eine besondere Form der Interaktion: Der Begriff setzt sich aus „Zusammenarbeit" (*Corporation*) und „Wettbewerb" (*Competition*) zusammen. Beispielsweise kooperieren *Bosch* und *Siemens* auf dem Gebiet der Hausgerätetechnik. Im Bereich der Autoelektronik stehen sie in Konkurrenz zueinander.

2.2 Elektronische Marktplätze

Elektronische Marktplätze sind Plattformen des gewerblichen Austauschs von Gütern und Diensten. Sie stellen **Marktknotenpunkte** dar, die auch als *E-Hubs* bezeichnet werden. Neben multinational agierenden Konzernen steuern verstärkt kleinere und mittelgroße Unternehmungen ihre Informationsbeschaffung und ihren Datenaustausch über elektronische Märkte. Vielfach senken die Teilnehmer dadurch ihre Transaktionskosten.

Die **Erfolgsfaktoren** elektronischer Märkte sind Commerce, Content und Connection (Schneider/Schnetkamp 2000, S. 100). Mit *Commerce* wird der Grundmechanismus des virtuellen Marktplatzes bezeichnet (wie Auktionen oder Kataloge). *Content* meint den Inhalt der E-Hubs. Dazu zählen Produktbeschreibungen, Lagerbestände, Preise oder Firmenprofile. Schließlich beschreibt *Connection* einerseits die Fähigkeit, Transaktionen zwischen Käufern und Verkäufern wirtschaftlich durchzuführen (Intraconnection). Andererseits sprengt Interconnection diese enge Sichtweise und beinhaltet den Informationsaustausch mit weiteren Marktplätzen.

Es sind verschiedene **Formen** von E-Hubs zu unterscheiden:

- *Horizontale Marktplätze*: Die horizontalen Marktplätze verfügen über ein branchenübergreifendes und heterogenes Angebot. Beispiele dafür sind „tradeout.com" oder „Youtilities.com".

- *Vertikale Marktplätze*: Die Betreiber vertikaler Märkte spezialisieren sich auf die Bedürfnisse und Erfordernisse innerhalb bestimmter Branchen. Ihr Angebot ist homogen; zu ihnen zählen „Brand-X", „SciQest.com" oder „newtron.net".

- *Private Marktplätze*: Sie werden gegründet, um Lieferanten und Kunden enger an die Unternehmung zu binden. Ein Beispiel dafür ist „AutoXchange" von *Ford*.

- *Konsortialmarktplätze*: Einen Konsortialmarkt gründen mehrere Unternehmungen gemeinsam (wie „Covisint" oder „SupplyOn").

Eine Möglichkeit, sich in einen elektronischen Markt einzuloggen, bietet das **Fachportal**. Fachportale sind die Eingangstore in die Unternehmungen. Bei ihnen treffen wenige Anbieter auf eine recht breite Nachfrage. Sie zielen auf die Erhöhung der Kundenbindung ab, wobei hier weniger der Endverbraucher, sondern mehr Fachhändler, Spediteure, Handwerker oder Gastronomen gemeint sind. Ein Fachportal für die grafische Industrie hat *Printnation* aufgebaut. Die Kunden sind in der Regel kleine und mittelgroße Druckereien. Dieses Fachportal beherbergt mehr als 100.000 Produkte von 1.300 Herstellern. Im Angebot sind Druckplatten, Filme, Papier oder chemische Artikel. Auf der Homepage von *Printnation* findet sich auch ein Link zur Auktionsplattform für gebrauchte Geräte der grafischen Industrie. Ferner bietet *Printnation* dort Sonderangebote, Serviceverträge und Finanzierungsalternativen für die Druckereien an. *Printnation* weist im Internet schließlich noch auf die Möglichkeit einer gebührenfreien Telefonberatung hin (Schneider/Schnetkamp 2000, S. 171).

2.3 Collaborative Business

Collaborative Business (auch „C-Business" genannt) meint die Automatisierung von Prozessen im Netzwerk einer Lieferkette (Scheer/Feld/Zwang 2002, S. 25, Werner 2002, S. 120). Die jeweiligen Partner einer Supply Chain sind interorganisatorisch gekoppelt. In den kollaborativen Geschäftsprozessen findet der Informationsaustausch in Echtzeit statt (*Real-Time-Process*). In diesem Kontext leistet das Internet gute Dienste. Unter *Supplier Collaboration* („Upstream Processing") wird der Datentransfer zwischen Hersteller und Lieferant verstanden. Im Zeitalter von Collaborative Business können die Anbieter beispielsweise rasch und flexibel auf geänderte Abrufe des Produzenten reagieren. Bei *Customer Collaboration* („Downstream Processing") richten sich die kollaborativen Prozesse des Herstellers im Schwerpunkt auf den Kunden aus.

Die automatisierte Prozessbearbeitung stützt sich häufig auf eine Software im Sinne von **Collaborative Planning, Forecasting and Replenishment (CPFR)**. Dabei werden die Bedarfszahlen aus unterschiedlichen Absatzkanälen aggregiert und auf einer elektronischen Plattform (insbesondere dem Internet) sämtlichen Teilnehmern einer Supply Chain zur Verfügung gestellt. Jeder berechtigte User innerhalb der Lieferkette kann mit CPFR Änderungen in den Abrufen als Real-Time-Process ermitteln und die revidierten Planzahlen sofort berücksichtigen. Lieferanten, Hersteller und Kunden erarbeiten quasi einen gemeinsamen Geschäftsplan, der zur Synchronisation sämtlicher Aktivitäten in der Lieferkette beiträgt.

Eine Reihe von Unternehmungen versuchen sich zurzeit an der Verbesserung von CPFR. Darunter befindet sich auch *Manugistics*. Aus der Zusammenarbeit mit über 30 Partnern ist „NetWORKS" von *Manugistics* entstanden. Mit dieser Software arbeiten die US-Konzerne *Nabisco* (Snacks und Knabberartikel) und *Wegmans* (Supermarktkette) zusammen. Über das Internet stimmen sie gemeinsam ihre Promotions ab oder analysieren das Verbraucherverhalten. Diese Informationen werden in „NetWORKS" gesammelt und zielführend aufbereitet. Dadurch kann *Nabisco* seine Bedarfsprognosen für die Snacks und die Knabberartikel in den Filialen *Wegmans* stets aktualisieren. Laut *Wegmans* wurde mit Hilfe dieser kollaborativen Planung ein Umsatzplus von 40 % erzielt (Kansky 2000, S. 189). Für die Ausschöpfung dieser zum Teil erheblichen Verbesserungspotenziale, welche in Collaborative Business begründet liegen, bedarf es der Nutzbarmachung von modernen IT-Tools. Mit Enterprise Resource Planning und Advanced Planning and Scheduling werden im Folgenden solche Systeme beschrieben.

2.3.1 Enterprise Resource Planning (ERP)

Die Wurzeln von **Enterprise Resource Planning (ERP)** liegen in der *Produktionsplanung und -steuerung* (PPS). Die PPS-Systeme entstammen der CIM-Architektur und beziehen sich auf die Programm-, die Potenzial- sowie die Prozessmodellierung. Eine

Produktionsplanung und -steuerung wurde von MRP (*Material Resource Planning*) erweitert. MRP-Tools erstrecken sich auf die Integration von Produktions-, Vertriebs- und Erfolgsdaten innerhalb der Unternehmungen. Dabei werden übergeordnete generalistische Pläne in spezialisierte Teilpläne heruntergebrochen. Diese Logik hat ERP übernommen. Die Software von Enterprise Resource Planning ist jedoch wesentlich umfassender als MRP, indem auch Funktionen wie Instandhaltung, Auftragsverwaltung oder Personalwirtschaft abgedeckt sind.

Der Startschuss zu ERP erfolgte in den frühen 90er Jahren. Die einzelnen Transaktionen werden einer relationalen Datenbank entnommen, in Tabellen abgelegt und bei Zugriff über individuelle Suchabfragen wieder aggregiert. Enterprise Resource Planning gewährleistet die operative und automatisierte Steuerung von Supply-Chain-Aktivitäten. Bekannte Anbieter in diesem Segment sind *SAP, Baan, Oracle* oder *J. D. Edwards*. Die ERP-Systeme richten sich nach dem Prinzip der **Sukzessivplanung** aus: die Materialbedarfe und die Kapazitäten werden *nacheinander* (und nicht zeitlich parallelisiert) abgeglichen. Dabei bezieht sich die Optimierung auf sämtliche zur Verfügung stehende logistische Teilsysteme innerhalb einer Unternehmung.

2.3.2 Advanced Planning and Scheduling (APS)

APS-Systeme stellen eine Ergänzung der ERP-Tools dar. Die Daten von **Advanced Planning and Scheduling** (Stadtler/Kilger 2000) entstammen aus den operativen Transaktionseinheiten der ERP-Module. An diese dezentralen Bereiche gibt APS seine Informationen nach ihrer Bearbeitung zurück. Advanced Planning and Scheduling zielt auf die **simultane** Abstimmung sämtlicher Parameter einer Supply Chain und ist dabei hoch reagibel. Alle Aktivitäten, die zur Steigerung der Wertschöpfung beitragen können, werden synchron aufeinander abgestimmt. Mit Hilfe von Simulationen sind unterschiedliche Alternativen recht schnell durchzuspielen. APS wählt diejenige Möglichkeit, welche den potenziell größten Nutzen verspricht. Anbieter dieser Systeme sind *SAP, i2, Manugistics, Numetrix* oder *Technologies*.

In besonderer Weise versucht APS **Constraints** (Engpässe) aufzudecken, die zur Planungsunsicherheit führen würden. Dabei sind harte und weiche Engpässe zu unterscheiden. Ein harter Engpass (*Hard Constraint*) liegt vor, wenn durch seine Existenz nachhaltige Schwierigkeiten in der Supply Chain entstehen. Ein Beispiel dafür sind gravierende technische Schwierigkeiten des Herstellers, die zum Bandstillstand beim Kunden führen können. Hingegen lässt sich ein weicher Engpass (*Soft Constraint*) relativ einfach lösen. Dieser liegt beispielsweise vor, wenn der Hersteller auf kurzfristige Nachfrageerhöhungen des Kunden flexibel reagieren kann. Aufgrund der hohen Verarbeitungsgeschwindigkeit der Systeme eignet sich Advanced Planning and Scheduling zur Realisierung der Prinzipien „Available-to-Promise" und „Capable-to-Promise": Der Abnehmer darf erwarten, dass seine Bestellung fristgerecht bearbeitet wird. Deshalb bestätigt der Hersteller den Kundenauftrag verbindlich (**Available-to-Promise**). Ein Beispiel dafür ist der

24-Stunden-Lieferservive von Versandhändlern. Zur Realisierung von Available-to-Promise muss der Produzent über die Fähigkeit verfügen, die nachgefragte Ware fertigen zu können. Falls die Bestellung eines Kunden bislang noch nicht in der Produktion eingeplant war, ermöglicht **Capable-to-Promise** diesen Vorgang automatisch. Dazu wird dem Kunden ein Liefertermin vorgeschlagen; diese Vorgehensweise ist im Autobau häufig anzufinden.

Eine Möglichkeit zur Realisierung kollaborativer Prozesse in den Supply Chains bietet der **„Advanced Planner and Optimizer" (APO)** von *SAP*. Mit dem Tool „Collaborative Planning" wird die Transformation von Planungsdaten zwischen den Partnern realisiert. Der Chemiekonzern *Röhm* steuert seine Produktion von Plexiglas über das Release „APO 2.0" (Stockrahm/Schocke/Lautenschläger 2001, S. 261). *Röhm* startete seine Aktivitäten mit den Modulen „PP" (Production Planning) und „DS" (Detailed Scheduling). Diese wurden auf die Unternehmungsspezifika modifiziert und in eine eigene Netzwerkumgebung integriert. Diese wird bei *Röhm* als „SNP" (Supply Network Planning) bezeichnet. In diesem Geflecht ermittelten die Verantwortlichen durch Simulationen Abhängigkeiten für die Funktionen Beschaffung, Lagerung, Fertigung, Handling und Transport. Dazu bauten sie im Internet eigene Planungsmappen auf (über den „Internet Transaction Server"). Doch auch für dieses Projekt gilt (wie für APS-Systeme allgemein): Die transaktionsbasierten Module für Einkauf, Lagerbestandsführung oder Fakturierung werden nicht ersetzt, sondern lediglich ergänzt. Diese operativen Vorsysteme sind auch weiterhin zu pflegen. Außerdem steigt der Grad an Abhängigkeit im Partnergeflecht. Schließlich nimmt die Transparenz in der Supply Chain schlagartig zu. Die Lieferanten könnten somit einen deutlichen Druck auf ihre Gewinnmargen verspüren.

3. Plattformen elektronischer Supply Chains

Im Folgenden werden moderne Plattformen der elektronischen Supply Chains vorgestellt. Dazu zählen Tracking-and-Tracing-Systeme, virtuelle Frachtbörsen, Excess-and-Obsolete-Supply-Chains sowie Web-EDI. Sie alle profitieren vom Aufkommen des Internets. Bisherige Restriktionen, wie Ladenöffnungszeiten oder weite Entfernungen, entfallen in modernen Supply Chains. Die Anwender erhoffen sich durch die Nutzbarmachung dieser Plattformen Geschwindigkeits- und Kostenvorteile im Wettbewerb.

3.1 Tracking-and-Tracing-Systeme

In den E-Supply Chains nehmen moderne Tracking-and-Tracing-Systeme heute schon einen hohen Stellenwert im Rahmen der **Sendungsverfolgung** ein. Und diese Tendenz dürfte sich in den nächsten Jahren noch fortsetzen. Grundsätzlich bedient sich der Aufbau von Tracking-and-Tracing-Systemen der Idee neuronaler Netze. Ein *Tracking-System* bietet die Möglichkeit, sich zu jeder Zeit hinsichtlich des aktuellen Aufenthaltsortes eines Frachtgutes erkundigen zu können. Das *Tracing-System* sichert die Verarbeitung und die Archivierung dieser Informationen. Dadurch ist der Sendungsverlauf einer Ware kontinuierlich feststellbar. Diese Art der Sendungsverfolgung genießt bereits eine recht fortgeschrittene Verbreitung: Beispielsweise sorgt *Airbus Industries* mit Hilfe von Tracking-and-Tracing dafür, dass ihre Flugzeuge möglichst lange in der Luft und nicht unnötig am Boden verweilen. *UPS* erhöht so für den Kunden die Transparenz bei der Güterzustellung. Schließlich verschafft sich *Daimler-Chrysler* mit Hilfe von Tracking-and-Tracing einen Überblick bezüglich seiner auf den Weltmeeren befindlichen Waren.

Im Rahmen moderner Sendungsverfolgung finden vor allem die Techniken **GPS** (*Global Positioning System*) und **AEI** (*Automatic Equipment Identification*) Einsatz. Es sind telemetrische Hilfsmittel, die über Satelliten gesteuert werden. Bereits beim Beladen der LKWs werden die Frachtstücke mit dem Status „on Board" eingescannt. Während des kompletten Transports sind über GPS oder AEI genaue Positionsabfragen der Fahrzeuge einholbar. Dadurch sinkt nicht nur der administrative Aufwand für eine Sendungsverfolgung. Die LKWs können auch jederzeit lokalisiert und beispielsweise um einen Stau herumgeführt werden. Schließlich verbessert sich die automatisierte Lagerhaltung. Die Beratungsgesellschaft *Roland Berger* hat errechnet, dass mit dem Einsatz eines telemetrischen Fleetmanagements die Kosten in der Distributionslogistik um bis zu fünf Prozent sinken können (O. V. 1999, S. 29). *Schenker Eurocargo* haben bereits 1999 damit begonnen ihre circa 1.800 in Deutschland verkehrenden Lastkraftwagen mit der Telematik zu bestücken. Sie installierten das Flottensteuerungs- und Kommunikationssystem „Passo Fleet" in ihre Fahrzeuge. Das Modul „Real Time Arrival" überprüft alle 15 Minuten automatisch die wahrscheinliche Ankunftszeit der LKWs. Damit hat *Schenker* die Möglichkeit, sehr flexibel auf Störungen zu reagieren (Werner 2002, S. 125).

Im Rahmen der Sendungsverfolgung kann der konventionelle Barcode durch moderne **Transponder** ergänzt oder gar substituiert werden (Füßler 2001, Jansen 1999). Der Transponder ist eine Radiofrequenztechnik (auch „Tag" genannt). Es handelt sich um eine elektronische Schaltung mit eingebauter Miniantenne, die über Funksignale mit ihrer Außenwelt kommuniziert. Die Antenne dient zur Datenübertragung sowie zur Energieversorgung (Koppelelement). Viele Transponder sind nur noch wenige Millimeter groß. Sie können wesentlich mehr Informationen verwalten als der Barcode (wie die Luftfeuchtigkeit oder die Temperatur während des Transports). Außerdem sind Radiofrequenzsysteme bis zu 100.000fach zu überschreiben. Für die verbesserte Sendungsverfolgung können Gasflaschen, Klein- und Großladungsträger oder komplette Container mit Transondern versehen werden. Dadurch vereinfacht sich die Identifikation der Waren deutlich. Zum Beispiel läuft im Hamburger Hafen ohne den Transponder kaum noch etwas. Die Radiofrequenztechnik hätte den Barcode wohl schon viel stärker ergänzt oder ersetzt, wäre sie im Vergleich zum Strichcode nicht um ein Vielfaches teurer. Die Preise für einen Tag bewegen sich zwischen DM 1,50 und DM 10.000 (für spezielle Geräte im Long-Range-Bereich).

3.2 Virtuelle Frachtbörsen

Im Zuge der Weiterentwicklungen des Internets sind virtuelle Frachtbörsen entstanden. Auf ihnen können weltweit Frachtkapazitäten angeboten und Frachtgesuche der Verlader gesichtet werden. Die beteiligten Partner erzielen durch eine Bündelung der Frachtaufträge **Added Values**: Sie lasten ihre Verkehrsmittel besser aus (beispielsweise fahren in Deutschland rund 25 % bis 30 % der LKWs leer), optimieren die Transportzeitfenster und reduzieren ihre Transaktionskosten der Auftragsakquisition. Auf einer virtuellen Frachtbörse werden die relevanten Informationen mit Hilfe von Datenbanken verwaltet (vgl. Abbildung 2).

Eine mittlerweile recht bekannte virtuelle Frachtbörse ist „TradeNetOne.com" (Bölzing 2000, S. 133). Auf dieser Plattform gibt der Nachfrager zunächst seine Daten in die vorgesehene Maske ein. Dabei kann der Suchende Präferenzen für einen Hausspediteur oder eine besonders preisgünstige Variante vergeben. Auf Basis dieser Informationen schlägt das System automatisch einen Dienstleister für den Transport der Waren vor und berücksichtigt dabei Parameter wie Produktspezifika, geografische Restriktionen, Lager, Infrastruktur, Verpackungsmaterial, Transport- und Ladeeinrichtungen oder Personal.

Virtuelle Frachtbörsen können jedoch auch mit einigen **Problemen** behaftet sein (Gottschalck/Pfendt/Sprunk 2001, S. 123). Bislang werden in Deutschland lediglich zwei Prozent des Güteraufkommens über virtuelle Frachtbörsen abgewickelt. Es mangelt den Frachtbörsen offenkundig noch an einer breiten Bekanntheit und Akzeptanz. Die potenziellen Teilnehmer sehen ihre Geheimhaltungssphäre eingeschränkt und befürchten den Abfluss sensitiver Daten. Auch stellen die einzelnen Frachtbörsen für sich immer nur kleine Insellösungen dar. Eine gesamtoptimale Lösung wird so nicht erzielt. Sie könnte durch die Verknüpfung der einzelnen Plattformen erfolgen. Schließlich eignen sich virtuelle Frachtbörsen wohl eher für standardisierte und wiederkehrende Warensendungen. Für einmalige oder besonders zeitkritische Lieferungen bieten sie sich jedoch weniger an.

Plattformen elektronischer Supply Chains 429

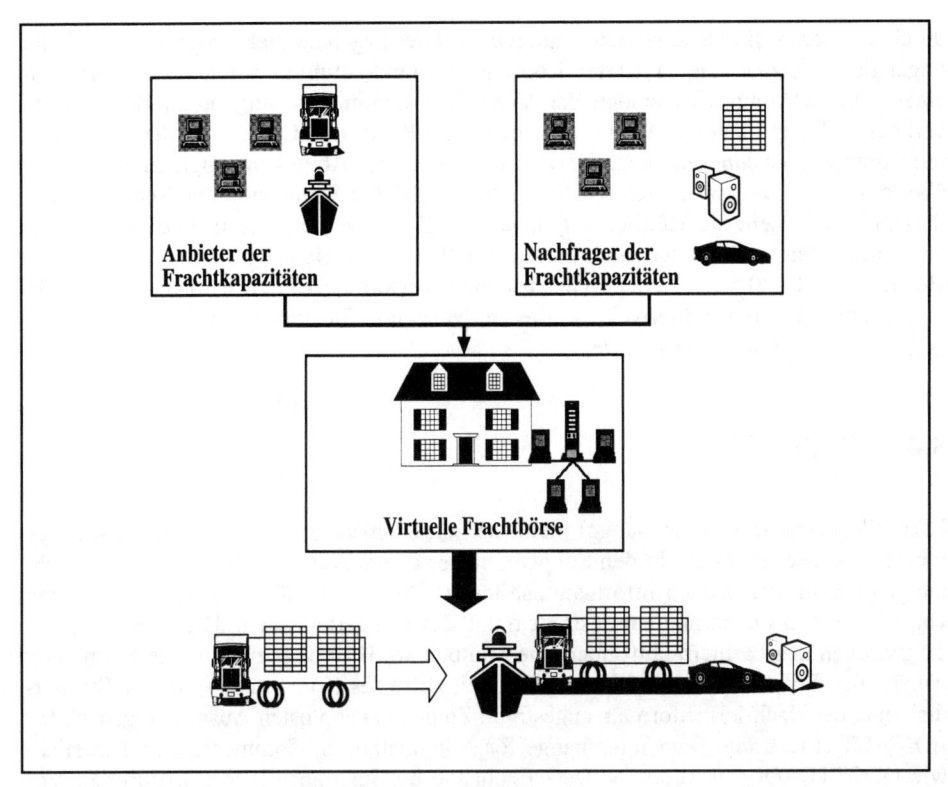

Abbildung 2: Funktionsweise virtueller Frachtbörsen

3.3 Excess-and-Obsolete-Supply-Chains

Aufgrund der Durchführung einer *Gängigkeitsanalyse* können Excess- und Obsolete-Bestände identifiziert werden (Werner 2001, S. 22). In diesem Kontext dient die Lagerreichweite („Days on Hand") als Unterscheidungsmerkmal. Ihre Interventionswerte sind in Abhängigkeit von rechtlichen und branchenspezifischen Bestimmungen zu fixieren. **Excess-Güter** werden als „zum Teil ungängig" bezeichnet, sie haben üblicherweise eine Reichweite zwischen drei und zwölf Monaten. Sämtliche Bestände mit einer Reichweite über einem Jahr werden als **Obsolete** deklariert. Obsolete-Waren sind „völlig ungängig". Ihre Ungängigkeit resultiert beispielsweise aus einer mangelhaften Auslaufsteuerung bei einem Modellwechsel.

Aufgrund der Wahrung des kaufmännischen Vorsichtsprinzips und der Anforderung nach einer periodengerechten Zuordnung des Sortiments, sind ungängige Bestände durch das Controlling abzuwerten. Dadurch wird der Ergebniseffekt einer Verschrottung ungängiger Vorräte, die in letzter Konsequenz durchzuführen wäre, abgefedert. Vor einer Verschrottung wird jedoch der Versuch unternommen, ungängige Bestände zu verkaufen. Einen cleveren Ansatz dazu bietet die Plattform „GS'X" der deutschen Unternehmung *Interteam* aus Itzehohe. Auf ihr erfolgt der Abverkauf ungängiger Vorräte über das **Internet**. Das Kürzel „GS'X" steht für „Global Semiconductor Xchange". Bei diesem Tool besteht die Möglichkeit, ungängige Bestände weltweit im Internet anzubieten. Das System ist in erster Linie auf die Halbleiterindustrie ausgerichtet. Es kann 260 Hersteller und 170 verschiedene Gehäusetypen verwalten. Einige namhafte Unternehmungen partizipieren mittlerweile an diesem Netzwerk. Sie zahlen für die Nutzung von „GS'X" eine Gebühr an *Interteam*.

3.4 Web-EDI

EDI (Electronic Data Interchange) meint den elektronischen Datenaustausch zwischen mindestens zwei Partnern. In den Supply Chains steuern Aufträge, Bestände oder Rechnungen den elektronischen Informationstransfer. Die Treiber für eine Nutzbarmachung von EDI sind das Kommunikationssystem und das Konvertersystem. Die Kommunikation zwischen den Partnern läuft über eine Mailbox ab. Hier liegt zumeist die Form einer dauerhaften Point-to-Point-Anbindung vor. Mit Hilfe des Konverters wird eine Standardisierung der Nachrichtenformate angestrebt. Zu den bekanntesten Ausprägungen zählen EDIFACT (Electronic Data Interchange for Administration, Commerce and Trade) sowie ODETTE (Organization for Data Exchange by Teletransmission in Europe). Vor allem Großunternehmungen profitieren von EDI. Durch den Einsatz von Electronic Data Interchange reduzieren sie ihre Transaktionskosten zum Teil erheblich. Kleine und mittelgroße Unternehmungen (KMU) hingegen nutzen EDI nur vereinzelt, weil sie die erheblichen Investitionen und Betriebskosten von EDI scheuen.

In diese Lücke stößt **Web-EDI**: der elektronische Datenaustausch von mindestens zwei Partnern über das Internet (Werner 2001, S. 24). Lieferanten, Hersteller und Kunden können mit Hilfe von Web-EDI rasch und flexibel kommunizieren, da keine spezielle Anwendungssoftware zu installieren ist. Jetzt haben auch kleine und mittelgroße Unternehmungen die Möglichkeit zur durchgängigen Planung ihrer Prozessketten mit den Partnern. Während eine konventionelle EDI-Abwicklung nur ausgewählten (System-) Lieferanten den Datentransfer mit dem Hersteller gestattet, sind mit dem Aufkommen von Web-EDI kleine und mittelgroße Unternehmungen bei ihrer Kommunikation mit den Partnern nicht länger auf tradierte Hilfsmittel wie Fax, Postweg oder Telefon angewiesen. In Web-EDI verschmelzen die Vorteile von Offenheit (Internet) und Standardisierung (EDI). Doch muss sich erst noch ein unifiziertes Webformular etablieren. Beste Aussichten darauf hat wohl XML („Extensible Markup Language").

4. Entwicklungstrends in den E-Supply Chains

In den elektronischen Supply Chains der Zukunft werden **4PLs** (*Fourth-Party-Logistics-Provider*, Baumgarten 2001b, S. 9) eine immer größere Rolle spielen. Die 4PLs sind echte Systemintegratoren. Ihre Wurzeln liegen in den Systemdienstleistern der 3PLs (*Third-Party-Logistics-Provider*). Neben den klassischen Logistikdiensten wie Lagerung oder Transport erbringen 3PLs für ihre Kunden auch das Order-Processing, die Kundenbetreuung oder die Implementierung von IT-Systemen. 4PLs erweitern dieses Aufgabenspektrum dahingehend deutlich, indem sie als Netzwerkintegratoren Gesamtlösungen zur Planung, Steuerung und Kontrolle von Aktivitäten über die komplette elektronische Supply Chain übernehmen. Sie steuern zum einen weite Teile des strategischen Logistikmanagements in den Lieferketten. Zum anderen gewährleisten sie in vielen Fällen auch die operative Umsetzung der zuvor geplanten Maßnahmen. Beispielsweise schlagen sie Buy-Entscheidungen nicht nur vor, sie setzen diese auch um. Systemintegratoren entstehen in einigen Fällen durch die Zusammenarbeit von originären Speditionen und IT-Spezialisten. Beispielsweise hoben *Dachser* und *CSC Ploenzke* gemeinsam das Joint Venture *E-Chain Logistics* aus der Taufe. Ebenso wurde *Escate* durch die Spedition *Fixemer* und das Software- und Beratungshaus *IDS Scheer* gegründet (Werner 2002, S. 125).

Die Lagerbewirtschaftung in modernen Lieferketten dürfte zunehmend nach der Einrichtung von Zentrallagern streben. Beispielsweise ist schon jetzt der Trend zum Aufbau von **Multiple User Warehouses** zu beobachten. Darunter sind zentralisierte Lagerorte zu verstehen, die von mehreren Partnern gemeinsam genutzt werden. Die beteiligten Unternehmungen verteilen dadurch ihre Investitionen auf mehrere Schultern und realisieren Economies of Scale. Weitere Kostensenkungspotenziale resultieren wohl aus der Nutzung zentraler Transshipment Points. Im Sinne eines **Cross Dockings** werden die Vorräte, im Idealfall gänzlich ohne Zwischenlagerung der Waren, zunächst filialgerecht kommissioniert und anschließend mit kleinen Vans an die Kunden distribuiert. Der schwedische Einzelhandelskonzern *ICA* erzielte durch die Nutzbarmachung von Cross Docking eine Halbierung seiner Vorräte (Hughes/Ralf/Michels 2000, S. 125). Bei der Warenverteilung aus den Zentrallagern berücksichtigen die Hersteller vermehrt **KEPs** (Kurier, Express- und Paketdienste). Sie haben sich auf die Verkleinerung der Sendungsgrößen spezialisiert: die Sortimentsströme wurden in den letzten Jahren deutlich entbündelt. KEPs können sehr rasch und flexibel auf die individuellen Wünsche der Kunden reagieren. Sie werden wohl in Zukunft noch mehr After-Sales-Services erbringen als sie ohnehin schon leisten. Beispielsweise besteht die Möglichkeit, einen PC nicht nur auszuliefern, sondern ihn auch noch „aus einer Hand" User-gerecht zu installieren (Werner 2002, S. 126).

Der Faktor Zeit erfährt in den elektronischen Lieferketten zumeist eine wenig differenzierte Betrachtung. In der Regel streben die Partner innerhalb der Supply Chain nach einer Beschleunigung ihrer Aktivitäten. Die Zeitspanne Concept-to-Cash wurde in den letzten Jahren in vielen Branchen signifikant verkürzt. Unbestritten erzielen eine Reihe von Unternehmungen gute Erfolge, indem sie auf die Schlüsselgröße „Schnelligkeit" setzen. Jedoch kannibalisieren diese Wettbewerber häufig ihre eigenen Produkte. In modernen Supply Chains kann auch der Mut zur Langsamkeit belohnt werden. Wirtschaftsgüter erzielen in jeder Stufe der Lieferkette einen Zuwachs an Wert, wodurch die Bestände in ihrer Bewirtschaftung immer teurer sind (*Kostenaufwuchskurve*). Deshalb werden im Sinne eines **Postponements** (van Hoek 1998) innerhalb der Supply Chain die produktspezifizierenden Aktivitäten so lange hinausgeschoben, bis sichere Kundeninformationen vorliegen. Die Lagerbestände verbleiben in einem Standardstadium. Ihre Konfiguration erfolgt erst beim Eintreffen konkreter Bestellungen. Damit wird der Zeitpunkt einer Produktdifferenzierung hinausgezögert.

An dieser Stelle verschmilzt die Strategie des Postponements mit dem hybriden Wettbewerbsansatz von **Mass Customization** (Pine 1993). Die Bestände sind bei der „kundenindividuellen Massenfertigung" möglichst lange in einem generischen Zustand zu halten. Durch die Fertigung gleichartiger Produkte in großen Mengen werden Economies of Scale erzielt („Mass"). Mit Hilfe des modularen Baukastenprinzips sind die in Masse gefertigten Standardkomponenten erst nach dem Auftragseingang kundenindividuell zu konfigurieren („Customization"). Diese abnehmerorientierte Spezifizierung kann sich auf die Komponenten, das Design, die Preisgebung oder den After-Sales-Bereich der Produkte erstrecken. Beispielhaft für diese Vorgehensweise steht die PC-Fertigung von *Dell* oder *Vobis*. *Dell* erzielt durch die Anwendung von Mass Customization eine Turn Rate von 40 pro Jahr. Der Branchendurchschnitt hinkt mit knapp zehn Bestandsumschlägen pro Jahr deutlich hinterher (Nenninger/Hillek 2000, S. 2).

Schließlich wird der Trend zum **E-Fulfillment** in den Lieferketten wohl noch zunehmen. Darunter sind sämtliche operative Maßnahmen zu verstehen, die zur elektronischgestützten Abwicklung von Kundenaufträgen auszuführen sind. Sie reichen vom Ordering der Waren bis zu deren Payment. Mögliche Aktivitäten im Sinne eines E-Fulfillments sind (Schömer/Hebsaker 2001, S. 46)

- die Waren- und die Kapazitätsverfügbarkeit in der Supply Chain durch ein visuelles Bestandsmanagement zu sichern (wie die Einrichtung von Monitoring- oder Tracking-and-Tracing-Systemen),

- kollaborative Planungsprozesse zu gewährleisten (wie das automatisierte Splitting der Kundenaufträge),

- die Aktivitäten für das Payment zu vereinfachen (zum Beispiel im Rahmen der Rechnungsstellung sowie Rechnungsprüfung) und

- eine Verbesserung der Distributionsströme zu erreichen (wenn ein vorgegebener Flugtermin nicht einzuhalten ist, sucht das System sofort nach einer alternativen Flugroute und schlägt diese Präferenzlösung automatisch vor).

5. Schlussbetrachtung

Die elektronischen Supply Chains werden vermehrt nach dem Prinzip **Connectivity** streben. Danach sind alle denkbaren internen und externen Verbindungen im Netzwerk sämtlicher Teilnehmer einer Lieferkette bezüglich ihres jeweiligen Beitrags zur Steigerung der Wertschöpfung automatisch zu überprüfen. Es gewinnt diejenige Alternative, welche den potenziell größten Nutzen für die Supply Chain insgesamt verspricht. Der Anteil kostspieliger und langwieriger manueller Abstimmungsprozesse im Partnergeflecht einer Supply Chain wird in den nächsten Jahren beständig abnehmen.

Doch auch moderne E-Supply Chains haben ihre Tücken. Der vorliegende Beitrag wäre unvollständig, wenn nicht zum Abschluss noch der Hinweis auf potenzielle **Gefahren** in den elektronischen Lieferketten gegeben würde (Werner 2002, S. 128).

- Elektronische Supply Chains richten sich streng nach einer Pullsteuerung aus. Im Sinne von „Customer Relationship" werden sämtliche über einen Kunden einholbaren Informationen in den IT-Systemen der Unternehmungen verarbeitet. Auch in Zeiten strenger Mechanismen des Datenschutzes speist sich daraus das Problem des gläsernen Kunden.

- Ein über die Unternehmungsgrenzen gestricktes Kooperationsnetzwerk hat seinen Preis: die Partner werden sehr abhängig voneinander. So schlagen sich Produktionsunterbrechungen des Lieferanten direkt auf einen Hersteller nieder. Wenn der Produzent deshalb einen anvisierten Auslieferungstermin zum Kunden nicht halten kann (*Available-to-Promise*), erleidet er zum Teil schwere Reputationsverluste.

- Außerdem können in den engmaschigen Kooperationsgeflechten sensitive Daten abfließen. Dadurch besteht die Schwierigkeit, dass die Geheimhaltungssphäre in der Supply Chain ein Stück weit verloren geht. Zwar können Firewalls, Verschlüsselungs- oder Client-/Server-Authentifizierungssyteme aufgebaut werden. Es ist jedoch fraglich, ob sich ein „IT-Profi" nicht doch unberechtigt einloggen kann, indem er diese Schutzcodes „knackt".

- Schließlich wird auch die Implementierung modernster IT die Supply-Chain-Prozesse an sich nicht automatisch verbessern. Auch das „intelligenteste" System will optimal eingestellt und laufend gepflegt sein. Daraus erwachsen deutlich gestiegene Anforderungen an die Qualität der Mitarbeiter. Selbst wenn es gelingt, ein Supply Chain Management auf hohem Niveau einzurichten, schützt dieses noch lange nicht davor, im Datenmeer zu versinken. IT-Systeme sind in puncto Schnelligkeit und Speicherkapazität offenbar noch nicht an ihre Grenzen gestoßen. Immer mehr Informationen werden produziert. Die Kunst eines zielführenden Supply Chain Managements besteht darin, die relevanten Inhalte aus dem Sammelsurium an Daten zu selektieren und User-gerecht aufzubereiten.

Timo Langemann

Collaborative Supply Chain Management (CSCM)

1. Einleitung

2. Auslöser und Einordnung des Collaborative Supply Chain Managements
    2.1 Auslöser für erhöhten Koordinationsbedarf zwischen Unternehmen
    2.2 Kollaboration als Bestandteil des Supply Chain Managements (SCM)
    2.3 Einordnung, Ziele und Grenzen von CSCM
        2.3.1 Verständnis von CSCM
        2.3.2 Ziele von CSCM
        2.3.3 Grenzen der Kollaboration

3. Konzepte des Collaborative Supply Chain Managements
    3.1 Einordnung in die Supply Chain Strategie
    3.2 Kollaborative Planungsprozesse
        3.2.1 Forecast Collaboration
        3.2.2 Capacity Collaboration
        3.2.3 Order Collaboration
        3.2.4 Inventory Collaboration
        3.2.5 Transportation Collaboration
    3.3 Organisatorische Implikationen
    3.4 Integration in bestehende Unternehmensanwendungen
    3.5 Technologische Aspekte

4. Einführung von Collaborative Supply Chain Management in Unternehmen
    4.1 CSCM-Pre-study
    4.2 CSCM-Process Design
    4.3 CSCM-Technology Roadmap
    4.4 CSCM-Implementation

5. Zusammenfassung

1. Einleitung

Stetig abnehmende Produktlebenszyklen, zunehmende Anforderungen an die Lieferflexibilität und gleichzeitig ein diagnostizierbarer Trend hin zu „virtuellen" Unternehmensnetzwerken stellen erhöhte Anforderungen an die Planungs- und Koordinationsfähigkeiten von Unternehmen. Unternehmen, die nachhaltig erfolgreich in derartigen Netzwerken agieren wollen, müssen hinsichtlich der Supply Chain Planungsfähigkeiten einerseits ihre eigene, zunehmend im Werksverbund stattfindende interne Planung beherrschen, gleichzeitig aber auch sicherstellen, dass eigene Planungsprozesse mit denen von Kunden und Zulieferern „synchronisiert" sind (Hillek 2001).

Letztere externe Koordinationsfähigkeiten und -prozesse werden unter den Namen „Supply Chain Collaboration", „Collaborative Supply Chain Management (CSCM)" oder „Collaborative Planning" in jüngster Zeit verstärkt diskutiert und erfahren eine zunehmende Bedeutung: So planen 50 % der weltweit operierenden Unternehmen für die Jahre 2002/2003, sich mit dem Thema zu beschäftigen; 2004 werden ca. 75 % der weltweit operierenden Unternehmen entsprechende Lösungen mit Ihren Supply Chain Partnern realisiert haben (Meta 2001).

Ziel der vorliegenden Arbeit ist es, betriebswirtschaftliche Auslöser und Nutzenpotenziale dieser Entwicklung darzustellen, eine Einordnung von Collaborative Supply Chain Management vorzunehmen und eine Abgrenzung zu existierenden Ansätzen aufzuzeigen (Kapitel 2). Weiterhin werden grundlegende Konzepte von CSCM dargestellt (Kapitel 3), um letztlich erkennen zu können, welche Aspekte bei einer Implementierung kollaborativer Lösungen zu berücksichtigen sind (Kapitel 4).

2. Auslöser und Einordnung des Collaborative Supply Chain Managements

2.1 Auslöser für erhöhten Koordinationsbedarf zwischen Unternehmen

Durch Konkurrenz- und Kostendruck ausgelöst, verfolgen Unternehmen eine Fertigungstiefenreduktion und konzentrieren sich verstärkt auf ihre Kernkompetenzen. Die Bildung von Wertschöpfungspartnerschaften ist zwangsläufig ein Folgeschritt. Findet die Wertschöpfung über eine Vielzahl an Partnern entlang der Logistikkette statt, sind

Flexibilität sowie Effizienz -und Kostenziele nicht mehr auf einen Wertschöpfungspartner, sondern auf die gesamte Wertschöpfungskette bezogen, und Unternehmensgrenzen heben sich zugunsten netzwerkartiger Kooperationsformen auf (KPMG 2001).

Diese aktuelle Tendenz führt zu einem erhöhten Kommunikations- und Koordinationsbedarf: Werden Informationen über Bedarfe und Angebote von Materialien und Kapazitäten in einer Supply Chain nicht in entsprechender Qualität und Schnelligkeit mit den vor- und nachgelagerten Wertschöpfungsstufen abgestimmt, so kann es zum sogenannten Bullwhip-Effekt kommen (Lee/Padmanabhan/Whang 1997a). Dieses auch als Peitschen-Effekt bekannte Phänomen beschreibt das Aufschaukeln einer ursprünglich konstanten (Endkunden-) Nachfrage über mehre Stufen einer Lieferkette. Durch fehlende Informationstransparenz können bereits geringe Schwankungen am Ende der Kette sich über die einzelnen Stufen zu einem stark schwankenden Nachfrageverhalten aufschaukeln. Daraus resultieren negative Effekte, wie etwa unvertretbar hohe Bestandsniveaus, sinkende Lieferfähigkeit und schlecht ausbalancierte Kapazitäten, was letztlich zu hohen Supply Chain Gesamtkosten sowie zu einer unzureichenden Kundenzufriedenheit führt.

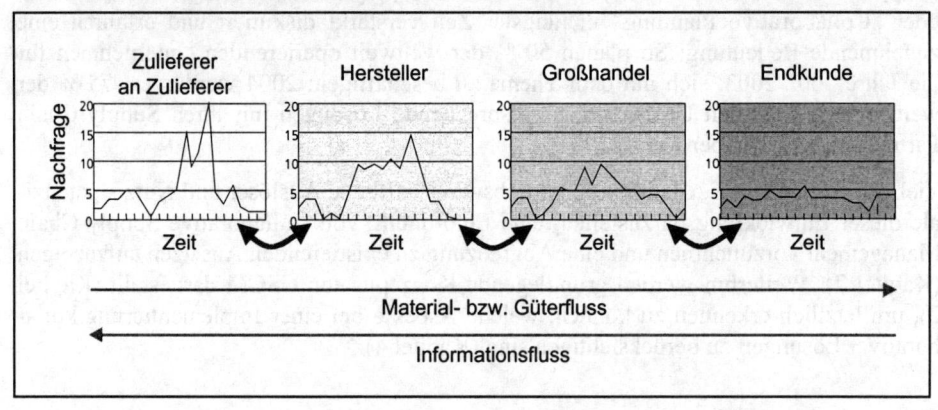

Abbildung 1: Der Bullwhip-Effekt als Konsequenz einer fragmentierten Supply Chain ohne kollaborative Abstimmung zwischen den Teilnehmern

Ursachen dieser unzureichenden Abstimmung über Unternehmensgrenzen sind:

- fehlende Transparenz über Bedarfe und Angebote zum direkten Kunden bzw. über die einzelnen Stufen einer Supply Chain („Tiers") zum Endkunden
- eine Stufe der Supply Chain plant mit Daten eines Kunden, die veraltet sind
- Zeitverzögerung, durch nicht abgestimmte Planungszyklen
- keine unternehmensübergreifende, frühzeitige Erkennung und Berücksichtigung von Material- und Kapazitätsengpässen

- fehlende Rückkopplung von Engpässen aus vor- oder nachgelagerten Wertschöpfungsstufen (Constraints) in Planungsprozesse, da Planungssysteme diese häufig nicht verarbeiten können
- klassische Planungsansätze und -systeme sind immer noch stark unternehmensintern orientiert; durch lokale Planung besteht kaum Bezug zum Kundenbedarf
- Medienbrüche und manuelle Verarbeitung sowie fehlende informationstechnologische Integration von Planungssystemen über Unternehmensgrenzen

2.2 Kollaboration als Bestandteil des Supply Chain Managements (SCM)

Zugrunde liegendes Verständnis von SCM

Ausgangspunkt der Entwicklung des SCM ist die Erkenntnis, dass wesentliche Effektivitäts- und Effizienzsteigerungspotenziale realisiert werden können, wenn es gelingt, sämtliche Materialströme einer Lieferkette in ihrer Gesamtheit zu optimieren. SCM hat einen starken Fokus auf Lieferservicegrade („das richtige Material zum richtigen Zeitpunkt am richtigen Ort") sowie auf Kosten in der Logistikkette (Kilger 2000). Diese werden wesentlich durch die Bestände entlang der Kette (Enderzeugnisse, Umlaufbestände, Zwischenprodukte) und die Investitionen verursacht, die zur Erfüllung des erwarteten Bedarfes erforderlich sind.

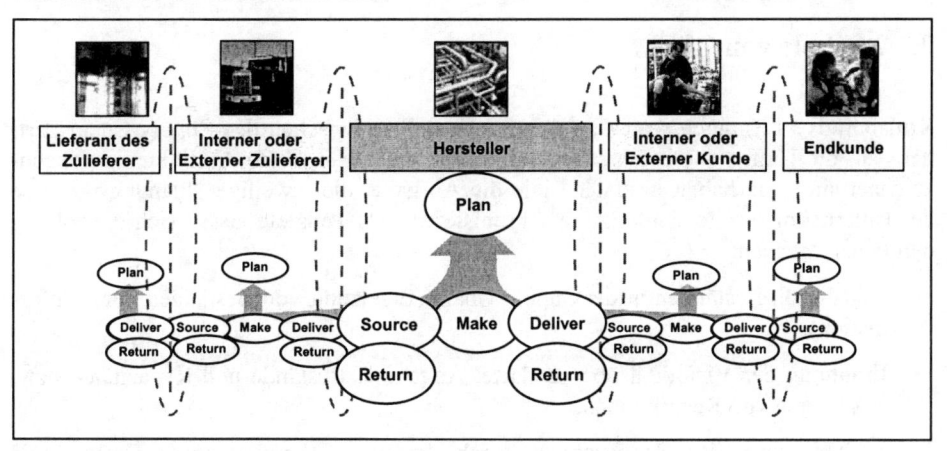

Abbildung 2: CSCM setzt an der Schnittstelle zwischen Unternehmen an

2.3 Einordnung, Ziele und Grenzen von CSCM

2.3.1 Verständnis von CSCM

Wenn Supply Chain Management die gesamte Wertschöpfungskette über Unternehmen hinweg betrachtet, so ist CSCM eine Komponente des Supply Chain Management, die sich auf die Optimierung der Schnittstellen zwischen den beteiligten Unternehmen fokussiert.

CSCM basiert auf einer aktiven und konstruktiven Zusammenarbeit zwischen Kunde und Lieferant. Es ermöglicht Unternehmen eine synchronisierte, faktenbasierte Planung und Steuerung ihrer unternehmensübergreifenden Logistikaktivitäten, durch

4. gemeinsame Geschäftsprozesse und Workflows zwischen Kunde und Zulieferer, mit definierten Regeln und Verantwortlichkeiten,
5. standardisierten Austausch von Information und Daten,
6. vereinbarte Ziel- und Messgrößen und
7. Nutzung von Internettechnologie zur unternehmensbegreifenden Geschäftsprozessintegration

zu gewährleisten.

2.3.2 Ziele von CSCM

Kollaborative Lösungen setzen an den Schnittstellen zwischen den Supply Chain Partnern an, die häufig durch fehlende Transparenz und mangelnde Abstimmung gekennzeichnet sind. Sie haben in erster Linie die Aufgabe, die jeweiligen Planungsprozesse der Unternehmen miteinander zu synchronisieren. Als Teilziele lassen sich die folgenden Punkte nennen:

- Abbau von Beständen in der Supply Chain (Ersetzung von Beständen durch Information),
- Erhöhung der Visibilität über Bedarfe, Angebote, Bestände und Kapazitäten bzw. Erkennung von Restriktionen,
- Verbesserung der Transparenz durch Prozess-, Applikations-, Daten- und Medienintegration und einer stufenweisen Verkopplung von Planungsprozessen,
- Erhöhung der Reaktionsfähigkeit durch Fokussierung der Kollaboration auf proaktives Engpassmanagement und zeitnahes Gegensteuern bei ungeplanten „SC-

Events" (Probleme frühzeitig vermeiden anstelle diese im Kurzfristbereich zu beheben),
- Höhere Planungsfrequenzen bei längerem Planungshorizont und
- Senkung der Transaktionskosten durch den Einsatz von Standards (Internet/XML).

ERP/PPS

Lieferant — Unternehmen — Kunde

langsam

- schwacher interner Datenaustausch
- lokale Ziele
- lange Planungszyklen
- keine gemeinsame Datenbasis mit Externen

- hohe Bestände
- Bullwhip-Effekt
- lange Zykluszeiten

SCM/APS

fließend & schnell

- parallele, werksübergreifende Planung
- globale Ziele
- kaum Datenintegration mit Externen

- Reduktion der Bestände
- Erhöhung des Kundenservices

CSCM

synchronisiert & sehr schnell

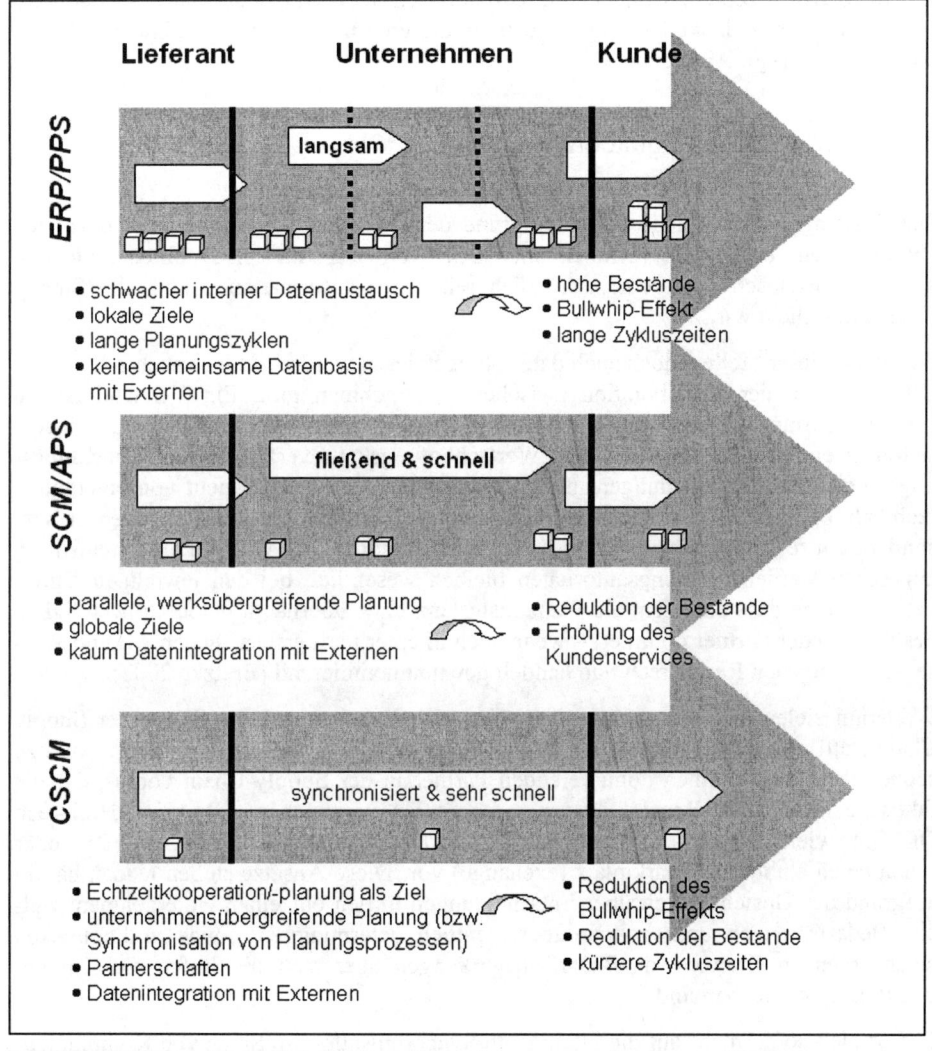

- Echtzeitkooperation/-planung als Ziel
- unternehmensübergreifende Planung (bzw. Synchronisation von Planungsprozessen)
- Partnerschaften
- Datenintegration mit Externen

- Reduktion des Bullwhip-Effekts
- Reduktion der Bestände
- kürzere Zykluszeiten

Abbildung 3: Von der stark intern geprägten Ressourcenplanung zu CSCM

CSCM soll es den einzelnen Entscheidungsträgern in den Unternehmen ermöglichen, ein gemeinsames und möglichst konsistentes Bild über den angebot- und nachfrageseitigen Zustand der Lieferkette aufzubauen. Weiterhin wird angestrebt, dass Partner auf Basis der gleichen Informationsbasis möglichst frühzeitig agieren und so „Überraschungseffekte" vermeiden. Gegenüber klassischen Planungsansätzen wie sie ERP/MRPII-Konzepte bzw. die darauf aufbauenden SCM/APS-Konzepte vorsehen wird hier primär der Gedanke der engen Abstimmung unternehmensübergreifender Prozesse angesprochen (vgl. Abbildung 3).

2.3.3 Grenzen der Kollaboration

Die Systemgrenzen, welche bisher aufgrund der isolierten Sichtweise jedes einzelnen Unternehmens bestanden, verfallen mit CSCM teilweise, da der synchronisierte und schnelle Austausch von gemeinschaftlich relevanten Informationen über die Supply Chain ermöglicht wird.

Es soll an dieser Stelle jedoch auch darauf hingewiesen werden, dass es auch z. T. natürliche Grenzen der Kollaboration zwischen Unternehmen gibt: Ein Verständnis von CSCM im Sinne einer unternehmensübergreifenden, zentralisierten Planung, bei dem sich über einzelne Ressourcen in der Wertschöpfungskette verfügenden Entscheidungsträger bei ihren Entscheidungen in der Nutzung der Ressourcen nicht von eigentumsrechtlich bedingten oder organisationsbedingten „Partikularinteressen" leiten lassen, sondern ein ressourcenübergreifendes „Gesamtoptimum" suchen, kann als unrealistisch angesehen werden. Planungsautoritäten bleiben wesentlich bei den jeweiligen Unternehmen, ohne dass eine zentrale Planungsinstanz bzw. überhaupt deren Notwendigkeit bestünde. Jeder Partner optimiert – wenn auch in einer partnerschaftlichen Art und Weise – seine eigenen Ressourcen und handelt gewinnmaximierend (Bretzke 2002).

Weiterhin zielen moderne Ansätze teilweise auf eine über mehrere Stufen der Supply Chain stattfindende Planung ab (multi-tier Supply Chain Collaboration). Diese Ansätze setzten dann häufig einen dominierenden Partner in der Supply Chain voraus, der die faktische Macht hat, Regeln über mehrere Stufen vorzugeben - Beispiel: High-tech OEM mit vielen Kontraktfertigern (tier 1) und Komponentenlieferanten (tier 2) - oder sehen einen etablierten Marktplatz (exchange) vor. Diese Ansätze stoßen jedoch häufig aufgrund der Unsichtbarkeit über Entscheidungen in den einzelnen Unternehmen, welche Bedarfsmengen und -zeitpunkte wesentlich determinieren, sowie in komplexen Netzwerken an Grenzen, da Bedarfsauswirkungen über mehrere Stufen nicht immer direkt nachvollziehbar sind.

CSCM zielt somit mehr auf die intelligente Synchronisation im Sinne von Kommunikation und Koordination, als auf die zentrale Optimierung der Supply Chain und hat somit eher einen empfehlenden als einen vorschreibenden Charakter auf Planungsentscheidungen der beteiligten Partner.

3. Konzepte des Collaborative Supply Chain Managements

Ziel dieses Kapitels ist es, grundlegende Konzepte des Collaborative Supply Chain Management darzustellen, wobei der Schwerpunkt der Betrachtung auf kollaborativen Planungsprozessen liegt. Da in der Praxis jedoch zusätzliche Aspekte bei einer Einführung bzw. Umsetzung von CSCM-Lösungen zu betrachten sind, wird auch auf strategische, organisatorische, technologische und insbesondere auf Aspekte der Integration in eine bestehende Landschaft von Planungssystemen eingegangen (vgl. Abbildung 4).

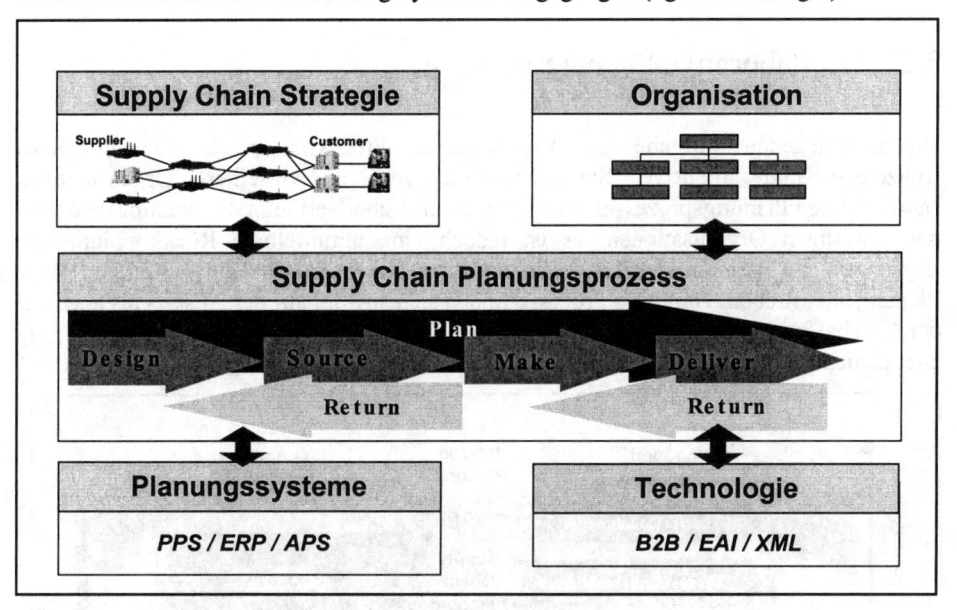

Abbildung 4: Betrachtungsaspekte von CSCM

3.1 Einordnung in die Supply Chain Strategie

Die Adaption von kollaborativen Lösungen macht nur dann Sinn, wenn diese sich an einer übergeordneten Supply Chain Management- bzw. sogar einer Gesamtunternehmensstrategie orientieren. Dazu zählen im Wesentlichen die von einem Unternehmen verfolgte Ausrichtung hinsichtlich einer vertikalen Integration bzw. Desintegration, die Definition der strategischen Rollen von Zulieferern und Kunden und die Zielsetzung einer Produktionsplanung (Servicegrad vs. Bestandskosten etc.). Weiterhin sind Geschäftsszenarien auf einer partnerschaftlichen Basis zu definieren, die Anreize für einen offenen Datenaustausch schaffen.

Verfolgt ein Unternehmen etwa eine Outsourcingstrategie, bei der Produktionsverantwortung an Zulieferunternehmen vergeben werden, erhöht sich damit durch den Verlust der „Planungshoheit" automatisch das Risiko einer Lieferunfähigkeit und es sind Mechanismen zur Abwehr dieses Risikos zu entwerfen (Beispiel: Virtual Manufacturing Modelle in der Hightech Industrie). Hier können Kollaborationsszenarien helfen, eine frühzeitige Koordination durchzuführen und rechtzeitig Gegenmaßnahmen einzuleiten, wie diese etwa durch Forecast oder Capacity Collaboration möglich sind (s. Kapitel 3.2).

3.2 Kollaborative Planungsprozesse

Die grundlegende Aufgabe von kollaborativen Prozessen ist es eine möglichst frühzeitige und intensive Synchronisation von in verteilten Organisationen stattfindenden Planungsprozessen zu ermöglichen. Dabei verbleibt die Planungshoheit in den jeweiligen Organisationen, es ist jedoch eine unmittelbare Rückkopplung der Ergebnisse der gemeinschaflich erzielten Planungsresulate in die jeweilige lokale Planung anzustreben. Derartige Prozesse finden sich sowohl auf der Absatz- als auch auf der Beschaffungsseite eines Unternehmens und können je nach zeitlicher Orientierung eher planenden oder eher ausführenden Charakter haben (Abbildung 5).

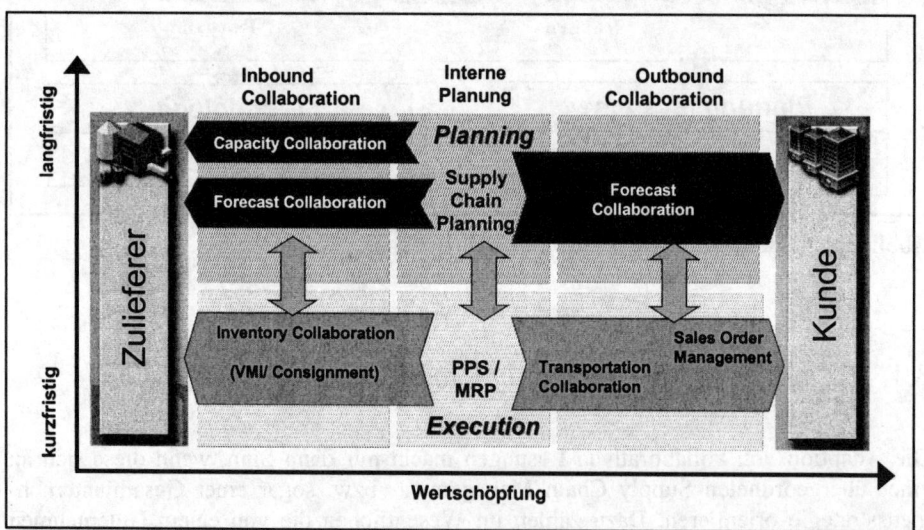

Abbildung 5: Einordnung von Kollaborationsprozessen im Supply Chain Management (Beispiel)

Im Folgenden wird eine Einführung in typische kollaborative Prozesse gegeben, wobei der Schwerpunkt auf der Planungsseite liegt. Obwohl es einen starken Trend hinsichtlich einer Standardisierung dieser Prozesse gibt (etwa CPFR im Handel oder RosettaNet in der Hightech-Industrie), bleibt festzustellen, dass je nach Anwendungsfall zu entscheiden ist, welche Geschäftsszenarien Sinn machen und wie diese im Detail zu gestalten sind.

3.2.1 Forecast Collaboration

Ein Prozess zur Forecast Collaboration zielt darauf ab, Planungen hinsichtlich der kundenseitigen Bedarfsnachfrage und dem zulieferseitigen Angebot im mittel- bis langfristigen Bereich auszutauschen, Abweichungen zu erkennen und diese zu beheben. Zentrale Elemente dieses Prozesses sind eine kontinuierliche Planung zu vordefinierten Zeitpunkten, Bestätigungen des Forecasts durch den Zulieferer an den Kunden sowie Regeln und Verfahren zur Problembehebung (Exception und Escalation Management).

Im Vergleich zum einseitigen Kommunizieren von Forecasts durch den Kunden an den Zulieferer weist dieser Prozess eine höhere Verbindlichkeit auf, da der Zulieferer aufgefordert ist, Bestätigungen (Confirmations oder Commitments) für den Forecast abzugeben. Die rechtliche Bedeutung und zeitabhängig erlaubte Mengenschwankungen (Flexibility Limits) sind hierbei individuell vertraglich zu regeln. Im Vergleich zur klassischen Nachschubabwicklung über Bestellaufträge (Purchase Orders und Purchase Order Confirmations) weist dieser Prozess für die beteiligen Unternehmen jedoch eine geringere Verbindlichkeit auf, so dass dieser Prozess im Kurzfristbereich teilweise durch einen Order Collaboration Prozess ergänzt wird.

Eine weitere Eigenschaft dieses Prozesses besteht darin, erkannte Restriktionen (Constraints), welche im Rahmen eines in den Prozess integrierten Exception Managements nicht gelöst werden konnten, in die eigene Planung zurückzuspielen und so zu geschlossenen, unternehmensübergreifenden Planungszyklen zu gelangen. Dies setzt in der Regel jedoch die Existenz eines Advanced Planning Systems voraus, welches im Gegensatz zu klassischen PPS bzw. MRP-II Systemen, u. a. Restriktionen verarbeiten kann und höhere Planungsfrequenzen erlaubt (vgl. Abschnitt 3.4.).

Die gemeinsam abgestimmte Angebots- und Nachfrageplanung als Ergebnis des Forecast Collaboration Prozesses basiert somit auf den Vorhersagedaten jedes einzelnen Supply Chain Partners und berücksichtigt z. B. Vergangenheitsdaten, zukünftige Auftragsbestellungen, interne Kapazitäts- oder Materialengpässe oder Marketingaktivitäten.

Als Vorteile der Forecast Collaboration ergeben sich für die Supply Chain Partner eine erhöhte Sichtbarkeit über aktuelle Angebots- und Nachfragemengen, schnellere und vorausschauende Reaktionsmöglichkeit auf Marktveränderungen, eine Reduzierung von Mangel- bzw. Überschussbeständen sowie eine Reduzierung der Transaktionskosten durch kosteneffektive Kommunikations- und Abstimmungsmöglichkeiten.

3.2.2 Capacity Collaboration

Eine Mangel an Sichtbarkeit bzgl. auftretender Kapazitätsprobleme führt zu Einkommensverlusten innerhalb der Supply Chain. Aus diesem Grund müssen die Supply Chain-Beteiligten auf Kapazitätsveränderungen reagieren können. Ziel eines Capacity Collaboration Prozesses ist es, Kapazitätsengpässe bzw. -überangebote frühzeitig zu erkennen und diese zu vermeiden. Capacity Collaboration bezeichnet daher alle gemeinsamen Planungsaktivitäten, bei denen von der Zeitausrichtung her lang- bis kurzfristige Abstimmungsprozesse über fehlende, unzureichende oder zu hohe Kapazitäten zwischen den Supply Chain-Partnern vorgenommen werden.

Capacity Collaboration steuert die notwendigen Abstimmungsprozesse über Workflows, bei denen ggf. auf konkrete Lösungsfunktionalitäten zur Engpassbeseitigung zurückgegriffen werden kann. Organisationen, die Capacity Collaboration einführen, erkennen häufig, dass sich das Aufgabenbild eines Planers verändert, in dem sich Handlungen mehr auf den Mittelfristbereich ausrichten und weniger Probleme im Kurzfristbereich auftreten.

Der Nutzen der Capacity Collaboration liegt im gemeinsamen Planen und Aushandeln von lang- und kurzfristigen Kapazitätsbedarfen. Ziel ist es, Kapazitäten besser auszulasten und Produktionsverzögerungen zu vermindern.

3.2.3 Order Collaboration

Unternehmen benötigen eine leistungsfähige und kosteneffektive Möglichkeit, um den Supply Chain Partnern Aufträge zu erteilen und diese zu verwalten. Traditionelle Medien wie Fax, Email aber auch EDI konzentrieren sich stark auf die erstmalige Übermittlung eines Auftrages, weisen jedoch im Änderungsmanagement Schwächen auf, so dass dieses häufig über Telefon, Fax oder Email abgewickelt wird. Durch Order Collaboration wird in leistungsfähiger und zentraler Form die Möglichkeit gegeben, den Auftragsprozess mit Hilfe von Workflows strukturiert zu gestalten und Ausnahmesituationen schnell zu beheben. Ziel ist es, dass alle am Auftragsprozess beteiligten Geschäftspartner jederzeit auf Basis der gleichen Daten handeln.

Als Nutzen für die Supply Chain-Partner ergeben sich verringerte Durchlaufzeiten bei der Auftragsabwicklung, verringerte Transaktionskosten durch die Beseitigung von Mehrfachprozessen, eine vereinfachte Auftragsplatzierung und -kommunikation mit den Partnern, eine verbesserte Flexibilität hinsichtlich Auftragsveränderungen durch wechselwirkende Änderungsfähigkeiten und eine schnelle Kommunikationsmöglichkeit hinsichtlich der Auftragsgenerierung.

3.2.4 Inventory Collaboration

Eine Zusammenarbeit im Bestandsmanagement ist innerhalb der Supply Chain von besonderer Wichtigkeit, da Bestände ein wesentlicher Kostenfaktor sind. Durch Inventory Collaboration soll eine unternehmensübergreifende, verbesserte Sichtweise auf gegenwärtige und geplante Bestandshöhen erreicht werden, damit auftretende Ausnahmesituationen bei Bestandproblemen kollaborativ zwischen den Supply Chain Partnern gelöst werden können. Ziel ist es im kurzfristigen Bereich Bestandsunter- bzw. überdeckungen sowie im mittelfristigen Bereich unnötige Sicherheitsbestände an Unternehmensgrenzen zu vermeiden.

Inventory Collaboration unterstützt sämtliche Belieferungs-, Nachschub- oder Auffüllprozesse von einzelnen Komponenten, Montageteilen oder auch Fertigprodukten. Weiterhin werden in der Praxis - etwa im Konsignationsbereich oder im Falle von Vendor Managed Inventory (VMI) - auch ausführungsorientierte Aspekte zum Bestandteil von Inventory Collaboration. So werden neben Bestandsdaten auch Signale zur Bestandsauffüllung oder zum Feinabruf ausgetauscht.

Vorteile und Nutzeneffekte ergeben sich durch verringerte überschüssige Warenbestände, durch verringerte Warenbestandsbewegungen und durch eine verringerte Gefahr der Bestandsveralterung. Im ausführungsorientierten Bereich lassen sich Transaktionskosten senken, indem entsprechende Nachrichten durch kostengünstige Medien systemtechnisch integriert ausgetauscht werden.

3.2.5 Transportation Collaboration

Bei der Transportation Collaboration kommt es neben der bisherigen Zusammenarbeit auf der Kunden-Lieferanten-Ebene zusätzlich zu einer Integration der beteiligten Transportunternehmen. Die Zusammenarbeit aller am Transport- und Verteilungsmanagement Beteiligten führt über kurz- bis mittelfristige kollaborative Abstimmungsprozesse zu einer erhöhten Sicherstellung und Optimierung der Transportdurchführung. Ziel ist eine proaktive Teilnahme des Transportmanagement an den Planungs-, Prognose- und Ausführungsphasen der Supply Chain Partner, wodurch die Wettbewerbsfähigkeit der Supply Chain erhöht und eine höhere Kundenzufriedenheit erreicht wird (vgl. etwa das CTM Referenzmodell, Browning 2002).

3.3 Organisatorische Implikationen

Supply Chain Collaboration beeinflusst die Planungsprozesse in einem einzelnen Unternehmen und hat somit wesentlichen Einfluss auf dessen Organisation. Werden etwa kurz- bis mittelfristig orientierte lokale Nachschubprozesse um eher standortübergreifende Forecast bzw. Capacity Collaboration Prozesse ergänzt, können sich zentrale und dezentrale Prozessverantwortungen verschieben. Weiterhin kann es zu einer neuen Rollenverteilung in den Planungsabteilungen führen. Alte Rollen können wegfallen, neue entstehen. Die Einführung von CSCM sollte daher immer durch ein Konzept zum organisatorischen Wandel begleitet werden.

3.4 Integration in bestehende Unternehmensanwendungen

Um CSCM-Konzepte wirkungsvoll und nachhaltig umsetzen zu können, bedarf es einer Integration in bestehende Landschaften von logistischen Planungssystemen der einzelnen Supply Chain Partner. CSCM-Prozesse müssen dabei unabhängig von den bestehenden, unterschiedlichen IT-Systemen der Supply Chain-Partner initiiert werden können und auf Basisdaten der unternehmensinternen SCM- oder ERP-Systeme des einzelnen Supply Chain-Partners zurückgreifen können. Eine Einbettung der CSCM-Systeme in die existierende IT-Landschaft der Supply Chain ist damit eine zentrale Anforderung für erfolgreiche unternehmensübergreifende Abstimmungsprozesse.

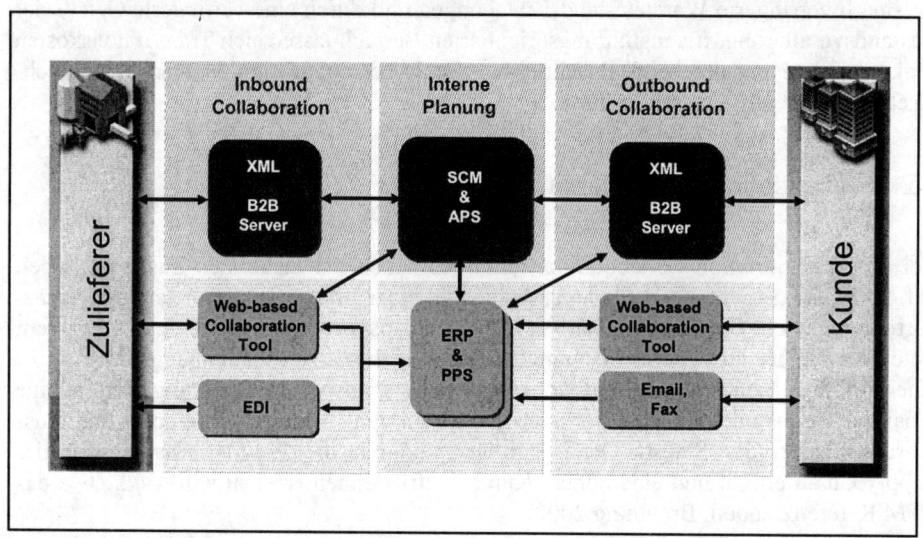

Abbildung 6: Beispielhafte Integration von CSCM-Werkzeugen und Planungssystemen

ERP- bzw. PPS-Systeme werden zumeist unternehmensintern in lokalen Teilbereichen (etwa in einzelnen Werken) als Ausführungssysteme eingesetzt (vgl. Abbildung 6). Diese haben die Aufgabe, notwendige Daten für Kollaborationsprozesse zu liefern und dienen somit als internes „Backbone". APS (Advanced Planning and Scheduling) bzw.

SCM-Systeme haben hingegen häufig einen standortübergreifenden Anspruch, bedienen sich der Daten der ERP- und PPS-Systeme und führen damit Planungen durch. APS- und SCM-Systemen kommt somit innerhalb eines Unternehmens – denn nur dort besitzen sie i. d. R. die Planungshoheit – die Rolle eines „Optimiziers" der internen Supply Chain zu. CSCM-Systeme haben in einer derartigen Architektur keine Funktionalität im Sinne einer selbstständigen Optimierung oder Planung der gesamten Supply Chain, sondern bieten vordefinierte Prozesse mit vordefinierten Workflows bzw. Regeln an und sind per Webbrowser zugänglich, um letztlich die jeweiligen internen Ausführungs- und Planungssysteme zu synchronisieren (für eine weitergehende Beschreibung und Marktübersicht von CSCM-Systemen vgl. Busch/Lange/Langemann 2002).

3.5 Technologische Aspekte

Interne Integration

Eine systemtechnische Integration von CSCM-Systemen und internen Planungssystemen kann entweder über spezielle, bei einer Single Vendor-Strategie teilweise mitgelieferte Adapter, über Datenbanken, einfachen Dateiaustausch oder über einen mehr generischen Middleware-Ansatz (etwa EAI - Enterprise Application Integration) erfolgen. Wohingegen Adapter zwischen CSCM-Tools zu verbreiteten ERP-Systemen nur konfiguriert werden, ist im EAI-Fall eine aufwendigere Anpassung notwendig.

Externe Kommunikation

Da CSCM-Tools neben der planungstechnischen Integration auch die systemtechnische Integration unternehmensübergreifender Anwendungen zu gewährleisten haben, sind Standards unerlässlich. Erst hierdurch werden die zur Integration der Supply Chain Partner erforderlichen Konfigurationen kurzfristig ermöglicht. Als wesentliche Standards haben sich gerade im CSCM-Bereich webbrowser-basierte Systeme mit Up- und Download-Funktionen durchgesetzt. Diese sind zwar sehr kostengünstig und schnell einführbar, unterstützen jedoch nur bedingt eine Maschine-Maschine-Kommunikation. Daher kommt XML-basierten Internet- bzw. B2B-Technologien eine verstärkte Bedeutung zu. Diese erfordern jedoch zusätzlich Standards auf höheren Protokollebenen, wie sie etwa mit RosettaNet (ROSETTANET 2001) vorhanden sind.

XML-Technologien sind im Vergleich zu konventionellen EDI und VAN-Netzwerken kostengünstiger und mehr bidirektional ausgerichtet. Mit diesen Technologien ist es möglich, auch Geschäftspartner ohne komplette EDI-Infrastruktur in die EDI-Netzwerke anderer Unternehmen einzubinden.

4. Einführung von Collaborative Supply Chain Management in Unternehmen

Grundsätzlich empfiehlt sich, die Einführung von CSCM-Lösungen im Unternehmen als eines aus der Fachabteilung getriebenes Projekt unter frühzeitiger Einbindung der IT-Abteilungen anzugehen. Weiterhin liegt es in der Natur der Sache, Kollaborationspartner (d. h. Zulieferer, Kunden bzw. verschiedene interne Organisationseinheiten) intensiv einzubeziehen. Sind bereits Programme zum Lieferanten- oder Kundenmanagement im Unternehmen aufgesetzt, bietet sich eine Zusammenführung dieser Aktivitäten an. In der Praxis hat sich ein vierstufiges Modell mit folgenden Schritten zur Einführung von CSCM-Lösungen bewährt:

- CSCM-Pre-study ™
- CSCM-Process Design ™
- CSCM-Technology Roadmap ™
- CSCM-Implementation ™

4.1 CSCM-Pre-study

Die *CSCM-Pre-study* ist eine wertorientierte Methode, marktgetriebene Potenziale und Herausforderungen, die sich durch Supply Chain Collaboration ergeben (Kunden, Zulieferer, Wettbewerb) zu erkennen und zu bewerten und bietet eine nutzenbasierte Entscheidungsgrundlage für das Management. In dieser Phase sind Kollaborationsszenarien zu definieren, Kollaborationspartner zu kategorisieren, eine erste technologische Realisierbarkeit zu überprüfen und ein Grobprojektplan für weitere SCM-Aktivitäten aufzustellen.

4.2 CSCM-Process Design

Das *CSCM-Process Design* dient der exakten Beschreibung von Abläufen, Daten, Regeln etc. für unternehmensübergreifende Geschäftsprozesse. Um eine Akzeptanz und Realisierbarkeit der Lösung zu gewährleisten, ist in dieser Phase eine Abstimmung der Soll-Prozesse mit Geschäftspartnern notwendig, insbesondere bietet sich eine Festlegung von Kennzahlen (KPI – Key Performance Indicator) zur Messung des Prozesserfolges an. Zusätzlich ist ein erstes Integrationskonzept der Prozesse in bestehende Planungsprozesse und -systeme zu entwickeln.

4.3 CSCM-Technology Roadmap

In der *CSCM-Technology Roadmap* sind Anforderungen und Umsetzungskonzepte zur Unterstützung zukünftiger Kollaborationsprozesse zu definieren. Eine wesentliche Bedeutung kommt einer Festlegung von zu unterstützenden Standards (etwa XML, RosettaNet etc.), der Erstellung eines IT-Soll-Konzeptes einschließlich einer detaillierten IT-Integrationsarchitektur sowie ggf. einer Produktauswahl zu (CSCM-Tool, B2B/ XML-Tool, EAI-Tool etc.).

4.4 CSCM-Implementation

Die *CSCM-Implementation* umfasst sowohl die eher technisch orientierte Implementierung neuer IT-Tools und IT-Standards als auch die Implementierung und das Roll-out neuer Geschäftsprozesse inklusive der Anbindung von Geschäftspartnern.

5. Zusammenfassung

- Collaborative Supply Chain Management (CSCM) synchronisiert unternehmensübergreifende Planungs- und Ausführungsprozesse.
- CSCM erhöht die Visibilität über Bedarfe, Angebote, Bestände und Kapazitäten in der Supply Chain und hilft Restriktionen frühzeitiger zu erkennen und diese zu beheben.
- CSCM kann Supply Chain Kosten senken und Lieferfähigkeiten erhöhen.
- Vor einer Einführung von CSCM ist eine exakte Prozessdefinition unter Einbeziehung von Geschäftspartnern erforderlich.
- XML und das Internet ermöglichen einen praktikablen Austausch von Informationen und Transaktionen zwischen Handelspartnern und sind eine kostengünstige Alternative zu EDI/VANs.

Christian Berentzen und Martin Reinhardt

Kooperation in der Distributionslogistik von Strothmann Spirituosen und Melitta Haushaltswaren

1. Die Logistikvision

2. Die Kooperationspartner

3. Die Ausgangssituation
    3.1   Projekt „Logistik 2000"
        3.1.1 Make or buy?
        3.1.2 Gemeinsame Transportausschreibung
    3.2   Eckdaten der Kooperation

4. Effekte der Kooperation
    4.1   Bessere Transportmittelauslastung im Ladungsverkehr
    4.2   Geringere Distanzen zwischen den Abladestellen im Ladungsverkehr
    4.3   Bündelung von Abladestellen

5. Erfolgsfaktoren und Erfahrungen

6. Ausblick und Fazit

1. Die Logistikvision

Am Anfang jeder unternehmerischen Entscheidung steht eine Vision. Sie ist der Wunschtraum einer Veränderung und Antwort auf Bedürfnisse der Umwelt, im Markt und/oder der Gesellschaft. Ohne derartige Visionen würde das nach vorne gerichtete Agieren von Unternehmen zu einem Reagieren auf Änderungen der Rahmenbedingungen verkommen.

Die Logistikvision des Hauses Berentzen hat folgenden Inhalt:

„*.....Wir wollen mit anderen Konsumgüterherstellern horizontal die Warenströme bündeln, um somit die Prozesskosten zu senken, den Kunden einen besseren Service zu bieten und die Umwelt zu schonen. Logistikkooperationen sollen als Win-Win-Partnerschaft umgesetzt werden. Nur dann haben Kooperationen auf Dauer Erfolgschancen....*"

Dieser Vision folgend, wurde auf Initiative der Strothmann Spirituosen GmbH & Co. KG als die Produktions- und Logistikgesellschaft der Berentzen-Gruppe AG gemeinsam mit dem Markenhersteller Melitta Haushaltsprodukte GmbH & Co. KG und unter Einbeziehung des Lagerdienstleisters MLS, Mindener Logistikservice GmbH, eine Kooperation in der Distributionslogistik ins Leben gerufen. Die beteiligten Unternehmen haben ihre gesamten inländischen Distributionstransporte an drei gemeinsam genutzte Dienstleister vergeben.

In Deutschland ist die Bereitschaft, vertikale und horizontale Kooperationen mit der Zielsetzung Win-Win-Gemeinschaften zu realisieren, nicht besonders ausgeprägt. Die bestehenden Verbindungen sind häufig dadurch gekennzeichnet, dass die Beteiligten nicht gleichermaßen von verbesserten Kosten- und Serviceaspekten profitieren. Dies führt früher oder später zwangsläufig zum Scheitern des gemeinsamen Vorhabens. Die hier beschriebene Logistikpartnerschaft ist allerdings ein Beispiel dafür, wie eine Win-Win-Gemeinschaft realisiert werden kann und somit die Grundlage für eine dauerhaft erfolgreiche Beziehung geschaffen wird. Für das durch diese Kooperation erzielbare Qualitätsverbesserungs- und Kostenreduzierungspotenzial sowie für die erreichte Reduzierung der Straßentransporte mit dem damit verbundenen Umwelteffekt erhielten die Partner den „Deutschen Kooperationspreis für Transport und Logistik 2001".

2. Die Kooperationspartner

a) Strothmann Spirituosen GmbH & Co. KG

nachfolgend Strothmann, ist in Deutschland führender Hersteller für Markenspirituosen (Berentzen, Puschkin, Bommerlunder, Springer Urvater, Strothmann, Doornkaat, Hansen, Asmussen, Linie, Polar) und Handelsmarken, die im Auftrag der Vermarktungsgesellschaften Berentzen Brennereien Markenspirituosen sowie Pabst & Richarz produziert und vertrieben werden.

b) Melitta Haushaltsprodukte GmbH & Co. KG

nachfolgend Melitta, ist ein führender Hersteller und Vermarkter von Haushaltswaren wie Kaffeefilter, Staubsaugerbeutel, Haushaltsfolien und Raumlufreiniger. Zu den bekanntesten Marken gehören Melitta, Cilia, Toppits, Swirl und actimat.

c) Mindener Logistikservice GmbH

nachfolgend MLS, ist ein qualifizierter Logistikdienstleister, der am Standort Minden ein Logistikzentrum betreibt, aus dem deutschlandweit Kunden für Melitta und Strothmann beliefert werden.

3. Die Ausgangssituation

3.1 Projekt „Logistik 2000"

Für Strothmann war die Konzentration der Distributionslogistik am Standort Minden das Resultat einer Unternehmens-Restrukturierung innerhalb der Berentzen-Gruppe, bei der die Aktivitäten in der Fertigwarenlogistik von vormals 9 Standorten auf einen Standort zusammengefasst wurden. Eine Hauptzielsetzung des Projektes „Logistik 2000" war es, die Prozesskosten in der Logistikkette durch Zentralisierung und Bündelung zu senken.

3.1.1 Make or buy?

Strothmann stand damals vor der Wahl „make or buy?", wobei neben den entsprechenden Investitionen auch die räumliche Gestaltung und damit die Dimension des zukünftigen Auslieferlagers berücksichtigt werden musste. Eine Lagerausschreibung sollte diese Frage beantworten. Die eingegangenen Angebote wurden verglichen mit der eigenen Lösung. Auch die MLS als Lagerdienstleister für die Melitta Haushaltsprodukte beteiligte sich an der Ausschreibung. Zur selben Zeit entstanden bei der MLS aufgrund veränderter Rahmenbedingungen Überkapazitäten an Lagerfläche, die in Art und Beschaffenheit den Anforderungen von Strothmann entsprachen. Aufgrund dieser Vorteile wurde die MLS als zukünftiger Dienstleister gewählt. Ein Hauptargument war dabei die mögliche Nutzung der vorhandenen Synergiepotenziale.

In der ersten Zeit wurden die Lager- sowie die Transportaktivitäten getrennt voneinander gesteuert. Dies lag u. a. an der unterschiedlichen Philosophie beider Unternehmen. Melitta hatte die gesamten logistischen Aktivitäten an den Lagerdienstleister MLS ausgegliedert und sich als Minderheitsgesellschafter an der MLS beteiligt. Strothmann hingegen betrachtet die Steuerung der Lager- und Transportlogistik eigenverantwortlich und koordiniert die unterschiedlichen Dienstleister getrennt voneinander. Die MLS richtete sich kundenorientiert auf die Abläufe und Anforderungen ihrer Kunden ein.

Aufgrund nicht zuletzt wirtschaftlicher Überlegungen erkannten Strothmann und MLS die Notwendigkeit von sich annähernden Prozessen hinsichtlich einer verbesserten Nutzung der Synergiepotenziale in den Bereichen Lagerung, Kommissionierung, Personaleinsatz sowie IT – Kommunikation. Durch Angleichung der Lagerabläufe konnten somit weitere Potenziale realisiert werden.

3.1.2 Gemeinsame Transportausschreibung

Als logische Konsequenz der bis dahin von beiden Unternehmen kontinuierlich betriebenen Potenzialhebung, galt es die Kette innerhalb der Distributionslogistik gemeinsam zu schließen, um damit das Transportvolumen zu bündeln und die gleichen Transportdienstleister zu nutzen. Diese Bündelung sollte verstärkt werden, indem Speditionsunternehmen mit der Auslieferung der Sendungen betraut werden, die zusätzliches Sendungspotenzial ab ihren Verteilerstationen beitragen konnten.

Das bisherige Nebeneinander wurde in ein für alle vorteilhaftes Miteinander unter Einbeziehung der beauftragten Transportdienstleister umgewandelt, auch um die Grundlage für eine nachhaltige Alternative zu den diversen Abholkonzepten des Handels zu schaffen. In der Verhandlung um Konditionen und sinnvolle Abläufe mit den Handelskunden, die Selbstabholungskonzepte umsetzen möchten, erreicht die beschriebene Lieferantenlogistik einen neuen Stellenwert.

Strothmann und Melitta/MLS starteten Ende 2000 eine gemeinsame Transportausschreibung. Es wurden drei qualifizierte Transportdienstleister ausgewählt, mit denen jeder für sich Verträge geschlossen hat. Über die Schnittstelle MLS werden die Sendungen ab April 2001 zur Auslieferung gebracht, so dass insgesamt individuelle Ansprüche und Anforderungen berücksichtigt werden. Abbildung 1 zeigt den betrachteten Rahmen sowie die Systemgrenzen zu den Logistikpartnern auf.

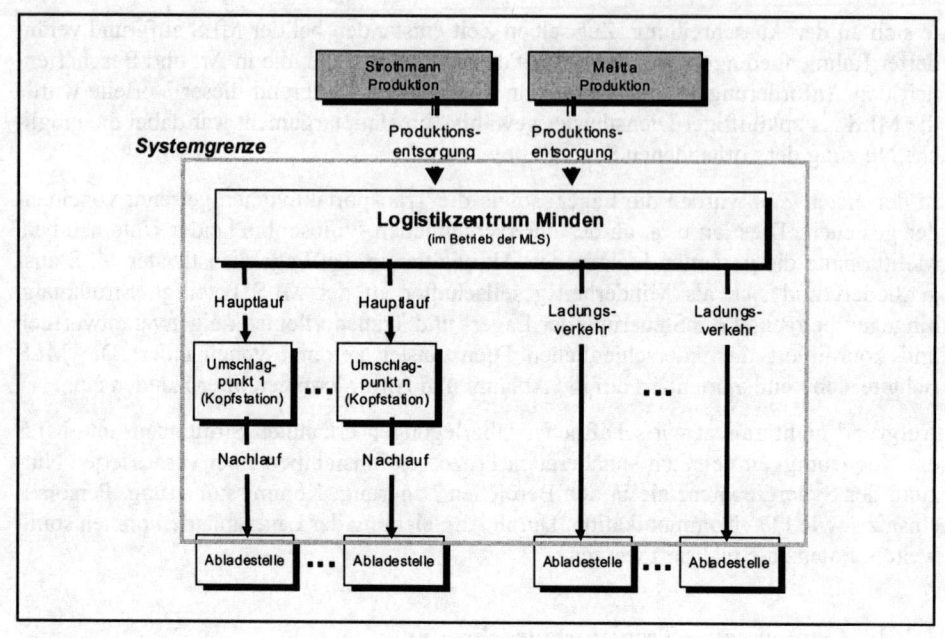

Abbildung 1: Betrachtungsrahmen und Systemgrenze

3.2 Eckdaten der Kooperation

Die Logistikkennzahlen für die gemeinsam geplante Transportausschreibung 2001 sehen u. a. wie folgt aus:

Melitta

Gesamtgewicht	32.034 t p.a.
Gesamtvolumen	210.068 m³ p.a.
Anzahl Sendungen	52.000 p.a.
Anzahl Paletten	196.000 p.a.

Strothmann

Gesamtgewicht	106.829 t p.a.
Gesamtvolumen	266.068 m³ p.a.
Anzahl Sendungen	71.510 p.a.
Anzahl Paletten	254.000 p.a.

4. Effekte der Kooperation

Melitta und Strothmann wollen durch gemeinsame Auslieferung ex Minden unter Einbindung des von beiden bereits genutzten Lagerdienstleisters MLS sowie der in der Markenartikellogistik tätigen Transportdienstleister, konsequent Synergiepotenziale entlang der gesamten Distributionskette für sich erschließen und nutzen. Für die MLS ergeben sich hierbei Synergieeffekte in der Angleichung der Lagerabläufe. Zu nennen sind beispielsweise Potenziale in der Personaldisposition und in der Organisation des Warenflusses im Distributionslager.

Die Dreieckskooperation wirkt sich in vielfältiger Weise vorteilhaft für die beteiligten Unternehmen aus. Zunächst führt die Kooperation zu Standardisierung und Qualitätsverbesserung der Abläufe in Form

- verminderter Logistik-Netzwerkskomplexität
- erhöhter Transparenz
- geringerer Fehleranfälligkeit
- standardisierte IT-Landschaft

Diese Effekte führen außerdem jeweils für sich bereits zu einer direkten oder indirekten Reduktion der Prozesskosten entlang der Distributionskette.

Ein weitaus größeres, direktes Kostensenkungspotenzial bergen jedoch Effekte durch Bündelung der Sendungen und der Abladestellen, die in Form verminderter Frachten durch

- bessere Transportmittelauslastung im Ladungsverkehr
- geringere Distanzen zwischen den Abladestellen im Ladungsverkehr
- deckungsgleiche Abladestellen

erreicht werden können.

Ein wesentlicher Garant der erfolgreichen Umsetzung ist der effiziente Einsatz der IT-gestützten Kommunikation zwischen den Kooperationspartnern und den Transportdienstleistern auf Basis der EANCOM-Standardnachrichtentypen wie z. B. IFTMIN sowie IFTSTA. Dies beinhaltet u. a. die Übermittlung von Avisdaten unter Angabe von CCG I und CCG II Paletten, zur optimalen Disposition der Sendungen, sowie der Sendungsverfolgung mittels NVE auf Packstückebene (Abbildung 2).

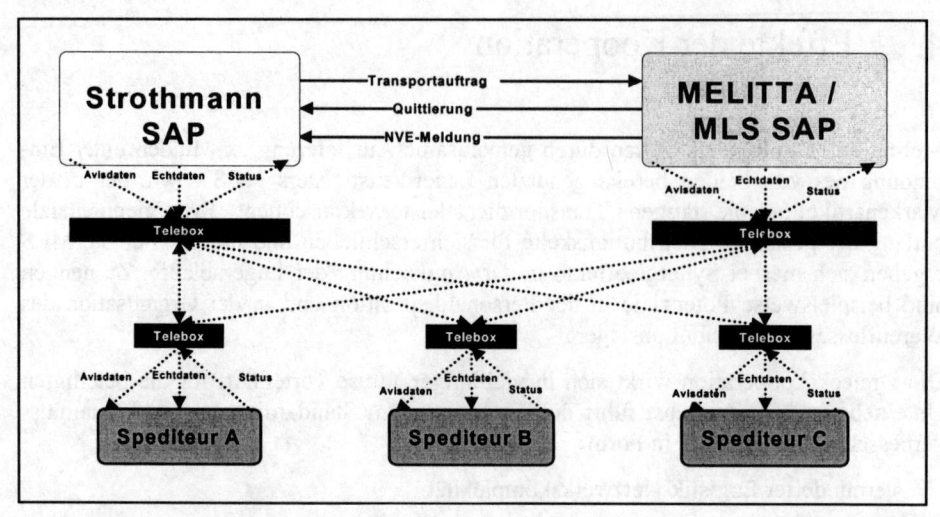

Abbildung 2: Systemkopplung

4.1 Bessere Transportmittelauslastung im Ladungsverkehr

Jedes Fahrzeug hat sowohl gewichts- als auch volumenmäßige Restriktionen hinsichtlich seiner maximalen Zuladung. Die getrennte Verladung der Sendungen von Strothmann und Melitta war dadurch gekennzeichnet, dass Strothmann-Sendungen die Fahrzeuge im Allgemeinen nur bis zur maximalen Gewichtszuladung auslasten, Melitta-Transporte dagegen nur bis zur maximalen Laderaumausnutzung beladen werden konnten. Die Begründung hierfür liegt in der Warenbeschaffenheit. Melitta Produkte weisen im Vergleich zu Strothmann Produkten eine wesentlich geringere Dichte bzw. Volumen-Gewichts-Verhältnis auf. So wiegt z. B. eine Melitta CCG1 Palette weniger als 1/3 einer Strothmann Palette gleichen Formats. Der Sperrigkeitsfaktor wird in Abbildung 3 verdeutlicht. Die sich ergebenden Synergieeffekte einer gemeinsamen Verladung werden durch Abbildung 4 erklärt.

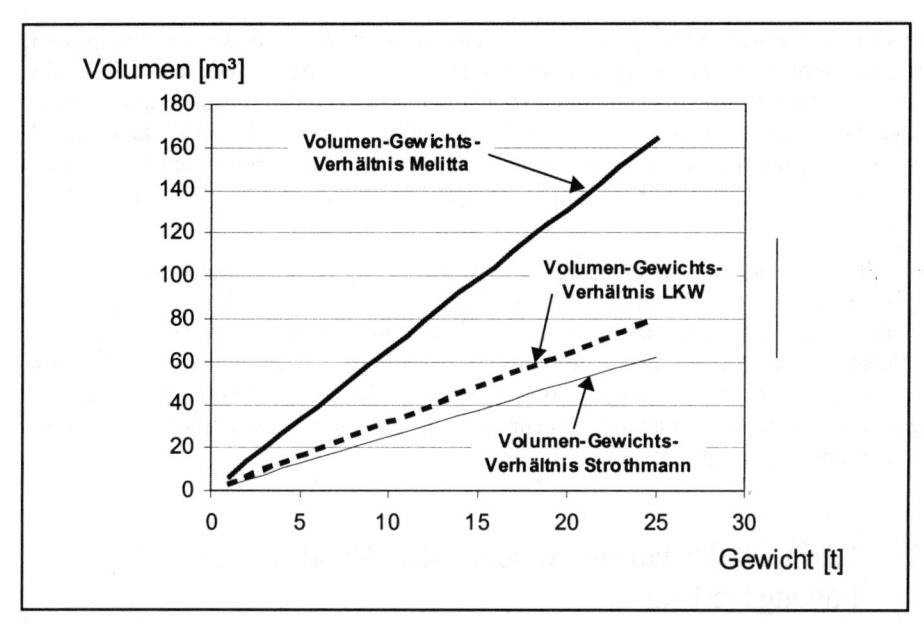

Abbildung 3: Volumen-Gewichts-Verhältnis der Ware der einzelnen Unternehmen

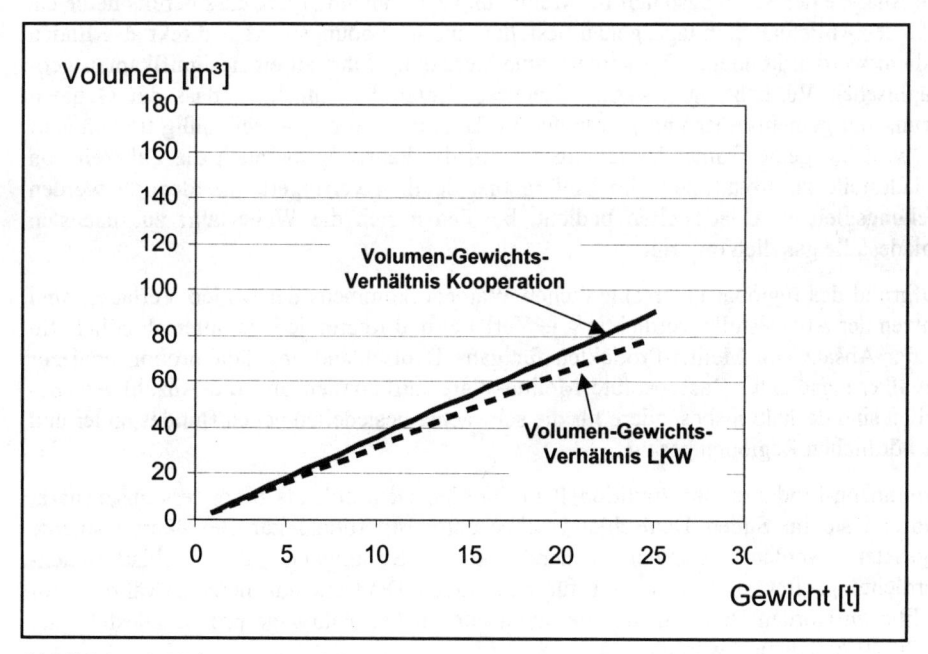

Abbildung 4: Volumen-Gewichts-Verhältnis der Ware der Kooperation

Durch die Kombination von voluminösen, leichten Melitta-Sendungen mit kompakten, schweren Strothmann-Sendungen kann das ungenutzte Ladevolumen der LKW, das zuvor bei Strothmann-Transporten entstand, durch Melitta-Ware ausgefüllt werden. Umgekehrt kann die ungenutzte Gewichtskapazität, die zuvor bei Melitta entstand, durch Strothmann-Ware ausgenutzt werden. Die Gesamtanzahl erforderlicher Fahrzeuge kann durch diese Effekte, bei Einsatz von Doppelstockverladung deutlich gesenkt werden.

Die verbesserte Laderaumausnutzung führt zu einem geringen Mehraufwand durch die eingesetzte Doppelstockbeladung. Die verwendeten Fahrzeuge müssen entsprechend vorbereitet und ausgerüstet sein und es entsteht ein zusätzlicher Handlingsaufwand bei der Beladung. Im Idealfall einer kombinierten Verladung kann die Ersparnis der Transportkapazität bis zu 25 % betragen, so dass dieser Aufwand schon ab einem relativ geringen Transportweg im Ladungsverkehr oder im Hauptlauf gerechtfertigt ist und zu einer Gesamteinsparung führt.

4.2 Geringere Distanzen zwischen den Abladestellen im Ladungsverkehr

Die Analyse der Sendungsdaten für Melitta und Strothmann ergab, dass bereits heute ca. 15% der Anlieferstellen tagesgenau bestellen und im Ladungsverkehr direkt ab Minden bedient werden können. Eine gemeinsame Verladung führt zu einer signifikanten geographischen Verdichtung des Anliefernetzes. Unter der Annahme, dass der Gebietssprung bei gemeinsamer und getrennter Verladung distanz- und zeitmäßig unverändert ist, wird bei gemeinsamer Verladung sowohl der Fahrtweg als auch die Fahrzeit von Abladestelle zu Abladestelle im Liefergebiet deutlich verringert. Im Idealfall werden deckungsgleiche Abladestellen bedient, bei denen sich die Weiterfahrt zur nächsten Abladestelle gänzlich erübrigt.

Aufgrund des regional unterschiedlichen Warenaufkommens der beiden Verlader, sind Nutzen der Abladestellenverdichtung je Verlader und Region jedoch unterschiedlich. So ist der Absatz von Melitta-Produkten für ganz Deutschland ungefähr proportional zur Bevölkerungsdichte. Das absolute Melitta-Warenaufkommen und die Anzahl Abladestellen sind deshalb insbesondere für die schwächer besiedelten neuen Bundesländer und die nördlichen Regionen gering.

Strothmann-Produkte sind traditionell im Norden Deutschlands besonders absatzstark, während sie im Süden Deutschlands eher unterproportional zur Bevölkerungsdichte abgesetzt werden. Dementsprechend kann Strothmann den Abladestellen-Verdichtungseffekt besonders gut für den Süden Deutschlands nutzen, während für Melitta im Norden Deutschlands die durchschnittlichen Fahrwege pro Abladestelle um ca. 30-40 % reduziert werden.

4.3 Bündelung von Abladestellen

Eine weitere Analyse der Abladestellen für Strothmann und Melitta ergab, dass ca. 1/3 der Lieferadressen deckungsgleich sind. Der Haupteffekt bei der Bündelung von Abladestellen ist hierbei in entscheidendem Maße an die Verwendung eines gemeinsamen Stückgutnetzwerks gekoppelt. So können die Umschlagpunkte im Stückgutverkehr gemeinsam genutzt und angefahren werden.

Auch kann die gleiche Lieferadresse von Strothmann- und Melitta-Stückgutsendungen nur bei gemeinsamen Umschlagpunkten im Stückgutnetzwerk überhaupt ablauftechnisch berücksichtigt werden. Eine Verdichtung der Abladestellen im Stückgutbereich wie bei den Abladestellen ist naturgemäß durch die Kooperation von 2 Konsumgüterherstellern in geringem Maße möglich. Für die Feinverteilung der Waren zu den POS wurden Dienstleister ausgewählt, die durch ihr eigenes Stückgutnetzwerk eine hohe Verdichtung von Anlieferstellen und somit weitergehende Synergien erreichen.

Aufgrund des z. Zt. noch geringen Anteils deckungsgleicher Abladestellen auf Tagesbasis ist es eine hoch priorisierte Aufgabe für die Zukunft, die Liefertage beider Unternehmen weiter zu harmonisieren. Die Vorteile aus dieser Bündelung kommen nicht nur Melitta und Strothmann in Form einer Kostenreduzierung, sondern ebenfalls den betroffenen Kunden zugute, bei denen die Anzahl der Rampenkontakte spürbar reduziert wird.

5. Erfolgsfaktoren und Erfahrungen

Aus den bisherigen Erfahrungen der Partner lassen sich folgende Erfolgsfaktoren für eine auf Dauer angelegte Kooperation zusammenfassen:

- Die Unternehmensvisionen von allen beteiligten Unternehmen beinhaltet kooperatives Gedankengut.
- Die Kooperation ist als Win-Win-Gemeinschaft angelegt.
- Gegenseitige Abhängigkeiten der Partner dürfen nicht nur als Last, sondern auch als Chance wahrgenommen werden, auch wenn kleinere Partner integriert werden.
- Einerseits muss ein Teil Eigenständigkeit aufgegeben werden, um andererseits einen „Mehrwertschaffenden Prozess" zu generieren.
- Es besteht der absolute Wille gemeinsame Wege zu gehen, auch wenn Rückschläge vorkommen können.
- Gegenseitiges Vertrauen muss über die Definition von eindeutigen Spielregeln, Zielsetzungen und Rollenverteilungen aufgebaut werden.

Diese Faktoren dürfen keinesfalls als „Worthülsen" verstanden werden, sondern sind von den beteiligten Partnern ständig mit Leben zu erfüllen. Nur so kann eine Kooperation dauerhaft funktionieren und auch schwierige Phasen durchstehen.

Aufgrund der unterschiedlichen Logistikphilosophien war es im Nachhinein sinnvoll die Zusammenarbeit step by step auszuweiten. Ein Erfolgskriterium war dabei das gegenseitige Kennenlernen der drei Partner. Die jeweiligen Einstellungen und Vorgehensweisen (bezüglich der Logistikprozesse) im Logistikmanagement wurden analysiert und dort wo notwendig angeglichen bzw. aufeinander angepasst. Wenn es sinnvoll erschien, wurde die Individualität der Distributionslogistik beibehalten.

Es hat sich außerdem als richtig erwiesen, die Zusammenarbeit und die Logistikprozesse möglichst konsequent einfach zu gestalten. Ein Hauptaugenmerk wurde u. a. darauf gelegt, den notwendigen Informationsaustausch zwischen allen Beteiligten in der Distributionslogistik in standardisierter und papierloser Form zu betreiben. So werden heute die Logistik-Informationen als EANCOM-Standardnachrichtentypen per EDI übermittelt.

Die Kooperationsbereitschaft und -fähigkeit ist in Deutschland sehr schwach ausgeprägt. Diverse Gespräche mit potenziellen Partnern haben dieses Defizit bestätigt. Obwohl erwiesenermaßen Kosten- und Servicepotenziale durch eine erweiterte Kooperation in der Lager- und Transportlogistik auszuschöpfen sind, verbleibt eine Vielzahl potenzieller Konsumgüterhersteller in den vertrauten und gelernten Logistikstrukturen. Gerade diese verharrende Eigenschaft macht sich der Handel zunutze und baut konsequent seine Beschaffungslogistik aus. Der Handel rückt dabei in der Logistikkette weiter nach vorne und definiert die Schnittstelle zur Distributionslogistik der Lieferanten neu. Immer mehr Handelsunternehmen stellen von Streckenbelieferung seitens der Hersteller auf Zentrallagerbelieferung um. Ein weiterer Trend ist die Selbstabholung bei den Distributionslägern der Lieferanten, um in eigener Regie konsequent Warenströme zu bündeln. Die Begründung für diese Trends liegt darin, dass seitens der Hersteller nicht ausreichend gebündelt wurde und wird. Finanziert wird das Vorrücken in der Logistikkette durch Logistikkonditionen, die sich z. B. aus den Alternativkosten der Lieferanten errechnen lassen. Dabei werden die Logistikkosten errechnet, die der Lieferant bei Anlieferung in Eigenregie hat. Je geringer der Lieferant Warenströme mit anderen oder seitens der Logistikdienstleister bündelt, desto höher sind seine Alternativkosten in der Logistik und somit auch die Logistikkonditionen. Wenn weitere Handelsunternehmen auf Selbstabholung umstellen, steigen die Alternativkosten zusätzlich an, da die zu distribuierende Tonnage geringer wird. Das wiederum kann zu weiter ansteigenden Konditionen führen. Die richtige Konsequenz der Lieferanten ist es also, die Warenströme mit anderen Herstellern zu bündeln.

Sowohl die Lieferanten- als auch die Handelslogistik werden in der Zukunft den Stellenwert entsprechend der Leistungsfähigkeit haben. Die Position der Lieferantenlogistik kann nur durch weitergehende Kooperationen und die Nutzung einheitlicher Netzwerke verbessert werden. Daraus ergibt sich auch aus Gesamtprozesskostensicht die optimale

Nahtstelle des Übergangs von Lieferanten- auf die Handelslogistik, denn jeder Partner sollte idealerweise den Part der Logistikkette übernehmen, den er am wirtschaftlichsten darstellen kann.

Die Kooperation zwischen Melitta, Strothmann und der MLS ist so ausgelegt, dass weitere Partner schnell und reibungslos integriert werden können. Die gelernte und gewünschte Logistik-Individualität soll so weit möglich und sinnvoll erhalten bleiben. Die möglichen Formen der Zusammenarbeit sind vielfältig. Sie reichen von der Zusammenlegung sämtlicher Prozesse in der Distributionslogistik bis zur Nutzung eines gemeinsamen Netzwerkes in der Transportlogistik.

6. Ausblick und Fazit

Primärer Nutzen der Kooperation sind die für alle beteiligten Kooperationspartner verminderten Ablaufkosten der Distribution, einschließlich des Lagerdienstleisters und die mit der Auslieferung beauftragten Speditionsunternehmen. Hierbei sei angemerkt, dass dieses Kostensenkungspotenzial allein durch bessere Auslastung von Transportgefäßen, Kombination der Warenbeschaffenheit und der Struktur der Abladestellen beider Verlader in einer für alle gewinnbringenden Weise zustande kommt. Die beschriebenen Einsparpotenziale liegen insgesamt im zweistelligen Prozentbereich. Die prinzipiellen Business-Benefits sind nachfolgend nochmals aufgeführt:

- positive Skaleneffekte im Lagerbereich
- Bündelungs- und Einkaufspotenziale bei Transporten
- Bessere Auslastung von Ladungen wegen günstigerem Volumen-Gewichts- Verhältnis der Sendungen bei einer gemeinsamen Distribution
- Reduzierung der Rampenkontakte beim Kunden bzw. bei Umschlagstationen
- Gewährleistung einer kundengerechten Logistikqualität; marktgerechte Lieferfähigkeit vorausgesetzt.

Dieses Kostensenkungspotenzial ermöglicht wiederum eine Preis- bzw. Konditionsgestaltung für die Waren der Verlader, mit denen die Attraktivität von Selbstabholungskonzepte für den Handel wesentlich reduziert werden können.

Bei der Größe des Transportvolumens, das die beiden Partner Strothmann und Melitta bündeln, können die für einen 24-h-Service (ab Distributionslager) erforderlichen nationalen Umschlagpunkte mit einer so hohen Auslastung der Transportgefäße direkt angefahren werden, dass eine auf Sammeltouren angewiesene Selbstabholung des Handels von den Prozesskosten über die gesamte Logistikkette teurer zu Buche schlägt (siehe Abbildung 5 u. 6).

Ein weiterer, nicht unerheblicher Effekt ist der schonungsvollere Umgang mit natürlichen Ressourcen und erhöhter Umweltfreundlichkeit der Distribution bei gemeinsamer Verladung hinsichtlich

- Reduziertem Kraftstoffverbrauch durch kürzere Wege
- Entlastung der Straßen durch reduzierte Anzahl an Fahrzeugen.

Durch eine intelligente Kombination von schweren Strothmann- und leichten Melitta-Produkten fahren beispielsweise weniger als 25 statt vormals 28 LKWs pro Tag nach Süddeutschland.

Durch die interne und externe Bündelung der Warenströme ab Lager MLS erreicht alleine Strothmann eine jährliche Reduzierung des Kraftstoffverbrauchs um mehr als 500.000 Liter Diesel.

Die positiven Effekte der Kooperation gehen also weit über einen rein kostenorientierten betriebswirtschaftlichen Horizont hinaus.

Trotz der langfristig angelegten Kooperation wurden auch erprobte, individuelle Verfahrensweisen in der Distribution beibehalten, wie z. B. der Freiheitsgrad bei der Steuerung der eingesetzten Dienstleister.

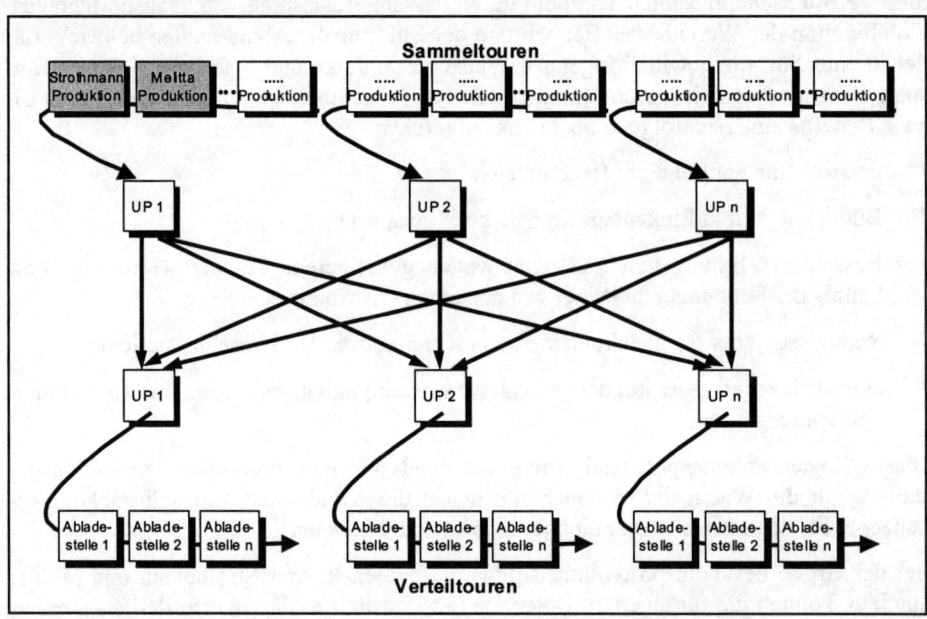

Abbildung 5: Selbstabholungskonzept des Handels für POS-Belieferung

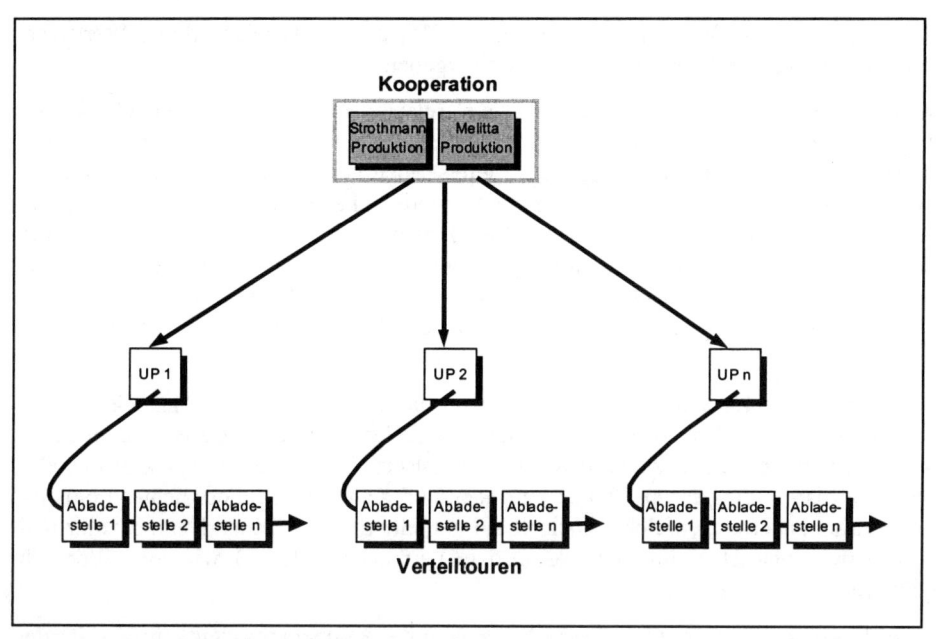

Abbildung 6: Logistikkooperationskonzept für POS-Belieferung

Durch die Bündelung der Transportströme ab dem Logistikzentrum Minden zu den Anlieferstellen, der zu einem großen Teil deckungsgleichen Kunden, wird die Auslastung der Fahrzeuge der beauftragten Speditionsunternehmen verbessert, das Verteilernetz innerhalb des Bundesgebietes verdichtet, eine zeitgleiche Belieferung gemeinsamer Kunden ermöglicht und parallel dazu die natürlichen Ressourcen und Umwelt geschont.

Das hierdurch erzielbare Kostensenkungspotenzial sowie die Entlastung der Rampen beim Handel stellt eine interessante Alternative zu der Abhollogistik des Handels dar. Gleichzeitig wird bewiesen, dass große und komplexe Logistikaufgaben auch ohne den Einsatz von Third- oder Fourth-Party-Logistics-Provider bewältigt werden können.

Das Logistikkonzept steht im direkten Wettbewerb zu den Selbstabholungskonzepten des Handels. Die optimale Nahtstelle des Übergangs von der Lieferanten- auf die Handelslogistik ist abhängig von Systemgrößeneffekten. Um die Gesamtprozesskosten zu minimieren, erfolgt der optimale Übergang umso später, je größer die Bündelung der Warenströme seitens der Hersteller ist. Es sollte hierbei jeder der Beteiligten den Part in der Logistikkette übernehmen, den er am wirtschaftlichsten darstellen kann.

Für die durch diese Kooperation erzielten Qualitätsverbesserungen und Kostensenkungen sowie für die erreichte wesentliche Reduzierung der Anzahl Straßentransporte, also sowohl aus ökonomischen wie aus ökologischen Aspekten, erhielten die Partner den

„Kooperationspreis Transport und Logistik 2001", die der Bundesverband Werksverkehr und Verlader und die DVZ gemeinsam vergeben.

Die beschriebene Logistikpartnerschaft ist ein Beispiel für einen „Mehrwertschaffenden Prozess". Passende logistische Allianzen machen die Distributionsprozesse effizienter, Logistikkosten werden bei gesteigertem Lieferservice gesenkt und die Wettbewerbsfähigkeit wird insgesamt verbessert. Durch eine weitergehende Bündelung auf der Lieferantenseite wird die Nahtstelle zwischen Lieferanten- und Handelslogistik zur Minimierung der Gesamtprozesskosten optimiert. Unter diesem Aspekt gilt: Je größer das gemeinsame Distributionsvolumen, umso später erfolgt der Übergang von der Lieferanten- auf die Handelslogistik und umso besser ist die diesbezügliche Verhandlungsposition.

Die beschriebene Kooperation soll andere Konsumgüterhersteller und Handelslieferanten motivieren, sich dem Vorgehen anzuschließen oder vergleichbare Kooperationen als Win-Win-Partnerschaften zu initiieren und umzusetzen. Ein ehrgeiziges Ziel der Gemeinschaft ist es, bundesweit Partner zu finden und gemeinsam ein effizientes Logistiknetzwerk zu generieren, welches speziell auf aktuelle und zukünftige Kundenbedürfnisse ausgerichtet ist. Denn im Hinblick auf den Wettbewerb gilt nach wie vor: „Wer sich nicht organisiert wird organisiert!"

In der Logistikmission werden die Zielsetzungen der Kooperation deutlich: *„...bis zum Jahr 2005 soll die Logistikkooperation zu einem überregionalem Netzwerk mit mehreren Logistikzentren, paarigen Verkehren und ausreichender Bündelung auf die Anlieferstellen der Kunden aufgebaut werden...."*

In Zukunft werden gerade die Kooperationen gewinnen, die über den Wertschöpfungsprozess in der Distributionslogistik hinausgehen und eine Zusammenarbeit über einen weiter gefassten Teil der Supply Chain zum Inhalt haben. Hier sind uns ausländische Märkte noch voraus. So gibt es in den USA aber auch bei unserem Nachbarn Niederlande erfolgsversprechende Beispiele für horizontale und vertikale Partnerschaften. Die Zukunft wird zeigen, inwieweit die Kooperationsbereitschaft in Deutschland zunimmt. Die vorgestellten Ergebnisse sollten hierfür Motivation genug sein.

Wilhelm Dangelmaier, Wolfgang Krebs, Ulrich Pape und Michael Rüther

Optimierung einer Wertschöpfungskette am Beispiel der Frachtenoptimierung im Projekt CoagenS

1. Produzieren in Netzwerken – Das Forschungsprojekt CoagenS

2. Das Teilmodul Frachtenoptimierung
    2.1 Gründe für eine Frachtenoptimierung
    2.2 Optimierte Lieferabrufe
    2.3 Die Optimierungsheuristik
    2.4 Neue Kommunikationsstrukturen

3. Weitere Vorgehensweise im Projekt

4. Fazit

1. Produzieren in Netzwerken – Das Forschungsprojekt CoagenS

Die zunehmende Globalisierung und die Notwendigkeit den großen Automobilherstellern in die jeweiligen Märkte zu folgen, führt im Bereich der Automobilzulieferindustrie zu einer Aufspaltung bestehender Wertschöpfungsketten. Die zunehmende Variantenvielfalt und Komplexität der Unternehmensprozesse führen gleichzeitig zu einer Konzentration auf sogenannte Kernkompetenzen – neben Entwicklungspartnerschaften entstehen vermehrt Produktionspartnerschaften. Die Fähigkeit eines Unternehmens, diese Netzwerke effizient betreiben und optimieren zu können, stellt mehr und mehr einen entscheidenden Wettbewerbsvorteil dar. Heute genutzte Verfahren und Systeme können diese neue Art von Unternehmensprozessen und die daraus entstehenden Anforderungen nicht mehr optimal unterstützen. Die gravierendsten Schwächen sind dabei:

- Eine Fokussierung auf lokale Optima, keine Berechnung eines Gesamtoptimums über Werksgrenzen hinweg,
- Keine Planung über einzelne Wertschöpfungsstufen hinweg, sondern nur von Produktionsstufe zu Produktionsstufe ohne gegenseitige Abstimmung,
- Einsatz von Sukzessivplanung (MRPII) anstatt von Simultanplanung,
- Die Prognosen der Bedarfsmengen berücksichtigen nicht interne und externe Restriktionen,
- Durch Losbildung geht der Bezug zu tatsächlich benötigten Bedarfsmengen für Einkaufsmaterialien verloren,
- Eine zeitnahe Planung des Produktionsprogramms ist nur eingeschränkt möglich,
- Mangelnde Systemunterstützung, teilweise manuelle Planung mit Daten aus dem ERP-System,
- Aufwendige manuelle Planung, deshalb zu geringer Planungshorizont. Keine Verdichtung der Bedarfe (Zusammenfassen von Lieferabrufen innerhalb eines Werkes bzw. zwischen mehreren Werken),
- Keine Berücksichtigung von Transportoptimierungen bei der Sekundärbedarfsbestimmung.

Neuere Supply Chain Management Systeme, die mittlerweile von nahezu jedem namhaften Hersteller von ERP-Systemen angeboten werden, beinhalten bereits sehr gut funktionierende Module für Demand Planning und Advanced Planning and Scheduling (APS) (Allard/Hartel/Hieber 1999).

Nachteilig sind jedoch die hohen Kosten für solche Systeme, die die finanziellen Möglichkeiten bzw. Bereitschaft von kleinen und mittelständischen Unternehmen übersteigt. Jedoch genau diese Unternehmen stellen oft das Rückgrat von Produktionsnetzwerken dar. Es müssen deshalb Lösungen entwickelt und zugänglich gemacht werden, die es auch diesen Unternehmen ermöglichen, sich optimal in einen Produktionsverbund einzubringen. Aus diesem Grund wurde das Forschungsprojekt CoagenS beantragt und im September 2000 genehmigt. Dieses Forschungs- und Entwicklungsprojekt wird mit Mitteln des Bundesministeriums für Bildung und Forschung (BMBF) innerhalb des Rahmenkonzeptes „Forschung für die Produktion von morgen" (Förderkennzeichen 02PP3112) gefördert und vom Projektträger Produktion und Fertigungstechnologien, Forschungszentrum Karlsruhe betreut.

Geplant ist die Entwicklung eines Multi-Agenten-Systems, das die Produktionsplanung und -lenkung innerhalb eines Produktionsnetzwerkes mit deutlich verbesserten Ergebnissen unterstützen wird. Es sind mittlerweile neue Verfahren entstanden, die neben der Systemunterstützung auch Auswirkungen auf vorhandene Organisationsstrukturen, Arbeitsabläufe und deren betriebswirtschaftliche Bewertung haben. Die hier vorgestellte Ausarbeitung konzentriert sich auf die bisher geleisteten Arbeiten zum Thema Frachtenoptimierung.

2. Das Teilmodul Frachtenoptimierung

2.1 Gründe für eine Frachtenoptimierung

Obwohl die Transportsituation auf den Straßen immer mehr chaotisch wird und bereits jetzt ein besorgniserregender Anstieg der Transportkosten zu verzeichnen ist, wird die seit Jahren dramatische Entwicklung im Güterverkehr Europas wenig thematisiert. Dabei sind folgende Aussagen allgemein bekannt:

- Prognos (Prognos 2001) geht von einer Steigerung des Wachstums im Güterverkehr in Europa um ca. 40 % von 1998-2010 aus.
- In Deutschland selbst werden bis zum Jahr 2015 ca. 70 % mehr Güter transportiert als 1997.
- Im Zeitraum von 01/1999 bis 06/2000 sind die Kosten alleine für Diesel um fast 70 % gestiegen. Die Treibstoffkosten haben dabei einen Anteil von ca. 15-30 % an den Gesamtkosten eines Transportunternehmens.
- Zusammen mit anderen negativen Effekten hat das Verkehrsgewerbe in diesem Zeitraum eine Kostensteigerung um fast 10-15 % hinnehmen müssen.

■ Durch die Einführung einer Straßenbenutzungsgebühr in Deutschland für LKW in 2003 entsteht ein zusätzlicher Kostenblock.

Echte Alternativen zu dem vorherrschenden Gütertransport auf der Straße sind in absehbarer Zeit nicht zu erwarten. Die Bahn hat ihre Bemühungen auf die Personenbeförderung konzentriert und dadurch versäumt, ihre Infrastruktur soweit zu modernisieren und zu erhalten, dass sie konkurrenzfähig am Markt auftreten kann. Der Forderung des Marktes nach einer hohen Flexibilität und kurzen Reaktionszeit kann die Bahn zur Zeit nicht nachkommen. Unternehmen können daher derzeit auf den Straßengüterverkehr nicht verzichten.

Es ist daher notwendig, durch unternehmensinterne Optimierung und engere Zusammenarbeit zwischen Verladern und Logistikdienstleistern, die Kapazitätsauslastung der Transporte zu steigern und so die Mehrkosten abzufangen. Die Höhe der wirtschaftlichen Belastung für produzierende Unternehmen wird deutlich, wenn man die Transportaufwände in absoluten Zahlen darstellt. Durchschnittlich werden 2,5 – 2,75 % vom Bruttoinlandsprodukt für Transporte ausgegeben. Demnach hat ein mittelständisches Unternehmen mit 250 Mio. € Umsatz ein durchschnittliches Frachtvolumen von 7 Mio. €. Ein größerer Automobilzulieferer mit z. B. 2 Mrd. Umsatz hat demnach bereits 55 Mio. € Frachtkosten - und dies sind nur Durchschnittswerte. Dies sind durchaus Beträge, die es sich zu untersuchen lohnt.

Aber auch neue Versorgungskonzepte, die im Rahmen von Supply Chain Management Initiativen umgesetzt werden, lassen eine Frachtkostenoptimierung aus Sicht des Kunden (Frachtzahlers) sinnvoll erscheinen. Die Einführung z. B. von Vendor Managed Inventory (VMI) erfordert die Kontrolle der Eingangsfrachten. Vendor Managed Inventory (VMI) bedeutet die Versorgung des Kunden durch den Lieferanten. Hierzu erhält der Lieferant Informationen zu „seinen" Lagerbeständen, den Lagerbewegungen und dem geplanten Produktionsprogramm seines Kunden. Der Lieferant legt also Liefermengen und Liefertermine fest und damit auch die entstehenden Eingangsfrachtkosten. Hier ist es notwendig, zusammen mit dem Lieferanten ein Frachtenbudget zu erarbeiten, bis zu welcher Höhe Frachtkosten vom Abnehmer übernommen werden und wie mit Frachtkosten verfahren wird, die von diesem Budget abweichen (positiv wie negativ). Im Rahmen des Projekts CoagenS soll hierzu ein Lösungsweg aufzeigt werden.

Dazu sieht die Optimierungsstrategie innerhalb des Projekts prinzipiell zwei Phasen vor. Zum einen eine Optimierung innerhalb eines Unternehmens/Konzerns und zum anderen eine Optimierung über Unternehmen hinweg durch den Logistikdienstleister. Die Optimierung innerhalb eines Unternehmens sieht die Betrachtung mehrerer Werke bzw. Produktionsverbünden vor und liegt in der Verantwortung des Unternehmens selbst. Das Ergebnis ist der sogenannte „Optimierte Lieferabruf".

Die zweite, nachfolgende Stufe der Optimierung erfolgt beim Logistikdienstleister durch die Schaffung neuer Kommunikationsstrukturen. Der Unterschied zum heutigen Zustand besteht hier im Wesentlichen in einer besseren Informationsversorgung des Logistikdienstleisters durch den Auftraggeber und der Aufweichung der A-B-C-Regel („Zuruf"-Spedition, vgl. Abschnitt 2.4).

2.2 Optimierte Lieferabrufe

Die Planungen der Automobilzulieferer beruhen überwiegend auf den vom Fahrzeughersteller (OEM) geplanten bzw. kommunizierten Bauzahlen. Diese Bauzahlen werden rollierend aktualisiert und in die ERP-Systeme übernommen. Die Kunden (Automobilhersteller) übermitteln in der Regel ihre Bedarfszahlen (Abrufe) über EDI, Fax oder Internetanwendungen. Diese Bedarfe gliedern sich in Lieferabrufe und Feinabrufe, wobei der Horizont der Lieferabrufe je nach Kunde zwischen 4 Wochen und 12 Monaten auf Wochen- oder Monatsbasis beträgt. Die Feinabrufe dienen zur zeitnahen Steuerung der Materialanlieferung beim Kunden, werden auf Tagesbasis übermittelt und haben einen Horizont von ca. zwei Wochen. Dieses sogenannte Rechenband bildet die Basis für die interne Kapazitätsplanung, Lieferanten- bzw. Einkaufsinformation, Produktionsplanung und Materialdisposition (Schulte 1999).

In der Produktionsplanung wird generell zwischen einer Langfrist- und einer Kurzfristplanung unterschieden. Die Langfristplanung erfolgt ein- bis mehrmals monatlich und dient hauptsächlich dem Erkennen von Kapazitäts- und Materialengpässen, der Materialdisposition sowie zur Personalplanung. Die Langfristplanung hat einen Planungshorizont von ca. 12 Wochen.

Die Kurzfristplanung dient der täglichen Steuerung der Produktion. Diese Planung erfolgt wöchentlich bis täglich. Zusätzliche Planungen können durch kurzfristige Ereignisse wie Nichtlieferung von Material, fehlendes Personal oder Schwankungen in den Kundenabrufen erzwungen werden. Die Kurzfristplanung hat einen Horizont von ca. zwei Wochen.

Die Produktionsplanung berücksichtigt eigene Kapazitätsbegrenzungen, fasst Bedarfe zu Losen zusammen, normiert Produktionsmengen auf Behältergrößen und berücksichtigt notwendige Vorproduktionen aufgrund von z. B. Wartung, Umbauten oder Urlaub. Das Ergebnis weicht von den Ursprungsdaten der Kunden ab, es entsteht also, analog der Eingangsdaten, ein den eigenen Anforderungen angepasstes Rechenband. Auf Basis dieser Produktionsplanung erfolgt die Materialdisposition. Das Ergebnis der Disposition wird dann als Lieferabruf an interne wie externe Lieferanten weitergeleitet.

Diese Vorgehensweise, die heute in Unternehmen gängige Praxis ist, birgt verschiedene Schwachstellen. In vielen Unternehmen (hier spez. Automobilzulieferer) wird mit sogenannten starren Planungskalendern gearbeitet. Diese Planungskalender sind materialgruppenspezifisch und weitgehend innerhalb eines Werkes optimiert (Zusammenfassung von Lieferungen eines Lieferanten für ein Empfängerwerk). Ebenfalls kaum berücksichtigt werden derzeit Optimierungen bzw. Abstimmungen über Werksgrenzen hinweg

Das Teilmodul Frachtenoptimierung 475

(Produktionsnetzwerke) oder sogar zwischen Produktionsnetzwerken. Durch diese Betrachtung auf einer übergeordneten Ebenen ergeben sich völlig neue Optimierungspotenziale (Busch/Rüther 2001).

Wie zuvor beschrieben, basieren die Materialabrufe der Werke auf den einzeln geplanten Sekundärbedarfen der Produktionsplanung, die durch die Disposition unter Berücksichtigung von Lagerbeständen, Losgrößen, Mindestbestellmengen, Vorlaufzeiten etc. kumuliert werden. Bei dem bisher eingesetzten Dispositionsverfahren werden allerdings die Frachtkosten nicht ausreichend berücksichtigt, die je Abholposition für den Transport vom Lieferanten zum Werk anfallen. Eine Verbesserung des Dispositionsablaufs insbesondere im Hinblick auf die anfallenden Frachtkosten wird durch eine werksübergreifende Optimierungsheuristik erreicht. Abbildung 1 stellt den Einsatz dieser Heuristik im Dispositionsprozess dar.

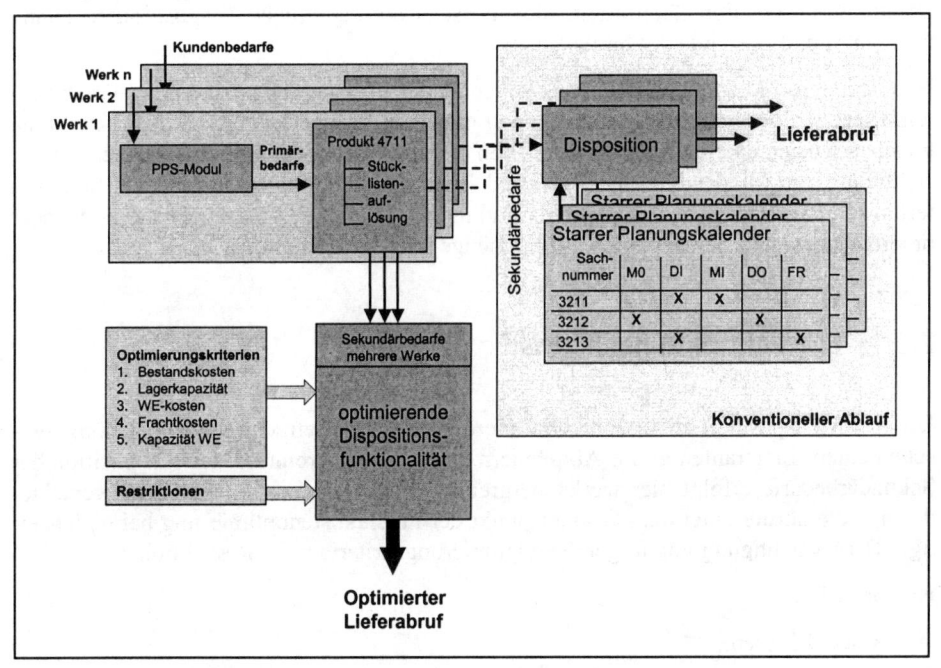

Abbildung 1: Einbindung der Optimierung in den Dispositionsprozess

Bei der Ermittlung des optimierten Lieferabrufes mit Hilfe der Optimierungsheuristik werden folgende Ziele verfolgt:

- Bildung optimierter Lieferabrufe über mehrere Werke/Produktionsverbünde hinweg
- Erreichen von kostenoptimierten Sendungsgrößen
- Erhöhung der Abholintervalle beim Lieferanten
- Controlling der Frachtkosten bei Lieferanten, die Vendor Managed Inventory betreiben.

Die Werke eines oder mehrerer Netzwerke bestimmen zu einem abgestimmten Zeitpunkt auf Basis ihrer Produktionsplanung die notwendigen Bruttobedarfe. Diese Bedarfe sind nicht disponiert (auf Bestelllosgröße angepasst). Die Bruttobedarfe werden an eine „zentrale" Disposition übermittelt, die ihrerseits die eigentliche Dispositionsrechnung durchführt und Bestände mit berücksichtigt.

Neu ist hier die Ausnutzung von einer sogenannten Alternativberechnung der Frachtkosten. Diese Art der Frachtkostenberechnung nutzt den Sachverhalt aus, dass für exakt die gleichen Kosten eine Gewichtsspanne „von – bis" versendet werden kann. Die Berücksichtigung von Mindestbestellmengen und Wiederbeschaffungszeiten ist natürlich weiterhin selbstverständlich. Das Ergebnis sind individuelle Lieferabrufe pro Werk, die aber untereinander synchronisiert sind (Abholmenge und Eintrefftermin).

2.3 Die Optimierungsheuristik

Die in der Disposition eingesetzte Optimierungsheuristik betrachtet die Beziehung zwischen einem Lieferanten und n Abnehmern eines Werksverbundes. Die Disposition der Sekundärbedarfe erfolgt hier werksübergreifend durch die Zusammenlegung verschiedener Lieferabrufe unter dem Gesichtspunkt der Frachtkostenoptimierung bei gleichzeitiger Berücksichtigung von folgenden Optimierungskriterien und Restriktionen:

- Bedarf,
- Bestandskosten,
- Lagerkapazität,
- Wareneingangskosten,
- Kapazität des Wareneingangs,
- Frachtkosten.

Als Ergebnis der Berechnungen werden schließlich die disponierten Abrufe mit geplanten Warenausgangsterminen erzeugt.

Das Teilmodul Frachtenoptimierung

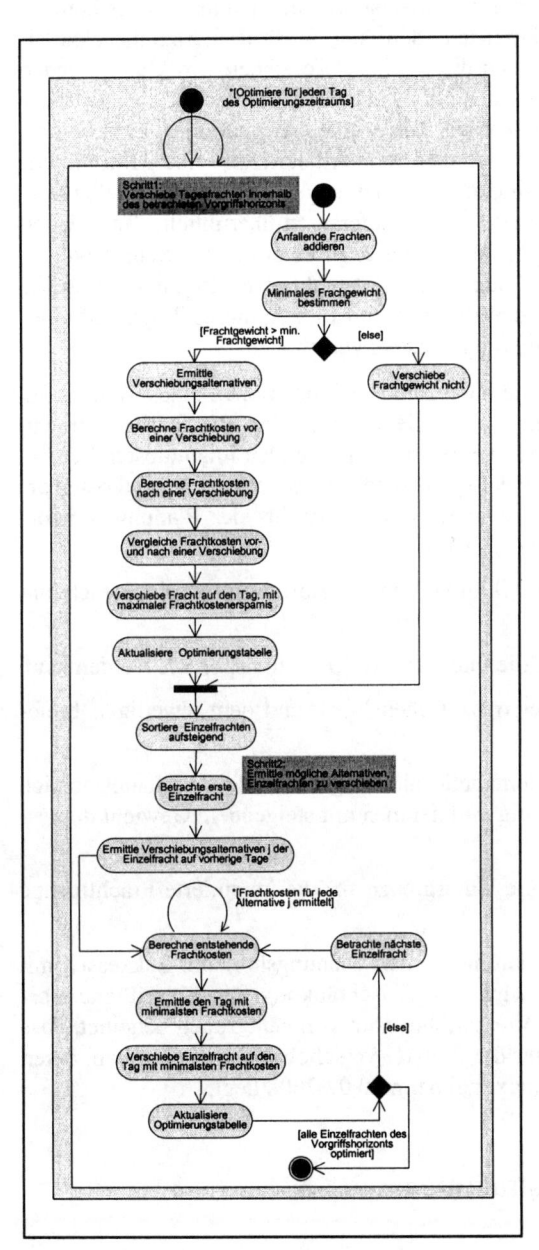

Abbildung 2: Ablauf Optimierungsheuristik

Innerhalb des Ablaufs der Heuristik wird der Planungshorizont nicht als Ganzes betrachtet, sondern wird mit einem festen Zeitfenster, dem sog. Vorgriffshorizont, sukzessiv durchlaufen, um den Bestandsaufbau durch das zeitliche Vorziehen von Materialbedarfen einzuschränken. Dadurch können Kosten für Bestände, die innerhalb des Zeitfensters verschoben werden, vernachlässigt werden. Das werksübergreifende Vorziehen der Bedarfe erfolgt so, dass dadurch im betrachteten Vorgriffshorizont eine Minimierung der Frachtkosten erreicht wird. Die ermittelten Bedarfsmengen werden anschließend für den Betrachtungszeitraum vom Abnehmer an den Lieferanten übermittelt. Einen Überblick über den Ablauf der Heuristik gibt Abbildung 2. In einem ersten Schritt werden zunächst die anfallenden Tagesfrachten summiert. Unterschreiten die kumulierten Tagesfrachten eine definierte Grenze, werden die Frachtpositionen dieses Tages auf einen früheren Zeitpunkt innerhalb des Optimierungsfensters verschoben.

Im anschließenden Schritt werden für die einzelnen Frachtpositionen eines Tages sinnvolle Verschiebungsalternativen gesucht. Für jede ermittelte Alternative, Frachtpositionen auf frühere Tage vorzuziehen, werden die entstehenden Frachtkosten berechnet. Die Frachtposition wird dabei auf den Tag verschoben, an dem die Frachtkosten am minimalsten sind. Dieser Zyklus wird solange durchlaufen bis der Planungshorizont durchlaufen ist (Dangelmaier/Pape/Rüther 2001).

Die folgenden Parameter fließen bei der Optimierung der Abrufe mit in die Berechnungen ein:

- Maximales Frachtgewicht: Menge, die maximal pro LKW transportiert werden kann
- Entfernungen: Fahrweg in Kilometern zwischen Werk und dem jeweiligen Lieferanten
- Frachttarife: Die in der Frachtkostentabelle hinterlegten Tarife sind hauptsächlich von den Transportgewichten abhängig und nehmen mit steigendem Gewicht degressiv ab
- Minimales Frachtgewicht: Stellt eine Untergrenze für die kumulierte Frachtmenge eines Tages dar
- Vorgriffshorizont: Die Heuristik durchläuft den Planungshorizont sukzessiv mit dem Vorgriffshorizont. Hierdurch wird eine Einschränkung für das zeitliche Vorziehen von Bedarfen erreicht. Ein Vorgriffshorizont von acht Tagen bedeutet, dass z. B. ausgehend vom 12.02.2002 nur die Bedarfe verschoben werden können, deren geplanter Wareneingang im Werk maximal beim 20.02.2002 liegt.

2.4 Neue Kommunikationsstrukturen

Mit der oben skizzierten Vorgehensweise geht dem Logistikdienstleister durch das Zusammenfassen von Lieferungen und Milkruns ein Teil seines Umsatzvolumens zugunsten seiner Kunden verloren. Allerdings kann mit Hilfe von neuen Kommunikationsstrukturen auch für den Logistikdienstleister zusätzliches Optimierungspotenzial geschaffen werden, so dass im Rahmen der partnerschaftlichen Zusammenarbeit wieder eine „Win-Win" Situation geschaffen wird.

Derzeit sieht die Disposition des Spediteurs vor, dass der Lieferant dem Spediteur die Versandbereitschaft grundsätzlich per Telefax unter Beachtung folgender Fristen anmeldet (A-B-C-Regel):

- Anmeldung am Tag A bis spätestens 14:00 Uhr
- Übernahme am Tag B zwischen 8:00 und 17:00 Uhr bzw. fixer Termin nach Absprache zwischen Lieferant und Spediteur
- Anlieferung am Tag C

A, B, C bezeichnen aufeinanderfolgende Arbeitstage, wobei Samstage, Sonn- und Feiertage nicht als Arbeitstage zählen. Der Tag der Anlieferung ist der in der Bestellung oder im Abruf genannte bzw. der durch den Lieferanten mit dem zuständigen Materialdisponenten vereinbarte Wochentag. Der Tag der Anlieferung ist durch den Lieferanten und unseren Spediteur gemeinsam zu realisieren.

Dies entspricht einer „Zuruf"-Spedition, ohne Möglichkeit der eigenen echten Optimierung für den Spediteur. Hier soll nun die neue Planungs- und Kommunikationsphilosophie einsetzen. Das wesentliche Merkmal ist dabei, dass die o. g. A-B-C-Regel aufgeweicht wird und der Logistikdienstleister Lieferabrufe vergleichbar denen des Lieferanten erhält. Damit ergibt sich folgendes Optimierungspotenzial:

- Optimierung der Frachten von einem Lieferanten zu mehreren Kundenwerken durch Reduzierung/Zusammenführung der Fahrten (1 – n Beziehung) z. B. im Vorlauf,

- Erweiterung der Milkruns durch Aufnahme von (Teil-)Mengen von Lieferanten, die durch den Optimierungszeitraum zur Bereitstellung verpflichtet sind (n – m Beziehung) und die Mengen avisiert haben.

- Es werden alle Transportaufträge in den Systemen des Spediteurs dargestellt. Es erfolgt eine Optimierung über alle angeschlossenen Kunden hinweg – nicht nur innerhalb eines Kunden bzw. dessen Kundenwerken.

- Langfristige Kapazitätsplanung. Daraus lassen sich frühzeitig Kapazitätsbedarfe ableiten und reservieren, ggf. bei Sublieferanten oder strategischen Partnern reservieren oder kündigen.

Die Lieferabrufe werden als Ergebnis der Disposition mit Hilfe der neuen Optimierungsheuristik als optimierte Lieferabrufe mit dem spätesten Wareneingangstermin (WE) generiert. Dieser Eingangstermin wird allerdings nicht an den Lieferanten weitergegeben, sondern durch den Spediteur zu einem Bereitstellungstermin umgerechnet.

Ausgangspunkt der Betrachtung sind die Ergebnisse der werksübergreifenden Bedarfsermittlung der einzelnen Werke des Automobilzulieferers (vgl. Abschnitt 2.3). Um das werksübergreifende Optimierungspotenzial realisieren zu können, ist es notwendig, dem Lieferanten nicht mehr wie heute üblich die Wareneingangstermine in den Werken mitzuteilen, sondern die entsprechenden Warenausgangstermine bzw. Bereitstellungstermine beim Lieferanten. Die Ermittlung der Bereitstellungstermine erfolgt neben der Beaufschlagung des Wareneingangstermins um die reine relationsbezogene Transportzeit auch noch um ein bedarfstypspezifisches Optimierungszeitfenster für den Spediteur. Der Zusammenhang zwischen Bedarfstermin, Transportzeit und Optimierungszeitfenster ist in Abbildung 3 verdeutlicht.

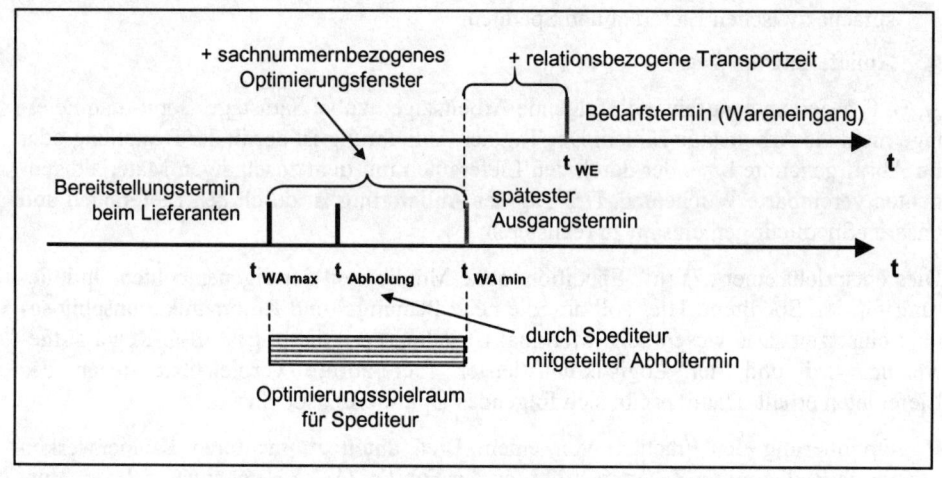

Abbildung 3: Berechnung des Bereitstellungstermins

Auf eine Transportanfrage eines Kunden wird die Übermittlung des gewünschten Vorlaufes für die angefragte Relation erwartet. Mit diesen Daten wird der „optimierte Lieferabruf" mit Wareneingangstermin (WE) zu einem „optimierten Lieferabruf" mit Bereitstellungstermin (BT) modifiziert. Die reine Transportzeit (TZ) definiert zusammen mit der Optimierungszeit (OZ) den Vorlauf zwischen Bereitstellungstermin und spätestem Eintrefftermin (BT = WE − (TZ + OZ)).

Dieser modifizierte Lieferabruf (mit Bereitstellungstermin) wird dem Lieferanten vom Kunden als Bedarf übermittelt. Zeitgleich geht der optimierte Lieferabruf ebenfalls an den Spediteur, jedoch enthält dieser Lieferabruf neben dem Bereitstellungstermin durch den Lieferanten auch den spätesten Eintrefftermin. Weiterhin enthält der Lieferabruf Daten, die der Spediteur für seine Optimierungsrechnung benötigt (Gewicht, Volumen, Verpackungseinheiten, etc.).

Die übermittelten Lieferabrufe enthalten weiterhin Informationen über die Priorität der Teile bzw. sind bereits in den Optimierungszeiträumen mit berücksichtigt. Je geringer die Priorität ist, desto länger ist der Optimierungszeitraum. Die Priorität entspricht im Wesentlichen der maximal gewünschten Reichweite für eine bestimmte Sachnummer. Über die Optimierungszeit OZ = 0 werden „Just in Time" Abrufe dargestellt.

Bei neuen Rechenläufen muss berücksichtigt werden, ob der Optimierungszeitraum für einen Transportauftrag bereits angebrochen wurde. Ist dies der Fall, muss der Optimierungszeitraum auf die noch verbleibende Zeit reduziert werden. Die Nennung des verbindlichen Abholtermins des Spediteurs beim Lieferanten erfolgt mit einem zu definierenden Zeitvorlauf (vgl. A-B-C-Regel). Nach Übermittlung des verbindlichen Abholtermins an den Lieferanten kann dieser nur noch in Ausnahmefällen geändert werden.

Ein Nebeneffekt dieser Vorgehensweise ist, dass sich die Wiederbeschaffungszeit in den Kunden-Dispositionssystemen entsprechend um die Optimierungszeit verlängert und der durchschnittliche Bestand sich um die halbe Wareneingangsmenge des Optimierungszeitraums erhöhen wird. Dieser zusätzliche Bestand wird teilweise beim Lieferanten, teilweise beim Kunden zu finden sein.

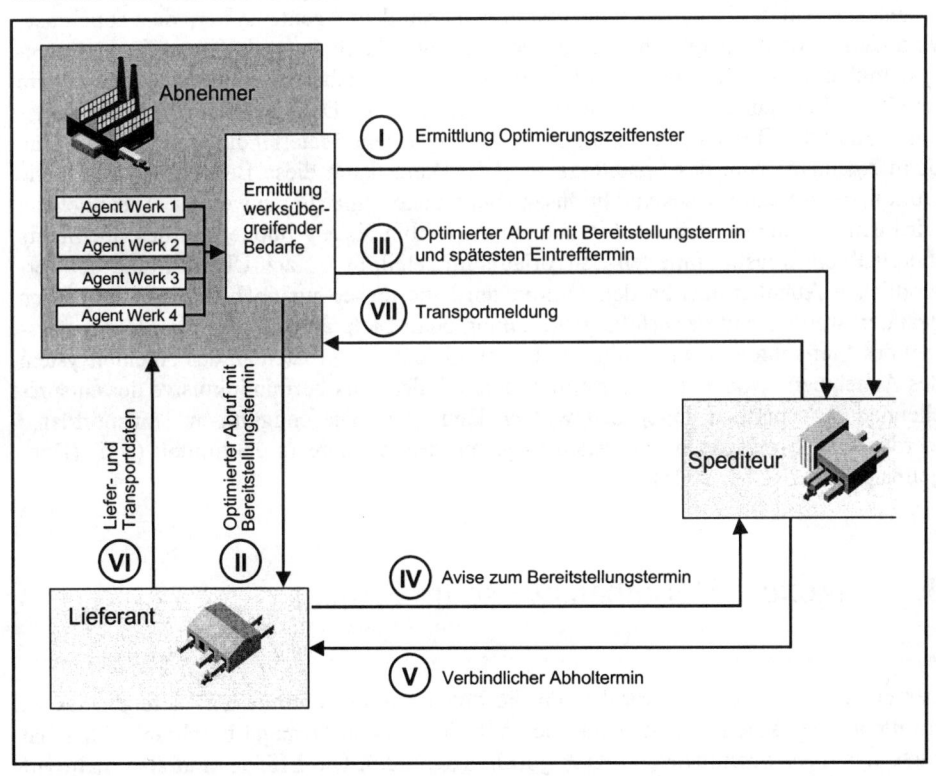

Abbildung 4: Kommunikationsstruktur innerhalb der Supply Chain

Die neu konzipierte Kommunikationsstruktur bei der Beschaffung von Sekundärbedarfen zwischen den Supply Chain Partnern Lieferant, Spediteur und Abnehmer ist in Abbildung 4 dargestellt. Gemäß den Vorgaben des Projekts wird diese Struktur mit Hilfe eines Multi-Agentensystems umgesetzt, so dass für jeden teilnehmenden Partner ein Agentensystem zum Einsatz kommt (Ferber 2001).

Im Zusammenspiel mit dem Speditionsagentensystem ermittelt das Agentensystem des Abnehmers, im Anwendungsfall ein Werk des Automobilzulieferers, die entsprechenden Optimierungszeitfenster, welche dem Spediteur zur Flexibilisierung seiner Planung eingeräumt werden (I). Die Ermittlung des Optimierungszeitfensters ist dabei im Wesentlichen abhängig von der Priorität der Bedarfe. Je geringer die Priorität aus Sicht des Abnehmers ist, desto größer kann der Optimierungszeitraum für den Spediteur ausfallen.

Die Resultate der werksübergreifenden Bedarfsermittlung werden dem Agentensystem des Lieferanten in Form eines Lieferabrufs mit gewünschten Bereitstellungsterminen mitgeteilt (II). Dieser Abruf kann unter Umständen in Menge und Zeitpunkt durch das Agentensystem des Lieferanten in Abstimmung mit dem Agentensystem des Abnehmers verändert werden. Zeitgleich werden die Resultate ebenfalls an das Speditionsagentensystem übermittelt (III). Jedoch enthalten diese Abrufe neben dem Bereitstellungstermin durch den Lieferanten auch den spätesten Eintrefftermin. Der Lieferant meldet im weiteren Verlauf den Bereitstellungstermin für das abgerufene Material durch eine Avisierung beim Agentensystem des Spediteurs an (IV). Damit kann diese Bedarfsposition in die Optimierungsrechnung des Speditionsagentensystems einbezogen werden. Anschließend wird dem Agentensystem des Lieferanten der verbindliche Abholtermin des Spediteurs innerhalb eines fest definierten Zeitvorlaufs mitgeteilt (V). Nach Übermittlung des verbindlichen Abholtermins an den Lieferanten kann dieser nur noch in Ausnahmefällen geändert werden. Mit der erfolgten Abholung beim Lieferanten meldet das Agentensystem des Lieferanten die tatsächlichen Transport- und Lieferdaten an das Agentensystem des Abnehmers, wobei als Liefertermin lediglich der Abholtermin inklusive der entsprechenden Transportzeit angegeben werden kann (VI). Die endgültigen Transportdaten werden vom Spediteur an das Agentensystem des Abnehmers übermittelt (VII) (Dangelmaier/Pape/Rüther 2001).

3. Weitere Vorgehensweise im Projekt

Derzeit wird ein Prototyp erprobt, um die Potenziale des optimierten Lieferabrufes zu ermitteln. Die aktuellen Tests sind noch auf ein Werk in Portugal beschränkt (dies hat allerdings mehr Schnittstellen- als Algorithmusgründe). Die Effekte sind also mehr auf die Ausnutzung der Alternativberechnung zurückzuführen. Erste Ergebnisse auf Basis von Realdaten geben Aufschluss über die Verwendbarkeit der Planungsheuristik. Für die Betrachtung lagen Daten für die Beziehung eines Werkes zu mehreren Lieferanten vor. Die einbezogenen Lieferanten verteilten sich auf die Länder Deutschland, Schweiz, Spanien, Frankreich, Italien, Großbritannien und Portugal. Die einbezogenen Abrufdaten lagen für einen Planungshorizont von neun Monaten vor.

Je nach Wahl der Länge des Vorgriffshorizontes für das Durchlaufen des Planungshorizontes und der Abrufstruktur bei den einzelnen Lieferanten ergeben sich teilweise erhebliche Einsparpotenziale. Die durchschnittliche Kostenreduzierung bezogen auf die untersuchten Relationen Werk-Lieferant beträgt 2,6 % bei einem Vorgriffshorizont von vier Tagen und bereits 14,0 % bei einem Vorgriffshorizont von acht Tagen. Dabei reduziert sich entsprechend auch die Anzahl der notwendigen Fahrten zu den Lieferanten.

Die erste Analyse zeigt, dass die entwickelte Heuristik durchweg Einsparungen in den Frachtkosten errechnet und gleichzeitig die Anzahl Warenausgänge reduziert. Diese Ergebnisse sind umso interessanter, wenn man berücksichtigt, dass die betrachteten Eingangswerte bereits einer intensiven manuellen Optimierung unterzogen wurden.

Aus diesen Gründen wird sich das Projekt noch stärker in Richtung der Frachtkostenoptimierung entwickeln und folgende Punkte in Zukunft angehen:

- Anbindung/Integration des Optimierungstools an das ERP-System,
- Simultane Betrachtung mehrerer Werke,
- Simultane Betrachtung mehrerer Lieferanten, die ein Werk beliefern,
- Optimierung der Heuristik,
- Definition von Regeln zur Einstellung der Optimierungsparameter.

4. Fazit

Das vorgestellte Konzept stellt für die Supply Chain Partner eine Möglichkeit dar, den Prozessablauf der Beschaffung von Sekundärbedarfen zu optimieren. Die werksübergreifende Bedarfsanmeldung ermöglicht dem Abnehmer, signifikant niedrigere Frachtkosten zu erzielen. Besondere Vorteile birgt die vorgestellte Heuristik für Unternehmen, die Beziehungen zu Lieferanten unterhalten, die viele Erzeugnisse an viele Werke ihres Werksverbundes liefern. Die Nutzung des Optimierungszeitraums für den Spediteur, innerhalb dessen die Abholung der Bedarfe beim Lieferanten erfolgt, ist für diejenigen Spediteure besonders vielversprechend, die mit mehreren Kunden bzw. Abnehmergruppen auf die vorgestellte Weise zusammenarbeiten. Der Zugriff auf stets aktuelle Daten ermöglicht es schließlich, die Planungen zwischen den Supply Chain Partnern schneller und sicherer durchzuführen.

Die Verbesserung der Kommunikationsstruktur innerhalb von Produktionsnetzwerken wie auch die Anwendung der Heuristik für die Frachtkostenreduzierung generiert für alle am Prozess beteiligten Partnern Vorteile. Neben einer Senkung der reinen Frachtkosten bietet die Nutzung von qualitativ hochwertigen und zeitnahen Informationen die Möglichkeit Bestände zu beeinflussen und Sonderaktionen, wie z. B. durch fehlendes Material, zu reduzieren. Die Berechnung eines „Frachtenbudgets" stellt sicher, dass bei alternativen Versorgungskonzepten weiterhin ein wirtschaftlicher Umgang mit den Frachtkonditionen sichergestellt ist. Der Spediteur bekommt durch die Integration in den Informationsfluss die Möglichkeit zu einer „eigenen Produktionsplanung" und damit zur Optimierung seiner Prozesse und Kapazitäten.

Weitere Möglichkeiten von der Analyse von Vergangenheitsdaten bis zur Zusammenlegung von nicht wertschöpfenden Funktionen sollen hier nur angedeutet werden. Grundvoraussetzung bleibt aber immer, dass der Wille vorhanden ist, Arbeitsabläufe zu ändern und auch zu bewerten. Die lokale Sicht muss einer „globalen" Bewertung von Arbeitsergebnissen weichen. Das ist vielleicht die größte Herausforderung.

Knut Alicke, Hartmut Graf und Stefan Putzlocher

Unternehmensübergreifendes Supply Chain Management realisiert multi-tier collaboration

1. Der Bullwhip-Effekt
    1.1 Gründe
    1.2 Gegenmaßnahmen

2. Moderne Planungskonzepte

3. Der Zeit einen Schritt voraus

4. Anschauliche Visualisierung

5. Ursachenforschung leicht gemacht

6. Supply Chain Management bei DaimlerChrysler
    6.1 Proaktive Methode ersetzt reaktive Methode
    6.2 Piloteinsatz eines SCM-Tools

7. Zusammenfassung und Ausblick

War Supply Chain Management (SCM) noch vor wenigen Jahren vielerorts ein Fremdwort, haben heute viele Unternehmen den Nutzen daraus erkannt. Besonders große Unternehmen bringen mittlerweile ihre internen Abläufe mit Hilfe von SCM-Software auf Vordermann. Mit diesen Maßnahmen stehen die Anwender jedoch lediglich am Anfang ihrer Optimierungsstrategien. Denn die interne Verbesserung von Prozessen ist nur ein Teil, ein weitaus höheres Potenzial für Einsparungen bietet die unternehmensübergreifende Kette.

1. Der Bullwhip-Effekt

Bei unternehmensübergreifenden Ketten tritt das Problem des Bullwhip-Effektes auf. Dieser Effekt ist seit den 60er Jahren bekannt, als Jay Forrester am Massachusetts Institute of Technology die Bücher System Dynamics und Industrial Dynamics veröffentlichte (Forrester 1961). Forrester modelliert das Verhalten von dynamischen Systemen mit Hilfe von nichtlinearen Gleichungssystemen. Er wendete diese Modellierung auf mehrstufig vernetzte Unternehmen an und untersuchte das Verhalten der Supply Chain bei unterschiedlichen Bedarfsverläufen. Schon damals wies der Wissenschaftler nach, dass sich die Schwankungen der Bestellungen der Kette in Richtung der Zulieferer (upstream) aufschaukeln. Allerdings hatte sich bis vor kurzem noch niemand die Mühe gemacht, den Effekt in der Praxis nachzuweisen.

In den 90er Jahren war das Ziel der meisten Unternehmen, die Durchlaufzeit zu verringern und Kapitalbindungskosten mit einer rigiden Bestandsreduktion zu verringern. Häufig wurden die Produkte, die Distributions- und Beschaffungskanäle nicht differenziert betrachtet, was zu einer unangepassten Bestandsreduktion und somit zu einem schlechten Servicelevel führte. Die Planung orientierte sich fälschlicherweise an den Mittelwerten und nicht an der Variabilität (einem Maß für die Schwankung) der Nachfrage.

1.1 Gründe

Die Kunden haben beim Kauf oder der Bestellung von Produkten eine gewisse Erwartung an die Lieferzeit. Wird diese Erwartung erfüllt, sind die Kunden zufrieden, bei Unzufriedenheit wechseln sie eventuell den Lieferanten. Ein logistisches Netzwerk, das aus Zulieferern, Produktion, Montage und einer evtl. mehrstufigen Distribution besteht, muss daher so dimensioniert werden, dass die Anforderungen des Kunden an die Lieferzeit erfüllt werden. In Abbildung 1 ist eine mehrstufige Supply Chain mit dem Bedarfsverlauf des Kunden und der Reaktionszeit der einzelnen Stufen dargestellt. Gezeigt wird auch der Order Penetration Point (OPP), an dem der Übergang von einer auftragsbezogenen zu einer auftragsneutralen Fertigung/Distribution stattfindet. In Richtung der Kunden kann eine Pull-Steuerung, beispielsweise realisiert durch eine einfache Lagerhaltungspolitik (Bestellpolitik) angewendet werden. Das Zuliefernetz bestimmt mit Hilfe von Prognosemodellen den zu erwartenden Bedarf, die Produkte werden in die nächsten Stufen gedrückt (push). Der OPP wird daher auch als die Pull/Push-Grenze bezeichnet.

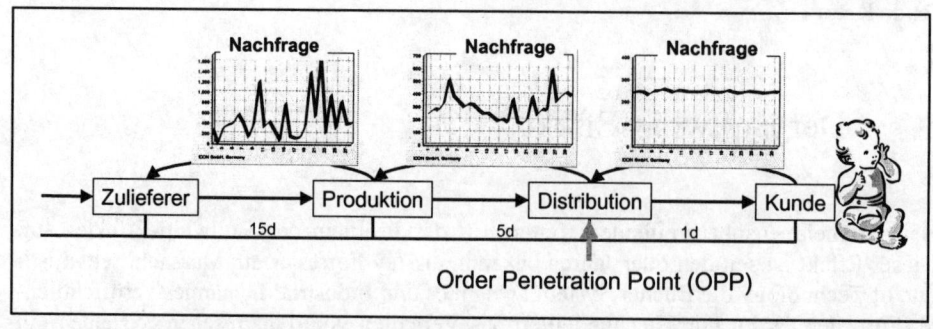

Abbildung 1: Struktur einer mehrstufigen Supply Chain, der Order Penetration Point (OPP) stellt den Übergang von einer auftragsneutralen (Push) zu einer auftragsbezogenen (Pull) Fertigung/Distribution dar. Die Reaktionszeit der Stufen ist in Tagen (d) dargestellt. Gezeigt ist auch das Aufschaukeln der Variabilität der Nachfrage.

Wie dies in der Praxis aussieht, zeigt folgendes Beispiel: Procter&Gamble (P&G) hatte Anfang der 90er Jahre ein nicht erklärbares Phänomen bei der Produktion und der Nachfrage des Verkaufsschlagers Pampers. Obwohl die Nachfrage des Marktes, hier ausgelöst durch die Babies, konstant war, bestellte der Großhändler, d. h. die Stufe nach der P&G-Produktion, sehr unterschiedliche Mengen (siehe Abbildung 1). Das führte zu Überkapazitäten, einer unzureichenden Prognosegüte und zu dem Aufbau von Beständen in der eigenen Produktionsstufe. Die Analyse zeigte weiterhin, dass die Bestellungen, die P&G seinen Zulieferern, etwa an das amerikanische Unternehmen 3M, übermittelte, noch stärker schwankten. Besonders augenfällig war, dass die Bestellungen nach der ersten Stufe, d. h. im Handel, nicht mehr mit dem ursprünglichen Bedarf der Babies korrelierten. Der Begriff des Bullwhip Effektes war geboren.

1.2 Gegenmaßnahmen

Hau Lee von der Stanford University untersuchte das Phänomen und fand vier Gründe für den Bullwhip-Effekt. So erstellt jede Stufe der Supply Chain eine eigene lokale Prognose des zu erwartenden Bedarfes, um Kapazitäten zu planen und Vorprodukte zu bestellen. Als Grundlage dienen hier die historischen Bestellungen der nächsten Stufe, die beispielsweise als Zeitreihe vorliegen. Diese Daten sind bereits von dem Planungssystem der nächsten Stufe verarbeitet worden und korrelieren i. d. R. nicht mehr mit den Bedarfen der Endkunden. Insbesondere bei Änderungen des Niveaus oder Saisoneinflüssen laufen einfache Prognoseverfahren dem realen Verlauf hinterher und erreichen das neue Niveau erst verzögert. Bei der Berechnung der zu produzierenden bzw. zu bestellenden Menge werden der aktuelle Bestand und die Prognose verwendet, es kommt zu einer Überreaktion auf die Niveauänderung. Die nachfolgende Stufe hat nun das gleiche Problem, somit schaukeln sich die Überreaktionen entlang der Kette auf.

Eine immer größere Vielfalt an Varianten kann dazu führen, dass die variantenbestimmenden Komponenten schon in einem sehr frühen Stadium produziert werden. Eine Gegenmaßnahme ist die späte Variantenbildung (engl. postponement), hier werden die Prozesse, bzw. Produkte modularisiert und anschließend nach logistischen Gesichtspunkten neu zusammengestellt.

Eine Gegenmaßnahme, die von *Alicke und Kowalewski* (Alicke/Kowalewski 2001) dargestellt wird, ist die Glättung der Auftragsdaten, um die Variabilität schon in der Entstehung zu verringern. Das Aufschaukeln wird verringert, die Bestände entlang der Supply Chain können deutlich reduziert werden. Die stochastische Nachfrage wird über die Stufe, die den Kundenbedarf befriedigt, abgefangen. Erfolgreich angewendet wurde das beschriebene System in der High-Tech Industrie bei stark volatilen Märkten.

2. Moderne Planungskonzepte

Die heutigen Planungskonzepte erlauben zumeist den Blickwinkel auf mehrere Standorte eines Unternehmens. Sinnvoll wäre es, dieses Konzept auch auf die verschiedenen Ebenen unterschiedlicher Unternehmen, also die Zulieferer, umzusetzen. Allerdings zeigt die Erfahrung, dass es meist schon schwierig genug ist, die eigene Logistikkette in den Griff zu bekommen. Die Optimierung von unternehmensübergreifenden Abläufen gestaltet sich ungleich schwieriger. Jedes Unternehmen versucht für sich, die Liefertermine zu halten. Gibt es Schwierigkeiten oder einen Engpass, lässt man sich selten in die Karten schauen, sondern reagiert aus Sicherheitsgründen lieber mit höheren Beständen oder zusätzlichen Schichten – mit den bekannten kostenintensiven Folgen. Nicht zuletzt steigt die Gefahr, dass ganze Lose/Chargen verschrottet werden müssen, da inzwischen ein Teil der produzierten Komponenten überholt ist. Dies ist insbesondere bei Konstruktionsänderungen der Fall, die häufig mit einem zu großen Zeitverzug durch die Kette propagiert werden. Diese Teile wurden nicht nur umsonst gefertigt, auch deren Verschrottung/Entsorgung ist teilweise mit beträchtlichen Kosten verbunden.

Mit einer unternehmensübergreifenden Planung könnten die Zulieferer sich besser untereinander absprechen. Ein Zulieferer auf der 4. Stufe könnte sich beispielsweise mit der Fertigung eines Produktes A eine Woche länger Zeit lassen, da es beim Zulieferer der dritten Stufe erst in einem Monat gebraucht würde. Der zumeist sinnlose Druck, der entlang der Lieferkette aufgebaut wird, entschärft sich erheblich. Mit einer geeigneten Software lässt sich die Unruhe aus der gesamten Kette herausnehmen. Im gleichen Maße ist es sinnvoll, nicht nur Bestände abzugleichen, sondern auch Kapazitäten, was allerdings nur mit speziellen Planungsalgorithmen möglich ist. Für den Auftraggeber bietet diese Vorgehensweise ebenfalls erhebliche Vorteile. Wenn Probleme in tiefergelegenen Ebenen der Supply Chain nicht früh (und die Praxis zeigt, dass die Ursache oft Wochen zurückliegt) erkannt werden, müssen schließlich auch auf dieser Ebene kostspielige Gegenmaßnahmen in Gang gesetzt werden.

Zur Realisierung dieser Konzepte ist eine zentrale Informationszentrale, sozusagen der Leitstand der Supply Chain, nötig. Zusammen mit einem Workflowsystem zur Unterstützung der Kommunikation und modernen Planungsalgorithmen werden die Probleme behoben.

3. Der Zeit einen Schritt voraus

Viele Unternehmen scheuen sich, eine zentrale Planungsinstanz für eine unternehmensübergreifende Kette zu installieren. Dies hat sicher auch technische Gründe, häufiger scheint jedoch die menschliche Komponente die eigentliche Ursache zu sein. Mit partnerschaftlichen Planungskonzepten wie ECR (Efficient Consumer Response), VMI (Vendor Managed Inventory), LLZ (Lieferanten Logistik Zentrum) und CPFR (Collaborative Planning, Forecasting and Replenishment) werden die Prozessabläufe zwischen den Unternehmen verändert. Aufgaben, die bisher doppelt bearbeitet wurden, werden nur noch von einer Seite ausgeführt. Andere Aufgaben wechseln den Verantwortungsbereich, somit verändert sich auch die Kostenstruktur auf beiden Seiten. Und eine partnerschaftliche Planung bedeutet nicht zuletzt auch einen Teil seiner Unternehmensdaten preiszugeben.

Das innovative Karlsruher Unternehmen ICON hat in Zusammenarbeit mit DaimlerChrysler die Zeichen der Zeit erkannt und geht mit der Lösung ICON-SCC einen Weg, der auch skeptische Zulieferer überzeugt. Prinzipiell lässt man die lokale Planung unangetastet und steuert die Kette durch Vorgaben von Bestandskorridoren in Form von dynamischen Reichweiten. Liegt der Bestand eines Produktes in einem Standort in diesem Korridor, so läuft die Kette „in-sync", d. h. mit der nötigen Flexibilität, um auf Änderungen zu reagieren, aber der nötigen Sicherheit, um Engpässe zu vermeiden. Dabei unterstützt das bewährte Konzept Plan-by-Exception den Planer bei der Konzentration auf das Wesentliche (Alicke/Mannchen 2001).

4. Anschauliche Visualisierung

Um komplexe Zulieferketten zu steuern, benötigt man Informationen aus den tiefen Supply Chains. Genau diese bringt ICON-SCC zum Vorschein (siehe Abbildung 2). Bestände werden visualisiert, eine anschauliche Ampelfunktionalität gibt Auskunft über einen drohenden Engpass oder zu hohe Eindeckung. Wie das praktisch funktioniert, zeigen einige Beispiele: So werden Produkte, die in-sync laufen, grün dargestellt und müssen nicht weiter beachtet werden. Da es bei einer Unterschreitung der Reichweite zu einem produktionsbedrohenden Engpass kommen kann, erscheint dieser Zustand in rot. Im Gegensatz dazu führt ein hoher Bestand zu einer reduzierten Flexibilität und unnötigen Kapitalbindungskosten. Gelb visualisiert dem Planer, dass Handlungsbedarf besteht. Die Visualisierung der echten Bestände erlaubt dem Planer ein proaktives Eingreifen.

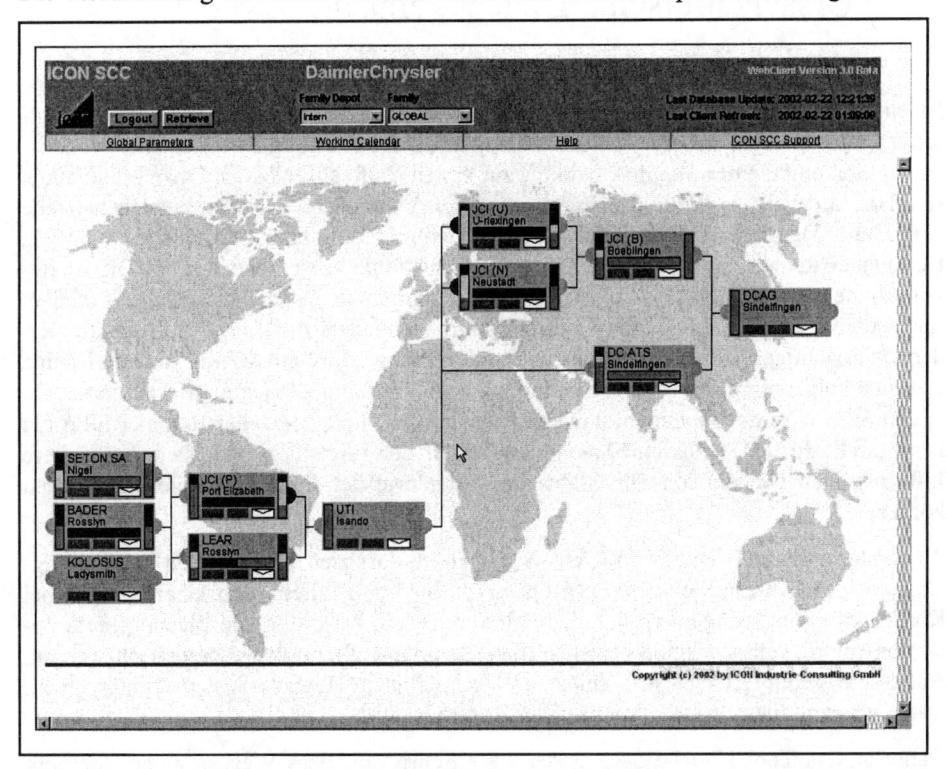

Abbildung 2: Der Übersichtsbildschirm von ICON-SCC (Supply Chain Collaboration), die Unternehmen werden in dem Supply Chain Leitstand über den Status der aktuellen Bestände informiert. Somit wird ein proaktives Handeln im Sinne von plan-by-exception unternehmensübergreifend ermöglicht.

Das zugrunde liegende Verfahren ermittelt die optimalen Zielbestände auf den jeweiligen Stufen. Die verwendeten Algorithmen sind adaptiv, d. h. die Bestände passen sich systematisch der Dynamik des Marktes an. Die historischen Servicelevel der Knoten des Netzwerkes, die Transport- bzw. Reaktionszeiten werden verwendet, um eine optimale Eindeckung zu gewährleisten. Eine adaptive Anpassung ist hier essentiell, um auf Stabilisierungseffekte in den Prozessen zu reagieren. Die Zieleindeckung würde in einem solchen Fall reduziert werden.

Die Nutzer arbeiten auf einem intuitiv zu bedienenden Web-Interface, das den Planern eine langwierige Einarbeitung erspart und eine schnelle Übersicht über die aktuelle Bestands- und Kapazitätssituation gibt.

5. Ursachenforschung leicht gemacht

Ist ein Problem, z. B. eine Unterdeckung, aufgetreten, ist es interessant, Ursachenforschung zu betreiben, was durch das Aufklappen der Kette ermöglicht wird. Die Stücklisten werden entlang der Supply Chain bis zur ersten Stufe aufgelöst und man erhält einen Einblick, an welcher Stelle die Probleme durch Unter-/Überdeckung entstehen (siehe Abbildung 3). Diese Auflösung ist auch in Richtung Zulieferer und Kunden möglich. Der Planer kann sehr schnell eingreifen und bilaterale Gespräche führen. Die häufig vorzufindende Situation, dass ein Grossteil der Varianten lieferfähig ist, aber trotzdem für wenige Varianten ein Engpass besteht, wird vermieden, die richtigen Produkte werden zum richtigen Zeitpunkt produziert und verschickt. Wichtig für eine kurzfristige Entscheidungsgrundlage ist die Einbindung von Tracking&Tracing Informationen. In ICON-SCC wird der Pipelinebestand angezeigt. Über die Lieferscheinnummer führt ein Link direkt zu den Tracking&Tracing Systemen der Logistikdienstleister, wo weitere Informationen wie der aktuelle Status und Standorte der Lieferung abgefragt werden können.

Zu den besonderen Stärken von ICON-SCC gehört, dass sich mit ihm auch Engineering-Changes durch die gesamte Kette propagieren lassen. Fehlteile und Überbestände bei Konstruktionsänderungen werden dadurch vermieden. Da die lokale Planung nicht beeinflusst wird, müssen keine bestehenden (Planungs-) Grenzen niedergerissen werden. Außerdem vereint ICON-SCC selbst unterschiedlichste Legacy-Systeme unter einem Dach, was vor allem in stark wachsenden Branchen zählt.

Dabei ist das Tool ICON-SCC nur der erste Schritt auf dem Weg zu einer unternehmensübergreifenden Optimierung. Für weitere Erfolge sollte nach der bilateralen Bestandsabstimmung auch eine Kapazitätsabstimmung beginnen. Dieser Vorgang, der sich zunächst nur zwischen zwei oder drei Partnern abspielt, lässt sich auf die gesamte Kette ausdehnen. Auch hier gilt, dass keine Produktionspläne angegeben werden, sondern mit

Bandbreiten gearbeitet wird. Diese Vorgehensweise schafft Vertrauen auf beiden Seiten; Ängste vor dem gläsernen Unternehmen können so genommen werden. Unabdingbar für die erfolgreiche Umsetzung dieser komplexen und sensiblen Idee ist jedoch ein großes Planungs-Know-How seitens der Software. Nur mit aufwändigen und durchdachten Algorithmen können diese Probleme gemeistert werden.

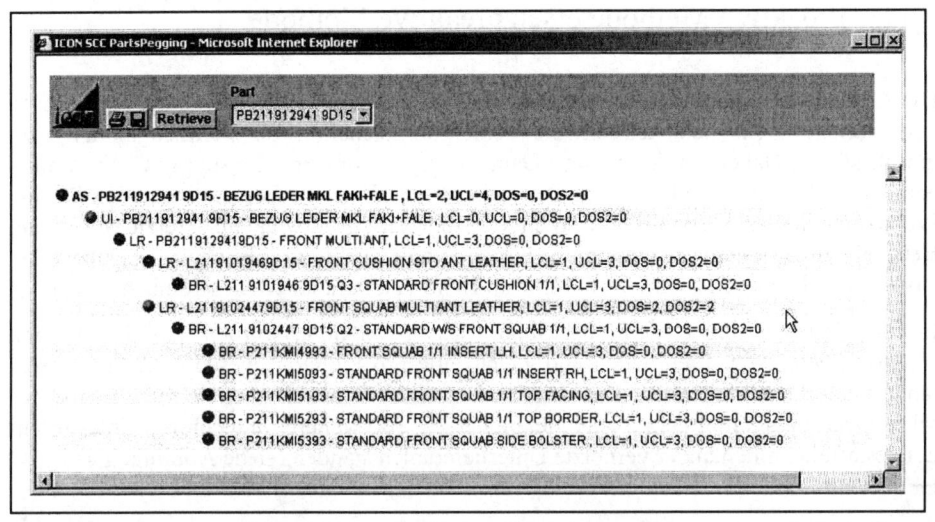

Abbildung 3: Durch Aufklappen der Supply Chain in Richtung Zulieferer oder in Richtung OEM wird Ursachenforschung leichtgemacht.

6. Supply Chain Management bei DaimlerChrysler

Den Auslöser für die ersten Supply Chain Management-Aktivitäten bei DaimlerChrysler im Werk Sindelfingen bildeten Versorgungsengpässe für Türinnenverkleidungen der C-Klasse im Zuge der Modellpflege im Jahre 1997. Wegen der unerwartet hohen Marktnachfrage konnten nicht genügend Türinnenverkleidungen vom Systemlieferanten bereitgestellt werden. Sehr schnell wurde jedoch klar, dass nicht dieser der Verursacher dieser Unterlieferung war, sondern ein Unterlieferant für Vormaterial. Dieser Unterlieferant hatte bereits vor der Modellpflege an 7 Wochentagen in 3 Schichten - also rund um die Uhr - gearbeitet, um die Ausbringung von 1.000 Teilen pro Tag sicherzustellen. Die Erhöhung des Bedarfs auf 1.500 Teile pro Tag konnte daher nicht durch die Ausweitung der Arbeitszeit, sondern nur durch die Installation einer zusätzlichen Anlage gelöst werden. Die Inbetriebnahme dauerte jedoch einige Wochen, so dass in den Werken Sindelfingen und Bremen rund 2.000 Fahrzeuge der C-Klasse nicht produziert werden konnten und weitere 3.000 Fahrzeuge nachgerüstet werden mussten. Darüber hinaus kam es durch notwendige kurzfristige Programmumschichtungen in der Folge zu Fehlteilen bei weiteren Modellen.

6.1 Proaktive Methode ersetzt reaktive Methode

Die Anwendung ausschließlich reaktiver Methoden in einstufigen Beschaffungsprozessketten reichte nicht mehr aus, um die Versorgungssicherheit der Fahrzeugmontage zu gewährleisten. Daher wurde im Haus DaimlerChrysler das Projekt Supply Chain Management (SCM) aufgesetzt. Ziel des Projektes ist es, proaktive Logistikmethoden für die Produktion in Beschaffungsnetzwerken von morgen zu entwickeln. Hierzu wurde am Beispiel der Türinnenverkleidung der E-Klasse untersucht, wie Beschaffungsnetzwerke aussehen und wie sich solche Netzwerke an Hand von Parametern beschreiben lassen.

In einer Datenaufnahme, dem sog. Supply Chain Mapping, wurden zunächst die am Netzwerk beteiligten Lieferanten und gleichzeitig pro Lieferant wesentliche Prozessparameter wie Durchlaufzeiten, Kapazitäten, Bestände, Constraints etc. ermittelt. Überraschend war, dass hinter dem Systemlieferanten ca. 100 weitere, in mehreren Unterstufen tief gestaffelte, miteinander vernetzte Unterlieferanten standen (siehe Abbildung 4).

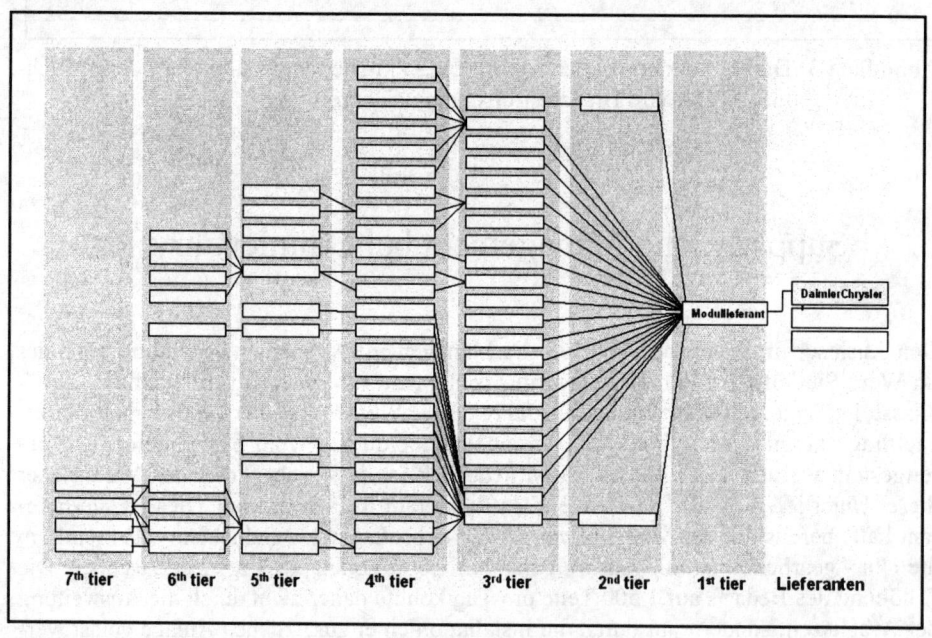

Abbildung 4: Netzwerk Türinnenverkleidungen E-Klasse.

Mit Hilfe der Simulation gelang es, das dynamische Verhalten des Netzwerks „Türinnenverkleidung E-Klasse" darzustellen und zu analysieren. So wurden anhand eines Szenarioprozesses z. B. die Auswirkungen von Programmveränderungen auf die einzelnen Stationen des Netzwerks untersucht und mit einer Sensitivitätsanalyse kritische Beschaffungsketten identifiziert. Ein Ergebnis der Sensitivitätsanalyse war zum Beispiel, dass nur Lieferanten, bei denen zwei oder mehrere spezifische Merkmale zum Tragen kamen, als kritisch eingestuft werden mussten (siehe Abbildung 5).

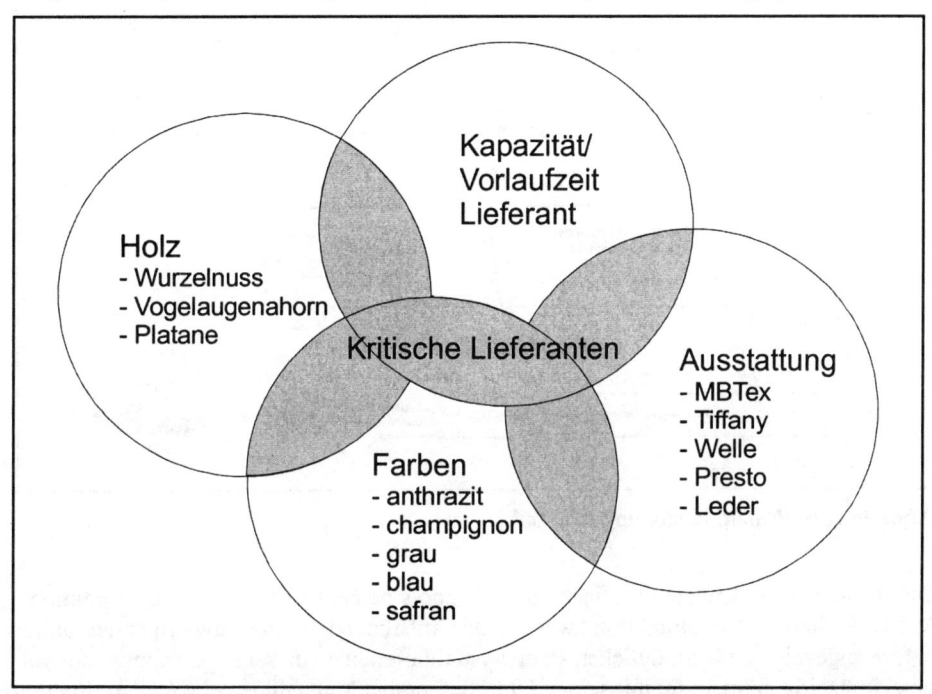

Abbildung 5: Merkmalsausprägung für kritische Lieferanten der Türinnenverkleidung E-Klasse

6.2 Piloteinsatz eines SCM-Tools

Als ein solcher „kritischer Ast" stellte sich in der Simulation und Sensitivitätsanalyse die Beschaffungskette für Leder-Türmittelfelder heraus. Für ein Pilotprojekt wurde deshalb diese Prozesskette in enger Zusammenarbeit mit dem entsprechenden Systemlieferanten herausgegriffen. Die Standorte der Lieferanten am Anfang dieser Beschaffungskette liegen in Südafrika. Die Vorlaufzeit beträgt hier bis zu 60 Tagen bezogen auf den Montageeinbau in Sindelfingen. Mit einem internetbasierten Tool, dem Information Control Tool (IC-Tool) auf Basis ICON-SCC, wird seit November 1999 die gesamte Prozesskette vom Kunden bis zum Unterlieferanten in der 6. Stufe transparent gemacht und visualisiert. Jeder Lieferant hat seitdem einen Überblick über die Bruttobedarfe, Bestände und Kapazitäten in der gesamten Beschaffungskette (siehe Abbildung 6).

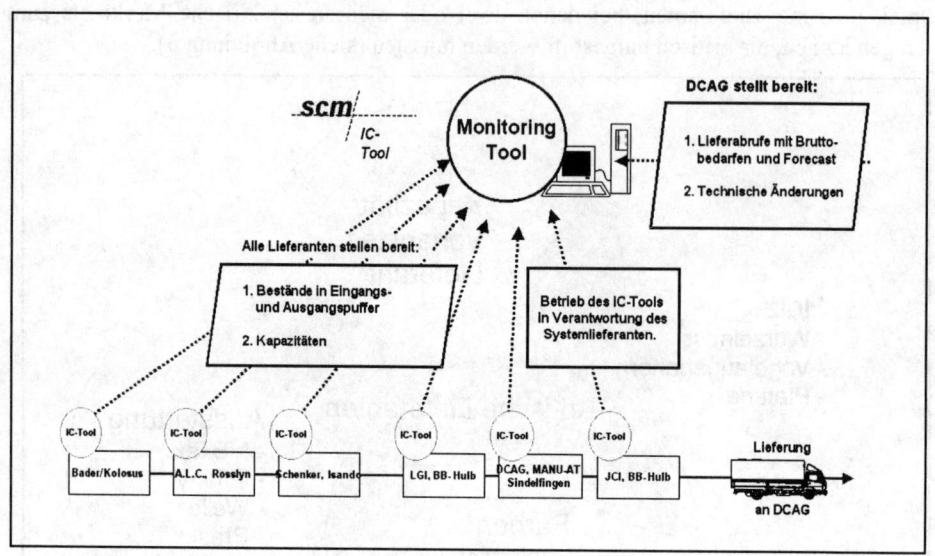

Abbildung 6: Prinzipdarstellung IC-Tool

Die web-basierte Benutzeroberfläche des IC-Tools bedient sich einer „Ampelfunktion". Mit Hilfe dieser „Ampelfunktion" werden sich anbahnende Lieferschwierigkeiten online sofort angezeigt und ermöglichen dem Systemlieferanten in seiner Gesamtverantwortung frühzeitig gemeinsam mit seinen Unterlieferanten Maßnahmen einzuleiten. Integraler Bestandteil dieses Projektes war eine ökonomische Untersuchung, bei der die wichtigsten Einflussfaktoren und Stellhebel erfasst wurden, die in einer prozesskettenübergreifenden Kosten-Nutzen-Analyse mündeten. Ebenso wurde ein Beteiligungsmodell entwickelt, so dass alle Lieferanten von den gewonnenen Einsparungen profitieren. Einsparpotenziale in der Größenordnung von über 20% der gesamten Logistikkosten entlang der gesamten Prozesskette sind in diesem Beispiel erreicht worden. Darüber hinaus fühlen sich 75% der beteiligten Unternehmen durch das System besser informiert als vorher. Seit der Einführung des IC-Tools konnten dadurch die Feuerwehraktion deutlich reduziert werden. Ein weiterer Vorteil ist in der Flexibilität bei der Planung und Ausführung zu sehen. Das zentrale Ziel modernen Supply Chain Managements, einen kontinuierlichen Material- und Informationsfluss, wird erreicht. Des Weiteren lässt sich bereits heute abschätzen, dass 5-10% der wichtigsten Beschaffungsprozessketten mit einem solchen SCM-Tool effizient gesteuert und damit erhebliche Potenziale erschlossen werden.

7. Zusammenfassung und Ausblick

Die Bereitstellung von Informationen über Nachfrage, Konstruktionsänderungen und Bestände entlang der gesamten Kette erhöht erheblich die Planungssicherheit und besitzt eine große Zukunft. Diese Art der Planung sollte immer bedacht werden, wenn die Variantenbildung sehr früh stattfindet und die Produkte knapp oder teuer sind.

Hier übernimmt ein modernes Supply Chain bzw. Logistik-Werkzeug die Planungs-, Kontroll- und Informationsaufgaben über die Unternehmensgrenzen hinweg. Gleichzeitig dient das Instrument als Managementsystem, das eine Steuerung und Kontrolle der Prozesse anhand weniger Kennzahlen zulässt. Die gesamte logistische Kette wird ruhiger; aufwändige und kostenintensive Schnellschuss-Reaktionen werden mit ICON-SCC ad acta gelegt.

Die Anwendung bei der Supply Chain der Türinnenverkleidung der E-Klasse zeigt deutliche Einsparpotenziale durch Bestandsreduktion, Wegfall der Sonderaktionen und eine deutlich verbesserte Informationsbasis.

Diese nur grob angerissenen Potenziale zeigen, dass Supply Chain Management, so wie es heute betrieben wird, noch einen immensen Spielraum aufweist. Letztendlich muss jedoch allen Beteiligten klar sein: Erfolgreiches Supply Chain Management funktioniert nur, wenn es ganzheitlich, partnerschaftlich, agil, prozessorientiert ist und die Informationen zur richtigen Zeit an die richtige Stelle weitergibt. Dann ergibt sich eine Win-to-Win-Situation für alle.

Literaturverzeichnis

ALBERTI, G./FRIGO-MOSCA, F.: Advanced Logistic Partnership: an Agile Concept for Equitable Relationships between Buyers and Suppliers, Proceedings of the 1995 World Symposium of Integrated Manufacturing, APICS, Auckland, 1995, pp. 31–35, auf Deutsch erschienen in: ioManagement Zeitschrift, Zürich, Nr.1/2, 1995.

ALICKE, K./KOWALEWSKI, M.: Reduktion des Bullwhip-Effektes durch geglättete Auftragsdaten, in: Sebastian, H., Grünert, T.: Logistik Mangement, S. 83-93, Teubner, 2001.

ALICKE, K./MANNCHEN, K.: Unternehmensübergreifendes Supply Chain Management realisiert, S. 229-237, in: Arnold, U., Mayer, R., Urban, G. (Hrsg.) Supply Chain Management, Lemmens, 2001.

ALLARD, R./HARTEL, I./HIEBER, R.: Innovationstreiber im Supply Chain Management, in: ioManagement 5/1999, S. 64-67.

ASHBY, W. R.: An Introduction to Cybernetics, London 1956.

BARNEY, J. B.: Firm Ressources and Sustained Competitive Advantage, in: Journal of Management, 17/1991, S. 99-120.

BARTSCH, H./BICKENBACH, P.: Supply Chain Management mit SAP APO - Supply-Chain-Modelle mit dem Advanced Planner & Optimizer 3.1, Bonn, 2. Auflage, 2001.

BAUMGARTEN, H.: 4PL in der Praxis – Auf halbem Weg, in: Logistik heute, 23. Jg. (2001), Heft 11, S. 36-38, München 2001.

BAUMGARTEN, H./KLINKNER, R./ARNOLD, B.: Elektronische Lieferantenintegration, in: PPS-Management, Heft 2 2002.

BAUMGARTEN. H./WALTER, S.: Trends und Strategien in der Logistik 2000+, 2. unveränderte Auflage, Berlin 2001.

BAUMGARTEN, H./ZADEK, H.: Netzwerksteuerung durch Fourth-Party-Logistics-Provider (4PL), in: Hossner, R. (Hrsg.): Jahrbuch der Logistik 2002, S. 14-20, Verlagsgruppe Handelsblatt, Düsseldorf 2002.

BAUMGARTEN, H.: Trends und Strategien in der Logistik, in: Baumgarten, H. (Hrsg.): Logistik im E-Zeitalter, Frankfurt 2001a, S. 9-34.

BEAMON, B. M.: Measuring supply chain performance, in: International Journal of Operations and Production Management, Heft 3 1999 (19. Jg.), S. 275-292.

BECHTEL, CHR./JAYARAM, J.: Supply Chain Management, A Strategic Perspective, in: The International Journal of Logistics Management, 8 (1997) Heft 1, S. 15-34.

BECKER, T.: Build-to-order: Die Verbindung zwischen Maß- und Massenherstellung, in: N.N.: Variantenvielfalt in Produkten und Prozessen, VDI-Berichte 1645, VDI-Verlag, Düsseldorf 2001.

BECKMANN, H.: Potenziale des Collaborative Planning, in: Hossner, R. (Hrsg.): Jahrbuch der Logistik 2002, Verlagsgruppe Handelsblatt, Düsseldorf 2002, S. 179-181.

BELLMANN, K.: Produktion im Netzwerkverbund – Strategischer Faktor im globalen Wettbewerb, in: Nagel, K./Erben, R. F./Piller, F. T. (Hrsg.): Produktionswirtschaft 2000 – Perspektiven für die Fabrik der Zukunft, Gabler, Wiesbaden 1999, S. 196-216.

BLEICHER, K.: Das Konzept Integriertes Management, 3. Aufl., Frankfurt a. M.; New York 1999.

BÖLZING, D.: e-Logistics. Internetbasierte Logistikprozesse und -dienstleistungen für effizientes Supply Chain Management, in: Pfohl, H.-C. (Hrsg.): Supply Chain Management: Logistik Plus? Logistikkette, Marketingkette, Finanzkette, Berlin 2000, S. 107-117.

BOGASCHEWSKY, R.: Virtuelle Plattformen zur Unterstützung von B2B-Partnernetzwerken, in: Supply Chain Management, I/2002, S. 7-14.

BOWERSOX, D.: Integrated Supply Chain Management: A Strategic Imperative, in: Council of Logistics Management (Hrsg.): Annual Conference Proceedings, Chicago, Illinois, October 5-7, 1997, S. 181-189.

BOWERSOX, D./CLOSS, D.: Logistical Management. The Integrated Supply Chain Process, New York et al. 1996.

BOUTELLIER, R. ET AL.: Vor dem Vertrag steht das Vertrauen, Technische Rundschau Transfer, No. 50, S. 14-16, 1994.

BOUTELLIER, R./SCHUH, G./SEGHEZZI, H. D.: Industrielle Produktion und Kundennähe – ein Widerspruch?, in: Schuh/Wiendahl: Komplexität und Agilität, Springer, Berlin 1997.

BRENNER, W.: Grundlagen und Herausforderungen elektronischer Marktplätze, in: Beschaffung Aktuell, 4/2001, S. 58-61.

BRETZKE, W.: 4PL, in: Logistik-Management 2/2002.

BREWER, P. C./SPEH, T. W.: Using the Balanced Scorecard to Measure Supply Chain Performanc., in: Journal of Business Logistics, Heft 1 2000 (21. Jg.), S. 75-93.

BREWER, P. C./SPEH, T. W.: Adapting the Balanced Scorecard to Supply Chain Performance, in: Supply Chain Management Review, Heft 2 2001 (5 Jg.), S. 48-56.

BROCKHOFF, K.: Produktpolitik, 3. Auflage, Stuttgart-Jena 1993.

BROWNING, B./WHITE, A.: Collaborative Transportation Management, unter: www.cpfr.org/WhitePapers/CTMwhitepaper.pdf, 2002.

BUND, M./GRANTHIEN, M.: Ganzheitliches Beziehungsmanagement in der Supply Chain - Konzeption und Gestaltungsfelder, Supply Chain Management, in: Walther, J./Bund, M. (Hrsg.), Frankfurt am Main 2001, S. 129-155.

BUSCH, A./RÜTHER, M.: SCM zwischen intra- und interorganisationaler Optimierung, in: Dangelmaier, W. u. a. (Hrsg.): Die Supply Chain im Zeitalter von Global Sourcing und E-Business. ALB/HNI-Verlagsschriftenreihe, Paderborn 2001, S. 258-270.

BUSCH, A./LANGE, H./LANGEMANN, T.: Marktstudie: Standardsoftware zum Collaborative Supply Chain Management, Dangelmaier, Wilhelm (Hrsg.), ALB/HNI-Verlagsschriftenreihe, Paderborn 2002.

BUSE, H. P.: Wandelbarkeit von Produktionsnetzen – Auswirkungen auf die Gestaltung des interorganisationalen Logistiksystems, in: Dangelmaier, W. (Hrsg.): Vision Logistik – Logistik wandelbarer Produktionsnetze, HNI-Verlagsschriftenreihe, Paderborn, 1997, S. 71-140.

BYRNE, J. A.: The Virtual Corporation, in: International Business Week, 08.02.1993, S. 36-41.

CHOPRA, S./MEINDL, P.: Supply Chain Management - Strategy, Planning, and Operations, Upper Saddle River (New Jersey) 2001.

CHRISTOPHER, M.: Logistics and Supply Chain Management, Strategies for Reducing Costs and Improving Services, London 1992.

CHRISTOPHER, M.: The strategy of distribution management, Oxford 1994.

CHRISTOPHER, M.: Logistics and Supply Chain Management – Strategies for Reducing Costs and Improving Services, 2. Auflage, Pitman Publishing, London 1998.

COOPER, M. C./LAMBERT, D. M./PAGH, J. D.: Supply Chain Management. More Than a New Name for Logistics, in: The International Journal of Logistics Management 8 (1997) Heft 1, S. 1-14.

COPACINO, W. C.: Supply Chain Management, The Basics and Beyond, Boca Raton, Florida 1997.

CORSTEN, H.: Supply Chain Management - Grundlagen und Konzept, in: Corsten, H. (Hrsg.): Unternehmungsnetzwerke, München, Wien 2001, S. 189-215.

CORSTEN, H./GÖSSINGER, R.: Auftragsdekomposition und -allokation in Unternehmensnetzwerken, in: PPS-Management, Nr. 1, 2000, S. 35-41.

CORSTEN, H./GÖSSINGER, R.: Advanced Planning Systems - Anspruch und Wirklichkeit, in: PPS Management 6, 2001, Heft 2, S. 32-39.

DANGELMAIER, W./PAPE, U./RÜTHER, M.: Supply Chain Management am Beispiel werksübergreifender Frachtkostenoptimierung, in: Wisu – Das Wirtschaftsstudium, 30 Jg. 2001 10, S.1120-1127.

DANGELMAIER, W./KIRSTEN, U. (Hrsg.): PFT-Endbericht zum BMBF-Projekt Vision Logistik-Wandelbare Produktionsnetze zur Auflösung ökonomisch-ökologischer Zielkonflikte, Karlsruhe 1996.

DARKOW, I.-L.: Logistik-Controlling in der Versorgung - Konzeption eines modularen Controllingsystems für das prozessorientierte Versorgungsmanagement, Dissertation Technische Universität Berlin, Bereich Logistik, Berlin 2001.

DAVIDOW, W. H./MALONE, M. S.: Das virtuelle Unternehmen: Der Kunde als Ko-Produzent, Frankf. a. M./New York 1993.

DEHLER, M.: Entwicklungsstand der Logistik, Wiesbaden 2001.

EISENHARDT, K. M./SCHONHOVEN, C. B.: Strategic alliances formation in entrepreneurial firms: Strategic need and social opportunity for cooperation, in: Organizational Science, 7, 1996, S. 136-150.

FERBER, J.: Multiagentensysteme: eine Einführung in die verteilte künstliche Intelligenz, Addison-Wesley, München 2001.

FERSTL, O. K./SINZ, E. J.: Grundlagen der Wirtschaftsinformatik, 3. Auflage, Oldenbourg, München 1998.

FINE, CH. H.: Clockspeed - Winning Industry Control in the Age of Temporary Advantage, Perseus Books, Reading Massachusetts 1998.

FINE, CH. H./VARDAN, R./PETHICK, R./EL-HOUT, J.: Rapid-Response Capability in Value-Chain Design, MIT Sloan Management Review, Winter 2002.

FLEISCH, E.: Koordination in Netzwerkunternehmen: Prozessorientierung als Gestaltungsprinzip bei der Vernetzung von Unternehmen, St. Gallen 2000.

FLEISCH, E.: Das Netzwerkunternehmen: Strategien und Prozesse zur Steigerung der Wettbewerbsfähigkeit in der „Networked Economy", Berlin et al. 2001.

FLEISCHMANN, B.: Distribution and Transport Planning, in: Stadtler, H./Kilger, Chr. (Hrsg.): Supply Chain Management and Advanced Planning - Concepts, Models, Software and Case Studies, Berlin 2000, S. 167-181.

FORRESTER, J. W.: Industrial Dynamics – a major breakthrough for decision makers, in: Havard Business Review, 36(1958)4, S. 37-66.

FORRESTER, J.: Industrial Dynamics, MIT Press, 1961.

FRIGO-MOSCA, F.: Referenzmodelle für Supply Chain Management nach den Prinzipien der zwischenbetrieblichen Kooperation, BWI-Reihe Forschungsberichte für die Unternehmenspraxis, vdf Hochschulverlag an der ETH Zürich 1998.

FÜßLER, A.: Radiofrequenztechnik zu Identifikationszwecken (RFID) für die Automatisierung von Warenströmen, in: Buchholz, W./Werner, H. (Hrsg.): Supply Chain Solutions. Best Practices in e-Business, Stuttgart 2001, S. 87-104.

GEHR, F./HELLINGRATH, B./KULOW, B./LAAKMANN, F./PALM, D./WITTHAUT, M.: Fraunhofer-Institute IML und IPA Marktstudie Supply Chain Management Software – Planungssysteme im Überblick, Stuttgart 1999.

GEIMER, H./BECKER, T. (2000a): Supply Chain-Strategien, in: Lawrenz, O./Hildebrand, K./Nenninger, M. (Hrsg.): Supply Chain Management, Wiesbaden 2000, S. 15-31.

GEIMER, H./BECKER, T. (2000b): Mit dem Supply Chain Operations Reference-Modell (SCOR) Prozesse optimieren, in: Lawrenz, O./Hildebrand, K./Nenninger, M. (Hrsg.): Supply Chain Management, Wiesbaden 2000, S. 109-132.

GEIMER, H./BECKER, T. (2001a): Mit dem SCOR-Modell Prozesse optimieren, in: Lawrenz, O. et al.: Supply Chain Management, Vieweg Verlag, Braunschweig/Wiesbaden, 2. Aufl., 2001.

GEIMER, H./BECKER, T. (2001b): Supply Chain-Strategien, in: LAWRENCE, OLIVER. et al.: Supply Chain Management, Vieweg Verlag, Braunschweig/Wiesbaden, 2. Aufl., 2001.

GERICKE, J./KACZMAREK, M./SCHWEIER, H./SONNEK, A./STÜLLENBERG, F./WIESENHAHN, A.: Anforderungen an das Controlling von Supply Chains, in: Logistik Spektrum, Heft 2 1999 (11 Jg.), S. 13-16, 1999.

GIBBS, B./GEIMER, H./KÜHN, H.: Supply Chain Management im 21. Jahrhundert, in: SIEGWART, H. et al.: Management Consulting, Helbing&Lichtenhahn Verlag, Mainz 2001.

GÖPFERT, I. : Zukunfts- und Innovationsforschung zur Logistik, Innovative Logistikleistungen - Vision 21. Jahrhundert, in: Hossner, R. (Hrsg.): Jahrbuch der Logistik 1997, Düsseldorf, S. 266-269.

GÖPFERT, I.: Logistik. Führungskonzeption, Gegenstand, Aufgaben und Instrumente des Logistikmanagements und -controllings, München 2000.

GÖPFERT, I. (Hrsg.) (2001a): Logistik der Zukunft - Logistics for the Future, 3. aktualisierte und erweiterte Auflage, Wiesbaden 2001.

GÖPFERT, I. (2001b): Zukunftsforschung und Visionsmanagement: Entwicklung und Umsetzung von Logistikvisionen, in: Göpfert, I. (Hrsg.): Logistik der Zukunft - Logistics for the Future, 3. aktualisierte und erweiterte Auflage, Wiesbaden 2001, S. 79-116.

GÖPFERT, I. (2002a): Empirische Studie in Vorbereitung auf ein universitäres Logistik-Weiterbildungsstudium, Projektbericht Marburg, Berlin 2002.

GÖPFERT, I. (2002b): Auf dem Weg zu einem universitären Weiterbildungsstudiengang, in: Jahrbuch der Logistik 2002, 16. Jg., Hrsg. v. R. Hossner, Verlagsgruppe Handelsblatt, Düsseldorf 2002, S. 230-233.

GÖPFERT, I. (2002c): Fourth Party Logistics Provider (4PL) - Interview, in: Logistik Management, 4. Jg. (2002), Heft 1, S. 1-8.

GÖPFERT, I. (Hrsg.) (2002d): Supply Chain Controlling, Wiesbaden 2002, noch nicht erschienen.

GÖPFERT, I./NEHER, A./JUNG, K.-P.: Stand und Entwicklung der strategischen Logistikplanung - Ergebnisse empirischer Untersuchungen von 1999 und 2000 im Vergleich, in: Göpfert, I. (Hrsg.): Logistik der Zukunft - Logistics for the Future, 3. Aufl., Wiesbaden 2001, S. 315-335.

GOETSCHALCKX, M.: Strategic Network Planning, in: Stadtler, H./Kilger, Chr. (Hrsg.): Supply Chain Management and Advanced Planning - Concepts, Models, Software and Case Studies, Berlin 2000, S. 79-95.

GOLLWITZER, M./KARL, R.: Logistik-Controlling, München 1998.

GOTSCH, W.: Soziologische Steuerungstheorie, in: Glagow, M./Willke, H. (Hrsg.): Dezentrale Gesellschaftssteuerung – Probleme der Integration polyzentrischer Gesellschaften, Pfaffenweiler 1987, S. 27-44.

GOTTSCHALCK, J./PFENDT, U./SPRUNK, W.: e-Logistics in Excellence – Wege aus dem Dilemma der Transportkostenexplosion, in: Buchholz, W./Werner, H. (Hrsg.): Supply Chain Solutions. Best Practices in e-Business, Stuttgart 2001, S. 199-209.

GRANT, R. M.: Contemporary Strategy Analysis. Concepts, Techniques, Applications, 3rd edition, Malden, MA/Oxford 1998.

GRONAU, N./HAAK, L.: Auflösung der Unternehmensgrenzen-organisatorische und technische Optionen, in: Krallmann, H./Gronau, N./Frank, H.: Systemanalyse im Unternehmen. 4. Auflage München 2002.

GÜNTHER, H.-O./TEMPELMEIER, H.: Produktion und Logistik, Berlin, 4. Auflage, 2000.

GUNASEKARAN, A./PATEL, C./TIRTIROGLU, E.: Performance measures and metrics in a supply chain environment, in: International Journal of Operations and Production Management, Heft 1 2001, (21.Jg.), S. 71-87.

HAHN, D.: Problemfelder des Supply Chain Management, in: Wildemann, H. (Hrsg.): Supply Chain Management, TCW Transfer-Centrum-Verlag, München 2000, S. 9-21.

HAMMER, R. M./HINTERHUBER, H. H./KUTIS, P./TURNHEIM, G. (Hrsg.): Strategisches Management gobal. Unternehmen - Menschen – Umwelt erfolgreich gestalten und führen, Wiesbaden 1993.

HANDFIELD, R. B./NICHOLS, E. L.: Introduction to Supply Chain Management, Prentice-Hall, Upper Saddle River, NJ 1999.

HANDY, CH.: Trust and the Virtual Organization - How Do You Manage People You Don't See? Harvard Business Review, 5 / 6, S. 40-50, 1995.

HAX, A. C./MEAL, H. C.: Hierarchical integration of production planning and scheduling, in: Geisler, M. A. (Hrsg.): Studies in Management Science, Vol. I, Logistics, Amsterdam et al. 1975, S. 53-79.

HEILER, R. J.: Elektronische Kataloge und E-Procurement bei RWE Systems, in: Supply Chain Management, I/2002, S. 37-41.

HEINRICH, C.: Supply Chain Management im Zeitalter elektronischer Marktplätze, in: Baumgarten, H./Wiendahl, H.-P./Zentes, J. (Hrsg.): Logistik-Management: Strategien – Konzepte – Praxisbeispiele, Berlin et al. 2001, Abschnitt 4.04.03., S. 1-19.

HELLINGRATH, B./KLINGEBIEL, K.: Zusammenspiel von Electronic-Business und Supply Chain Management, in: Supply Chain Management 1/2001, S. 37-43, Verlag IPM GmbH, Hannover 2001.

HENZLER, H. A.: Visionen und Führung, in: Hahn, D./Taylor, B. (Hrsg.): Strategische Unternehmensplanung - Strategische Unternehmensführung. Stand und Entwicklungstendenzen, 7. Aufl., Heidelberg 1997, S. 289-302.

HEWITT, F.: Supply Chain Redesign, in: The International Journal of Logistics Management 5 (1994) Heft 2, S. 1-9.

HIEBER, R.: Supply chain management – a collaborative performance measurement approach, vdf Verlag, Zürich 2002.

HIEBER, R./ALARD, R./BOXLER, O.: Einsatz neuer Software-Generationen im Supply Chain Management – Gestaltung unternehmensübergreifender IT-Logistiknetzwerke, iomananagement-Zeitschrift, Zürich, Nr. 1/2 2001, S. 54-60.

HILLEK, T.: Erschließung neuer Wertschöpfungspotenziale durch Electronic Supply Chain Management, In: Lawrenz, O.; Hildebrand, K./Nenninger, M/Hillek, T. (Hrsg.): Supply Chain Management, 2. Auflage, Vieweg Verlag, Braunschweig, Wiesbaden 2001.

HOFFMANN, F.: Führungsorganisation, Band 1, Stand der Forschung und Konzeption, J. C. B. Mohr, Tübingen 1980.

HOLTBRÜGGE, D.: Postmoderne Organisationstheorie und Organisationsgestaltung, Wiesbaden 2001.

HOMBURG, CH./WEBER, J./AUST, R./KARLSHAUS, J. T.: Interne Kundenorientierung der Kostenrechnung – Ergebnisse der Koblenzer Studie, Schriftenreihe Advanced Controlling Band 7, Vallendar 1998.

HORVÁTH & PARTNER: Prozesskostenmanagement – Methodik und Anwendungsfelder, München 1998.

HORVÁTH & PARTNER: Balanced Scorecard umsetzen, Stuttgart 2000.

HUGHES, J./RALF, M./MICHELS, B. (Hrsg.): Supply Chain Management, Landsberg/Lech 2001.

HUHNS, M. N./STEPHENS, L. M.: Multiagent Systems and Societies of Agents, in: Weiss, G. (Hrsg.): Multiagent Systems: A Modern Approach to Distributed Artificial Intelligence, London 1999, S. 79-120.

JANSEN, R. (Hrsg.): Transpondereinsatz. Identifikationstechnologie mit Zukunft, Frankfurt 1999.

JARILLO, J. C.: On Strategic Networks, in: Strategic Management Journal, 9, 1988, S. 31-41.

KALUZA, B./BLECKER, T.: Strategische Optionen der Unternehmung ohne Grenzen, in: Kaluza/Blecker: Produktions- und Logistikmanagement in Virtuellen Unternehmen und Unternehmensnetzwerken, Springer, Berlin 2000.

KANSKY, D.: Profitables Wachstum im Visier – Von der Supply Chain zu eBusiness Trading Networks, in: Lawrenz, O./Hildebrand, K./Nenninger, M. (Hrsg.): Supply Chain Management. Strategien, Konzepte und Erfahrungen auf dem Weg zu E-Business Networks, Braunschweig et al. 2000, S. 179-196.

KAPLAN, R. S./COOPER, R.: Prozesskostenrechnung als Managementinstrument, Frankfurt 1999.

KAPLAN, R. S./NORTON, D. P.: Balanced Scorecard – Strategien erfolgreich umsetzen, Stuttgart 1997.

KAUFMANN, L.: Robuster Fahrplan – Management der Versorgungskette, in: Frankfurter Allgemeine Zeitung vom 7. November 2001 Nr. 259, Sonderbeilage Einkauf und Logistik, S. B11.

KEEBLER, J. S.: The State of Logistics Measurement, in: The Supply Chain & Logistics Journal, Vol. 3, No. 2, p. 1-7, 2000.

KEEBLER, J. S.: Measuring Performance in the Supply Chain, in: Mentzer, J. T. (Hrsg.): Supply Chain Management, Thousand Oaks, CA 2001, p. 411-436.

KERN, W.: Industrielle Produktionswirtschaft, 5. Auflage, Stuttgart 1992.

KIESER, A.: Fremdorganisation, Selbstorganisation und evolutionäres Management, in: Zeitschrift für betriebswirtschaftliche Forschung (ZfbF), 46(1994)3, S. 199-228.

KIESER, A./KUBICEK, H.: Organisation, 3. Auflage, de Gruyter, Berlin et al. 1992.

KILGER, CHR.: Optimierung der Supply Chain durch Advanced Planning Systems, in: Information Management & Consulting 13, 1998, Heft 3, S. 49-55.

KILGER; CHR.: Supply-based eBusiness: Integration von eBusiness und Supply Chain Management, 2000.

KILGER, CHR.: Definition of a Supply Chain Project, in: Stadlter, H./Kilger, C. (Hrsg.): Supply Chain Management and Advanced Planning, 2. Aufl., Berlin et al. 2002.

KILGER, CHR./SCHNEEWEISS, L.: Demand Fulfilment and ATP, in: Stadtler, H./Kilger, Chr. (Hrsg.): Supply Chain Management and Advanced Planning - Concepts, Models, Software and Case Studies, Berlin, 2000, S. 135-148.

KILGER, CHR./SCHNEEWEISS, L.: Demand Fulfillment and ATP, in: Stadlter, H./Kilger, C. (Hrsg.): Supply Chain Management and Advanced Planning, 2. Aufl., Berlin et al. 2002.

KISTNER, K.-P./STEVEN, M.: Produktionsplanung, Heidelberg, 3. Auflage, 2001.

KLOTH, M. (1999a): Steuerung der Supply Chain auf Basis des SCOR-Modells, in: Weber, J./Dehler, M. (Hrsg.): Effektives Supply Chain Management auf Basis von Standardprozessen und Kennzahlen, Dortmund 1999, S. 9-23.

KLOTH, M. (1999b): Instrumente des Supply Chain Managements in der Praxis, in: Weber, J./Dehler, M. (Hrsg.): Effektives Supply Chain Management auf Basis von Standardprozessen und Kennzahlen, Dortmund 1999, S. 25-43.

KNIRSCH, P./TIMM, I. J.: Multi-Agentensysteme zur Unterstützung temporärer Logistiknetzwerke, in: Kopfer, H./Bierwirth, C.: Logistik Management: intelligente I+K Technologien, Berlin/Heidelberg 1999.

KNOLMEYER, G./MERTENS, P./ZEIER, A.: Supply Chain Management auf Basis von SAP-Systemen – Perspektiven der Auftragsabwicklung für Industriebetriebe, Berlin 2000.

KNOLMAYER, C./MERTENS, P./ZEIER A.: Supply Chain Management Based on SAP Systems, Berlin et al. 2002.

KOLLMANN, T.: Virtuelle Marktplätze im E-Commerce, in: Hermanns, A./Sauter, M. (Hrsg.): Management-Handbuch Electronic Commerce, 2. Aufl., München 2001, S. 43-53.

KORTMANN, J./LESSING, H.: Marktstudie: Standardsoftware für Supply Chain Management, ALB-HNI-Verlagsschriftenreihe, Band 3, Paderborn 2000.

KOSCHNIKE, M.: Supply Chain Management in der Automobilindustrie, in: Lawrenz, O./Hildebrand, K./Nenninger, M. (Hrsg.): Supply Chain Management, Wiesbaden 2000, S. 247-268.

KOTTER, J. P. (1996): Leading Change, Harvard Business School Press, Cambridge, Massachusetts 1996.

KOTZAB, H.: Zum Wesen von Supply Chain Management vor dem Hintergrund der betriebswirtschaftlichen Logistikkonzeption - erweiterte Überlegungen, in: Wildemann, H. (Hrsg.): Supply Chain Management, München 2000, S. 21-47.

KPMG: Electronic Supply Chain Management, Neue Potenziale durch eBusiness erschließen – eine Studie zum Stand des Supply Chain Management in Deutschland, 2001

KRÜGER, R./STEVEN, M.: Supply Chain Management im Spannungsfeld von Logistik und Management, in: Wirtschaftswissenschaftliches Studium 29, 2000, Heft 9, S. 501-507.

KRYSTEK, U./REDEL, W./REPPEGATHER, S.: Grundzüge virtueller Organisationen: Elemente und Erfolgsfaktoren, Chancen und Risiken, Wiesbaden 1997.

KUHN, A. (Hrsg.): Prozesskettenmanagement, Leitfaden für die Praxis, Verlag Praxiswissen, Dortmund 1997.

KUHN, A./HELLINGRATH, B.: Supply Chain Management: Optimierte Zusammenarbeit in der Wertschöpfungskette, Springer Verlag, Berlin 2002.

KUHN, A./KLOTH, M.: Zukunftsstrategien und Veränderungstreiber der Logistik, in: Hossner, R. (Hrsg.): Jahrbuch der Logistik 1999, S. 160-165.

KÜHNLE, H./WAGENAHAUS, G.: Virtuelle Unternehmensverbünde – Kooperationsmanagement und exemplarische Beispiele, in: Industrie Management, Nr. 3, 2000, S. 56-62.

KUMMER, S.: Supply Chain Controlling, in: krp – Kostenrechnungspraxis, Heft 2 2001 (45. Jg.), S. 81-87.

KUSCHKE, M./WÖLFEL L.: Zu Diensten – Web Services als E-Business-Evolution, iX 11/2001.

LAMBERT, D. M./EMMELHAINZ, M. A./GARDNER, J. T.: Developing and Implementing Supply Chain Partnership, in: The International Journal of Logistics Management 7 (1996) 2, S. 1-17.

LAWRENZ, O./HILDEBRAND, K./NENNINGER, M. (Hrsg.): Supply Chain Management. Strategien, Konzepte und Erfahrungen auf dem Weg zu E-Business Networks, Wiesbaden 2000.

LAY, G./WALLMEIER, W.: Automobilzulieferer – Quo vadis?, in: Mitteilungen aus der Produktionsinnovationserhebung Nr.14, Fraunhofer-Institut für Systemtechnik und Innovationsforschung, Karlsruhe 1999.

LEE, H. L./PADMANABHAN, V./WHANG, S. (1997a): The bullwhip effect in supply chains, in: Sloan Management Review, 38, 1997a, S. 93-102.

LEE, H. L./PADMANABHAN, V./WHANG, S. (1997b): Information distortion in a supply chain: the bullwhip effect, in: Management Science, 43, 1997b, S. 546-558.

LIBERATORE, J. L./MILLER, T.: A framework for integrating activity based costing and the balanced scorecard into the logistics strategy development and monitoring process, in: Journal of Business Logistics, Vol. 19, No. 2, 1998, p. 131-152.

MÄNNEL, B.: Netzwerke in der Zuliefererindustrie – Konzepte – Gestaltungsmerkmale – Betriebswirtschaftliche Wirkungen, Gabler, Wiesbaden 1996.

MALONE, T. W./LAUBACHER, R. J.: The Dawn of the E-Lance Economy, in: Harvard Business Review, 76(1998)5, S. 144-152.

MALONE, T. W./YATES, J./BENJAMIN, R. I.: Electronic Markets and Electronic Hierarchies, in: Communications of the ACM, 30(1987)6, S. 484-497.

MALONE, T. W./CROWSTON, K.: The Interdisciplinary Study of Coordination, in: ACM Computing Surveys, 26(1994)1, S. 87-119.

MANNMEUSEL, T.: Dezentrale Produktionslenkung unter Nutzung verhandlungsbasierter Koordinationsformen, Dissertation, Deutscher Universitäts-Verlag, Wiesbaden 1997.

MARBACHER, A.: Demand&Supply Chain Management: zentrale Aspekte der Gestaltung und Überwachung unternehmensübergreifender Leistungserstellungsprozesse betrachtet aus der Perspektive eines Markenartikelherstellers, Dissertation Universität Zürich, Schriftenreihe Logistik der Kühne-Stiftung, Bern, Stuttgart, Wien 2001.

MARCH, J. G./SIMON, H. A.: Organizations, John Wiley & Sons, Inc., New York et al. 1958.

MASING, W.: Handbuch Qualitätsmanagement, 3. Auflage, Hanser-Verlag, München, Wien 1994.

MAUERMANN, H.: Leitfaden zur Erhöhung der Logistikqualität durch Analyse und Neugestaltung von Versorgungsketten, Dissertation, HNI-Verlagsschriftenreihe, Paderborn 2001.

MEINBERG, U./TOPOLEWSKI, F.: Lexikon der Fertigungsleittechnik: Begriffe, Erläuterungen, Beispiele, Springer-Verlag, Berlin, Heidelberg, New York 1996.

MERLI, G.: Co-Makership: the new Supply Strategy for Manufacturers, Productivity Press, Cambridge, Mass., USA 1991.

MERTENS, P.: Integrierte Informationsverarbeitung – Administrations- und Dispositionssysteme in der Industrie, Gabler Verlag, Wiesbaden 2000.

MERTENS, P./FAISST, W.: Virtuelle Unternehmen – eine Strukturvariante für das nächste Jahrtausend ?, in: Schachtschneider, K.A.(Hrsg.): Wirtschaft, Gesellschaft und Staat im Umbruch, Berlin 1995, S. 150-167.

MERTENS, P./GRIESE, J./EHRENBERG, D. (Hrsg.): Virtuelle Unternehmen und Informationsverarbeitung, Berlin et al. 1998.

METAGROUP DEUTSCHLAND GMBH: Supply Chain Management & Collaboration in Deutschland – Technologien und Trends für das erweiterte Unternehmen, Marktstudie 2001.

META: The state of supply chain collaboration, Studie MetaGroup, 2001.

METZ, P. J.: Demystifying Supply Chain Management, in: Supply Chain Management Review, Nr. 4, 1998.

MEYER, H./STEVEN, M.: Kommunikation und Koordination in virtuellen Fabriken, in: PPS-Management, Nr. 4, 2000, S. 29-35.

MEYR, H./WAGNER, M./ROHDE, J.: Structure of Advanced Planning Systems, in: Stadtler, H./Kilger, Chr. (Hrsg.): Supply Chain Management and Advanced Planning - Concepts, Models, Software and Case Studies, Berlin 2000, S. 75-77.

MILES, R./SNOW, C.: Fit, failure and the hale of fame, in: California Management Review, 26, 3, 1984, S. 10-27.

MILES, R./SNOW, C.: Organizations: New Concepts for New Firms, in: California Management Review, 28, 3, 1986, S. 62-73.

MILES, R./SNOW, C.: Causes of failure in network organizations, in: California Management Review, 4, 1992, S. 53-72.

MIN, H./MENTZER, J.: Defining Supply Chain Management within Marketing Strategy, University of Tennessee 1998.

MINTZBERG, H.: The Structuring of Organizations, Prentice-Hall, Englewood Cliffs 1979.

MÜLLER, H. J.: Einführung, in: Müller, H. J. (Hrsg.): Verteilte Künstliche Intelligenz. Methoden und Anwendungen, Mannheim 1993, S. 9-21.

MUNDUS, F. J./MÜLLER, T.: Nutzenpotenziale von Supply Chain Software (APS-Systemen) in der Automobilzulieferindustrie, White Paper KPMG, Düsseldorf 2000.

NAUJOKS, H.: Autonomie in Organisationen – Perspektive und Handlungsleitlinie des Managements, St. Gallen 1994.

NENNINGER, M./HILLEK, TH.: Von der traditionellen Wertschöpfungskette zum Management von virtuellen, Internet-basierten Netzwerken, in: Lawrenz, O./Hildebrand, K./Nenninger, M. (Hrsg.): Supply Chain Management, Wiesbaden 2000, S. 1-14.

NOLL, R.-P.: Marktüberblick Middleware, Industrie Management 18 (2002) 3, S. 45-58.

ODENDAHL, C.: Cooperation Resource Planning – Planung und Steuerung dynamischer Kooperationsnetzwerke, Lohmar/Köln 2002.

OLIVER, K./WEBBER, M.: Supply Chain Management: logistics catches up with strategy, in: Christopher, M.: Logistics. The strategic issues, London et al. 1991, S. 63-75.

O. V.: The power of virtual integration: An interview with Dell Computer's Michael Dell, Harvard Business Review; March-April 1998.

O. V.: Telematik bindet die Lastkraftwagen enger an die Spedition, in: FAZ vom 07.06.1999, S. 29.

O. V.: Kartellamt hat keine Einwände gegen die Internet-Plattform Covisint, in: FAZ vom 11.01.2000, S. 21.

PFOHL, H.-CHR.: Logistikkanal, in: Ihde, G. B./Bloech, J. (Hrsg.): Vahlens Großes Logistik Lexikon, München 1997, S. 580-584.

PFOHL, H.-CHR. (2000a): Supply Chain Management: Konzept, Trends, Strategien, in: Pfohl, H.-Chr. (Hrsg.): Supply Chain Management: Logistik plus?, Berlin 2000, S. 1-42.

PFOHL, H.-CHR. (2000b): Logistiksysteme: Betriebswirtschaftliche Grundlagen, 6. Aufl., Berlin et al. 2000.

PFOHL, H.-CHR./KOLDAU, A./HAUK, B.: Status und Entwicklung von Supply Chain Management in der verarbeitenden Industrie, in: Industrie Management 17 (2001) 5, S. 14-18.

PICOT, A.: Der Transaktionskostenansatz in der Organisationstheorie: Stand der Diskussion und Aussagewert, in: Die Betriebswirtschaft, 42, 1982, S. 267-284.

PICOT, A.: Organisationsstrukturen der Wirtschaft und ihre Anforderungen an die Informations- und Kommunikationstechnik, in: Scheer, A.W.: Handbuch Informationsmanagement, Wiesbaden 1993, S. 49-68.

PICOT, A./REICHWALD, R.: Bürokommunikation: Leitsätze für den Anwender, München 1987.

PICOT, A./REICHWALD, R./WIGAND, R. T.: Die grenzenlose Unternehmung – Information, Organisation und Management, Gabler, Wiesbaden 1996.

PICOT, A./REICHWALD, R./WIGAND, R. T.: Die grenzenlose Unternehmung: Information, Organisation und Management, 4. vollst. überarb. und erw. Aufl., Wiesbaden 2001.

PILLER, F. T.: Individualität von der Stange: Mass Customization, Vorabdruck Harvard Business Manager, H.6, 1997.

PILLER, F. T.: Informationsnetze für eine individuelle Massenproduktion, Industrie Management 14, GITO Verlag, Berlin 1998.

PILLER, F. T.: Mass Customization – Ein wettbewerbsstrategisches Konzept im Informationszeitalter, Deutscher Universitäts-Verlag, Wiesbaden 2000.

PINE, B. J.: Mass Customization, Boston 1993.

POIRIER, C.-C.: Advanced Supply Chain Management, San Francisco 1999.

PORTER, M.: Wettbewerbsstrategie, 9. Auflage, Frankfurt 1997.

PROCKL, G.: Enterprise Resource Planning und Supply Chain Management – Gemeinsamkeiten, Unterschiede, Zusammenhänge, in: Supply Chain Management, Walther, J., Bund, M. (Hrsg.), Frankfurt am Main 2001, S. 59-78.

PROGNOS: Prognos European Transport Report, 2001, Prognos Berlin, 2001.

RAUTENSTRAUCH, T.: The Virtual Corporation: A Strategic Option for Small and Medium-sized Enterprises, in: Proceedings of Association for Small Business and Entrepreneurship, St. Louis 2002, S. 18-23.

REICHWALD, R./MÖSLEIN, K./SACHENBACHER, H./ENGLBERGER, H.: Telekooperation: Verteilte Arbeits- und Organisationsformen, 2. Aufl., Berlin et al. 2000.

REINHART, G./U. A.: Marktresponsive Supply Chains auf Basis kompetenzzentrierter Unternehmensnetzwerke. Industrie Management 17 (2001) 1, S. 35-40.

RILLING, G.: Koordination im Produktionsverbund – eine empirische Untersuchung, Gabler, Wiesbaden 1997.

RISSE, J./STOMMEL, H./ZADEK, H.: Lieferkettenkennzahlen als Instrument für ein effizientes Supply Chain Controlling, in: Hossner, R. (Hrsg.): Jahrbuch der Logistik 2002; Verlagsgruppe Handelsblatt; Düsseldorf 2002; S. 189-193.

ROBERT, M.: Strategy II Pure and simple, McGraw-Hill, New York 1997.

ROHDE, J.: Coordination and Integration, in: Stadlter, H./Kilger, C. (Hrsg.): Supply Chain Management and Advanced Planning, 2. Aufl., Berlin et al. 2002.

ROHDE, J./MEYR, H./WAGNER, M.: Die Supply Chain Planning Matrix, in: PPS Management 5, 2000, Heft 1, S. 10-15.

ROLLBERG, R.: Integrierte Produktionsplanung - vom theoretischen Ideal der Simultanplanung bis zum praktischen Kompromiss des „Advanced Planning and Scheduling (APS)", in: Keuper, F. (Hrsg.): Produktion und Controlling – Festschrift für Manfred Layer zum 65. Geburtstag, Wiesbaden 2002, S. 127-153.

ROMMEL, G.: Einfach überlegen, Schäffer-Poeschel, Stuttgart 1993.

ROSS, D. F.: Competing Through Supply Chain Management – Creating Market-Winning Strategies Through Supply Chain Partnerships, Chapman & Hall, New York et al. 1997.

ROSETTANET: RosettaNet Overview, unter: www.rosettanet.org, 2001.

RUSSELL, S./NORVIG, P.: Artificial Intelligence: A Modern Approach, London et al. 1995.

SAP: Dokumentation APO - SAP ADVANCED PLANNER AND OPTIMIZER Release 3.0A, Walldorf 2000.

SAUTER, F.: Die Ökonomie von Organisationsformen. Eine transaktionskostentheoretische Analyse, München 1985.

SCHEER, A.-W.: Supply Chain Management: Die Antwort auf neue Logistik-Anforderungen, in: Kopfer, H./Bierwirth, C.: Logistik-Management: intelligente I+K Technologien, Berlin/Heidelberg 1999, S. 3-14.

SCHEER, A.-W./ANGELI, R./HERRMANN, K.: Informations- und Kommunikationstechnologie als Treiber der Logistik, in: Pfohl, H.-C. (Hrsg.): Jahrhundert der Logistik - Wertsteigerung des Unternehmens: customer related - glocal - e-based, Berlin 2001, S. 29-58.

SCHEER, W./FELD, T./ZWANG, S.: Vitamin C für Unternehmen – Collaborative Business, in: FAZ vom 04.03.2002, S. 25.

SCHEER, A.-W./HANEBECK, C.: Geschäftsprozeßmanagement in virtuellen Unternehmen, in: Scheer, A.-W. (Hrsg.): Veröffentlichungen des Instituts für Wirtschaftsinformatik, Hf. 119, Saarbrücken 1995.

SCHEER, A.-W./ODENDAHL, C.: Virtualisierung als strategische Option der Logistik, in: Baumgarten, H./Wiendahl, H.-P./Zentes, J. (Hrsg.): Logistik-Management: Strategien – Konzepte – Praxisbeispiele, Berlin et al. 2000, Abschnitt 4.04.02., S. 1-21.

SCHINZER, H.: Elektronische Marktplätze, in: Das Wirtschaftsstudium, 10, 1998, S. 1161-1174.

SCHINZER, H.: Supply Chain Management, in: Das Wirtschaftsstudium, 6, 1999, S. 857-863.

SCHMID, B.: Elektronische Märkte, in: Wirtschaftsinformatik, 35. Jahrgang, Nr.5, 1993, S. 465-480.

SCHMID, M./ZBORNIK, S.: Elektronische Märkte – wie realisieren?, in: io Management Zeitschrift, 61. Jahrgang, Nr. 2, 1992, S. 72-75.

SCHNEIDER, D.: Die Unhaltbarkeit des Transaktionskostenansatzes für die „Markt oder Unternehmung"-Diskussion, in: Zeitschrift für Betriebswirtschaft, 55/1985, S. 1237-1254.

SCHNEIDER, D./SCHNETKAMP, G.: E-Markets. B2B-Strategien im Electronic Commerce, Wiesbaden 2000.

SCHÖMER, R./HEBSAKER, H.: E-Fulfillment. Optimierung gesucht und gefunden, in: Logistik Heute, 11/(2001), S. 46-47.

SCHÖNSLEBEN, P.: Integrales Logistikmanagement – Planung und Steuerung von umfassenden Geschäftsprozessen, Springer, Berlin 1998.

SCHÖNSLEBEN, P.: Integrales Logistikmanagement. Planung und Steuerung von umfassenden Geschäftsprozessen. 2. Aufl. Berlin Heidelberg New York 2000.

SCHÖNSLEBEN, P.: Integrales Logistikmanagement – Planung und Steuerung von umfassenden Geschäftsprozessen, 3. Auflage, Springer, Berlin 2002, oder Integral Logistics Management - Planning and Control of Comprehensive Business Processes, CRC/St.Lucie Press, Boca Raton, FL.

SCHÖNSLEBEN, P./HIEBER, R.: Supply Chain Management-Software – Leistungsfähigkeit von SCM, iomanagement-Zeitschrift, Zürich, Nr. 1/2 2000, S. 18-24.

SCHOLZ-REITER, B./JAKOBZA, J.: Supply Chain Management – Überblick und Konzeption, in: HMD, Heft 207, S. 7-15, 1999.

SCHOMBURG, E.: Entwicklung eines betriebstypologischen Instrumentariums zur systematischen Ermittlung von Anforderungen an EDV-gestützte Produktionsplanungs- und -steuerungssysteme im Maschinenbau, Aachen 1980.

SCHNEEWEISS, C.: Hierarchies in Distributed Decision Making, Berlin et al. 1999.

SCHUH, G.: Logistik in der virtuellen Fabrik, in: Schuh, G./Weber, H./Kajüter, P. (Hrsg.): Logistikmanagement, Stuttgart 1996, S. 165-179.

SCHUH, G.: Virtuelle Fabrik – Beschleuniger des Strukturwandels, in: Schuh, G./Wiendahl, H. P. (Hrsg.): Komplexität und Agilität, Berlin et al. 1997, S. 293-307.

SCHUH, G./MILLARG, K./GÖRANSSON, A.: Virtuelle Fabrik: Neue Marktchancen durch dynamische Netzwerke, München/Wien 1998.

SCHULTE, C.: Logistik : Wege zur Optimierung des Material- und Informationsflusses, 3 Auflage, Vahlen, München 1999.

SCHUMANN, D. M.: Controlling innerhalb der Supply Chain und Basis neuer Potenziale, in: Lawrenz, O./Hildebrand, K./Nenninger, M. (Hrsg.): Supply Chain Management, Wiesbaden 2000, S. 83-108.

SEIDEL, B.: Auf die Abstimmung kommt es an. Collaborative Business: Internet-Technologie macht's möglich, in: Computerwoche extra, 1, 15.02.2002, S. 4-7.

SEIFERT, D.: Efficient Consumer Response, 2. erweiterte Auflage, Rainer Hampp, München 2001.

SIMCHI-LEVI, D.: The Master of Design. An Interview with David Simchi-Levi, in: Supply Chain Management Review, Vol. 4, Issue 5 November/December 2000, S. 74-80.

SIMCHI-LEVI, D./KAMINSKY, PH./SIMCHI-LEVI, E.: Designing and Managing the Supply Chain, Concepts, Strategies, and Case Studies, McGraw Hill, Boston et al. 2000.

SLACK, N. ET AL.: Operations Management, 2nd Edition, London 1998.

SNOW, C./MILES, R./COLEMAN, H. J.: Managing 21st Century Network Organizations, in: Organizational Dynamics, 1992, S. 5-20.

STADTLER, H.: Production Planning and Scheduling, in: Stadtler, H./Kilger, Chr. (Hrsg.): Supply Chain Management and Advanced Planning - Concepts, Models, Software and Case Studies, Berlin 2000, S. 149-165.

STADTLER, H./KILGER, C. (Hrsg.): Supply Chain Management and Advanced Planning. Concepts, Models, Software and Case Studies, Berlin et al. 2000.

STAUDT, E.: Den Innovationsprozeß durch Kooperation beschleunigen, in: Frankfurter Allgemeine Zeitung, Nr.118, 1999, S. 35.

STAUDT, E./KRIEGESMANN, B./BEHRENDT, S.: Koordination, zwischenbetrieblich, in: Kern, W./Schröder, H.-H./Weber, J. (Hrsg.): Handwörterbuch der Produktionswirtschaft, Schäffer-Pöschel, 1996, S. 922-935.

STEINAECKER, J. V./KÜHNER, M.: Supply Chain Management - Revolution oder Modewort, in: Lawrenz, O./Hildebrand, K./Nenninger, M. (Hrsg.): Supply Chain Management, Wiesbaden 2000, S. 33-63.

STEPHENS, S.: Supply Chain Council and the Supply Chain Operations Reference Model, in: Supply Chain Management, I/2001, S. 9-13.

STEVEN, M.: Hierarchische Produktionsplanung, Heidelberg, 2. Auflage, 1994.

STEVEN, M.: Organisation von virtuellen Produktionsnetzwerken, in: Nagel, K./Erben, R. F./Piller, F. T (Hrsg.): Produktionswirtschaft 2000 – Perspektiven für die Fabrik der Zukunft, Gabler, Wiesbaden 1999, S. 243-260.

STEVEN, M./KRÜGER, R./TENGLER, S.: Informationssysteme für das Supply Chain Management, in: PPS-Management 5, 2000, Heft 2, S. 15-23.

STEVEN, M./MEYER, H. (1998): Computergestützte PPS-Systeme - Entwicklung, Stand, Tendenzen, in: Wirtschaftswissenschaftliches Studium 27, 1998, Heft 1, S. 20-26.

STEVENS, G. C.: Integrating the Supply Chain, in: International Journal of Physical Distribution & Materials Management, Vol. 19 (1989), No. 8, S. 3-8.

STOCKRAHM, V./SCHOCKE, K.-O./LAUTENSCHLÄGER, M.: Werksübergreifende Planung und Optimierung mit SAP APO, in: Buchholz, W./Werner, H. (Hrsg.): Supply Chain Solutions. Best Practices in e-Business, Stuttgart 2001, S. 261-274.

STÖLZLE, W.: Industrial Relationship, Oldenbourg, München, Wien 1999.

STÖLZLE, W./HEUSLER, K. F./KARRER, M.: Die Integration der Balanced Scorecard in das Supply Chain Management-Konzept – "BSCM", in: Logistik Management Heft 2-3 2001 (3. Jg.), S. 75-85.

STRAUBE, F.: E-Business braucht E-Logistics, in: Baumgarten, H. (Hrsg.): Logistik im E-Zeitalter, Frankfurt 2001, S. 177-196.

SUPPLY CHAIN COUNCIL: Supply-Chain Operations Reference-model, Overview of SCOR Version 5.0, Supply Chain Council, Pittsburgh, PA, 2001.

SYDOW, J.: Strategische Netzwerke – Evolution und Organisation, Gabler, Wiesbaden 1992.

SYDOW, J.: Konstitutionsbedingungen von Vertrauen in Unternehmungsnetzwerken – Theoretische und empirische Einsichten, in: Bühner, R. (Hrsg.): Die Dimensionierung des Unternehmens, Stuttgart 1995, S. 177-200.

THALER, K.: Supply Chain Management: Prozessoptimierung in der logistischen Kette, Fortis-Verlag, Köln 1999.

THEISEN, R. M.: Der Konzern: betriebswirtschaftliche und rechtliche Grundlagen der Konzernunternehmung, 2. vollst. überarb. u. erw. Auflage, Stuttgart 2000.

THEUVSEN, L.: Kernkompetenzorientierte Unternehmensführung, in: Das Wirtschaftsstudium, 30, 2001, S. 1644-1650.

THOME, R./BÖHNLEIN, C.: Fünf Stufen zum Supply Net Management, in: Das Wirtschaftsstudium, 11, 2001, S. 1521-1527.

TEMPELMEIER, H.: Advanced Planning Systems, in: Industrie Management 15, 1999, Heft 5, S. 69-72.

TOWILL, D. R.: Time Compression and Supply Chain Management - A Guided Tour, in: Supply Chain Management - An International Journal, Vol. 1, No. 1, 1996, S. 15-27.

TUROWSKI, K.: Agenten-gestützte Informationslogistik für Mass Customization, in: Kopfer, H./Bierwirth, C.: Logistik-Management: intelligente I+K Technologien, Berlin/Heidelberg 1999, S. 199-209.

VDA – VERBAND DER AUTOMOBILINDUSTRIE E.V.: VDA-Empfehlung 5000: Vorschläge zur Ausgestaltung logistischer Abläufe, Frankfurt 1996.

VAN HOEK, R. I.: Postponed Manufacturing in European Supply Chains: A Tiangular Approach, Utrecht 1998.

VON DER HEYDT, A.: Handbuch Efficient Consumer Reponse, Vahlen, München 1999.

VON STENGEL, R.: Logistiknetzwerke, in: Weber, J./Baumgarten, H. (Hrsg.), Handbuch Logistik: Management von Material- und Warenflußprozessen, Stuttgart 1999, S. 910-923.

WAGNER, M.: Demand Planning, in: Stadtler, H./Kilger, Chr. (Hrsg.): Supply Chain Management and Advanced Planning - Concepts, Models, Software and Case Studies, Berlin 2000, S. 97-115.

WALKER, W. T./ALBER, K. L.: Understanding Supply Chain Management, in: APICS – The Performance Advantage, Vol. 9, Nr. 1, 1999, S. 38-43.

WALTHER, J.: Supply Chain Management – Paradigma für die Unternehmensgestaltung, in: Supply Chain Management, I/2001, S. 5-8.

WEBER, B.: Die fluide Organisation: konzeptionelle Überlegungen für die Gestaltung und das Management von Unternehmen in hochdynamischen Umfeldern, Bern/Stuttgart/Wien 1996.

WEBER, J.: Einführung in das Controlling, Schäffer-Poeschel Verlag, Stuttgart, 1995.

WEBER, J.: Stand und Entwicklungsperspektiven des Logistik-Controlling, WHU Forschungspapier Nr. 61, Vallendar 1999.

WEBER, J. (2002a): Logistikkostenrechnung, 2. Auflage, Stuttgart 2002.

WEBER, J. (2002b): Logistik- und Supply Chain Controlling, 5. Auflage, Stuttgart 2002.

WEBER, J./BACHER. A./GROLL, M.: Konzeption einer Balanced Scorecard für das Controlling von unternehmensübergreifenden Supply Chains, in: krp-Kostenrechnungspraxis Heft 3 2002 (46. Jg.).

WEBER, J./BLUM, H.: Logistik-Controlling – Konzepte und empirischer Stand, in: Schriftenreihe Advanced Controlling Band 20, Vallendar 2001.

WEBER, J./DEHLER, M. (Hrsg.): Effektives Supply Chain Management auf Basis von Standardprozessen und Kennzahlen, Dortmund 1999.

WEBER, J./DEHLER, M.: Erfolgsfaktor Logistik, in: Logistik Heute, 23. Jg. (2001), Heft 9, S. 64-66.

WEBER, J./DEHLER, M./WERTZ, B.: Supply Chain Management und Logistik, in: WiSt, Heft 5, 2000, S. 264-269.

WEBER, J./ENGELBRECHT, C./KNOBLOCH, U./SCHMITT, A./WALLENBURG, C. M.: E-Commerce in der Logistik: Quantensprung oder Business-as-usual? Ergebnisse einer explorativen Marktstudie, Vallendar 2002.

WEBER, J./RADTKE, B./SCHÄFFER, U.: Erfahrungen mit der Balanced Scorecard, Schriftenreihe Advanced Controlling Band 19, Vallendar 2001.

WEBER, J./SANDT, J.: Erfolg durch Kennzahlen – Neue empirische Ergebnisse, Schriftenreihe Advanced Controlling Band 21, Vallendar 2001.

WEBER, J./SCHÄFFER, U.: Balanced Scorecard & Controlling, Implementierung – Nutzen für Manager und Controller – Erfahrungen in deutschen Unternehmen, 2. Auflage, Wiesbaden 2000.

WERNER, H.: Supply Chain Management – Grundlagen, Strategien, Instrumente und Controlling, Gabler, Wiesbaden, 2000.

WERNER, H.: Supply Chain Management - Grundlagen, Strategien, Instrumente und Controlling, Gabler, 2.Aufl., Wiesbaden 2002.

WERNER, H. (2000a): Die Balanced Scorecard im Supply Chain Management/Teil 1, in: Distribution Heft 4 2000 (31. Jg.), S. 8-11.

WERNER, H. (2000b): Die Balanced Scorecard im Supply Chain Management/Teil 2, in: Distribution Heft 4 2000 (31. Jg.), S. 14-15.

WERNER, H.: e-Supply Chains: Konzepte und Trends, in: Buchholz, W./Werner, H. (Hrsg.): Supply Chain Solutions. Best Practices in e-Business, Stuttgart 2001, S. 11-27.

WERTZ, B.: Management von Lieferanten-Produzenten Beziehungen, Wiesbaden 2000.

WIDMAIER, U.: Der deutsche Maschinenbau in den neunziger Jahren, Campus, Frankfurt a. M. 2000.

WIEDEMANN, H./DUNZ, R.: LIKE – Beziehungsmanagement in der Automobilzulieferindustrie am Beispiel der Sachs AG (Atecs Mannesmann), in: Hildebrandt, H./Koppelmann, U. (Hrsg.): Beziehungsmanagement mit Lieferanten – Konzepte, Instrumente, Erfolgsnachweise, Stuttgart 2000, S. 25-47.

WIENDAHL, H.-P./U. A.: Kooperatives Management in wandelbaren Produktionsnetzen. Vom integrierten Prozess- und Wirkmodell zum Assistenzsystem. Industrie Management 12 (1996) 6, S. 23-28.

WILDEMANN, H.: Koordination von Unternehmensnetzwerken, in: Zeitschrift für Betriebswirtschaft, Jg. 67, 1997, S. 417-439.

WILDEMANN, H.: Koordination von Unternehmensnetzwerken, in: Zeitschrift für Betriebswirtschaft (ZfB), 67 (1997) 4, S. 417-439.

WILDEMANN, H.: Von Just-In-Time zu Supply Chain Management, in: Wildemann, H. (Hrsg.): Supply Chain Management, Transfer Centrum, München 2000, S. 49-85.

WILDEMANN, H. (2001a): Supply Chain Management mit E-Technologien, in: Zeitschrift für Betriebswirtschaft-Ergänzungsheft, 3, 2001, S. 1-19.

WILDEMANN, H. (2001b): Optimierung erst im „Extern-Net", in: Logistik Heute, 23. Jg. (2001), Heft 7-8, S. 60-62.

WILDEMANN, H.: E-Markets werden erwachsen, in: Computerwoche extra, 1, 15.02.2002, S. 8-9.

WILLIAMSON, O. E.: Markets and Hierarchies: Analysis and Antittrust Implications, New York 1975.

WILLIAMSON, O. E.: The Economic Institutions of Capitalism. Firms, Markets, Relational Contracting, New York 1985.

WIRTH, S.: Von hierarchischen Unternehmensnetzen zu hierarchielosen(-armen) kompetenzzellenbasierten Produktionsnetzen, in: Wojda, F. (Hrsg.), Innovative Organisationsformen: Neue Entwicklungen in der Unternehmensorganisation, Stuttgart 2000, S. 167-209.

WOLFF, S./GEIGER, K.: Die E-Supply chain der Zukunft, in: Hossner, R. (Hrsg.): Jahrbuch der Logistik 2002, Verlagsgruppe Handelsblatt, Düsseldorf 2001, S. 139-143.

WOOLDRIDGE, M.: Intelligent Agents, in: Weiss, G. (Hrsg.): Multiagent Systems: A Modern Approach to Distributed Artificial Intelligence, London 1999, S. 27-77.

WÜPPING, J.: Produktkonfiguratoren für die kundenindividuelle Serienfertigung (Mass Customization), in: Industrie Management 15, GITO Verlag, Berlin 1999.

WURCHE, S.: Vertrauen und ökonomische Rationalität in kooperativen Interorganisationsbeziehungen, in: Sydow, J./Windeler, A. (Hrsg.): Management interorganisationaler Beziehungen. Vertrauen, Kontrolle und Information, Wiesbaden 1994, S. 142-159.

ZADEK, H.: E-Supply Chain Management in der Automobilindustrie, in: Dangelmaier, W./Pape, U./Rüther, M. (Hrsg.): Die Supply Chain im Zeitalter von E-Business und Global Sourcing, Fraunhofer ALB, Paderborn 2001, S. 325-338.

ZÄPFEL, G.: MRP II - Manufacturing Resource Planning, in: Zink, K. S. (Hrsg.): Wettbewerbsfähigkeit durch innovative Strukturen und Konzepte, München 1994, S. 233-257.

ZÄPFEL, G.: Supply Chain Management, in: Baumgarten, H./Wiendahl, H.-P./Zentes, J. (Hrsg.): Logistik-Management, Strategien - Konzepte – Praxisbeispiele, Springer, Berlin Heidelberg New York 2000, Abschnitt 7.02.03.01, S. 1-32.

ZÄPFEL, G.: Bausteine und Architekturen von Supply Chain Management-Systemen, in: PPS-Management, Nr. 1, 2001, S. 9-18.

Stichwortverzeichnis

3-Ebenen-Architektur 345
3PL .... *Siehe* Third Party Logistic Provider
4PL .... *Siehe* Fourth Party Logistic Provider
Abladestellenbündelung 463
Absatzplan 347
Absatzplanung 268
Absatzprognose 292
Abstimmung 357
Abwicklung 369
Activity Based Costing 157
Advanced Logistic Partnership... 55 ff.
Advanced Planner and Optimizer .... *Siehe* APO
Advanced Planning and Scheduling 38, 425
 -Softwaresysteme 192
Advanced Planning System 15, 136, 171, 217, 261
 -Anwendung .... 185 ff.
 -Datenversorgung .... 225 ff.
 -Funktionalitäten .... 178 ff.
 -Integration .... 217 ff.
 -Integrationstechnologien .... 232 f.
 -Modellierungsfunktion 178
 -Schnittstellen .... 225 ff.
 -Simulationsfunktion 178
AEI .... *Siehe* Automatic Equipment Identification
Agent .... 372, 394 ff.
Agie-Charmilles SA 60
Airbus Industries 427
Alert 229
 -Funktionen 184
 -Management 205
 -Monitor 272
 -Regeln 184
Algorithmen
 -genetische 183
 -Simplex 265
Allianzen
 -strategische 422
Anlagenbau 387
Anweisungen 359
Anwendungsentwicklung 299
APO .... 259 ff., 285 ff., 301 ff., 319 ff., 325 ff.
 -Alert Monitor 264
 -Architektur 263
 -Available-to-Promise 264, 295
 -Demand Planning ..... 263, 271, 289 ff., 310 ff.
 -Deployment 265
 -Detailed Scheduling .... 264, 309 ff.
 -Einführungskonzept .... 259 ff.
 -Funktionen 263
 -global Available To Promise .... 312 f.
 -GUI 270
 -Implementierung 290, 295
 -Info Cube 265
 -Integration .... 294 f.
 -Live Cache 265
 -Live Cache NT 276
 -Live Cache Unix 276
 -Netzwerk .... 270 f.
 -Optimierer 265
 -Production Planning .... 264, 309 ff.
 -Produktionsprozessmodelle 271
 -Supply Chain Cockpit 264
 -Supply Network Planning 264, 272, 300, 311
 -Systemvoraussetzung .... 269 f.
 -Transportation Planning 265
 -Vehicle Scheduling 265
 -Zusammenwirken mit R/3 Modulen 295
APO - Alert Monitor 332
APO - Implementierung 325

APO - Live-Cache 333
APO - Planungsebenen 330
APOI - Feinplanungsplantafel 331
Application Service Providing 404
Applikationsserver .... 409 ff.
APS *Siehe* Advanced Planning System
ASP .... *Siehe* Application Service Providing
ATP .... *Siehe* Available-to-Promise
Auftragsabwicklung 203
Auktionsprinzip 393
Ausfallsicherheit 317
Automatic Equipment Identification 427
Automobilindustrie 377
Available-to-Promise 183, 201, 229, 425
   -global .... 312 f.
B2B .... *Siehe* Business-to-Business
B2C .... *Siehe* Business-to-Customer
Balanced Scorecard .... 162 ff.
   -traditionelle 162
   -unternehmensübergreifende .. 163 f.
BASF AG .... 285 ff.
Bauindustrie 387
Bedarfsdeckung 289
Bedarfserfassung 289
Bedarfsermittlung
   -werksübergreifende 482
Bedarfskonsolidierung 289
Bedarfsplanung 198, 263
Bedarfsplanungsprozess 288
Bedarfsprognose 291
Bedarfszusage 291
Benchmarking 71, 86, 315
Benutzerakzeptanz 296
Bereitstellungstermin 480
Berentzen-Gruppe AG 455
Beschaffungsfeinplanung 202
Beschaffungsmanagement 136
Beschaffungsplanung 200
Bestände 429
Bestandscontrolling .... 247 f.
Bestandsprüfung 310

Bestandssteuerung 179
Bestandsvisualisierung 491
Bewegungsdaten 225
Beziehungscontrolling .... 154 ff.
Branch-and-Bound-Verfahren 265
Build-to-Order 78, 387
Bullwhip-Effekt 9, 33 ff., 95, 193, 377, 390, 438, 487 f.
Bundesministerium für Bildung und Forschung 472
Business Information Warehouse System 204
Business Scenarios 267
Business-to-Business 420
Business-to-Customer 420
Capable-to-Promise 183, 201, 426
Caterpillar 421
c-Commerce 50
Change Management 350
Chemische Industrie .... 269 ff.
CoagenS .... 469 ff.
Collaborative Business .... 371 f., 424
Collaborative Business Networking 371 f.
Collaborative Planning 97, 268, 351, 426, 437
Collaborative Planning, Forecasting and Replenishment. 83, 102 f., 424, 490
Collaborative Supply Chain Management.. 19, 136, 146, 435 ff.
   -Capacity Collaboration 446
   -Einführung 450
   -Forecast Collaboration .... 445 f.
   -Implementation 451
   -Integration 448
   -Inventory Collaboration 447
   -Konzepte .... 443 ff.
   -Order Collaboration 446
   -Pre-study 450
   -Process Design 450
   -Technologie 449
   -Technology Roadmap 451

-Transportation Collaboration......... 447
-Verständnis..................................... 440
-Ziele... 440
COM .... 409 ff.
Co-Managed Inventory.................. 101
Competition 422
Computer Assisted Ordering 101
Configure-to-Promise 201
Constraint Based Planning............. 183
Constraints..................................... 425
Controlling
-Aufgabe ....149 f.
-Begriff.....................................149 f.
-Instrumente........................149, 153
Coopetition 422
CORBA .... 409 ff.
Corporation.................................... 422
Covisint.................................. 394, 422
CPFR .... Siehe Collaborative Planning,
Forecasting and Replenishment
Cross Docking 102, 431
CSCM .... Siehe Collaborative Supply
Chain Management
CTP.............Siehe Capable-to-Promise
Customer Collaboration................. 424
DaimlerChrysler .... 427, 490, 493 ff.
Data Warehouse Systeme 224
Datenaustauschmodell 233
Datenintegration 204
Datenverfügbarkeit 349
Degussa AG............................ 301 ff.
Dell.. 82
Demand Collaboration................... 351
Design-to-Order............................. 387
Disposition –Fertigwaren ....254 f.
Disposition –plandeterministisch... 255
Disposition –verbrauchsgesteuert... 254 ff.
Dispositionsprozess 475
Dispositionsstrategie................ 252 ff.
Dispositionsverfahren............ 255, 475
Distribution Requirements Planning 38
Distributionsfeinplanung 202

Distributionslogistik .... 453 ff.
Distributionsplanung 178, 183, 201
Doppelstockbeladung 462
Durchlaufterminierung 200
EAI .... Siehe Enterprise Application
Integration
e-Business VII, 49, 136, 142, 194, 203, 404
e-Commerce............................. 49, 207
Economies of Scale 378
Economies of Scope 378
ECR .... Siehe Efficient Consumer
Response
EDI Siehe Electronic Data Interchange
EDIFACT 205, 368, 430
Efficient Assortment...................... 100
Efficient Consumer Response.. 99, 490
Efficient Product Introduction....... 100
Efficient Promotion 100
Efficient Replenishment 100
e-Fulfillment.................... 49, 135, 432
E-Hubs.. 422
Einführungskonzept.......... 259, 306 ff.
-stufenweise...........................265 ff.
EJB .... 409 ff.
Electronic Data Interchange .. 368, 430
Electronic Data Interchange for
Administration, Commerce and
Transport...............Siehe EDIFACT
Elektronische Kataloge...............138 f.
Elektronische Märkte............... 18, 370
e-Logistics 49
Engpass... 425
Enterprise Application Integration 233, 371, 406
-Systeme...................................... 233
Enterprise Resource Planning.. 38, 135, 424
-System.............................175, 192, 217
Entsorgung..................................... 420
e-Procurement................... 49, 131 ff.
-Entwicklung.............................. 136 f.
-Systemlösungen........................ 137 ff.

e-Purchasing 137
Erfolgsfaktoren . 114 f., 314 ff., 463 ff.
e-Sales.. 135
e-SCM.. 136
e-Selling... 137
ETL...... *Siehe* Extract-Transform-Load
Extensible Markup Language 138, 367, 405 f.
Extract-Transform-Load
   -Systeme 233
Fachportal...................................... 423
Fertigungsleitständen..................... 203
Fertigungsplanung 346
Forschungsprojekt 471
Fourth Party Logistics Provider 104 ff., 430
Frachtbörsen
   -virtuelle.................................. 428 f.
Frachtenoptimierung................ 469 ff.
Front-End-Back-End-Beziehungen 420
Frozen Period................................. 274
Gantt-Diagramm............................ 183
Geldfluss.. 30
General Electric 421
Geschäftsprozesse.......................... 371
Global Positioning System 427
Goldman&Sachs............................ 422
GPS..*Siehe* Global Positioning System
Graphical User Interface..... *Siehe* APO GUI
Güterfluss 30
Halbleiterindustrie 340
Heiztechnik.................................... 239
Hepworth Heating .... 239 ff.
i2... 337
   -Demand Planner 345
   -Factory Planner.............................. 346
   -Supply Chain Planner..................... 346
ICON 490
   -SCC 490
IDS Scheer AG .... 326 ff.
Implementierungsempfehlungen ... 276

Implementierungsstrategie..... 265, 326, 349
Implementierungsteam 282
Infineon .... 339 ff.
Informationsbroker........................ 388
Informationsfluss..................... 30, 70
Informationssystemarchitektur . 399 ff.
Informationssysteme................ 68, 174
Informationstechnologie .... 392 ff.
Integration..3 f., 217 ff., 262, 315, 339, 368, 393 ff.
   -APO-SAP-Umfeld .... 294 f.
   -betrieblich................................399 ff.
   -horizontale................................ 305
   -prozesstechnische...................218 ff.
   -systemtechnische............219 ff., 223
   -vertikale.................................... 305
Integrationsfähigkeit..................... 308
Integrationskonzepte................. 370 ff.
Integrationstechnologien ....232 f.
Internet-Retailer............................ 419
Ispat .... 319 ff.
Ist-Analyse 278
IT-Infrastruktur............................. 367
J2EE .... 409 ff.
Just-in-time 99, 136
Just-in-Time 388
Kapazitätsplanung 346
Katalog-Content 138
Kennzahlen 152, 159
   -auswahl.. 160
   -selektive .... 160 f.
   -systeme 159
   -unternehmensübergreifende .... 161 f.
Key Performance Indicator............ 298
Kleine und Mittelständige
   Unternehmen............ 358, 402, 430
KMU..*Siehe* Kleine und Mittelständige Unternehmen
Kollaboration 83, 310, 439
   -Grenzen ....442 f.
Kommissionierung......................... 457
Kommunikation 191, 204

Kommunikationsstrukturen 478
Komplexität 118
Komplexitätsbeherrschung .... 128 f.
Komplexitätsdimensionen 121
Komplexitätsfaktoren 121
Komplexitätsidentifikation 120
Komplexitätsmanagement .... 111 f.
Komplexitätstreiber 122
Konfiguration 386
Konsortialmarktplätze.................... 423
Konstruktion & Entwicklung............. 3
Kontrolle.. 369
Kooperation .... 453 ff.
 -multilaterale................................ 357
Kooperationsbereitschaft............... 464
Kooperationsfähigkeit 464
Kooperationsintensität................... 164
Kooperationsmanagement 191
Kooperationsnetzwerke 378
Kooperationsqualität...................... 164
Koordination.83, 191, 357 f., 358, 369
Koordinationsform.................... 379 ff.
 -Hierarchie.............................. 360, 364
 -Kooperation 360
 -Markt 360, 364
Koordinationsinstrumente .... 11 ff., 13
 -heterarchische............................16 ff.
Koordinationsrichtung
 -heterarchische................................ 11
 -hierarchische.................................. 11
Kopplungen 83
Kostendegressionseffekten 359
Kosten-Nutzen-Analyse................. 278
KPI.. Siehe Key Performance Indicator
Kunden-Lieferanten Beziehung49, 126
 f., 358
Kurzfristplanung............................ 474
Laderaumausnutzung..................... 462
Lagermanagement.......................... 204
Lagerung.. 457
Lagerverwaltung............................ 179
Langfristplanung............................ 474
Lebenszyklus................................... 27

Legacy-Systeme..................... 193, 223
Lerneffekte 362
Lessons learned280 ff., 298 ff., 314 ff.,
 463 ff.
Lieferabruf
 -modifizierter................................ 480
Lieferabrufe 474
Lieferanten Logistik Zentrum........ 490
Lieferantenintegration 98
Lieferkette.............Siehe Supply Chain
Linux 377
LMN-Group................................... 321
Logistik..................31 ff., 150, 384 ff.
 -Controlling 151
 -Entwicklung 150
 -kostenrechnung............................ 152
 -management 28, 44
 -philosphie 464
 -prozesse 357
 -unternehmensübergreifende 31
 -verständnis................................... 151
 -vision... 455
Logistiknetzwerk 402
 -Aufbau und Betrieb 56
 -Grundformen ....362 ff.
 -heterarchische..........................362 ff.
 -Klassifikation ....51 ff.
Logistikplanung
 -übergreifende...........................402 ff.
Losgrößenvereinheitlichung 80
Maintenance, Repair and Operating-
 Materialien 393
make to order........................ 247, 341
make to stock................................. 341
Management-by-Exception............ 391
Manufacturing Execution System..203
Manufacturing Resource Planning ..38,
 175
Marktplatzbetreiber 393
Marktplätze
 -elektronische ..137, 140, 370, 393, 422
 -horizontale................................... 423
 -private.. 423

-vertikale 423
-virtuelle 393
Markttransaktionen 370
Mass Customization .... 113 ff., 432
Master Planning 178, 182
Master Production Schedule 200
Material Requirement Planning 38, 175
Materialfluss 30, 70, 75, 419
Melitta Haushaltswaren .... 453 ff.
Mengenplanung 200, 346
MES ... *Siehe* Manufacturing Execution System
Middleware .... 406 ff.
    -Marktsegmente 407
    -Nutzenprofile 408
    -Systematisierung 408
Milkruns 478
Modellierung 371
Monitoring 179, 205
MRO ... *Siehe* Maintenance, Repair and Operating-Materialien
MRP .... *Siehe* Material Requirement Planning
MRP II .*Siehe* Manufacturing Resource Planning
MRP-Lauf 275
Multi-Agentensysteme 19, 372, 394 ff., 472
Multiple User Warehouses 431
multi-tier collaboration .... 485 ff.
multi-tier Supply Chain Collaboration 442
mySAP.com .... 309 ff.
Nachfrageplanung 178, 181
Netzwerk
    -dynamisches 364
    -internes 364
    -konfiguration 180, 389
    -koordination 389
    -masterplanung 199
    -planung 178, 199
    -stabiles 364
    -strategisches 32

-virtuell integriertes 370
ODETTE 430
Online Support System 277, 300
Opportunitätskosten 359
Optimierung .... 469 ff.
    -globale 3, 14
    -zentrale 14
Optimierungsheuristik 476
ORACLE 344
Order Promising 201
Order-to-Payment-S 419
Organisation 68
    -hierarchische .... 380 f.
    -modulare .... 380 f.
    -vernetzte .... 380 f.
    -virtuelle .... 116, 380 f.
Organisationsformen .... 379 ff.
Organisationskultur 18
Organization for Data Exchange by Teletransmission in Europe .... *Siehe* ODETTE
OSS .... *Siehe* Online Support System
Parallelbetrieb 295
Partialplanung 186
Payment 419
Pläne 14
Plant managed inventory ... 243, 252 f., 254
Planung .... 322 ff., 369
    -engpassorientierte 177
    -inkrementelle 178
    -integrierte 173, 261
    -restriktionsorientierte 177
    -simultane 193
    -synchronisierte 3
    -unternehmensübergreifende ... 177, 262
Planung - integriert 325
Planung - werksübergreifend 319
Planungsmappe 292
Planungsprozess 326
Planungsprozesse 447
    -kollaborative .... 444 f.
Plattformen 426

Point of Sale 102
Portale .... 413 ff.
Postponement 431
PPS .... *Siehe* Produktionsplanung und -steuerung
Praxisbeispiel...269 ff., 285 ff., 301 ff., 337 ff., 453 ff., 469 ff., 485 ff.
Printnation 423
Procter&Gamble 488
Production Planning and Scheduling 38
Produktdatenmanagement System. 204
Produktentwicklungsnetzwerk 387
Produktionsabwicklung 203
Produktionsfeinplanung. 178, 183, 202
Produktionsgrobplanung 178, 183
Produktionslogistik 322
Produktionsnetze
 -wandelbare 401
Produktionsnetzwerk 4
Produktionsplanung 200, 321
Produktionsplanung - integriert 325
Produktionsplanung und -steuerung
 -Systeme 192
Produktionsprogrammplanung 178, 182
Prognose .... 181, 193 f., 343
Programm 14
Projektarbeit 298
Projektfertigung 387
Prozessbenchmarking 159
Prozesskettenmethodik 197
Prozesskostenrechnung .... 156 ff.
 -unternehmensübergreifende 156
Prozessreferenzmodell 69
Pullprinzip .... *Siehe* Ziehprinzip
Quick-Response 99
Recycling 420
Re-engineering 339
Referenzmodell 196
Regelkreise 391
Reihenfolgeplanung 325
Ressourcenbasierter Ansatz ...... 361 ff.
Restriktionen 182, 193
Risikoanalyse 278

Röhm 426
Röhm GmbH & Co KG .... 301 ff.
RosettaNet 445
RubberNetwork 422
Sammeltouren 465
SAP 261
 -APO .... *Siehe* APO
 -Business Explorer .... 293 f.
 -Business Information Warehouse .. 295
 -R/3 Modul PP 309
SCC .... *Siehe* Supply Chain Council
SCEM .... *Siehe* Supply Chain Event Management
Schenker Eurocargo 427
Schnittstellen 262, 307, 394
 -ALE 263
 -APO-ERP-System 280
 -APS 225
 -Batch 226
 -management 368
 -Online 226
Schulung 282, 296, 313
SCM
 -Aufgaben .... 4, 7, 36 f.
 -collaborative .... 19, 50, 435 f.
 -Definition .... 4 ff., 28 ff., 29
 -Einführungskonzept .... 306 ff.
 -Funktionalität 196
 -Implementierung .... 348 ff.
 -Instrumente 37
 -Integration .... 355 ff., 399 ff.
 -Integrationsanforderungen 367
 -integriertes 373
 -Konzepte .... 7, 10, 91 ff.
 -Koordinationsansätze .... 10 ff.
 -Merkmale 32
 -normatives .... 40 f.
 -operatives 43
 -Philosophie 192
 -Schlüsselfaktoren .... 348 ff.
 -Software-Aufgabenspektrum 195 ff.
 -Softwareauswahl .... 207 ff.

-Software-Einführungskonzept .. 209 ff., 259
-Softwaremarkt .... 205 f.
-Software-Nutzenpotenziale .... 193 f.
-strategisches 42
-Systemauswahl .... 307 ff.
-Theoriebasis .... 39 ff.
-Umsetzungsstrategie .... 306 ff.
-Weiterentwicklung .... 39 ff.
-Ziele .... 8 f., 33 ff.
SCM -Guidelines 250
SCM-zentrales 245
SCOR.. *Siehe* Supply Chain Operations Reference-Modell
Secure Socket Layer 412
Sekundärbedarfe 309
Selbstabholung 465
Selbstabstimmung 17, 358
Selbstorganisation 386
Selbststeuerung 363
Sendungsverfolgung 426
SGML 405
Simple Object Access Protocol 412
SOAP .... *Siehe* Simple Object Access Protocol
Software-Agenten 394
Speditionsagentensystem 482
SRM .... *Siehe* Supplier Relationship Management
SSL .... *Siehe* Secure Socket Layer
Stabilität 402
Stahlindustrie .... 326 ff.
Stahlproduktion .... 319 ff.
Stahlproduzent 321
Stammdaten 225, 280, 313
-verwaltung 179
Steuerung 358
Strategic Network Design .... 198 f.
Strothmann Spirituosen .... 453 ff.
Stücklistenauflösung 200
Sukzessivplanung 425
SUN 347
Supplier managed inventory 255

Supplier Relationship Management 213
Supply Chain 4
-Collaboration 437
-Configuration 176
-Controlling .... 7, 107 f., 147 ff.
-Controllinginstrumente .... 153 ff.
-Controlling-Kennzahlen .... 159 ff.
-Costing 159
-Design 7
-elektronisch .... 417 ff.
-Elemente 68
-Execution 7, 177, 198, 203
-horizontale 422
-Integration .... 83 ff.
-Integrationsstufen 124
-Kennzahlensystem 68, 84
-Komplexität .... 125 f.
-Optimierung .... 77 ff.
-Planning .... 7, 176, 195 ff.
-Planning Matrix 178
-Prozesse .... 67 ff.
-Strategie 68, 443
-vertikale .... 421 ff.
-Vision 41
Supply Chain -Controlling 246
Supply Chain Council 38, 69, 196
Supply Chain Event Management . 213
Supply Chain Management *Siehe* SCM
Supply Chain Operations Reference-Modell ..... 38, 69 ff., 136, 158, 196
-Aufbau und Inhalt 70
-Ebenen 73
-Messgrößen 84
-Prozesstypen 72
-Vorgehensweise 81
Supply Chain -Organisation .. 239, 245
Supply Chain -Strategie 247
Supply Management 115
Supply Net .... *Siehe* Supply Chain
SupplyOn 422
Synergiepotenziale 457
Systemarchitektur 322
Systemintegration 15

Target-Costing 159
TCP 412
Technologiebedarf 404
Third Party Logistics Provider . 104 ff., 430
Time Based Management 27
Top Management Support 350
Total Quality Management 27
Tracking&Tracing 203, 426
  -Informationen 492
TradeNetOne.com 429
Training 282, 296
Transaktionen
  -Business-to-Administration 136
  -Business-to-Business 136
  -Business-to-Consumer 136
Transaktionskosten 379
  -ansatz .... 359 ff.
  -theorie .... 359 f.
Transponder 427
Transport
  -abwicklung 203
  -planung 178, 184
  -steuerung 179
  -strömebündelung 467
Transshipment 102
UDDI ...... *Siehe* Universal Description, Discovery and Integration
Universal Description, Discovery and Integration 412
Unternehmen
  -virtuelle 365, 401
Unternehmensnetzwerk . 4, 355 ff., 378 ff., 401 ff.
  -dynamisches .... 375 ff.
  -heterarchisch .... 357 ff., 362
  -hierarchisch 362
Unternehmensverbund 364
Vaillant .... 237 ff.
Vaillant Hepworth Group .... 237 ff.
Vendor managed inventory 252

Vendor Managed Inventory ... 101, 248 ff., 309, 388, 447, 490
Verbrauchssteuerung .... 254 f.
Verbundplanung 199
Verfügbarkeitsprüfung 178, 183
Verhandlungen 17, 372
Verhandlungsmacht 377
Verhandlungsmechanismus 363
Versorgungskette .. *Siehe* Supply Chain
Versorgungsszenarien 200
Vertrauen 155, 369, 463
Vertrauenscontrolling .... 155 ff.
Visualisierung .... 491 ff.
VMI *Siehe* Vendor Managed Inventory
Voluntary Interindustry Commerce Standards Association 103
Vorgaben 13
Warehouse-Management-Systeme 193
Warenfluss 30
Warenwirtschaftssystem 204
Web Services .... 412 f.
Web Services Description Language 412
Web-EDI .... 430 f.
Weisung 13
Wertefluss 70
Wertschöpfungskette 191, 357, 469
Wertschöpfungspartnerschaften . 47 ff.
  -Gestaltungsrichtlinien .... 55 ff.
What-if-Analysen 182
Win-Win-Gemeinschaft 463
Workflow 205, 449
  -Kontrolle 230
World Wide Web 413
WSDL .... *Siehe* Web Services Description Language
XML .... *Siehe* Extensible Markup Language
Ziehprinzip 77
Zielvision .... 306 f.

Mehr wissen – weiter kommen

Effiziente Entscheidungsunterstützung

Grundlagen und Potenziale von SCM und SCM-Systemen – Unterscheidungsmerkmale von SCM-Systemen – Erfolgreiches Management des Auswahl- und Einführungsprozesses – Detailanalyse der untersuchten SCM-Systeme

Der „Marktspiegel SCM-Systeme" bietet dem Leser eine effiziente Entscheidungsunterstützung bei der strategischen Auswahl von SCM-Standardsoftware. Im Vordergrund steht der Vergleich von 14 SCM-Systemen anhand von betriebstypischen Anforderungskriterien. Stärken und Schwächen der Anbieter sowie deren branchenspezifische Orientierung werden verdeutlicht. Der Marktspiegel gibt darüber hinaus fundierte Informationen über die Grundlagen von SCM und SCM-Systemen, zeigt deren Potenziale auf und unterstützt den Leser bei der erfolgreichen Gestaltung des Auswahl- und Einführungsprozesses.

Das Buch wendet sich an Führungskräfte und IT-Entscheider aus dem Logistik- und Produktionsbereich, die sich mit der Optimierung unternehmensinterner und unternehmensübergreifender Geschäftsprozesse befassen, Beratungsunternehmen und Systemanbieter, die ihre Kunden bei der Auswahl eines geeigneten SCM-Softwaresystems unterstützen sowie an Dozenten und Studenten der Betriebswirtschaftslehre und der Wirtschaftsinformatik mit dem Schwerpunkt Produktion und Logistik.

Axel Busch/
Wilhelm Dangelmaier/
Ulrich Pape/Michael Rüther
Marktspiegel Supply Chain Management Systeme
Potenziale – Konzepte –
Anbieter im Vergleich
2003. XVI, 181 S. mit 61 Abb.
Br., € 74,90
ISBN 3-409-12411-X

Änderungen vorbehalten. Stand: März 2004

Gabler Verlag · Abraham-Lincoln-Str. 46 · 65189 Wiesbaden · www.gabler.de   **GABLER**